U0783674

普通高等院校国际化与创新型人才培养·现代经济学专业课程"十三五"规划系列教材

⊙ **主 任**

张建华

⊙ **副主任**

欧阳红兵　江洪洋

⊙ **委 员**（以姓氏拼音为序）

崔金涛　范红忠　方齐云　刘海云　钱雪松　宋德勇

孙焱林　唐齐鸣　王少平　徐长生　杨继生　张卫东

普通高等院校国际化与创新型人才培养
现代经济学专业课程"十三五"规划系列教材

国际金融

International Finance

主编◎郑长军

华中科技大学出版社
http://www.hustp.com
中国·武汉

内 容 提 要

国际金融是研究国际货币与资本流动规律及国际货币金融关系的一门学科。在当前后金融危机和中国经济新常态条件下,中国经济面临着结构调整和转型升级,因而需要越来越多的懂得国际金融的专业人才。本书全面覆盖了国际金融的最新内容及其发展,主要包括国际收支、国际储备、外汇与汇率、外汇市场与外汇交易、汇率制度、外汇管制、汇率理论、外汇风险管理、国际金融市场、国际资本流动、国际融资、国际货币体系、国际金融机构等。本书紧密结合当前后金融危机时代国际金融发展的新特点和新规律,力图综合国际金融学涉及的主要领域与基本内容,反映国际金融理论的重要进展与主流成果,将理论叙述与案例分析相结合、一般问题与"中国问题"相结合、一般原理与现实应用相结合,具有系统性、完整性、新颖性、权威性的特点。本书主要作为经济管理类专业本科生开设国际金融课程使用的专门教材,亦可供金融领域的从业人士参考使用。

图书在版编目(CIP)数据

国际金融/郑长军主编. —武汉:华中科技大学出版社,2017.8
全国普通高等院校国际化与创新型人才培养.经济学类核心课程精品规划教材
ISBN 978-7-5680-2467-9

Ⅰ.①国… Ⅱ.①郑… Ⅲ.①国际金融-高等学校-教材 Ⅳ.①F831

中国版本图书馆 CIP 数据核字(2016)第 303601 号

国际金融
GuoJi Jinrong
郑长军 主编

策划编辑:周晓方 陈培斌	
责任编辑:苏克超	
封面设计:原色设计	
责任校对:曾 婷	
责任监印:周治超	
出版发行:华中科技大学出版社(中国·武汉)	电话:(027)81321913
武汉市东湖新技术开发区华工科技园	邮编:430223
录 排:华中科技大学惠友文印中心	
印 刷:武汉市籍缘印刷厂	
开 本:787mm×1092mm 1/16	
印 张:25.75 插页:2	
字 数:612 千字	
版 次:2017 年 8 月第 1 版第 1 次印刷	
定 价:58.00 元	

本书若有印装质量问题,请向出版社营销中心调换
全国免费服务热线:400-6679-118   竭诚为您服务
版权所有   侵权必究

总序
Introduction

习近平总书记在全国高校思想政治工作会议上指出,要坚持把立德树人作为中心环节,把思想政治工作贯穿教育教学全过程,实现全程育人、全方位育人。根据这一要求,对于致力于世界一流大学和一流学科建设的中国高校来说,其根本任务就是贯彻落实立德树人宗旨,全面促进一流人才培养工作。

为了体现这一宗旨,华中科技大学经济学院制定了教学与人才培养"十三五"规划。基本思路是:贯彻坚守"一流教学,一流人才"的理念,抓好人才分类培养工作,更加重视国际化与创新型拔尖人才的培养。在教学方面,立足中国实际和发展需要,参照国际一流大学经济系本科和研究生课程设置,制定先进的课程体系和培养方案,为优秀的学生提供优质的专业教育和丰富的素质教育,培养具有创新能力的领军人才。为此,我们必须推进教学的国际化、数字化、数量化、应用化,改进教学方式,大力推进研讨式、启发型教学,加强实践性环节,着力培养创新型、领导型人才;进一步推进教学内容与方式的改革,规划建设一流的现代经济学专业系列教材,构建起我们自己的中国化的高水平的教材体系(即这些教材应当具有国际前沿的理论、中国的问题和中国的素材)。与此同时,注重规范教学,提高教学质量,建设并继续增加国家级精品课程及教学团队,组织教学与课程系统改革并探索创新人才培养的新模式。此外,还要加强实践环节,广泛建立学生实习实训基地。以此培养出一批具备扎实的马克思主义理论功底、掌握现代经济学分析工具、熟悉国际国内经济实践、能够理论联系实际的高素质人才,以适应国家和社会的需要。总之,这一规划确立的主题和中心工作就是:瞄准"双一流"目标,聚焦人才培养,积极行动,着力探索国际化与创新型人才培养新方案、新模式与新途径。我们也意识到,高质量的课程是科研与教学的交汇点,没有一流的课程,"双一流"就不可能实现。因此,抓教学改革、抓教材建设,就是实施这种探索的重要体现。

那么,如何做好现代经济学专业课程系列教材编写呢?习近平总书记提出,应按照"立足中国、借鉴国外,挖掘历史、把握当代,关怀人类、面向未来"的思路,着力建设中国特色社会主义政治经济学。根据习近平总书记系列讲话精神,一是要在经济学科体系建设上,着力在继承性、民族性、原创性、时代性、系统性、专业性上下功夫。要面向未来,从教材体系建设入手,从战略层面重视教材建设,总结提炼中国经验、讲好中国故事,教育引导青年学子在为祖国、为人民立德、立言中成就自我、实现价值。要着眼未来学科建设目标,凝练学科方向,聚焦重大问题,在指导思想、学科体系、学术体系、话语体系等方面充分体现中国特色、中国风格、中国气派。二是要研究中国问题。张培刚先生开创的发展经济学植根于中国建设与发展的伟大实践,是华中科技大学经济学科的优势所在。经济学科要继承好、发扬好这个优良传统,要以我国改革发展的伟大实践为观照,从中挖掘新材料、发现新问题、提出新观点、构建新理论,瞄准国家和地方的重大战略需求,做好经济学科"中国化、时代化、大众化"这篇大文章。

编写本系列教材的思路主要体现在如下几个方面。第一,体现"教书育人"的根本使命,坚持贯彻"一流教学,一流人才"的理念,落实英才培育工程。第二,通过教材建设,集中反映经济学科前沿进展,汇聚创新的教学材料和方法,建立先进的课程体系和培养方案,培养具有创新能力的领军人才。第三,通过教材建设,推进教学内容与方式的改革,构建具备中国特色的高水平的教材体系,体现国际前沿的理论、包含中国现实的问题和具备中国特色的研究元素。第四,通过教材建设,加强师资队伍建设,向教学一线集中一流师资,起到示范和带动作用,培育课程团队。

本系列教材编写的原则主要有如下三个。第一,出精品原则。确立以"质量为主"的理念,坚持科学性与思想性相结合,致力于培育国家级和省级精品教材,出版高质量、具有特色的系列教材。坚持贯彻科学的价值观和发展理念,以正确的观点、方法揭示事物的本质规律,建立科学的知识体系。第二,重创新原则。吸收国内外最新理论研究与实践成果,特别是我国经济学领域的理论研究与实践的经验教训,力求在内容和方法上多有突破,形成特色。第三,实用性原则。教材编写坚持理论联系实际,注重联系学生的生活经验及已有的知识、能力、志趣、品德的实际,联系理论知识在实际工作和社会生活中的实际,联系本学科最新学术成果的实际,通过理论知识的学习和专题研究,培养学生独立分析问题和解决问题的能力。编写的教材既要具有较高学术价值,又要具有推广和广泛应用的空间,能为更多高校采用。

本系列教材编写的规范要求如下。第一,政治规范。必须符合党和国家的大政方针,务必与国家现行政策保持一致,不能有政治错误,不涉及有关宗教、民族和国际性敏感问题的表述。第二,学术规范。教材并非学术专著,对于学术界有争议的学术观点慎重对待,应以目前通行说法为主。注意避免在知识产权方面存在纠纷。第三,表述规范。教材编写坚持通俗易懂、亲近读者的文风,尽量避免过于抽象的理论阐述,使用鲜活的案例和表达方式。

　　本系列教材的定位与特色如下。第一,促进国际化与本土化融合。将国际上先进的经济学理论和教学体系与国内有特色的经济实践充分结合,在中国具体国情和社会现实的基础上,体现本土化特色。第二,加强中国元素与案例分析。通过对大量典型的、成熟的案例的分析、研讨、模拟训练,帮助学生拓展眼界、积累经验,培养学生独立分析问题、解决问题、动手操作等能力。第三,内容上力求突破与创新。结合学科最新进展,针对已出版教材的不足之处,结合当前学生在学习和实践中存在的困难、急需解决的问题,积极寻求内容上的突破与创新。第四,注重教学上的衔接与配套。与经济学院引进版核心课程教材内容配套,成为学生学习经济学类核心课程必备的教学参考书。

　　根据总体部署,我们计划,在"十三五"期间,本系列教材按照四大板块进行规划和构架。第一板块:经济学基本原理与方法。包括政治经济学、经济思想史、经济学原理、微观经济学、宏观经济学、计量经济学、国际经济学、发展经济学、中国经济改革与发展、现代管理学等。第二板块:经济学重要分支领域。包括国际贸易、国际金融、产业经济学、劳动经济学、财政学、区域经济学、资源环境经济学等。第三板块:交叉应用与新兴领域。包括幸福经济学、结构金融学、金融工程、市场营销、电子商务、国际商务等。第四板块:创新实践与案例教学。包括各类经济实践和案例应用,如开发性金融、货币银行学案例、公司金融案例、MATLAB与量化投资、国际贸易实务等。当然,在实际执行中,可能会根据情况变化适当进行调整。

　　本系列教材建设是一项巨大的系统工程,不少工作是尝试性的,无论是编写系列教材的总体构架和框架设计,还是具体课程的挑选,以及内容取舍和体例安排,它们是否恰当,仍有待广大读者来评判和检验。期待大家提出宝贵的意见和建议。

华中科技大学经济学院院长,教授、博士生导师

张建华

2017 年 7 月

前言
Preface

近年,国际金融的发展一日千里,就国际而言,基于全球经济的复苏乏力,国际金融的发展也处于波动与危机的风险之中。后国际金融危机的不确定性和不稳定性是当前国际金融的主要特征。美国基于稳固自身利益的需要,在全球以北美自由贸易协定(North American Free Trade Agreement,简称 NAFTA)为主体、以跨太平洋伙伴关系协定(Trans-Pacific Partnership Agreement,简称 TPP)和跨大西洋贸易与投资伙伴关系协定(Trans-Atlantic Trade and Investment Partnership Agreement,简称 TTIP)为两翼的"一体两翼"自贸区战略也在加速推进,结合欧日自贸区正在谈判,发达经济体正试图构建 21 世纪新的国际贸易与投资规则体系。毋庸置疑,TPP 和 TTIP 将打造一个以高度自由化为堡垒的市场准入屏障,使中国等发展中国家因难以高尺度互惠开放本国市场而无法加入,在新规则的制定中无发言权,从而阻隔中国经济影响力在全球的扩展。就中国而言,"一带一路"(the Belt and Road)和亚洲基础设施投资银行(Asian Infrastructure Investment Bank,简称 AIIB)等发展战略的实施,推动了经济合作和发展的进程,提升了自身的影响力。2015 年 8 月 11 日,中国人民银行决定完善人民币汇率中间价报价,由做市商参考上日收盘汇率,综合考虑外汇供求等情况形成报价。同年 10 月 23 日,中国人民银行宣布取消存款利率浮动上限。至此,汇率市场化改革再上新的台阶,历经 20 余年的利率市场化改革也迈出关键一步,表明中国金融改革全面提速。2015 年 12 月 1 日,国际货币基金组织(IMF)同意人民币加入特别提款权(SDR),协定于 2016 年 10 月 1 日正式生效。这意味着,人民币将成为除美元、欧元、日元和英镑以外的第五种 SDR 篮子货币,其权重为 10.92%,超过日元与英镑份额。人民币加入 SDR,既是中国经济融入全球金融体系的重要里程碑,也是各国对中国货币金融改革成就的充分肯定和认可。

2016 年 6 月 24 日,英国举行公投,成功"脱欧"(Brexit)。这无疑对经济全球化尤其是金融全球化产生重大而深远的影响。对中国来说,这会直接影响人民币汇率的稳定乃至人民币的国际化。

本书紧密结合当前后经济危机时代国际金融发展的新特点和新规

律,在编写中做到内容新颖、结构严谨、文字精练、图文并茂,富于启发性,能满足本科生教学的需要。其主要特色如下。

(1)力图综合国际金融学涉及的主要领域与基本内容,具备系统性、完整性的特点。本书将开放条件下的宏观经济学、国际经济学、国际收支(调节)理论、汇率理论、国际储备、金融市场学、财务理论、融资理论以至国际经济关系等十分庞杂的理论分支整合在一个结构简明的框架里。

(2)本书试图反映国际金融理论的重要进展与主流成果,具备新颖性、权威性特点。既反映学科发展的新理论、新方法和新技术,又适应社会、经济对经济学、管理学学科发展的新要求。

(3)本书将坚持"三个结合":理论叙述与案例分析相结合、一般问题与中国问题相结合、一般原理与现实应用相结合。在国际金融理论应用的本土化方面做较为深入的尝试。

(4)本书每章开始以案例导入的形式展开具体内容,并在每章中包含若干专栏材料(案例分析)。全书精选了数十个专栏和一批精彩的案例,发人深思,趣味盎然。

(5)体例独特,每章附有"主要术语和关键概念"、"思考题"等,配有大量图表,宜于教师讲授和学生阅读。

在本书编写过程中,郑长军负责编写大纲的拟定统筹和全书编写;博士生张慧、陈诗颖,硕士生刘喆宁、杨丽对有关章节进行了整理,并分别对第一、三、四章,第九、十、十二章,第五、六、十三章,第二、七、八、十一章进行了修改,硕士生刘喆宁,愈雯哲、杨丽对书中的导入案例和专栏进行了二维码处理。

笔者认为,由于各种条件所限,本书的内容,特别是所反映的最新动态肯定有所不足。随着"创新、协调、绿色、开放和共享"发展理念成为中国经济未来运行的主旋律,中国金融体制和机制也将发生深刻的变革。可以预见,随着未来更大程度、更广范围的金融改革的加速推进,国际金融的内容将更加丰富,可谓浩如烟海、卷帙纷繁。我们将综合吸纳学生学习和教师教学中的反馈意见和国际金融发展的最新成果与实践,及时加以完善,以期改进本书的编写水平。

本书是华中科技大学"教学质量工程"第五批精品教材。本书的出版得到了华中科技大学教材基金的资助,也得到了华中科技大学管理学院、经济学院领导的支持,华中科技大学出版社姜新祺总编、周晓方编辑、陈培斌编辑、苏克超编辑等给予了大力支持,笔者在此一并表示衷心的感谢!

作者

2017 年 6 月 28 日

目录
Preface

/1 **第一章 国际收支**

/2 　第一节　国际收支概述
/5 　第二节　国际收支平衡表的编制原则及其构成
/16 　第三节　国际收支平衡表的分析
/17 　第四节　国际收支的失衡与调节
/21 　第五节　国际收支的调节理论
/28 　第六节　我国的国际收支

/33 **第二章 国际储备**

/34 　第一节　国际储备的概述
/38 　第二节　国际储备多元化
/43 　第三节　国际储备管理
/48 　第四节　中国的国际储备管理
/52 　第五节　人民币作为国际储备资产的问题

/55 **第三章 外汇与汇率**

/56 　第一节　外汇和汇率的概念
/62 　第二节　汇率决定的基本机制
/66 　第三节　影响汇率变动的主要因素
/74 　第四节　汇率变动的经济影响

/82 **第四章 外汇市场与外汇交易**

/83 　第一节　外汇市场
/90 　第二节　中国外汇市场

第三节　即期、远期和掉期外汇交易　/96

第四节　套汇与套利交易　/102

第五节　外汇期货交易　/107

第六节　外汇期货的应用　/112

第七节　外汇期权交易　/115

第八节　我国期权交易　/119

第五章　汇率制度 /126

第一节　汇率制度的分类与演变　/127

第二节　汇率制度的选择　/132

第三节　人民币汇率制度　/138

第四节　我国香港地区的联系汇率制度　/145

第五节　其他汇率制度　/148

第六章　外汇管制 /152

第一节　外汇管制概述　/153

第二节　外汇管制的内容与措施　/158

第三节　外汇管制与货币自由兑换　/162

第四节　中国的外汇管理　/171

第七章　汇率理论 /181

第一节　汇率理论的演进与发展　/182

第二节　购买力平价理论　/188

第三节　利率平价理论　/191

第四节　汇率的货币模型　/195

第五节　资产组合分析法　/198

第六节　汇率理论的最新发展　/203

第八章　外汇风险管理 /209

第一节　外汇风险概述　/210

第二节　外汇风险的种类　/213

第三节　外汇风险管理　/215

/231　　**第九章　国际金融市场**

/232　　第一节　国际金融市场概述
/238　　第二节　欧洲货币市场
/245　　第三节　欧洲债券市场
/251　　第四节　国际金融创新
/254　　第五节　金融衍生工具

/268　　**第十章　国际资本流动**

/269　　第一节　国际资本流动概述
/277　　第二节　长期资本流动与债务危机
/284　　第三节　投机性资本流动与货币危机
/290　　第四节　中国利用外资与对外债务

/300　　**第十一章　国际融资**

/301　　第一节　国际贸易金融
/306　　第二节　长期融资与短期融资
/320　　第三节　国际租赁
/323　　第四节　国际项目融资

/329　　**第十二章　国际货币体系**

/330　　第一节　国际货币体系概述
/331　　第二节　国际金本位制
/338　　第三节　布雷顿森林体系
/347　　第四节　牙买加体系
/352　　第五节　欧洲货币体系
/358　　第六节　国际货币体系的改革与前瞻
/361　　第七节　人民币国际化

/368　　**第十三章　国际金融机构**

/369　　第一节　国际金融机构概述
/371　　第二节　全球性国际金融机构
/385　　第三节　区域性国际金融机构

/397　　**参考文献**

第一章
国际收支

教学目的与要求:本章主要介绍国际收支和国际收支平衡表的内容,国际收支失衡的原因、后果以及调节措施和调节理论。通过本章教学,使学生掌握国际收支的概念,了解国际收支平衡表的项目内容,掌握国际收支失衡的原因及调节措施,了解西方主要的国际收支调节理论。

教学内容:本章主要介绍国际收支和国际收支平衡表的内容,国际收支失衡的原因、后果以及调节措施和调节理论。

本章重点与难点:国际收支的调节,西方国际收支调节理论。

导　入　案　例

上海自贸区对中国贸易顺差的影响

资料来源:http://cnews.chinadaily.com.cn/2015-04/14/content_20428156.htm.

第一节 国际收支概述

一、国际收支的含义

国际收支(International Balance of Payments,简称 BOP)是指一个国家或地区在一定期间之内(通常为 1 年)与其他国家或地区所发生的所有国际经济交易的总和。它反映了该国居民在发生对外经济交易时的国际收入与国际支出的总和。

国际收支通常包括两层含义。在现代全球经济领域内,每个国家在发展对外经济活动需要办理资金结算时,都不可避免地会造成资金的跨国转移,从而引起不同国家经济主体之间债权债务关系的变化,这也就表现为外汇资本的流入或流出,也就形成了狭义概念的国际收支。因此,从狭义上来说,国际收支就反映为一个国家或地区在一定时间内,与其他国家或地区所发生的贸易、投资、资本跨国转移等国际经济交易所引起的国际债权债务的结算,或者说是对外经济交易所引起的外汇收入与支出的结算,它更多地关注于使用现金进行国际债权债务关系的结算。

广义上的国际收支就不再局限于国际经济活动中的现金结算,而更强调国际经济交易的业务基础,一些不需要使用现金进行结算的国际贸易,以赊销赊购为基础的信用交易,以及不需货币偿付的如国际援助、捐赠等国际经济交往都可以被纳入广义的国际收支。

国际货币基金组织(IMF)就是采用广义的国际收支概念,根据 2008 年 12 月 IMF 公布的《国际收支和国际投资头寸手册》(第 6 版),"国际收支是某个时期内,居民与非居民之间的交易汇总统计表"。

二、国际收支的特征

对于国际收支的特征,可从以下几个方面理解。

1. 国际收支是一个流量概念

国际收支是对一定时期内(一般是一年)的交易的总计。国际投资头寸反映了一定时点上的经济体对世界其他地方的资产与负债的价值和构成,这一存量的变化主要是由国际收支中的各种经济交易引起的,有时也可能是汇率、价格变化或其他调整引起的计价变化所造成的,而后一点通常不在国际收支中反映出来。

2. 国际收支反映的内容是以货币记录的交易

与"国际收支"这一名词的字面含义不同,它不是以收支为基础,而是以交易为基础,有些交易可能不涉及货币收支,但这些未涉及货币收支的交易须折算成货币加以记录。所谓交易,它包括以下四类。

(1)交换。即一交易者(经济体)向另一交易者提供一定的经济价值并从对方得到价值相等的回报。这里所说的经济价值,可概括为实际资源(货物、服务、收入)和金融资产。

(2)转移。即一交易者向另一交易者提供了经济价值,但是没有得到任何补偿。

(3)移居。这是指一个人把住所从一个经济体搬迁到另一个经济体的行为。移居后,该个人原有的资产负债关系的转移会使两个经济体的对外资产、债务关系均发生变化,这一变化应记录在国际收支之中。

(4)其他根据推论而存在的交易。在一些情况下,可以根据推论确定交易的存在,当实际流动并没有发生时,也需要在国际收支中予以记录。国外直接投资者收益的再投资就是一个例子。投资者的海外子公司所获得的收益中,一部分是属于投资者本人的,如果这部分收益用于再投资,则必须在国际收支中反映出来,尽管这一行为并不涉及两国间的资金与服务流动。

3.国际收支记录的是一国居民与非居民之间的交易

判断一项交易是否应包括在国际收支的范围内,所依据的不是交易双方的国籍,而是依据交易双方是否有一方为该国居民。在国际收支统计中,居民是指在一个国家的经济领土内具有一定经济利益中心的经济单位。所谓一国的经济领土,一般包括一国政府所管辖的地理领土,还包括该国天空、水域和邻近水域下的大陆架,以及该国在世界其他地方的飞地。依照这一标准,一国的大使馆等驻外机构是所在国的非居民,而国际组织是任何国家的非居民。所谓在一国经济领土内具有一定经济利益中心,是指该单位在某国的经济领土内,在一年或一年以上的时间中,已经大规模地从事经济活动或交易,或计划如此行事。对于一个经济体来说,其居民单位主要由两大类机构单位组成:①家庭和组成家庭的个人;②法定的实体和社会团体,如公司和准公司、非营利机构和该经济体中的政府。

三、国际收支和国际借贷

1. 国际借贷说的含义及主要观点
1) 国际借贷说的含义

国际借贷又称国际投资状况,是指一个国家或地区在一定时期内对外资产和对外负债的汇总记录。它反映的是某一时点上一国居民对外债权债务的综合状况。国际借贷理论(Theory of International Indebtedness)是由英国经济学家戈森(George Goschen)于1861年提出的,亦称国际收支说或外汇供求说。该理论认为,汇率是由外汇的供给和需求决定的,而外汇的供给和需求是由国际借贷产生的,因此国际借贷关系是影响汇率变化的主要因素。这里所讲的国际借贷关系不仅包括贸易往来,还包括资本的输出和输入。国际借贷分为固定借贷和流动借贷,前者指借贷关系已经形成但尚未进入实际支付阶段的借贷;后者指已经进入支付阶段的借贷。国际借贷说认为,只有流动借贷相等时,外汇供给也相等,外汇汇率保持稳定。当流动债权大于流动债务时,外汇供大于求,外汇

汇率下跌；当流动债权小于流动债务时，外汇供小于求，外汇汇率上升。

2）国际借贷说的主要观点

戈森的理论第一次较为系统地从国际收支的角度阐释了外汇供求的变化，分析了汇率波动的原因，因此他的理论又称为国际收支说或外汇供求说。这一理论盛行于第一次世界大战前的金本位货币制度时期。从目前的角度看，国际收支仍然是影响汇率变化最直接、最重要的基本因素之一。但从另一方面看，国际借贷说存在历史局限性，它并没有说明汇率决定的基础和其他一些重要的影响因素。国际借贷理论认为，国家间的商品劳务进出口、资本输出输入以及其他形式的国际收支活动会引起国际借贷的发生，国际借贷又引起外汇供求的变动，进而引起外汇汇率的变动，因而国际借贷关系是汇率变动的主要因素。国际借贷理论认为只有流动借贷相等时，外汇供给也相等，外汇汇率保持稳定。当流动债权大于流动债务时，外汇供大于求，外汇汇率下跌；当流动债权小于流动债务时，外汇供小于求，外汇汇率上升。在一定时期内，如果一国国际收支中对外收入增加，对外支出减少，对外债权超过对外债务，则形成国际借贷出超；反之，对外债务超过对外债权，则形成国际借贷入超。借贷按流动性强弱可分为固定借贷与流动借贷。只有流动借贷才对外汇产生供求进而对汇率产生影响。物价水平、黄金存量、信用关系和利率水平等也都会对汇率产生影响，但它们都是次要因素。

凯恩斯学派从国民收入与支出的一般均衡方面考察汇率变动，认为国民总收入的增长会使国民总支出增加，支出增加又会导致国际收支逆差，使本币对外贬值；相反，缩减国内消费与投资，会改善国际收支，使本币对外升值。缩减国内消费与投资就是减少国内"吸收"，减少外汇需求。凯恩斯学派认为，货币对外贬值会引起进出口商品相对价格的变化，从而有利于改善国际收支，而国际收支的改善又会形成新的均衡汇率。

英国经济学家戈森在1861年出版的《外汇理论》（*Theory of Foreign Exchange*）中系统地阐释了金本位制下汇率变动的主要原因，提出了国际借贷说。

（1）国际借贷指一国的国际收支状况，经常项目和资本项目差额构成国际借贷差额。在一定时期内（如一年），国际收支顺差称为国际借贷出超，出超数额为该国对其他国家的净债权；国际收支逆差称为国际借贷入超，入超数额为该国对其他国家的净债务。国际借贷反映一国国际收支的动态差量关系。戈森认为，引发国际借贷的因素主要有商品的输入和输出、股票和债权的买卖、利润和捐赠的收付、资本交易等。

（2）戈森认为，汇率直接取决于外汇供求关系，国际借贷关系是影响汇率波动的关键。一国国际借贷出超，国际市场上该国货币供不应求，该国货币升值；反之，一国国际借贷入超，国际市场上该国货币供大于求，该国货币贬值。

（3）戈森将国际借贷分为固定借贷和流动借贷。前者指借贷关系已经形成，但是尚未进入实际收付阶段的借贷，相当于长期债权债务关系；后者是指已经进入实际收付阶段的借贷，相当于经常项目收支。戈森认为，固定借贷对当期资本流动、外汇供求的影响具有较大的不确定性，只有流动借贷的改变才会对外汇供求产生影响。

（4）戈森认为，其他因素如物价、黄金存量、利率水平、信用状况等也会对汇率产生一定的影响，但是决定汇率涨落的最重要因素仍是国际借贷关系。

国际借贷是因，国际收支是果。戈森的国际借贷理论第一次较为系统地从国际收支的角度解释外汇供求变化,分析了汇率波动的原因。这一理论盛行于第一次世界大战前的金本位货币制度时期。从目前的角度看,国际收支仍然是影响汇率变化最直接最重要的基本因素之一。但从另一方面看,国际借贷说存在其历史局限性,它并没有说明汇率决定的基础和其他一些重要的影响因素。

该学说在金本位制度下是成立的。此理论对汇率变动原因的解释(由外汇供求关系亦即流动借贷引发),做出了很大的贡献。事实证明,国际收支失衡是导致汇率变动的主要原因之一。但它并没有回答"汇率由何决定"这个问题,也无法解释在纸币流通制度下由通货数量增减而引起的汇率变动等问题。

2. 国际收支和国际借贷的联系与区别

凯恩斯学派对该理论进行了发展,提出了调整国际收支的弹性论和国际收支调节的吸收论,肯定了国家干预对汇率变动的作用。因此,国际收支与国际借贷之间的联系是,在非现金结算条件下,国家之间的经济交往总是先形成债权债务关系,如商品、劳务和资本的输出输入等。两国在未进行结算前,输出国形成对外债权,输入国形成对外债务,这种关系就是国际借贷关系。国际借贷关系一经结算即告消失,但在结算过程中会引起国际收支的发生,债权国会得到外汇收入,债务国会支出外汇,这就分别形成两个国家的国际收支。可见,国际借贷是产生国际收支的直接原因。但有时,国际收支又反作用于国际借贷,因为国际收支的某些变化会引起国际借贷活动的展开。一般地,国际债权债务关系发生后,必然会在国际收支平衡表上有所反映。但有时,国际收支又会反作用于国际借贷,即国际收支的某些变化会引起国际借贷活动的展开。因此,二者间相辅相成,互为因果。

国际收支与国际借贷的区别主要表现在以下方面。

(1) 国际借贷表示一个国家在一定时期内对外债权债务的综合情况;国际收支则表示一个国家在一定时期内对外全部经济交易的综合情况。

(2) 国际借贷是个静态的概念,表示的是一种存量(余额);国际收支是个动态的概念,表示的是一种流量(发生额)。

(3) 国际借贷只包括形成债权债务关系的经济交易,范围小;国际收支则包括一切对外发生的经济交易,范围大。

第二节
国际收支平衡表的编制原则及其构成

一个国家的国际收支情况,集中反映在这个国家的国际收支平衡表(balance of payments presentation,简称 BPP)中。下面我们就详细介绍国际收支平衡表。

一、国际收支平衡表概述

国际收支平衡表是一个同家或地区在一定时期(一年、半年、一季或一月)内以货币形式表示的对外经济、政治及文化往来的系统记录和总结的一种统计报表。

国际收支平衡表是按照复式簿记原理编制,一切收入项目或负债增加、资产减少的项目都记入贷方,或称正号项目;一切支出项目或资产增加、负债减少的项目都记入借方,或称负号项目。每一笔交易都同时记录在贷方和相应的借方,金额相等。因此,原则上,国际收支平衡表全部项目的借方总额与贷方总额总是相等的,其净差额为零。目前世界各国的国际收支平衡表都按复式簿记原理编制。

实际上,国际收支平衡表每一具体项目的借方和贷方(收入和支出)却是经常不平衡的,收支相抵总是出现一定的差额,正号表示盈余,即顺差(surplus),负号表示亏损,即逆差(deficit)。各项收支差额的总和,便是国际收支总差额。

二、国际收支平衡表的编制原则

国际收支平衡表的编制原则包括所有权变更原则和作价原则。国际收支平衡表的编制原则分为两个部分:一部分是国际货币基金对记账价值和记账日期的统一规定,另一部分是借记和贷记的确定方法。

国际经济交易是不断发生的,交易中使用的价格因时因地而异,完成交易的时间也有不同的确定方法,这给国际收支统计造成了困难。为了便于分析,必须对记录经济交易的时间、使用的价格以及统计编表时使用的记账单位制定统一的原则。

1. 所有权变更原则

国际收支平衡表的统计编制一般以年度为限。当年发生的经济交易中,有的既发生了货物的转移,也完成了由此而引起的货币流动;有的只发生了货物的转移,尚未实现货币的支付,或者货物尚未获得而货币支付已经完成。在一笔具体的经济交易中,往往存在着许多时间概念,如物价签约、装运、交货、报关、付款等,应依据哪一时间来判定某一交易该不该记载在当年国际收支中呢? 对此,IMF 建议采用所有权变更原则。按惯例,所有权变更是指交易当事方在账目上放弃(获得)实际资产并获得(放弃)金融资产。这个记载的时间通常作为所有权变更的时间。如果一个进口商在获得商品所有权之前付款(预付),应同时列出其对出口商拥有的应收债权;一个出口商在放弃商品所有权之后的某个时间才收款(赊销),其也应同时列出对进口商拥有的应收债权。上述债权的产生和清偿都应分别记入其发生期的国际收支。

2. 作价原则

国际经济交易中,实际资源与金融资产有多种交易方式,使交易价格的类型千差万别,如果不统一作价原则,各国编制出来的国际收支表就缺乏可比性。因此,对记入国际收支平衡表的交易一律用市场价格作价。市场价格不一定非解释为等同于自由市场价格,就是说,一笔市场交易不应该解释为非在市场处于完全竞争的情况下发生不可。一个市场价格是指以某一项交易当事人双方之间不存在任何经营联合关系为条件的一笔具体交易的价格。

在统计进出口时，如果出口国按离岸价格（free on board，简称 FOB）计算，进口国以到岸价格（cost，insurance and freight，简称 CIF）计算，这种做法不利于正确统计国际收支。故 IMF 规定进出口交易一律按离岸价格作价计入经常项目的贸易收支，而运输费和保险费列入经常项目的劳务收支。

三、国际收支平衡表构成

一个国家的国际收支情况，集中反映在这个国家的国际收支平衡表中。国际收支平衡表是一个国家或地区在一定时期（一年、半年、一季或一月）内以货币形式表示的国际经济交往的系统记录，并对各笔交易进行分类汇总的一种统计报表。

国际收支平衡表是按照复式簿记原理编制，一切收入项目或负债增加，资产减少的项目都记入贷方，或称正号项目；一切支出项目或资产增加、负债减少的项目都记入借方，或称负号项目。一笔交易同时记录在贷方和相应的借方，金额相等。因此，原则上，国际收支平衡表全部账户的借方总额与贷方总额总是相等的，其净差额为零。

实际上，国际收支平衡表每一具体项目的借方和贷方（支出和收入）却经常不平衡，收支相抵后总是出现一定的差额，正号表示收入多于支出，称盈余或顺差（surplus）；负号表示支出多于收入，称逆差（deficit）。各项收支差额的总和，便是国际收支总差额（overall balance）。

虽然国际收支平衡表的格式由 IMF 统一规定，但 IMF 在不断改进国际收支平衡表的形式，目前 IMF 推行的是《国际收支手册》（第 5 版）中的平衡表格式。下面介绍的就是第 5 版国际收支平衡表的内容和构成，主要包括经常账户、资本和金融账户、错误与遗漏三个大项目，每一大项目可再分为一些分支项目或子项目（sub-accounts）。

国际收支账户是指根据一定原则用会计方法编制出来的反映国际收支状况的报表。1993 年国际货币基金组织已出版《国际收支手册》（第 5 版），对这一报表的编制所采用的概念、准则、惯例、分类方法以及标准构成都做了统一说明。2008 年 12 月，国际货币基金组织又颁布了《国际收支和国际投资头寸手册》（第 6 版），对《国际收支手册》（第 5 版）进行修订，这也成为当前世界各国对国际收支和相应的资金头寸进行统计的根本依据。[①]

国际收支账户编制的原理来源于我们上一节对经常账户的分析。我们知道，商品和服务的进出口和从外国获得净要素收入这些经济行为（我们已称之为经常账户中的经济行为）都对应着一国对外资产、负债的相应变化，也就是一笔贸易流量对应着一笔金融流量。因此，我们可以运用复式记账法的基本原理，将整个国际收支划分为反映商品、服务进出口及净要素支付等实际资源流动的账户（我们已称之为经常账户（Current Account，简称 CA）），以及反映资产所有权流动的资本与金融账户（Capital and Financial Account，简称 KA），使同一行为在不同账户中被记录两次，从而较为完整与科学地反映出一国国际收支的状况。

更为具体地看，一国国际收支账户包括如下要素。

---

① 参见 IMF 2008 年 6 月的《国际收支和国际投资头寸手册》（第 6 版）。

1. 账户设置

国际收支账户可分为两大类:经常账户和资本与金融账户。

1) 经常账户

经常账户是指对实际资源在国家间的流动行为进行记录的账户,它包括以下项目:货物、服务、收入和经常转移。

(1) 货物(goods)。货物包括一般商品、用于加工的货物、货物修理、各种运输工具在港口购买的货物和非货币黄金。在处理上,货物的出口和进口应在货物的所有权从一国居民转移到另一国居民时记录下来。一般来说,货物按边境的离岸价(FOB)计价。

(2) 服务(services)。服务是经常账户的第二个大项目,它包括运输、旅游以及在国际贸易中地位越来越重要的其他项目(如通信、金融和计算机服务,专有权征用和特许以及其他商业服务)。

(3) 收入(income)。将服务交易同收入交易明确区分开来是《国际收支手册》(第 5 版)的重要特征。收入包括居民与非居民之间进行的两大类交易:①支付给非居民工人(例如季节性的短期工人)的报酬;②投资收入项下有关对外金融资产和负债的收入和支出。第二大类包括有关直接投资、证券投资和其他投资的收入和支出以及储备资产的收入。最常见的投资收入是股本收入(红利)和债权收入(利息)。

(4) 经常转移(current transfer)。当一经济体的居民实体向另一非居民实体无偿提供了实际资源或金融产品时,按照复式记账法原理,需要在另一方进行抵消性记录以达到平衡,也就是需要建立转移账户作为平衡项目。在《国际收支手册》(第 5 版)中,将转移区分为经常转移与资本转移。这一处理方法的变化,使经常转移仍包括在经常账户中,而资本转移包括在资本与金融账户的资本账户内。经常转移排除了下面三项所有权转移:①固定资产所有权的资产转移;②同固定资产收买或放弃相联系的或以其为条件的资产转移;③债权人不索取任何回报而取消的债务。这里排除的都是资本转移。经常转移包括各级政府的转移(如政府间经常性的国际合作、对收入和财政支付的经常性税收等)和其他转移(如工人汇款)。

2) 资本与金融账户

资本与金融账户是指对资产所有权在国家间流动的行为进行记录的账户,它包括资本账户和金融账户两大部分。

资本账户包括资本转移和非生产、非金融资产的收买或放弃。资本转移的含义已在经常转移部分进行了说明。非生产、非金融资产的收买或放弃是指各种无形资产如专利、版权、商标、经销权以及租赁和其他可转让合同的交易。

金融账户包括一个经济体对外资产和负债所有权变更的所有权交易。金融账户根据投资类型或功能,可以分为直接投资、证券投资、其他投资、储备资产四类项目。与经常账户不同,金融账户的各个项目并不按借贷方总额来记录,而是按净额来记入相应的借方或贷方中。

(1) 直接投资(direct investment)。直接投资的主要特征是投资者对另一经济体的企业拥有永久利益。这一永久利益意味着直接投资者和企业之间存在着长期关系,并且投资者对企业经营管理施加着相当大的影响。直接投资可以采取在国外直接建立分支企业的形式,也可以采用购买国外企业一定比例以上股票的形式。在后一种情况下,《国际收支手册》(第5版)中规定这一比例最低为百分之十。

(2)证券投资(portfolio investment)。证券投资的主要对象是股本证券和债务证券。对于债务证券而言,它可以进一步细分为期限在一年以上的中长期债券、货币市场工具和其他派生金融工具。

(3)其他投资(other investment)。这是一个剩余项目,它包括所有直接投资、证券投资或储备资产未包括的金融交易。

(4)储备资产(reserve assets)。储备资产包括货币当局可随时动用并控制在手中的外部资产。它可以分为货币黄金、特别提款权、在基金组织的储备头寸、外汇资产(包括货币、存款和有价券)和其他债权。

除了经常账户、资本与金融账户外,国际收支账户体系中还存在一个错误与遗漏账户(errors and omissions account)。国际收支账户运用的是复式记账法,因此所有账户的借方总额和贷方总额应相等。但是,由于不同账户的统计资料来源不一、记录时间不同以及一些人为因素(如虚报出口)等原因,会造成结账时出现净的借方或贷方余额,这时就需要人为设立一个抵消账户,数目与上述余额相等而方向相反。为了便于在各会员国之间进行国际比较,IMF规定了国际收支平衡表的标准构成,并要求会员国按照这个标准编制表格。IMF在其1995年出版的《国际收支手册》(第5版)中对第4版的国际收支平衡表进行了一次修改。修改后的国际收支平衡表包括标准组成部分和金融账户补充信息,如图1-1所示。

图1-2列出了原有国际收支账户的构成。原有的账户设置在很多国家仍然使用,并且在相当多的理论研究中仍沿用了原有的分类,所以也有必要予以了解。在此需要特别指出的是,资本账户这一概念在新旧国际收支账户体系中的含义截然不同。在本书中,若无特别说明,均使用新版国际收支账户体系中的有关概念。

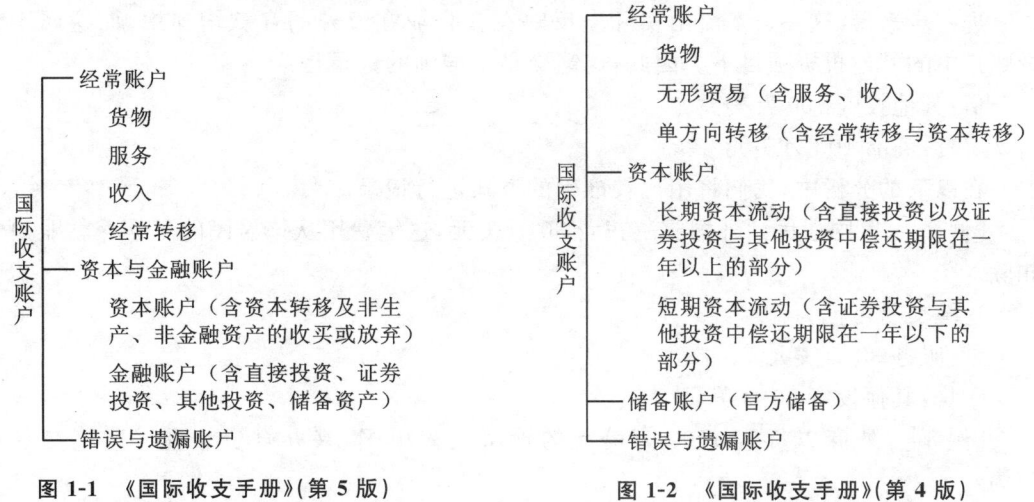

图1-1 《国际收支手册》(第5版)
中国际收支账户构成

图1-2 《国际收支手册》(第4版)
中国际收支账户构成

2.记账规则

国际收支账户运用的是复式记账法,即每笔交易都是由两笔价值相等、方向相反的账目表示。根据复式记账的惯例,不论是对于实际资源还是金融资产,借方表示该经济体资产(资源)持有量的增加,贷方表示资产(资源)持有量的减少。

记入借方的项目包括:反映进口实际资源的经常项目;反映资产增加或负债减少的金融项目。

记入贷方的项目包括:表明出口实际资源的经常项目;反映资产减少或负债增加的金融项目。更具体来说,主要有:①进口商品属于借方项目,出口商品属于贷方项目;②非居民为本国居民提供服务或从本国取得的收入属于借方项目,本国居民为非居民提供服务或从外国取得的收入属于贷方项目;③本国居民对非居民的单方向转移属于借方项目,本国居民收到的国外的单方向转移属于贷方项目;④本国居民获得外国资产属于借方项目,外国居民获得本国资产或对本国投资属于贷方项目;⑤本国居民偿还非居民债务属于借方项目,非居民偿还本国居民债务属于贷方项目;⑥官方储备增加属于借方项目,官方储备减少属于贷方项目。

3. 记账实例

我们以甲国为例,列举 6 笔交易来说明国际收支账户的记账方法。值得指出的是,对具体交易记账方法的分析不仅有助于正确掌握国际收支账户中的记账原理,而且有助于我们理解各账户之间的关系。

[例 1] 甲国企业出口价值 100 万美元的设备,这一出口行为导致该企业在海外银行存款的相应增加。我们在前面的分析中已经知道,出口伴随着资本流出所形成的海外资产的增加。对于出口行为来说,它意味着本国拥有的实际资源的减少,因此应记入贷方。对于资源流出这一行为而言,它意味着本国在外国的资产的增加,因此应记入借方。如果不考虑账户的具体内容,可简单记为:

借:资本流出 100 万美元

贷:商品出口 100 万美元

进一步来看,这一资本流出实际上反映在该企业在海外的存款增加中,而这属于金融账户中的其他投资项目下。因此,这笔交易更准确的记录是:

借:其他投资 100 万美元

贷:商品 100 万美元

在以下的分析中,我们将用比较准确的方式进行记录。

[例 2] 甲国居民到外国旅游花费 30 万美元,这笔费用从该居民的海外存款账户中扣除。

这笔交易可记为:

借:服务 30 万美元

贷:其他投资 30 万美元

[例 3] 外商以价值 1000 万美元的设备投入甲国,兴办合资企业。这笔交易可记为:

借:商品 1000 万美元

贷:直接投资 1000 万美元

[例 4] 甲国政府动用外汇库存 40 万美元向外国提供无偿援助,另提供相当于 60

万美元的粮食药品援助。这笔交易可记为:

借:经常转移 100 万美元

贷:官方储备 40 万美元

商品 60 万美元

[例5] 甲国某企业在海外投资所得利润为 150 万美元。其中 75 万美元用于当地的再投资,50 万美元用于购买当地商品运回国内,25 万美元调回国内结售给政府以换取本国货币。这笔交易可记为:

借:商品 50 万美元

官方储备 25 万美元

直接投资 75 万美元

贷:海外投资利润收入 150 万美元

[例6] 甲国居民动用其在海外的存款 40 万美元,用以购买外国某公司的股票。这笔交易可记为:

借:证券投资 40 万美元

贷:其他投资 40 万美元

上述各笔交易可编制成一个完整的国际收支账户表格(见表1-1)。

表 1-1 六笔交易构成的国际收支账户表格   单位:万美元

项目	借方	贷方	差额
商品贸易	1000+50	100+60	-890
服务贸易	30	—	-30
收入	—	150	+150
经常转移	100	—	-100
经常账户合计	1180	310	-870
直接投资	75	1000	+925
证券投资	40	—	-40
其他投资	100	30+40	-30
官方储备	25	40	+15
资本与金融账户合计	240	1110	+870
总计	1420	1420	0

四、国际收支账户分析

国际收支账户提供了开放条件下一国对外经济交往的系统记录。为全面了解一国对外经济交往的状况,有必要对国际收支账户进行具体分析,以得出有价值的结论。

我们已经知道,国际收支账户是一种事后的会计性记录,复式记账法使借贷双方在整体上总是平衡的,也就是余额总是为零,那么为什么我们常听到国际收支盈余或赤字这一提法呢?这是因为,就具体项目(账户)而言,借方和贷方经常是不相等的,双方进行抵消后,会产生一定的差额。所谓国际收支盈余或赤字这一提法,是针对按不同的口径划分的特定账户上出现的余额而言的。下面我们将介绍各账户余额的含义及它们之间

的关系。

1. 贸易账户余额

贸易账户余额是指包括货物与服务在内的进出口之间的差额,对这一差额的宏观经济含义我们已在上节中介绍过了。贸易账户余额在传统上经常作为整个国际收支的代表,这是因为对一些国家来说,贸易收支在全部国际收支中所占的比重相当大(中国的这一比例在 20 世纪 80 年代约为 70%)。同时,贸易收支的数字尤其是商品贸易收支的数字易于通过海关的途径及时收集,能够比较快地反映出一国对外经济交往的情况。贸易账户余额在国际收支中具有特殊重要性的原因还在于,它表现了一个国家或地区自我创汇的能力,反映了一国的产业结构和产品在国际上的竞争力及在国际分工中的地位,是一国对外经济交往的基础,影响和制约着其他账户的变化。

2. 经常账户余额

我们首先分析经常账户余额与贸易账户余额的关系。例如,2015 年第四季度,我国经常账户顺差 5391 亿元人民币,资本和金融账户(含当季净误差与遗漏,下同)逆差 5391 亿元人民币,其中,非储备性质的金融账户逆差 12762 亿元人民币,储备资产减少 7368 亿元人民币。

2015 年,我国经常账户顺差 18272 亿元人民币,资本和金融账户逆差 8258 亿元人民币,其中,非储备性质的金融账户逆差 29814 亿元人民币,储备资产减少 21537 亿元人民币。

按美元计价,2015 年四季度,我国经常账户顺差 843 亿美元,其中,货物贸易顺差 1616 亿美元,服务贸易逆差 486 亿美元,初次收入逆差 213 亿美元,二次收入逆差 73 亿美元。资本和金融账户逆差 843 亿美元,其中,资本账户基本平衡,非储备性质的金融账户逆差 1997 亿美元,储备资产减少 1153 亿美元。

按美元计价,2015 年,我国经常账户顺差 2932 亿美元,其中,货物贸易顺差 5781 亿美元,服务贸易逆差 2094 亿美元,初次收入逆差 592 亿美元,二次收入逆差 163 亿美元。资本和金融账户逆差 1611 亿美元,其中,资本账户顺差 3 亿美元,非储备性质的金融账户逆差 5044 亿美元,储备资产减少 3429 亿美元。

我们知道,经常账户除包括贸易账户外,还包括收入账户和经常转移账户。暂时不考虑经常转移问题时,经常账户余额与贸易账户余额之间的差别就体现在收入账户余额的大小上。由于收入账户主要反映的是资本通过直接投资或间接投资取得的收入,因此收入账户与一国的净外国资产或债务密切相关。为达到一定的目标,经常账户余额(假定这一余额为零),净国外资产数额越大,从外国得到的收入也就越多,贸易账户也就可以相应出现更多的赤字;相反,净外国负债越大,向国外付出的收入也就越多,贸易账户就必须实现更多的盈余才能维持经常账户平衡。

图 1-3 中的目标经常账户余额为顺差。经常账户的宏观经济含义我们已经在上一节进行了详尽的分析。正是由于经常账户在宏观经济中的这种举足轻重的地位,它被视为衡量国际收支的最好的指标之一。

3. 资本与金融账户

我们首先分析资本与金融账户和经常账户之间的关系。我们已经知道,一笔贸易流

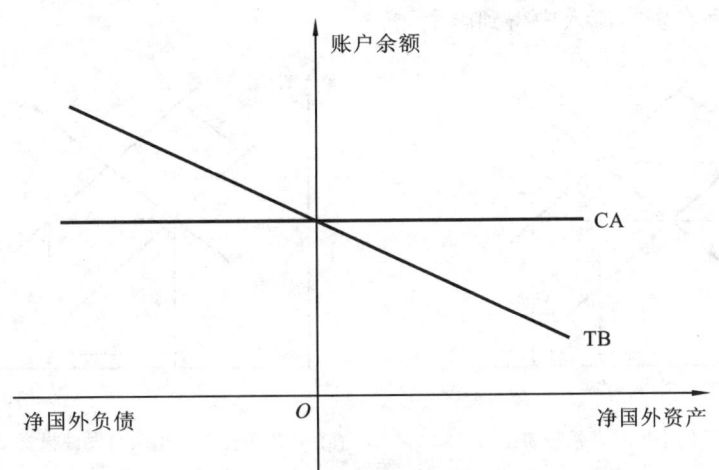

图 1-3　经常账户余额与贸易账户余额之间的关系

量对应着一笔金融流量,经常账户(Current Account,简称 CA)中实际资源的流动和资本与金融账户(Capital And Financial Account,简称 KA)中资产所有权的流动是同一问题的两个方面。由于国际收支账户采用复式记账法,因此不考虑错误与遗漏因素时,经常账户中的余额必然对应着资本与金融账户在相反方向上的数量相等的余额。经常账户和资本与金融账户间存在的这一关系可用下式表示:

$$CA+KA=0 \tag{1.1}$$

　　我们对此进行进一步的分析,着重研究经常账户为赤字时资本与金融账户为经常账户赤字进行融资的机制。当经常账户出现赤字时,必然对应着资本与金融账户的相应盈余,这意味着一国利用金融资产的净流入为经常账户赤字融资。影响金融资产流动的因素很多,这些因素主要是影响国内和国外各种资产的投资收益率与风险的各种因素,例如利率、各种其他投资的利润率、预期的汇率走势、税收方面的考虑以及政治风险等因素。我们假定其他条件不变,资本可以在各国间自由流动,利率水平是影响资本流动的最主要因素;同时,假定分析对象是一小国,它无法影响世界市场利率水平。那么,对资本与金融账户为经常账户赤字进行融资的机制可进行如下分析。

　　假如甲国的期初经常账户差额和资本与金融账户的差额均为零,由上节的分析可知这意味着国内储蓄(S_0)等于国内投资(I_0),本国市场利率水平(i)与世界利率水平(i^*)相等。此时,当该国出现自发性国内投资需求的增长(表现为任一利率水平上的投资需求数量都增加了,即图 1-4(a)中的 I 曲线右移至 I' 曲线),如果国内储蓄不能有相应的增长,只要利率不是由当局所固定的话,利率将会出现上升的趋势。如果该国是封闭经济,则本国利率水平将会上升,直至使本国储蓄与投资重新相等,此时本国投资水平(I_1)高于原有平衡水平(I_0),但低于原有利率水平上增长后的投资需求(I_2)。如果该国是开放经济(见图 1-4(b)),则本国利率微小的、不引人注意的上升就会吸引国外资本流入(因为依照前文假定,本国利率上升而高于世界利率水平会带来资本大量流入,直至本国利率水平重新与世界利率水平相等),满足这一利率水平上的投资需求,其结果是本国利率水平不变,国内投资(I_2)超过国内储蓄(S_0),经常账户出现赤字(其数量可用 I_0、I_2

表示),这一赤字在资本流入中得到融资。

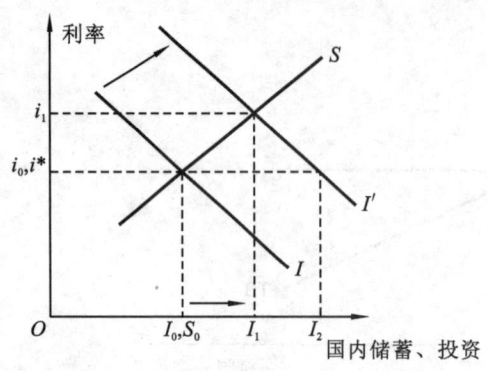

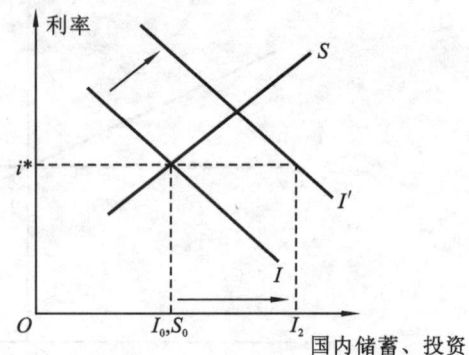

（a）封闭条件下的小国自发性投资上升　　　　（a）开放条件下的小国自发性投资上升

图 1-4　资本与金融账户为经常账户提供融资示意图

对于资本与金融账户和经常账户之间存在的这种融资关系,需要指出以下几点。

(1) 资本与金融账户为经常账户提供融资不是没有制约的。

如果一国很难吸引国外资本流入,则势必主要通过本国政府持有的金融资产(这记录在资本与金融账户中的官方储备中)进行融资。对于一国来说,其储备数量是有限的,因此这一融资不是无限的。如果提供融资的主要是国外资本(这记录在资本与金融账户中的直接投资、证券投资、其他投资中),那么这一融资方式的限制至少体现在两个方面。首先,流入的资本本身并不是稳定的。一国经济环境的变化、国际资本市场上的供求变动乃至于突发事件等因素都有可能引起资本的大规模撤出。同时,这些资本中相当部分都是以短期投机为目的的,一国的经常账户赤字如果主要依靠这类资本融资,是很难长期维持下去的。一般来说,资本与金融账户中直接投资项目中记录的资本流动比较稳定,而证券投资等项目中记录的资本流动更易于变动。其次,利用外国资本进行融资必然面临着偿还问题。如果由于各种因素导致对借入的资金使用不当,这一偿还就会发生困难,特别是吸引资本流入的较高利率不是自然形成的,而是存在人为扭曲因素时,更容易产生偿还困难。资本流入为经常账户赤字融资,这意味着资本的所有权与使用权分离,从而蕴含了发生债务危机的可能性。可见,在经济处于开放状态时,这一开放性在使经济可以获得更多有利条件的同时,其自身的稳定也受到了来自外部的冲击。

(2) 资本与金融账户已经不再是被动地由经常账户所决定而为经常账户提供融资服务,这一账户中的资本流动存在着独立的运动规律。

国家间的资本流动曾经在长期内依附于贸易活动,本身的流量有限,对各国经济的影响并不突出。近 20 年来,国际资本流动取得了突破性进展,其流量远远超过国际贸易流量,从根本上摆脱了与贸易的依附关系,从而具有自身相对独立的运动规律,对一国乃至世界经济都产生了越来越大的影响。

(3) 资本与金融账户和经常账户存在的融资关系中,债务收入因素对经常账户也会产生影响。

我们在分析贸易账户余额与经常账户余额关系时已指出,收入账户是影响经常账户状况的重要因素。资本与金融账户为经常账户提供融资后,这一资本流动造成国际投资头寸的相应变动,这又会通过债务支出进而影响到经常账户。尤其是当一国经常账户赤字数额长期较高时,由此导致的债务积累会使得利息支出越来越大,这又加剧了经常账户状况的恶化,从而形成恶性循环的局面。

从以上分析可以看出,资本与金融账户中的不同项目为经常账户提供的融资具有不同的特点,因此有必要对这些不同的项目与经常账户一起构成的局部余额进行分别分析。这些局部余额中,现在运用得最多的是综合账户余额或总差额(overall balance)。综合账户余额是指经常账户和资本与金融账户中的资本转移、直接投资、证券投资、其他投资账户所构成的余额,也就是将国际收支账户中官方储备账户剔除后的余额。综合账户的意义在于可以衡量国际收支对一国储备持有所造成的压力,因为综合账户余额必然导致官方储备的相反方向变动。国际收支中的各种行为带来了外国货币与本国货币在外汇市场上的供求变动,因此当外汇市场上的价格(也就是货币间的比价——汇率)不能变动时,政府必须利用官方储备介入市场以实现供求平衡。所以,综合账户余额在政府有义务维护固定汇率制度时,是极其重要的。而在浮动汇率制度下,政府原则上可以不动用储备而听任汇率变动来调节国际收支平衡,或者由于主动介入外汇市场干预等原因变动这一储备,因此这一余额在现代的分析意义有所弱化。

4. 错误与遗漏账户

国际收支统计中的错误与遗漏一般是由统计技术原因造成的,有时也有人为因素,它的数额过大会影响到国际收支分析的准确性。当一国国际收支账户持续出现同方向、较大规模的错误与遗漏时,常常是人为因素造成的,因此对错误与遗漏账户本身进行分析也是必要的,往往可以发现实际经济中存在的一些问题。例如,一国实行资本管制时,为躲避管制而形成的资本外逃会假借各种合法交易名义流出国外,这最终反映在错误与遗漏账户中。因此,衡量资本外逃的方法之一就是将资本净流出额加上错误与遗漏账户中的数额。可见,错误与遗漏账户也是颇具分析价值的。在本节的最后,我们小结如下:

(1)国际收支账户是衡量经济开放性的主要工具,它系统反映了一国与其他国家的以货币记录的交往情况,这种交往会通过多种渠道影响到该国的宏观经济运行。从本节的分析中,我们已经可以初步发现:经济的开放性在促进一国经济发展的同时,也给经济自身的稳定带来了冲击。因此,对开放经济的运行进行描述,必须将国际收支因素纳入其中,研究形成特定国际收支状况的原因,研究国际收支这一外部因素与原有的封闭条件下的经济变量的相互影响。

(2)国际收支账户在总体上总是平衡的,而这一账户的不同内部结构则反映出一国不同类别的对外交往状况。为使经济处于合理的开放状态,一国有必要根据一定标准确定其应追求何种性质的国际收支平衡。

(3)当一国的国际收支状况与政府追求的状态存在较大差异时,就会对国内经济造成种种不利影响,因此有必要采取各种政策措施对原有的国际收支进行调整。也就是说,一国常常面临着对国际收支进行调节的问题。在后文的分析中,我们将会不断地看到,正是因为开放性对经济的影响是双重的,所以在开放经济的运行过程中常常会遇到利用开放性的有利条件与保持经济稳定及发展这两者之间存在的矛盾,这一矛盾的复杂

性及其解决办法构成了国际金融学的研究主体。

第三节
国际收支平衡表的分析

国际收支平衡表的分析方法有静态分析、动态分析和比较分析三种。在对一国的国际收支进行分析时,一定要把这三种分析方法结合起来一起分析,才能对一国经济进行全面、准确、深入的分析。

一、静态分析

静态分析主要分析某国在某一时期(一年、一季或一个月)内的国际收支平衡表。具体地讲,是计算和分析表中各个项目及其差额,分析各个项目差额形成的原因与对国际收支总差额的影响。静态分析的方法和应注意的问题如下。

(1)贸易收支。一国贸易收支出现顺差或逆差,主要受多个方面的因素影响,主要包括:经济周期的更替、财政与货币政策变化所决定的总供给与总需求的对比关系;气候与自然条件的变化;国际市场的供求关系;本国产品的国际竞争力;本国货币的汇率水平等。结合这些方面的资料进行分析,有助于找出编表国家贸易收支差额形成的原因。

(2)服务收支。服务收支反映着编表国家有关行业的发达程度与消长状况。如运费收支的状况直接反映了一国运输能力的强弱,一般发展中国家总是支出的,而一些经济发达的国家由于拥有强大的商船队而收入颇丰;还有银行和保险业务收支状况反映了一个国家金融机构完善状况。分析这些状况之后,对本国来说可以为寻找改进对策提供依据;对别国来说,为选择由哪个国家提供相关业务的服务提供依据。

(3)单方面转移收入中,重点研究官方转移收入。二战后,国际援助相对来说在不断增加,这种援助包括军事援助和经济援助两种,其中又分低息贷款和无偿援助两部分。在分析这个项目时除考虑其数额大小外,还要分析这种援助的背景、影响及其后果,并对趋势做一分析。

(4)资本与金融项目中涉及许多子项目,比如直接投资、间接投资、国际借贷和延期付款信用等等,一般来说前三项处于主要地位。直接投资状况反映一国资本国际竞争能力的高低(对发达国家而言)或一国投资利润前景的好坏(对发展中国家而言)。国际借款状况反映了一国借用国际市场资本条件的优劣,从而反映了该国的国际信誉高低。二战后,短期资本在国家间移动的规模与频繁程度都是空前的,其对有关国家的国际收支与货币汇率的变化都有主要影响。因而,研究、分析短期资本在国家间移动的流量、方向与方式,对研究国际金融动态和发展趋势具有重要意义。

分析官方储备项目,重点分析国际储备资产变动的方向,因为它反映了一国应对各种意外冲击的能力的变化。错误与遗漏项目,主要分析其数额大小的变化。因为错误与遗漏的规模一方面反映了一国国际收支平衡表虚假性的大小,规模越大,国际收支平衡表对该国国际经济活动的反映就越不准确;另一方面在某种程度上也反映了一国经济开放的程度,一般来说经济越开放,错误与遗漏的规模就越大。

二、动态分析

国际收支平衡表虽只反映某一特定时期的情况,但应看到,它绝不是孤立存在的,而是与以前或以后的发展过程紧密相连的。可以说,它既是前一时期演变的结果,又是后一时期状况产生的原因。因此,要研究一国的国际经济地位、国际金融状况,必须遵循动态性原则,连续分析不同时期的国际收支平衡表,掌握其长期变化情况。只有这样,才能得出比较正确的结论。

三、比较分析

比较分析既包括对一国若干连续时期的国际收支平衡表进行的分析,也包括对不同国家在相同时期的国际收支平衡表进行的分析。后一种比较分析较为困难,因为各国的国际收支平衡表在项目的分类与局部差额的统计上不尽相同。利用联合国或国际货币基金组织的资料有助于克服这一困难,因为这两个机构公布的若干重要资料,都是经过重新整理后编制的,可以互相比较。

2014 年,我国国际收支在振荡中趋向基本平衡。经常项目顺差 2197 亿美元,较上年增长 48%,与 GDP 之比为 2.1%,仍处于国际公认的合理水平之内。其中,货物贸易顺差增长 32%,服务贸易逆差扩大 54%。同时,跨境资本流动的波动性明显增强。具体来看,直接投资持续较大规模净流入;证券投资、其他投资等非直接投资形式的跨境资本由净流入转为净流出,主要体现了境内主体持汇意愿增强和对外偿债加快。2014 年,我国新增储备资产 1178 亿美元,较上年下降 73%,相当于国内生产总值的 1.1%,较上年回落 3.4 个百分点。我国经济运行处于合理区间,改革和结构调整稳步推进,人民币汇率双向浮动明显增强。

第四节
国际收支的失衡与调节

国际收支不平衡的现象是经常的、绝对的,而平衡是偶然的、相对的,因此,国际收支的调节无时不在进行着。为了顺利而有效地调节国际收支,首先必须研究国际收支不平

衡的原因,然后才能采取与之相适应的措施来进行调节。

各国发生国际收支不平衡的原因繁多而复杂,这些原因中既有一般原因,又有特殊原因。

一、一般原因

西方经济学家按发生国际收支不平衡一般原因的不同,将国际收支不平衡分为以下五种类型。

1. 周期性不平衡

周期性不平衡(cyclical disequilibrium)是一国经济周期性波动引起该国国民收入、价格水平、生产和就业发生变化而导致的国际收支不平衡。周期性不平衡是世界各国国际收支不平衡常见的原因。因为,在经济发展过程中,各国经济不同程度地处于周期性波动之中,周而复始地出现繁荣、衰退、萧条、复苏,而经济周期的不同阶段对国际收支会产生不同的影响。在经济衰退阶段,国民收入减少,总需求下降,物价下跌,会促使出口增长,进口减少,从而出现顺差;而在经济繁荣阶段,国民收入增加,总需求上升,物价上涨,则使进口增加,出口减少,从而出现逆差。如日本在 1974 年,国民生产总值增长19.4%,国际收支却出现 46.9 亿美元的逆差;1976 年日本经济萧条,但国际收支出现顺差 36.8 亿美元。

2. 货币性不平衡

货币性不平衡(monetary disequilibrium)是指一国货币增长速度、商品成本和物价水平与其他国家相比,发生较大变化而引起的国际收支不平衡。这种不平衡主要是由国内通货膨胀或通货紧缩引起的,一般直观地表现为价格水平的不一致,故又称价格性的不平衡(price disequilibrium)。例如,一国发生通货膨胀,其出口商品成本必然上升,使用外国货币计价的本国出口商品的价格就会上涨,就会削弱本国商品在国际市场上的竞争能力,客观上起着抑制出口的作用。相反,由于国内商品物价普遍上升,相比较而言,进口商品就显得便宜,鼓励了外国商品的进口,从而出现贸易收支的逆差。不过在这里还得注意的是,通货膨胀还会引起该国货币汇率一定程度的贬值,但一般来说此时汇率贬值的幅度要比物价上涨的幅度小得多,因而其影响也小得多。它只能缓和但不会改变通货膨胀对国际收支的影响。货币性不平衡可以是短期的,也可以是中期的或长期的。

3. 结构性不平衡

结构性不平衡(structural disequilibrium)是指当国际分工的结构(或世界市场)发生变化时,一国经济结构的变动不能适应这种变化而产生的国际收支不平衡。

世界各国由于地理环境、资源分布、技术水平、劳动生产率差异等经济条件和历史条件不同,形成了各自的经济布局和产业结构,从而形成了各自的进出口商品和地区结构,各国的产业、外贸结构综合成国际分工结构。若在原有的国际分工结构下,一国的进出口尚能平衡,但在某一时期,若世界市场对该国的出口需求或对该国进口的供给发生变化,则该国势必要改变其经济结构以适应这种国际变化,即原有的相对平衡和经济秩序受到了冲击。若该国经济结构不能灵活调整以适应国际分工结构的变化,则会产生国际收支的结构性不平衡。

譬如,美国从20世纪70年代以来发生了持续性国际收支逆差,究其原因是多方面的,但引起逆差最重要的因素之一,莫过于贸易出现大量逆差,商品入超过大,以及传统出口商品在国际市场上的竞争力减弱。众所周知,美国传统出口产品中以机械制造产品占主导地位,其中出口比重较大的是汽车。美国汽车耗油量较日本、意大利等其他国家的汽车耗油量要大,由于20世纪70年代石油价格猛涨,各国的消费者当然不愿意购买耗油量大的汽车。因此,美国的汽车就无法与日本、意大利等国的汽车竞争,从而贸易赤字越来越大,使该国国际收支出现持续性逆差。

改变结构性不平衡需要重新组织生产,并对生产要素的使用进行重新组合,以适应需求和供给的新结构。否则这种不平衡现象难以克服,而生产的重新组合阻力较大,进展缓慢,因此结构性不平衡具有长期性,扭转起来相当困难。结构性不平衡在发展中国家尤其普遍,因为发展中国家进出口商品具有以下两个特点:其一,产品出口需求的收入弹性低,而产品进口需求的收入弹性高,所以出口难以大幅度增加,而进口则能大幅度增加;其二,产品出口需求的价格弹性大,而产品进口需求的价格弹性小,于是进口价格上涨快于出口价格上涨,贸易条件恶化。

4. 收入性不平衡

收入性不平衡(income disequilibrium)是指由于各种经济条件的恶化引起国民收入的较大变动从而导致的国际收支不平衡。国民收入变动的原因很多,一种是经济周期性波动所致,这属于周期性不平衡;另一种是因经济增长率的变化而产生的,在这里是指这种不平衡,它具有长期性。一般来说,国民收入大幅增加,全社会消费水平就会提高,社会总需求也会扩大。在开放型经济下,社会总需求的扩大,通常不一定会表现为价格上涨,而表现为增加进口、减少出口,从而导致国际收支出现逆差;反之,当经济增长率较低,国民收入减少时,国际收支出现顺差。

5. 临时性不平衡

临时性不平衡是指短期的由非确定或偶然因素引起的国际收支不平衡。例如,1990年伊拉克入侵科威特,国际社会对伊拉克实行全面经济制裁,世界各国一度中止与伊拉克的一切经济往来,伊拉克的石油不能输出,引起出口收入锐减,贸易收入恶化;相反,由于国际市场石油短缺,石油输出国扩大了石油输出,这些国家的国际收支得到了改善。这种性质的国际不平衡,程度一般较轻,持续时间也不长,带有可逆性,因此,可以被认为是一种正常现象。

二、特殊原因

如前所述,西方经济学家把引起国际收支不平衡的原因分为五种类型,但这些原因并不适合所有国家。实际上,不同类型的国家如发达国家、发展中国家和计划经济国家的国际收支不平衡的原因各有差异。

发达国家国际收支不平衡的原因和特点如下。①商品、劳务、资本输入过多或不足的直接原因主要是国际竞争力、利润率和未经抵补的利息率的变化。②资本项目在国际收支中的地位日趋重要,资本输出、输入频繁且不稳定。③由于高度一体化的全球国际金融市场上资金对有资信的国家来说是充裕的,因而较易发生的是国际储备过多(而不

是不足)的情形。

专栏 1-1 阿根廷的出口保护与经济危机

资料来源:http://news.xinhuanet.com/fortune/2014-06/16/c_126623863.htm。

发展中国家国际收支不平衡的原因和特点如下。①一些商品劳务输入不足与另一些输入过多并存;商品、劳务的输出时而不足、时而过多,尤其是世界经济结构全面而深刻的变化,使其面临出口构成严重不合理。②资本净输入过多与不足相交替,但国际储备的水平经常处于适度水平线以下。③国际收支不平衡常常表现为过度逆差。

社会主义计划经济国家国际收支不平衡的原因和特点如下。①出口构成不合理,而且大部分出口因缺乏国际竞争力而常常输出不足,小部分出口因支付逆差所需而常常输出过多。②处于对外开放过程中的国家国际收支不平衡往往表现为:先是经常项目过度逆差、外资输入过多,然后是外汇储备不足、进口不足、外资输入不足。③由于货币不可自由兑换,因而能否通过进口来平衡货币供应和货币需求、总供给和总需求,以抑制或消除通货膨胀,必定受制于本国的外汇储备水平或对外借贷能力。

专栏 1-2 泰国金融危机中的国际收支调节

资料来源:http://3y.uu456.com/bp-cbf82a1dff00bedsb9f31d2f-1.html。

第五节
国际收支的调节理论

一国国际收支持续出现不平衡,不管是顺差还是逆差,对其经济的协调、健康发展都非常不利,因此,各国政府都非常关心对国际收支不平衡的调节问题。国际收支的调节大体可分为两类:一类是自动调节,另一类是人为的政策调节。

一、国际收支的自动调节机制

国际收支的自动调节是指由国际收支不平衡引起的国内经济变量变动对国际收支的反作用过程。在商品经济条件下,一国国际收支不平衡时,受价值规律的支配,一些经济变量就会出现相应变动,这些变动反过来又会使国际收支不平衡自动地得到一定程度的矫正。在不同的货币制度下,自动调节机制也有所差异。

1. 国际金本位制下的自动调节机制

在国际普遍实行金本位制的条件下,一个国家的国际收支可通过物价的涨落和现金(黄金)的输出输入自动恢复平衡。这一自动调节规律称为"物价-现金流动机制(Price Specie-Flow Mechanism)"。它是在 1752 年由英国经济学家休谟·大卫(Hume David)提出的,所以又称"休谟机制"。"物价-现金流动机制"自动调节国际收支的具体过程如下。一国的国际收支如果出现逆差,则外汇供不应求,外汇汇率上升,若外汇汇率上升超过了黄金输送点,则本国商人不再用本币购买外汇付给商人,而是直接用黄金支付给外国出口商,这样黄金就大量流出。黄金外流导致本国银行准备金降低,从而使流通中货币量减少,物价下跌,而物价下跌使得出口成本降低,本国商品的出口竞争力增强,出口增加,进口减少,直至国际收支改善。这样,国际收支的不平衡完全能够自发调节,用不着任何人为的干预。如果一国国际收支出现顺差,其自动调节过程完全一样,只是各经济变量的变动方向相反而已。

上述自动调节过程可用图 1-5 表示。

休谟的"物价-现金流动机制"从理论上分析,存在着一系列缺陷:第一,休谟是以货币数量论为依据的,因而得出物价仅因货币数量变化而变化;第二,在金属货币流通的情形下,黄金流动不一定会引起物价变动,因为金属货币可以自发调节到必要的数量;第三,休谟强调相对价格的变动,而忽视了产量和就业的变动;第四,黄金流动同恢复国际收支平衡自动联系起来,金融当局没有进行干预的余地。正是因为休谟忽略了上述四方面的情况,因而过高估计了"物价-现金流动机制"对国际收支不平衡的调节作用。

2. 纸币流通条件下的国际收支自动调节机制

在纸币流通条件下,黄金流动虽已不复存在,然而,价格、汇率、利率、国民收入经济

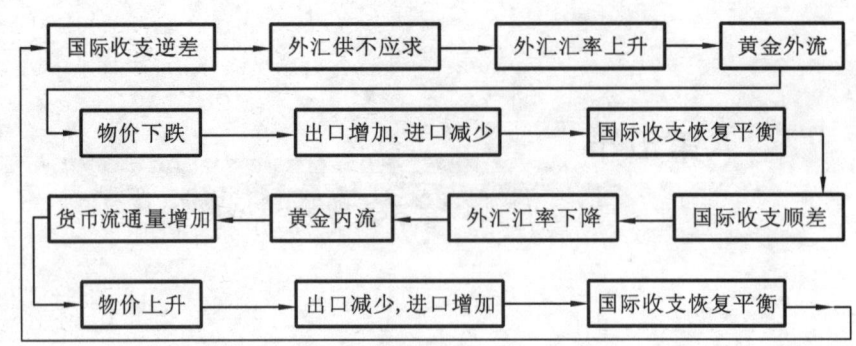

图 1-5　物价-现金流动机制

变量对于国际收支自动恢复平衡仍发挥着一定的作用。

1）价格的自动调节机制

当一国的国际收支出现顺差时，由于外汇支付手段的增多，容易导致国内信用膨胀、利率下降、投资与消费相应上升、国内需求量扩大，对货币形成一种膨胀性压力，使国内物价与出口商品价格随之上升，从而削弱出口商品的国际竞争能力，导致出口减少而进口增加，使原来的国际收支顺差逐渐消除。

当一国的国际收支出现逆差时，外汇支付手段的减少会导致国内信用紧缩、利率上升、国内总需求量减少、物价下跌，使出口商品成本降低，从而增强其在国际市场上的竞争能力。与此同时，进口商品在国内相对显得昂贵而影响其进口。于是，国际收支的逆差逐渐减少，恢复平衡。

2）汇率的自动调节机制

汇率调节国际收支是通过货币的升值、贬值消除顺差或逆差，从而恢复国际收支平衡的。

当一国国际收支出现顺差时，外汇供给大于外汇需求，本币汇率上升，进口商品以本币计算的价格下跌，而出口商品以外币计算的价格上涨，因此，出口减少，进口增加，贸易顺差减少，国际收支不平衡得到缓和。

当一国国际收支出现逆差时，外汇需求大于外汇供给，本币汇率下跌，出口商品的价格以外币计算下跌，而以本币计算的进口商品的价格上升，于是刺激了出口、抑制了进口，贸易收支逆差逐渐减少，国际收支不平衡得到缓和。

3）国民收入的自动调节机制

国民收入的自动调节机制是指在一国国际收支不平衡时，该国的国民收入、社会总需求会发生变动，而这些变动反过来又会减弱国际收支的不平衡。

当一国国际收支出现顺差时，会使其外汇收入增加，从而产生信用膨胀、利率下降，总需求上升，国民收入也随之增加，因而导致进口需求上升，贸易顺差减少，国际收支恢复平衡。

当一国国际收支出现逆差时，会使其外汇支出增加，引起国内信用紧缩、利率上升，总需求下降，国民收入也随之减少，国民收入的减少必然使进口需求下降，贸易逆差逐渐缩小，国际收支不平衡也会得到缓和。

4）利率的自动调节机制

利率的自动调节机制是指一国国际收支不平衡会影响利率的水平,而利率水平的变动反过来又会对国际收支不平衡起到一定的调节作用。

一国国际收支出现顺差时,即表明该国银行所持有的外国货币存款或其他外国资产增多,负债减少,因此产生了银行信用膨胀,使国内金融市场的银根趋于松动,利率水平逐渐下降。而利率的下降表明本国金融资产的收益率下降,从而对本国金融资产的需求相对减少,对外国金融资产的需求相对上升,资本外流增加、内流减少,资本项目顺差逐渐减少,甚至出现逆差。此外,利率下降使国内投资成本下降,消费机会成本下降,因而国内总需求上升,国外商品的进口需求也随之增加,出口减少。这样,贸易顺差也会减少,整个国际收支趋于平衡。

反之,当一国国际收支出现逆差时,即表明该国银行所持有的外国货币或其他外国资产减少,负债增加,于是就会发生信用紧缩,银根相应地趋紧,利率随市场供求关系的变化而上升,利率上升必然导致本国资本不再外流,同时外国资本也纷纷流入本国以谋求高利。因此,国际收支中的资本项目逆差就可以减少而向顺差方面转化。另外,利率提高会减少社会的总需求,进口减少,出口增加,贸易逆差也逐渐改善,国际收支逆差减少。

在纸币流通条件下,国际收支自动调节机制的正常运行具有很大的局限性,往往难以有效地发挥作用,因为它要受到各方面因素的影响和制约。

（1）国际收支的自动调节只有在纯粹的自由经济中才能产生作用。政府的某些宏观经济政策会干扰自动调节过程,使其作用下降、扭曲或根本不起作用。自西方国家盛行凯恩斯主义以来,大多数国家都不同程度地加强了对经济的干预。

（2）自动调节机制只有在进出口商品的供给和需求弹性较大时,才能发挥其调节功能。如果进出口商品供给、需求弹性较小,就无法缩小进口、扩大出口,或扩大进口、减少出口,改变入超或出超状况。

（3）自动调节机制要求国内总需求和资本流动对利率升降有较敏感的反应。如果对利率变动的反应迟钝,那么,即使是信用有所扩张或紧缩,也难以引起资本的流入或流出及社会总需求的变化。对利率反映的灵敏程度与利率结构相关联,也与一国金融市场业务的发展情况息息相关。

由于自动调节机制充分发挥作用要满足上述三个条件,而在当前经济条件下,这些条件不可能完全存在,导致国际收支自动调节机制往往不能有效地发挥作用。因此,当国际收支不平衡时,各国政府往往根据各自的利益采取不同的经济政策,使国际收支恢复平衡。

二、国际收支的政策调节

国际收支的政策调节是指国际收支不平衡的国家通过改变其宏观经济政策和加强国际经济合作,主动对本国的国际收支进行调节,以使其恢复平衡。人为的政策调节相对来说比较有力,但也容易产生副作用(如考虑了外部平衡而忽视了内部平衡),有时还会因时滞效应达不到预期的目的。

1. 外汇缓冲政策

外汇缓冲政策是指一国运用所持有的一定数量的国际储备,主要是黄金和外汇,作为外汇稳定或平准基金(Exchange Stabilization Fund,简称ESF),来抵消市场超额外汇供给或需求,从而改善其国际收支状况。它是解决一次性或季节性、临时性国际收支不平衡的简便而有利的政策措施。

一国国际收支不平衡往往会引起该国国际储备的增减,进而影响国内经济和金融状况。因此,当一国国际收支发生逆差或顺差时,中央银行可利用外汇平准基金,在外汇市场上买卖外汇,调节外汇供求,使国际收支不平衡产生的消极影响止于国际储备,避免汇率上下剧烈动荡,从而保持国内经济和金融的稳定。但是动用国际储备、实施外汇缓冲政策不能用于解决持续性的长期国际收支逆差,因为一国储备毕竟有限,长期性逆差势必会耗竭一国所拥有的国际储备而难以达到缓冲的最终政策。特别是当一国货币币值不稳定,使人们对该国货币的信心动摇,因而引起大规模资金外逃时,外汇缓冲政策更难达到预期效果。

2. 财政政策

财政政策主要是采取缩减或扩大财政开支和调整税率的方式,以调节国际收支的顺差或逆差。

如果国际收支发生逆差,则可采取以下财政政策。第一,可削减政府财政预算、压缩财政支出。由于支出乘数的作用,国民收入减少,国内社会总需求下降,物价下跌,增强出口商品的国际竞争力,进口需求减少,从而改善国际收支逆差。第二,提高税率。国内投资利润下降,个人可支配收入减少,导致国内投资和消费需求降低,在税赋乘数作用下,国民收入锐减,迫使国内物价下降,扩大商品出口,减少进口,从而缩小逆差。

可见,通过财政政策来调节国际收支不平衡,主要是经由调节社会总需求、国民收入的水平来起作用的,这一过程的中心环节是社会、企业和个人的"需求伸缩",它在不同的体制背景下作用的机制和反应的快捷程度是不一致的,这取决于其产权制约关系的状况。

3. 货币政策

货币政策主要是通过调整利率来达到政策实施目标的。调整利率是指调整中央银行贴现率,进而影响市场利率,以抑制或刺激需求,影响本国的商品进出口,实现国际收支平衡。当国际收支产生逆差时,政府可实行紧缩的货币政策,即提高中央银行贴现率,使市场利率上升,以抑制社会总需求,迫使物价下跌,出口增加,进口减少,资本也大量流入本国,从而逐渐消除逆差,使国际收支恢复平衡。相反,国际收支产生顺差,则可实行扩张的货币政策,即通过降低中央银行贴现率来刺激社会总需求,迫使物价上升,出口减少,进口增加,资本外流,从而逐渐减少顺差,使国际收支恢复平衡。

但是,利率政策对国际收支不平衡的调节存在着一些局限性。①利率的高低只是影响国际资本流向的因素之一,国际资本流向很大程度上还要受国际投资环境政治因素的影响,如一国政治经济局势较为稳定,地理位置受国际政治动荡事件的影响小,则在这里投资较安全,可能成为国际游资的避难所。此外,国际资本流向还与外汇市场动向有关,游资转向投机目的以获取更高利润。因此,一国金融市场动荡,即使利率较高也难以吸引资本流入。②国内投资、消费要对利率升降有敏感反应,而且对进口商品的需求弹性、国外供给弹性要足够大,利率的调整才能起到调节国际收支不平衡的效果。反之,若国内投资、消费对利率反应迟钝,利率提高时,国内投资、消费不能因此减少,则进口需求也不会减少,出口难以提高,国际收支逆差也难以改善。③提高利率短期内有可能吸引资本流入本国,起到暂时改善国际收支的作用。但从国内经济角度看,由于利率上升,经济紧缩,势必会削弱本国的出口竞争力,从而不利于从根本上改善国际收支。相反,为了促进出口而活跃经济,必须降低利率,这又会导致资本外流,势必加剧国际收支不平衡。因此,利率政策调节国际收支不平衡容易产生内外均衡方面的矛盾。

4. 汇率政策

汇率政策是指通过调整汇率来调节国际收支不平衡。这里所谓的"调整汇率",是指一国货币金融当局公开宣布的货币法定升值与法定贬值,而不包括金融市场上一般性的汇率变动。

汇率调整政策是通过改变外汇的供需关系,并经由进出口商品的价格变化以及资本融进融出的实际收益(或成本)的变化等渠道来实现对国际收支不平衡的调节。当国际收支出现逆差时实行货币贬值,当国际收支出现顺差时实行货币升值。

汇率调整政策同上述财政政策、货币政策相比较而言,对国际收支的调节无论是表现在经常项目、资本项目或是储备项目上,都更为直接、更为迅速。因为,汇率是各国间货币交换和经济贸易的尺度,同国际收支的贸易往来、资本往来的"敏感系数"较大。同时,汇率调整对一国经济发展也会带来多方面的副作用。比如说,贬值容易给一国带来通货膨胀压力,从而陷入"贬值→通货膨胀→贬值"的恶性循环。它还可能导致其他国家采取报复性措施,从而不利于国际关系的发展等等。

因此,一般只有当财政、货币政策不能调节国际收支不平衡时,才使用汇率手段。

同时,汇率调整政策有时对国际收支不平衡的调节不一定能起到立竿见影的效果,因为其调节效果还取决于现实的经济和非经济因素。第一,汇率变动对贸易收支的调节受进出口商品价格弹性和时间滞后的影响,这在前面已经分析过,这里不再重复。第二,汇率变动对资本收支的影响不一定有效,其影响要视外汇市场情况而定。如果一国汇率下跌引起一般人预测汇率还会继续下跌,则国内资金将会外逃,资本收支将会恶化,并且资本输出输入主要还是要看一国的利率政策、融资环境等等,这些都无法随汇率的变化而变化。第三,汇率变动对国际收支的调节还受制于各国对国际经济的管制和干预程度。这些管制和干预包括贸易壁垒的设置、外汇管制政策的情况等。

5. 直接管制政策

财政、货币和汇率政策的实施有两个特点:一是这些政策发生的效应要通过市场机制方能实现;二是这些政策的实施不能立即收到效果,其发挥效应的过程较长。因此,在某种情况下,各国还必须采取直接的管制政策来干预国际收支。

直接管制政策包括外汇管制和贸易管制两个方面。

(1)外汇管制方面主要是通过对外汇的买卖直接加以管制以控制外汇市场的供求,维持本国货币对外汇率的稳定。如对外汇实行统购统销,保证外汇统一使用和管理,从而影响本国商品及劳务的进出口和资本流动,调节国际收支不平衡。

（2）贸易管制方面的主要内容是奖出限入。在奖出方面常见的措施有：①出口信贷；②出口信贷国家担保制；③出口补贴。而在限入方面，主要是实行提高关税、进口配额制和进口许可证制，此外，还有许多非关税壁垒的限制措施。

实施直接管制措施来调节国际收支不平衡见效快，同时选择性强，对局部性的国际收支不平衡可以采取有针对性的措施直接加以调节，不必涉及整体经济。例如，国际收支不平衡是由于出口减少造成的，就可直接施以鼓励出口的各种措施加以调节。但直接管制会导致一系列行政弊端，如行政费用过高，官僚、贿赂之风盛行等。同时，它往往会激起相应国家的报复，使其效果大大减弱，甚至起到反作用。所以，在实施直接管制以调节国际收支不平衡时，各国一般都比较谨慎。

6. 国际借贷

国际借贷就是通过国际金融市场、国际金融机构和政府间贷款的方式，弥补国际收支不平衡。国际收支逆差严重而又发生支付危机的国家，常常采取国际借贷的方式暂缓国际收支危机。但在这种情况下的借贷条件一般比较苛刻，这又势必会增加将来还本付息的负担，使国际收支状况恶化，因此运用国际借贷方法调节国际收支不平衡仅仅是一种权宜之计。

7. 国际经济、金融合作

如前所述，当国际收支不平衡时，各国根据本国的利益采取的调节政策和管制政策措施，有可能引起国家之间的利益冲突和矛盾。因此，除了实施上述调节措施以外，有关国家还试图通过加强国际经济、金融合作的方式，从根本上解决国际收支不平衡的问题。其主要形式如下。

（1）国际债务清算自由化。第二次世界大战后成立的国际货币基金组织（IMF）和欧洲支付同盟（European Payment Union，简称 EPU）的主要任务是促使各国放松外汇管制，使国际债权债务关系在这些组织内顺利地得到清算，从而达到国际收支平衡。

（2）国际贸易自由化。为了调节国际收支，必须使商品在国家间自由流动，排除任何人为的阻碍，使国际贸易得以顺利进行，为此或订立国家间的一些协定，或推行经济一体化，如欧洲共同市场（European Common Market）、拉丁美洲自由贸易区（Latin American Free Trade Association）、石油输出国组织（Organization Of Petroleum Exporting Countries，简称 OPEC）等等。

（3）协调经济关系。随着 20 世纪 80 年代全球性国际收支不平衡的加剧，西方主要工业国日益感到开展国际磋商对话、协调彼此经济政策以减少摩擦和共同调节国际收支不平衡的必要性和重要性。如 1985 年起一年一次的西方七国财长会议，就是协调各国经济政策的途径之一。通过西方七国财长会议的协调，近几年来，在纠正全球性国际收支不平衡方面已取得了一些积极成果。

三、选择国际收支调节方式的一般原则

国际收支不平衡的调节方式很多，但是每一种调节方式都有自己的特点，对国际收支不平衡调节的侧重点也不同，因此在具体调节一国国际收支不平衡时选择适当调节措施是非常重要的，一般来说应遵循以下三个原则。

1. **按照国际收支不平衡产生的原因来选择国际收支调节方式**

国际收支不平衡产生的原因是多方面的,根据其产生原因的不同选择适当的调节方式可以做到有的放矢、事半功倍。例如,一国国际收支不平衡是经济周期波动所致,说明这种不平衡是短期的,因而可以用本国的国际储备或通过从国外获得短期贷款来弥补,达到平衡的目的,但这种方式在用于持续性巨额逆差的调整时不能收到预期效果。如果国际收支不平衡是由于货币性因素引起的,则可采取汇率调整方法。如果国际收支不平衡是因为总需求大于总供给而出现的收入性不平衡时,则可实行调节国内支出的措施,如实行财政金融的紧缩性政策。如果发生结构性的不平衡,则可采取直接管制和经济结构调整方式来调节。

2. **选择国际收支调节方式应尽量不与国内经济发生冲突**

国际收支是一国宏观经济的有机组成部分,调整国际收支势必会对国内经济产生直接影响。一般来说,要达到内外均衡是很困难的,调节国际收支的措施往往会对国内经济产生不利影响,而谋求国内均衡的政策又会导致国际收支不平衡。因此,必须按其轻重缓急,在不同的时期和经济发展的不同阶段分别做出抉择。当然最一般的原则是尽量采用国内平衡与国际收支平衡相配合的政策。

3. **选择调节国际收支的方式应尽可能减少来自他国的阻力**

在选择调节国际收支的方式时,各国都以自身的利益为出发点,各国利益的不同必然使调节国际收支的对策对不同国家产生不同的影响,有利于一国的调节国际收支的措施可能会有害于其他国家,从而导致这些国家采取一些报复措施。结果不仅影响了国际收支调节的效果,而且不利于国际经济关系的发展。因此,在选择调节国际收支的方式时,应尽量避免损人过甚的措施,以最大限度地降低来自他国的阻力。

当下贸易摩擦形势依然严峻复杂。在国际贸易保护主义回潮的背景下,针对中国产品的贸易摩擦有增无减。2014 年前三季度,共有 21 个国家(地区)对中国出口产品发起救济调查 75 起,同比增长 17％。其中不少摩擦针对中国战略性新兴产业,且涉案金额较大,对中国外贸转型升级形成冲击。一些发达国家不断强化贸易执法,放宽立案标准,严格反倾销和反补贴调查规则,往往对中国出口企业裁定以较高反倾销和反补贴税率。新兴经济体经济放缓,一些国家制造业陷入困境,保护本国产业的呼声上升,导致对中国的贸易摩擦也趋于增多。前三季度,发展中国家对中国产品发起的贸易救济案件的数量和金额均超过发达国家。

2015 年,面对外贸发展的复杂形势,中国政府将深入落实稳定外贸增长和加强进口的政策措施,大力培育外贸竞争新优势,进一步提高贸易便利化水平,改善财政和金融服务,有效应对贸易摩擦,增强外贸发展潜力。在市场倒逼作用下,在国家一系列促进外贸发展的政策措施的引导、支持下,不少进出口企业加快转型升级步伐,积极优化商品结构、市场结构,探索新型贸易方式,开展对外投资,拓展国际营销网络,提升在全球价值链中的地位。一批具有自主创新能力的龙头企业和新的优势产品正在涌现,成为带动外贸发展的新生力量,推动 2015 年中国对外贸易保持平稳增长态势。

第六节
我国的国际收支

一、中国的国际收支的特征

1. 国际收支保持较大顺差

2015 年出现的资本流出主要是境内银行和企业等主动增持对外资产,并偿还以往的对外融资,与通常所说的外资撤离有着本质区别。2015 年,国际收支交易引起的储备资产下降 3429 亿美元,在平衡表中体现为资本流入,非储备性质的金融账户为资本净流出 5044 亿美元。也就是说,一方面储备资产在下降,另一方面民间部门的对外净资产在增加。前三季度,我国对外资产共增加 2727 亿美元,其中"走出去"等对外直接投资增加 1150 亿美元,港股通和 QDII 等形式的对外股票和债券投资增加 573 亿美元,在国外存款和对外贷款等其他投资增加 969 亿美元。对外负债共下降 321 亿美元,其中,来华直接投资仍流入 1841 亿美元,而负债下降主要体现为非居民存款下降以及偿还以往年度的贸易融资等。总体来看,我国目前的资本流出是对外资产由储备资产向民间部门转移的过程,我国的对外资产负债结构决定了我国涉外经济的稳定性,也有能力抵御大的冲击。我国经常账户持续顺差,对外净资产较大。2015 年 9 月末,我国对外金融资产 6.28 万亿美元,对外负债 4.74 万亿美元,净资产 1.54 万亿美元,净资产稳居世界第二位。只要我国经常账户持续顺差,就会形成对外净资产增加形式的资本流出,只不过净资产以储备形式存在还是由民间部门持有会有所不同。央行持有大额外汇储备,有利于国家集中资源应对可能出现的各种资本流动冲击。

2. 外国来华直接投资大幅增长,国家外汇储备继续较快增长

2015 年末,我国外汇储备为 3.33 万亿美元,居世界第一,是排名第二位的日本(1.2万亿美元)的近 3 倍,是排名第三的沙特(6000 多亿美元)的约 5 倍。与其他国家对外负债主要是短期股票和债券投资不同,我国对外负债以来华直接投资为主,直接投资具有长期经营、稳定性强的特点。2015 年 9 月末,我国来华直接投资存量 2.85 万亿美元,占总负债的 60%。这些投资已融入实体经济中,撤资需要将所持有的土地、厂房、机器等变现,需要一个过程,即便要汇出以往积累的未分配利润,也需要足够的现金流支持。当前民间部门对外净资产的增加,绝大部分是生产性的。例如对外直接投资,是更好利用"两个市场、两种资源"的积极结果。理论和实践都表明,当经济发展到一定阶段后,民间部门在全球范围内配置生产和金融资源将是一个趋势。而且,资本不可能长期大规模流入,有进有出也是客观经济规律使然。2000 至 2013 年,国际资本大量涌入新兴市场,中国资本净流入尤其突出,累计达到 1.35 万亿美元,中国的外汇储备额非常大,其增长速度也非常快。我国外汇储备与短期外债的比例远高于国际公认的 100% 的警戒线,偿债率远低于 25% 的国际经验标准。近期我国发生国际收支危机的风险较小。

二、中国式的双顺差

2015 年,我国国际收支出现新变化,从长期以来的基本"双顺差"转为"一顺一逆",即经常账户顺差、资本和金融账户(不含储备资产)逆差。

(1)经常账户顺差增长至近 3000 亿美元。2015 年,经常账户顺差 2932 亿美元,较上年增长 33%。经常账户顺差与当期 GDP(国内生产总值)之比为 2.7%,上年该比例为 2.1%。货物贸易顺差创历史新高。2015 年,国际收支口径的货物贸易顺差 5781 亿美元,较上年增长 33%。其中,货物贸易收入 21450 亿美元,下降 4%;支出 15669 亿美元,下降 13%。服务贸易继续呈现逆差。2015 年,服务贸易逆差 2094 亿美元,较上年增长 39%。服务贸易收入 2304 亿美元,下降 1%;支出 4397 亿美元,增长 15%。其中,旅行项目是服务贸易中逆差最大的项目,2015 年逆差 1950 亿美元,较上年增长 81%,主要是由于我国居民境外留学、旅游、购物等支出需求旺盛。初次收入逆差有所扩大。2015 年,初次收入(原称收益)逆差 592 亿美元,较上年增长 74%。收入 2301 亿美元,增长 8%;支出 2893 亿美元,增长 17%。主要是由于来华直接投资存量较大,投资收益支出增幅高于我国对外直接投资收益收入增幅。二次收入逆差缩小。2015 年,二次收入(原称经常转移)逆差 163 亿美元,较上年下降 46%。收入 379 亿美元,下降 8%;支出 542 亿美元,下降 24%。

(2)金融账户呈现逆差。2015 年,我国非储备性质的金融账户逆差 5044 亿美元(包含第四季度的净误差与遗漏,实际数据预计会小于该数据)。其中,直接投资净流入有所下降。2015 年,直接投资净流入 771 亿美元,较上年下降 63%。一方面,对外直接投资净流出 1671 亿美元,较上年增长 108%,说明因"一带一路"战略不断推进,境内企业看好境外投资前景,"走出去"步伐不断加大。另一方面,来华直接投资仍呈现净流入 2442 亿美元,虽较上年下降 16%,但总体来看,境外投资者仍看好我国的长期投资前景,来华直接投资净流入规模仍然较大。

(3)外汇储备下降。2015 年末,我国外汇储备余额 3.3 万亿美元,较上年末减少 5127 亿美元,下降 13%。其中,因国际收支交易形成的外汇储备下降 3423 亿美元,因汇率、资产价格变动等非交易因素形成的外汇储备账面价值下降 1703 亿美元。一方面使我国获得充足的国际支付能力,增强经济发展的实力和信心;另一方面也为我国平衡内外部经济发展带来新的挑战,在全球经济不平衡背景下,从长期以来的基本"双顺差"转为"一顺一逆",对我国经济发展起到重要的积极作用。首先,贸易顺差的扩大,充分证明我国实行改革开放以来的外向型经济和对外贸易的快速发展,外汇储备的大幅增长也使我国彻底结束外汇短缺的历史,标志着我国综合国力和国际信誉的进一步增强。其次,较充足的外汇储备,意味着我国国际支付能力和调节国际收支能力的增强,为我国坚持改革开放提供物质保证,有助于我国提升抵御国际金融风险的能力,增强国际社会对我国经济发展和金融安全的信心,同时也为完善人民币汇率形成机制和逐步推进资本项目可兑换提供较广的政策空间。再次,较充足的外汇储备,为促进国内经济结构调整以及

转变经济发展方式所需要的先进技术、设备提供支持,有利于实现内外经济协调发展,有利于鼓励和支持有条件的国内公司走出去发展,充分利用两种资源、两个市场。

与此同时,国际收支双顺差的结构失衡和储备持续大幅增长的总量失衡,也为中国经济发展提出一些不容忽视的问题和挑战。

(1)国际收支失衡的现状增加了当前宏观调控的复杂性,近年来,外汇持续大量净流入,使得外汇债款成为中央银行基础货币投放的主要渠道,尽管中央银行交替使用货币政策工具,并不断创新调控方式以保持市场的流动性,但在外汇储备持续较快增长的情况下,这些调控政策的作用空间受到限制,加大了货币调控操作的难度,直接影响到货币政策及宏观调控的自主性与灵活性。

(2)中国外贸竞争优势"青黄不接"。2015年中国劳动力成本处于快速上涨期,近几年年均涨幅超过10%,沿海地区出口产业劳动力成本普遍相当于周边国家的2~3倍,甚至更高。劳动密集型出口产业的竞争力不断萎缩,制造业利用外资持续下降,出口订单和产能快速向周边国家转移。不仅纺织服装等产品在发达市场份额明显下降,而且低端机电产品对发达市场出口增速也开始落后于部分周边国家,市场份额面临被蚕食的危险。中国装备制造等新兴产业快速发展,但企业开拓国际市场经验不足,而且支持相关产品出口的财税、金融政策仍不完善,出口潜力难以得到充分发挥。此外,跨境电子商务等新型贸易方式发展面临诸多障碍,贸易便利化程度还需进一步提高。

(3)加大了经济增长方式转变和结构调整的难度。国际收支持续顺差,反映经济增长方式粗放,投资和消费之间的不协调,产业结构的不合理,城乡和区域发展不协调等突出矛盾,反过来又进一步加剧和强化这些结构性问题。充分式外贸增长所带来的大量外贸顺差,不仅导致资源和沿海地区及出口加工部门过度集中,国内服务业和产业部门,中西部地区发展较慢,加剧国内环境资源的压力。

(4)贸易顺差的大幅度提高,增加了贸易纠纷和贸易摩擦以及人民币升值的压力。根据WTO(世界贸易组织)的统计结果,随着在国际贸易中的地位迅速上升,近年来,我国是连续十多年被全球发起反倾销调查最多的国家。尽管2005年汇率形成机制改革以后,人民币汇率弹性明显增加,但面对国际收支顺差尤其是贸易顺差持续扩大的形势,国际社会对人民币升值的市场预期始终存在。我国现阶段持续一定时间的国际收支不平衡状况,既是全球经济失衡的组成部分,对我国经济金融稳定以及结构调整的不利影响也越来越突出。为此,在促进本国国际收支基本平衡的同时,为全球经济失衡调整起到相应的积极作用,已经成为我国统筹国内发展和对外开放,实现经济又好又快发展必须面对的关键问题。

三、中国国际收支的优化

为积极应对全球经济失衡可能造成的外部风险,有效改善中国的国际收支状况,需要更多地着眼于调整国内经济结构,转变经济增长方式,积极参与国际经济合作与规则制定,在共同推动世界经济稳定的同时,争取有利的外部经济发展环境。

(1)面对全球经济失衡的新形势,着眼于保持国内经济又好又快的宏观目标,政府应注意转变经济工作思路,时时进行宏观调控,从转变经济增长方式和调整经济结构入手,由主要依靠增加物资消耗向依靠科技进步、提高劳动力素质和管理创新转变,努力增强经济、社会发展的协调性。

（2）要立足于扩大内需，特别是消费需求，来推动经济增长，适当降低经济增长对出口贸易的依赖，以消除巨额贸易顺差产生的中长期影响。同时要抑制固定资产投资过快增长，注意培养经济的内生增长能力，通过综合运用财政、税收、信贷、价格等经济杠杆手段，促进扩大就业，健全社会保障体系，加快推进收入分配制度改革，缩小城乡、地区和阶层收入的差距，解决住宅、教育、医疗等民生问题，提升国民收入水平和消费能力，改善消费环境，鼓励合理消费，促使经济增长由投资和出口拉动型向消费投资、内需与外需协调拉动型转变。

（3）科学合理地利用外资，提高利用外资质量，按照国家的产业政策和地区发展战略，加强对外资的引导，规范招商引资行为，避免各地为争相引入外资而进行的恶性竞争，适当提高劳动者权益和促进生态环境的保护与调整，调整资源和环境成本格局。要严格控制技术档次低、土地资源占用多、高能耗高污染的外资项目，提高利用外资的质量和效益。同时积极贯彻和落实国家走出去的发展战略，鼓励境内主体对外投资，发展具有国际竞争力的跨国公司，从根本上改善中国在国际分工中的角色和地位。

（4）加快转变外贸增长方式，促进外贸平衡发展，改变单纯依靠要素投入和低廉价格追求数量型的增长方式，提升对外经济贸易的效益和可持续发展能力。要继续调整出口退税等出口导向的优惠政策，严格控制高能耗、高污染和资源型产品出口，鼓励节约型、高技术、高附加值产品的出口，推进资源型产品价格的改革，适当提高最低工资标准，使出口产品价格更加真实地反映劳工成本、环保成本和资源成本。要培育自主品牌，增强国际营销能力，提升对外贸易的核心竞争力，促进出口从生产成本优势向综合竞争优势转化。要扩大进口，特别是扩大先进技术、关键设备零部件、国内短缺资源、原材料及制成品的进口，发挥进口在促进经济发展中的作用。

（5）实施稳健的货币政策，合理调控货币供应总量，在当前流动性偏多的形势下，坚持稳中适度从紧的原则。一是继续整合央行票据和特别国债发行，加强流动性管理，保持货币供应与经济持续平稳较快增长相适应；二是灵活运用利率调整手段，逐步实现正的实际利率；三是加快利率市场化进程，提升货币政策的有效性。

上述几个方面的对策措施具有一定的实践意义。2016年，预计我国国际收支将继续呈现经常账户顺差、资本和金融账户逆差的格局，跨境资本流动风险依然总体可控。外汇管理部门将处理好便利化与防风险的平衡，既要服务实体经济发展，提升贸易投资便利化，优化外汇管理服务，又要防范跨境资金流动风险，加强统计监测，强化真实性、合规性要求，依法打击外汇违法违规行为。

主要术语和关键概念

开放经济 国内生产总值 国民生产总值 国内吸收 国际投资头寸 国际收支 经常账户 贸易账户 资本与金融账户 错误与遗漏账户 综合账户余额 国际收支平衡表 顺差 逆差 错误与遗漏账户 经常账户 经常转移 周期性不平衡 结构性不平衡 收入性不平衡 临时性不平衡 货币性不平衡 外汇缓冲政策

思考题

1. 国际收支平衡表的项目有哪些？

2. 国际收支发生逆差或顺差会对一国经济产生什么影响？

3. 国际收支失衡的主要原因有哪些？

4. 简述国际收支失衡的自动调节机制。

5. 国际收支失衡的调节政策有哪些？如何进行政策配合？

6. 试分析一国政府如何调节国际收支失衡？

7. 如何理解国际收支的平衡与失衡？

应用题

1. 结合"国际收支失衡对经济影响"的原理，分析我国国际收支的现状及问题。

2. 请谈谈你对我国国际收支持续顺差的看法。

3. 根据某国某一年的数据（单位为10亿美元）回答问题。

货币：出口 106	服务：贷方 34
服务：借方 28	资本金融账户：贷方 6
货物：进口 119	资本金融账户：借方 29
经常转移差额：贷方 8	净差错与遗漏：2
储备与相关项目：20	

（1）计算该国国际收支平衡表中的经常账户净额、资本金融账户净额及总差额，并分别说明该国在经常项目和资本金融项目上是顺差还是逆差。

（2）如何理解国际收支平衡表中反映的国际收支失衡？该国存在顺差还是逆差？

本章参考文献

第二章
国际储备

教学目的与要求:要求掌握国际储备资产的概念、作用及构成,了解储备资产多元化的变动趋势,掌握如何管理一国的国际储备资产,讨论人民币作为储备资产的问题。

教学内容:国际储备是一国政府用于弥补国际收支赤字,维持本国货币汇率的稳定,并且国家间可以接受的一切资产,包括货币性黄金、外汇储备、在IMF的储备头寸、SDRs(特别提款权)等。本章主要讲解国际储备的概念和作用,国际储备体系的多元化,国际储备的管理,中国储备的管理,以及人民币作为国际储备资产的问题。

本章重点与难点:国际储备资产的管理,如何理解储备资产多元化变动趋势。

导 入 案 例

如何化解外汇储备过高带来的负面影响?

资料来源:冯便玲.化解外汇储备过高影响经济发展的几点建议[J].科技与创新,2016(5):33-34.

第一节 国际储备的概述

国际储备(international reserve)也称"官方储备"或"自由储备",是一国政府持有的,可以随时用来平衡国际收支差额、对外进行国际支付、干预外汇市场的国家间可以接受的资产总额。国际储备是战后国际货币制度改革的重要问题之一,它不仅关系各国调节国际收支和稳定汇率的能力,而且会影响世界物价水平和国际贸易的发展。

一、国际储备的种类

在不同的历史时期,国际储备的构成有所不同。第二次世界大战以后,根据国际货币基金组织的定义,国际储备主要由以下四种资产组成。

1. 外汇储备

外汇储备(foreign exchange reserve)又称外汇存底,指一国政府所持有的国际储备资产中的外汇部分,是一个国家货币当局持有并可以随时兑换外国货币的资产。外汇储备的具体形式有政府在国外的短期存款或其他可以在国外兑现的支付手段,如外国有价证券,外国银行的支票、期票、外币汇票等。一种货币能充当储备货币必须具备的基本特征为:必须是可兑换货币,并且为各国所普遍接受,能随时转换为其他国家的购买力或用于偿付债务,同时价值相对稳定。第二次世界大战之前,英镑曾是最主要的国际储备货币,战后美元取代英镑成为最主要的国际储备货币;在 20 世纪 70 年代布雷顿森林货币体系崩溃后,储备货币多元化了,美元、德国马克、日元、瑞士法郎、荷兰盾、法国法郎成为主要储备货币。从 1991 年 1 月 1 日起,欧元成为储备货币。目前的国际货币主要为美元、欧元、日元、英镑、澳元等。

2. 黄金储备

黄金储备(gold reserve)是指一国货币当局持有的货币性黄金,即作为流通手段和支付手段的黄金,不包括工业用黄金和民间持有的黄金。在国际金本位制下,黄金储备是国际储备的典型形式。在布雷顿森林货币体系时期,黄金是重要的国际储备形式。1978年,国际货币基金组织实行黄金非货币化政策,黄金在国际储备中的地位显著下降,但黄金仍旧被作为国际储备资产之一。这是因为黄金长期以来一直被认为是一种最后的支付手段:原因之一在于它的贵金属特性;原因之二在于发达的黄金市场,各国货币当局可便捷地利用黄金市场将黄金套现获取外汇以平衡国际收支差额。现在黄金在各国国际储备中属于二线储备。

───────────────────────────────────────

专栏 2-1 中国黄金储备现状及启示

资料来源:陆沈丽.世界黄金储备现状及对中国的战略启示[J].河北企业,2016(4):15-16.

───────────────────────────────────────

3. 成员国在国际货币基金组织的储备头寸

成员国在国际货币基金组织的储备头寸(reserve position in IMF)是指会员国在国际货币基金组织普通账户中可自由提取和使用的那部分资产,包括成员国向该基金认缴中占 25% 的可兑换货币份额,本币份额中被货币基金组织贷给其他国家的部分,以及货币基金组织向该国的借款净额。成员国在动用该储备头寸时无须货币基金组织特别批准,从而可列入国际储备资产。

4. 特别提款权

特别提款权(special drawing right,简称 SDR)是相对于普通提款权之外的又一种使用资金(可兑换货币)的权利。它是国际货币基金组织于 1969 年创设的一种账面资产,按份额比例分配给成员国,用于成员国政府之间的国际结算,并允许成员国政府用它换取可兑换货币,用于支付国际收支差额,偿还 IMF 的贷款。但它不是现实货币,不能直接用于贸易支付或非贸易支付。它的分配大体上按各成员国上缴的份额确定。表 2-1 列出了 IMF 所有成员国特别提款权持有量。

表 2-1 IMF 所有成员国特别提款权持有量　　　　　单位:SDR

年份	特别提款权持有量	年份	特别提款权持有量
1985	21448770690	2001	21539544273
1986	21448027411	2002	21525798965
1987	21456357578	2003	21521155135
1988	21468998934	2004	21468707977
1989	21477347564	2005	21470449848
1990	21478065797	2006	21473003105
1991	21472690929	2007	21476126503
1992	21480131756	2008	21447323308

续表

年份	特别提款权持有量	年份	特别提款权持有量
1993	21480941838	2009	203983585060
1994	21476906050	2010	203985273773
1995	21484535660	2011	203985273773
1996	21495178073	2012	204090679885
1997	21508223319	2013	204090679885
1998	21522109231	2014	204090679885
1999	21534808792	2015	204090679885
2000	21527462743	2016	204090679885

（资料来源：http://www.imf.org/external/chinese/index.htm.）

二、国际储备的特点

国际储备资产最主要的功能是用于平衡国际收支以及维持汇率稳定，因此，储备资产必须具有一定特性才能满足上述功用。

1. 普遍可接受性

这是指一国的国际储备用于对外支付时，应当能够被绝大多数国家所接受，因此必须是实际存在的金融资产。不能在国家间转让或兑换的金融资产，如记账贸易项下的外汇余额、已签订协议但未动用的外汇贷款等，均不能作为储备资产。

2. 币值相对稳定性

这是指储备资产的价值在相对长的一段时间内能够保持相对稳定，并且其抗外界干扰能力强。

3. 可随时获得性

这是指一国的储备资产需要被动用时，可以被一国政府随时提供或兑换成所需要的金融资产，用于平衡国际收支或用于对外支付。这里也包括了储备资产的自由兑换性、可流动性，因为只有具备了这两个条件，储备资产才能随时被政府所使用。

三、国际储备的来源

1. 收购黄金

一国中央银行在国内或国际金融市场收购黄金，均可增加其黄金储备量。但是，只有在国内金融市场用本币购买黄金才能增加总的国际储备量。在国际金融市场使用外币购买黄金，却不能使国际储备总量增加，只是改变外汇储备与黄金储备的构成比例。由于黄金产量受自然条件的限制，黄金在各国国际储备中的比重一般难以增加，基本上保持稳定不变。

2. 国际收支顺差

对于非储备货币发行国，国际收支顺差是国际储备增加的主要途径。国际收支包含两部分,一是经常项目,二是资本项目。这两部分顺差均可增加一国的国际储备,但两者有区别。其中,经常项目顺差是一国国际储备最重要、最稳定的来源,而由资本项目顺差所形成的一国国际储备是以对外负债为代价的,到期必须偿还。由于目前国际资本特别是短期资本的流动频繁,且规模巨大,影响了国际储备的稳定性。

3. 政府干预外汇市场所得外汇

一国中央银行针对本币升值而在外汇市场大量抛售本币、购进外国货币的做法,会导致该国外汇储备的增加;反之,当一国货币当局向外汇市场提供外汇、购入本币时,本国的外汇储备会减少。

4. 政府对外借贷

一国货币当局从国外贷款,也是增加国际储备的渠道之一。目前,许多国家的中央银行或政府机构,常通过在国际金融市场借取短期资金来弥补国际收支逆差和补充官方储备的不足。

四、国际储备的作用

国际储备是国际货币体系的核心组成部分,国际储备管理也是各国政府关注的重要问题。那么,国际储备在实际应用中又是怎样起作用的呢?

1. 弥补国际收支逆差和维持对外支付能力

这是持有国际储备的首要作用。当一国发生国际收支困难,通过动用外汇储备,减少在基金组织的储备头寸和特别提款权持有额,在国际市场上变卖黄金来弥补国际收支赤字所造成的外汇供求缺口,能够使国内经济免受采取调整政策所产生的不利影响,有助于国内经济目标的实现。当然,一国的国际储备不是用之不尽的,所以它应付国际收支困难的能力是有限的。对于短期性国际收支赤字,理应通过动用国际储备来弥补。然而,国际储备不能从根本上解决长期国际收支逆差问题,它只能为结构调整赢得必要的时间,使其他国际收支调节措施推迟到一个适当的时机进行,或者减轻国际收支调节措施的力度。国际储备的这种缓冲器作用有利于经济持续发展。

2. 维持本国汇率稳定

国际储备是政府干预外汇市场的物质基础,货币当局可以动用外汇储备干预外汇市场,通过影响外汇供给来稳定汇率,或使汇率运动符合一国政府的既定目标。在布雷顿森林货币体系下,国际储备的动用既作为支付手段弥补国际收支赤字,同时也作为干预资产维护汇率稳定。当然,外汇干预只能在短期内对汇率产生有限的影响,它无法从根本上改变汇率变动的长期趋势。国际储备作为干预资产产生效能,要以充分发达的外汇市场和本国货币的完全自由兑换为前提条件。大多数发展中国家的汇率由官方制定,由此可能造成的外汇供求缺口是通过外汇管制强制性地加以控制,而非通过动用国际储备来控制。因此,在这些国家,国际储备基本上不具备干预资产的功能。对于实行浮动汇率制的发达国家来说,稳定汇率是其持有外汇储备的主要原因。

当政府拥有足够数量的外汇储备时,还可以通过增强国外市场人士心理上对本国货币的信心,来维持本币在外汇市场的坚挺走势,这也是国际储备稳定汇率的重要途径。在当代国际市场游资充斥的情况下,一国储备雄厚,外汇市场对本国货币的信心就充足,

而不致出现不利于本国货币的游资流向,这对于保证经济正常运行具有重要作用。

3．充当对外举债的保证

国际储备充足,可以加强一国的资信,吸引外国资金流入,促进经济发展。国际金融机构和银行在对外贷款时,往往要事先调查借债国偿还债务的能力。一国持有的国际储备状况是进行资信调查、评价国家风险的重要指标之一。在国际上,有专门机构或重要的金融杂志每年就各国借款资信进行评定,确定贷款的安全系数,一般包括经常账户收支的趋势、外债还本付息占该国出口收入的比重以及国际储备状况等。由此可见,国际储备是向国外借款和还本付息的一项重要保证。

4．应对突发事件

例如,天灾可能导致大量进口粮食。如果缺乏国际储备,就只能指望举借外债和获取外援。又如,当代金融市场动荡和金融危机带有明显的突发性,发展中国家国际储备不足可能使金融突发事件演变为金融灾难。

5．稳定物价

在中央银行参与外汇交易的过程中,会相应改变流通中本国货币的数量。当它购买外汇以增加外汇储备总量时,会有相应数量的本币投入流通,这可能引起本国的通货膨胀。当它出售外汇以回收相应数量的本国货币时,可能引起通货紧缩。政府显然可以利用外汇储备的这种作用促进经济发展。

第二节

国际储备多元化

一、国际储备体系的演变

国际储备体系(international reserve system),是指在一种国际货币制度下国际储备资产的构成与集合的法律制度安排。这种安排的根本问题是中心储备资产的确定及其相互关系。

国际储备体系的演变,实际上就是中心货币或资产在国际经济交易中的延伸与扩大。整个演变是随着国际货币体系的变迁,从单元的储备体系逐步向多元的储备体系发展。

1．第一次世界大战以前单元化的储备体系

在典型的金本位制度下,世界市场上流通的是金币。因此,国际储备体系单元化,其特点就是国际储备受单一货币支配。

由于金本位制度于1816年率先在英国实行,各国只是后来仿效,于是逐渐形成了以英镑为中心,金币(或黄金)在国家间流通和被广泛储备的现象。英镑和黄金自由兑换使其具有稳定的价值并成为国际上使用最广泛的货币。因此,在这个制度下的储备体系,又称黄金-英镑储备体系。在这个储备体系中,黄金是国际结算的主要手段,也是最主要的储备资产。

2. 两次世界大战之间过渡性的储备体系

第一次世界大战后,典型的金本位制崩溃,各国建立起来的货币制度是金块本位制或金汇兑本位制(美国仍推行金本位制)。国际储备中外汇储备逐渐朝多元化方向发展,形成非典型性的多元化储备体系,不完全受单一货币统治。但由于该体系不系统、不健全,因此,严格地说它是一种过渡性质的储备体系。当时,充当国际储备货币的有英镑、美元、法郎等,以英镑为主,但美元有逐步取代英镑的地位之势。

3. 二战后至20世纪70年代初以美元为中心的储备体系

第二次世界大战后,布雷顿森林货币体系建立起来。美元取得了与黄金等同的地位,成为最主要的储备货币。这时的储备体系称为美元-黄金储备体系,其特点是储备受美元统治。

在这个体系中,黄金仍是重要的国际储备资产,但随着国际经济交易的恢复与迅速发展,美元成为最主要的储备资产。这是因为,一方面,当时世界黄金产量增加缓慢,产生了经济的多样化需要与黄金单方面供不应求的矛盾;另一方面,黄金储备在各国的持有量比例失衡,美国持有了黄金储备总量的75%以上,其他国家的持有比例则相对较小。因此,在各国国际储备中,黄金储备逐渐下降,而美元在国际储备体系中的比例逐渐超过了黄金而成为最主要的储备资产。如在1970年,世界储备中外汇储备占47.8%,而美元储备又占外汇储备的90%以上。因此,从总体上看,该时期各国的外汇储备仍是美元独尊的一元化体系。

必须注意,二战后的美元-黄金储备体系与金本位制下的黄金-英镑储备体系是有区别的。

(1)在典型的金本位制度下,各国的货币直接同黄金挂钩,黄金是国际储备体系中的主要中心货币,并且由于黄金具有稳定的内在价值,因此,不存在信用和汇率危机等问题。

(2)在二战后以美元为中心的货币制度下,各国货币并不直接与黄金挂钩,而是直接同美元联系,然后再通过美元兑换黄金,美元成为最主要的中心货币。由于美元是纸币,本身没有价值,美元之所以被广泛接受并流通,是因为当时美国具有以下条件:①大量的黄金储备;②强大的经济实力;③政府的信用保证。由此保证了美元作为中心储备货币的特殊地位。一旦美国经济衰退、国际收支恶化、美国政府信用保证下降以及黄金储备大量流失,美元这个中心储备货币也就会随之动摇。

4. 20世纪70年代至今的多元化储备体系

布雷顿森林货币体系崩溃后,国际储备体系发生了质的变化。随着20世纪70年代布雷顿森林货币体系的崩溃,各国经济实力发展的不平衡,国际储备货币出现了多元化的趋势,国际储备体系发生了从单一化向多元化的转变。国际货币体系发生这个重大转变的根本原因在于美国和其他工业发达国家相对经济实力发生变化。由于美国经济实

力和地位相对下降,竞争能力削弱,国际收支逆差剧增,从而引发了连续不断的美元危机。再加上美国推行的通货膨胀政策也进一步削弱了美元的基础,导致美元贬值,使各国增加了持有美元的风险,推动了各国向国际储备多元化发展的道路。

随着战后日本、西欧经济的恢复与发展,相应地,这些国家的货币也被人们不同程度地看好而成为硬通货。当美元信用逐渐削弱而使美元危机迭生时,这些硬货币也就成了中心储备货币的最佳选择。因此,许多国家在预期美元贬值时,纷纷将美元储备兑换成日元、马克、瑞士法郎等硬货币,甚至还抢购黄金,从而使国际储备资产分散化和多元化。1979年11月,美国对伊朗资产的冻结,又加速了储备货币多元化的进程。石油输出国为避免储备美元的风险,将大量的美元从美国调往日本和欧洲,并兑换成日元、马克和其他硬货币。这样,储备货币中美元的比重就不断下降,而其他硬货币的比重则不断增加。据统计,至1979年底,美元在诸多储备货币中所占的比重从1973年的84.6%降为1979年的65.1%,而其他货币所占比重则由1973年的15.4%上升为1979年的34.9%。于是形成了一个以美元、马克、瑞士法郎、日元、英镑、法国法郎为主的多种货币储备体系。随着欧元发行和走强,欧元也被列入了很多国家的国际储备货币里。

从1973年开始,浮动汇率制成了国际汇率制度的主体,随之而来的是汇率剧烈波动,且波幅很大。为了防止外汇风险,保持储备货币的价值,各国就有意识地把储备货币分散化,以此分散风险,减少损失。这种主观保值行为也推动了国际储备体系走向多元化。

从1973年进入80年代初,美元汇率有所回升,一度成为硬通货。但80年代中期,美元汇率又转而下跌,汇率风险大增,储备货币多元化局面已不可改变。1990—2000年,世界外汇储备结构发生了明显的变化。其主要特点是,美元所占的比重大幅度上升,而日元的比重明显下降,欧元已成为第二大储备货币。据国际货币基金组织统计,1991年,在世界各国的主要储备货币中,美元占51.3%。1999年这一比例上升到68.4%。2000年这一比例仍有68.2%。这一方面是因为其间美国经济持续繁荣,预示新经济时代的到来;另一方面由于习惯上人们长期使用美元,而且使用方便,美元仍然是最广泛使用的支付手段和计值单位。日元所占的比重从1991年的8.5%下降到2000年的5.3%,英镑的比重维持在3%~4%。1999年,欧元正式启动,其在各国外汇储备中所占的比重达到12.5%,2000年上升到12.7%。2000年,在发达国家的外汇储备中,美元占73.3%,欧元占10.2%,日元和英镑的比重分别为6.5%和2%;在发展中国家的外汇储备中,美元占64.3%,欧元占14.6%,日元和英镑分别占4.4%和5.2%。总体上来看,进入21世纪后,无论是发达国家还是发展中国家,其储备资产多元化和分散化的特点已十分突出。

二、国际储备体系多元化产生的主要原因

1. "特里芬难题"的出现

"特里芬难题"(Triffin Dilemma)的出现及其补救措施的失败,是促使国际储备体系多元化的一个重要的原因。我们知道,保证美元的中心储备地位必须有三个条件,但自20世纪60年代开始,这些条件均不同程度地丧失或被破坏。

(1)美国自20世纪60年代开始,持有的黄金储备逐年降低,从战后初期的245亿美

元降至 1967 年的 121 亿美元,再降至 1971 年美元第一次贬值的 102 亿美元。美国的黄金储备远远不能满足其他国家官方美元储备向美元兑换黄金的需要。

(2)由于只存在单元的中心储备货币,因此,随着各国持有的美元储备的增长,对美元的需求压力也会增大,美国国际收支必然产生逆差。美国从 20 世纪 50 年代开始,国际收支就连年出现逆差,至 1970 年,其逆差累计高达 492 亿美元。从 1971 年开始,曾持续 80 年之久的贸易顺差也转变为逆差,从而加剧了美元外流。1977 年和 1978 年,美国国际收支经常项目逆差连续两年都在 140 亿美元以上。

(3)黄金大量外流,国际收支连年逆差,导致美元信用下降,进而导致人们抛售美元,抢购黄金和其他硬通货,最后导致美元危机爆发。

在这里出现了以下矛盾现象:一方面,储备货币发行国即美国要满足世界各国对储备货币的需求,其国际收支就会发生逆差,而国际收支逆差又会降低该储备货币的信誉,导致储备货币危机;另一方面,储备货币发行国即美国要维持储备货币信誉,就必须保持国际收支顺差,而国际收支顺差又会断绝储备货币的供给,导致他国国际储备的短缺,最后影响国际清偿力。由于最初揭开这个矛盾现象的是美国经济学家罗伯特·特里芬(Robert Triffin),因此称为"特里芬难题"。

为解开这个难题,国际货币基金组织于 1969 年 10 月创设了特别提款权,试图一次性将其作为国际储备资产的补充,减轻不断增长的国际储备需求对美元的压力,缓和美元危机,并最终取代黄金和美元而成为中心储备货币。但由于特别提款权的"纸黄金"性质及其他局限性,这一措施未能从根本上解决这个"难题",美元危机仍然不断产生。据统计,从 1960 年 10 月爆发战后第一次美元危机,至 1973 年 2 月美元战后第二次贬值为止,先后共发生了 10 次美元危机。美元危机又反过来削弱了美元的信用,且进一步加剧人们对美元储备的心理预期,只要外汇市场一有风吹草动,人们就会抛售美元,去寻找新的国际储备来源。

2. 日元、马克等货币的地位上升

随着战后日本、西欧经济的恢复与发展,相应地,这些国家的货币也被人们不同程度地看好而成为硬货币。当美元信用逐渐削弱而使美元危机迭生时,这些硬货币也就成为中心储备货币的最佳选择。因此,许多国家在预期美元贬值时,就纷纷将美元兑换成日元、马克等硬货币,甚至还抢购黄金,从而使国际储备资产分散化和多元化。1979 年 11 月,美国对伊朗资产的冻结,又加速了储备货币多元化的进程。石油输出国为避免储备美元的风险,将大量美元从美国调往日本和欧洲,并兑换成日元、马克和其他硬货币。这样,储备货币中美元的比重就不断下降,而其他硬货币的比重则不断增加。据统计,至 1979 年底,美元在诸多储备货币中所占的比重从 1973 年的 84.6% 降为 1979 年的 65.1%,而其他货币所占的比重则由 1973 年的 15.4% 上升为 1979 年的 34.9%。到 20 世纪 70 年代末,国际储备构成已包括美元、英镑、法国法郎、瑞士法郎、荷兰盾、日元和欧洲货币单位及黄金等,一个新的、系统的、以多元化为特征的国际储备体系建立起来了。

3. 西方主要国家国际储备意识的变化

一个储备体系的建立,除必须具备一定的客观条件外,还必须具备一定的主观条件,这个主观条件,主要是指各国对国际储备的意识。多元化国际储备的形成很大程度上是受这一意识的变化推动的。

（1）美国被迫降低美元的支配地位。二战之后，利用美国在全球经济与金融领域中的独特优势，美元霸权成为既定事实。利用布雷顿森林货币体系的框架，美元单一化储备货币地位获得了法律意义上的认可。之后美元霸权与独特优势为美国带来巨大收益，成为半个世纪以来美国霸权的经济表现。自20世纪70年代以来，美国国际收支持续恶化，美元危机频繁，这不仅对全球经济造成了很大的冲击，而且也威胁到美国自身经济的健康发展及美元的垄断地位。为了挽救日益恶化的美元危机，美国政府不得不改变态度，多次表示愿意降低美元的支配地位，同各国尤其是德国、日本等经济强国共享储备货币的收益。

（2）德国、日本等国家愿意将本币作为国际储备货币。20世纪70年代布雷顿森林货币体系崩溃以来，以双挂钩为主要特征的固定汇率制逐渐被具有多样化安排的浮动汇率制所取代，多元化的国际储备币种及其相应的储备资产逐步形成。随着全球经济的复苏与发展，依托本国经济实力的支撑，德国马克、日元等货币币值稳定，且具有升值的空间与潜力。伴随着美元贬值的加剧，各国纷纷将美元储备兑换成这些硬通货，以满足对本国资产的管理需求以及实现保值增值。尽管如此，通过对本国货币国际化的成本与收益进行综合衡量，在这一演变过程的初期阶段，德国、日本等这些工业化强国并不希望本国货币过快成为国际储备货币。

然而，自20世纪70年代末期以来，全球经济形势发生了重大变化，多次石油危机的冲击、全球经济的滞胀、贸易保护主义的抬头等诸多因素迫使德国、日本等硬通货国家改变了最初的态度，通过各种手段与形式，包括放松本国资本管制，出台各种吸引外资的政策，鼓励境外投资者持有本国货币，转而支持并积极推动本国货币的国际化进程。这种客观形势推动了德国、日本等国主观态度的转变，实际上也加速了多元化储备体系的形成。

4. 保持国际储备货币的价值

从1973年开始，浮动汇率制成为国家汇率制度的主体，随之而来的是汇率剧烈波动，且波幅很大。为了防止外汇风险，保持储备货币的价值，各国就有意识地把储备货币分散化，以此分散风险、减少损失。这种主观保值行为也推动了国际储备体系走向多元化。

三、国际储备体系多元化的影响

1. 国际储备多元化的积极影响

（1）摆脱了对美元的过分依赖。由于国际储备多元化减少了对美元的过分依赖，从而减轻了维持美元汇率稳定的义务和压力，也减少了因美国经济衰退和国际收支恶化而带来的消极影响。

（2）促进了各国货币政策的协调。在国际储备多元化的情况下，各货币发行国可以进行公平竞争，避免或减轻了在单一储备体制下货币发行国操纵或控制储备货币的供应所形成的霸权主义，便于各国进行政策协调和主动选择所需的储备货币。

（3）有利于调节国际收支。在国际储备多元化的情况下，可以采取适当措施对本国的国际收支进行调节。而在单一储备体制下，为调节国际收支而采取变更汇率措施时，必须事先征得国际货币基金组织同意后才能实施。

（4）有利于防范汇率风险。在国际储备多元化的情况下，各国可以根据外汇市场变化，适当调整其外汇储备的货币结构，以防范或减轻外汇风险和损失。而在单一储备制度下，当单一货币宣布贬值时，必将遭受难以防范的损失。

2. 国际储备多元化的消极影响

（1）加剧国际外汇市场的动荡。国际储备多元化以后，外汇市场上各种储备货币受储备需求和市场需求的影响，往往会引起更多的不稳定性。这种状况给外汇投机活动以可乘之机，从而进一步加剧外汇市场的动荡。

（2）增加了掌握储备数量和组合的难度。国际储备多元化以后，各储备货币发行国因为经济发展不平衡、储备货币持有国需求不一致，以及国际经贸发展情况不同，都会影响储备货币地位的变化和汇率的涨跌，从而增加了掌握储备货币数量和组合的难度。

（3）加深了国际货币制度的不稳定性。国际储备制度的稳定是建立在多种货币稳定的基础上。由于世界还没有为储备多元化建立起权威的协调和约束机制，因此，当储备货币发行国中的任何一国的经济发生波动时，都会影响其货币的变动，从而加深国际货币制度的不稳定性。

第三节
国际储备管理

国际储备管理是一国政府或货币当局根据一定时期内本国的国际收支状况和经济发展的要求，对国际储备的规模、结构和储备资产的使用进行调整、控制，从而实现储备资产的规模适度化、结构最优化和使用高效化的整个过程。一个国家的国际储备管理包括两个方面：一是国际储备规模的管理，以求得适度的储备水平；二是国际储备结构的管理，使储备资产的结构得以优化。通过国际储备管理，一方面可以维持一国国际收支的正常进行，另一方面可以提高一国国际储备的使用效率。

一、国际储备管理原则

各国在进行国际储备管理时，一般会遵循以下两个原则。

1. 保持适量的储备额度

国际储备需求量的确定是一个重要且复杂的问题，每个国家都需要有一个适量的国际储备额度，过多了会造成浪费，过少了会不够用。判断国际储备是否适度的标准之一是看储备增量给该国带来的收益与相应成本之间的大小关系。若收益大于成本，储备过

多意味着储备资源的低效利用;若收益小于成本,增加储备可以改进资源配置的效率。

2. 统筹兼顾国际储备的安全性、流动性和盈利性

储备资产的安全性,即储备资产本身价值稳定、存放可靠。影响这种安全性的主要因素是通货膨胀和汇率波动。例如,美国发生严重的通货膨胀和美元汇率下降,会使持有美元储备资产的国家蒙受损失。储备资产的流动性,即储备资产要容易变现,可以灵活调用和稳定地供给使用。各种储备资产的流动性有所不同,以美元活期存款形式持有的储备资产具有较强的流动性,以黄金或外汇有价证券形式持有的国际储备的流动性不如美元活期存款。储备资产的盈利性,即储备资产在保值的基础上有较高的收益。

储备的安全性、流动性和盈利性之间存在着替代关系。一般来说,流动性越强,则盈利性越弱;安全性越强,则盈利性越弱。政府在储备资产管理中,需要同时考虑储备资产的上述三种属性。流动性涉及储备资产能否在不蒙受损失的条件下随时投入使用,安全性涉及储备资产的价值贮藏手段职能,盈利性关系到储备资产在未动用期间所产生的收益。在不同的经济环境下,三种属性的相对重要性会有所不同。例如,在国际收支逆差严重时,该国需要大量动用储备资产,保持储备资产的流动性具有较为重要的意义。而在国际收支大体平衡或顺差时,流动性则相对不那么重要,可以适当地多考虑盈利性,可使国家获取更大的资产增值利益。在通货膨胀恶性发展时期,保证储备资产安全性具有较为重要的意义。

二、国际储备的总量管理理论

20世纪末以来的金融危机证明,国际储备的缺乏将使一国在外部冲击之下承担很高的调整成本。因此,在新的国际环境下,国际储备充足水平问题便显得更为突出。一国政府在国际储备总量管理中主要考虑如何确定适度的国际储备量。学者们为此提出了一系列理论。

1. 比例分析法

比例分析法主要有储备/进口比例法和储备/债务比例法。美国经济学家R.特里芬(R. Triffin)于1960年提出储备/进口比例法,又称三个月进口说。他在对1950—1957年历史资料进行分析的基础上,认为一国的外汇储备与其进口额应该保持一定的比例关系,这个比例以40%为标准,以20%为底线。即外汇储备应能维持3个月左右的进口。如果外汇管制程度高,储备量可相应减少。发达国家该比例略低,发展中国家该比例略高。这个理论开创了储备需求研究,对于分析今日各国外汇储备仍然有一定的参考价值。但是,每个国家都有出口,它们可用出口外汇收入支付进口,贸易逆差比进口更能反映国家对国际储备的真实需求。目前,贸易差额的波动幅度成为进口需求论的参考指标。

储备/债务比例法是20世纪80年代中期兴起的一种理论观点。此观点认为外债规模与储备之间应保持一定的正比例关系,即一国应把外汇储备维持在其外债总额的40%左右。它是衡量一国迅速处理对外债务能力,保证清偿力和维持国际信誉的标志。

但是,由于这两个标准的建立具有其特有的时代背景,随着国际经济的发展,这两个指标已不能全面反映外汇储备适度规模的需求因素。

2. 机会成本说

J.阿格沃尔(J. Agaraual)等一些经济学家在1971年提出机会成本说。这种理论认为,一国持有外汇储备的好处是使中央银行即使在国际收支出现失衡时仍能保持汇率稳定。但是这要付出代价,即可以把这些储备用来进口商品、劳务,为国内经济增长和消费增加新的实际资源,增加国内的就业和国民收入,这就是外汇储备的机会成本。外汇储备一般存放在国外获取利息,但是它的收益是稳定汇率和为意料之外的国际收支逆差提供资金融通。持有外汇储备需要付出机会成本,就是将储备资源用于国内投资可能获取的收益率。适度储备需求是持有储备的边际成本和边际收益相等时的储备需求。如果持有储备的边际成本大于边际收益,政府就应当减少储备量。如果持有储备的边际成本小于边际收益,政府就应当增加储备量。

3. 货币供给决定论

货币主义学派的布朗(W. M. Brown)和约翰逊(Herry Johnson)等经济学家提出货币供给决定论。他们在特里芬比率的基础上分别提出国际储备与国际收支差额比率和国际储备与国内货币供给比率等。该理论从货币供给角度分析外汇储备规模适度问题,认为国际收支不平衡本质上是一种货币现象。国际收支不平衡引起外汇储备的变化,并导致货币供给的变化。当国内货币供给量超过国内需求时,多余的货币就会流向国外。国内货币供应量不足会引起外汇储备需求。

4. 定性分析法

1976年,R. J.卡包尔(R. J. Carbaugh)和C. D.范(C. D. Fan)等经济学家提出定性分析法。他们认为,影响一国外汇储备需求量的因素如下。

(1)一国储备资产质量。例如:储备资产流动性越强,货币当局所需储备数量越少;储备资产收益率越高,持有数量越多。

(2)各国经济政策合作的态度。这种合作越有效,各国所需储备资产越少。发达国家经济政策合作有多年实践且程度较高,它们的储备资产也较少。

(3)一国国际收支调节机制的效率。国际收支调节越有效,所需储备资产越少。例如,汇率自动调节机制越有效,政府持有外汇储备量越少。金融市场越发达,利率等调节机制越有效,政府持有外汇储备量越少。政府直接管制越有效,其所需储备资产越少。

(4)一国政府采取调节措施的谨慎态度。态度越谨慎,所需储备资产越多。国际收支调节措施总会带来某些消极作用,不同政府对这些消极作用的认识不同,从而国际收支调节措施的力度不同。

(5)一国所依赖的国际清偿力的来源稳定程度。例如,借债能力越强,所需储备资产越少。

(6)一国国际收支的动向及一国经济状况等。例如,长期国际收支顺差国可相应减少储备持有量。经济增长率高可能引起资本大量流入,该国可适当减少储备持有量。

定性分析法不乏其合理性,它比较全面地分析了影响一国外汇储备规模的因素,且比较切合一国的实际情况,为各国界定其合理的外汇储备规模提供了有益的思考框架。但该种理论中许多因素难以量化,无法得到一个令人信服的结论,对于决策的参考价值不大。它只能粗略地反映储备的适度性,不能测算出一个确定的储备量。而且用来反映

储备适度性的经济变量和政策措施的变化可能并非由储备过剩或不足引起,而是由其他经济因素甚至政治因素所引起。因为这种方法的前提是假定储备水平是一种重要的政策目标,政府为达到预定的储备水平目标而调整内部和外部的政策,但有些时候政府的政策调整可能是为了其他更重要的政策目标。

5. 多因素比率分析法

在 20 世纪 80 年代中后期,许多中国学者提出多因素比率分析法。它综合考虑进口支付、外债偿还和外商直接投资资金回流等多种比率,据此计算我国外汇储备规模。结果表明,我国的外汇储备大大高于国际公认的合理储备水准。这种方法相对简洁,上述三个方面也是外汇储备最基本的需求渠道。这种方法把大约三个月的进口额、当年还本付息额和利润汇回加起来,作为确定适度储备量的标准。

6. 稳定汇率说

蒙代尔(Robert A. Mundell)等人提出中国外汇储备无上限论。其理论基础是把外汇储备数量看成政策工具,而把汇率稳定作为政策目标。增加外汇储备的过程就是增加外汇需求的过程,它可避免人民币升值。如果人民币升值损害中国经济发展,那么增加外汇储备利大于弊。

弗里兹·马克卢普(Fritz Machlup)最早提出外汇储备无上限论,他认为国际储备需求取决于货币当局的模糊偏好。他提出衣柜效应,即女人永远不知道衣柜里有多少衣服才算过多。

7. 国际储备下限论

国际货币基金组织提出国际储备下限可用以下事后指标作为判断标准:①持续的高利率政策;②外汇管制、外贸管制;③紧缩性需求管理;④持续的汇率不稳定;⑤把增加储备作为首要的经济目标;⑥新增储备主要来自信用安排。这些指标产生的背景是,该国政府已经明确其适度储备量的水平,因而当其采取高利率政策或奖出限入的政策来改善国际收支时,便意味着该国存在储备不足问题。正是由于储备不足,该国政府缺乏干预外汇市场的能力,从而汇率不稳。于是,该国被迫通过国外借款来弥补国际储备缺口。

8. 储备需求函数法

储备需求函数法又称回归分析法。比较有代表性的是弗兰德斯(Flanders)模型、弗伦克尔(Frenkel)模型和埃尤哈(M. A. Iyoha)模型。他们认为储备需求与某种或某几种经济变量间存在关系,在得知这些经济变量多年的数据后,可以利用回归的方法,在它们之间建立一种线性的或非线性的函数关系,并利用这种函数关系估计储备需求。

在经典外汇储备函数的基础上,我国学者主要用回归分析、时间序列分析等多种方法对外汇储备及相关变量的截面数据和时间序列数据进行了研究,探讨了影响外汇储备需求的显著因素,围绕这些因素构建了外汇储备的静态及动态需求模型。在这些模型的基础上,描述了我国外汇储备实际规模和适度规模的偏差及对这种偏差的调整过程。

储备需求函数分析法同时也存在一些局限性。例如,从函数本身来看,它的建立主要依赖于经验数据,根据以前的储备需求趋势用外推法测定将来的需求。这就暗含这样一个假设,即以前的各种数据都是合理的,以前的储备持有额就是适度需求量,这显然与事实不符。

由于各国国情不同,因此每一个理论都不能作为确定某一个国家适度国际储备的唯一标准,而应综合考虑各种因素来确定适度储备水平。

三、国际储备的结构管理

国际储备的结构管理主要涉及两方面的内容:一方面是黄金储备、外汇储备、在国际货币基金组织的储备头寸和特别提款权四种基本储备资产的结构及流动性结构的确定;另一方面是外汇储备的币种结构的确定。

1.储备资产基本形式的结构管理

各项储备资产结构管理的目标,是确保流动性和收益性的恰当结合。然而在实际经济生活中,流动性和收益性互相排斥。这就需要在流动性与收益性之间进行权衡,兼顾二者。由于国际储备的主要作用是弥补国际收支逆差,因而各国货币当局更重视流动性。按照流动性的高低,西方经济学家和货币当局把储备资产划分为三级:一级储备资产,富于流动性,但收益性较低,它包括活期存款、短期存款和短期政府债券;二级储备资产,收益性高于一级储备资产,但流动性低于一级储备资产,如2~5年期的中期政府债券;三级储备资产,收益性高于二级储备资产,但流动性低于二级储备资产,如长期债券。

由于会员国能随时从 IMF 提取和使用普通提款权,所以类似一级储备资产。特别提款权只能用于其他方面的支付,须向 IMF 提出申请,并由 IMF 指定参与特别提款权账户的国家提供申请国所需货币。显然,这个过程需要一定时日才能完成。因此,特别提款权可视为二级储备资产。而黄金储备,由于各国货币当局一般只在黄金市价对其有利时,才会将其转为储备货币,可视为三级储备资产。一级储备资产作为货币当局随时、直接用于弥补国际收支逆差和干预外汇市场的储备资产,即作为交易性储备资产。二级储备资产作为补充性的流动资产。三级储备资产主要用于扩大储备资产的收益性。一国当局应当合理安排这三级储备资产的结构,以做到在保持一定流动性的前提下,获取尽可能多的收益。

2.外汇储备币种结构管理

对外汇储备的结构管理主要是储备货币的币种选择,即合理地确定各种储备货币在一国外汇储备中所占的比重。确定外汇储备币种结构的基本原则如下。

(1)储备货币的币种和数量要与对外支付的币种和数量保持大体一致,即外汇储备币种结构应当与该国对外汇的需求结构保持一致,或者说取决于该国对外贸易支付所使用的货币、当前还本付息总额的币种结构和干预外汇市场所需要的外汇,这样可以降低外汇风险。

(2)根据分散原理来安排预防性储备货币的币种结构,即实行储备货币多样化。外汇储备中多样化的货币结构,可以使外汇储备购买力保持相对稳定,以求在这些货币汇率有升有跌的情况下,大体保持平衡,做到在一些货币贬值时遭受的损失能从另一些货币升值带来的好处中得到补偿,提升外汇资产的保值和增值能力。在外汇头寸上应尽可能多地持有汇价坚挺的硬货币储备,而尽可能少地持有汇价疲软的软货币储备,并要根据软硬货币的走势,及时调整和重新安排币种结构。

(3)采取积极的外汇风险管理策略,安排预防性储备货币。如果一国货币当局有很

强的汇率预测能力,那么它可以根据无抛补利率平价(预期汇率变动率等于两国利率差)来安排预防性储备的币种结构。例如,若利率差大于高利率货币的预期贬值率,则持有高利率货币可增强储备资产的盈利性;若利率差小于高利率货币的预期贬值率,则持有低利率货币有利于增强储备资产的盈利性。

专栏 2-2 主权财富基金

资料来源:http://baike.baidu.com/view/1174598.htm.

第四节
中国的国际储备管理

一、我国国际储备的构成与特点

我国国际储备的构成与其他国家一样,由黄金、外汇、储备头寸和特别提款权构成。改革开放前,我国实行计划经济体制,没有建立与国际经济接轨的国际储备制度。1980年,我国正式恢复了在 IMF 和世界银行的合法席位,次年正式对外公布了国家黄金外汇储备,并逐步形成了我国的国际储备体系(见表 2-2)。

表 2-2 我国的国际储备体系   单位:亿美元

年份	外汇储备	年份	外汇储备	年份	外汇储备	年份	外汇储备
1978	1.67	1989	55.50	2000	1655.74	2011	31833.48
1979	8.40	1990	110.93	2001	2121.65	2012	33116.00
1980	−12.96	1991	217.12	2002	2864.07	2013	38213.00
1981	27.08	1992	194.43	2003	4032.51	2014	38400.00

续表

年份	外汇储备	年份	外汇储备	年份	外汇储备	年份	外汇储备
1982	69.86	1993	211.99	2004	6099.32	2015	33300.00
1983	89.01	1994	516.20	2005	8188.72		
1984	82.20	1995	735.97	2006	10663.40		
1985	26.44	1996	1050.29	2007	15282.49		
1986	20.72	1997	1398.90	2008	19460.30		
1987	29.23	1998	1449.59	2009	23991.52		
1988	33.72	1999	1546.75	2010	28473.38		

(资料来源:wenku. baidu. com/link? url=NIs9dImLmAd3reVTcX_eDZw4D4fzqPuWO4fq77mayUWg.)

我国国际储备体系的发展具有以下几个明显的特点。

(1) 国际储备体系由不规范走向规范,储备资产规模不断增大。

(2) 长期以来实行稳定的黄金储备政策。我国黄金储备的来源主要是依据国家黄金库存的增长状况以及对外经济贸易发展的需要逐步调整的。1978 年至 1980 年,我国的黄金储备规模为 1280 万盎司。1981 年至今,我国的黄金储备规模稳定在 1267 万盎司的水平上。1997 年以来,我国的黄金储备规模有所上升。这种储备政策基本上符合我国的国情。

(3) 外汇储备构成发生了变化,外汇储备规模不断扩大,目前外汇储备已成为我国国际储备的绝对主体。从 1983 年起,我国开始对外公布外汇储备数量。当时公布的外汇储备包括国家外汇库存和中国银行营运外汇结存。前者即货币当局持有的外汇储备。后者是中国银行的自有外汇、在国内吸收的外币存款、在国际金融市场筹措的外汇减去其外汇贷款和投资收益项后的差额。当时中国银行属于政府所有,营运外汇结存可由政府支配。从 1993 年起,我国外汇储备数据不再包括中国银行营运外汇结存。这是因为我国推行了银行体制商业化改革,按照国际惯例,各国商业银行持有的外汇都不列入外汇储备。

二、我国国际储备的管理原则及适度规模

像世界上大多数国家一样,我国的国际储备管理也遵循安全性、流动性、保值和增值性原则,只是在不同的经济发展阶段,管理的侧重点有所不同,但储备规模问题始终是我国国际储备管理工作的中心内容。由于一国的国际储备直接体现了一国的经济实力,一些意见认为,储备资产越多越好,尤其是像我国这样的发展中大国,理应保持较多的国际储备。另一些意见认为,储备资产过多,必然影响到国内的经济发展,而且要承担较高的机会成本以及由于汇率变动带来的贬值压力等,所以,储备资产应考虑经济规模。具体到我国的情况,建立国际储备的适度规模应考虑到以下制约因素:①一段时期内国家的经济发展目标;②国际收支的总体状况;③对外开放的程度;④对外举债情况;⑤在国际市场上的融资能力。

三、我国外汇储备的结构管理

合理配置我国的外汇储备,达到优化组合,保证外汇储备管理原则的实现和外汇储备作用最大限度的发挥,是我国外汇储备结构管理的重要问题。

在坚持储备货币的安排和管理,遵循安全保值、兑现灵活、获取收益三条原则和处理好三者关系的前提下,合理安排我国外汇储备结构,还要坚持做到以下几点。

(1) 坚持储备货币构成与进口付汇和偿付外债的要求相一致。

要根据我国进出口贸易对象及我国外债的货币结构,安排好各种储备货币的比重。要尽量做到与外汇资金的借入、使用、偿还货币币种相一致,保持储备构成合理,防范外汇风险。

(2) 外汇储备货币的构成要多样化。要根据主要国际储备货币购买力不断变化的情况,及时调整我国储备货币的比重构成及数量比例,合理组合,始终保持优化状态。

(3) 外汇储备资产的投向结构要合理。既要能满足国家日常及急需时的对外支付需求,又能满足获取最大收益的需求。要计算好一定时期内的对外支付的需要量,根据对外支付的时间安排好资金投向。根据对外支付的时间和比重,留足周转金放于实力强、信誉好的国外银行或购买期短的政府国库券,把超过周转数额的资金作为较长期的投资,购买外国政府公债、国库券或可靠、稳定、收益高的有价证券,始终保持外汇储备的合理投向。

(4) 外汇储备资产的存放要分散化。外汇储备资产的存放要避免出现过于集中于一两个国家或一两个银行的情况,经常注意观察储备货币发行国、存放银行和国际金融市场的各种变动状况,防止因遭受外国政府冻结资金、银行倒闭或发生意外事件而造成损失。

可见,我国的外汇储备结构管理应在坚持实行储备资产多元化原则上,合理配置并不断调整,以优化我国外汇储备结构管理。

四、我国外汇储备迅速增长的原因

我国外汇储备增长迅速,首先得益于改革开放后我国社会经济的迅速发展,特别是对外贸易中加工贸易的发展,以及招商引资政策中积极引进外资,使我国成为吸收国外直接投资最多的国家之一。具体来说有以下四个原因。

(1) 在国际收支平衡表中的经常项目的顺差以及资本和金融账户的顺差,也就是通常所说的双顺差,是我国外汇储备迅速增加的直接原因。正是双顺差造成了人民币升值压力,迫使中央银行不断增加外汇储备。

(2) 以强制结汇制和资本与金融项目管制为特征的我国外汇管理制度是我国外汇储备不断增加的制度性原因。该制度规定,除了允许部分外商投资企业开设现汇账户外,其余法人单位所获得的属于经常项目的外汇收入必须及时、足额地出售给外汇指定银行。我国鼓励外商对华直接投资,但是对资本流出进行限制。我国对外汇指定银行实行头寸管理,必须把多头部分的外汇在银行间外汇市场上抛出。为了稳定人民币汇率,中央银行外汇操作室购入溢出部分的外汇,导致官方外汇的储备增加。

（3）人民币升值预期导致大量投机性资本回流，成为我国外汇储备迅速增加的重要原因。自 2002 年欧盟、美国、日本和韩国等提出人民币升值或采取更有弹性的汇率制度的要求之后，国内就出现人民币升值预期。这特别反映在我国国际收支平衡表净误差与遗漏出现逆转上。1999—2001 年，我国净误差和遗漏分别为－148.0 亿美元、－118.9 亿美元和－48.6 亿美元，而在 2002 年、2003 年和 2004 年，分别为 77.9 亿美元、184.2 亿美元和 270.45 亿美元。这些数据可反映投机性短期资本的非法流入。

（4）在国际分工中，我国与发达国家属垂直型分工。在生产劳动密集型工业制成品方面，我国占有比较优势。我国生产的初级工业制成品物美价廉，在西方发达国家非常受欢迎，出口额不断提高。发达国家在知识技术密集型的高科技产品方面具有比较优势，但发达国家对高科技产品出口管制、限制对中国的出口。如美国正式公布新的对华高技术产品出口管制政策草案，对我国实行严格的高技术出口限制。出口赚取的外汇因限制无法进口国内急需的高科技产品，从而加剧了国际收支的不平衡。这也是我国外汇储备迅速增加的一个重要原因。

五、我国外汇储备的作用

我国拥有巨大的外汇储备，即使存在着一定弊端，比如会导致持有外汇机会成本的增加、带来通货膨胀的压力、带来贸易摩擦和推动人民币升值。但外汇仍然是我们宝贵的资源，对促进经济发展，壮大本国经济实力，提高人民生活水平起着不可替代的作用。

（1）外汇储备的快速增长增强了我国综合国力，提升了我国的国际资信，为国民经济的进一步发展创造了良好的条件。我国外汇储备的不断增长标志着我国对外支付能力和调节国际收支能力不断增强，为我国举借外债及债务的偿还提供了可靠的保证，对维护我国的国际声誉、吸引外资、争取国际竞争优势奠定了基础。

（2）充足的外汇储备可以使中央银行有效干预外汇市场，支持本币汇率。一国所拥有的外汇储备表明了其干预外汇市场和维持本币汇率的能力，各国中央银行可以通过在外汇市场对外币与本币的抛售和收购等操作影响外汇供求关系，从而达到调节外汇市场、稳定汇率的目的。干预外汇市场所需的资金具有时间不确定、数额巨大等特点，因此，充足的外汇储备可以保证我国从容地应对突发性金融风险，满足有效干预外汇市场、维持本币汇率的需求。1997 年亚洲金融危机中人民币的良好表现再次表明，充足的外汇储备对稳定人民币币值和维护投资者信心具有举足轻重的作用。

（3）充足的外汇储备也是人民币最终实现可自由兑换的一个必备条件。人民币可自由兑换，是我国外汇体制改革的重要目标。我国在 1996 年底实现了人民币经常项目的可自由兑换。在经常项目可自由兑换后，是资本和金融项目的可自由兑换，从而实现人民币的可自由兑换。充足的外汇储备，才能使人民币在迈向自由兑换的过程中，保持汇率的基本稳定。

六、我国外汇储备管理方式的探索

（1）在增加商品出口的同时，扩大进口。一方面，进口国内稀缺资源，加强与发达国家的沟通，放松高技术产品出口限制，进口关键设备和先进技术，供给国内市场；另一方

面,以进养出,进口国内未生产产品,开拓国内市场,诱导国内新产业成长,扩大消费需求,刺激国内企业提高技术和管理水平,降低成本,激发企业技术创新,同时缓和贸易摩擦。

（2）逐步完善外资外贸政策。在引进外资中,要更加注重技术和知识含量,改进地方政府业绩考核体系,改变全民招商局面,严格控制资源性高能耗、高污染产品的出口与生产,保护国内生态环境和资源。

（3）适度放松外汇管制。在允许企业保留一些经常项目外汇收入的基础上,逐步放松国内企业和居民的用汇条件和范围,进一步放松对企业和个人使用外汇数的限制,藏汇于民,拓宽外汇投资渠道,进行外汇投资产品创新,积极推动 QDII 开展境外投资业务,让国内投资者分享国际金融市场的收益。

（4）完善外汇市场管理体制,加强外汇市场建设。健全和完善外汇市场,利用法律手段、经济手段辅之以行政手段对外汇市场进行管理,维护正常金融秩序,加强对外汇短期资本进入的监管,尽量避免投机性的国际游资进入我国金融市场和房地产市场。

（5）改善外汇储备结构,增强外汇储备的安全性和流动性。通过多元化来提高美元以外的其他国际货币的储备比重,增加石油煤炭等战略资源的储备。与其他国家相比,我国黄金储备在国际储备中的比重偏低,应选择适当时机,适度增加黄金储备的比重,逐步形成以美元、欧元、日元等世界三大货币和黄金为主体的多元外汇储备结构。

（6）推动企业走出去战略的实施。增加企业融资渠道,鼓励企业走出去,实行跨国经营。我国企业,特别是中小民营企业,在初级工业制成品方面还是具有比较优势的,可以到其他国家设立境外经贸区,在满足东道国市场的同时,也达到继续扩大出口的目的,可缓解与其他国家的贸易摩擦。

（7）加强国际货币合作,签订区域性的多边货币交换协议。从某种意义上说,紧密的国际货币合作,可以大大减少一国国际货币外汇储备的持有量。一方面,签订有区域货币合作成员国之间的双边贸易,可以减少为平衡贸易收支而持有的外汇储备。另一方面,还可以通过货币互换对区域内发生短期对外支付困难的成员国进行融资,这也相应地减少了为防范金融风险危机或突发事件而持有的外汇储备。因此,加强区域货币合作,能够有效降低发展中国家成员国外汇储备的持有水平。

第五节
人民币作为国际储备资产的问题

2007—2009 年的国际金融危机虽不能很快动摇美元在当今国际货币体系中的霸主地位,却给人民币国际化提供了一个千载难逢的重大历史机遇。美国金融危机的主要原因是其虚拟经济与实体经济的严重失衡,世界金融体系急切期待一个以实体经济为支撑的货币加入到国际货币体系中来,人民币无疑是众望所归。近段时间,关于促进人民币国际化进程使其逐渐成为国际储备货币的问题被众多媒体和业内人士炒得沸沸扬扬。然而,人民币是否已经具备了国际储备货币的地位?

从中国经济的发展和人民币的地位看,由于经济持续快速发展,中国在世界经济中的地位和作用不断提升,受到世界各国的高度关注,同时由于人民币的不断升值及使用范围的扩大,它越来越成为一定区域的"抢手货币",甚至被部分地区和国家视为一定意义上的储备货币。目前,中国已跃居世界第二大经济体,人民币的国际信誉和地位也已大幅提升。由于人民币有中国强大经济体的支撑,再加上目前中国政府财政状况不仅良好,而且负债率低,并拥有超过 2 万亿美元的外汇储备,人民币有着较大的升值空间,这为人民币国际化进程的加快和具备国际储备货币地位奠定了重要的基础。因此,中国所处的经济地位和高额的外汇储备,决定了持有人民币的安全性。将人民币作为储备货币,不仅风险相对小于美元,而且还有一定的预期升值空间。

总体来说,从安全性考虑和保值出发,许多国家和地区支持人民币成为国际储备货币的愿意越来越强烈。另外,随着对外经贸地位的不断提升和区域合作的加强,中国在一些国家和地区以人民币作为贸易和投资结算货币,将进一步扩大人民币在这些地区和国家的流通和广泛使用。此外,随着中国在海外投资不断扩展,为境外人民币的流通提供了可能性,为人民币国际化创造了有利的条件。

然而人民币要想成为国际货币,还有许多复杂的问题需要解决,还有很长的路需要探索。尽管对人民币作为国际储备货币的议论早已见诸报端,并不断升温,但中国官方对此十分慎重和低调。其主要原因是,目前人民币的国际化程度与国际储备货币还有相当的距离。具体原因如下。

(1)人民币是否属于国际性货币取决于其是否可自由兑换,目前人民币不可自由兑换决定了人民币不具备真正意义上的国际性货币性质。我国目前的经济实力还不能完全满足人民币自由兑换的要求。首先,人民币汇率、利率形成机制还不够完善,在目前的结售汇制度下,人民币汇率水平不能完全反映外汇市场供求的均衡汇率,利率形成机制也未完全市场化,通过利率杠杆调节国内资金流动的作用受到限制,难以通过利率和汇率的相互影响来调节国际资本流动,在这种情况下贸然开放资本项目将会导致国内外汇市场和资本市场的混乱。其次,国内金融市场尚不够完善,金融机构类型单一、垄断性强,金融产品种类较少,金融机构也没有建立起适应国际竞争的机制。最后,企业这个微观主体在我国经济转轨的过程中还没有具备灵活的机制来适应资本流动、资本价格变动和汇率变动带来的影响。因此,虽然人民币自由兑换是我国外汇体制发展的必然趋势,但也不是一蹴而就的事情,我们需要循序渐进,在宏观经济条件和微观经济主体得到进一步完善之后,逐步达到人民币自由兑换的最终目标。

(2)人民币是否属于国际性货币,由市场决定。目前,中国市场经济地位仍未得到一些国家和经济体的确认,人民币在国际市场上自由兑换也不具备条件。

(3)人民币国际化需要十分发达的国家金融市场支撑,而国家金融市场应具备国际金融市场的条件。目前中国上海正在筹划的国际金融市场还未成形,人民币国际化仍缺

乏国际金融市场的依托。

　　对中国来说,目前所面临的是美元的不断贬值与人民币升值的压力,以及国际货币体系演变的不确定性。为了减轻在对外贸易与跨境投资等方面对美元的依赖度,降低外汇储备风险,中国现实国际金融策略主要体现为:①有步骤地推动人民币国际化进程;②加强区域性货币合作;③外汇储备向多元化发展。这是当前中国应对国际货币体系的演变,最大限度地减少外汇储备和汇率变化风险最现实的举措。

主要术语和关键概念

外汇储备　黄金储备　储备头寸　特别提款权　国际收支逆差　适度国际储备量　国际储备管理　人民币国际化

思考题

1. 国际储备的含义是什么?它由哪些资产构成?
2. 一国确定适度国际储备水平应该考虑哪些因素?
3. 简述多元化国际储备体系形成的原因及利弊。
4. 如何加强国际储备的结构管理?
5. 目前中国的外汇储备规模是否适度?试对此发表自己的看法。

应用题

1. 试论述决定一国国际储备需求的主要因素。
2. 试论述当前我国国际储备的现状及对策。

本章参考文献

第三章
外汇与汇率

教学目的与要求:本章主要内容是介绍外汇与汇率的基本概念,分析汇率变动的原因及所产生的经济影响,介绍汇率决定的基本机制和影响汇率决定的因素。学习本章的基本内容后要能掌握外汇与汇率的基本概念和种类,了解汇率决定的基本机制,掌握纸币流通制度下影响汇率变动的主要因素,分析汇率变动对一国国内经济和对外经济的影响。

教学内容:本章主要内容是介绍外汇与汇率的基本概念,分析汇率变动的原因及所产生的经济影响,介绍主要的汇率决定的基本机制和影响汇率决定的因素。

本章重点与难点:影响汇率变动的因素及汇率变动的经济影响,汇率决定的基本机制。

导 入 案 例

日元持续贬值冲击中国出口 企业不敢接日本订单

资料来源:http://www.china1baogao.com/news/20150611/3437006.html.

第一节
外汇和汇率的概念

一、外汇与汇率的概念

(一) 外汇

外汇 (foreign exchange) 是指以外国货币表示的、能用来清算国际收支差额的资产。可见，不是所有的外国货币资产都是外汇，它必须可用于国际收支的清算。具体地说，一种外币资产成为外汇有三个条件：一是自由兑换性，即这种外币资产能与主要国际货币进行自由兑换；二是普遍接受性，即这种外币资产在国际经济往来中被各国普遍地接受和使用；三是可偿性，即这种外币资产是可以保证得到偿付的。根据这些标准，对外汇的范围有着不同的理解，并且这一概念本身也在不断发展中。我国《外汇管理条例》中规定外汇的具体范围包括：①外国货币，包括纸币、铸币；②外币支付凭证，包括票据、银行存款凭证、邮政储蓄凭证等；③外币有价证券，包括政府债券、公司债券、股票等；④其他外汇资产。

(二) 外汇的作用

在现代全球经济中，外汇作为一种重要的结算工具与储备资产，在全球经济中扮演着非常重要的角色。

(1) 推动国际购买力的转移，促进经济全球化的发展。不同国家使用不同的货币，如果缺乏具有较强的可兑换性与广泛认可度的外汇，不同国家的居民之间的经济联系，特别是债权债务关系的清偿就难以建立起来。特别是建立于外汇业务基础之上的各种信用工具的大量涌现，更是推动了现代国际结算的发展，实现了不同国家的购买力的转移，进而推动了国际国币流通与金融交易。

(2) 推动国际贸易与跨国投资的发展。外汇的存在消除了国际商品流动的结算障碍，使得国际贸易从早期的物物交易演进到现金结算，进而又发展为当前的非现金结算，极大地便利了国际贸易的发展，扫清了资金跨国流动的障碍，最终促进了跨国投资与资本的跨国转移，推动了全球经济的快速发展。

(3) 调节国际资金供求平衡。外汇作为一种国际支付手段，可以通过国际资金借贷与融通，加速跨国资本的转移，以此调节不同国家与地区的资金失衡，实现全球资本市场的均衡发展。

(4) 通过国际储备实现对国际收支失衡的自发调整。外汇作为一种储备资产，往往与一个国家的国际收支结合在一起，当一个国家存在国际收支顺差时，其拥有的外汇储备就会增加,从而提升其在对外经济活动中的地位与支付能力。而在出现逆差时,又会导致一国的国际储备的下降。通过国际储备的增减,可以实现对于一国的国际收支失衡的自发调整。

(5)成为现代宏观经济调控的重要手段。现代国家既可以通过在公开市场中买卖外汇来干预外汇市场的供求关系,调节汇率水平,据此实现影响利率与产出的调控目标,也可以通过对外汇交易、汇率水平实施直接的政府管制,以实现调控就业、生产和物价等直接的经济目标。

(三)汇率

存在着不同的货币,就必然存在着它们之间进行兑换的比率问题。所谓汇率(exchange rate),就是指以一种货币表示的另一种货币的相对价格。汇率的表达方式有以下两种。其一是固定外国货币的单位数量,以本国货币表示这一固定数量的外国货币的价格,称为直接标价法(direct quotation)。例如,我国1998年12月17日公布的外汇牌价中,每100美元价值827.78元人民币,这一标价方法就是直接标价法。其二是固定本国货币的单位数量,以外国货币表示这一固定数量的本国货币价格,从而间接地表示外国货币的本国价格,称为间接标价法(indirect quotation)。以上面的人民币与美元的汇率为例,对于我国来说,用间接标价法表示汇率就是每100元人民币价值12.08美元。可以看出,在直接标价法下,汇率的数值越大,意味着一定单位的外国货币可以兑换越多的本国货币,也就是本国货币的价值越低;在间接标价法下,这一关系则相反。如果我们将一国货币价值的提高称为升值(appreciation),则升值意味着直接标价法下汇率数值的减小,间接标价法下汇率数值的增大;相反,一国货币价值的降低可称为贬值(depreciation),这意味着直接标价法下汇率数值的增大,间接标价法下汇率数值的减小。

2015年5月25日,人民币兑美元中间价报出6.5693,创2011年3月来的最低水平。近期人民币贬值幅度增大,但外汇市场成交量仍较为稳定。目前央行正在提高人民币指数的波动性,一方面利用人民币指数减缓美元指数上涨对美元兑人民币双边汇率的冲击;另一方面以一篮子货币为中介,分化外汇市场不同参与者的贬值预期,在美国加息周期的背景下,逐步适应浮动汇率制下的人民币汇率新常态。

(四)汇率的分类

汇率的种类很多,有各种不同的划分方法。尤其在外汇实务中,从不同的角度划分,就有不同的汇率。

1. 单一汇率与复汇率

单一汇率(single exchange rate,简称SER)是指一种货币(或一个国家)只有一种汇率,这种汇率通用于该国所有的国际经济交往中。复汇率(multiple exchange rate,简称MER)是指一种货币(或一个国家)有两种或两种以上汇率,不同的汇率用于不同的国际经贸活动。复汇率是外汇管制的一种产物,曾被许多国家采用过。双重汇率是指一国同时存在两种汇率,它是复汇率的一种形式。

2. 实际汇率和有效汇率

实际汇率(real exchange rate,简称RER)和有效汇率(effective exchange rate,简称

EER)是相对于名义汇率而言的。名义汇率是指两种不同货币的折算比价,我们平时在外汇市场看到的本国货币对各种外币的比价就是名义汇率。如果你去银行兑换美元,假如汇率是 8 元人民币兑换 1 美元。那么如果你给银行 80 元人民币,银行就会兑换 10 美元给你。名义汇率是指外汇市场上两种货币之间的兑换牌价。采用直接标价法的国家,其名义汇率的上升表示本币贬值,外币升值;反之则表示本币升值,外币贬值。实际汇率是指两国商品和劳务的相对比价。在国际贸易中,人们用一国的商品和劳务与另一个国家的商品和劳务进行交易,其比率就是实际汇率。若实际汇率下降,则表示外国商品和劳务的本币价格相对下降,本币在外国的购买力相对上升,本币实际升值,外币实际贬值。若实际汇率上升,则表示外国商品和劳务的本币价格相对上涨,本币在外国的购买力相对下降,本币实际贬值,外币实际升值。实际汇率有两个决定因素,一个是名义利率,另一个是本国货币衡量的物品的价格。一般来说,实际利率与名义利率之间的关系为:名义利率＝实际利率＋通货膨胀率。实际汇率是名义汇率用两国价格水平调整后的汇率,即 ep^*/p(其中 e 为名义汇率,p^* 为以外币表示的外国商品价格水平,p 为以本币表示的本国商品价格水平)。可以看出,实际汇率反映的是以同种货币表示的两国商品价格水平的比较,从而反映了本国商品的国际竞争力。有效汇率是指某种加权平均汇率。以贸易比重为权数的有效汇率所反映的是一国货币汇率在国际贸易中的总体竞争力和总体波动幅度。我们知道,一国的产品,出口到不同国家可能会使用不同的汇率。另外,一国货币在对某一种货币升值时也可能同时在对另一种货币贬值。即使该种货币同时对所有其他货币贬值(或升值),其程度也不一定完全一致。因此,从 20 世纪 70 年代末起,人们开始使用有效汇率来观察某种货币的总体波动幅度及其在国际经贸和金融领域中的总体地位。有效汇率的计算公式如下:

$$A 国货币的有效汇率 = \sum_{i=1}^{n} A 国货币对 i 国货币的汇率 \times \frac{A 国同 i 国的贸易值}{A 国的全部对外贸易值} \qquad (3.1)$$

3. 固定汇率和浮动汇率

(1) 固定汇率(fixed exchange rate)。固定汇率指的是一国货币对另一国货币汇率相对固定,只允许在一定范围内浮动。二次大战后,布雷顿森林会议制定的布雷顿森林协议规定各国对美元的汇率由货币的含金量决定,各国货币对美元的汇率在一定范围内固定不变,如超过这个范围,则该国货币当局有义务干预市场,稳定汇率。固定汇率对国际贸易的发展有益,减少了汇率风险,但是限制了各国货币当局实行货币制度的自主性。

(2) 浮动汇率(floating exchange rate)。1973 年,建立在布雷顿森林协议上的国际货币体系的瓦解是各国实行浮动汇率制的标志。浮动汇率指的是各国货币之间汇率的浮动不受限制,而随市场供求关系的变化而变动。浮动汇率制度加大了汇率风险,但是减少了各国货币当局的压力。浮动方式可以分为以下几种。①单独浮动,即一国货币不与其他国家货币发生固定联系,而随着市场供求关系单独浮动。美国实行的就是这种汇率制度。②钉住浮动,即一种货币钉住另一种货币或一篮子货币或特别提款权,并随其汇率的变动而变动。在中国,人民币便是钉住美元浮动的。③联合浮动,即由若干国家组成货币集团,在集团内各国之间的货币汇率固定不变,而对集团外的货币汇率实行联合浮动。欧洲货币联盟实行的便是这种汇率制度,在联盟内,各国之间的汇率固定不变,对联盟外的汇率实行联合浮动。

2015年11月30日,IMF执行董事会认定人民币为可自由使用货币。人民币与美元、欧元、日元和英镑一起构成SDR新货币篮子,美元、欧元、人民币、日元和英镑的权重分别是41.73%、30.93%、10.92%、8.33%和8.09%。为了避免SDR货币篮子在交易量较低的时期发生变化,促进与SDR有关的操作继续平稳运行,留足时间进行调整,新货币篮子于2016年10月1日生效。

4. 买入汇率、卖出汇率、中间汇率和现钞汇率

(1) 买入汇率(buying rate)。也称买入价,是银行向客户或同业买入外汇时所使用的汇率。采用直接标价法时,买入汇率是外币折合本币较小的那个汇率,间接标价法则反之。

(2) 卖出汇率(selling rate)。也称卖出价,是银行向客户或同业卖出外汇时所使用的汇率。在直接标价法下,卖出汇率是指外币折合本币数额较多的那个汇率。无论是外汇的买入价还是卖出价,都是对银行有利的那个价格,即在直接标价法下,卖出汇率大于买入汇率,卖出汇率和买入汇率的差价是银行的利润,一般为1%~5%。它又可分为银行同业之间的买卖差价和银行与客户之间的买卖差价,前者一般比后者小。

(3) 中间汇率(middle rate)。也称中间价,它是买入价和卖出价的平均数,中间汇率主要用于对汇率变化进行经济分析。

(4) 现钞汇率。现钞汇率是指银行买卖现钞时使用的汇率,也称现钞价。现钞汇率不等于外汇汇率。因为外汇现钞存放于银行没有任何意义,只有运送到货币发行国,才能充当流通和支付手段。运送现钞需要支付运费、保险费,而且还要承担一定风险。因此,银行在买入现钞时,买入价要低于外汇买入价;卖出现钞时,卖出价要等于或高于外汇卖出价。

5. 基本汇率和套算汇率

(1) 基本汇率。基本汇率是一国货币与关键货币的比率。它是确定本国货币与他国货币汇率的基础,其他货币汇率可通过基本汇率计算出来。关键货币是指在国际收支中使用最多、在外汇储备中占比最高,同时又可以自由兑换并被国际社会普遍接受的货币。世界上大多数国家把美元当作关键货币,中国也不例外。

(2) 套算汇率。又称交叉汇率,是两国货币通过各自对第三国货币的汇率间接计算出来的,它可以通过基本汇率套算。

6. 电汇汇率、信汇汇率和票汇汇率

(1) 电汇汇率。它是指银行卖出外汇后,以电传方式通过其国外支行或代理行付款时使用的汇率。因为电汇付款速度快,银行利用客户的在途资金时间短,而且国际电传费用高,电汇汇率比一般汇率要高。但是在国际贸易中,交易商为了规避汇率波动风险,往往在合同中规定使用交款时间最快的电汇方式。西方国家每天在报纸上报道的外汇行情中的现汇汇率都是电汇汇率。

(2) 信汇汇率。它是指银行卖出外汇后,开具付款委托书,以信函方式通过邮寄通知付款地银行转付款给收款人所使用的汇率。邮寄花费的时间比电汇长,银行占用的在途资金时间较长,且成本比电汇低,因此信汇汇率比电汇汇率低。

（3）票汇汇率。票汇汇率是银行买卖外汇汇票时使用的汇率。银行卖出外汇时，开出一张由其国外分支机构或代理行付款的汇票交给汇款人，由汇款人自己持有汇票往国外取款。票汇和信汇一样花费时间较长，且成本较低，因而票汇汇率比电汇汇率低。票汇汇率又分为即期票汇汇率和远期票汇汇率。即期票汇汇率指的是银行卖出票汇时使用的汇率，即期票汇汇率的确定与信汇汇率相同。远期票汇汇率指的是银行卖出在将来一定时间付款的票汇时使用的汇率，因为其付款时间比信汇要长，它的汇率比信汇汇率低。

7. 官方汇率和市场汇率

（1）官方汇率。是国家机构，如财政部、中央银行或外汇管理当局确定并调整和公布的汇率。所有外汇交易都以官方汇率为基础。官方汇率又可分为单一汇率和多重汇率。单一汇率指一个国家货币只存在官方汇率这一种汇率。多重汇率指一国政府除了规定官方汇率以外，又规定了用于各种场合的汇率，它是外汇管制的特殊形式。如用于国际贸易及从属费用结算时使用的汇率叫贸易汇率，用于资本流动及其他非贸易支付的汇率为金融汇率。

（2）市场汇率。市场汇率系自由外汇市场买卖外汇的实际汇率，它是由外汇市场上外汇的供求关系决定的，随外汇供求关系变化而自由波动。但政府出于需要，常运用一些经济手段进行市场干预，以稳定市场汇率，使之不过分偏离官方汇率，否则政府不得不宣布本币升值或贬值。

8. 即期汇率和远期汇率

（1）即期汇率。即期汇率是外汇买卖当日或者两个营业日内交割时使用的汇率，它是现汇汇率。即期汇率表面上没有风险，同时支付，但由于各国清算制度的技术原因，只能在一天后，才能知道是否已经支付，因而也有一定的信用风险。

（2）远期汇率。远期汇率是交易双方签订远期交易合约，达成协议，事先确定将来某一确定日期进行外汇交割时使用的汇率。远期汇率和即期汇率的差额以升水、贴水来表示。在直接标价法下，当远期汇率高于即期汇率时，它们之间的差额被称为远期升水；当远期汇率低于即期汇率时，它们之间的差额被称为远期贴水。

9. 开盘汇率和收盘汇率

（1）开盘汇率。又称开盘价，它是外汇银行在营业日开始后，首次交易时所报的汇率。

（2）收盘汇率。又称收盘价，它是外汇银行每日营业将结束时外汇买卖的汇率。随着通信技术的进步和各外汇市场的联网，各大外汇市场的营业时间并不因时差而中断，外汇买卖可在世界范围内全天候进行。电子通信系统不断地报出最新的外汇市场牌价，从而使外汇行市呈现趋同的趋势，因而开盘汇率和收盘汇率的差价已日益缩小。

（五）汇率的标价方法

确定两种不同货币之间的比价，先要确定用哪个国家的货币作为标准。由于确定的标准不同，于是产生了几种不同的外汇汇率标价方法。

（1）直接标价法。直接标价法的标准是给定数额的外币，其汇率以折算过来的本币数额来表示。这种情况下,外币的数额是给定的,从而是以对应的本币数额的变化来表示汇率的升降。当给定单位外币可以兑换的本币减少时,说明本币汇率已经上涨,即本币升值或外币贬值。在当前的国际经济市场上,我国和大部分国家都实行直接标价法。

(2)间接标价法。间接标价法的标准是给定数额的本币,其汇率以折算过来的外币数额来表示。这种情况下,本币的数额是给定的,从而是以对应的外币数额的变化来表示汇率的升降。当给定单位本币可兑换的外币减少时,说明外币汇率已经上涨,即外币升值或本币贬值。反之,当可兑换的外币增加时,说明外币汇率下跌,即外币贬值或本币升值。在当前国际经济市场上,英国一向使用间接标价法。

(3)美元标价法。美元标价法的标准是给定单位的美元,其汇率以折算过来的其他货币来表示。美元标价法又称纽约标价法,是指在纽约国际金融市场上,除对英镑用直接标价法外,对其他外国货币用间接标价法的标价方法。在国际经济交流越来越频繁的今天,为了便于国家间进行交易,美元标价法已被各大国际金融中心普遍采纳。

(六)汇率变动的形式

汇率变动是指货币对外价值的上下波动,包括货币贬值和货币升值。货币贬值是指一国货币对外价值的下降,或称该国货币汇率下跌,汇率下跌的程度用货币贬值幅度来表示。货币升值是指一国货币对外价值的上升,或称该国货币汇率上涨。汇率上涨的程度用货币升值幅度来表示。

1. 升值与贬值

升值(revaluation)与贬值(devaluation)是固定汇率制度下汇率变动的两种形式,在该制度下,货币的价值由法定的含金量来规定,称作法定平价。当本国货币的含金量被政府以颁布法令的形式提高了,就称之为本币增值,亦称法定升值。升值的结果是使1单位本币能换到更多的外国通货。反之,当本国货币的含金量被政府以颁布法令的形式降低了,就称之为本币贬值,亦称法定贬值。贬值的结果是使1单位本币能换到的外国通货变少了。对人民币汇率而言,为了形象地表明人民币的升值和贬值,人们经常使用"坚挺"(升值)或"疲软"(贬值)这两个词语。

2. 高估与低估

高估(overvaluation)与低估(undervaluation)指货币的汇率高于或低于其均衡汇率。

(1)高估。假定在固定汇率制下,国际交易按官方汇率保持在E_0水平上(E_0以直接标价法表示)。当一国国际收支出现逆差时,其外汇市场的供求关系就会发生变化(见图3-1)。外汇供给曲线左移至S'(外汇供给相对减少),或外汇需求曲线D右移至D'(外汇需求相对增加),外汇供小于求部分为OG,供求均衡点从O升到O',新的均衡汇率是E_1。如果官方汇率仍保持不变,便是本国货币高估,或本国货币价值应下调而没有下调。

3. 上浮与下浮

上浮(appreciation)与下浮(depreciation)是浮动汇率制度下汇率变化的两种形式,在该制度下,货币汇率随供求关系的变化而变化。当外汇求过于供时,其汇率会由下往上升高,称之为上浮,意味着该国货币升值。当外汇供过于求时,其汇率会由上往下降低,称之为下浮,意味着该国货币贬值。

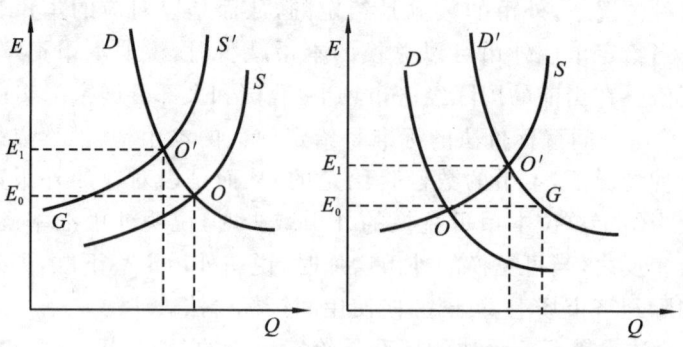

图 3-1　外汇市场供求与汇率(逆差)

(2)低估。当一国国际收支出现顺差时,其外汇市场供求关系就会发生变化(见图 3-2)。外汇需求曲线 D 向左移到 D'(外汇需求相对减少),或外汇供给曲线 S 向右移到 S'(外汇供给相对增加),外汇供大于求部分为 OG ,供求均衡点从 O 降至 O',新的均衡点是 E_1 。如果官方汇率仍然固定在 E_0,则表明本国货币低估,或本国货币应上升而没有上升。

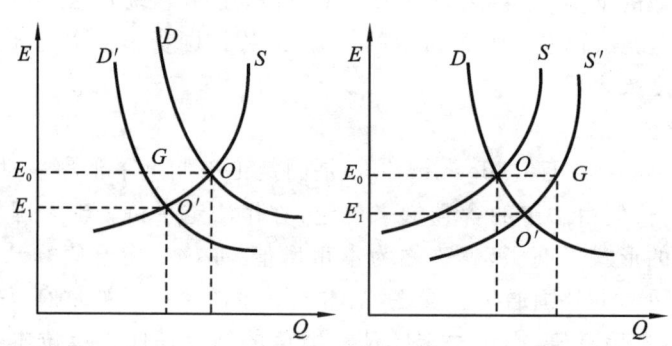

图 3-2　外汇市场供求与汇率(顺差)

第二节
汇率决定的基本机制

一、汇率决定问题概述

在讨论汇率决定问题之前,有必要先简单回顾一下货币制度的历史演变。总体上看,货币制度的演变大致经历了以下几个阶段,即金本位制度、金汇兑本位制度和纸币本位制度。金本位制度最初是指金币本位制度,即以黄金为货币制度的基础,黄金直接参与流通的一种货币制度。金币本位制度发展到后期,由于黄金产量跟不上经济发展对货币日益增长的需求,黄金参与流通、支付的程度下降,其作用逐渐被以其为基础的纸币所取代。只有当产生大规模支付需要时,黄金才出马,以金块的形式参与流通和支付。这种形式的货币制度,又称金块本位制度。金块本位制度依然是一种金本位制度,因为在这种制度下,纸币的价值是以黄金为基础,代表黄金流通,并与黄金保持固定的比价,黄金仍在一定程度上参与清算和支付。之后,随着经济的发展,黄金的流通和支付手段职能逐渐被纸币所取代,货币制度演变为金汇兑本位制度。金汇兑本位制度也是一种金本位制度,但属于比较广义的范畴。在金汇兑本位制度下,纸币成了法定的偿付货币,简称法币(legal tender),政府宣布单位纸币的代表金量并维持纸币与黄金的比价。纸币充当价值尺度、流通手段和支付手段,并能同黄金按政府宣布的比价自由兑换。黄金只发挥储藏手段和稳定纸币价值的作用。第一次世界大战期间以及1929至1933年资本主义经济大危机期间,各主要资本主义国家为筹集资金以应付战争和刺激经济,大量发行纸币,导致纸币与黄金之间的固定比价无法维持,金汇兑本位制度在几经反复后终于瓦解,各国普遍实行纸币本位制度。从第二次世界大战之前各国货币制度的演变史中可以看出以下几点。①货币制度史的发展就是一个纸币不断取代金属铸币的过程。②货币有四大职能,即价值尺度、流通手段、支付手段和储藏手段,其中最主要的是价值尺度和流通手段(也可称交换媒介)。纸币取代黄金的过程不是一蹴而就的,而是从流通手段职能的扩大开始,逐步地实现的,其流程及各阶段的区别可用表3-1来概括。③纸币取代金币不仅仅是因为黄金产量不足,同时也因为纸币(乃至以后出现的电子货币)作为流通手段和支付手段,有许多天然的优越性,适应了国际经济贸易高速发展的需要。

表3-1　各阶段货币制度的特征概括

项目		金本位制度			纸币本位制度
		金铸币本位制度	金块本位制度	金汇兑本位制度	
金的作用	价值尺度	直接充当	通过纸币间接充当	通过纸币间接充当	不充当
	流通手段	直接充当	较少直接充当	不充当	不充当
	支付手段	较多充当	较少充当	极少充当	不充当
	储藏手段	充当	充当	基本充当	部分充当
纸币的作用	价值尺度	不充当	以黄金为基础充当	以黄金为基础充当	直接充当
	流通手段	较少充当	较多充当	全面充当	全面充当
	支付手段	较少充当	较多充当	更多充当	全面充当
	储藏手段	不充当	不充当	较少充当	部分充当

二、不同货币制度下的汇率决定问题

在不同货币制度下,汇率的决定基础是不同的。

1. 金币本位制度下汇率的决定

在金币本位制度下,各国都规定了金币的法定含金量。两种不同货币之间的比价,由它们各自的含金量对比来决定。例如在 1925 至 1931 年期间,1 英镑的含金量为 7.3224 克,1 美元的所含金量为 1.504656 克,两者相除等于 4.8665,即 1 英镑等于 4.8665 美元。这种以两种金属铸币含金量之比得到的汇价被称为铸币平价(mint parity)。铸币平价是金平价(gold parity)的一种表现形式。所谓金平价,就是两种货币含金量或所代表金量的对比。在金本位制度下,汇率的决定基础是铸币平价。实际经济中的汇率则因供求关系而围绕铸币平价上下波动,但其波动的幅度受制于黄金输送点(gold points)。在金币本位制度下,黄金可以自由输出和输入。如果汇价涨得太高,人们就都不愿购买外汇,而要运送黄金进行清算了。恩格斯说:"众所周知,汇兑率是货币金属的国际运动的晴雨表。如果英国对德国的支付多于德国对英国的支付,马克的价格,以英镑表示,就会在伦敦上涨;英镑的价格,以马克表示,就会在汉堡和柏林下跌。如果英国多于德国的这个支付义务,比如说,不能由德国在英国的超额购买来恢复平衡,向德国开出的马克汇票的英镑价格,就必然会上涨到这样一点,那时不是由英国向德国开出汇票来支付,而是输出金属——金币或金块——来支付变得合算了。这就是典型的过程。"但运送黄金是需要种种费用的,如包装费、运费、保险费和运送期的利息等。假定在英国和美国之间运送 1 英镑黄金的费用为 0.02 美元,那么,铸币平价 4.8665 美元加上运送费 0.02 美元就等于 4.8865 美元,这是美国对英国的黄金输出点。如果英镑的汇价高于 4.8865 美元,美国债务人觉得购买外汇不合算,不如直接向英国运送黄金有利,于是美国的黄金就要向英国输出。铸币平价 4.8665 美元减去运送费 0.02 美元等于 4.8465 美元,就是美国对英国的黄金输入点。如果 1 英镑的汇价低于 4.8465 美元,美国的债权人就不要外汇,而宁肯自己从英国输入黄金。黄金输入的界限,叫作黄金输入点;黄金输出的界限,叫作黄金输出点。汇价的波动,是以黄金输出点作为上限,以黄金输入点为下限,它总是以金平价为中心,在这个上限和下限的幅度内摇摆。黄金输出点和黄金输入点统称黄金输送点。以上说明,铸币平价加上黄金运送费,是汇价上涨的最高点;铸币平价减去黄金运送费,是汇价下跌的最低点。这是汇率变动的界限。由于黄金输送点限制了汇价的变动,所以汇率波动的幅度比较小,基本上是稳定的。

2. 金块本位和金汇兑本位制度下汇率的决定

在金块本位制度下,黄金已经很少直接充当流通手段和支付手段,金块的绝大部分为政府所掌握,其自由输出、输入受到影响。同样,在金汇兑本位制度下,黄金储备集中在政府手中,在日常生活中,黄金不再具有流通手段的职能,输出、输入受到极大限制。在上述两种货币制度下,货币汇率由纸币所代表的金量之比决定,称为法定平价。法定平价也是金平价的一种表现形式。实际汇率因供求关系而围绕法定平价上下波动。但这时,汇率波动的幅度已不再受制于黄金输送点。黄金输送点存在的必要前提是黄金的自由输出、输入。在金块本位和金汇兑本位制下,由于黄金的输出、输入受到了限制,因此,黄金输送点实际上已不复存在。在金块本位和金汇兑本位这两种削弱了的金本位制度下,虽说决定汇率的基础依然是金平价,但汇率波动的幅度由政府来规定和维护。政府通过设立外汇平准基金来维护汇率的稳定。当外汇汇率上升,便出售外汇;当外汇汇率下降,便买进外汇。以此使汇率的波动局限在允许的幅度内。显然,与金币本位制度时的情况相比,金块本位和金汇兑本位制度下汇率的稳定程度已降低了。

3. 纸币本位制度下汇率的决定

纸币是价值的符号,在金本位制度下,因黄金不足而代表或代替金币流通。在与黄金脱钩了的纸币本位制下,纸币不再代表或代替金币流通,相应地,金平价(铸币平价和法定平价)也不再成为决定汇率的基础。那么,在纸币本位制度下,汇率决定的基础是什么呢? 按马克思的货币理论,纸币是价值的一种代表,两国纸币之间的汇率便可用两国纸币各自所代表的价值量之比来确定。马克思的这一观点,至今依然正确。因此,纸币所代表的价值量是决定汇率的基础。在实际经济生活中,由于各国劳动生产率的差异,由于国际经济往来的日益密切和金融市场的一体化,由于信息传递技术的现代化等因素,使纸币本位制下的货币汇率决定受到多种因素的影响。自世界金本位制度瓦解后,汇率动荡不已,我国和西方经济学家纷纷著书立说,来探讨纸币同黄金脱钩后货币汇率的决定,形成了形形色色的汇率理论。

三、我国汇率形成机制改革

汇率形成机制改革是我国金融体制改革的一项重要内容。当前,我国实行的是,以市场供求为基础、参考一篮子货币进行调节、有管理的浮动汇率制度。2015 年改革之后,人民币汇率进入升值通道,人民币对美元汇率一度接近 6∶1 的水平。根据国际清算银行(Bank for International Settlements,简称 BIS)测算,2005 年 6 月至 2015 年 7 月,人民币名义有效汇率指数从 86.3 增加到 127.39,实际有效汇率指数从 83.53 增加到 132.1。随着美元走强以及一些新兴经济体和大宗商品生产国货币贬值,人民币估值偏高的问题逐步显现。2015 年 8 月 11 日,中国人民银行对人民币汇率中间价报价机制进行了改革,允许做市商在每日银行间外汇市场开盘前,参考上日银行间外汇市场收盘汇率,综合考虑外汇供求情况以及国际主要货币汇率变化向中国外汇交易中心提供中间价报价。此前一段时间,人民币汇率中间价与收盘价之间的差异一直保持在较高水平,据估计这一偏差大约累积了 3%。这种误差是不可持续的,不利于中间价的市场基准地位和权威性。8 月 11 日,中国人民银行将人民币对美元汇率进行了一次性 2% 的贬值。人民币对美元汇率在经历了连续 3 天的贬值之后进入微幅升值区间,11 月 2 日达到 6.3154 之后再次进入小幅贬值区间。11 月 30 日 IMF 执行董事会宣布将人民币纳入 SDR 货币篮子的决定,并没有使人民币停下对美元汇率贬值的步伐,截至 2015 年 12 月 24 日,人民币对美元汇率变为 6.4783。

中国人民银行从 2015 年 10 月 24 日起,下调金融机构人民币贷款存款基准利率和存款准备金率,另对商业银行和农村合作金融机构等不再设置存款利率浮动上限。这意味着在我国节气霜降当日实现"双降"的同时,央行打开了商业银行存款利率浮动的空间,存款利率市场化已接近完成。同时,也标志着我国利率市场化完成了最后一跃。

人民币进入 SDR 货币篮子(简称"入篮")是我国深入推进经济金融改革发展、积极融入全球化进程的必然结果,是国际社会需要人民币作为储备资产的体现,是人民币国际化进程的里程碑。按照"入篮"货币选择标准评估,我国是第三大出口方;自 2010 年审查完成以来,人民币的国际使用和交易均显著增加,达到了可自由使用标准。将人民币纳入 SDR 货币篮子是对中国经济发展和改革开放成果的肯定,有助于增强 SDR 的代表

性和吸引力,对中国和世界是双赢的结果。未来,我国仍然将按照既定方针,推进金融改革开放战略部署,不断提升我国在国际经济体系中的地位,为促进全球经济增长、维护全球金融稳定、完善全球经济治理做出积极贡献。

第三节
影响汇率变动的主要因素

一、国际收支

　　一国的国际收支可反映该国对外汇的供求关系。一国出现国际收支逆差,反映出该国对外汇的需求量大于供给量,这会在外汇市场上引起外汇汇率上升,即本币汇率下降。反之,一国的国际收支顺差会导致外汇汇率下降和本币汇率上升。国际收支包括贸易收支、服务收支和资本流动等若干项目。当然,国际收支对外汇汇率的影响程度,也取决于相关国家的汇率制度与国际收支差额的性质。对于一些坚持固定汇率制度的国家来说,即使国际收支已经出现了较大幅度的失衡,但是它们仍然坚持相对稳定的汇率水平,除非国际收支失衡已经严重影响了该国的经济运行秩序和经济稳定状况,这些国家才会选择利用政府行政力量,一次性对汇率进行大幅度的调整,而这种调整相较于自由市场中的自发调整,对经济的冲击也会更大。此外,如果国际收支的失衡属于长期的、巨额的失衡,则更容易引起汇率的调整,相反,如果这种失衡属于暂时性的、小规模的失衡,则很容易通过国际资本流动来进行调节,也许就不会反映在汇率水平的变动之上了。

　　2015年,外汇管理部门坚持稳中求进,加快简政放权和外汇管理方式转变,进一步完善了经常项目外汇管理。2015年,国家外汇管理局出台《国家外汇管理局关于印发〈保险业务外汇管理指引〉的通知》,进一步简政放权,下放法人保险机构外汇保险业务市场准入、退出以及资金本外币转换的审核权限,简化审核材料。发布《国家外汇管理局关于开展支付机构跨境外汇支付业务试点的通知》,将支付机构跨境外汇支付业务试点地区范围扩大至全国。积极开展贸易外汇专项核查,加强事中事后监管,针对易引起外汇资金异常流动风险的重点项目开展专项核查,及时发现异常可疑情况并严肃处理。货物贸易方面,共从全国81万家有贸易进出口的企业中筛选出8039家进行重点现场核查。专项核查实现了对资金流动异常企业的精准打击,为研究制定管理措施和政策预案提供了依据。2016年我国国际收支形势仍将继续呈现"经常账户顺差、资本和金融账户逆差"的格局。

专栏 3-1 "广场协议"及其对日本经济的影响

资料来源:http://finance.ifeng.com/news/hqcj/20100921/2646850.shtml.

二、通货膨胀

根据购买力平价,通货膨胀是影响汇率变动的重要因素。通货膨胀,指在纸币流通条件下,因货币供给大于货币实际需求,也即现实购买力大于产出供给,导致货币贬值,从而引起的一段时间内物价持续、普遍上涨的现象,其实质是社会总需求大于社会总供给。通货膨胀在现代经济社会中已成为一种顽疾,不论是工业发达国家还是发展中国家,都存在着通货膨胀,当然其程度可能有显著差异。有的国家通货膨胀率较低,表现为温和的膨胀;有的国家通货膨胀率较高,表现为恶性的或剧烈的膨胀;同一个国家,不同的时期,通货膨胀的程度也是有区别的。但是,只要存在通货膨胀,其对经济的影响就大致相同,物价上涨,居民实际收入下降,造成经济和政治的不安定。同时,通货膨胀也是影响汇率变动的一个长期、重要而有规律性的因素。这是因为如果一国的货币发行过多,流通中的货币量超过了商品流通过程中的实际需求,就会造成通货膨胀。通货膨胀使一国的货币在国内购买力下降,使货币对内贬值。在其他条件不变的情况下,货币对内贬值,必然引起对外贬值。由于汇率是两国币值的对比,发行货币过多的国家,其单位货币所代表的价值量减少,因此在该国货币折算成外国货币时,就要付出比原来多的该国货币。

通货膨胀一般通过以下三个方面对汇率产生影响。

(1)在商品、劳务贸易方面:一国发生通货膨胀,该国出口商品、劳务的国内成本就会提高,进而必然影响其国际价格,削弱该国商品和劳务在国际市场上的竞争力,影响出口外汇收入。同时,在汇率不变的情况下,该国的进口成本会相对下降,且能够按已上涨的国内物价出售商品和劳务,由此便使进口利润增加,进而刺激进口,外汇支出增加。这样,该国的商品、劳务收支会恶化,由此也扩大了外汇市场供求的缺口,推动外币汇率上升和本币汇率下降。

(2)在国际资本流动方面:一国发生通货膨胀,必然使该国的实际利率(名义利息率减去通货膨胀率)降低,投资者为追求较高的利率,就会把资本移向海外,这样,又会导致资本项目收支恶化,不利于该国的资本项目状况。资本的过多外流,导致外汇市场上的外汇供不应求,外汇汇率上升,本币汇率下跌。

（3）关于人们的心理预期：一国通货膨胀不断加重，会影响人们对该国货币汇率走势的心理预期，继而产生有汇惜售、待价而沽与无汇抢购的现象，其结果会刺激外汇汇率上升、本币汇率下跌。

然而，我国目前处于汇率升值和通货膨胀的双重压力中，自汇率改革后人民币不断小幅升值，伴随的是国内价格水平在一定程度上不断上涨。就当前我国所面临的人民币升值问题，从汇率与物价的角度来说，我国货币上涨能抵消我国通货膨胀的压力。然而事与愿违，在动态的情况下，这种情况更加复杂。以升值抑制通货膨胀没有现实意义，因为通过人民币升值所带来的流动性过剩远远大于升值所抑制的通胀。人民币潜在的升值压力，导致外国的热钱不断涌进我国赚取利差。而我国只能采取被动的冲销政策来对付，导致我国的高能货币规模不断增大，通过货币的乘数效应，名义货币如同滚雪球一样越滚越大。同时，由于我国货币对内不断贬值，人们大规模投资房产、证券等，增大资产价格的泡沫，进一步加剧了通胀，也使我国货币政策工具的独立性大打折扣。

那么，我国汇率变动与通货膨胀之间的相互关系到底是怎样的呢？从进口商品价格看，本币汇率上升，以本币计价的进口商品价格下降，如果进口商品需求弹性小且占 GDP 比重大或没有替代品，进口成本下降带动国内总体消费物价水平下降，有利于抑制输入型通胀。从出口商品价格看，本币汇率上升，以外币计价的出口商品价格上升，本国出口商品价格竞争力下降，出口减少，外贸企业产能过剩导致商品供过于求，一般物价水平持续下跌，从而表明人民币有效汇率上升有一定的通货紧缩效应。然而，即期汇率波动首先影响的是进出口价格，然后进出口价格通过成本、工资及进出口商与本国商品的替代作用影响生产者价格，从而影响整个价格体系，可见这个传递过程是间接而缓慢的。但是，人民币预期汇率在一定程度上可直接且快速地影响 CPI，因为其传递过程明显要比即期汇率的传递过程短得多。

人民币升值对通货膨胀率的作用在我国并不明显。近年来，从人民币对外升值、对内贬值可知，在实行从紧的货币政策后，我国的通货膨胀率才逐渐回落的。但这同样对我国汇率制度改革和货币政策的实施具有启示意义：较低的汇率传递效应为央行提供了实施独立货币政策的可能性。从治理通货膨胀的角度看，由于汇率变动对国内通货膨胀水平的传递效应较弱，这有利于促成物价水平的稳定。因此，在通货膨胀存在隐忧的情况下，虽然人民币升值产生的紧缩效应有助于缓解通胀压力，但是较低的汇率传递效应导致这种缓解效果十分有限。从而，货币当局应该更多地依靠稳定、可信和从紧的货币政策来抑制通货膨胀和通货膨胀预期。较低的汇率传递效应为我国实施更富弹性的汇率制度提供了支持。我国货币政策的目标是：保持币值稳定，并以此促进经济增长。币值稳定包括对内币值（物价）稳定和对外币值（汇率）稳定两个方面。在汇率传递效应较低的情况下，央行可将货币政策的重心集中于稳定国内物价水平上，不必担心汇率变动对国内通胀水平的影响，从而为实施更富弹性的汇率制度创造条件。较弱的汇率传递效应为通过名义汇率升值来实现实际汇率升值创造了条件。在人民币汇率被严重低估的情况下，实际汇率升值不仅是必要的，也是有利的。通常，通货膨胀和名义汇率升值是实际汇率升值的两条基本途径。

中国 2015 年 CPI 同比上涨 1.4%，创 6 年来最小涨幅；全年 PPI（生产者物价指数）

同比下降 5.2%,为连续 4 年负增长且降幅扩大。2015 年 12 月 PPI 已经见底,工业通缩拐点到来。12 月 PPI 环比跌幅扩大,主要是因为原油价格大幅下跌。值得注意的是,12月 PPI 环比跌幅扩大,与 12 月 PMI(采购经理指数)环比回升、CRB 指数(一种期货价格指数)环比跌幅明显收窄、南华工业品指数环比持平等现象明显背离,PPI 环比是滞后的。2016 年 1 月,PPI 环比跌幅显著收敛,1 月 PPI 同比由 −5.9% 回升至 −5% 以内。随着美元周期见顶、大宗商品见底、财政货币政策攻防互换,2016 年 PPI 大幅收敛,工业通缩趋势被扭转。

对于 2016 年的通胀,我们认为,CPI 比 2015 年提高,PPI 大幅回升,主要逻辑是供给侧去产能、需求侧积极财政、人民币贬值输入性通胀、美元见顶商品见底。2016 年中国经济已处于 L 形拐点后的下半场,权益类资产持续优于债权类资产。对于股市,从关注资金面和概念切换为关注基本面,基本面驱动的长期"健康牛"可以期待,大盘蓝筹行情具有持续性。对于债市,泡沫破裂风险仍较大,债市大幅调整的压力持续存在。

三、利率

根据国际金融理论,利率变动对汇率的影响,主要表现为利率的变化会通过不同途径和不同方式引起国际收支的变化,而国际收支的变化最终会引起汇率的变化。利率变动导致国际收支变动的途径主要有两条:一是利率的变动会影响货币供求,进而引起国内需求的变化,然后导致进出口发生变化,由此使国际收支经常项目发生变化;二是利率的变动会以不同方式影响国际资本流动从而导致国际收支资本项目发生变化。

然而,利率—汇率传导过程的顺利进行是需要满足一系列条件的,这些条件如果不能完全被满足,利率变动对汇率的影响效应就会受到限制。我国目前还处在从计划经济向市场经济的转轨时期,利率和汇率的市场化程度仍然不高。这主要表现在:利率在一定程度上是受管制的,还不是完全取决于市场供求;与发达的市场经济国家相比,消费需求和投资需求的利率弹性较低;汇率是缺乏弹性的,外汇供求的变化主要反映在外汇储备的变化上。这些转轨时期特有的制度性因素限制了前面所述的市场经济条件下利率—汇率传导机制充分发挥作用。2005 年 7 月 21 日起,人民币汇率不再钉住单一美元,我国开始实行以市场供求为基础、参考一篮子货币进行调节、有管理的浮动汇率制度,形成更富弹性的人民币汇率机制。尽管如此,我国对资本项目控制还较为严格,居民之间、居民和非居民之间本外币资金难以自由买卖,使人民币距离真正自由兑换相差较远,这是利率—汇率传导机制在我国难以充分发挥作用的一个根本原因。

同时,我国也曾一度忽视利率变动对汇率的影响。长期以来,人民币业务与外币业务是分开管理的,在政策上更谈不上协调配合。由于本币和外币管理的脱节,人民币利率调整主要考虑国内宏观经济政策需要、物价总水平、社会资金供求状况等因素,而很少与汇率联系起来。

与封闭经济不同的是,在开放的经济条件下,利率与汇率的变动是互动的,同时影响经济的内外均衡。汇率变动对利率的作用途径有两种:物价变动和预期因素。

1. 物价变动由汇率变动引起,进而影响利率的高低

物价高时,人们更愿意将货币用于储蓄,利率下降;物价低时,人们会更多地选择消

费,利率上升。在这种情况下,假如进口品的需求弹性在一国中较小,也没有其他的替代品可供选择,则容易导致进口物价上升而需求没有相应下降。如果这种进口商品在一国GDP中所占比重相对较大,则很可能会因为生产成本的上升最终导致成品的价格不断上扬。如果进一步发展下去,国内整体消费水平会上升,实际利率会进一步下降,而名义利率就会有很大的上升压力。

2. 预期因素也会影响汇率变动对利率的传导机制

我们可用利率平价理论的进行分析。本币汇率的下降使人们对汇率的进一步下降有了更多的预期,引起"货币替代现象",甚至引起短期的资本外逃。国内资本供给会随之减少,货币需求过热会引起利率的进一步上升。

近些年来,货币供给内生性不断增强,限制和削弱了数量型政策工具的效果,而增加了对利率和汇率等价格型政策工具的使用。在这种新形势下,需要加强对利率和汇率政策的协调配合,由此才能保持中国经济在新形势下的稳步增长。2005年实行汇率改革以来,人民币的汇率弹性相应增大,这带来的显著效果是外部的压力不平衡得到舒缓,但与此同时也出现了不少问题。合理的利率政策的制定,其必要条件之一便是确认利率稳定性受人民币汇率弹性增大的影响程度。当然,汇率在不同的交易日中的不同波动幅度体现了人民币汇率的弹性。一般而言,汇率变动与利率波动是正相关的。实际经验表明,对利率的影响方式会因汇率制度的结构性变化而不同。

随着金融市场的不断开放,国内货币供给量会因短期的资本流入而不断增加,随之产生了通胀的压力。其中,因为中国经济体制的不够完善,金融市场中存在的制度缺陷会带来新的一轮国际游资增加,这也更多地带来了通货膨胀的趋势。在新制度前提下,在风险积聚和资本项目放开后,风险便不断放大,由此迫切需要实施增强汇率与利率联动机制的保证制度。

央行应逐渐放弃顺应经济周期的利率政策。经济形势处于通胀时,人们开始产生对通胀居高不下的预期,这部分是由央行的利率提升造成的。人民币如果继续面临贬值的压力,通胀将不断加剧。与之相反的是,人们对通货紧缩的预期会不断加深,这可能部分是由央行对利率的下调造成的。人民币如果继续面临升值的压力,通货紧缩将愈演愈烈。逐步放松对利率的管制,有序推进利率走向市场化,在我国最终会形成以市场利率为基础的对利率的间接调控。我国可采取以下措施。

(1)由中外资金融机构控制的内资企业的外币存款率需要进一步放开,对人民币贷款利率及存款利率的上下浮动幅度应予放宽。

(2)需要完全放开贷款、存款利率。利率—汇率的内生联动作用需在完善汇率形成机制中不断加强。在这种形势下,我们需要合理选择汇率制度和基准汇率。而现阶段我国的利率市场化尚未完善,仍有许多步骤需要完成。在这种特殊的情形下,我们不能顽固地选择原先一直采用的固定汇率制度,但立即采用浮动汇率制度也会有很大的风险。所以我们需要在两者之间进行调和、折中,建立起既有固定汇率的稳定性又有浮动汇率的灵活性的汇率制度。目前已被许多国家所采用的汇率目标区同时具有以上优点,是近期中国在汇率制度上的一个好的选择。

从短期来看,利率对汇率的影响是极为显著的。

利率影响汇率的传导机制如下。

(1) 在其他条件不变的前提下,利率上升会吸引资本流入,在外汇市场上形成对该国货币的需求,推动高利率货币的汇率上升。当代国际金融市场上存在大量国际游资,它们对利率的变动极为敏感,所以从短期来看,诱发国际资本流动是利率影响汇率的主要途径。

(2) 利率上升意味着信用紧缩,这会抑制该国的通货膨胀,在一定时期内可以通过刺激出口和约束进口推动该国货币汇率上升。

(3) 利率上升会抑制该国总需求,特别是严重依赖贷款的那部分投资需求和消费需求,这会进一步限制进口并有助于该国货币汇率上升。

简单回顾一下我国利率市场化的进程,可以发现,从央行1996年放开银行间同业拆借市场利率,利率市场化正式起航开始,至今已有20年之久。此前,我国存贷款基准利率长期由央行制定和发布,利率形成机制的市场化程度一直不高,这也构成了利率市场化需要扫除的障碍。人民银行遵循先放开贷款利率、后放开存款利率,以及先放开长期利率、后放开短期利率的政策操作思路,稳步推进了利率这一金融市场最为看重之价格工具的市场化进程。央行在2012年6月至7月先后两次调整了贷款基准利率的下浮区间,允许商业银行在基准贷款利率下有30%的下浮空间,打开了潘多拉的盒子。后来央行又于2013年7月全面放开了金融机构贷款利率管制,基本完成了贷款利率市场化工作。

而对于相对更为复杂的存款基准利率市场化的操作,央行一直遵循稳健操作、小步快跑的思路。继此前允许存款基准利率上浮1.1～1.2倍后,央行于2015年两次将这一区间扩大到1.3～1.5倍,并在此过程中逐步检验了市场主体的承受能力。利率市场化进程中,市场主体最担心的是存款利率上限彻底放开后,利率可能将大幅上升,继而对银行和资本市场造成冲击,但事实证明了这只是一种杞人忧天式思维。央行几次上调存款利率浮动区间后,主要商业银行的上调幅度也非常有限,并没有出现银行高息揽储的现象,市场的利率水平也并未大幅上扬。从世界范围来看,多个发达国家已经进行了利率市场化改革,如美国于1986年完成,基本放开了对利率的管制。我国十八届三中全会提出让市场在资源配置中发挥主体地位,存贷款基准利率作为最重要的金融市场基础价格需要对此政策提法有所回应,且应考虑到前期的政策反馈,让央行重拾了信心,最终完成利率市场化的临门一脚。无论如何,这无疑将对金融市场的格局产生广泛而深远的影响。

利率市场化收官之后,更为重要的考验是需要强化金融机构的市场化定价能力,在此基础上为参与各方提供多样化的金融产品和服务。央行货币政策方面则需要进一步疏通利率传导机制,并重塑货币政策框架。而这一切均需要时间来磨砺和检验。因此,从这个意义上来说,目前的利率市场化只是消除了利率的管制,真正全面的利率市场化进程还在路上。

四、经济增长

在其他条件不变的情况下,由于国内需求增加带动的经济增长会引起进口增加。如

果其他国家经济增长较慢,则该国出口增加也较慢。这容易造成该国的贸易收支逆差并引起该国货币汇率下降。如果经济增长是由该国劳动生产率提高所引起的,那么在增长过程中生产成本会下降,产品价格下降且产品质量提高。尽管该国进口会相应增加,但是由于出口增加得更快,该国货币汇率往往会上升。

五、政府的政策

政府的各项政策都会通过各种途径直接或间接地影响汇率。政府干预汇率的直接形式是通过中央银行在外汇市场上买卖外汇,改变外汇供求关系,从而影响外汇汇率或本币汇率。政府采取汇率政策的目的一般是为了稳定本币汇率,避免汇率波动加大国际贸易和国际金融活动中的风险,抑制外汇投机行为;它也可能是为了使汇率有利于本国的经济发展或有助于实现政府的某项战略目标。

2015年是中国汇改的第10个年头,8月11日银行间外汇市场中间价报价规则的完善(简称"811"汇改)提升了汇率中间价的市场指导性。中间价作为基准汇率,对于引导市场预期、稳定市场汇率发挥了重要作用,一段时间以来中间价与市场汇率偏离的幅度比较大,影响了中间价的市场基准地位和权威性。因此,"811"汇改使得人民币汇率形成机制更为市场化,为实现真正的有管理浮动汇率制度又向前迈了一步。

从2006年1月4日,中国人民银行将OTC(场外交易)引入汇率中间价形成机制,价格形成由之前的收盘价确定改为了做市商的询价方式,即中国外汇交易中心在每日银行间外汇市场开盘前向所有银行间外汇市场做市商(约15家)询价,去掉最高和最低报价后,将剩余报价加权平均后得出到当日人民币兑美元汇率中间价。但长期以来,中间价与市场汇率的偏离幅度一直比较大,根据市场调查和分析师的普遍估计,这种偏差大约累积了3%。2015年8月11日的汇改要求做市商在每日银行间外汇市场开盘前参考上日银行间外汇市场收盘汇率,综合考虑外汇供求情况以及国际主要货币汇率的变化来确定汇率中间价的报价。汇改实施两天后,人民币汇率中间价与交易价收敛同贬,对前期积累3%左右的偏差进行了修复,实现了预期的目标。因此未来汇率改革仍将继续,任重道远。

六、心理预期

人们对各种价格信号的心理预期都会影响汇率。若人们预期本币汇率将会下降,便可能在外汇市场抛售本币,并助长本币的贬值压力。若人们预期本国将会出现较高的通货膨胀率,则会派生出本币对外贬值预期。在一般情况下,人们的心理预期是上述基本因素在人们头脑中的反映。但是,人们的心理可能受多种其他因素的影响,如宣传和报道、谣传和迷信等等。一些事件一旦对人们的汇率预期产生普遍影响,便会对当前的汇率产生重大作用。

人民币是强势货币,关注经常项目收支。美联储实施加息导致美元总体走强,欧盟的量化宽松和日本经济的低迷使得欧元和日元趋弱,新兴经济体和资源输出型国家也在本币走势上趋弱。但长期以来我国货物贸易维持较大的顺差,人民币有效汇率相较其他币种仍维持强势。同时汇率水平的高低取决于经常项目收支的状况,汇率的确定因素是市场的供需,今年前三个季度中国经常项目顺差累计达 2119.69 亿美元,决定了人民币仍是强势货币。

市场确定汇率,央行更注重机制的建立。汇改的目标是建立有管理的汇率浮动制度,其前提是公开、透明、可预期。因此,就目前而言,人民币的相对贬值更反映了市场的一个预期,但从长期来看,不仅要关注经济增长的诸多指标,还要看一篮子汇率——实际有效汇率和名义有效汇率。市场对制度的改变需要一个磨合的周期,这个周期是滞后的,短暂的贬值是种预期但更多是磨合期内市场对政策的理解和消化,不存在央行指导下的贬值。

汇率改革依托资本项目的进一步完善。汇率的变化反映的是资本的流入和流出,在过去一年里外汇储备从 3.99 万亿美元降到了 3.65 万亿美元。这一缺口反映出三个现象:第一,国内居民和企业在境内银行的美元存款大幅增加,2015 年大概增加了 1080 亿,2016 年上半年大概增加了 700 多亿美元,实现了藏汇于民;第二,建设"一带一路",让企业走出去,加大了利用美元的投资力度;第三,外汇储备分散化,由于欧元、日元贬值,以美元计价必然呈现总量的计数减少。因此,随着企业、居民外币持有量的激增,企业参与"一带一路"的深入,资本项目的进一步开放将成为汇率改革的关键,要保证这个推进是逐步实现、有序实现的,同时提升人民币的国际化程度。

2016 年 1 月 23 日,央行、外汇管理局联合发布将延长外汇交易时间并进一步引入合格境外主体,再次表明未来汇率的改革必将秉承便利贸易、便利投资、方便市场参与者的角度,加快外汇市场的发展,丰富外汇产品,推动外汇市场的对外开放。实现我国在经济新常态下经济增长的换挡,依托创新优化结构,做到稳中有进。

七、外汇投机

外汇投机指在汇率预期基础上,以赚取汇率变动差额为目的并承担外汇风险的外汇交易行为。在当代国际金融市场上,存在着规模庞大的国际游资。其中,一部分国际游资隶属于国际垄断资本集团。它们在外汇市场上,并不是单纯的市场价格信号接受者,而往往充当价格制定者的角色。

例如,2015 年 12 月,中国外汇储备为 33303.62 亿美元,环比降低 1079 亿美元,降幅之大超出市场预期。2016 年新年前后,人民币对美元汇率贬值幅度加大,中间价连创新低,离岸市场汇率贬值走势加剧。2016 年 1 月 7 日,人民币对美元汇率中间价延续此跌势,暴跌 332 个基点,报于 6.5646。至此,2016 年 1 月 4 日至 7 日的 4 个交易日,人民币对美元中间价已暴跌 710 个基点,跌幅之大震惊市场。而在岸市场上,即期参考汇率报于 6.5897,而后一路下行,临近尾盘一直在 6.59 附近徘徊。这表明一些投机势力试图炒作人民币并从中牟利,导致人民币汇率异常波动。2016 年,人民币汇率形成机制将继续呈现出以市场供求为基础、参考一篮子货币、双向波动、有弹性的特征,人民币汇率政策也将更多承担起发挥自动调节国际收支的作用。而从中长期来看,可以肯定的是,未来将进一步发挥市场在汇率形成中的决定性作用,增强汇率双向浮动弹性。人民币汇率将更加顺应市场供求力量变化,参考一篮子货币,有升有降,双向浮动。从中长期来看,随着中国经济稳定增长,人民币趋势性贬值概率甚微,作为一种国际货币,人民币走势将改

变以往单向升值走势,总体呈现双向波动的运行格局,双向波动区间进一步扩大。

第四节

汇率变动的经济影响

自 2005 年汇改之后,人民币汇率不再单一钉住美元,而是开始施行以市场供求为基础,参考一篮子货币进行调节,有管理的浮动汇率制度。从此,我国汇率更加具有弹性,而另一方面人民币汇率的波动对我国经济发展的影响也更加显著。所以说,掌握人民币汇率变动对我国经济发展的影响规律,对我国人民币汇率制度的更好实施以及我国经济长期稳定发展都具有重要的意义。

外国关于汇率变动对经济发展影响的研究起步较早。Edwards(1989)以发展中国家面板数据作为样本,将 GDP 对名义汇率、实际汇率以及货币增长等指标进行回归,发现实际汇率贬值会对一国产出带来不利影响。Kamin 和 Rogers(2000)则通过将美国利率作为外生变量,将实际汇率、产出等作为内生变量建模,发现一国汇率永久性贬值倾向于在一个较长时间内对经济产生负面的影响。国内的研究起步稍晚于国外,但在人民币汇改之后也开始逐步丰富起来。李建伟、余明(2003)建立回归方程,分析了人民币汇率变动对进出口贸易以及利用外资的影响,并选取三个特殊时间段着重分析,得出人民币汇率波动对中国经济影响巨大的结论。魏巍贤(2006)、卢万青(2007)通过一般均衡模型分析人民币升值对中国经济的影响,认为整体来说,人民币升值会对我国经济带来一定的负面影响,但当升值幅度较小时,该影响不明显,由此得出我国需要维持人民币汇率稳定,避免大幅升值。赵永亮(2011)通过建立 VEC 模型及 VAR 模型,分析人民币汇率的升值对我国产出的影响,进一步得出结论:人民币汇率对经济增长率的影响是短期的,但对其绝对量的影响是长期的。

一、汇率的变动对国际收支的影响

1. 汇率对进出口的影响

汇率反映了不同货币之间的价格比较,因此在国际贸易活动中,汇率的波动直接表现为不同国家货币购买力的相对变化,进出口商品的成本和价格都由于汇率的传导而出现波动,所以,汇率变动对国际贸易收支的重要影响受到重点关注。一般的分析认为,当汇率变动时,以外币表示的出口商品价格和以本币表示的进口商品价格也将随之变动,而价格的相对变动又将引起进出口商品供求关系的变动,进而导致进口量、出口量的变动和贸易收支平衡的变化。如当本币贬值时,出口商品由于成本等原因使其外币价格下降,外国对本国产品的需求增加;同时本国从外国进口商品的本币价格上升,本国需要花更多的本币来进口外国产品,于是进口需求下降,本币贬值导致贸易顺差,使国际收支改善;反之,当本币升值时,出口商品的外币价格上升,出口需求减少,而进口产品的本币价格下降,进口需求增加,升值导致贸易逆差,国际收支恶化。

2. 汇率变动对资本国际流动的影响

汇率变动对资本国际流动的影响在很大程度上取决于人们对于汇率的心理预期。如果人们认为汇率变动是一次性的,那么一国货币贬值会吸引资本流入。因为本币贬值使外资能够兑换更多的本国货币,从而可以支配更多的实际资源。汇率和利率是一国货币的内外价格,在开放的经济体中两种价格有着密切的联系。2016 年 1 月上旬,人民币汇率大幅下跌,股票和债券市场都受到不同程度的冲击,这表明汇率的波动对国内市场利率有明显影响。根据冲击速度的快慢,可以将汇率冲击分解成三重。第一重冲击主要是通过预期影响利率水平,风险溢价上升,压低股票等风险资产价格。第二重冲击则是通过全球资金流向变动改变国内流动性状况。第三重冲击则是影响实体经济和上市公司盈利。具体而言,在第二重冲击中,汇率波动对利率的影响主要体现在以下 4 个方面。

(1)资本项目渠道。影响机制:资本项目恶化容易导致本币贬值,若本币贬值形成进一步贬值预期,则资金进一步外流,本币供给下降,市场利率上升。

(2)本币资产价格渠道。货币本身也可以视为一种资产。那么,货币的外部价格会如何影响其内部价格呢?在本币贬值过程中,私人部门持汇意愿上升,本币资产将遭到抛售,本币资产供给超过需求,这也会导致市场利率的上行。汇率通过资本项目和资产价格渠道对国内利率水平的影响是立竿见影的,以上两种渠道在近期人民币走弱的过程中较为常见。

(3)经常项目渠道。作用机制主要是通过通胀水平的变化,对国内利率水平造成影响。在全球需求低迷和资金持续外流的背景下,经常项目渠道并不是汇率影响利率的主导因素。

(4)外汇储备渠道。作用机制主要是通过货币供给的变化,对国内利率水平造成影响。2015 年 12 月,我国官方储备减少规模超过 1000 亿美元,而当时央行减少了流动性投放规模,导致市场利率持续上升。

3. 汇率变动对国际储备的影响

汇率变动可以影响国际储备总量。中国拥有世界上最大的外汇储备,外汇储备一直被视为金融稳定的最终保障,因为外汇储备可以被用来对冲资本外流。例如,当一国货币汇率下降带来国际收支顺差时,会使该国外汇储备相应增加。汇率变动也可以影响外汇储备结构。例如,当美元汇率不断下跌时,持有该外汇储备的国家便会蒙受一定损失。为了避免这种损失,它们可能会调整外汇储备的结构。

我国央行干预外汇市场由来已久,目的是防止过度波动。不过,自 2015 年 8 月以来,这种干预已从即期市场(覆盖日常交易)扩大至包括香港地区在内的离岸人民币市场,以及在岸和离岸期货市场。继 8 月中旬贬值后,人民币在 9 月和 10 月有所上涨,但在 11 月再度走低,人民币汇率收跌至 3 个月内最疲弱水平,为 1 美元兑 6.4082 元人民币。中国周边很多国家自 10 月起经历了一些资本外流,中国也未能幸免,美元走强势必在一定程度上引发转投美元资产的行为。11 月,中国外汇储备减少了约 350 亿美元,可归因

于欧元和其他货币相对于美元走弱的估值影响,而不是资本外流。在外汇储备降至安全水平以下之前,中国大约能够再花费1万亿美元用于支撑人民币汇率。鉴于中国外汇储备有限,中国政府最终将不得不允许人民币进一步贬值。如果资本外流持续下去,而央行继续捍卫汇率,外汇储备可能迅速蒸发。中国央行将被迫削减干预力度,以免外汇储备进一步枯竭。

专栏 3-2   外汇储备、美债损失惨重的流行说法靠谱吗?

资料来源:http://zqb.cyol.com/html/2013-11/04/nw.D110000zgqnb_20131104_3-02.htm.

二、汇率对国内经济的影响

1. 汇率对国内物价的影响

一国货币对外贬值会导致国内物价水平上升。这主要通过以下三条途径来实现。

1) 通过进出口贸易途径影响物价水平

从一定意义说,人民币汇率问题实际上是一个贸易问题,通过进出口贸易途径对国内物价水平产生影响。这主要取决于两个因素:一是商品总供给的数量和结构;二是可利用的闲置资源,即用于出口品和进口替代品生产的资源的丰富程度。从理论上讲,本币实际升值,单位本币国际商品购买力提高,将鼓励进口、抑制出口;反之,本币实际贬值,单位外国货币相对本币购买力增强,本国出口增加,进口下降。我们认为,人民币汇率升值对机电产品、运输设备、高新技术产品等产品进口有利,其进口将会有较大幅度的增加。人民币升值对进料加工贸易有一定的正面影响,由于不存在原材料的购买以及成品和半成品的销售,以美元报价的出口产品价格降低,出口产品利润相对下降,但是进口材料成本降低,扩大了利润空间,可部分抵消人民币升值对出口产品的不利影响。人民币升值可能会提高出口产品的价格,但是具体商品的价格确定还与其进出口弹性有关,同时可能使其缩小国内的生产规模或转向在海外建立生产基地,国内供给和就业可能因此下降,从而影响国内价格水平。对进口导向型企业或进口替代型企业来讲,人民币升值一方面会因为进口产品成本的降低而增加从国外进口产品,另一方面由于进口产品成本降低的带动,国内进口替代型企业产品价格下降,引起国内物价下降。

　　海关总署发布了 2015 年我国外贸进出口情况。据海关统计，2015 年，我国货物贸易进出口总值为 24.59 万亿元人民币，比 2014 年下降 7％。其中，出口额为 14.14 万亿元，下降 1.8％；进口额为 10.45 万亿元，下降 13.2％；贸易顺差 3.69 万亿元，扩大 56.7％。在国务院"稳增长、调结构"相关措施的大力推进下，2015 年我国一般贸易进出口值为 13.29 万亿元，下降 6.5％，占进出口总值的 54％，所占比重较上年提升 0.3 个百分点，其中出口增长 2.2％。2015 年，欧盟、美国、东盟成为我国前三大贸易伙伴，双边贸易值分别为 3.51 万亿、3.47 万亿和 2.93 万亿元。同期，我国对东盟、印度等新兴市场贸易相对表现较好，其中对东盟双边贸易值略降 0.6％，对印度增长 2.5％，表现均好于进出口总体情况。2015 年，我国与欧盟、日本双边贸易分别下降 7.2％和 9.9％；外商投资企业、国有企业进出口分别下降 6.5％和 12.1％；加工贸易进出口下降 10.6％。2015 年 12 月，中国外贸出口先导指数为 31.2，较 11 月回落 0.8，表明 2016 年一季度我国出口压力仍然较大。

　　2）通过燃油价格影响物价水平

　　我国石油资源相对短缺，却是石油消费大国。1983 年我国开始进口石油，1993 年从石油出口国变为石油净进口国，2003 年，我国进口原油 9000 万吨，超过日本而成为仅次于美国的世界第二大石油消费国。我国石油的对外贸易依存度从 1995 年的 7.6％上升至 2003 年的 40％。由于 2003 年以来国际原油价格飙升，国内油价大幅上涨，导致燃料价格上升，直接带动我国居民消费价格水平上涨；石油类工业品出厂价和企业燃料购进价上升，下游企业产品价格上涨，进一步引发工业消费品价格上扬，引起居民消费价格总体水平上涨；同时推动了化肥和农药等农资价格的上涨，对农业产业的生产和增收具有负面影响。这种传导机制主要是通过生产成本—货币工资—收入机制来实现的。

　　2015 年 12 月 1 日，国家发改委发布决定将汽油、柴油价格每吨分别降低 145 元和 140 元，据测算 90 号汽油和 0 号柴油零售价（全国平均）每升分别降低 0.11 元和 0.12 元，这是近期连续第三次下跌。2015 年，国内成品油市场一共经历 23 次调价窗口：7 次上调，12 次下调，4 次搁浅。涨跌互抵后，汽油累计下调 670 元/吨，柴油累计下调 715 元/吨。

　　3）通过利用外资影响物价水平

　　我国利用外资的途径主要是：对外借款、外商直接投资和外商其他投资。从对外借款方面讲，人民币升值具有"债务效应"。人民币升值后会减少偿还外债的本息额等成本，导致对外借款数额增加，同时增加国内总需求。而总需求的增加对国内物价水平具有潜在拉升和推进效应。

　　从外商直接投资方面看，人民币升值将提高外资进入的未来投资成本，减弱其投资意愿，可能减少其投资，投资需求的相对下降具有对潜在价格上升的抑制作用。对于其他投资，从货币理论和金融资产的角度看，人民币预期升值，引发国际游资对人民币资产的大规模投机活动，该类资金流动较快、趋利性强，容易引发金融市场的价格动荡。

　　国家外汇管理局统计，2015 年末，我国全口径外债余额为 91962 亿元人民币。从期限结构看，中长期外债余额为 32180 亿元人民币（等值 4956 亿美元），占 35％；短期外债余额为 59782 亿元人民币（等值 9206 亿美元），占 65％。短期外债余额中，与贸易有关的信贷占 48%。2015 年末,我国负债率为 13%,债务率为 58%,偿债率为 5%,短期外债和外汇储备比为 28%,各项指标均在安全线以内。

2. 汇率对国内产量的影响

一国货币对外贬值通常会使该国产量增加。其发生作用的途径如下。

(1)通过外贸乘数导致产量增加。这种乘数效应发挥作用的前提是该国属于需求约束型经济,存在闲置生产要素和生产能力。因此,当货币贬值提高了该国的国际竞争能力和扩大了市场之后,该国产量便会增加。外贸乘数的大小取决于两个因素,即边际储蓄倾向(储蓄增量占国民收入增量的比例)和边际进口倾向(进口增量占国民收入增量的比例),它们越小则外贸乘数越大。2015 年,部分大宗商品进口量保持增长,贸易条件进一步改善。其中,进口铁矿砂 9.53 亿吨,增长 2.2%;原油 3.34 亿吨,增长 8.8%。同期,我国进口价格总体下跌 11.6%,其中,铁矿砂、原油、成品油、大豆、煤炭和铜等大宗商品价格跌幅较大。同期,我国出口价格总体下跌 1%,跌幅明显小于同期进口价格。由此测算,2015 年我国贸易价格条件指数为 112.1,表明我国出口一定数量的商品可以多换回 12.1%的进口商品,意味着我国贸易价格条件明显改善,对外贸易效益有所提升。

(2)贬值带来的贸易顺差使外汇储备增加,它可用于购买先进技术设备和国内紧缺的原材料,为经济增长创造物质条件。2015 年,我国出口机电产品 8.15 万亿元,增长 1.2%,占出口总值的 57.7%,较上年提升 1.7 个百分点。同期,纺织品、服装、箱包、鞋类、玩具、家具、塑料制品等 7 大类劳动密集型产品出口总值为 2.93 万亿元,下降 1.7%,占出口总值的 20.7%。其中,玩具、家具、箱包、塑料制品出口保持增长。

(3)由于本币一次性贬值有利于吸引外资,特别是有利于吸引外国直接投资,所以,它可以通过外资在经济发展中的作用带动经济增长。

3. 汇率变动对就业的影响

1)宏观经济分析:汇率变动对就业的短期影响

(1)汇率通过贸易渠道影响产出和就业。从产品市场来看,货币贬值导致净出口及总需求增加,产生更高的产出和就业水平;货币升值导致净出口及总需求的减少,产出和就业水平下降。从资产市场来看,产出增加导致实际货币需求增加,均衡利率上升,在利率平价关系的作用下,货币升值;产出减少导致实际货币需求减少,均衡利率下降,货币贬值。

(2)汇率通过消费和投资影响产出和就业。汇率通过替代效应和收入效应影响消费。汇率变化会导致进口品和非贸易品最佳替换率的变化,消费者将调整两者的消费比例,增加对相对便宜商品的消费。汇率变化会使消费者实际收入发生变化,即使名义收入不变,进口品价格的上升或下降会使其实际收入下降或增加。货币升值对消费的总效应是增加消费,其中对进口品消费必定增加,而对非贸易品消费一般会减少;相反,货币贬值的总效应是减少消费。汇率变化对消费的作用强度或影响程度主要取决于进口品的需求弹性及进门品在总消费中的比重。

(3)汇率变动对投资的影响。投资主要由要素价格和产出价格及其变化决定。当货币贬值时,出口增加,出口部门的产出增加将促进投资增加;另外,货币贬值也使得以外币表示的国外资本的购买力增强,外资流入将增加;由于资本存量成本中包含了资本增值,可能的货币升值会大大降低资本存量成本,如果存在币值低估,货币升值预期会对投资产生促进作用。

2)经济发展分析:汇率变动对就业的长期影响

(1)出口导向战略下汇率影响就业的机理。实施出口导向战略的国家实际上奉行的是外向型工业化,通过利用国外市场实现规模经济和增加就业,促进贸易部门的发展。实际汇率变动导致的贸易品和非贸易品相对价格的变化可能改善或恶化资源配置。如果汇率变动使得资源流向更有效率的部门,优化了资源配置,提高了生产要素的生产效率和利用率,将有利于经济可持续发展;相反,如果汇率变动导致资源配置不合理,将资源由生产率高的部门转移到生产率低的部门,加剧经济的结构性矛盾,将不利于经济可持续发展。

(2)以低估汇率维持出口导向战略的不可持续性。第一,随着经济发展水平的提升和劳动生产率的提高,国内劳动成本将逐渐上升,从而导致出口竞争力下降。第二,长期鼓励出口带来的国际收支顺差和外汇储备持续累积,导致货币政策调控难度加大,使得本币面临升值压力。第三,贸易收支持续顺差恶化了经济发展的外部环境,各类贸易保护措施使发展中国家贸易利益受到损害。第四,低估汇率造成资源更多地流向贸易部门,加剧经济结构的失调。

3)劳动密集度分析:汇率变动对就业产出比率的影响

首先,实际汇率是影响进口中间品与劳动相对价格的重要因素。实际汇率升值,进口中间品的国内价格降低,而劳动力成本相对提高,企业在经营过程中,会增加中间品进口,减少劳动投入。其次,在发展中国家,由于资本品很大一部分依靠进口,实际汇率是影响劳动和资本相对价格的重要因素。实际汇率升值,进口资本品的国内价格下降,劳动力成本相对提高,企业会相应减少劳动投入。最后,实际汇率在很大程度上决定了用外币表示的单位劳动成本。汇率升值使国内劳动力成本提高,从而影响出口产品(或部门)对劳动力的需求,最终影响到就业。

专栏 3-3　在国内为什么钱越来越不值钱

资料来源:http://zqb.cyol.com/html/2013-11/04/nw.D110000zgqnb_20131104_3-02.htm.

4. 汇率对资源配置的影响

根据近几十年来新兴工业化国家的经验,政府实行压低本币汇率的政策有利于提高资源配置效率。首先,贬值使出口产业更加有利可图,因为它们赚取的外汇可以兑换更多的本国货币,从而贬值会促进出口产业的发展。其次,贬值使进口商品的本币价格上升,有利于进口替代产业的发展,因为国内同类商品也会相应涨价,使得生产它们更加有利可图。

三、汇率变动的对策

根据分析结果得知,影响人民币汇率变动的各个因素之间的关系错综复杂,有时一种因素起主要作用,另一种因素起次要作用,有时各个因素同时起主要作用,有时各经济因素起着相互抵消的作用。因此,结合影响汇率变动的因素,我国应该采取以下措施。

1. 保持经济的适度增长,扩大内需

中国人口多,资源匮乏,国内产业大部分为劳动密集型产业。如果过度依赖国际市场对产品和劳务的需求,则国内多数产业会因为国际市场一点风吹草动而受到冲击,对经济的持续发展产生非常不利的影响。所以我国必须加快转变发展战略,加快由外向型经济向内需型经济转变的步伐,将扩大内需作为今后主要的经济发展方向。要使我国汇率保持稳定,一是从供给方面,尽力消除过剩的生产能力;二是从需求方面,要扩大内需来消化掉过剩的生产力,使供需恢复平衡。

2. 控制货币供应量的增长

近几年来,在国际经济不景气的条件下,中国经济的强劲增长吸引了国际资本,同时对人民币升值的预期使大量游资进入中国,导致货币供应量大幅增长。为了保持人民币汇率的稳定,央行必须大量收购外汇,同时投放基础货币,这就导致货币供应量的大幅增长。所以必须要控制货币供应量的增长,保持人民币汇率稳定,防止通货膨胀的产生。

3. 加快利率市场化改革的进程

如果利率受到束缚,不能完全放开,随着外资流入造成货币供应量的上升和通货膨胀压力的增大,利率的变动就不能对其进行缓解。当然,利率上升也没有足够的能力阻止大量资本外逃。所以,汇率改革的前提是利率的市场化,利率制度的灵活性必须在市场化的配合下才能充分发挥利率与汇率的相互协调作用。

4. 国际收支的监管逐步加强,外汇的管制逐步放松

我国资本流出、流入和居民的外汇需求由于金融开放的因素而增大,从而对人民币汇率产生了直接的影响。对国际收支方面的监管应该加强,对非法外汇的流入进行打击,对升值预期的投机进行消除。同时应采取实际举措,将资本账户和经常账户的限制放松,并适当增加进口,从而缩小双顺差,减缓外汇储备的增长速度。

5. 人民币汇率变动要考虑经济发展和民众心理的双重承受力

注重小幅升值,弹性浮动,不可大起大落,同时要充分考虑按现行经济的可适应范围,把汇率变动充分控制在经济运行可适应的框架内,以保障中国的经济安全和健康发展。

主要术语和关键概念

金币本位制度　金块本位制度　金汇兑本位制度　法币　金平价　铸币平价　法定平价　黄金输送点　套利活动　直接标价法　间接标价法　美元标价法　外汇　汇率　名义汇率　实际汇率　基本汇率　套算汇率　即期汇率　远期汇率　开盘汇率　收盘汇率　单一汇率　复汇率

思考题

1. 什么是外汇？什么是汇率？汇率标价方法有哪些？
2. 依据不同的标准对汇率进行划分。
3. 金本位制下和纸币本位制下汇率的决定基础有什么区别？
4. 影响汇率变动的主要因素有哪些？
5. 汇率变动对一国对外经济和国内经济分别会产生哪些影响？
6. 简述一国汇率制度选择需考虑的主要因素。
7. 什么是一价定律？它成立的条件是什么？
8. 简述一国应如何选择合理的汇率制度。
9. 汇率变动对一国经济有哪些负面影响？

应用题

1. 试论本国货币升值对经济的影响。
2. 试对固定汇率制度和浮动汇率制度的优缺点进行比较。
3. 分析浮动汇率条件下影响汇率的主要因素？

本章参考文献

第四章
外汇市场与外汇交易

教学目的与要求:本章主要介绍外汇市场的概念及各种外汇交易方式,包括即期交易、远期交易和掉期交易,套汇交易与套利交易,期货交易与期权交易。掌握外汇市场的基本知识,掌握各种外汇交易方法及其在对外贸易中的具体运用。

教学内容:本章主要介绍外汇市场的概念及各种外汇交易方式,包括即期交易、远期交易和掉期交易,套汇交易与套利交易,期货交易与期权交易。

本章重点与难点:各种外汇交易方式的基本原理及应用,期货交易原理和期权交易的盈亏分析。

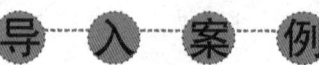

"黄牛"的兴衰

资料来源:http://news.163.com/12/1020/01/8E7KKV1Q00014AED.html.

第一节　外汇市场

一、外汇市场的概述

1. 外汇市场的含义

外汇市场（Foreign Exchange Market，简称 FEM），是指在国家间从事外汇买卖、调剂外汇供求的交易场所。它是专门从事外汇及以外汇计价的票据等有价证券交易的市场，它是全球金融市场的重要组成部分。在现代全球经济中，伴随着国际贸易、国际投资等国际经济、文化交流，必然涉及资金的跨国交付与跨境转移，从而使得货币兑换成为现代经济的必然产物。

在资本主义经济发展早期，在欧洲大陆的一些主要城市出现了一些外汇市场，外汇市场的众多交易者必须在这些市场的固定交易时间，在有形的交易所内进行相关外汇交易。这些外汇市场的兴起，推动了欧洲各国之间的经济往来，也使得巴黎、法兰克福、布鲁塞尔等城市发展成为早期的欧洲金融中心。然而，伴随着银行实现对外汇交易的垄断，以及现代信息技术的发展，这些有形的外汇市场逐渐走向没落。在现代全球外汇市场中，只有极少部分外汇交易仍然集中于欧洲大陆的有形外汇交易所内，而更多的交易是通过现代通信技术，在无形市场中达成。

关于外汇市场的界定，有狭义和广义之分。狭义的外汇市场是指进行外汇交易的有形的固定场所，即由一些指定外汇银行、外汇经纪人和客户组成的外汇交易所。一般是采取交易中心方式，由参加交易各方于每个营业日的规定时间，汇集在交易所内进行交易。广义的外汇市场是指有形和无形的外汇买卖市场的总和，它不仅包括上述封闭式外汇交易所交易，而且包括没有特定交易场所，通过电话、电报、电传等方式进行的外汇交易。因此，广义的外汇市场实际上是指由各国中央银行、外汇银行、外汇经纪商和客户等外汇经营主体，以及由它们形成的外汇供求和买卖关系的总和。

2. 外汇市场的分类

1）按组织方式不同，外汇市场可分为外汇柜台市场和外汇交易所市场

外汇柜台市场，是一种无固定场所及无固定开盘和收盘时间的外汇市场。

外汇交易所市场，也称有形市场，即有固定的交易场所和交易时间限制的市场。

2）按参加者不同，外汇市场可分为外汇零售市场和外汇批发市场

外汇零售市场是由外汇银行与个人及公司客户之间的交易构成的外汇市场。

外汇批发市场是由外汇银行同业间的买卖外汇活动构成的、成交数额巨大的外汇

市场。

3）按政府对市场交易的干预程度不同,外汇市场又可分为官方外汇市场、自由外汇市场和外汇黑市

官方外汇市场是指受所在国政府控制,按照中央银行或外汇管理机构规定的官方汇率进行交易的外汇市场。

自由外汇市场是指不受所在国政府控制,汇率完全由外汇市场供求关系决定的外汇市场。

4）按外汇买卖交割期的不同,外汇市场又可分为现货市场和期货市场

现货市场一般是指外汇交易协议达成后,必须在指定日期内交割清算的市场。

期货市场则指外汇交易的双方购买或销售一种标准的外汇买卖合约,交易现在完成,但在未来某一规定的日期进行交割,交割时是按交易时的汇率,而不是按交割时的汇率。

3．外汇市场运行机制的特点

外汇市场是由多种要素组成的有机整体,它有自己的形成和运行机制,包括供求机制、汇率机制、效率机制及风险机制等。

1）供求机制

外汇的供求关系是市场汇率形成的主要基础,汇率又反过来调节外汇供求,这是供求机制的核心。外汇市场主要由中央银行、外汇银行、外汇经纪商和外汇市场客户等组成,形成外汇市场的五大交易关系:①外汇银行与外汇经纪人或客户之间的外汇交易;②同一外汇市场的外汇银行之间的外汇交易;③不同外汇市场的各外汇银行之间的外汇交易;④中央银行与各外汇银行之间的外汇交易;⑤各中央银行之间的外汇交易。

2）汇率机制

汇率机制是指外汇市场交易中汇率升降同外汇供求关系变化的联系及相互作用。外汇汇率的变化能够引起外汇供求关系的变化,而供求关系的变化又会引起外汇汇率的变化。过高的汇率(这里采用直接标价法,下同)意味着购买外汇成本过高,由此导致对外汇需求减少,外汇供给相对过多从而促使汇率趋于跌落。当汇率跌落到均衡点或均衡点以下时,对外汇的需求会迅速增加,外汇供给会大大下降,这时外汇汇率又会上升。因为过低的汇率意味着购买外汇成本过低,从而导致对外汇需求过旺,供给相对不足,由此将推动汇率的回升。

3）效率机制

效率机制是外汇市场交易中能够促进公平竞争及公正、快速交易,同时能够促进资金合理配置的机制。外汇市场的效率机制主要体现在:外汇市场的远期汇率能够准确地反映未来即期汇率的变化,为外汇交易者提供准确的信息,作为其交易的参考。

4）风险机制

外汇市场运行中的风险机制,主要是指外汇交易中风险的增减同汇率变动之间的相互联系、相互作用。从客观上分析,外汇市场交易风险主要来自三个方面:一是外国货币购买力的变化;二是本国货币购买力的变化;三是国际收支状况。而从主观上分析,汇率及外汇交易风险主要产生于两个方面:一方面是政府的人为干预;另一方面是外汇投机

活动的干扰。

外汇市场的上述四种机制,即供求机制、汇率机制、效率机制和风险机制,并不是相互孤立的,而是相互联系、相互作用的。正是这种相互联系和相互作用,调节着外汇市场的运行,维持着外汇市场自身的秩序。

4. 外汇市场的功能

外汇市场的功能主要表现在三个方面:一是实现购买力的国际转移;二是提供资金融通;三是提供外汇保值和投机的市场机制。

1) 实现购买力的国际转移

国际贸易和国际资金融通至少涉及两种货币,而不同的货币对不同的国家形成购买力,这就要求将本国货币兑换成外币来清理债权债务关系,使购买行为得以实现。而这种兑换就是在外汇市场上进行的。外汇市场所提供的就是这种购买力转移交易得以顺利进行的经济机制,它的存在使各种潜在的外汇售出者和外汇购买者的意愿能联系起来。当外汇市场汇率变动使外汇供应量正好等于外汇需求量时,所有潜在的出售和购买愿望都得到了满足,外汇市场处于平衡状态之中。这样,外汇市场提供了一种购买力国际转移机制。同时,由于发达的通信工具已将外汇市场在世界范围内联成一个整体,使得货币兑换和资金汇付能够在极短时间内完成,购买力的这种转移变得迅速而方便。

2) 提供资金融通

外汇市场向国际交易者提供了资金融通的便利。外汇的存贷款业务集中了各国的社会闲置资金,从而能够调剂余缺,加快资本周转。外汇市场为国际贸易的顺利进行提供了保证,当进口商没有足够的现款提货时,出口商可以向进口商开出汇票,允许延期付款,同时以贴现票据的方式将汇票出售,拿回货款。外汇市场便利的资金融通功能也促进了国际借贷和国际投资活动的顺利进行。美国发行的国库券和政府债券中很大部分是由外国官方机构和企业购买并持有的,这种证券投资在脱离外汇市场的情况下是不可想象的。

3) 提供外汇保值和投机的市场机制

在以外汇计价成交的国际经济交易中,交易双方都面临着外汇风险。由于市场参与者对外汇风险的判断和偏好不同,有的参与者宁可花费一定的成本来转移风险,而有的参与者则愿意承担风险以实现预期利润。由此产生了外汇保值和外汇投机两种不同的行为。在金本位和固定汇率制下,外汇汇率基本上是平稳的,因而就不会形成外汇保值和投机的需要及可能。而浮动汇率下,外汇市场的功能得到了进一步的发展,外汇市场的存在既为套期保值者提供了规避外汇风险的场所,又为投机者提供了承担风险、获取利润的机会。

二、世界主要外汇市场

国际外汇市场规模不断扩大,成交量连续向上突破。自 1995 年开始,国际清算银行每隔 3 年对外汇及衍生市场业务进行调查,并于调查年的 9 月份公布初步结果,12 月份公布最终结果。参与调查的中央银行大多来自世界发达国家和新兴市场经济国家,多为经济与合作组织成员,其外汇交易占全球的 90% 以上。以 2013 年 4 月的平均汇率计算,

1998 年、2001 年、2004 年、2007 年、2010 年和 2013 年的外汇市场规模分别为 1.7 万亿、1.5 万亿、2 万亿、3.4 万亿、4 万亿和 5.4 万亿美元。与 1998 年相比,2001 年 4 月,传统外汇市场交易额大幅下降,其主要原因是欧元启动后,取消了欧洲货币体系中成员国货币之间的交易,降低了外汇交易总量。下面简单介绍一下各主要外汇市场。

1. 伦敦外汇市场

伦敦外汇市场(London Foreign Exchange Market)一直是世界最大的外汇交易中心,对世界外汇市场走势有着重要影响。作为世界上最悠久的国际金融中心,伦敦外汇市场的形成和发展也是全世界最早的。早在一战之前,伦敦外汇市场就已初具规模。1979 年 10 月,英国全面取消了外汇管制,于是伦敦外汇市场迅速发展起来。在伦敦的金融区,几乎所有的国际性大银行都在此设有分支机构,大大活跃了伦敦市场的外汇交易。同时,由于伦敦地理位置独特,地处两大时区交汇处,连接着亚洲市场和北美市场,导致亚洲接近收市时伦敦正好开市,而伦敦收市时纽约正好开市,所以这段时间交易异常活跃。伦敦外汇市场是一个典型的无形市场,没有固定交易场所,通过电话、电传、电报、电脑完成外汇交易。伦敦外汇市场上,参与外汇交易的外汇银行机构在 2004 年就有 600 多家,包括本国的清算银行、商人银行、其他商业银行和外国银行。这些外汇银行组成伦敦外汇银行公会,负责制定参加外汇市场交易的规则和收费标准。

伦敦外汇市场的交易货币种类众多,常见的就有 30 多种,其中交易规模最大的为英镑兑美元的交易,其次是英镑兑欧元、美元兑瑞郎、美元兑日元等交易。

2015 年伦敦离岸人民币在存款和外汇交易方面虽然呈现季度性波动,但全年数据均较 2011 年离岸人民币项目启动时有了飞速发展。在人民币存款方面,英国境内各类主体人民币存款数量延续 2014 年的快速跃升趋势。伦敦金融城的历史数据显示,2011 年至 2013 年,伦敦人民币存款数量一直维持在 140 亿元人民币左右,2014 年人民币存款总量强势增长至 200 亿元人民币。英格兰银行的数据显示,2015 年第四季度末人民币存款数量为 45.7 亿英镑。以 12 月份人民币对英镑平均汇率折算,2015 年底英国人民币存款数量相较于 2014 年底增长了 120.94%。数据表明,中英双边贸易和投资快速发展促进了公司客户人民币存款的上升。

离岸人民币外汇交易仍旧是伦敦离岸人民币业务的核心,同时延续了此前 4 年快速发展的态势,伦敦已经可以提供绝大部分离岸人民币产品,在外汇资金交易方面表现尤为突出。2015 年第四季度末,日均人民币外汇交易量为 434 亿英镑。以 2015 年第四季度美元对英镑平均汇率折算,2015 年底日均人民币外汇交易量相较于 2014 年上升了 5.8%,为 2011 年人民币项目启动时外汇交易数量的 6 倍以上。

2. 纽约外汇市场

纽约外汇市场(New York Foreign Exchange Market)是北美洲最活跃的外汇市场,同时也是世界第二大外汇交易中心,对世界外汇走势有着重要影响。二战以后,随着美元成为世界性的储备和清算货币,纽约也成为全世界美元的清算中心。纽约外汇市场已迅速发展成一个完全开放的市场,目前世界上 90% 以上的美元收付都是通过纽约"银行间清算系统"进行的,因此纽约外汇市场有着其他外汇市场无法取代的美元清算和划拨功能,其地位日益巩固。

纽约外汇市场上汇率变化的激烈程度比伦敦市场有过之而无不及,其原因主要有以下三个方面:一是美国的经济形势对全世界有着举足轻重的影响;二是美国各类金融市场发达,股市、债市、汇市相互作用、相互联系;三是以美国投资基金为主的投机力量非常活跃,对汇率波动推波助澜。因此,纽约市场的汇率变化受到全球外汇经纪商的格外关注。纽约外汇市场的日交易量仅次于伦敦。除美元外,各主要货币的交易币种依次为欧元、英镑、瑞郎、加元和日元。

3. 苏黎世外汇市场

瑞士苏黎世外汇市场(Zurich Foreign Exchange Market)是一个有着悠久历史传统的外汇市场,在国际外汇交易中处于重要的地位,其交易量在2007年居于世界第三位。这一方面是由于瑞郎是自由兑换货币;另一方面是由于二战期间瑞士是中立国,外汇市场未受战争影响,一直坚持对外开放。苏黎世外汇市场交易量原先居于世界第四位,但近年来被新加坡外汇市场超过。

瑞士三大银行,即瑞士银行、瑞士信贷银行和瑞士联合银行,是苏黎世外汇市场的中坚力量。此外,瑞士国家银行(中央银行)、外国银行在苏黎世设立的分支机构、国际清算银行以及经营国际金融业务的各种银行等,均是苏黎世外汇市场的积极参与者。苏黎世外汇市场的主要特点为:第一,与伦敦、纽约和东京外汇市场等不同的是,其外汇交易由银行之间通过电话、电传进行,而不是通过外汇经纪人或外汇中间商间接进行;第二,美元在苏黎世外汇市场上占据重要地位,外汇价格不是以瑞郎而是以美元来表示的,其结果是,外汇市场上外汇买卖的对象不是瑞郎而主要是美元。欧洲货币之间的外汇交易绝大部分要以美元作为媒介,银行之间的专业外汇交易也大多使用美元与其他货币的汇率,美元成为瑞士中央银行干预外汇市场的重要工具。苏黎世外汇市场具有良好的组织和工作效率,可以进行即期、远期等外汇买卖。

在苏黎世外汇市场上,外汇交易是由银行自己通过电话或电传进行的,并不依靠经纪人或中间商。由于瑞郎一直处于硬货币地位,汇率坚挺、稳定,并且瑞士作为资金庇护地,对国际资金有很大的吸引力。同时,瑞士银行能为客户资金严格保密,吸引了大量资金流入瑞士。所以苏黎世外汇市场上的外汇交易大部分是由于资金流动而产生的,只有小部分是出自对外贸易的需求。

4. 东京外汇市场

东京外汇市场(Tokyo Foreign Exchange Market)是亚洲最大的外汇交易中心,也是目前世界第四大外汇交易中心。20世纪60年代以前,日本实行严格的金融管制。1964年日本加入国际货币基金组织后,日元才被允许自由兑换,东京外汇市场才开始逐步形成。20世纪80年代以后,随着日本经济的迅猛发展和在国际贸易中地位的逐步上升,东京外汇市场也日渐壮大起来。20世纪90年代以后,受日本泡沫经济破灭的影响,东京外汇市场的交易一直处于低迷状态。日本是贸易大国,进出口商的贸易需求对东京外汇市场上的汇率波动影响较大。由于汇率的变化与日本贸易状况密切相关,日本中央银行对美元兑日元的汇率波动极为关注,同时频繁干预外汇市场,这是该市场的一个重要特点。

东京外汇市场上,银行同业间的外汇交易可以通过外汇经纪人进行,也可以直接进行。日本国内的企业、个人进行外汇交易必须通过外汇指定银行进行。该市场的汇率有两种：一种是挂牌汇率，内含利率风险、手续费等，每个营业日上午 10 点左右，各家银行以银行间市场的实际汇率为基准各自挂牌进行交易；另一种是市场联动汇率，以银行间市场的实际汇率为基准标价。东京外汇市场的交易品种比较单一，主要是美元兑日元、欧元兑日元的交易。

5. 新加坡外汇市场

新加坡外汇市场（Singapore Foreign Exchange Market）是"亚洲美元"市场的交易中心，2007 年跻身于全球外汇交易量的第五位。新加坡地处欧、亚、非三洲交通要道，时区优越，上午可与东京、悉尼等亚洲市场进行交易，下午可与伦敦、苏黎世、法兰克福等欧洲市场进行交易，中午还可同中东的巴林市场进行交易，晚上则可同美国的纽约市场进行交易，一天 24 小时都可进行外汇买卖。新加坡外汇市场除了保持现代化的通信网络外，还直接同纽约的 CHIPS 系统①和欧洲的 SWIFT 系统②连接，货币结算十分方便。

新加坡外汇市场是一个无形市场，大部分交易由外汇经纪人办理，并通过他们把新加坡和世界各金融中心联系起来。新加坡外汇市场的主要参与者由经营外汇业务的本国银行、经批准可经营外汇业务的外国银行和外汇经纪商组成。其中，外资银行的资产、存放款业务和净收益都远远超过本国银行。

新加坡外汇市场的交易以美元兑新加坡元为主，约占交易总额的 85%，大部分交易都是即期交易，掉期交易及远期交易合计占交易总额的 1/3。

6. 香港外汇市场

香港外汇市场（Hong Kong Foreign Exchange Market）在 2007 年的世界外汇交易排名中处于第六位，是亚洲第三大外汇交易中心。香港外汇市场是 20 世纪 70 年代以后发展起来的国际性外汇市场。自 1973 年我国香港地区取消外汇管制后，国际资本大量流入，经营外汇业务的金融机构不断增加，外汇市场越来越活跃，香港外汇市场由此发展成为国际性的外汇市场。

香港外汇市场是一个无形市场，没有固定的交易场所，交易者通过各种现代化的通信设施和电脑网络进行外汇交易。我国香港地区的地理位置和时区条件与新加坡相似，可以十分方便地与其他国际外汇市场进行交易。香港外汇市场的参与者主要是商业银行和财务公司。该市场的外汇经纪人有三类：一类是当地经纪人，其业务仅限于香港本地；另一类是国际经纪人，是 20 世纪 70 年代后将其业务扩展到香港的其他外汇市场的经纪人；再一类是香港本地成长起来的国际经纪人，即业务已扩展到其他外汇市场的香港本地经纪人。

香港外汇市场上的交易可以划分为两大类：一类是港币和外币的兑换，其中以美元兑港元为主；另一类是美元兑换其他外币的交易。

---

① CHIPS is Clearing House Inter Bank Payment System（纽约清算所银行间支付系统）的缩写，主要进行跨国美元交易的清算。

② SWIFT is Society for Worldwide Inter Bank Financial Telecommunications（环球银行间金融通信协会）的缩写，是国际银行同业间的国际合作组织。这是一个国际银行间非营利性的国际合作组织，它依据全世界各成员银行金融机构相互之间的共同利益，按照工作关系将其所有成员组织起来，按比利时的法律制度登记注册，总部设在比利时的布鲁塞尔。

2013 年香港外汇交易市场跃升为全球第五大外汇交易市场,年内日均成交量升至 2746 亿美元。根据最新排名来看,全球前五大外汇交易市场分别为英国、美国、新加坡、日本、我国香港地区。2013 年,香港日均成交额为 2746 亿美元,相比 2010 年的交易量增长了 15.6%。其中,外汇掉期交易量增长 18.4%至 1741 亿美元,即期交易增长 16.9%至 512 亿美元,单纯远期交易增长 16.5%至 373 亿美元。格外醒目的是,美元兑人民币交易量暴涨 360%,交易比重由 4.5%跳升至 17.7%,成为香港外汇市场中最大的交易货币对[①],而香港离岸人民币的外汇交易约占所有人民币交易量的 63%。美元兑港币下降至第二大交易货币对,交易比重为 17.2%。第三大交易货币对是美元兑日元,交易比重为 16.6%。

7. 法兰克福外汇市场

法兰克福外汇市场(Frankfurt Foreign Exchange Market)是欧洲重要的外汇交易中心,这跟德国在欧洲的经济地位紧密相关。第二次世界大战给德国经济造成了重大损失,法兰克福外汇市场也受到了严重影响。战后,随着联邦德国经济的迅速恢复和发展,外汇市场也逐步恢复和发展,国际收支由逆差转为长期顺差,德国马克由软币变为硬币。联邦德国政府实行开放性经济政策,逐步放宽了外汇管制,并于 1959 年 1 月实行货币完全自由兑换,从而使德国的外汇市场得到了迅速发展。法兰克福外汇市场之所以成为目前德国最主要的外汇市场,除了其悠久的金融发展历史之外,也与法兰克福是全国银行等金融机构的集中地有关。1957 年,联邦德国根据《联邦银行法》成立了德意志联邦银行,即中央银行,总行设在法兰克福,这对法兰克福的地位带来了极大的影响。许多商业银行为了便于与中央银行联系,纷纷在法兰克福设立机构。据统计,法兰克福仅本国银行机构就有 150 家左右。目前,法兰克福外汇交易所的外汇交易量约占德国五大交易所总业务量的一半。

法兰克福外汇市场分为定价市场和一般市场。定价市场由官方指定的外汇经纪人负责撮合交易,他们分属法兰克福、杜塞尔多夫、汉堡、慕尼黑和柏林五个交易所。他们接受各家银行外汇交易的委托,如果买卖不平衡,汇率就继续变动,一直变动到买汇和卖汇相等或中央银行干预以达到平衡时,定价活动才结束。同时,德国联邦银行派有专人参加法兰克福外汇市场的交易活动,以确定德国马克的官方价格。中央银行干预外汇市场的主要品种是欧元兑美元的交易,有时也对外币和外币之间的汇率变动进行干预。法兰克福外汇市场是由德国各银行、地方性银行、外国银行、外汇交易所、外汇经纪人个人客户和德国中央银行构成的。法兰克福聚集众多的国内外银行机构,是法兰克福外汇市场的重要参与者。

8. 悉尼外汇市场

悉尼外汇市场(Sydney Foreign Exchange Market)是大洋洲最重要的外汇交易市场,这是由于悉尼不仅是澳大利亚的经济、文化中心,同时也是整个大洋洲最重要的金融中心。悉尼的地理位置比较特殊,这使悉尼外汇市场成为全球主要外汇市场中最早开始

---

① 货币对是由两种货币组成的外汇交易汇率。例如:USD/EUR,其中 USD 被称为基本货币,EUR 被称为二级货币.

交易的市场。悉尼外汇市场的地方性比较明显,反映出澳大利亚的经济同日本和美国联系比较密切。但由于经济规模较小,悉尼外汇市场难以与东京抗衡,同新加坡外汇市场和香港外汇市场相比,也无优势可言。悉尼外汇市场上的交易品种,以澳大利亚元兑美元、新西兰元兑美元以及澳大利亚元兑新西兰元为主。

第二节
中国外汇市场

中国外汇市场是中国金融市场的重要组成部分,在完善汇率形成机制、推动人民币可兑换、服务金融机构、促进宏观调控方式的改变以及促进金融市场体系的完善等各方面已经发挥出不可替代的作用。国际外汇市场是世界上最大的金融市场之一,它的规模被认为是国际股票市场交易额的数十倍。说它大,不仅指交易单位大,而且也是由于世界上无数的参与者进行着同样的外汇交易。中国外汇市场是国际外汇市场的一部分,也是中国金融市场的重要组成部分,在完善汇率形成机制、推动人民币可兑换、服务金融机构、促进宏观调控方式的改变以及促进金融市场体系的完善等方面已经发挥出不可替代的作用。

我国 2016 年的《政府工作报告》指出,稳增长、促改革、调结构、惠民生、防风险任务仍然艰巨,外汇管理部门必须进一步适应经济发展新常态,协调推进"四个全面";按照科学发展的要求,立足当前,着眼长远,守住金融风险底线,不断加大改革创新力度,推动中国经济提质增效,实现较长时期的中高速增长,迈向中高端水平。因此,发现并解决外汇市场中存在的问题就显得尤为重要。

一、我国外汇市场发展的几个阶段及现状

我国的外汇市场主要指银行之间进行结售汇头寸平补的市场,就是通常所说的国内银行间外汇市场。根据国家规定,金融机构不得在该市场之外进行人民币与外币之间的交易。但对于不同外汇之间的交易,国内银行可以自由地参与国际市场的交易,没有政策限制。

我国外汇市场改革自 1979 年开始,可分为三个阶段:1979—1994 年,是从计划到市场的转变阶段;1994—2005 年,是统一的外汇市场初步创立阶段;2005 年至今,是中国外汇市场的深化发展阶段。

第一阶段(1979—1994 年),"外汇市场"概念被提出,这是改革开放带来的成果。20世纪 80 年代中后期,全国各省市纷纷设立了外汇调剂中心,外汇价格逐步放开,外汇市场的参与主体日益扩大,市场化、公开化的成分不断增强。这个阶段,中国外汇市场从无

到有地建立起来。

第二阶段(1994—2005 年),中国外汇管理体制进行了重大改革。采取政府推动的方式,建立了全国统一的银行间外汇市场,从而彻底改变了市场分割、汇率不统一的局面,奠定了以市场供求为基础的、单一的、有管理的浮动汇率制的基础。这一阶段的改革,建立了统一、规范的外汇市场,外汇资金可以在不同地区和银行之间流动,保证了外汇资源的合理配置,奠定了外汇市场发展的雏形。

第三阶段(2005 年至今),我国外汇市场进入了向市场化、自由化方向发展的新阶段,交易工具日益丰富,功能不断完善,多种交易方式并存、分层有序的外汇市场体系正逐渐确立。

外汇体制改革以后,中国告别了计划经济色彩较浓、地区分割的外汇调剂市场,形成了全国统一的外汇市场。外汇市场主要包括外汇指定银行与企业之间的结售汇市场和银行间市场,后者以中国外汇交易中心负责管理的、全国联网的外汇交易系统为载体,是汇率形成机制的核心。中央银行参与其间的交易,对汇率进行调控。

二、我国外汇市场存在的问题

1. 外汇市场交易规模偏小、市场交易量小

2015 年中国外汇市场累计成交 110.93 万亿元人民币,成交额于下半年迅速放大。2015 年 1 至 6 月,中国外汇市场累计成交 45.08 万亿元。2015 年 12 月,中国外汇市场(不含外币对市场,下同)总计成交 12.17 万亿元人民币(等值 1.89 万亿美元)。其中,银行对客户市场成交 2.46 万亿元人民币(等值 3813 亿美元),银行间市场成交 9.71 万亿元人民币(等值 1.51 万亿美元);即期市场累计成交 5.53 万亿元人民币(等值 8583 亿美元),衍生品市场累计成交 6.64 万亿元人民币(等值 1.03 万亿美元)。2015 年 1—12 月,中国外汇市场累计成交 110.93 万亿元人民币(等值 17.76 万亿美元)。[①]

2. 我国外汇市场交易主体单一

1) 银行间市场主体构成单一、交易相对集中

目前我国银行间外汇市场主体主要有五类:国有商业银行,股份制商业银行,少数资信较高的非银行金融机构,经中央银行批准设立的外资金融机构,中央银行操作室。这种现状使得外汇指定银行数量少、结构简单、市场竞争程度和流动性不高,限制着我国外汇市场组织形式和交易方式的选择。

2) 缺乏外汇经纪人

从国际经验看,外汇市场还有一个重要的参与者,即外汇经纪人。外汇经纪人是存在于外汇银行之间或外汇银行与其他参与者之间代理外汇买卖业务而收取佣金的中介者。外汇经纪人可以为商业银行提供最新的市场行情,提高市场的交易效率,防止外汇市场垄断的形成并为客户提供最好的服务。专业的外汇经纪人缺乏,导致市场信息不灵敏,不利于交易的顺利进行。

3) 中央银行对外汇市场干预过多,造成外汇市场供求信息失真

一般说来,中央银行在外汇市场上只是宏观调控者,不是市场主体。外汇指定银行

---

① http://money.163.com/16/0101/05/BC7L10J900253B0H.html.

才是市场的真正主体,是外汇市场的主要媒体,处于中心的地位,从事代客买卖和自营买卖。而我国现代外汇管理的特征决定了在外汇市场上央行的干预行为和职能的扭曲。央行对外汇指定银行的外汇结算周转余额实行比例幅度管理。这样,便使外汇指定银行系统内宏观调控的难度无形增大,其结果使央行成为市场上最大的买主和唯一的买主,这种被动性的市场干预与只有在市场上出现突发性的大幅波动央行才进行主动干预的职能是相背离的。同时,央行在通过公开市场操作、收购外汇抛售本币来稳定汇率的过程中,由于国内缺乏本币的公开市场业务操作与之配套进行,因此央行在外汇市场抛售本币即相当于向国内市场投放货币,这对我国通货膨胀居高不下的现状更是雪上加霜。

3. 我国外汇市场交易品种与币种结构单一

1)市场交易品种单一

2015 年 1—12 月,中国外汇市场累计成交 110.93 万亿元人民币(等值 17.76 万亿美元)。目前银行间外汇市场主要包括即期、远期、外汇掉期和货币掉期四类人民币外汇产品。此外,银行间外汇市场还包括欧元/美元、澳元/美元、英镑/美元、美元/日元、美元/加元、美元/瑞士法郎和欧元/日元等外币对外币的即期交易。2001 年,在传统的国际外汇市场上,远期交易日均达 1310 亿美元,外汇互换日均达 6560 亿美元。此外,场外衍生外汇交易日均达 8530 亿美元。相比之下,即期外汇交易日均不过 3870 亿美元。

2)外汇市场交易币种少

目前只有人民币对美元、欧元、日元和英镑等本外币交易货币对外交易。交易品种单一,无法像纽约、伦敦等国际外汇市场在交易品种上显现出主次分明的局面。市场无法承担本币与外币之间的即期买卖,而我国企业现实外贸进出口是以其他自由外汇计算的,在向银行结汇和买汇时,须经过以上三种货币转换套算方可,由此损失了外汇买卖差价。

3)缺乏远期外汇交易和远期外汇市场

这导致我国外汇市场的功能不完善,规避外汇风险的能力较弱。

4)缺乏外汇拆借市场

银行间外汇拆借市场是银行、非银行金融机构之间融通短期外汇资金的市场,其基本功能是为商业银行提供一种管理流通性的渠道,有利于商业银行盘活资金存量,实现利润最大化。目前我国缺乏外币拆借市场,不利于完善我国外汇市场的结构与功能,也不能提高商业银行的外汇资金运营水平和效益,更不利于国内金融机构的相互协作。

4. 缺少一个统一的外汇市场

1994 年 4 月 1 日,我国实施新外汇管理体制时,仅将国营企事业单位纳入结售汇体系,而三资企业的外汇买卖仍通过外汇调剂市场进行。虽然中国人民银行自 1996 年 3 月 1 日起对外商投资企业实行银行结售汇试点工作,但除江苏、上海、深圳、大连以外的地方,仍是银行间的外汇交易市场与三资企业的外汇调剂市场同时存在,并出现了许多问题:一是调剂业务造成外汇交易中心极大的工作量,使其不能将主要精力放在银行间外汇市场的管理及新交易工具的开发上;二是三资企业买卖外汇的价格,按国家外汇管理局公布的中心汇率加收 1.5‰的手续费计算,而国内企业结算汇价是按照外汇指定银行在中心汇率一定浮动幅度内的挂牌汇率来计算,这容易产生双重汇率;三是外汇调剂市场与银行间的外率市场并存,容易产生违规情况,造成银行结售汇的混乱,不利于我国外汇市场的统一;四是外汇调剂业务的萎缩,使部分外商投资企业经营困难。

5. 外汇市场管理和调节机制不健全

我国出台的相关政策放松了管制,从某种程度上便于资金的流动。中国人民银行《关于金融支持中国(上海)自由贸易试验区建设的意见》(以下简称《意见》)规定,上海自贸区采取了分离式账户管理模式,放宽了区内资金向境外流动的限制,还允许区内企业的境外母公司在我国境内发行债券,也允许区内企业从境外市场进行本外币融资,但政策趋于谨慎,依然保留了已有的一些管理限制。仅限于区内居民贸易账户、非居民贸易账户、境内非居民账户和境外账户之间的资金可以自由划转;账户内本外币不得自由兑换,自贸区内人民币汇率的定价机制功能被限制。区内居民贸易账户因经常项下业务、还贷、实业投资及其他符合规定的跨境业务与境内区外的银行结算账户发生的资金流动被纳入跨境业务管理。就直接投资而言,有关规定由审批制度改为向银行直接办理,简化了办理手续,从某种程度上便于跨境人民币投资。其实,我国对外商直接来华投资的政策比较宽松,因此新规定实际上可促进国内企业用人民币或外币对外直接投资。自改革开放以来,外商直接投资流入我国的资金一直为正数,特别是1993年以来,年流入净额达到300亿美元以上。自贸区的设立能否扭转这一趋势?跟直接投资相比,证券投资规模更大,对人民币外汇市场影响力更强。然而,《意见》对跨境证券投资的政策规定不多。截至2012年底,国外对中国的证券投资规模为6442亿美元(约合2.3万亿人民币),其中股票投资为5066亿美元,占我国股票总市值的13.7%。这表明,我国现有的金融市场开放水平不高,法律建设还有待完善。

6. 境外资金进入国内金融市场的限制较多

《意见》一直没有取得任何实质性突破,基本沿袭了2011年12月公布的人民币合格境外机构投资者的有关规定。区内金融机构和企业可按规定进入上海的证券和期货场所进行投资和交易。这显然是指区内的境外金融机构和企业,因为本国金融机构和企业无须绕道进入这些市场。"按规定"是指什么规定?这应该指现有规定。《意见》允许自贸区分账核算单元可在一定额度内进入境内银行间市场展开拆借或回购交易,也沿袭了中国人民银行2010年8月公布的办法。事实上,市场开放程度依然受到额度限制。在对外方面,《意见》允许符合条件的区内企业按规定开展境外证券投资和衍生品投资业务。显然,这是针对国内企业,因为境外企业无须绕道中国再投资境外金融市场。"按规定"又是指什么规定?换而言之,国内资金在境外进行证券投资依然受到限制。

7. 融资、跨境支付体系有待完善

在融资方面,《意见》允许区内企业的境外母公司可按国家有关法规在境内资本市场发行人民币债券。目前的困境是除了少数国际金融机构外,尚无境外企业在我国发行人民币债券。《意见》原则上允许试验区的中外合资企业、非银行金融机构以及其他组织可按规定从境外融入本外币资金,但严格限制本币的使用范围,既不得用于有价证券和衍生品投资,也不得用于委托贷款。《意见》没有涉及国际银行信贷业务。资本自由流动是离岸金融中心存在的必备条件,也是本币国际化的先决条件之一。在这些大量、频繁的

金融交易活动中,本币国际化就水到渠成,无须刻意为之,因为它有着强大的现实基础。作为大额、高频金融交易的后盾,自贸区的金融基础设施必须达到世界一流水准,必须构建多币种、多层面的平台,实时处理涉及本币和外币的主要交易,覆盖了包括银行、股票和债券的多种金融中介渠道,并与周边国家的有关系统无缝连接。2015年,境内外币支付系统共处理业务207.88万笔,处理业务金额9062.04亿美元(折合人民币57002.02亿元),同比分别增长8.76%和5.25%。日均处理业务0.83万笔,金额36.39亿美元(折合人民币228.92亿元)。我国现有跨境支付体系尚在研究和规划中。

三、进一步发展和完善我国外汇市场的对策和措施

1. 积极培育和逐步扩大外汇市场主体,完善和发展银行间外汇市场

为尽快改变我国外汇市场交易主体数量较少的状况,增加市场主体,活跃市场气氛,让汇价更充分反映市场供求变化,同时保证基层银行结售汇资金能及时到位,可考虑采取以下措施。

(1)允许更多的国有商业银行分行入市交易。具体可考虑在保证一个市场行为主体和一个利益主体的前提下,各分行在其总行授权范围之内参与外汇市场交易。

(2)允许分行进入当地外汇交易中心进行自营买卖,调整本外汇头寸,自担风险。

(3)在逐步放开金融机构人民币业务的同时,准许外资金融机构在外汇市场自营买卖外汇,增加资信好的非银行金融机构入市交易,放宽各种限制,使其与外汇指定银行平等竞争。

(4)外汇指定银行既然是市场的主要力量,就应该有较大的自主买卖外汇的权利。总之,与结售汇制度的完善相适应,应改变银行间外汇市场的功能,合并银行间外汇市场和调剂市场为一个市场,逐步发挥外汇交易中心和外汇指定银行的作用;改变中央银行在外汇市场上的主体地位,最大限度地允许外汇指定银行自由地参与外汇交易,充当外汇买卖和资金调拨、融通的媒介,使外汇指定银行成为真正的市场主体。

2. 增加外汇市场交易币种,丰富交易品种,拓展外汇市场业务,健全外汇市场功能

目前国际上可以自由兑换的货币不多,要使外汇市场能客观地反映外汇供求的总体情况,必须有多样化的交易币种。外汇市场的交易币种和品种多样化,既有利于更全面反映外汇市场的供求关系,形成更合理的市场汇率,也可为入市者提供多种获利或避险的机会。在交易方式上,应借鉴国外的先进经验,发展金融衍生工具的市场,发展远期、期货、期权交易,使交易活动多样化,增加一些避险工具,保证市场正常运行和发展。

3. 逐步放松外汇存货管制

现行的结算外汇周转比例限额管理带有明显计划经济和外汇短缺时期的痕迹,随着中国经济开放程度的增加,一方面,用汇单位范围越来越广,国家对外汇资金的管理越来越困难;另一方面,中国国际收支的连年顺差也逐渐改变了过去外汇短缺的局面。在新的情况下,结算外汇周转比例限额管理已逐渐失去了原有的意义;更重要的是,这一管制损害了中国银行业的竞争力,不适应建立交易商制度的要求。因此,对外汇银行的外汇存货管制存在改革的必要性。在外汇体制的进一步改革中,可考虑逐步放松结算外汇周转比例的浮动限制,使外汇银行具有更大的选择外汇资产存货的自由;同时改革现行的

每日平盘制,放宽强制平盘的期限,使外汇银行能够在更长的时间内安排外汇资产组合。在条件成熟的时候,中国应最终放弃这一管制,以保证外汇银行拥有充分的经营自主权,为建立交易商制度奠定基础。

4. 完善中央银行的职能,把工作重点放在宏观调控与金融监管上

从规范意义上说,央行介入外汇市场进行干预的基本目的,是根据宏观金融调控政策的需要改变外汇市场的供求关系,同时影响市场参与者的预期。我国央行对市场干预过多,这种做法会阻碍金融市场的发展。为了满足经济体制改革的整体进程和经济发展的现实需要,满足外汇市场自身稳健运行的内在需求。我国央行的职能一定要改善,这关系到宏观经济中金融的稳定。随着金融业的进一步开放,金融机构之间的竞争将更加激烈,金融业的风险也将进一步加大。而金融业内在的脆弱性,使单个金融机构的危机有可能诱发整个金融体系乃至整个经济体系的危机。这对央行的金融监管水平要求更高,要求央行能够面对日益复杂的金融市场,运用各种货币政策工具对经济进行宏观调控。

5. 建立健全外汇交易市场法规

目前,我国外汇市场的有关法规尚不健全,国家应尽快制定和颁布《外汇市场交易法》、《外汇市场从业人员守则》、《中华人民共和国外汇法》等法规,以加速外汇清算交割,杜绝从业人员犯罪,逐步健全外汇交易市场,使其稳步发展。现已颁布实施的法规有国家外汇管理局 2013 年出台的《关于印发〈海关特殊监管区域外汇管理办法〉的通知》和2015 年出台的《关于印发〈跨国公司外汇资金集中运营管理规定〉的通知》。

6. 完善我国离岸金融中心建设

我国外汇市场起点低,但发展速度快。同时,随着我国经济规模不断扩大,人民币的国际地位连年提高,境内外人民币外汇市场发展速度惊人。但是考虑到我国经济规模居于世界第二位,而外汇市场和人民币外汇市场规模依然偏小,与我国的国际经济地位不符,人民币汇率定价的市场条件依然不够成熟。因此,想要发展和壮大人民币外汇市场的关键是扩大人民币的跨境使用,而后者发展的关键是必须有序开放我国资本项目。

我国自贸区建设的重要目的就是进一步扩大金融对外开放、推进人民币跨境使用、逐步实现资本项目的可兑换。其实,扩大金融对外开放的核心内容就是逐步实现资本项目的可兑换,其必然结果便是扩大人民币的跨境使用。人民币的跨境使用所指的领域主要是国际贸易、直接投资、证券投资和银行信贷领域,次要领域则是衍生品交易领域。《意见》实际上勾画出离岸人民币金融中心建设的蓝图。自从 2009 年跨境贸易人民币结算试点推出以来,人民币在我国对外贸易中结算占比大幅提高,现已成为仅次于美元的第二大结算货币。2011 年,我国以人民币结算的对外商品贸易占总比的 6.6%;2012 年占比提升至 16.7%。我国自贸区的离岸中心建设目的之一就是要强化跨境贸易人民币结算这一趋势,因为在岸企业以人民币支付的海外进口是非居民的人民币资金来源。除了用于进口贸易外,非居民的人民币资金主要用于购买人民币资产,也就是说,我国的相关政策必须扩大境外人民币资产池子,并解决境外人民币回流问题。如何扩大境外人民币资产池子? 这是新一轮改革必须解决的问题。

人民币外汇市场增长取决于人民币国际化程度的提高,而我国资本项目开放又决定

了人民币国际化水平。我国于 2009 年正式提出人民币国际化,并采取了积极措施促进人民币国际化进程。自试点以来,人民币在国际贸易结算中的地位有大幅提升,但在其他领域进步较为缓慢。我国设立的自贸区与其说是传统意义上的出口加工区,倒不如说是期望中的离岸人民币金融中心。从现有的管理规定判断,人民币在证券投资领域仍然受到较大限制,资本项目开放也采取了积极、谨慎、渐进的方式。[①] 由于许多新鲜事物处于探索阶段,顶层设计者本着成熟一项就推出一项的精神会出台更多改革措施,自贸区的离岸金融中心建设会逐步趋于完善,人民币外汇市场会持续高速发展。

第三节
即期、远期和掉期外汇交易

即期外汇交易、掉期外汇交易在离岸人民币外汇交易中一直保持重要地位。2015 年底,人民币即期外汇交易日均交易量为 171.72 亿英镑,占总体外汇交易的 39.57%;掉期外汇交易日均交易量为 114.7 亿英镑,占总体外汇交易的 26.43%。与伦敦金融城提供的 2014 年历史数据相比,2015 年底即期外汇交易日均交易量较 2014 年上涨 40.37%,而掉期外汇日均交易量较 2014 年下降 8.66%。2015 年底人民币外汇远期交易日均交易量为 88.28 亿英镑,比 2014 年微升 5.54%。期权交易日均交易量为 55.4 亿英镑,比 2014 年下降 25.36%。

2015 年,人民币外汇日均交易量波动较大。第一季度日均交易量为 446.69 亿英镑,第二季度下跌至 360.72 亿英镑后,第三季度上升至 516.72 亿英镑的历史高位,第四季度回落至 434 亿英镑。这一走势在远期外汇交易、期权交易中也得以体现。即期外汇交易和掉期外汇交易虽然也在年内不断波动,但第四季度末水平仍高于第一季度末水平,下面详细介绍即期外汇交易、远期外汇交易和掉期外汇交易。

一、即期外汇交易

1. 即期外汇交易的含义

即期外汇交易(spot transaction,简称 ST)亦称现汇交易,是买卖双方约定于成交后的两个营业日内办理交割的外汇交易方式。通常情况下,即期外汇交易主要是为了满足客户国际贸易所带来的收付款需要,或者帮助客户调整外汇头寸的货币比例,从而规避汇率风险,它也是现代外汇市场中外汇交易的最为常见的类型。在国际外汇市场上,即期外汇交易的交割日定于成交后的两个营业日内,是因为全球外汇市场需要 24 小时才

---

① 王应贵,甘当善. 外汇市场透视[M]. 北京:清华大学出版社,2006.

能运行一周,这样,各市场因时差问题给交割带来的障碍即可得以消除。目前全球两大电子即时汇率报价系统(路透社、美联社)所报出的汇率都是即期汇率。

2. 即期外汇交易的方式

根据交割方式不同,可将即期外汇交易分为三种。

(1) 电汇交割,简称电汇(telegraphic transfer,简称 T/T)。银行卖出电汇是应汇款人的申请,直接用电报、电传通知国外的汇入银行,委托其支付一定金额给收款人的一种汇款方式。电汇交割方式就是用电报、电传通知外汇买卖双方开户银行(或委托行),将交易金额收付记账。电汇的凭证就是汇款银行或交易中心的电报或电传汇款委托书。

(2) 票汇交割,简称标汇(demand draft,简称 D/D)。银行卖出汇标是指汇款银行应汇款人的申请,开立以国外汇入银行为付款人的汇票,交由汇款人自行寄给收款人或亲自携带前往,凭票向付款行取款的一种汇款方式。票汇交割是指通过开立汇票、本票、支票的方式进行汇付和收账。这些票据即为汇汇的凭证。

(3) 信汇交割,简称信汇(mail transfer,简称 MT)。银行卖出信汇是汇款银行应汇款人的申请,直接用信函通知国外的汇入银行,委托其支付一定金额给收款人的一种汇款方式。信汇交割方式是指用信函方式通知外汇买卖双方开户行或委托行将交易金额收付记账。信汇的凭证就是汇款行或交易中心的信汇付款委托书。

3. 即期外汇交易的交割日

所谓交割日(spot date),就是买卖双方将资金交付给对方的日期。交割日必须是收款地和付款地共同的营业日,只有这样才可以将货币交付给对方。即期外汇交易的交割日的规则如下。

(1) 即期外汇交易的标准交割日为成交后的第二个营业日(加拿大规定为成交后的第一个营业日)。根据需要,交易双方也可将交割日约定为成交当日或成交次日,二者均为超短期的即期交易。

(2) 交割日必须是收款地和付款地共同的营业日,至少应该是付款地市场的营业日。

(3) 若第一、二日不是营业日,则即期交割日必须顺延。

4. 即期外汇交易的汇价

即期汇率是外汇市场最基本的汇率,其他交易的汇率都是以即期汇率为基础计算出来的。全球各外汇市场一般采用美元标价法,在路透社、美联社等主要系统报出的即期行情中,除了英镑等少数货币对美元汇率是完整报出基准货币、报价货币名称之外,其他汇率均只报出报价货币名称。

由于国际外汇市场的报价大都采用美元标价法,因此产生了其他国家货币之间的汇率需要通过美元进行套算的问题。

1) 美元为基准货币

例:1 美元=1.2680/1.2690 瑞士法郎

1 美元=7.7920/7.7940 港币

现需要计算瑞士法郎对港币的汇率,计算方法如下。

瑞士法郎的买入汇率为:7.7920/1.2690=6.1403 港币

瑞士法郎的卖出汇率为:7.7940/1.2680=6.1467 港币

即 1 瑞士法郎=6.1403/6.1467 港币

2）美元为标价货币

例：1 英镑=1.5080/1.5090 美元

1 加元=0.7280/0.7285 美元

现计算英镑对加元的汇率，计算方法如下。

英镑的买入汇率为：1.5080/0.7285=2.0700 加元

英镑的卖出汇率为：1.5090/0.7280=2.0728 加元

即 1 英镑=2.0700/2.0728 加元

3）美元既为标准货币，也为标价货币

例：1 英镑=1.5080/1.5090 美元

1 美元=1.2680/1.2690 瑞士法郎

现计算英镑对瑞士法郎的汇率，计算方法如下。

英镑的买入汇率为：1.5080×1.2680=1.9121 瑞士法郎

英镑的卖出汇率为：1.5090×1.2690=1.9149 瑞士法郎

即 1 英镑=1.9121/1.9149 瑞士法郎

二、远期外汇交易

1. 远期外汇交易的含义

远期外汇交易（forward exchange transaction，简称 FET）又称期汇交易，是指交易双方在成交后并不立即办理交割，而是事先约定币种、金额、汇率、交割时间等交易条件，到期才进行实际交割的外汇交易。从交割日来看，即期交易是在两个交易日之内交割，远期外汇交易的交割通常是在两个交易日之后的一年以内进行。伴随着现代外汇市场的发展，一些银行又针对客户需求，推出了交割期在一年以上的超远期外汇交易。但是从世界各国的外汇远期市场的发展来看，通常意义上的远期外汇交易仍然是在一年以内，如 1 个月、2 个月、3 个月、6 个月，或者 12 个月。

与即期外汇交易相比，通常情况下，远期外汇交易的规模更大，市场参与者主要是一些具有较高信誉水平的税务大公司、大企业和大银行。因为在远期外汇市场中，交易双方在签订合同后暂无须在第一时间办理相应的资金交割，真实的资金交割被延时到未来的某个时间，而远期汇率与即期市场中真实汇率的变动肯定会有偏差，这个偏差如果较大，就可能会给交易者带来较大的风险或收益。因此，为了规避信用风险，外汇银行往往更加愿意与信誉水平较高的客户进行远期外汇交易。

2. 远期外汇产生的原因

为什么会有远期外汇交易呢？原因主要有以下两种。

1）为了规避风险

一笔交易（比如进口）的成交有一个过程，为了避免这个过程中因汇率波动而带来的损失或不确定性，有时就需要进行远期外汇买卖。例如某英国进口商从美国进口一批货物，价值 1 亿美元，合 5000 万英镑。那么，3 个月以后的汇率到底是多少呢？目前并不知道，因为汇率是在经常变动的。如果 3 个月后汇率为 1 英镑等于 1.7 美元，则该英国进口商要支付 5882 万英镑;如果汇率变成 1 英镑等于 1.6 美元,则该英国进口商要支付 6250 万英镑。该英国进口商为了确定自己的进口成本,避免风险和不确定性,在与美国出口商签订合同前夕,便询问了 3 个月的远期汇率,看看它是否在自己的承受能力之内。如果是,他在与美国出口商正式签订合同的同时,便向银行按该约定的远期汇率买进 3 个月后的美元,这样,他便事先把 3 个月后的进口成本确定下来了。这种远期外汇买卖叫作抵消(cover)或抵补保值(hedging),其目的是为了避免风险和不确定性。所以,抵补保值的交易者是那些想要规避风险的人。在实行浮动汇率的今天,外汇市场上的抵补保值是一种常见的业务。

2) 为了投机以赚取利润

投机者根据自己的专业知识和各方面的信息做出判断,若预计某种货币的汇率将要下降,便预先出售该种货币,称为抛出或做空头,待今后价格下降,再买进以抵补空头。反之,当预计某种货币汇率将上升,便预先买进该种货币,称为购进或做多头,待价格上升后再出售。经过这样的贱买贵卖,投机者从中便可以赚得一笔利润。

投机交易与保值交易的区别在于以下几点。

(1) 投机交易没有实际的商业或金融业务为基础,其交易的目的不是为了这些商业或金融业务,而纯粹是为了赚取利润。

(2) 投机交易在买进卖出时,并非真有实际数额的资金。

(3) 投机交易在远期外汇市场上起着一种微妙的平衡作用,这一点我们在介绍远期汇率的形成机制时还要提到。投机者与保值者是外汇市场上最为典型的交易者。

远期汇率的报价方式有两种。

一种是与即期汇率报价方式相同,直接将各种不同交割期限的外汇的买入价与卖出价表示出来。以瑞士法郎为例,它的即期汇率为 $1＝SFr1.2707,如果这一交割日期是一个月后、三个月后或一年后,则未来交割时 1 美元分别可兑换 1.2697、1.2679、1.2594 瑞士法郎。可以看出,随着期限的延长,1 美元可兑换的瑞士法郎数减少了,也就是在远期,美元相对于瑞士法郎在贬值。

另一种报价方式是利用即期汇率与远期汇率之间的这种关系,用只报出远期汇率与即期汇率之间存在的差价的方式表示远期汇率。远期差价有升水和贴水两种,升水(at premium)表示该种货币在远期升值,贴水(discount)表示该种货币在远期贬值。汇率标价方法不同会导致计算远期汇率方法的不同。在直接标价法下,存在升水的外汇的远期汇率等于即期汇率加上升水额,存在贴水的外汇的远期汇率等于即期汇率减去贴水额。在间接标价法下,计算方法则相反。例如,上式中瑞士法郎与美元的一个月远期汇率也可以表示为:贴水 10 点。

在以升贴水的方法报出远期汇率时,如果还要区分买入价与卖出价,则情况会更加复杂。此时一般不标出升水额或贴水额。例如美元与瑞士法郎汇率报价为:1.2704/ 1.2709,一个月的掉期率为 13/6。这时的计算方法是比较掉期率中竖号左右数字的大小,如果左低右高,则将即期汇率的竖号左右的数字分别加上掉期率中相应的竖号左右的数字;如果左高右低,则将即期汇率的竖号左右的数字分别减去掉期率中相应的竖号左右的数字。此处可记忆为:"左低右高往上加,左高右低往下减。"上例中,左高右低,因

此要用即期汇率减去这一掉期率,即可得到一个月的远期汇率为 1.2691/1.2703。表 4-1 中反映的都是不同货币与美元的汇率,如果我们想了解这些货币之间的汇率(例如瑞士法郎与丹麦克朗的汇率),应当通过专门的计算得到。各国货币与美元之间的汇率是最常用的,因此可称为基本汇率(basic rate)。其他国家之间的汇率,需要通过基本汇率进行计算,由此得出的汇率就是套算汇率(cross rate)。例如,要计算瑞士法郎与丹麦克朗的汇率,从表 4-1 中可知:$1=SFr1.2707=DKr6.0349。

所以,SFr1=DKr(6.0349÷1.2707)=DKr4.7493。

表 4-1 从《金融时报》网站上获取的外汇交易行情(此表略经简化处理)

DOLLAR SPOT FORWARD AGAINST THE DOLLAR					
May 16		Closing Mid-Point	Bid/Offer Spread	One Month Rate	Three Months Rate	One Year Rate
Europe						
Denmark	(DKr)	6.0349	342-356	6.0409	6.0513	6.0869
Norway	(NKr)	6.8501	479-522	6.855	6.8628	6.8939
Russia	(Rouble)	28.5240	190-290	—	—	—
Sweden	(SKr)	7.4889	874-903	7.4984	7.513	7.5689
Switzerland	(SFr)	1.2707	704-709	1.2697	1.2679	1.2594
UK(0.550 0)*	(£)	1.8181	180-182	1.8133	1.8039	1.762
Euro(0.810 2)*	(€)	1.2343	342-344	1.2332	1.2312	1.2248
SDR		—	0.67820	—	—	—
Americas						
Argentina	(Peso)	2.9038	025-050	—	—	—
Brazil	(R$)	2.8995	990-000			
Canada	(C$)	1.3261	260-263	1.3276	1.3298	1.3374
Mexico	(New Peso)	11.0305	280-330	11.082	11.179	11.6415
USA	($)	—	—	—	—	—
Pacific/Middle East/Africa						
Australia	(A$)	1.3452	450-454	—	—	—

续表

DOLLAR SPOT FORWARD AGAINST THE DOLLAR						
Hong Kong	（HK＄）	7.7908	904-913	7.7841	7.7725	7.7363
India	（Rs）	45.2050	900-200	45.2325	45.2575	45.44
Japan	（￥）	108.950	910-990	108.84	108.64	107.55
Singapore	（S＄）	1.7007	005-009	1.7	1.6989	1.6932
South Korea	（Won）	1170.50	000-100	1173.85	1179.65	1196.35

（资料来源：http://www.cfci.org.cn/html/2015/01/19/20150119104427640323 1508.html.）

再例如,要计算英镑与瑞士法郎的汇率,从表 4-1 中可知：$1＝SFr1.27071,£1＝$1.8181。

可得：£1＝SFr(1.2707×1.8181)＝SFr2.3103。

当要套算出汇率的买入与卖出价时,情况略为复杂。计算时要区分两种情况：一种情况是两种汇率的标价方法相同时,应将竖号左右的相应数字交叉相除；另一种情况是两种汇率的标价方法不同时,应将竖号左右的相应数字同边相乘。

例如,要计算瑞士法郎与丹麦克朗的汇率,由于这两种汇率的标价方法相同,所以要交叉相除,即：

$$\$1＝DKr6.0342/6.0356$$

$$\$1＝SFr1.2704/1.2709$$

可得：SFr1＝DKr 4.7480/4.7509

而计算瑞士法郎与英镑的汇率时,由于这两种汇率的标价方法不同,所以要同边相乘,即：

$$£1＝\$1.8180/1.8182$$

$$\$1＝SFr1.2704/1.2709$$

即：£1＝SFr2.3096/2.3108

在了解外汇行情之后就可以根据需要进行相应的外汇交易了。即期交易与远期交易是最基本的交易类型。对于普通客户而言,一般直接与银行进行交易,由银行通过买卖自己持有的外汇满足客户的交易需求。银行在从不同客户手中买入卖出外汇后,其所持有的外汇数量及构成可能会与其原定目标存在差异,因此不同银行间也会进行交易,以对各自持有的外汇头寸进行调整。银行与银行之间的外汇交易多通过外汇经纪人牵线完成,少数交易也可由银行间直接达成。

第四节
套汇与套利交易

一、套汇交易的含义

套汇交易(arbitrage transaction,简称 AT)是套利交易在外汇市场上的表现形式之一,是指套汇者利用不同地点、不同货币在汇率上的差异进行贱买贵卖,从中套取差价利润的一种外汇交易。由于空间的分割,不同的外汇市场对影响汇率诸因素的反应速度和反应程度不完全一样,因而在不同的外汇市场上,同种货币的汇率有时可能出现较大的差异,这就为异地套汇提供了条件。

外汇市场是由现代化通信网络将各地外汇市场联系在一起的统一的全球化市场,使各地外汇市场汇率保持一致的主要因素是套汇活动的存在。套汇活动是指同一货币汇率在不同外汇市场上发生差异到一定程度时,对一种货币在汇价较低的市场上买进、在汇价较高的市场上卖出以获得其中差额利益的行为。套汇的主要类型有两种。其一是两角套汇,即利用某一汇率在不同市场上的公开的差异获利。例如,在纽约外汇市场上 1 美元等于 108.95 日元,而在东京外汇市场上 1 美元等于 110.95 日元时,由于后一市场上美元的汇价更高,套汇者可以在纽约市场上卖出日元、买入美元,再在东京市场上卖出美元、买入日元,从而从每一美元中获取 2 日元的利润。这一套汇活动的结果是使纽约市场上的美元汇价提高、东京市场上的美元汇价降低,从而使这一汇率差异逐步消失。

套汇的另一种类型是三角套汇,即利用某一汇率与通过套算后得出的相应汇率之间的差异来获利,这一汇率差异是隐含的,既可能发生在不同市场间,也可能发生在同一市场上。以前文中的计算为例,在伦敦市场上 1 英镑等于 1.8181 美元,1 美元等于 108.95 日元,这样隐含的英镑与日元之间的套算汇率为 198.08,而在东京市场上 1 英镑等于 200.08 日元。因此套汇者可以在东京市场上卖出英镑、买入日元,随后在伦敦市场上卖出日元、买入美元,再卖出美元、买入英镑,从而从每英镑中获取 2 日元的利润。只要有足够数量的套汇资金在国家间自由流动,套汇活动将使不同市场上、不同货币间的汇率保持一致。

截至 2015 年第二季度,中国的国际借贷为 1.25 万亿美元,比当年第一季度增加了373 亿美元。更重要的是,上述国际借贷中一年以内的短期贷款从第一季度的 60% 左右上升到 70% 左右。而横向对比人民币汇率的同期表现,该时期内人民币汇率整体表现为"波动率几乎为零"的一条直线。近两年中资企业累计新借贷的各类海外债务整体超过 1万亿美元,这其中不仅以大量的短期贷款为主,更值得关注的是,其中很大一部分是大量企业的短期限跨境套利资金。

在美联储 2015 年 12 月启动加息的背景下,全球投资者对于新兴经济体的债务风险开始愈发关注。2015 年新兴市场类主权债发行的速度超过了主权债发行的速度,类主权债存量从 2014 年的约 7100 亿美元升至 2015 年底的约 8390 亿美元,创历史新高。从历史上新兴市场债务危机情况来看,一旦相关境外债务出现较大规模违约,则相关国家政府存在介入兜底的预期。

宏观经济的升级转型完全能够保障中资企业正常的国际债务偿还。部分中资地产企业和中资航空企业出于汇率风险的考虑而提前偿还美元债务,由于其总规模较小、偿还时点较为分散,整体负面影响相对有限。而相较于部分企业出于正常财务角度提前还款,大量违规企业套利交易的集中反转,仍可能会对人民币汇率带来明显冲击。整体而言,由于美联储升息、海外美元贷款利息上涨,以及人民币升值预期趋弱等因素,套利资金短时期集中撤出,对人民币汇率乃至国内资本市场的稳定都将带来显著的不利影响。

二、套汇的种类

套汇可分为直接套汇和间接套汇。

1. 直接套汇

利用两个外汇市场之间某种货币汇率的差异进行的套汇,称为直接套汇,也叫两点套汇或两地套汇。

2. 间接套汇

间接套汇又称三点套汇或三角套汇,是指套汇者利用三个不同外汇市场中三种不同货币之间交叉汇率的差异,在同一时点在这三个外汇市场上贱买贵卖,从中赚取汇率差额的一种套汇交易。

由于差异的种类不同,套汇可分为地点套汇和时间套汇。

1) 地点套汇

地点套汇(space arbitrage,简称 SA)是指套汇者利用不同外汇市场之间的汇率差异,同时在不同的地点进行外汇买卖,以赚取汇率差额的一种套汇交易。地点套汇又可分为直接和间接两种套汇。

(1) 直接套汇(direct arbitrage,简称 DA)。直接套汇又称两角套汇(two points arbitrage),是指利用同一时间两个外汇市场的汇率差异,进行贱买贵卖,以赚取汇率差额的外汇买卖活动。例如,在同一时间内,出现下列情况:

London £1＝US＄1.4815/1.4825

New York £1＝US＄1.4845/1.4855

若某一套汇者在伦敦市场上以 £1＝US＄1.4825 的价格卖出美元,买进英镑,同时在纽约市场上以 £1＝US＄1.4845 的价格买进美元,卖出英镑,则每英镑可获得 0.0020 美元的套汇利润。

若以 100 万英镑进行套汇,则可获得 2000 美元(未扣除各项费用)。上述套汇活动可一直进行下去,直到两地美元与英镑的汇率差距消失或极为接近为止。

(2) 间接套汇(indirect arbitrage,简称 IA)。间接套汇又称三角套汇(three points

arbitrage)或多角套汇(multiple point arbitrage),是指利用三个或多个不同地点的外汇市场中三种或多种货币之间的汇率差异,同时在这三个或多个外汇市场上进行外汇买卖,以赚取汇率差额的一种外汇交易。

间接套汇比直接套汇更复杂。其中一点是投资者在进行间接套汇时,必须先判断一下是否有套汇的机会。其方法是:把三地汇率改成相同的标价法,然后用三个卖出价或三个买入价相乘,若乘积等于1或者几乎等于1,则说明市场之间的货币汇率关系处于均衡状态。没有汇差,或只有微小的差率,但不足以抵补资金调度成本,套利将无利可图。若乘积不等于1,说明存在汇率差异,此时套汇有利可图。

2)时间套汇

时间套汇(time arbitrage,简称 TA)是指套汇者利用不同交割期限所造成的汇率差异,在买入或卖出即期外汇的同时,卖出或买入远期外汇,或者在买入或卖出近期外汇的同时,卖出或买入远期外汇,通过时间差来盈利的套汇方式。

时间套汇实质上就是掉期交易,不同的只是时间套汇侧重于交易动机,而掉期交易侧重于交易方法。

时间套汇的目的在于获取套汇收益,只有在不同交割期的汇率差异有利可图时,才进行套汇。而掉期交易往往是为了防范汇率风险进行保值,一般不过分计较不同交割期的汇率差异的大小。时间套汇往往在同一外汇市场内进行。

三、套利交易

1. 套利交易的含义

套利交易是买入一种期货合约的同时卖出另一种不同的期货合约的交易方式。这里的合约既可以是同一期货品种的不同交割月份,也可以是相互关联的两种不同商品的合约,还可以是不同期货市场的同种商品合约。套利交易者在一种期货合约上做多的同时在另一种期货合约上做空,通过两个合约间价差变动来获利,与绝对价格水平关系不大。套利交易已经成为国际金融市场中的一种主要交易手段,由于其收益稳定,风险相对较小,国际上绝大多数大型基金均主要采用套利或部分套利的方式参与期货或期权市场的交易。随着我国期货市场的规范发展以及上市品种的多元化,市场蕴含着大量的套利交易机会。套利交易已经成为一些大机构参与期货市场的有效手段。

套利交易风险小、回报稳定,对于大资金而言,如果单边重仓介入,将面临持仓成本较高、风险较大的不足;反之,如果单边轻仓介入,虽然可能降低风险,但其机会成本、时间成本也较高。因此整体而言,大资金单边重仓抑或单边轻仓介入期货市场,均难以获得较为稳定和理想的回报。而大资金如以多空双向持仓介入市场,也就是进行套利交易,则既可回避单边持仓所面临的风险,又可能获取较为稳定的回报。

2015 年的外汇套利交易非常不乐观。外汇套利交易是从全球不同利率中获利的交易行为。德意志银行今年的外汇套利交易是自 2008 年金融危机以来最低迷的一年。在进行利差交易时,投资者需要做空一种无风险、利率较低的货币,并支付融资利息,投资者用这部分资金做多另一种高利率的货币,并获取相应利息。如果利率和汇率两者不变,投资者就能够稳定赚取两个利率之间的息差。

息差扩大意味着获利放大,若息差收窄,获利也趋于消失。如果做空的货币汇率飙升而做多的货币汇率贬值,投资者就可能遇到大麻烦。而在 2015 年,货币套利交易在两方面都受到阻碍,货币汇率剧烈波动,利率游离不定。2015 年,由于货币利率升高,传统套利交易受到冲击。如美元持续走高,澳元和纽元(新西兰元)受到冲击,利率也达到新低。

例如,在伦敦市场,现汇价为£1＝US＄2.0040－2.0050,一年期期汇为升水 200－190,市场利率为 13％。同期美国市场利率为 11％。现有一美国投资者想套利,期限为一年,问此投资者采用何种方法可以避免汇价变动的风险?若采用这种办法,此投资者购入 1 万英镑套利的净收益是多少?

(1)该投资者可以在伦敦现货市场上按现汇价格用美元购入 1 万英镑存入英国银行的同时,再按远期价格卖出一年期英镑远期,如此可以锁定利润。

(2)首先,此投资者在美国以 11％的利率借入 20050 美元一年期定期贷款,一年后总成本为:20050×(1＋0.11)＝22255.5(美元)。其次,用 20050 美元在伦敦现汇市场上购入 1 万英镑存入英国银行,则一年后总收益为:10000×(1＋0.13)＝11300(英镑)。再次,同时在期汇市场上卖出 11300 英镑的一年远期合同,远期汇率£1＝US＄1.9840－1.9860,所获得收入为:11300×1.9840＝22419.2(美元)。最后,一年后,用在英国市场收回的美元补还在美国的银行贷款,套利净利润为:22419.2－22255.5＝163.7(美元)。

2. 套利交易的优点

1)更低的波动率

由于套利交易博取的是不同合约的价差收益,而价差的一个显著优点是通常具有更低的波动率,于是套利者面临的风险更小。一般而言,价差的波动比期货价格的波动小得多。例如,上海期货交易所交易的铜每天的价格变化为 400~700 元/吨,但是相邻交割月份之间的价差每天变动为 80~100 元/吨。许多商品价格的波动性都很强,需要日常监控。而价差的日内波动往往很小,只需要每天监控几次甚至更少。如果一个账户的资金波动很厉害,投机者必须存入更多的钱来防止可能的损失。利用套利交易,则很少有这样的担忧。

2)有限的风险

套利交易是唯一具有有限风险的期货交易方式。由于套利行为的存在及套利者之间的竞争选择,期货合约之间的价格偏差会得到纠正。考虑到套利的交易成本,期货合约之间的价差会维持在一个合理范围内,所以价差超过该范围的情况是不多的。这意味着你可以根据价差的历史统计,在历史的高位或低位区域建立套利头寸,同时你可以估算出所要承担的风险水平。

3)更低的风险

因为套利交易的对冲特性,它通常比单边交易有更低的风险。这是我们在比较套利和单边交易时需要考虑的重要因素。为什么风险会更低?投资组合理论表明,由两个完全负相关的资产构成的投资组合最大限度地降低了组合风险。套利是同时买卖两个高度相关的期货合约,也就是构造了一个由两个几乎完全负相关的资产构成的投资组合,该组合的风险自然大大降低了。

4）对涨跌停的保护

许多套利交易的对冲特性，可以对涨跌停提供保护。因为政治事件、天气等，期货价格可以暴涨暴跌，有时甚至引起涨跌停，价格封死在涨跌停板上而无法成交。一个做反了的单边交易者在能够平仓之前会损失惨重。这往往会造成交易者的账户亏空，而需要追加保证金。在同样的环境下，套利交易者基本上都受到保护。以跨期套利为例，由于套利交易者对同一种商品既做多又做空，在涨跌停日，他的账户通常不会发生大幅亏损。虽然在涨跌停打开后，价差可能不朝交易者预测的方向走，但由此所造成的损失往往比单边交易小得多。

5）更有吸引力的风险/收益比率

相对于给定的单边头寸，套利头寸可以提供一个更有吸引力的风险/收益比率。虽然每次套利交易收益不很高，但成功率高，这是由价差的有限的风险、更低的风险以及更低的波动率特性带来的好处。就长期而言，做单边交易盈利的只占少数，往往10个人中不超过3个人是盈利的。而套利不一样，它有收益稳定、低风险的特点，所以它具有更吸引人的收益/风险比率，从而更适宜大资金的运作。在持有单边头寸的多空双方激烈争夺过程中，套利者往往可以择机介入，轻松获利。

6）价差比价格更容易预测

期货的价格由于其较大的波动率往往不容易预测。在牛市中，期货价格会涨得极高，而在熊市中，期货价格会跌得极低。套利交易不是直接预测未来期货合约的价格变化，而是预测未来供求关系变化引起的价差的变化。做后一种预测显然比前一种预测的难度大为降低。决定未来商品价格的供求关系是十分复杂的，虽然有规律可循，但仍然包含许多不确定性。而预测价差的变化，则不必考虑所有影响供求关系的因素。由于两种期货合约的关联性，许多不确定的供求关系只会造成两种合约价格的同涨同跌，对价差的影响不大，对这一类供求关系就可以予以忽略。预测两种合约间价差的变化，只需要关注各合约对相同的供求关系变化反应的差异性，这种差异性决定了价差变动的方向和幅度。

3. 套利交易的劣势

任何事物都有两面性，套利交易也不例外。除了上述优点外，还有以下几处不足。

1）潜在收益受限制

在许多投资者看来，套利的最大缺点是潜在的收益受限制。这是很正常的，当你限制了交易中的风险，通常也会限制你的潜在收益。不过，最终是否选择套利交易，还得权衡套利的诸多优点和有限的潜在收益。

2）绝好的套利机会很少频繁出现

套利机会的多寡，与市场的有效程度密切相关。市场的效率越低，套利机会越多；市场的效率越高，套利机会越少。就目前国内的期市而言，有效程度还不高，各个期货品种每年都会存在几次较好的套利机会。不过，相对于单边大趋势，每年的套利机会也算是多的了。

3）套利也有风险

套利虽然具有有限风险、更低风险的优点，但毕竟还是有风险的。这种风险来自：价格偏差继续错下去。合约之间的强弱关系往往在短期内保持"强者恒强,弱者恒弱"的态势。假如这种价格偏差最终会被纠正,套利者在这种交易中也不得不遭受暂时的损失。如果投资者能承受这种亏损,最终就会扭亏为盈,但有时投资者无法熬过亏损期。况且,如果做空的合约遇到挤空现象且持续到该合约交割,那么价格偏差将无法纠正,套利交易必以失败告终。

第五节
外汇期货交易

一、外汇期货概述

外汇期货合约随固定汇率制崩溃、浮动汇率制兴起而产生,世界各国政治、经济形势的不断变化使得外汇市场上的汇率变动较为频繁,外汇期货也成为国际外汇市场上比较重要的一种保值和投机工具。

1. 外汇期货定义

简单地说,外汇期货(foreign exchange futures,简称 FEF)就是将两个国家之间的货币及货币的兑换作为期货标的的合约,也叫货币期货。外汇期货合约(foreign futures contract,简称 FFC)是货币远期兑换的标准化合约,是在交易所交易的期货合约。

2. 外汇期货的产生与发展

外汇期货合约随固定汇率制崩溃、浮动汇率制兴起而产生,世界各国政治、经济形势的不断变化使得外汇市场上的汇率变动较为频繁,外汇期货也成为国际外汇市场上比较重要的一种保值和投机工具。

外汇期货合约是在美国交易所最早上市交易的金融期货,1972 年诞生于芝加哥商品交易所,当时正值世界各主要货币之间开始进行自由浮动。在这之前,美元的价格是钉住黄金的,而世界大多数国家的货币与美元挂钩。一旦美国放弃金本位,而且美元汇率也不再受政府的管制而随市场力量波动,国际金融家们就会面临一种新的风险。正如芝加哥人喜欢说的那样,"风险创造需求,需求创造交易商,剩下的就只是实践了"。外汇期货很快就被认为是处理风险的一种有效方法。

2015 年 3 月到 6 月间,人民币汇率的波动率下降导致外汇期货交易量逐步下降。近3 个月,人民币汇率一直在 6.19 至 6.22 之间窄幅波动,金融机构和企业的避险需求减弱。2015 年 3 月以来,香港交易所的人民币外汇期货的交易量连续第 4 个月下降,从 3月份的 21858 手下降到 6 月份的 9142 手,下降幅度超过一半。芝加哥商业交易所(CME)和莫斯科交易所的人民币外汇期货交易量也处于下降趋势中。只有新加坡交易

所的 USD/CNH 期货交易量出现上升,从 5849 手增长到 8460 手。2015 年 6 月底,境外人民币外汇期货市场持仓 11808 手,环比降低 14.8%。其中,香港交易所持仓 7583 手,尽管持仓量连续下降,但仍然占市场总持仓量的 64.2%;新加坡交易所美元兑离岸人民币(USD/CNH)期货持仓 2477 手,在岸人民币兑美元(CNY/USD)期货持仓 651 手;CME 两个人民币外汇期货产品持仓分别为 301 手和 524 手;莫斯科交易所人民币兑卢布(CNY/RUB)期货持仓 272 手。巴西交易所和南非约翰内斯堡证券交易所仍然没有人民币外汇期货的交易和持仓。

2015 年 6 月,境外人民币外汇期货市场共成交 21211 手,环比减少 2.5%;月末持仓 11808 手,环比降低 14.8%。香港交易所人民币外汇期货的交易量和持仓量连续 4 个月出现下降;莫斯科交易所的人民币兑卢布期货持仓量有所增加,该交易所积极吸引中国企业使用人民币兑卢布期货规避卢布汇率风险。离岸人民币外汇期货市场普遍建立了做市商制度,吸引银行提供连续报价。迪拜黄金与商品交易所于 2016 年第三季度推出人民币外汇期货产品。

3. 外汇期货合约

外汇期货合约是以外汇作为交割内容的标准化期货合约。与现汇远期合约相比,外汇期货合约在交易单位、价格、交割期等方面均有许多不同之处。我们仍然以美国芝加哥商业交易所的国际货币市场分部(international monetary market,简称 IMM)的外汇期货合约为基础进行介绍。

1) 外汇期货合约的交易单位

每一份外汇期货合约都由交易所规定标准交易单位。国际货币市场主要经营 7 种外币期货,这 7 种外币的期货合约中对交易单位的规定不完全相同。例如,欧元期货合约的交易单位是每份合约 125000 欧元。几种外币的交易单位规定如表 4-2 所示。

表 4-2　外汇期货合约的交易单位

期 货 合 约	交 易 单 位
欧元期货合约	12.5 万欧元
加拿大元期货合约	10 万加元
日元期货合约	1250 万日元
瑞士法郎期货合约	12.5 万瑞士法郎
澳大利亚元期货合约	12.5 万澳大利亚元
墨西哥比索期货合约	10 万墨西哥比索
英镑期货合约	2.5 万英镑

2) 交割月份

国际货币市场所有外汇期货合约的交割月都是一样的,为每年的 3 月、6 月、9 月和 12 月。交割月的第三个星期三为该月的交割日,如这一天为非营业日,则顺延一天。最后交易日为交割日前倒数第二个营业日。

3）通用代号

在具体交易操作中,交易所和期货经纪商以及期货行市表都是用代号来表示外汇期货。

4）最小价格波动幅度

国际货币市场对每一种外汇期货报价的最小变动幅度做了规定,在交易场内,经纪人所做的出价或叫价只能是最小变动幅度的倍数。例如,英镑期货合约的最小变动额为每英镑 0.0005 美元,如果上一个交易价格为 1.8700 美元,下一次交易报价上升最小到 1.8705 美元,下降最小到 1.8695 美元。瑞士法郎期货合约价格的最小变动额为每瑞士法郎 0.0001 美元,如果上一次期货价格为 0.8015 美元,在下次交易中,报价若提高,至少要到 0.8016 美元;报价若下降,下降最小幅度是 0.0001 美元,到 0.8014 美元。货币期货的最小价格波动幅度如表 4-3 所示。

表 4-3　外汇期货的最小价格波动幅度

币种	英镑	加元	欧元	日元	墨西哥比索	瑞士法郎	澳大利亚元
最小价格波幅	0.0005 美元	0.0001 美元	0.0001 美元	0.000001 美元	0.0001 美元	0.0001 美元	0.0001 美元

5）涨跌停板

每日涨跌停板是一项期货合约价格在一天之内比前一个营业日的结算价格高出或低过的最大波动幅度。按照各期货交易所交易规则的规定,当交易所内买卖双方出价或叫价超过每日停板额时,则成交无效。因此,当价格升到或降到停板额时,交易所宣布停止交易。国际货币市场外汇期货合约价格波动最大幅度各有不同,例如,英镑期货合约价格的最大波动幅度为 1250 美元,加元的最大价格波动为 750 美元。货币期货合约的涨跌停板如表 4-4 所示。

表 4-4　货币期货合约的涨跌停板

币种	英镑	加元	欧元	日元	墨西哥比索	瑞士法郎	澳大利亚元
涨跌停板	5%	0.75%	1%	0.01%	1.5%	1.5%	1.25%

二、外汇期货交易与远期外汇交易的区别

实际上,在外汇期货交易产生之前,远期外汇的交易市场就已经相当发达和完善。外汇期货交易的产生使远期外汇交易的目的也可以在期货交易所内实现,因为每份期货合约都规定在交割月份可以进行外汇的实际交割。而远期外汇交易也可以通过对冲来实现盈亏结算。这样,外汇期货交易与远期外汇交易就具有了某些相似之处。然而,这两个市场并行不悖,既相互竞争,又相互补充。这一点,我们可以通过对这两个市场的比较看出。外汇期货交易与远期外汇交易的区别主要反映在以下几个方面。

（1）外汇期货交易是在期货交易所内通过公开竞价,就标准化合约进行交易;远期外汇交易多数是在银行同业市场中通过电话、电传等通信工具,由交易双方协商成交价和成交金额。

（2）期货交易的参加者比较广泛,有银行、公司、财务机构,以及个人;而远期外汇交易主要是在银行间进行,或者大公司委托银行进行买卖,个人或小公司参与买卖的机会很少。

（3）外汇期货价格由买卖双方在交易所竞价成交,由交易所对外公布;远期外汇的买卖价由银行自己报出。

（4）凡参加期货交易的人均要按规定交足保证金;而在远期外汇买卖中,除偶然对小客户收一点保证金之外,绝大多数交易都不用交保证金。

（5）期货交易由清算所按清算价格每日结算盈亏;而远期外汇交易的盈亏在规定的清算日结算。

（6）外汇期货交易金额越少,成本越低,金额越大,成本越高;而远期外汇交易金额越少,成本相对高,金额越大,成本相对低。

（7）外汇期货交易者对任何人的报价都是一样的;而在远期外汇交易中,银行对大公司的报价往往比对小公司的报价优惠,其原因主要是远期外汇交易比外汇期货交易的风险大。

（8）外汇期货交易中,买卖双方的责任关系是通过清算所作为媒介来实现的;而远期外汇交易双方则具有直接的责任关系。

通过比较,我们可以看出,期货交易与远期外汇交易各有利弊。

外汇期货交易的优点是,期货汇率是在公开、集中的市场上通过竞争形成的,因此比较合理。另外,外汇期货合约在交割前可以方便地进行对冲,加上外汇期货交易的金额可大可小,因此,它既为套期保值者提供减少或消除汇率波动风险的工具,也使那些无力问津远期外汇交易的公司或个人也能加入外汇买卖的行列。远期外汇交易也有其优点,如交易时间不受限制,交易金额可以灵活掌握,银行在买卖远期外汇时还可向客户提供某些咨询服务等。

那么,在面临外汇期货交易与远期外汇交易两种选择时,我们究竟选用哪一种呢?

（1）这种选择应取决于交易者的目的,期货交易主要是回避风险和投机,实际交割的情况很少,故需实际交割者应选择远期外汇买卖。

（2）交易成本和价格也是一个要考虑的重要因素。当期货交易价格和成本优于远期交易价格和成本时,通常采用期货交易,反之亦然。

由此可见,银行间的远期外汇交易与期货交易既相互竞争,又相互补充。而且,巨大的、发展十分完善的远期外汇市场为标准化的汇率期货市场提供了发展的基础。

三、外汇期货定价

1. 外汇期货合约的定价

外汇期货的外币交割是通过交易所的清算公司选定一家该外币发行国的某家银行来进行清算的。

简而言之,期货的价格就是基础资产或金融工具的即期价格和持有成本的函数。持有一种货币而非另外一种货币的成本实际上就是用两国现行利率之差来衡量的机会成本。本地货币的利率就是相关国家现行的"无风险"利率。

2. 影响期货汇率波动的主要因素

我们已经讨论过利率和投机行为对远期外汇汇率的决定作用,但是,在现实的外汇市场中,影响汇率波动的因素错综复杂,各种因素所起的作用都不一样,即使同一因素,在不同时间和不同国家所起的作用也不一样。下面,我们仅选择一些影响汇率波动的最基本的因素进行分析。这些因素由于都是比较确定的,因此在各国之间就相对具有较客观的可比性。这里需要指出的是,我们在预测汇率期货价格波动时往往不能以一个因素作为判断的根据,而应该综合各种基本因素,因为有些因素相互之间具有抵消作用。

1) 利率

利率作为一国信贷状况的基本反映,对汇率波动能起到决定性的作用。利率水平直接对国际资本流动产生影响,高利率国家发生资本内流,低利率国家则发生资本外流,而资本流动则会造成外汇市场供求关系的变化,从而对汇率波动产生直接的影响。一般而言,一国利率提高,将导致该国信贷紧缩,货币升值;反之,则导致该国货币贬值。

2) 国际收支

国际收支就是一个国家的货币收入总额与付给其他国家的货币支出总额的对比。如果货币收入总额大于货币支出总额,便是国际收支顺差;反之,则是国际收支逆差。国际收支状况对一国汇率的变动能产生直接的影响。国际收支发生顺差,就会引起外国对该国货币需求的增加与外国货币供应的增加,因此,顺差国货币的对外汇率就会上浮;反之,一国国际收支发生逆差,该国货币对外汇率就会下浮。国际收支的项目很多,其中贸易收支直接影响外汇供求,往往对国际收支状况影响较大,因此它对汇率变动起了决定性的作用。一般而言,外贸顺差,本币汇率就上升;反之,本币汇率就下降。

3) 经济增长率

经济增长率的变化往往会导致汇率的变化。但是,经济增长对汇率的影响比较复杂,在不同的国家、不同的时间,其影响也不一样。一种情况是,经济增长加快可以增强外汇市场对本币的信心,特别是出口导向的国家,经济增长加快表明出口增加,因而可能导致本币汇率上升。另一种情况是,一国经济增长加快而出口保持不变,则会增加本国的需求,从而会引起进口增加,外汇需求旺盛,导致本币汇率下浮。因此,经济增长率变化不是一个孤立因素,它对汇率的影响是同其他因素交织在一起起作用的。

4) 通货膨胀

一般而言,通货膨胀会导致本币汇率下浮,通货膨胀的缓解会使本币汇率上浮。通货膨胀对汇率的影响主要通过以下三个途径:一是直接影响到货币本身实际代表的价值与购买力,通货膨胀加剧,本币的实际购买力下降,本币对外发生贬值;二是由于通货膨胀,国内物价上涨,一般会引起出口商品竞争力减弱,进口商品增加,导致外汇市场供求发生变化,从而使本币汇率下浮;三是通货膨胀还会对外汇市场产生心理影响,削弱本币在国际市场上的信用地位,从而导致汇价下跌。从实践上看,通货膨胀引起货币国内贬值到对外贬值要有一个过程,一般需要半年,甚至几年。

5) 政治局势

一国政治局势的变化,以及其他国家的政治局势变化都会对外汇市场产生影响。政治局势的变化一般包括政治冲突、军事冲突、选举和政权更迭,以及不同政治家对国家经

济政策的态度和观点等。这些政治因素对汇率的影响有时很大,但是一般影响的时间不会很长,只是引起汇率短暂的波动。

除了上述各种因素外,还有其他一些因素也可能对汇率产生重大影响,如一国外汇政策、财政赤字、投机因素等。但是,这里要指出的是,引起汇率波动的因素错综复杂,有时个别因素起主导作用;有时各种因素一起发生作用;有时各因素的作用还会相互抵消;有时某一因素的主要作用,突然被另一因素所代替。但总体来说,利率对远期汇率和期货汇率起着决定性的作用,国际收支可以基本确定汇率的长远走势,经济增长和通货膨胀对汇率能产生从属作用,而政治局势变动可以加剧汇率的波动。

第六节
外汇期货的应用

一、外汇期货的套期保值

货币期货与一般商品期货一样,都可以作为套期保值工具来防范未来的价格不利波动的可能性。由于是标准化合约,当所保值的货币数额不是相应期货合约大小的整数倍时,利用货币期货合约不能进行完全保值,或者确切地说有一部分货币将成为风险头寸。此外,一般交易所进行的货币期货交易不一定包括所有货币。

货币期货合约买卖双方风险分布为对称型,即买方或卖方同等程度地承受汇率变动风险,这一点有别于期权类合约买卖方不对称的风险分布。

专栏 4-1　从中盛粮油巨亏看套期保值

资料来源:http://www.doc88.com/p-0456863169430.html.

由于国际贸易通常为远期支付,即买卖合约签订日期与支付日期有一定的时间间隔,国际贸易的买卖方将承受汇率变动风险。为锁定未来某一时点上(即支付日)的汇率,可以利用货币期货合约进行保值。与远期合约一样,货币期货合约的套期保值者可以达到锁定未来某一时点汇率的目的,可以回避未来某一时点上汇率的不利变动,但无法利用汇率的有利变动获得额外的好处。当然,对于保值合约的使用者而言,他们关注的仅仅是价格的锁定功能,而非价格的变动是否有利。利用价格的有利变动而获利是投机者的行为方式。由于投机者承担了价格变动风险,使交易的流动性得以增强。

外汇期货(forex futures,简称 FxFut)的套期保值就是运用外汇期货交易来临时替代现货市场上的外汇交易,以此达到转移外汇汇率波动风险的目的。

在这里,我们将根据不同保值者的情况,介绍一下不同的外汇期货保值策略。

1. 出口商的保值策略

出口贸易合同一般是远期交货合同,从签约到收回货款有一个过程。在多数情况下,货款是以外币来计价和支付的,出口商须将外汇折成本币,因此,任何汇率的波动都会对出口商的实际收入产生影响,特别是在远期付款的条件下,如果计价货币对本币贬值,那么出口商会受到很大的损失,使出口利润下降,甚至出口发生亏损。对此,出口商可以利用外汇期货,采取卖期保值的方法来避免损失。

举例:

某出口商 2006 年 9 月 1 日出口货物计价货币 6000 万英镑,需兑换美元结汇,担心英镑汇价下跌,做空 2400(6000/2.5)份合约期货保值交易。

9 月 1 日,即期价格为 1 英镑=1.6540 美元,2007 年 3 月交割的英镑期货价格=1.6550 美元。

3 月 1 日,即期价格为 1 英镑=1.5840 美元,2007 年 3 月交割的英镑期货价格=1.5840 美元。

套期保值结果如下。

现货市场:

$$6000×1.6540=9924(万美元)$$
$$6000×1.5840=9504(万美元)$$

亏损:

$$9924-9504=420(万美元)$$

期货市场:

$$2400×(1.6550-1.5840)×2.5=426(万美元)$$

盈利:

$$426-420=6(万美元)$$

2. 进口商的保值策略

进口商在贸易中要承担受领货物和支付货款的义务。如果一笔货款是以外汇支付的,那么进口商须将本币兑换成外汇来支付。万一计价货币升值,进口商就要用更多的本币来兑换用以支付的外汇,这样就不可避免地增加了进口成本。为了减少汇率波动风险,进口商可以利用外汇期货进行套期保值。其方法是,一旦确定了对外支付的时间,就立即在期货市场上预先购买所需外汇,用以临时替代预计会发生的现货外汇交易,等到对外实际支付外汇时再在期货市场上平仓。一旦支付货币升值,期货交易所取得的盈利就会弥补汇率波动所造成的损失,这就是所谓的买期保值的方法。

举例:2006 年 9 月 1 日某进口商预计 6 个月后用美元支付 3000 万欧元货款,即期价格为 1 欧元=1.2535 美元(应支付 3760.5 万美元)。2007 年 3 月交割的欧元期货价格为 1 欧元=1.2545 美元。担心 6 个月后欧元汇价上涨,故决定做多欧元期货来防范外汇风险。买进欧元期货合约 240(3000÷12.5)份。2007 年 3 月 1 日的即期价格为 1 欧元=1.2578 美元,3 月交割的欧元期货价格为 1 欧元=1.2590 美元。

交易结果如下。

(1)现货市场支付美元货款:

$$3000 \times 1.2578 = 3773.4(万美元)$$

比 6 个月前多支付:

$$3773.4 - 3760.5 = 12.9(万美元)$$

(2)期货市场平仓:

$$240 \times (1.2590 - 1.2545) \times 12.5 = 13.5(万美元)$$

盈利:

$$13.5 - 12.9 = 0.6(万美元)$$

期货盈利 13.5 万美元,现货亏损 12.9 万美元,共盈利 0.6 万美元。

3. 借款者的套期保值策略

一般借款者不会遇到汇率波动的风险。但是,如果该借款者筹措的是外汇资金,就有可能遭到汇率波动带来的损失。为了防止外汇汇率上浮给借款者带来损失,借款者可以通过外汇期货交易进行套期保值。

4. 投资者的保值策略

在国际市场上,投资者总是将资金投放到投资回报率较高的市场上,然而,在境外投资常常会碰到汇率波动的风险。虽然在境外市场上可能取得较高的投资回报率,但将投资所得折成本币时,就可能由于汇率波动而使本币的投资收益率下降。因此,国际投资者需要利用外汇期货交易来达到保值的目的。

5. 外汇期货的替代保值

外汇期货的替代保值是指运用外汇期货合约对不存在期货交易的外汇汇率波动进行保值。有些货币,如荷兰盾,本身还不存在期货市场,但是由于荷兰盾对美元的汇率波动与瑞士法郎有极强的相关性,因此,我们就可以用瑞士法郎期货合约为荷兰盾对美元的汇率波动提供保值手段。这里要指出的是,欧洲许多货币对美元汇率的波动具有很强的相关性。

二、外汇风险管理中的关键问题

对于许多投资经理来说,外汇风险是总风险中的一个重要的组成部分,并且也是最有实用价值的。如果外汇风险是可以忽略的,那么它一定是被有意识地忽略而不是被遗漏。有效的风险管理步骤如下:①界定并测量外汇风险头寸;②构建一个监测风险头寸及汇率变化的管理体系;③确定套期保值的责任制;④制定套期保值策略。

第七节　外汇期权交易

一、外汇期权交易概述

1. 外汇期权交易的定义

外汇期权交易(foreign exchange options)是指交易双方在规定的期间按商定的条件和一定的汇率,就将来是否购买或出售某种外汇的选择权进行买卖的交易。外汇期权交易是 20 世纪 80 年代的一种金融创新,是外汇风险管理的一种新方法。在交易中,合约购买方需要向出售方支付一定的期权费,而合约出售方需要缴纳一定的保证金。此外,合约的购买方在交易中只有权利没有义务,而合约出售方则只有义务没有权利。

2. 外汇期权的合约种类

(1) 按期权持有者的交易目的,可分为买入期权(也称看涨期权),以及卖出期权(也称看跌期权)。看涨期权是指合约的持有人在未来某一时刻按事先约定的价格买入某一外汇资产的权利。看跌期权是指合约的持有人在未来某一时刻按事先约定的价格出售某一外汇资产的权利。

(2) 按产生合约的衍生金融产品,可分为现汇期权和外汇期货期权。现汇期权是指以外汇现货资产为期权合约的基础资产。外汇期货期权是指以货币期货合约为期权合约的基础资产。

(3) 按期权持有者行使交割权利的时间,可分为欧式期权和美式期权。欧式期权是指期权持有者只能在期权到期日决定执行或不执行期权合约。美式期权交易是指期权持有者可以在期权到期日以前的任何一个工作日选择执行或不执行期权合约。美式期权较欧式期权更灵活,故其期权费较高。

3. 平价期权、折价期权和溢价期权

平价期权是指执行价格与个人外汇买卖实时价格相同的期权。折价期权是指执行价格高于个人外汇买卖实时价格的看涨期权,或执行价格低于个人外汇买卖实时价格的看跌期权。溢价期权是指执行价格低于个人外汇买卖实时价格的看涨期权,或执行价格高于个人外汇买卖实时价格的看跌期权。目前国内开办的个人外汇期权均为平价期权和折价期权,暂不办理溢价期权。因此,国内只对平价期权和折价期权进行报价,仅在买入期权平盘时才对溢价期权进行报价。目前国内开办的个人外汇期权均为平价期权和折价期权,暂不办理溢价期权。因此,国内只对平价期权和折价期权进行报价,仅在买入期权平盘时才对溢价期权进行报价。

4．执行价格

执行价格是指个人外汇期权到期日,客户选择执行外汇期权时与银行的外汇交易价格。执行价格为外汇期权合同签订时银行公布的个人外汇买卖实时价格或实时价格加/减一定的点数。

二、外汇期权交易的特点和作用

1．外汇期权交易的特点

(1) 不论是履行还是放弃履行外汇交易的合约,外汇期权买方支付的期权交易费都不能收回,即期权费是沉没成本。

(2) 外汇期权交易的协定汇率都是以美元为报价货币。

(3) 外汇期权交易一般采用格式化合同。

(4) 外汇期权交易的买卖双方权利和义务是不对等的,即期权的买方拥有选择的权利,期权的卖方承担被选择的权利,不得拒绝接受。

(5) 外汇期权交易买卖双方的收益和风险是不对称的,对期权的买方而言,其成本是固定的,而收益是无限的;对期权的卖方而言,其最大收益是期权费,损失是无限的。

(6) 期权费的费率不固定。期权费反映同期、远期外汇升贴水水平,费率高低主要受货币期权供求关系、期权的执行汇率、期权的时间价值和期权的汇率波动性决定。

2．外汇期权交易的作用

外汇期权对于买方而言,其主要作用是通过购买期权增强交易的灵活性,即有权选择有利于自己的汇率进行外汇买卖,消除汇率变动带来的损失、谋取汇率变动带来的收益。

(1) 有外汇收付需要的客户,在汇率变动中既可以获利也可避免损失。对进出口商和其他有外汇收付需要的客户而言,当他们对汇率未来走势没有把握时,可参与外汇期权交易。这样既可防止汇率发生不利变动带来的损失,又可获取汇率发生有利变动带来的利益。

(2) 可以控制投机失误产生的损失。对于投机者而言,他们参与外汇期权交易的目的就是对其外汇投机进行保险,控制投机失败带来的损失。如果他们预测某种汇率会上升,但又不能十分肯定,他们就可购入买进外汇期权,即做“多头”投机交易。如果到交割日汇率果然上升了,他们就行使买的权利;如果汇率下跌,他们就行使不买的权利,仅损失期权费。因此,他们为预测不准所付出的代价仅仅是数额很小的期权费。如果他们预测某种汇率会下降,但没有足够的把握,他们就可购入卖出外汇期权,即做“空头”投机交易,同样能避免汇率预测不准所带来的较大损失。

3．外汇期权交易产生的原因

1982 年 12 月,外汇期权交易在美国费城交易所首先进行,其后芝加哥商品交易所、欧洲期权交易所、蒙特利尔交易所、伦敦国际金融期货交易所等都先后开办了外汇期权交易。目前,美国费城股票交易所和芝加哥期权交易所是世界上具有代表性的外汇期权市场,经营的外汇期权种类包括英镑、瑞士法郎、加拿大元、法国法郎等。

外汇期权交易的产生,其基本原因是为了避险。外汇期权作为一种金融衍生品,其产生不仅是由于经济的发展,更重要的是人们的避险心理所致。对于那些有外汇收付需要的人来说,他们为了防止自己在外汇收付中造成不必要的损失,于是购买相应的期权合约,以此来规避风险或从中获得收益。对于投机者而言,他们通过购买期权合约,同样也能为自己的投机规避风险。在这样的环境和情况下,外汇期权交易便产生了。

4. 外汇期权交易应用实例分析

我们在前面对外汇期权交易的相关知识做分析,最终目的也是为了能够对外汇期权交易的整个过程作分析,能够对各种外汇期权交易的收益作分析,能够把外汇期权交易应用到实际生活中。下面我们通过实例来对看涨期权和看跌期权做一个全面的分析。

1)买入看涨期权

对于买入看涨期权,我们主要分析期权合约持有者的收益,即期权合约买入者的收益。如果市场对外汇汇率有牛市预期,为了在外汇汇率上升中寻求收益或规避损失,可以购买外汇看涨期权,从而将损失风险限制在期权费范围内,而同时享有无限的收益潜力。

假设某德国公司将在未来的11月份收到200万欧元的贷款,为避免欧元升值,该公司购买了25份执行汇率为EUR1=USD0.900的欧式看涨期权合约,期权费为每欧元0.022美元。分析该公司在到期时对所持期权合约的执行情况及相应的收益,见图4-1。

2)卖出看涨期权

对于卖出看涨期权,我们主要分析期权合约卖出者的收益情况。如果市场对外汇汇率有下降预期,为了在外汇汇率下降中寻求收益或规避损失,可以卖出外汇看涨期权,从中获得一定的期权费。

如果某商业银行认为未来几个月内欧元兑美元将保持稳定或略微下降,可以考虑卖出执行价格为EUR1=USD0.900的欧元看涨期权,并对每单位欧元收取0.022美元的期权费。分析该公司到期时对所持期权合约的执行情况及相应的收益。

例如,图4-1为该商业银行卖出欧元看涨期权的收益曲线图。从图4-1可以看出,当现汇汇率小于或等于0.900(即图中A点及其以前)时,期权合约的持有者不执行期权合约,此时期权合约的出售者获得的收益刚好等于期权费。当现汇汇率大于执行汇率0.900而小于0.922时,期权合约的持有者执行期权合约,此时期权合约出售者的收益=期权费-(现汇汇率-执行汇率)。当现汇汇率等于0.922时,期权合约的持有者执行该合约,此时合约的出售均没有损失也没有获得收益。当现汇汇率大于0.922时,合约的持有者执行该合约,此时合约的出售者的损失=现汇汇率-执行汇率-期权费。由此可知,当现汇汇率小于或等于执行汇率时,合约的持有者不执行该合约,此时合约出售者的收益等于期权费。而当现汇汇率大于执行汇率时,合约的持有者执行该合约,此时其损益可用公式"损益=执行价-现汇汇率+期权费"计算得出,结果为负则为损失,结果为正则为收益。

从上述例子综合可以看出,对于看涨期权,期权合约的持有者的收益就是期权合约出售者的损失,收益与损失是并存的。

3)买入看跌期权

对于买入看跌期权,我们主要分析期权合约持有者的收益,即期权合约买入者的收

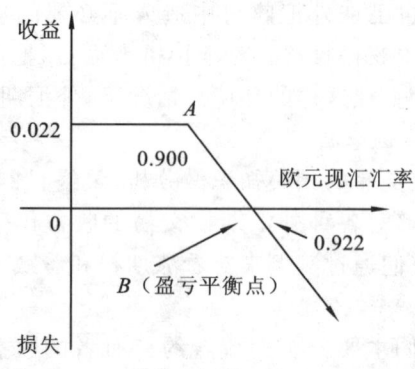

图 4-1　卖出欧元看涨期权的收益曲线图

益。如果市场对外汇汇率有下跌预期,为了在外汇汇率下跌中寻求收益或规避损失,可以购买外汇看跌期权,从而将损失风险限制在期权费范围内,而同时享有无限的收益潜力,见图 4-2 和图 4-3。

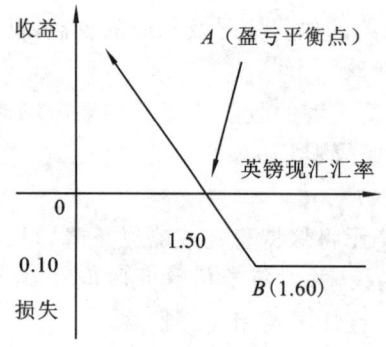

图 4-2　购买英镑看涨期权的收益曲线图

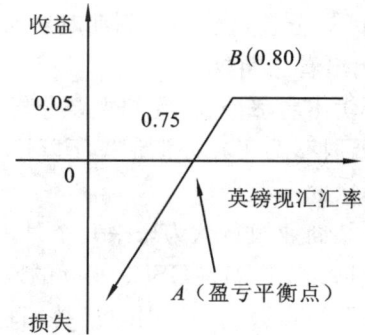

图 4-3　卖出期权合约的收益曲线图

假设某美国公司向一英国公司出口电脑,但现货将在 3 个月后用英镑支付。因为担心 3 个月后英镑汇率下跌,美国公司便购买一份执行价格为 GBP1＝USD1.60 的英镑看跌期权,并支付每英镑 0.10 美元的期权费。分析该公司到期时对所持期权合约的执行情况及相应的收益。

图 4-2 为该美国公司购买英镑看涨期权的收益曲线图。从图 4-2 可以看出,当现汇汇率大于或等于执行汇率时,期权合约持有者不执行该合约,此时合约持有者损失的是期权费。当现汇汇率大于 1.50 而小于执行汇率 1.60 时,该合约持有者执行该合约,此时合约持有者的损失＝期权费－(执行汇率－现汇汇率);当现汇汇率为 1.50 时,合约持有者执行该合约,此时其既没有损失也没有收益;当现汇汇率小于 1.50 时,合约的持有者执行该合约,此时其收益＝执行汇率－现汇汇率－期权费。由此可知,当现汇汇率大于执行汇率 1.60 时,合约持有者不执行该合约,此时损失期权费;当现汇汇率小于执行汇率时,合约持有者执行该合约,此时的损益可用公式"损益＝执行汇率－现汇汇率－期权费"计算,结果为负则为损失,结果为正则为收益。

4）卖出看跌期权

对于卖出看跌期权,主要分析期权合约卖出者的损益。当预期汇率有上涨趋势时,可以卖出看跌期权合约。

例如,某基金公司预期未来一段时间英镑兑美元将会升值,为了经由此判断谋利,投机者可卖出执行汇率为 GBP1＝USD0.80、期权费为每单位英镑 0.05 美元的英镑期权合约。分析该公司到期时对所持期权合约的执行情况及相应的收益。图 4-3 为基金公司卖出期权合约的收益曲线图。从图 4-3 可以看出,当现汇汇率大于或等于 0.80 时,合约持有者不执行合约,合约出售者获得的收益为期权费;当现汇汇率大于 0.75 而小于 0.80 时,合约持有者执行合约,此时合约出售者的收益＝期权费－(执行价－现汇汇率);当现汇汇率小于 0.75 时,合约持有者执行合约,此时合约出售者的损失＝执行价－现汇汇率－期权费。所以,合约出售者能获得的最大收益为期权费,而损失是无限的。

第八节
我国期权交易

一、我国期权交易的现状及其发展

我国经过 20 多年的改革开放,市场经济在国民经济中占据重要位置,外贸依存度超过 75％,国内经济环境不再保持独立,而是随外界环境的变化而时刻变化。而随着经济一体化、金融自由化的推进,世界经济联系日益密切,经济的不稳定因素有增无减,国际金融市场瞬息万变,利率和汇率的易变性更加突出。期权交易作为市场经济中重要的避险工具,对我国经济个体的吸引力越来越不可抗拒。近年来,频繁有大型涉外企业(如宝钢、中航油等)由于原材料或汇率的意外变化导致巨额损失的事件发生,而适当利用期权交易就可以一定的成本锁定收益或风险。

我国自 2005 年 7 月开始的一系列汇率体制改革,目的是实行浮动汇率制。浮动汇率制的实施,将不可避免地使经济主体面临更大的汇率风险。在金融衍生工具中,货币期权是众多涉外企业在汇率浮动方向不确定情况下控制汇率风险,套期保值成本较小、操作简便的金融工具。目前,在我国银行业务中,有"期权宝"、"外汇宝"等外汇期权交易品种。但和发达国家相比,品种数量有限。给客户量身定做的期权交易品种更是稀少,而国外货币期权交易主要是场外交易。提升经济主体的风险防范、控制能力和意识,将促进货币期权交易的发展。

我国金融体制改革中一个重要的内容就是利率市场化,届时利率的波动性、易变性就更加突出,利率风险将成为金融机构和借款企业的主要风险之一。目前发达国家控制

利率风险的主要工具是利率期权。利率的市场化,必然促使利率期权等衍生金融工具的出现和交易。

期货合约的期权交易市场前景广阔。期权交易对于增强期货市场的流动性和稳定性、有效规避期货交易风险、完善期货市场机制发挥着重要的作用。成熟的期货市场,一般都有相应的期权交易,期权交易是期货市场的有益补充。

目前,在美国,能做期权交易的有外币期货、欧洲美元存款期货、90天短期国库券期货以及长期国债期货、黄金期货和股票指数期货等。而在我国,该类交易尚在研究之中;而一旦开展期权交易,对我国期货市场的创新和发展,对期货市场防范金融风险,以及充分发挥期货市场的功能,将产生深刻而积极的影响。

我国期权交易将迎来股票期权时代。证监会批准了上海证券交易所(简称"上交所")开展股票期权交易试点,试点范围为上证50ETF期权,我国期权交易正式上市时间为2015年2月9日。证监会发布了《股票期权交易试点管理办法》及其配套规则。证监会表示,在我国试点股票期权,将有助于完善价格发现机制,有利于降低市场波动,培育机构投资者,提升行业竞争力。2015年优先推出ETF期权,此后会逐渐上线其他ETF品种,A股市场即将进入期权时代,也标志着中国股票市场进入了一个崭新的发展阶段。中国监管机构自2010年推出股指期货后批准的首只股票衍生品——上证50ETF期权合约在上交所上市交易,合约标的为跟踪中国一些大型企业股票表现的上证50ETF。

股票期权的推出旨在吸引更有经验的投资者进入中国股票市场。中国股票市场规模达5万亿美元,散户投资者所占比例约为八成,价格波动位列全球15个最大证交所的首位。

股票期权交易是一种股票权利买卖,某种股票期权的购买者和出售者,可以在规定期限内的任何时候,不管股票市价的升降程度,分别向该股票的出售者和购买者,以期权合同规定的价格购买和出售一定数量的某种股票。期权一般有两种:一种是看涨期权另一种是看跌期权。个股期权的推出能进一步活跃市场、增强市场吸引力,增加券商创收渠道。就上证50ETF期权来看,由于其门槛及专业性等原因,上证50ETF期权推出初期是机构对冲的主要工具,对市场资金分流可能非常有限。就股指本身而言,期权的推出短期内可能造成有限波动,就长期而言是金融发展的必经之路,将使国内市场更加成熟。

此外,上交所发布《关于修改〈上海证券交易所交易规则〉第3.1.5条的通知》,该通知表示,经证监会批准,上交所决定对跨境交易型开放式指数基金和跨境上市开放式基金实行当日回转交易,即T+0交易。另外,深圳证券交易所和香港证券交易所目前正就"深港通"试点开展研究,证监会支持深圳证券交易所和香港证券交易所开展合作,在沪港通试点的基础上探索新的方式和内容,支持两地资本市场发展。

总之,由于期权交易的特点和作用,期权交易已经成为西方发达国家控制风险以及套期保值、获利的重要的金融工具,对企业的正常经营和经济的顺利运行起着重要的作用。随着我国市场经济的进一步深化、浮动汇率制的实施、利率市场化的推行、资本市场的完善,各种期权交易必然会在资本市场中扮演不可缺少的角色。

专栏 4-2　锁定风险可买入期权

资料来源：http://business.sohu.com/28/02/article204640228.shtml.

二、我国发展期权交易

我国发展期权交易的现实意义如下。

期权与期货的交易机理大不一样，在某些方面表现出了期货交易所不具备的优势。第一，期权购买方面临的风险只是损失已支付的权利金，不像期货交易那样，如果不及时止损，就有可能面临风险无限上升的压力。第二，期权不需要逐日盯市，也不需要像期货交易那样依行情变化追加保证金，只是在开始购入期权时支付固定的权利购买金。第三，期权只享有权利而不负交割义务，保值者可以根据行情变化的情况来决定是否行权。可以看出，期权简单易行的特点对于中小投资者保值更为实用。1993 年美国农业部就曾尝试采用期权这一形式，代替农业补贴来保护农产品价格，收效良好。既转移和分散了农产品风险，保护了农民利益，又节约了财政补贴支出，并且对农民和现货商未来的生产起到正确的引导作用。因此在我国如果能够顺利推出农产品期权，将会是一个真正惠及中小农户的重要举措，将在很大程度上满足我国以家庭为单位的小规模农业生产进行市场避险的需要。

近年来，随着我国期货交易的快速发展，个别期货品种的交易量以及活跃度逐年大增，与国际同类期货品种的关联度大大增强，逐渐显露出在国际期货市场中的定价功能。这说明我国期货交易已经取得了很大的进步，但同时也说明我国期货行情走势更容易受到国际市场行情的影响。这就产生了一个很重要的问题：当国际期货行情大起大落时，国外投资者可以借助其所在市场的期权交易以及风险组合策略为其期货交易进行保值和风险控制，而在我国由于没有相应品种的期权交易，投资者很难对期货头寸风险进行有效控制，所能做的只有认赔止损，能够平仓出局就已经足矣。

2010 年 4 月 16 日，沪深 300 股指期货在中国金融期货交易所成功上市，为此后的沪深 300 股指期权打下坚实的基础。中国金融期货交易所于 2013 年 11 月 7 日发布公告，宣布于 11 月 8 日全面启动沪深 300 股指期权仿真交易，公告同时公布了仿真交易合约条款及相关业务规则。沪深 300 股指期权仿真交易首批交易的合约月份为 2013 年 12 月、2014 年 1 月、2014 年 2 月、2014 年 3 月和 2014 年 6 月。据悉，2014 年计划即将上市的期权一共有四种：个股期权、ETF 期权、股指期权和商品期权。其中，个股期权和 ETF 期权在上交所交易,股指和商品期权在中金所交易。被业界称为"期权元年"的 2014 年,注定将成为期货市场发展史上不平凡的一年。大商所的豆粕期权、郑商所的白糖期权、上期所的铜期权和黄金期权在 2014 年伊始便铆足了劲,争饮期权"头汤",期货期权时代即将开启。待股指期权、个股期权及 ETF 期权陆续推出后,市场将进入"期权时代",市场参与者结构和投资者的投资模式与思路都将发生较大的变化,市场财富甚至可能面临新一轮的洗牌。根据海外经验,期权推出后,相应股票上涨是大概率事件,波动率在短期内可能上扬,在长期内由于套利机会而倾向于收敛。除此之外,期权能有效激活各种股票交易策略,成交量有望迎来井喷。

期权交易的推出还具有以下市场意义。

(1) 有利于期货市场的繁荣、稳定。如果推出期货期权,那么期货投资者可以对其持仓进行保值,这样就形成了期货对现货进行保值、期货期权又对期货进行保值的锁链,将期货投资者面临的风险在一定程度上进行锁定或对冲,有利于期货交易进一步走向繁荣。现阶段由于没有对期货进行保值的工具,期货投资者普遍具有一种对于期货风险的高度恐惧症,市场稍有风吹草动就会易于出现恐慌和跟风盘,有悖于稳定价格的初衷。而推出期权有利于增强投资者的期货持仓信心,从而促进期货市场的稳定。

(2) 对现货交易进行保值。期权与期货一样也可以实现对现货交易进行保值的作用。比如,现货供应商预计现货价格今后会上涨,那么可以购入看涨期权;相反,如果现货供应商预计现货售价以后会下跌,则可以购入看跌期权。通过期权交易,可以在很大程度上为现货商品交易进行保值,实现风险对冲。

(3) 丰富投资者的资产组合。推出期权,投资者可以利用期货以及不同行权价的期权合约或不同到期月的期权合约进行一系列的投资组合,可以构造诸如牛市期权组合、蝶式期权组合、熊市期权组合等等,进一步丰富市场投资者投资和风险管理的组合模式。

(4) 提升期货套期保值的灵活性。有了期权交易,套期保值者会做到更加灵活多变。如果只有期货套期保值,那么,在行情发生重大变化时,特别是在出现可观的浮动盈利时,套期保值者不可能坐观盈利与己无缘,利用期权工具,套期保值者在进行保值的同时也可以灵活地实现一部分市场收益。

(5) 对期货市场风险提前预警。我国期货投资者目前只能借助期货合约的交易量和持仓量指标对期货行情风险进行判断,对于市场信息的解读能力受到了很大的局限。如果引入期权交易,就可以通过如"日看跌期权成交量/日看涨期权成交量"的比值变化,预测期货后市的走势变化。并且,同一交割时间、不同执行价格的期权将期货价格分割成不同的风险级别,通过这些不同行权价的期权的价格变化,可以反映出市场对期货不同的价格区域走势强度的判断,这样就会大大增强期货投资者对于市场风险变化的把握。

二、我国发展期权市场的可行性

期权的推出有赖于一个成熟发达的期货市场的形成。期权品种的成功与否取决于该品种下的基础产品——现货及期货品种的交易是否活跃。

纵观国内期货市场,经过多年的发展,大连商品交易所的大豆期货交易已经具备了推出期权交易的市场基础。首先,我国大豆现货的价格已经完全市场化,大豆现货的大宗供应商以及消费商在全国处于多元竞争的格局,不存在某些工业领域中的国有垄断现象,而且大豆的市场价格变化也比较大,这就使得现货供应商规避风险的意识非常强烈。其次,现有的大豆期货市场交易非常活跃,功能发挥充分。据统计,早在 2001 年,大连商品交易所的大豆期货年交易量就已经占到全国市场份额的 66%,超越东京谷物交易所,成为仅次于芝加哥商品交易所的世界第二大大豆期货市场。再次,我国大豆期货市场参与者结构合理,操作理性。在参与大豆期货交易的机构客户中,有 40% 为我国大型的粮食企业,其期货投资的实力以及参与保值和套利的广泛性,为期权交易提供了广泛而良好的客户群基础。最后,近年来大连商品交易所控制市场风险的能力得到了极大的提高,并且有能力对大豆期权进行严格的风险管理。

在上海期货交易所进行交易的铜期货,近年来的交易和发展也表现得相当出色。由于我国是有色金属工业大国,尤其铜的消费量居世界第一,2002 年铜的生产量超过美国,使我国成为仅次于智利的第二大铜生产国。尽管如此,我国每年还需从国外进口大量的铜原料,众多国际贸易商在开拓中国现货市场的同时,也产生了参与国内铜期货市场进行期货保值的要求,因此上海铜期货交易不单是为国内铜生产、消费企业提供了广阔的市场,提升了它们的国际竞争力,也受到了国外相关企业的广泛关注与参与,其市场功能发挥得最为完善,交易也非常活跃。所以,铜期货交易完全具备推出期权合约的市场条件。

鉴于我国期货市场已经在个别期货品种的交易上具备了成熟的市场基础,因此,完全可以在准备好其他配套条件的情况下适时推出相应的期权交易。

三、我国发展期权交易的原则

1. 首推期货期权

为了保证期权交易的顺利实施,首先应当针对交易活跃、市场保值需求大的期货合约来推出相应的期权交易。不宜先行推出现货期权交易的原因在于,现货受制于生产和流通的约束,由此衍生的期权交易更易发生"多逼空"或"空逼多"的行情,而且不利于期权交易中的做市商对做市过程中的存货风险进行管理。所以,采用期货合约作为期权交易的基础产品,更容易保存和交割,能起到简化交易的作用。

2. 有选择地进行试点

针对国内期货交易品种的市场发育差别,要逐步推出期权合约。目前可以先针对上文提及的大豆期货以及铜期货进行期货期权试点,在取得市场经验的前提下,再推广到其他具备市场条件和交易需求的品种上。

3. 做好风险管理制度设计

在具备期权交易的市场基础的前提下,我们还要进一步设计好风险管理制度,诸如期权权利金的计算模式、结算制度的改进、交割制度的选择(如欧式期权与美式期权的选择,期权到期日与基础期货合约到期日的时间衔接等)、持仓限额等,对于这些问题都需要进行充分论证和仔细规划,以实现对期权交易的风险控制。

4. 重点解决期权交易的流动性

期权交易对于买方而言,损失是有限的,除了丧失购入期权的权利金之外,还享有无

限的盈利机会。

相反,对于期权的卖方而言,其除了收入有限的权利金之外,同时承担了无限的市场风险。如果继续沿用我国期货交易所现行的完全竞价交易制度(也称指令驱动交易机制),加上其他市场条件所限,卖方不可能做到对自身风险与收益进行对称的风险组合管理,那么期权市场就有可能出现只有买入申报而没有卖出申报,期权的流动性以及交易的连续性很难得到保证。

流动性过低还会带来另一个问题,就是在期权市场出现大单报买或报卖时,由于市场深度有限,极容易造成市场价格大幅上升或下跌,这就使得期权价格的变化极不稳定,也给利用虚假申报恶意操纵市场留下了可乘之机。借鉴国外期权交易的经验,尤其在期权品种推出的初期,引入做市商制度是一个非常重要的举措。做市商可以通过双向报价来维持期权交易的连续性,而且可以通过专门通道来解决大宗交易问题,以实现市场稳定。就现阶段的市场条件及制度基础而言,在我国期货期权市场引入做市商制度,相对于股票市场更有可能。这是因为期权交易赖以存在的基础产品——期货合约存在做空机制,可以更便利地为期权做市商提供风险对冲的途径。比如,期权做市商因履行做市义务不得不大量出售看跌期权时,可以通过买入另一个看跌期权或卖出基础产品(期货合约)来对冲其持有大量期权头寸所带来的风险。因此,我们要深入探讨和借鉴做市商制度,完善国内期货交易所的交易制度,切实解决好期权交易的流动性问题。

主要术语和关键概念

伦敦外汇市场 即期外汇交易 远期外汇交易 掉期外汇交易 套汇交易 套利交易 外汇期货交易 外汇期权交易平价期权 折价期权 溢价期权 外汇风险头寸 期货合约的期权交易 电汇交割 票汇交割 信汇交割 看涨期权 看跌期权 直接套汇 间接套汇 时间套汇 地点套汇 抵补保值 贴水 升水

思考题

1. 什么是即期外汇交易?举例说明怎样计算即期套汇汇率。

2. 什么是掉期外汇交易?它有什么功能?

3. 什么是套汇交易?怎样判断是否存在套汇机会?

4. 什么是套利交易?阐述它与利率平价的关系。

5. 外汇期货交易与远期外汇交易的相同点和不同点分别是什么?

6. 如何分析外汇看涨期权和外汇看跌期权买卖双方的盈亏状况?

7. 影响期货汇率波动的主要因素有哪些?

8. 套利交易的优缺点有哪些?

应用题

1. 法兰克福外汇市场某日牌价：美元/马克　2.0170—2.0270

求：马克/美元的买入价和卖出价（计算结果精确到小数点后 4 位）

2. 假定某年 3 月一美国进口商 3 个月以后需支付货款 DM 500000，目前即期汇率为 DM1 ＝ $ 0.5000。为避免 3 个月后德国马克升值的风险，决定买入 4 份 6 月到期的德国马克期货合同（每份合同为 DM 125000），成交价为 DM 1 ＝ $ 0.5100。6 月份德国马克果然升值，即期汇率为 DM1 ＝ $ 0.7000，德国马克期货合同的价格上升到 DM 1 ＝ $ 0.7100。如果不考虑佣金、保证金及利息，试计算该进口商的净盈亏。

3. 试述我国 1994 年外汇体制改革的主要内容与意义。

4. 试述国际金融市场发展的新趋势。

本章参考文献

第五章
汇 率 制 度

教学目的与要求:通过本章学习,要能全面地比较固定汇率制度与浮动汇率制度的优缺点,了解各种汇率选择理论,掌握汇率制度的选择依据,学会根据国家的实际情况选择适用的汇率制度。了解人民币汇率制度的特点,熟悉人民币汇率制度的演进过程,了解香港地区的联系汇率制度的特点,总结汇率制度演进的规律等。

教学内容:本章主要介绍汇率制度概念、分类与演进,固定汇率制和浮动汇率制的比较,汇率制度的选择理论,人民币汇率制度及演进,香港地区的联系汇率制度的内容、机制和利弊,以及其他汇率制度。

本章重点与难点:固定汇率制和浮动汇率制的优缺点,一国如何选择适合其经济发展的汇率制度。

亚洲金融危机

资料来源:http://blog.fang.com/41264283/17141154/articledetail.htm.

第一节
汇率制度的分类与演变

一、汇率制度的概念与分类

汇率制度，又称汇率安排，是指一国货币当局对本国汇率变动的基本方式所做的一系列安排或规定。汇率制度制约着汇率水平的变动。

按照汇率变动的幅度，汇率制度通常被分为两大类：固定汇率制度（简称"固定汇率制"）和浮动汇率制度（简称"浮动汇率制"）。前者是指现实汇率受平价的制约，只能围绕平价在很小的范围内上下波动的汇率制度；后者则是指现实汇率不受平价的限制，随外汇市场供求状况变动而波动的汇率制度。从历史发展看，自19世纪中末期金本位制在西方主要国家确立以来，一直到1973年，世界各国的汇率制度基本上属于固定汇率制度。而1973年以后，世界主要工业国实行的是浮动汇率制度，直到现在。

二、固定汇率制度

1. 固定汇率制度的概念

固定汇率制度，就是两国货币比价基本固定，并把两国货币比价的波动幅度控制在一定范围之内的汇率制度。

2. 固定汇率制度的类型

1）金本位体系下的固定汇率制

在金本位体系下，两国之间货币的汇率由其各自的含金量之比——金平价来决定，汇率波动的最高界限是铸币平价加运金费用（黄金输出点），汇率波动的最低界限是铸币平价减运金费用（黄金输入点）。黄金输送点和物价的机能作用，把汇率波动限制在有限的范围内，对汇率起到自动调节的作用，从而保持汇率的相对稳定。在一战前的35年间，美国、英国、法国、德国等国家的汇率从未发生过升值或贬值的波动。

金本位体系的35年是自由资本主义繁荣昌盛的"黄金时代"，固定汇率制保障了这一时期国际贸易和信贷的安全，方便了生产成本的核算，避免了国际投资的汇率风险，推动了国际贸易和国际投资的发展。然而，1914年一战爆发，各国停止黄金输出、输入后，金本位体系即告解体。一战到二战之间，各国货币基本上没有遵守统一的汇率规则。

2）布雷顿森林货币体系下的固定汇率制

布雷顿森林货币体系（简称"布雷顿森林体系"）下的固定汇率制，也称以美元为中心的固定汇率制。1944年7月，在二战即将结束的前夕，45个同盟国在美国新罕布什尔州

的布雷顿森林召开了"联合和联盟国家国际货币金融会议",通过了以美国财长助理怀特提出的以"怀特计划"为基础的《国际货币基金协定》和《国际复兴开发银行协定》,总称《布雷顿森林协定》,从此形成了布雷顿森林货币体系。

布雷顿森林货币体系下的汇率制度,简单地说就是美元与黄金挂钩,其他货币与美元挂钩的"双挂钩"制度。具体内容为:美国公布美元的含金量,1美元的含金量为0.888671克,美元与黄金的兑换比例为1盎司黄金兑换35美元。其他货币按各自的含金量与美元挂钩,确定其与美元的汇率。这就意味着其他国家货币都钉住美元,美元成为各国货币围绕的中心。各国货币对美元的汇率只能在平价上下各1%的限度内波动,1971年12月后调整为在平价上下各2.25%的限度内波动,超过这个限度,各国中央银行有义务对外汇市场进行干预,以保持汇率的稳定。只有在一国的国际收支发生"根本性不平衡"时,才允许贬值或升值。各会员国如需变更平价,必须事先通知国际货币基金组织,如果变动幅度在旧平价的10%以下,国际货币基金组织应无异议;若超过10%,须取得国际货币基金组织同意后才能变更。如果在国际货币基金组织反对的情况下,会员国擅自变更货币平价,国际货币基金组织有权停止该会员国向国际货币基金组织借款的权利。

1971年8月15日,美国总统尼克松宣布美元贬值和美元停兑黄金,布雷顿森林货币体系开始崩溃。后来,尽管1971年12月十国集团达成了《史密森协议》,宣布美元贬值,由1盎司黄金等于35美元调整到38美元,汇兑平价的幅度由1%扩大到2.25%,但到1973年2月,美元第二次贬值,欧洲国家及其他主要资本主义国家纷纷退出固定汇率制,布雷顿森林货币体系终告彻底瓦解。

专栏 5-1　布雷顿森林货币体系的兴衰

资料来源:http://opinion.caixin.com/2014-07-01/100697873.html.

---

3. 固定汇率制的作用

1) 固定汇率制对国际贸易和投资的作用

与浮动汇率制相比较,固定汇率制为国际贸易与投资提供了较为稳定的环境,降低了汇率风险,便于进出口成本核算,以及国际投资项目的利润评估,从而有利于对外贸易的发展,对某些西方国家的对外经济扩张与资本输出有一定的促进作用。

　　然而,在外汇市场动荡时期,固定汇率制也易于招致国际游资的攻击,引起国际外汇制度的动荡与混乱。当一国国际收支恶化,国际游资突然从该国转移,换取外国货币时,该国为了维持汇率的界限,不得不拿出黄金外汇储备来供应市场,从而引起黄金的大量流失和外汇储备的急剧缩减。如果黄金外汇储备急剧流失后仍不能平抑汇价,该国最后有可能采取法定贬值的措施。一国的法定贬值又会引起与其经济关系密切的国家同时采取贬值措施,从而导致整个汇率制度与货币体系的极度混乱与动荡,影响国际贸易和投资活动的正常进行。

　　2)固定汇率对国内经济和国内经济政策的影响

　　在固定汇率制下,一国很难执行独立的国内经济政策。

　　(1)如果一国需要紧缩投资、治理通货膨胀,该国就要提高利率,因此吸引了外资的流入。相反,为刺激投资而降低利率,又会引起资金的外流。

　　(2)固定汇率使一国国内经济暴露在国际经济动荡之中。由于一国有维持固定汇率的义务,因此当其他国家的经济出现各种问题而导致汇率波动时,该国就须进行干预,从而也受到相应的影响。例如外国出现通货膨胀而导致其汇率下降,本国为维持固定汇率而抛出本币购买该贬值外币,从而增加本国货币供给,诱发本国的通货膨胀。

　　4.固定汇率制下维持汇率的措施

　　在固定汇率制下,各国货币当局常采用货币政策维持汇率波动的界限。当外国货币价格上涨,有超过汇率波动上限的趋势时,通常采取紧缩性的货币政策吸引国外资金流入,增加本国的外汇收入,从而减少本国的国际收支逆差,降低以本国货币所表示的外币价格,使汇率维持在既定的波动幅度内。当外国货币价格下降,出现低于汇率波动下限的趋势时,则采取扩张性的货币政策,促使资金外流,增加对外国货币的需求,提高本国货币所表示的外国货币的价格,扭转外汇汇率继续下跌的趋势,维持汇率的波动界限。

　　此外,有关国家也运用外汇储备来维持汇率波动的界限。如果一国的国际收支发生逆差,外汇汇率上涨,涨幅超过了规定的波动上限,该国政府就会在外汇市场上出售一部分外汇,增加外汇的供应,平抑汇率上涨的幅度,使其不致超过波动的上限。如果一国的国际收支是顺差,则外汇汇率下跌。如果跌幅低于规定的波动下限,该国政府就在外汇市场上购进外国货币,以增加本国的外汇储备。这样,汇率下降的趋势就会因外国货币的需求增加而得到抑制,不致低于规定的波动下限。

　　但是,一国外汇储备的规模毕竟有限,若汇率波动剧烈,就无力在市场上大量投放外汇,因此该国还借助外汇管制手段,直接限制某些外汇支出,或举借外债,以弥补国际收支逆差,减少外汇需求。当一国的国际收支危机特别严重,通过上述手段仍不能减少对某国外汇的急剧需求,平抑汇率的波动界限时,该国货币当局最后也会实行货币法定贬值,从而提高外币汇率和降低本币汇率。这样既可以抑制外汇的需求,减少本国外汇储备的流失,又可以增强本国的出口竞争力,改善国际收支状况。货币法定贬值后,该国重新调整核定对其他各国货币的比价,并在国际货币基金组织规定的官定波动上下限内继续采取上述干预措施和其他管理措施。

　　各国货币管理当局也常通过贴现政策、外汇管制、直接输出黄金或举借外债来维持汇率在规定的上下界限之内波动。

5. 两种固定汇率制的特点比较

第二次世界大战后实行的固定汇率制度,与金本位制下的固定汇率制有本质上的区别。

1) 两种制度产生的基础不同

金本位制下的固定汇率制是在各主要资本主义国家普遍实行金本位制的基础上自发地形成的;而第二次世界大战后的固定汇率制,是在国际货币基金组织领导之下人为地建立起来的,并接受其监督。

2) 调节机制不同

在典型的金本位制下,汇率的波动由黄金自由地输出、输入而进行自动调节,各国货币当局不参与外汇市场活动;而第二次世界大战后的固定汇率制,主要是靠各国货币当局利用外汇平准基金直接干预外汇市场来维持汇率的稳定。

3) 货币内在价值不同

在典型的金本位制下,金币本身依其含金量的多寡具有实质性的价值;而第二次世界大战后的固定汇率制中,纸币本身没有价值,是靠法定含金量来人为地确定其代表的价值,并以此来决定汇率高低。

4) 汇率的稳定程度不同

金本位制下的汇率波动受制于黄金输送点,通过四大自由(自由铸造、自由熔化、自由兑换及自由输出、输入)使汇率保持稳定;而第二次世界大战后的固定汇率制度下,当一国的国际收支出现根本性不平衡时,经国际货币基金组织事先同意或事后认可,可以变更其货币的含金量,即实行本币的法定贬值或升值。

以美元为中心的固定汇率能否维系取决于下列因素:一是美国的政治和经济实力;二是美国的国际收支状况和黄金储备水平;三是各国是否严格遵守国际货币基金协定;四是国际货币基金组织的监管、协调是否得力。

三、浮动汇率制度

1. 浮动汇率制度的概述

浮动汇率制度是指对于本国货币对外国货币的比价不加以固定,也不规定上下波动的界限,由外汇市场根据外汇的供求情况,自行决定本币对外币的汇率。

浮动汇率制度已有很久的历史。在西方国家实行金本位货币制度时,一些殖民地、附属国,特别是实行银本位货币制度的国家的货币汇率,就曾长期不稳定,这实际上是浮动汇率制度。第一次世界大战以后,法国、意大利、加拿大等国和亚、非、拉一些发展中国家也曾实行过浮动汇率制度。1973 年以美元为中心的固定汇率制度崩溃后,主要西方国家普遍实行浮动汇率制度。1976 年 1 月,国际货币基金组织正式承认浮动汇率制度。1978 年 4 月,国际货币基金组织理事会通过"关于第二次修改协定条例",正式废止以美元为中心的国际货币体系。至此,浮动汇率制度在世界范围内取得了合法地位。截至2016 年上半年,世界多数国家采取浮动汇率制度。

2. 浮动汇率制度的类型

浮动汇率制是对固定汇率制的进步。随着全球国际货币制度的不断改革,IMF 于

1978年4月1日修改国际货币基金组织条文并正式生效,实行"有管理的浮动汇率制"。由于新的汇率协议使各国在汇率制度的选择上具有很强的自由度,所以现在各国实行的汇率制度多种多样,有单独浮动、钉住浮动、弹性浮动、联合浮动等。

（1）单独浮动。单独浮动指一国货币不与其他任何货币保持固定汇率,其汇率根据市场外汇供求关系来决定。截至2016年上半年,包括美国、英国、德国、法国、日本等在内的30多个国家实行单独浮动。

（2）钉住浮动。钉住浮动指一国货币与另一种货币保持固定汇率,随后者的浮动而浮动。一般通货不稳定的国家可以通过钉住一种稳定的货币来约束本国的通货膨胀,提高货币信誉。当然,采用钉住浮动方式,也会使本国的经济发展受制于被钉住的经济状况,从而有可能蒙受损失。截至2016年上半年,全世界有100多个国家或地区采用钉住浮动方式。

（3）弹性浮动。弹性浮动是指一国根据自身发展需要,对钉住汇率在一定弹性范围内可自由浮动,或按一整套经济指标对汇率进行调整,从而避免钉住浮动汇率的缺陷,获得外汇管理、货币政策方面更多的自主权。截至2016年上半年,巴西、智利、阿根廷、阿富汗等十几个国家采用弹性浮动方式。我国自1994年汇率并轨以来直至现今,实行的是以市场供求为基础的、单一的、有管理的浮动汇率制度。

（4）联合浮动。联合浮动指国家集团对成员国内部货币实行固定汇率制,对集团外货币则实行联合的浮动汇率制。欧洲经济共同体的8个成员国于1979年成立了欧洲货币体系,设立了欧洲货币单位,各国货币与之挂钩建立汇兑平价,并构成平价网,各国货币的波动必须保持在规定的幅度之内,一旦超过汇率波动预警线,有关各国应共同干预外汇市场。1991年,欧盟签订了《马斯特里赫特条约》,制定了欧洲货币一体化的进程表。1999年1月1日,欧元正式启动,欧洲货币一体化得以实现,并一直延续至今。

3. 浮动汇率制度的作用

1）浮动汇率制对金融和外贸的影响

一般来讲,实行浮动汇率制在国际金融市场上可防止国际游资对某些主要国家货币的冲击,防止外汇储备流失,使货币公开贬值或升值的危机得以避免。从这个角度看,浮动汇率制在一定程度上可保持西方国家货币制度的相对稳定。即使一国货币在国际市场上被大量抛售,由于该国无维持固定比价的义务,一般也无须立即动用外汇储备大量购进本国货币,这样,本国的外汇储备就不至于急剧流失,外汇市场也不至于发生重大动荡。但是,汇率频繁与剧烈的波动,也会增加国际贸易的风险,使进出口贸易的成本加大或不易核算,影响对外贸易的开展。

2）浮动汇率制对国内经济政策的影响

与固定汇率制相比,浮动汇率制下一国无义务维持本国货币的固定比价,因而一国政府可以根据本国国情,独立自主地采取各项经济政策。同时,由于在浮动汇率制下,追求高利率的投机资本往往受到汇率波动的打击,减缓国际游资对一国的冲击,从而使其货币政策能产生一定的预期效果。

由于各国没有维持固定汇率界限的义务,所以在浮动汇率制下一国国内经济受到他国经济动荡的影响一般相对较小。

4. 浮动汇率制度的主要特点

世界各国实行的浮动汇率制度的特点大致可归纳为以下几个方面。

（1）汇率浮动方式呈多样化。每个国家都根据自己的国情，在上述几种浮动方式中选择适合自己的浮动方式。

（2）大多采用管理浮动。每个国家根据自身情况，都直接或变相采取措施对汇率进行干预。

（3）国际外汇市场上汇率波动频繁且幅度大。

（4）影响汇率变动的因素错综复杂。利率、通货膨胀率和国际收支等主要经济变量成为影响汇率变动的主要因素。

（5）特别提款权等钉住一篮子货币的复合货币，成为汇率制度的组成部分。

第二节
汇率制度的选择

一、固定汇率制度与浮动汇率制度的比较

1. 固定汇率制度的利弊分析

一般认为，固定汇率的最大优点就是消除了个人和厂商从事对外经济交往时可能面对的汇率风险。因为不必投入大量资金进行套期保值活动，自然为微观主体带来了数目可观的资金节约，以及更多的收益机会。在这层意义上，固定汇率显然有利于经济效率，对国际贸易和国际投资的发展都有促进作用。

虽然外汇市场上总是存在投机活动，但是固定汇率制下的投机行为一般带有稳定性特征。一方面，货币当局履行干预外汇市场、维持固定汇率的义务，为所有市场交易主体的汇率预测提供了一个心理上的"名义锚（nominal anchor）"，从而大大降低了交易的不确定性。另一方面，健康的国内经济运行、充足的外汇储备，以及货币当局恪守承诺、负责任的国际形象，对于防止外汇投机都会有重要影响。在这种情况下，更多的市场主体会将心理预期向固定汇率水平调整，从而提升外汇市场的稳定性。

固定汇率制度的另一个明显优点，就是以汇率固定承诺作为政府政策行为的一种外部约束机制，从而可以有效防止各国通过汇率战、货币战等恶性竞争破坏正常国际经济秩序。

然而，在固定汇率制的批评者看来，正是上述这些优点造成了固定汇率制无法回避的缺陷。固定汇率制并不意味着汇率水平永久固定不变。与浮动汇率制下汇率水平的连续微调相比，在固定汇率制下往往要在问题积累到相当程度时才进行一次性的大幅度

调整,而这种汇率调整对经济的震动与伤害通常也比较剧烈。官方调整本币目标价值的理由并不局限于经济因素,所以固定汇率制下的汇率变动更加难以预测,这意味着几乎所有跨国合约都将因为没有进行套期保值而面临巨大风险。那么,至少在经济效率方面,固定汇率制并不必然比浮动汇率制更加可取。

固定汇率制虽然可以降低微观主体的外汇风险,但可能损害国家的金融安全。新兴市场国家过去长期采用固定汇率制,目的无非在于控制国内通货膨胀,或者希望以稳定的汇率促进国际贸易和国际资本流入。这种汇率制度的确曾经起到积极作用,但是在动荡的国际金融环境中,未能及时调整的僵化的固定汇率制一旦背离了国内外实际经济状况,就会成为投机资本攻击的对象。从 1994 年墨西哥金融危机开始一直到 21 世纪伊始的阿根廷金融危机,一个个固定汇率制度被冲垮。传统理论所秉承的固定汇率有利于经济稳定的观点受到现实的严峻挑战。固定汇率制与资本高度流动似乎是一种极不稳定的政策组合。

固定汇率制的缺陷还表现在,以汇率目标替代货币目标之后,不仅丧失了本国货币政策的独立性,而且不可避免地会自动输入国外的通货膨胀,甚至可能出现内外均衡冲突。所以,在学者们还没有办法充分论证为什么汇率目标要比货币目标更加可信以前,就不能不重视实行固定汇率制所要付出的代价。

2. 浮动汇率制度的利弊分析

在浮动汇率制下,国际收支出现不平衡后,内外均衡的恢复具有自动调节机制,即通过外汇市场上汇率的自发性变动,实现对宏观经济失衡的微调。相对于固定汇率制下实施政策组合可能存在的时滞、汇率调整机制僵化等不足,浮动汇率制的支持者表现出强烈的自由主义经济思想,认为这种依靠汇率进行的自发性持续微调正是有利于提高经济效率的最好证据。

支持浮动汇率制的另一个重要理由,在于它为政策当局追求内外均衡目标准备了充足而有效的政策工具。浮动汇率制将一国的货币政策从对汇率目标的依附中解脱出来,从而使汇率自发调节来实现外部均衡,以货币政策和财政政策专注于实现内部均衡的新格局。与此同时,浮动汇率制还将外国的通货膨胀隔绝在外,阻止通货膨胀和经济周期的跨国传播,有利于本国宏观经济的稳定与相对独立发展。

还有倡导者提出,浮动汇率甚至对于经济稳定也是有利的。他们认为,外汇市场的投机行为主要是稳定性投机。只有坚持买入价值低估货币、卖出价值高估货币,才能够持续获利。而这样的投机策略无疑有助于降低市场汇率的波动程度。同时,由于汇率随时调整,会令投机资金不容易找到汇率明显高估或者低估的机会,而且任何建立在预期基础上的交易活动都必然要承担价格反向变动的风险,对于投机活动也形成一定约束。于是,在汇率变动的过程中,不仅外部均衡目标可以自动实现,不影响国内经济运行,而且可以由此调节短期资金移动,在一定程度上起到防范投机冲击的作用。

不过,浮动汇率制度也同样存在明显的问题和缺陷。在经济全球化和金融自由化的发展趋势下,国际资本流动的规模越来越大,速度也越来越快,造成外汇市场上频繁、剧烈的汇率波动。如此严重的相对价格不确定性,可能会给国际贸易和国际投资带来极大危害。套期保值交易同样是有成本的,有时成本还会比较高,而衍生金融交易自身的风险往往更加难以应对。况且套期保值也无法适用于所有情况,比如长期投资、实物投资、人力资源投资等活动也有可能受到汇率风险的影响,但是缺乏有效的风险管理办法。更为现实的是,广大发展中国家的金融市场多半不够发达,可以提供的避险工具自然也十分有限,所以是否实行浮动汇率对它们而言实在是个很大的挑战,必须审慎对待。

经验研究表明,浮动汇率制下,外汇市场非理性的投机活动很容易造成汇率错位,或者称作汇率超调(overshooting)。一种表现为"风险过度厌恶"的市场主体大多根据过去信息而非当前信息形成汇率预期。于是当某种"弱"币表现出较大风险,而某种"强"币相对安全时,投机者就更不愿意放弃手中的强币而转持弱币。结果必然使弱币进一步贬值,强币进一步升值,但由此形成的两种货币的市场价值可能与其各自的基本经济因素完全背离。另一种表现被称为"随波效应"。比如当有传闻说货币供给存在意外扩张时,投机者就会产生过度悲观的通货膨胀预期,结果抛售本币的力度将大于货币扩张所应引起的本币抛售程度,从而使本币贬值幅度超过正常水平。另外,理性投机也有可能产生错位汇率。由于浮动汇率制下人们对货币价值的判断可能没有一致的标准,所以汇率预期经常会受一些似是而非、实际上并不重要的因素影响,从而使一些本不相关的事件也会导致汇率的大幅波动。而如果人们将注意力完全移向这些相关性并不高的信息上,并以此指导外汇交易,就很有可能导致汇率过度变化,甚至出现严重的货币危机。

当然,浮动汇率制在宏观经济政策方面也受到很多批评。其一是容易发生滥用汇率政策的问题。即使不是直接影响币值变化,由于浮动汇率制国家可以更加自主地推行扩张性货币政策,而不必担心外汇储备外流,所以还是会间接造成本币贬值。其二是容易引起国与国之间宏观经济政策冲突,影响国际经济秩序。由浮动汇率制的两国模型可知,扩张性货币政策对外国经济具有以邻为壑效应,从而也成为整个国际金融体系的不稳定因素。此外,主张实行固定汇率制的学者认为,浮动汇率制同样存在通货膨胀的跨国传递问题,而且这一传递还带有不对称性。考虑到价格刚性的影响,一国货币贬值所造成的进口成本上升和国内物价上升,在本币升值时却不容易下降或下降不足,其净效应便是物价上涨。由于汇率变动必然同时牵动两国货币价值变化,则贬值国家的物价上升幅度超过升值国家的物价下降幅度,结果就会导致世界整体物价水平上升。

通过上述讨论不难发现,浮动汇率制与固定汇率制孰优的确是个难有定论的问题。两种制度各有长处也各有不足,为方便比较,我们通过表 5-1 将固定汇率制和浮动汇率制的主要优缺点做一个概括。

表 5-1　固定汇率制和浮动汇率制比较

	固定汇率制	浮动汇率制
优点	(1) 有利于国际贸易和投资活动; (2) 有利于抑制国内通货膨胀; (3) 有利于防止外汇投机,稳定外汇市场; (4) 作为外部约束,有利于防止不正当竞争危害世界经济	(1) 汇率反映国际交往真实情况; (2) 外部均衡可自动实现,不会引起国内经济波动; (3) 可自动调节短期资金移动,预防投机冲击; (4) 增强本国货币政策自主性; (5) 避免通货膨胀跨国传播

续表

	固定汇率制	浮动汇率制
缺点	(1) 容易输入国外通货膨胀； (2) 货币政策易于丧失独立性； (3) 容易出现内外均衡冲突	(1) 增大不确定性和外汇风险危害； (2) 外汇市场动荡，容易引致资金频繁移动和投机； (3) 容易滥用汇率政策

二、汇率制度的选择

1. 影响一国汇率制度选择的主要因素

20 世纪 60 年代以来，有关固定汇率制与浮动汇率制孰优孰劣的争论一直没有停止过，并成为理论界和政府决策部门的重大议题。归纳起来，一国究竟实行怎样的汇率制度，主要取决于以下几个方面。

1) 本国经济的结构性特征

对于大国而言，由于它们对外贸易已经实现多元化，不适宜选择一种基准货币实施固定汇率，而适宜实行浮动性较强的汇率制度。此外，大国经济内部调整的成本较高，经济政策的独立性很强。而对于小国和地区而言，由于它们一般对少数几个大国的贸易依存度较高，因此，比较适合采用固定性较强的汇率制度，而汇率的浮动则不利于其对外贸易的发展。此外，小国或地区经济内部调整的成本也较小。

2) 国际和国内经济条件的制约

例如，21 世纪以来，随着外国游资越来越多地进入中国，欧盟、美国和日本等主要贸易伙伴不断对中国出口产品实施反倾销调查并对人民币升值施加压力，国家外汇管理局考虑到国内外汇的激增和消费物价指数增加等情况，本着汇率制度改革的主动性、可控性和渐进性的原则，于 2005 年 7 月 21 日将我国汇率制度由钉住美元的浮动方式，改为参考一篮子货币同时根据市场供求关系进行浮动的汇率形成机制。再如，马来西亚针对国内通货膨胀率不断上升的情况，将林吉特由钉住美元的固定汇率制度改为钉住一篮子货币进行浮动的管理浮动方式，因为政府采取灵活汇率政策，有利于货币当局实行独立的货币政策，进而通过外汇市场汇率调节，以解决马来西亚国内的通货膨胀问题。

3) 特定的政策目的

例如，2005 年 7 月 21 日当天，汇率调整的初始水平定为人民币相对于美元升值约2%，此调整幅度主要是依据我国贸易顺差程度和结构调整的需要来确定的，同时也考虑了国内企业的承受能力和结构调整的适应能力。这个幅度基本上趋近于实现商品和服务项目大体平衡。再如，2016 年 10 月，我国加入 SDR，在此之前实行的参考一篮子货币的浮动方式中，所选择的一篮子货币主要是与中国贸易关系密切的国家的货币，如美元、欧元、日元和韩元等。

4) 区域性经济合作情况

对于某一区域内的各个国家和地区，由于其经济和贸易关系比较密切，它们的货币之间采取固定汇率制度会对彼此之间维持良好的经济关系比较有利。例如，欧盟部分国

家于 20 世纪 70 年代末实行的联合浮动方式对后来欧元的诞生和欧洲国家经济贸易关系的进一步发展起了非常重要的促进作用。

2. 汇率制度选择理论

1976 年,IMF 在牙买加首都金斯敦召开会议,对会员国可以自行选择汇率制度的权利给予了认可,即会员国有权力根据自己的实际情况自行决定实行浮动汇率制或其他形式的固定汇率制。由此,汇率制度的选择成为世界各国十分现实的重大政策问题。在 1997 年和 2008 年爆发了一系列金融危机,这些危机都伴随着汇率的调整和汇率制度的变革,因而汇率制度选择理论更是成为国际金融研究领域的前沿问题。关于汇率制度的选择与安排,存在不同的理论与观点。由于各种理论从不同的角度出发,以不同的经济实体为研究对象,故得出的结论也不尽相同。以下对主要的理论观点进行简要的介绍与评述。

1)经济结构论

经济结构论主要由美国前总统肯尼迪的国际经济顾问罗伯特·赫勒(Robert Heller)提出。他认为,一国汇率制度的选择取决于一国经济结构特征。这些结构因素包括国家整体经济规模、经济开放程度、国际金融一体化程度、相对于世界平均水平的通货膨胀率、国际贸易格局等。小型开放经济性国家及出口产品结构较为单一的国家,实行固定汇率制较好;反之则应实行较具弹性的汇率制。波尔森(Poirson)提出了衡量汇率制度灵活性的指标体系,并指出,影响汇率制的选择的决定性因素主要有通货膨胀率、外汇储备水平、生产和产品多样化、贸易冲击脆弱性、政治稳定性、经济规模大小、国际资本流动性、失业率或通胀诱因以及外债高低等。经济结构决定论试图从一国经济的内在因素着手分析问题,立论基础雄厚有力,论证过程和方法也做到了严谨、详尽。但是,该理论在论述时仅仅将视角集中在一国的经济结构因素上,而忽视了经济以外的其他重要结构因素,如产权结构以及比产权内涵更广的制度因素,具体来说包括产权主体的偏好与有限理性、意识形态刚性、官僚主义倾向和集团间的利益冲突等。

2)依附论

依附论主要由一些发展中国家的经济学家提出。该理论认为,一国汇率制度的选择取决于其对外经济、政治、军事等方面的特征。发展中国家在实行钉住汇率时,采用何种货币作为"参考货币",即被钉住货币,取决于该国对外经济、政治、军事关系的"集中"程度,即该国对外依附程度。如一国来自美国的进口占其进口总额比例很大,或者从美国得到大量军事赠与,或者同美国有复杂的条约关系,则其货币往往钉住美元;同法国有传统殖民地联系的非洲国家,则趋于钉住法国法郎;而同美国等主要工业国的政治经济关系较为温和的国家,则往往钉住"一篮子货币"。这一理论还指出,选择哪种参考货币,反过来又会影响一国对外经贸关系和其他各方面关系的发展。

3)原罪论

原罪论的提出者是美国加州大学伯克利分校的巴里·艾肯格林(Barry Eichengree)和哈佛大学的里卡多·豪斯曼(Ricardo Hausmann)。他们认为,如果新兴市场国家的金融市场有较大的脆弱性,会出现两种情况:一种情况是该国的货币不能用于国际借贷,另一种情况是其国内的金融机构不愿意发放长期贷款。所以企业在融资时存在两难:如果从外国借贷,存在货币不匹配问题,如果从国内借贷,又存在"借短用长"的期限不匹配问题,这就是原罪。后果是,无论是汇率浮动还是利率变动,都会使企业成本上升,企业经营出现困难,并进而影响到金融部门和整个经济。此外,在货币政策和汇率政策方面,如果存在货币不匹配,那么政府不愿意让汇率浮动,在汇率固定的条件下,就不能通过汇率的适当贬值来减少投机冲击;在期限不匹配条件下,政府也不能通过提高利率来保卫货币,在投机冲击时,只好等待金融崩溃。因此,在"原罪"条件下,无论是浮动汇率制还是固定汇率制,都会存在问题。在某些国家,最好的解决方式就是美元化。

4)害怕浮动论

害怕浮动论是由美国马里兰大学的吉列尔莫·卡尔沃(Guillermo A. Calvo)教授和卡门·莱因哈特(Carmen M. Reinhart)教授提出的。他们指出,有这样一种现象,一些实行弹性汇率制的国家,却将其汇率维持在对某一货币(通常为美元)的一个狭小幅度内,这反映了这些国家对大幅度的汇率波动存在一种长期的害怕。因为相关的实证研究证明,害怕浮动的现象在全球(包括发达国家)都是普遍存在的,因此这一理论受到人们的重视。害怕浮动的原因主要是新兴的发展中国家不愿意本国货币升值,因为升值会损害其国际竞争力,会损害这些国家所做出的贸易出口多元化的努力;同时也不愿意本国货币贬值,因为会损害进口。主要政策建议是,害怕浮动是合理的,是发展中国家本身结构性原因的体现,最好的解决方式也是美元化。

5)中间制度消失论

该理论是由美国加州大学伯克利分校的巴里·艾肯格林(Barry Eichengreen)提出的。他认为,唯一可持久的汇率制度是自由浮动制或是具有非常强硬承诺机制的固定汇率制。在这两种制度之间的中间汇率都正在消失或应当消失。其逻辑是,在国际资本自由流动条件下,一国货币当局不可能同时实现货币稳定和货币独立。与著名的"三元悖论"类似,一国要么选择汇率稳定而放弃货币主权,要么放弃汇率稳定而坚持货币独立。这一理论对现在各国的汇率制度选择是一个挑战。

6)退出战略

在亚洲金融危机之后,一个重要的研究领域是制度退出的战略,研究一个国家应如何退出现有的钉住汇率制度,从而选择更合理的制度。巴里·艾肯格林和保罗·梅森(Paul Masson)在国际货币基金组织的一份报告中提出三个结论:一个高通胀的国家在实行钉住汇率之后不久就应该采用弹性汇率制;退出的时机应选择外汇市场比较平静的时期,或者是有大量资本流入的时机;如果已经出现了危机,属于被动退出,就需要行动迅速,并采取配套措施,防止本币过度贬值。以上结论是一种对过去经验的总结,是对未来选择汇率退出机制的国家的一种战略建议。

从现代汇率理论的发展来看,有关汇率决定的理论没有取得突破,而有关汇率制度选择的理论却出现了一些新的探索,这些探索与争论仍将持续进行下去。

第三节　人民币汇率制度

一、现行的人民币汇率制度

人民币汇率采用直接标价法，多数情况是以 100 个外币单位为标准，通过人民币的数额变动来表示汇率的涨跌。少数单位价值较低的货币曾有过例外，如比利时法郎、意大利里拉以 10000 为单位，日元以 100000 为单位。

我国实行以市场供求为基础、参考一篮子货币进行调节、有管理的浮动汇率制。主要包括三个方面的内容：一是以市场供求为基础的汇率浮动，发挥汇率的价格信号作用；二是根据经常项目（主要是贸易平衡状况）动态调节汇率浮动幅度，发挥"有管理"的优势；三是参考一篮子货币，即从一篮子货币的角度看汇率，不片面地关注人民币与某个单一货币的双边汇率。

中国人民银行授权中国外汇交易中心于每个工作日上午 9∶15 对外公布当日人民币兑美元、欧元、日元、港币、英镑和马来西亚林吉特的汇率中间价，作为当日银行间即期外汇市场（含询价交易方式和撮合方式）及银行柜台交易汇率的中间价。中国人民银行授权中国外汇交易中心公布的当日汇率中间价适用于该中间价发布后到下一个汇率中间价发布前。

每日银行间即期外汇市场人民币兑美元的交易价可在中国外汇交易中心对外公布的当日人民币兑美元汇率中间价 1％ 的幅度内浮动。人民币兑欧元、日元、港币、英镑交易价在中国外汇交易中心公布的人民币兑该货币汇率中间价 3％ 的幅度内浮动。人民币兑马来西亚林吉特交易价在中国外汇交易中心公布的人民币兑林吉特汇率中间价 5％ 的幅度内浮动。人民币兑其他非美元货币交易价的浮动幅度另行规定。

外汇指定银行为客户提供当日美元最高现汇卖出价与最低现汇买入价之差不得超过当日汇率中间价的 2％，最高现钞卖出价与最低现钞买入价之差不得超过当日汇率中间价的 4％。每日外汇指定银行为客户提供美元最高现汇卖出价和最低现汇买入价区间、最高现钞卖出价与最低现钞买入价区间均应包含当日人民币兑美元汇率中间价。在上述规定的价差幅度范围内，外汇指定银行可自行调整美元现汇和现钞的买卖价格。

鼓励外汇指定银行在柜台加挂人民币兑各种货币汇价。人民币兑非美元货币现汇和现钞挂牌买卖价差幅度没有限制，外汇指定银行可自行决定对客户挂牌的人民币兑非美元货币现汇和现钞买卖价。

外汇指定银行可在规定的价差幅度范围内与客户议定更优惠的现汇和现钞买卖价，

但实际成交价格应遵循风险管理原则,避免不正当竞争。

现行人民币外汇牌价共有 25 种(按中国银行公布的牌价),即人民币对阿联酋迪拉姆、澳大利亚元、巴西里亚尔、加拿大元、瑞士法郎、丹麦克朗、欧元、英镑、港币、印尼卢比、印度卢比、日元、韩国元、澳门元、林吉特、挪威克朗、新西兰元、菲律宾比索、卢布、瑞典克朗、新加坡元、泰国铢、新台币、美元和南非兰特(见表 5-2)。

表 5-2　中国银行人民币外汇牌价(2016 年 4 月 13 日)

货币名称	现汇买入价	现钞买入价	现汇卖出价	现钞卖出价	中行折算价
阿联酋迪拉姆		169.98		182.32	175.87
澳大利亚元	493.7	478.44	498.66	498.66	496.05
巴西里亚尔		177.91		194.59	185.23
加拿大元	503.33	487.78	508.39	508.39	505.57
瑞士法郎	671.32	650.61	676.04	676.04	659.33
丹麦克朗	98.16	95.13	98.94	98.94	98.75
欧元	730.8	708.25	735.94	735.94	735.37
英镑	914.34	886.08	923.52	923.52	921.41
港币	83.25	82.59	83.57	83.57	83.29
印尼卢比		0.0477		0.0511	0.0493
印度卢比		9.1424		10.3096	9.7412
日元	5.8942	5.712	5.9534	5.9534	5.9456
韩国元	0.5617	0.5414	0.5663	0.5874	0.5644
澳门元	80.93	78.21	81.24	83.85	80.91
林吉特	171.02		172.22		167.63
挪威克朗	78.52	76.1	79.16	79.16	78.98
新西兰元	446.74	432.96	449.88	452.57	447.18
菲律宾比索	13.98	13.55	14.1	14.53	14.05
卢布	9.85	9.25	9.93	9.93	9.84
瑞典克朗	79.55	77.09	80.19	80.19	79.85
新加坡元	478.08	463.33	481.44	481.44	480.68
泰国铢	18.41	17.84	18.55	19.12	18.45
新台币		19.31		20.71	19.98
美元	645.72	640.55	648.31	648.31	645.91
南非兰特	43.7	40.34	44	47.36	43.96

(资料来源:http://www.boc.cn/sourcedb/whpj/.)

二、人民币汇率制度的演进

人民币汇率制度发展到现在并不是直接由某个政策决定的,而是经过了几个历史阶段的演变才形成现在的汇率制度。

随着国内外经济和金融形势的变化,人民币对这些货币的汇率具体经历了三个不同时期。

1. 计划经济体制时期人民币汇率制度的特点

1)国民经济恢复时期(1949—1952年底)

这一阶段的特点是,人民币汇率的制定基本上与物价挂钩,变化比较频繁。在1949—1950年3月期间,国内物价不断上涨,人民币币值下跌,而国内物价则相对稳定,所以,人民币汇率不断下跌。

新中国成立初期,为了扶持出口,更多地积累外汇资金,购买主要的进口物资,促进国民经济的恢复和发展,我国制定了"繁荣经济、城乡互助、内外交流、劳资两利"的经济政策。在人民币汇率上,采取了"奖出限入,照顾侨汇"的方针,并随时机动地调整人民币汇率。所谓"奖出",就是奖励出口,保证对75%~80%的大宗出口物资的出口有利,对私营出口商则保证其获得5%~15%的利润;"限入"主要是限制奢侈品进口。"照顾侨汇"就是保证侨汇汇入后的实际购买力,不使侨胞、侨眷吃亏。

1950—1953年初,人民币币值升高,外汇汇率下跌。

为了给国家有计划地开展大规模经济建设创造有利条件,1950年3月,政务院发布了《关于统一国家财政经济工作的决定》。通过对这一决定的执行,国内金融物价日趋稳定。但同时期,由于发动侵朝战争,美国国内财政收支日趋恶化,通货膨胀严重,并且在国际市场上抢购战略物资,导致其国内物价以及西方国际商品市场价格上涨。

从当时我国进出口贸易形势看,由于国外物价上涨,西方国家货币贬值,所以,我国出口所得外汇如不加速使用,必然会遭受外币贬值的损失。根据当时我国的贸易政策,人民币汇率政策由奖励出口变为"奖励出口,兼顾进口"。此外,抗美援朝开始后,美国对我国封锁禁运,冻结我国资金。为了打破美国对我国的封锁,在积极发展生产、增加出口的同时,必须在政策上发展进口贸易,冲破封锁。人民币币值相应上升,外汇汇率下跌,使进口成本减少,对开展进口贸易、加速外汇资金周转是有利的。

从照顾侨胞、侨眷的利益方面考虑,人民币汇率上升,使汇入同等数量的外汇所得的人民币较以前减少。但汇率上升对侨汇是否合理,主要应从货币的实际购买力的对比来看,比较同等数量的外汇汇入国内,折合成人民币后,是否保持了汇入外汇的购买力。从当时的情况看,人民币汇率调整后,使侨胞、侨眷所得人民币,不仅不低于外币的购买力,而且还有一定程度的超过,这就照顾到侨胞、侨眷的合理收入。

2)固定汇率制度下的人民币汇率(1953—1971年)

这一阶段的显著特点是汇价与计划固定价格和计划价格管理体制的要求相一致。人民币汇率与物价逐渐脱钩。

自1953年起,我国开始执行第一个五年计划,物价保持基本稳定,计划经济体制正在逐步健全,主要产品(包括出口物资)的生产、销售、价格制定等都纳入了国家计划。与此同时,对私人进出口贸易行业的社会主义改造顺利完成,进出口贸易已由国营对外贸易机构全部垄断,人民币汇率的高低已不再是调节进出口贸易的工具(这一阶段的人民币汇率的作用主要是鼓励非贸易外汇收入),进出口贸易的盈亏平衡问题由国家财政统一解决。在一定意义上,汇率已成为国营对外贸易企业编制计划的计价折算标准。

从国外看,在这一阶段,西方以美元为中心的固定汇率制度基本稳定,国际金融市场虽然动荡,但仍在官方规定的上下限内波动。此外,由于美国非法冻结我国资金,我国对外支付已不使用美元。因此,20 世纪 60 年代末期的美元危机对我国影响不大。

基于上述国内外条件,人民币在该阶段保持稳定不仅有利,而且具备客观物质基础。人民币参照各国政府公布的汇率,在原定汇率的基础上实行固定汇率。只有在西方国家宣布其货币贬值或升值时,才相应做出调整。1967 年 11 月 18 日,英镑贬值 14.3%,人民币对英镑的汇率由 1 英镑合 6.730 元人民币调至 5.908 元人民币。1971 年 12 月 18 日,美元贬值 7.89%,人民币对美元的汇率由 1 美元合 2.4618 元人民币调整为 2.2673 元人民币。人民币汇率逐渐同国内物价的变动脱节。

3) 浮动汇率制度下人民币汇率的确定(1972—1980 年)

为避免西方国家货币贬值带来的汇率风险,保证收汇安全,自 1968 年起,我国改变出口以外币计价结算方式,对我国香港、澳门地区的贸易试用人民币计价结算,1970 年推广到与欧洲、日本、美国和其他地区的贸易。

在这段时期,人民币汇率的政策是:①坚持人民币汇率水平稳定的方针,既不随上升货币上浮,也不随下跌货币下降;②贯彻执行对外经济往来中平等互利和公平合理的政策,使人民币汇率有利于我国和外国双方贸易及经济往来的发展;③参照国际外汇市场的行市,按自己规定的"货币篮子"及时调整人民币汇率。具体做法是,选择我国在对外经济贸易往来中若干种主要贸易伙伴的货币,按其在我国贸易中所占比重和政策上的需要确定权数,以这些货币对美元在市场上上升或下跌的幅度,作为调整人民币对美元汇率的参考依据。

2. 经济体制转型阶段人民币汇率的特点

1) 人民币内部结算价与官方汇率双重汇率并存时期(1981—1984 年底)

自 1979 年开始,我国为增强出口创汇能力,把发展对外经济贸易提高到战略地位,对外贸体制进行了改革,改变过去由外贸专业公司统一经营的体制,把一部分商品的进出口权下放,成立了一批由部门、地方、企业经营的工贸、技贸结合的贸易公司,允许生产出口产品的企业经营出口,并按责、权、利相结合的原则改变外贸财务体制。外贸体制改革,实行自负盈亏,需要有一个符合进出口贸易实际的合理汇率。

与此同时,我国于 1979 年开始积极引进外资。我国对外资企业的政策是要求其带入资金和技术,产品外销,外汇自行平衡,因此,也需要有一个合理的汇率。

然而,当时的人民币汇率已不适应进出口贸易的发展要求,特别是对扩大出口和引进外资不利。例如,1979 年我国出口 1 美元平均换汇成本为 2.65 元人民币[1],而出口收汇按照官方汇率卖给银行只能得到 1.5 元人民币。这样,每出口 1 美元商品,出口商要

---

[1] 出口换汇成本等于出口成本(人民币)与出口外汇净收入(外币)之比。

亏 1.15 元人民币。其后果是,出现出口越多、亏损越多,而经营进口反而赚钱的不合理现象。这种状况对引进外资和发展外贸极为不利。因此,迫切要求对人民币汇率进行改革。

为了奖出限入,促进外贸经济核算并适应外贸体制改革和引进外资的需要,我国于 1981 年起实行双重汇率:一种是"贸易外汇内部结算价",即 1 美元合 2.8 元人民币(按 1978 年全国出口平均换汇成本 1 美元合 2.53 元人民币再加 10% 的利润计算),主要适用于进出口贸易外汇的结算,1981—1984 年,这个汇率一直没变。另一种是官方公布的人民币汇率,主要适用于非贸易外汇的兑换和结算,仍然沿用原来的"一篮子货币"加权平均的计算方法,经常调整。实行双重汇率的目的是为了既鼓励出口及外资流入,又避免非贸易外汇收入由于人民币贬值而遭受损失。实行贸易外汇内部结算价使汇率同进出口贸易的实际相适应并趋向合理,然而由于外贸体制改革缓慢,除少数省份实行外贸包干外,其他省、自治区及直辖市的出口仍由外贸部统负盈亏,而先前实行外贸包干的省份又退出了包干。绝大部分进口商品仍按调拨价在国内销售,价格没有放开,由外贸部承担亏损,外贸吃"大锅饭"的问题未能解决。所以,汇率只对出口换汇成本低于 1 美元合 2.8 元人民币的出口商品和实行自负盈亏的地方或部门的外贸公司起作用。进口方面,由于我国的进口商品是国内生产需要和人民生活必需品,按照国家确定的指令性计划进口,所以汇率对调节进出口的作用未能充分发挥。

此外,实行双重汇率,由于难以划分贸易外汇与非贸易外汇范围而出现混乱,管理难度增加。在对外关系方面,基金组织认为双重汇率不符合国际货币基金协定,建议取消。还有一些组织认为双重汇率是政府对出口的补贴,将对从我国进口的商品征收反补贴税。为了解决双重汇率问题,我国在国际市场上美元汇率上浮的情况下,逐渐调低对外公布的人民币汇率,使之与贸易外汇内部结算价相接近。1984 年底,人民币官方汇率已调至 1 美元合 2.7963 元人民币,与贸易外汇内部结算价相同。1985 年 1 月 1 日起取消贸易内部结算价,恢复单一的汇率制度,都按 1 美元合 2.8 元人民币结算。

2) 官方汇率与外汇调剂市场汇率并存,人民币汇率大幅度下调时期(1985—1993 年底)

1985 年以来,根据全国平均换汇成本的变化,人民币汇率经历了几次大幅度下调。这几年调低人民币汇率的原因主要有两个方面:一是由于以前人民币汇率高估,1981—1984 年期间贸易外汇内部结算价格使人民币与进出口贸易的实际脱节,需要调整;二是由于国内通货膨胀率上升,物价上涨,人民币对内价值降低。在这种情况下,调低人民币汇率是合理的。

人民币汇率的下调是深化外贸体制改革的需要。1988 年我国全面推行外贸承包责任制,实行以补贴包干为主要内容的外贸体制改革。同时,对服装、工艺、轻工三个出口行业实行自负盈亏机制,在汇率进一步下调的基础上取消补贴,使各类外贸企业实行自负盈亏的管理体制。人民币汇率的多次下调,减轻了财政负担,为外贸企业自主经营、自负盈亏创造了条件,促进了出口增长,改善了国际收支状况。

1988 年以后,各省、自治区、直辖市、计划单列市及经济特区都建立或加强了外汇调剂中心,在北京设立了外汇调剂中心,于是,形成了人民币官方汇率与调剂汇率并存的汇率制度,把汇率的计划分配与市场调节有机地结合起来。截至 1993 年底,官方汇率的下调和调剂价格的上升不断使两个汇率的差距缩小,这实际上是经济体制改革和价格体系理顺的必然结果。

3. 社会主义市场经济时期的特点

1) 人民币官方汇率与外汇调剂市场汇率并轨(1994—2005 年 7 月 21 日)

为了适应社会主义市场经济的发展,我国于 1994 年 1 月 1 日起,对外汇管理体制进行了以下改革:①从 1994 年 1 月 1 日起,人民币官方汇率与外汇调剂市场汇率并轨,实行以市场供求为基础的、单一的、有管理的浮动汇率制度;②实行银行结售汇制,取消外汇留成和上缴制;③建立银行间外汇交易市场,改进汇率形成机制;④取消外国货币在我国境内计价、结算和流通,停止发行外汇券,逐步收回已发行的外汇券;⑤取消外汇收支中的指令性计划,国家主要运用经济、法律手段,实现对外汇和国际收支的宏观调控。

这一阶段人民币汇率制度的特点为:第一,汇率的安排以市场供求为基础,由外汇银行自行确定和调整,不再由中国人民银行通过行政方式制定,只由中国人民银行公布;第二,取消多重汇率,全国所有的外汇收支活动均以中国人民银行公布的汇率来进行结算;第三,允许汇率在中国人民银行公布的基准汇率的一定幅度内上下波动;第四,中国人民银行通过国家外汇管理局和外汇交易中心对人民币汇率实行宏观调控与监管;第五,由于我国外汇市场不完善,结售汇具有强制性,外汇市场的供求行情并非真正意义上的市场供求情况。

2) 实行以市场供求为基础、参考一篮子货币进行调节、有管理的浮动汇率制度(2005年 7 月 21 日—2008 年 8 月)

1994 年后,随着我国国际收支顺差和外汇储备的不断增加,以及美国、欧盟和日本要求人民币升值的呼声越来越高,调整人民币汇率机制迫在眉睫。

2005 年 6 月 26 日,时任国务院总理温家宝出席第六届亚欧财长会议时,针对国内外颇为关注的人民币汇率问题,阐明了三个观点:第一,每个国家都有权选择适合本国国情的汇率制度和汇率政策,这是国际上的共识;第二,保持人民币汇率在合理、均衡水平上的基本稳定,有利于中国经济的发展,有利于周边国家和地区经济的发展,有利于国际金融稳定和贸易发展;第三,人民币汇率改革必须坚持主动性、可控性和渐进性的原则。

2005 年 7 月 21 日,中国人民银行发布《中国人民银行关于完善人民币汇率形成机制改革的公告》。

2005 年 9 月 23 日,中国人民银行为进一步发展外汇市场,增强外汇指定银行制定挂牌汇价的自主性和灵活性,满足企业和外汇指定银行规避汇率风险的需要,加强对人民币汇价的监测,发布《中国人民银行关于进一步改善银行间外汇市场交易汇价和外汇指定银行挂牌汇价管理的通知》。

显然,此次改革的不是人民币汇率水平,而是人民币汇率的形成机制。

此次汇率改革总体上对我国实体经济发挥了积极影响,为宏观调控创造了有利条件,也在应对国内外形势变化中起到了重要作用,取得了预期的效果。一是促使企业提高技术水平,加大产品创新力度,提升核心竞争力,使出口保持较强的整体竞争力。二是汇率浮动为推动产业升级和提高对外开放水平提供了动力和压力,促进了出口结构优化

和外贸发展方式转变,有利于经济发展方式转变和全面协调可持续发展。三是企业主动适应汇率浮动的意识增强,应对人民币汇率变动和控制风险的能力提高,外汇市场得到培育和发展。四是向国际社会展示了我国促进全球经济平衡的努力。

3）汇率制度改革进程暂停（2008年9月—2010年6月）

2008年9月,美国莱曼证券公司破产之后,美国的次贷危机演变成国际金融危机。国际金融危机给全球和中国经济带来了较大的困难和不确定性,我国适当收窄了人民币波动幅度以应对国际金融危机。相比2005—2007年人民币对美元呈缓步走高的态势,自国际金融危机以来,人民币对美元汇率则相对保持一定程度的稳定。

外汇市场数据显示,在金融危机期间的较长一段时间里,人民币对美元汇率中间价围绕在6.83元上下浮动,弹性也相对趋弱。

就金融危机期间的汇率政策,央行表示,这符合我国经济的自身利益,有助于我国经济较快实现稳定和复苏。

需要强调的是,在金融危机最严重的时候,许多国家的货币对美元大幅贬值,而人民币汇率保持了基本稳定,这无疑是中国对全球经济复苏做出的巨大贡献。对金融危机之中我国采取的汇率政策,国际上的主要国家也给予了充分认可。

4）汇率制度改革重新启动（2010年6月—2016年10月）

2010年6月19日,中国人民银行表示,根据国内外经济金融形势和我国国际收支状况,央行决定进一步推进人民币汇率形成机制改革,增强人民币汇率弹性。此次进一步推进人民币汇率形成机制改革,意味着中国汇率政策结束了国际金融危机期间的特殊阶段,重回常态。

央行认为进一步推进人民币汇率改革的有利时机已经到来。一是2010年上半年我国经济回升向好的基础进一步巩固,经济运行趋于平稳,这为进一步推进人民币汇率形成机制改革提供了有利的契机。二是我国正在加快经济结构调整、转变发展方式,国际金融危机爆发使得这一任务更加重要和紧迫。汇率形成机制改革有利于促进经济结构调整,提高发展的质量和效益。三是进一步增强人民币汇率弹性,实现双向浮动,也是提高宏观调控的主动性和有效性的需要,可应对不同情景下的外部冲击。

随着对外开放程度不断提高,我国主要经贸伙伴已呈现明显的多元化态势。2010年1—5月前5位贸易伙伴（欧盟、美国、东盟、日本和我国香港地区）进出口已分别占同期我国进出口总值的16.3%、12.9%、10.1%、9.4%和7.5%。同时,资本往来也呈现多样化和多区域特征。在此背景下,人民币汇率如果只钉住单一货币变化,既不能适应贸易投资货币多元化的需要,也不能反映汇率的实际水平。多种货币组成的货币篮子及其变化更能准确反映真实的汇率水平。因此,需要以市场供求为基础、参考一篮子货币进行调节,这有利于形成更为科学合理的汇价水平。对企业和居民来说,在我国贸易和资本往来多元化的格局下,不宜单纯依据美元来衡量人民币汇率,而应从双边汇率转向多边汇率,更多关注篮子汇率变化,以人民币相对一篮子货币的变化来看待人民币汇率水平。

2015年11月30日,IMF宣布同意将人民币纳入SDR（特别提款权）货币篮子。此前SDR货币篮子主要由美元、日元、欧元、英镑这四种发达国家最主要的国际货币来决定。而在2016年10月1日特别提款权的价值由美元、欧元、人民币、日元、英镑这五种货币所构成的一篮子货币的当期汇率确定,所占权重分别为 41.73%、30.93%、10.92%、8.33%和8.09%。可以看出人民币的国际化进程迈出了里程碑意义的一步。人民币加入 SDR 货币篮子也必将倒逼我国汇率制度改革,进一步促进人民币汇率机制的形成。

第四节
我国香港地区的联系汇率制度

一、联系汇率制度的背景

1. 联系汇率制度的起源

联系汇率制度是一种货币局制度,其产生具有一定的殖民色彩。货币局制度(简称"货币局制")起源于 19 世纪中期。因为殖民地对宗主国的经济依附性相对较强,货币局是英、法等国海外殖民地主要采用的一种货币制度。即使如今的发达国家如澳大利亚和新西兰,当年沦为英属殖民地时,也采用过货币局制度。

2. 香港曾经的汇率制度

港币挂钩的历史由来已久。1935 年香港采用的是银本位制的货币制度。由于世界银矿危机的发生,政府于 1935 年宣布港币和英镑挂钩。非常具有参考意义的是,在 1935 年施行的货币制度下,银行发行钞票时,需要向外汇基金缴纳相应数量的银条,以换取债务证明,作为发行钞票的法定保证金。这一做法使得当时的货币制度具有一定的货币局制度的色彩。1935 至 1972 年的绝大多数时间里,港币与英镑挂钩,但是挂钩汇率在 1967 年更改过一次。1972 年,英镑采用浮动汇率制度后,港币便开始和美元挂钩。然而,1974 年随着布雷顿森林体系的崩溃,美元走弱,港币随着世界主流施行自由浮动制度。

3. 选择联系汇率制度

尽管一开始的两年港币浮动汇率制度运行良好,甚至能在经历了石油危机后迅速恢复,但是问题在于当时香港的货币政策框架并不成熟,香港不仅没有明确的货币政策目标,更没有对于追求这些目标的政策工具的选择和恰当使用。且从 1978 年开始,香港经济环境不断恶化,贸易赤字增加,通货膨胀高起,加之实行以港元存款支持港元发行的、保障不足的港元自由发钞制度,为港元信用危机埋下了祸根。1982 年 7 月 1 日至 1983 年 6 月 30 日的 1 年间,港元兑美元的汇率由 1 美元兑 5.913 港元跌至 1 美元兑 7.2 港元,港元贬值 18%。这一港元危机在 1983 年 9 月达到高峰,同年 9 月 1 日的港元汇率为 1 美元兑 7.580 港元,至 9 月 26 日已跌到 1 美元兑 9.600 港元,引起了居民的挤兑和抢购风潮。在此背景下,为挽救港元信用危机、恢复港元信用,当局决定改变浮动汇率制

度,从 1983 年 10 月起实行联系汇率制并且一直沿用至今。

二、联系汇率制的内容

香港在 1983 年开始实施的联系汇率制度,是一种货币发行局制度。根据货币发行局制度的规定,货币基础的流量和存量都必须得到外汇储备的十足支持。换言之,货币基础的任何变动必须与外汇储备的相应变动一致。在香港,货币基础的组成部分包括以下内容。

1. 发行负债证明书(用作支持银行纸币)和硬币

香港的纸币由三家发钞银行负责发行。发钞银行在发行纸币时必须按 7.80 港元兑 1 美元的兑换汇率向金管局交出美元(有关美元记入外汇基金账目内),以换取负债证明(法例规定用作支持所发行的银行纸币)。换言之,港元银行纸币由外汇基金所持的美元提供十足支持。硬币则由金管局负责发行,并由代理银行负责存放和向公众分发。金管局与代理银行之间的交易也是按 7.80 港元兑 1 美元的汇率以美元结算。

2. 持牌银行在金管局的结算户口结余总额(总结余)

在规范化的货币发行局制度下,总结余顺应资金流入和流出港元而增减。1998 年 9 月,金管局向持牌银行做出明确保证,承诺可按 7.75 港元兑 1 美元的固定汇率将银行结算户口内的港元兑换为美元(即兑换保证)。1999 年 4 月 1 日,兑换保证汇率开始由 7.75 港元的水平按每个公历日 1 点子(0.0001 港元)的速度调整,并于 2000 年 8 月 12 日调至 7.80 港元,与发行和赎回负债证明书和硬币的联系汇率一致。2003 年底到 2005 年期间,由于美元疲弱,同时市场估计人民币升值及香港经济强劲复苏,大量资金流入香港。尽管在相当长的时间内港元利息均低于同期美元利息,仍无明显的资金流出。为了加强利率调节功能,金管局于 2005 年推出三项优化联系汇率制度运作的措施,包括:推出 1 美元兑换 7.75 港元的强方兑换保证,即金管局保证在港元转强至指定水平时,可以按固定的汇率把美元兑换为港元;将弱方兑换保证的汇率定为 7.85 港元;金管局可在兑换范围内(7.75~7.85 港元)进行符合货币发行局原则的市场操作直至今日。

3. 未偿还外汇基金票据和债券总额

一直以来,发行外汇基金票据和债券的收益都会在其后被转换为美元资产。金管局也保证只会在资金流入的情况下才增发外汇基金票据和债券,确保所有新发行的外汇基金票据和债券都得到外汇储备的十足支持。1999 年 4 月 1 日起至今,外汇基金票据和债券的利息可用作扩大货币基础,金管局则为此增发外汇基金票据和债券以吸纳这些利息。这种方法完全符合货币发行局的原则,原因是外汇基金票据和债券的利息支出已由货币基础的美元资产所得利息收入提供支持。这项安排使外汇基金票据和债券计划得以自然扩展。

三、联系汇率制的运行机制

1. 香港外汇市场

在联系汇率制下,香港存在着两个平行的外汇市场,即外汇基金与发钞银行因发钞关系而形成的公开外汇市场和发钞银行与其他持牌银行因货币兑换而形成的同业现钞外汇市场,与此相应,存在着官方固定汇率和市场汇率两种平行的汇率。

2. 运行机制

而联系汇率制的运作正是利用银行在上述平行市场上的竞争和套利活动进行的,即政府通过对发钞银行的汇率控制,维持整个港元体系对美元的联系汇率;通过银行之间的套利活动,市场汇率围绕联系汇率波动并向后者趋近。

具体来说,若港元的市场汇率为 1 美元兑 8.0 港元,低于联系汇率 1 美元兑 7.8 港元,银行会以联系汇价将多余的港币现钞交还发钞银行,然后用换得的美元以市场汇价在市场上卖出,赚取差价;发钞银行也会将债务证明书交还外汇基金,以联系汇价换回美元并在市场上抛出获利。上述套汇活动的结果是港币的市场汇率逐渐上升。

此外,上述套汇活动还会引起港币供应量的收缩,并通过由此而导致的港币短期利率上升及套息活动,吸引资金流入,从而使港币的市场供求关系得到调整,促使港币的市场汇率上浮。同理,当市场汇率高于联系汇率时,上述套汇活动将按反方向进行,从而使市场汇率趋于下浮。无论是哪种情况,结果都是市场汇率向联系汇率趋近。

四、联系汇率制的利弊

1. 联系汇率制的优势

联系汇率制自 1983 年 10 月实施以来,经历了多次考验,包括 1987 年股灾、1990 年波斯湾战争、1992 年欧洲汇率机制危机、1994 年墨西哥货币危机、1997 年亚洲金融危机、2008 年次贷危机、2015 年中国股灾等。面对这些冲击,联系汇率制仍然稳如磐石。联系汇率制的最大优点是有利于香港金融的稳定,而市场汇率围绕联系汇率小幅波动运行,也有助于香港国际金融中心、国际贸易中心和国际航运中心地位的巩固和加强,增强市场信心。可以说,联系汇率制是香港货币与金融稳定的基石。

2. 联系汇率制的劣势

联系汇率制也存在一些缺陷,它使香港的经济行为与经济指标如利率、货币供应量等过分依赖美国,从而削弱了运用利率和货币供应量杠杆调节经济的能力,汇率杠杆调节国际收支的功能也无从发挥。

专栏 5-2 香港联系汇率制度的新挑战

资料来源:http://rmb.xinhua08.com/a/20160204/1606314.shtml.

第五节
其他汇率制度

虽然处于浮动汇率制度时代,但许多政府在追求政策目标的时候还是无法抗拒积极干预外汇市场的现实诱惑。于是,除了典型的固定汇率制(即传统的钉住汇率制)和完全自由浮动汇率制外,还广泛存在着大量介于二者之间的汇率安排。

一、爬行钉住制

1. 概念

爬行钉住制是指汇率可以做经常的、小幅调整的固定汇率制度。

2. 特征

爬行钉住制的特征在于:①实行国负有维持某种平价的义务,这使得它类似于固定汇率制;②这一平价又可以进行经常、小幅(如 2‰~3‰)调整,这又使得它与一般的可调整的钉住汇率不同,因为后者的平价调整较为少见,且幅度一般较大。从 20 世纪 60 年代起,一些国家陆续采用了这一制度,但并不多见,截至 2016 年,只有智利、韩国、秘鲁等国在使用。

3. 评价

由于内部或外部的经济冲击所引起的一国国际收支状况的严重变化可能需要汇率有较大幅度的改变才能恢复国际收支平衡。如果拘泥于严格的爬行钉住的调整,由于汇率不可能大幅度改变,因而就可能需要一国政府放弃一些内部目标的实现。进一步说,如果平价值的小额变化频繁发生(且不可预测),那对于国际贸易和投资就依然存在某些附加的风险。最后,如果经验是一切的指导,那么,在一个内部经济条件不稳定的经济中(如通胀水平极其快速地增长)实行爬行钉住制,可能本质上就等同于浮动汇率制。

二、汇率目标区制

1. 概念

汇率目标区制是指政府设定本国货币对其他货币的中心汇率并规定汇率上下浮动幅度的一种汇率制度。

汇率目标区的含义可从广义和狭义两个方面来定义。广义的汇率目标区泛指将汇率的波动界定在一定区域的汇率制度安排(例如将汇率的波动限制在中心汇率的上下各10‰)。狭义的汇率目标区特指美国学者威廉姆森于 20 世纪 80 年代初提出的以限制汇率波动范围为核心的,包括中心汇率的确定方法、维持目标区的国内政策搭配、实施汇目标区的国际政策协调等一整套内容在内的国际政策协调方案。汇率目标区是一种有管理的汇率制度安排,即一国允许其汇率在一个特定的区间内波动,一旦汇率的波动超出这个区间,货币当局(即中央银行)就要进行干预。

2．特征

(1) 货币当局在一定时期内对汇率波动幅度制定出明确的界限;

(2) 汇率在规定的幅度内波动,货币当局可不予干预;

(3) 货币当局根据情况可采取必要措施(如货币政策等)以维持汇率波动的界限;

(4) 目标区内汇率允许变动的范围一般较大。

3．分类

汇率目标区的种类很多,但主要可分为"硬目标区"和"软目标区"。"硬目标区"的汇率变动幅度很窄,不常修订,目标区的内容也对外公开,一般是通过货币政策将汇率维持在目标区。"软目标区"的汇率变动幅度较宽,而且经常修订,目标区的内容不对外公开,不要求必须通过货币政策加以维持。

4．评价

设立汇率目标区的建议问世以来,各方褒贬不一。发展中国家希望通过实行汇率目标区来实现汇率的稳定,而发达国家认为汇率目标区不现实。汇率目标区的特点是综合了浮动汇率制的灵活性和固定汇率制的稳定性,而且能够促进各国宏观经济政策的协调。但实施起来有许多困难,如均衡参考汇率的确定、维持目标的有效方法等。

三、货币局制

1．概念

货币局制是指一国在法律中明确规定本国货币与某外国货币(通常为一主要可自由兑换货币)保持固定的兑换率,并且对本国货币的发行做特殊要求以保证履行这一法定的汇率制度。货币局制通常要求必须以一定数量(一般为百分之百)的该外国货币作为本国货币的发行准备金,并且在货币流通中须始终满足这一准备金要求。这一制度下的货币当局被称为货币局,而不是中央银行。因为在这种制度下,货币发行量的多少主要取决于可用作准备的外币数量的多少,而不是完全听任货币当局的主观愿望或经济运行的实际状况。实行货币局制的国家或地区也会根据具体情况对其进行一定的修改。目前,我国的香港和澳门地区实行的就是货币局制(即联系汇率制),阿根廷也曾经实行货币局制。

2．基本原则

货币局制是一种汇率机制,它有两项基本原则:一是本国货币汇率钉住一种作为基准的外国货币;二是所发行的货币保证完全以外汇储备作为后盾。

货币局制是一种关于货币发行和兑换的制度安排,而不仅仅是一种汇率制度。首先它是一种货币发行制度,它以法律形式规定当局发行的货币必须有外汇储备或硬通货的全额支持;其次它才是一种汇率制度,保证本币和外币之间在需要时间可按事先确定的汇率进行无限制兑换。

3. 评价

货币局制的优点在于：管理与操作非常简便；赋予货币政策高度可信性。但缺点也十分明显：政府不能控制货币供应和利率，利率由基准货币发行国制定，货币总量取决于收支平衡，以及银行体系中的货币乘数；政府不能利用汇率来调整外来因素对本国经济的影响，如进口价格的上涨、资本流通的转移等，而只能调整国内工资和商品价格；正统货币局制不会像传统的中央银行那样，帮助周转困难的银行平息危机。香港实行的联系汇率制度，实际上是一种货币局制。

主要术语和关键概念

汇率制度　固定汇率制度　浮动汇率制度　经济结构论
依附论　原罪论　害怕浮动论　中间制度消失论　退出战略
联系汇率制度　爬行钉住制　汇率目标制　货币局制

思考题

1. 什么是汇率制度？它包括哪些内容？
2. 分析固定汇率制和浮动汇率制的优劣。
3. 有哪些汇率制度选择理论？
4. 阐述选择汇率制度时应考虑的因素。
5. 人民币汇率制度的内容有哪些？
6. 在不同阶段，人民币汇率有哪些特点？
7. 香港联系汇率制的内容与自我稳定机制是什么？

应用题

阅读下面的案例[①]，并进行相应分析。

人民币汇率制度改革的目标是建立以市场供求为基础的、有管理的浮动汇率制度。

2016年政府工作报告中明确指出，"继续完善人民币汇率市场化形成机制，保持人民币汇率在合理均衡水平上基本稳定"是2016年深化金融体制改革的主要内容。"十三五"规划纲要也提出"健全利率、汇率市场机制"。为此，简单地对汇率进行升值或贬值，不是人民币汇率制度改革方向，重估和调整汇率水平只能解决表象问题，不能从根本上解决人民币汇率制度问题。

现行人民币汇率制度运行及其问题如下。

2005年7月21日以来，人民币汇率运行机制进行了两次较大的调整，具体表现在以下方面。

---

① http://finance.ifeng.com/a/20160411/14314492_0.shtml.

一是 2005 年 7 月 21 日对人民币汇率形成机制进行调整，实行以市场供求为基础的、参考一篮子货币进行调节的、有管理的浮动汇率制度，人民币对美元一次性升值 2%，1 美元兑 8.11 元人民币。逐步扩大汇率波幅，先后在 2007 年 5 月 21 日、2012 年 4 月 16 日、2014 年 3 月 17 日将银行间外汇市场人民币对美元波幅扩大到 0.5%、1% 和 2%。

二是 2015 年 8 月 11 日对人民币对美元汇率中间价报价进行了调整，要求做市商在每日银行间外汇市场开盘前，参考上日银行间外汇市场的收盘汇率，综合考量外汇供求情况以及国际主要货币汇率变化，再向中国外汇交易中心提供中间价报价。

总体上看，现行人民币汇率制度取得了一些显著成效，但仍存在以下问题。

一是汇率市场化程度不高。目前经常项目可兑换、资本项目仍实行一定的管理，使得外汇市场供求关系受到一定的制约，不能全面、真实地反映市场主体对外汇的供求关系。

二是汇率灵活性不够。受到汇率波动区间的限制，人民币汇率的灵活性受到较大的制约。

三是"常态式"外汇干预使得汇率水平"失真"。近年来境外资本流入过快，央行为了维护汇率基本稳定，被迫进入外汇市场进行宏观调控，干预"过多""过频"，致使市场汇率水平"失真"，不能真正反映出市场外汇供求关系。此外，从汇率实际运行看，汇率水平主要还是受到美元走势的影响，参考一篮子货币因素并没有得到充分体现。

请问：人民币汇率制度改革方向到底在何处？为解决上述问题，我国管理当局应该如何做？

本章
参考文献

第六章
外 汇 管 制

　　教学目的与要求：了解外汇管制的目的、作用与影响，理解外汇管制的类型，掌握外汇管制的措施与方法，并通过这些内容分析世界各国的外汇管制现状。了解货币自由兑换的含义，理解人民币完全可兑换的条件，了解我国的外汇管理制度，并为我国目前外汇管理制度的改进提供可行性建议。

　　教学内容：本章主要介绍外汇管制概念与对象，外汇管制的产生与发展，外汇管制的目的与影响，外汇管制的内容与措施，货币自由兑换的含义，货币可自由兑换的条件，我国的外汇管理。

　　本章重点与难点：外汇管制的基本方式及 IMF 对自由兑换的有关规定，理解货币的自由兑换的条件。

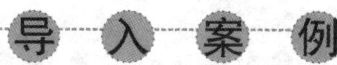

阿根廷宣布取消外汇管制

　　资料来源：新浪财经，http://finance. sina. com. cn/roll/2015-12-17/doc-ifxmttcn4946813. shtml.

第一节
外汇管制概述

一、外汇管制的概念

外汇管制也称外汇管理,是一个国家或地区的政府以维持国际收支平衡和本币币值稳定为目的,集中分配有限的外汇资金用于国民经济重点项目建设,对贸易与非贸易外汇买卖的金额和价格以及外汇资金进出国境的流动性实施限制性和保护性管理措施的总和。

在实行外汇管制的国家中,一般都是由政府授权中央银行作为外汇管制的机关。我国则是由国家外汇管理局负责外汇管制工作。

二、外汇管制的对象

外汇管制的对象一般分为人、物、地区、行业和国别五种。

1. 对人的管制

它指将人区分为居民和非居民、自然人和法人进行区别管理。居民是指长期(一般指一年或一年以上)定居在国内的自然人和在本国依法注册的法人单位。非居民是指长期定居在境外的自然人和在境外注册的法人单位。根据各国外汇管制的实践,对非居民的外汇管制要小于对居民的外汇管制。

2. 对物的管制

它指根据外汇的不同形式进行区别管理。如现钞与现汇、外币存款、信用卡与旅行支票等,其管理方法一般是不同的。

3. 对地区的管制

它指对本国的不同地区实行不同程度的外汇管制政策。例如,对于出口加工区、保税区、经济特区,各国一般实行比较宽松的外汇管制政策。

4. 对行业的管制

例如,对传统行业实行较严厉的管制政策,对高新技术、重点扶持行业实行优惠外汇政策。

5. 对国别的管制

针对不同的国家和地区,实行不同的外汇管制政策。这主要发生在自由贸易区、货币联盟、经济共同体等区域范围内。

专栏 6-1　内地与香港签署 CEPA 新协议引起各界高度关注

资料来源：环球时报，http://world.huanqiu.com/hot/2015-11/8061697.html.

三、外汇管制的产生与发展

外汇管制与外汇不是同时产生的，它是国际经济关系发展到一定阶段的产物。外汇管制的历史演进大体上可以分为三个阶段。

1. 第一阶段

第一阶段是从第一次世界大战爆发至第二次世界大战结束。外汇管制最早出现在 17 世纪的英格兰，但现代意义上的外汇管制则在 1917 年之后才被第一次世界大战的参战国实施。第一次世界大战爆发后，不少参战国都发生了巨额的国际收支逆差，由于本国货币的对外汇率发生了剧烈波动，引起大量资本外逃。为了集中宝贵的资源进行战争，减缓本国货币汇率的波动以及防止本国资本的外流，所有参战国在战时都取消了外汇的自由买卖，禁止黄金输出，对外汇的收、支、存、兑实行人为的干预和控制。

第一次世界大战结束后，各资本主义国家进入了一个相对稳定的时期，随着经济的恢复与发展，为了扩大对外贸易，恢复和争夺海外市场，各国先后实行了金块本位制度和金汇兑本位制度。因此，这些国家原来实行的外汇管制都先后取消，外汇的自由买卖基本恢复。但在一些经济实力较弱的国家仍然实行不同程度的外汇管制。1929 年发生世界性的经济危机后，一些实力较强的国家迅速把资金从各金融市场大量撤回，导致大部分国家的国际支付无法维持，被迫再次放弃金本位制度。1929—1933 年，各国为了稳定汇率，维持国际收支平衡，先后采取各种措施来控制外汇交易。

第二次世界大战期间，参战国同样为了应付巨额的战争开支，都实行了比以往更为严格的外汇管制，以适应战争的需要。各国所采取的方法有禁止外汇的自由交易、禁止自由汇率的存在等。因为在这个阶段，战争和经济危机致使各国经济不稳定，造成资本大量外逃，对外汇市场影响很大，所以，这一阶段的外汇管制主要是防止资本外逃和投机，管制的范围以资本收支项目为限。

2. 第二阶段

第二阶段是指从第二次世界大战结束至 1958 年。第二次世界大战结束后，大部分国家遭受战争的严重创伤，经济急需恢复，而外汇与黄金储备又非常短缺，因此不得不实行外汇管制。而美国在第二次世界大战期间依靠战争聚积了大量资本，经济地位得到了极大的提高。美国利用其雄厚的经济实力抬高美元汇率，大量输出资本，占领国际市场，并一再施加压力，迫使英国、联邦德国、法国、日本等国放松外汇管制。从 20 世纪 50 年代后期开始，西欧和日本的经济有了巨大的提升，相比之下，美国的经济实力相对削弱，以法国、联邦德国、英国为首的欧洲 14 国实行了有限度的货币自由兑换。在这一阶段，外汇管制的范围有了扩大，主要是从资本项目扩大到经常项目，一切外汇交易都要经过外汇管理部门的批准。进行全面的外汇管制的最终目的是调整国际收支以使其达到均衡。

3. 第三阶段

第三阶段是从 1958 年至今。从 20 世纪 60 年代开始，资本主义国家的贸易和资本自由化有了巨大的发展，在这一时期，外汇管制有了进一步放松。联邦德国实行了全面的货币兑换；日本则实行部分的货币自由兑换；英国撤销了原有的外汇管理条例；意大利、法国、瑞士等国家继续放松外汇管制。1990 年 7 月 1 日起，欧共体决定其成员国原则上完全取消外汇管制。截至 2016 年，大部分工业发达国家和新兴工业国家已放松或者取消了外汇管制。

四、外汇管制的目的与弊端

不同国家在同一时期进行外汇管制的目的不尽相同，同一国家在不同时期进行外汇管制的目的也不完全相同。概括来看，一国进行外汇管制的目的大致有以下几方面。

1. 改善国际收支，增加外汇储备

解决国际收支困难往往是一国进行外汇管制的主要目的。持续的国际收支逆差会导致一国外汇储备减少，从而影响国内经济的正常发展。为此，各国通过采取限制资本外流、对各种外汇收支进行统一管理、多种汇率制等措施来改善国际收支，防止外汇储备的大量流失。很多发展中国家出现国际收支失衡的主要原因是国内的生产结构不能适应国际市场的发展变化，如果采用财政、货币政策来调节的话，不仅见效较慢，而且可能使国内经济发展停滞或动荡甚至引起政局不稳。在这种情况下，外汇管制成为这些国家解决国际收支问题的首选方式。

2. 稳定汇率，保持国内物价稳定

物价与外汇汇率密切相关。如果一国国际收支持续顺差，国内外汇市场供给大于需求，则会引起外汇汇率下跌，本币汇率上升。这一方面会导致该国收购外汇而增加本币的投放，从而增加通货膨胀的压力；另一方面本币汇率上升可能不利于本国商品出口。为此，一国可以实行外汇管制，对外汇交易加以限制，同时中央银行可对外汇市场进行干预，以保持汇率稳定，抑制物价上涨。

3. 保护民族工业的发展

发展中国家通过外汇管制，可以对一切外汇交易活动进行严格控制，从而可以限制一些对本国民族工业有威胁的商品的进口，同时采用优惠汇率等方法促进本国商品出口，进而可以调整进出口商品结构以及产业结构，保护民族工业，促进本国经济的发展。

外汇管制尽管可以达到这样一些目的，对一国经济发挥一定的积极作用，但其弊端也比较明显，主要表现在以下几方面。

（1）妨碍国际经济交易的正常进行。外汇管制人为地为国际经济交往制造障碍，国际贸易、国际资本流动都受到影响，而且容易导致国家间的贸易摩擦，如贸易战、货币战等，严重影响国际正常经济交往，影响世界经济的健康发展。

（2）不利于国际收支问题的根本解决。实行外汇管制的国家，其货币汇率基本上由国家制定和控制，这种汇率往往不能正确反映货币的实际价值，因而汇率作为经济杠杆调节国际收支的功能就不能发挥，而且可能误导一些企业的生产和投资。此外，保护民族经济的管制措施，可能会降低民族工业的竞争力，减小经济发展后劲。

（3）造成外汇黑市猖獗。实行外汇管制的国家，除了官方市场外，往往还存在外汇黑市，有时官方汇率与黑市汇率的差别还很大。一般来说，一国的外汇管制越严格，该国的外汇黑市也越猖獗。外汇黑市的存在，使外汇市场陷入混乱状态，干扰了国家的正常经济秩序。

（4）容易导致行政费用加大，且助长官僚、腐败之风，对社会风气造成不良影响。

五、外汇管制的类型

目前，世界各国按其外汇管制的宽严程度不同，可分为三类。

1. 实行严格外汇管制的国家和地区

这些国家和地区经济不发达，国民生产总值低，出口创汇有限，外汇资金匮乏，为了有计划地使用外汇资源，加速经济建设，不得不对国际收支的所有项目实行严格的外汇管制。这些国家和地区主要是指一些政治经济不稳定、贫困的发展中国家和地区。

2. 实行部分外汇管制的国家和地区

这些国家和地区对非居民办理经常项目（包括贸易和非贸易）的收支，原则上不加管制，但对资本项目的收支仍加以程度不等的管制。这类国家和地区基本上都属于经济相对发达，国民生产总值较高，贸易和非贸易收支状况良好，拥有一定的外汇、黄金储备的工业化国家，以及一些经济金融状况较好的发展中国家和地区。

3. 名义上取消了外汇管制的国家和地区

这些国家和地区准许本国货币和本地区货币自由兑换成其他国家和地区的货币，对非居民的经常项目和资本项目往来的收付，原则上都不限制。然而，事实上对非居民也还实行直接的、间接的或变相的限制措施，对居民的非贸易外汇收支也有限制。多数工业发达国家以及国际收支盈余的石油生产国均属这一类型。这类国家和地区的国民生产总值高，贸易和非贸易出口在国际市场上占相当大的份额，拥有较充裕的外汇、黄金储备。

六、外汇管制对经济的影响

外汇管制对解决一个国家暂时的国际收支困难与维持本国经济的正常运转起到了积极的作用，可使一国经济不受外来因素的影响，促进国内生产发展。但它对世界经济有不利影响，下面我们从正反两方面讨论外汇管制造成的影响。

1. 外汇管制对经济产生的正面影响

（1）稳定外汇汇率，抑制通货膨胀。当一国国际收支持续出现逆差时，本币对外币价值就会下跌,进口货物价格相应升高,这是加剧通货膨胀的重要因素。同样,一国发生国际收支顺差时,本币汇率上升,大量资本内流,导致本国货币供应量增加,也会引起通货膨胀。为了消除人们对通货膨胀的恐慌,增强对本币的信心,一国的外汇管理机构就需直接或间接控制汇价,以维持汇率稳定,控制物价上涨的程度。

（2）控制本国对外贸易,促进本国经济的发展。通过外汇管制措施,限制本国已开发的资源和能生产产品的进口,对本国急需的先进技术设备和紧缺原材料鼓励进口;对国内紧缺资源限制出口,对与国计民生关系不大的物资和有国际竞争力的产品鼓励出口,以保护和促进本国经济的发展。

（3）以外汇管制手段来要求对方国家改善贸易关税政策。如果有贸易伙伴国对本国采取歧视性的贸易政策,就可以实行相应的外汇管制措施作为报复手段,要求对方国家取消原来的歧视性政策,达到扩大对外贸易的目的。

（4）限制资本外流,改善国际收支。当一国出现严重的国际收支逆差时,本币的对外价值必然趋于下跌。此时,为防止资本外流,该国政府就会采取外汇管制,严格控制汇出境外的资金,达到防止资本外逃的目的,同时还可以采取"奖出限入"等措施增加资本内流,以缓和国际收支逆差,维持国际收支平衡。

2. 外汇管制的负面影响

尽管外汇管制有许多积极作用,但它对实行外汇管制的国家以及世界经济的稳定与发展也会产生许多不良的影响,对外汇管制的弊端也应给予足够的重视。

（1）破坏了外汇市场的作用机制。一国实行外汇管制时,也就放弃了由外汇供求关系自发调节汇率的作用机制,从而使管制下的汇率与货币的实际价值相背离,进出口商品的国内价格与国际价格相背离,因而无法进行国际比较。

（2）不利于国际分工。外汇管制实行的是奖励出口、限制进口政策,然而有些国家的部分产品在比较成本上一直不占优势,属于传统进口产品,如果都不进口,显然不利于国际分工,而我们从经济学理论中可以得知,有效率的国际分工是有利于世界经济的发展的。

（3）增加了企业和政府的费用支出。实行外汇管制的国家,企业在申请用汇的过程中,需层层审批,手续繁杂,既费时、费力,又会增加额外支出,从而使进出口商品的成本提高。另外,外汇管制越严,管制的项目越多,外汇管理机构的任务也就越重,因而所要支付的行政费用也会相应增加。

（4）阻碍了国际贸易的正常发展。在世界各国普遍实行外汇管制的条件下,各国货币不能实行自由兑换,因而不能进行多边结算,这给国际商人从事多边贸易造成了很大的人为障碍,显然不利于国际贸易的发展。

（5）加剧了国家之间的经济摩擦。世界各国为了扩大商品生产,增加出口,必然要在国外寻找原材料和产品销售市场。如果世界各国普遍实行外汇管制,彼此都采用"奖出限入"的政策,就会增加各国之间的经济摩擦和利益冲突,影响世界经济和金融格局的稳定。

第二节
外汇管制的内容与措施

一、外汇管制的内容

1. 贸易外汇管制

贸易收支,通常在一国国际收支中所占比例最大。因此,实行严格外汇管制的国家大多对这一项目实行严格管制。

出口外汇管制一般都规定出口商须将其所得外汇结售给指定银行。出口商须向外汇管制当局申报出口价款、结算所使用的货币、支付方式和期限等,而在收到出口货款后又须向外汇管制机构申报,并按官方汇率将全部或部分外汇结售给外汇指定银行。

在进口外汇管制方面,一般由有关当局签发进口许可证,即进口商只有获得进口许可证才能购买进口所需外汇。此外,还有征收购买外汇税、限制支付进口的币种等方法。

2. 非贸易外汇管制

实行非贸易外汇管制的目的在于集中非贸易外汇收入,限制相应的外汇支出。各国根据其国际收支状况,一般在不同时期实行宽严程度不同的非贸易外汇管制。

非贸易外汇收支范围很广,涉及劳务收支、经常性转移收支。不过,与贸易有关的运输费、保险费和银行手续费等属于进出口贸易的从属费用,基本按照贸易外汇管制办法处理,一般无须再通过核准手续,即可由指定银行供汇或收汇。对其他各类非贸易外汇收支,都要向指定银行报告或得到其核准。

3. 资本输出/入管制

资本和金融账户是国际收支的一个重要内容,因此,无论是发达国家还是发展中国家,都非常重视资本的输出/入,并根据不同的需要对资本输出/入实行不同程度的管制。

发展中国家由于外汇资金短缺,一般都实施各种优惠政策,积极引进对发展本国民族经济有利的外国资金。例如,对外商投资企业给予减免税收优惠并允许其利润汇出等。为了保证资本输入的效果,有些发展中国家还采取以下措施:①规定资本输入的额度、期限和投资部门;②将国外借款的一定比例在一定期限内存放在管汇银行;③银行从国外借款不能超过其资本与准备金的一定比例;④规定接受外国投资的最低额度等。过去,发展中国家都严格管制资本输出,一般不允许个人和企业自由输出(或汇出)外汇资金。但是,近十几年来,随着区域经济一体化和贸易集团化趋势的出现,以及本国经济实力的不断增强、国际储备的不断增加和本国品牌国际知名度的扩大,不少发展中国家(包括中国)开始积极向海外投资,以期通过直接投资来打破地区封锁、避免国外的反倾销政策,同时也可缓解本币升值对本国出口带来的竞争压力。

相对而言,发达国家对资本输出/入采取的限制性措施较少,即使采取一些措施,也是为了减少其本币汇率升值的压力,缓和国际储备所承受的管理压力。例如,日本等一些国家,当其国际收支出现巨额顺差时,其本国货币汇率趋于升值,并可能成为国际投机资本的主要冲击对象,并且这些国家国际储备的增长,又会在一定程度上加剧本国的通货膨胀,于是,它们便采取一些限制资本输入的措施。这些措施包括:①规定银行吸收非居民存款缴纳较高的存款准备金;②规定银行对非居民存款不付利息或倒收利息;③限制非居民购买本国的有价证券,等等。与此同时,发达国家积极鼓励资本输出。例如,日本从 1972 年起对非居民购买外国有价证券和投资于外国的不动产实行完全自由化等。必须指出的是,虽然限制资本输入、鼓励资本输出是发达国家的一个总特点,但根据不同时期国际收支和本国货币汇率状况,上述措施在运用过程中有时宽松,有时严格,经常被各国政府灵活运用。

4. 货币兑换管制

1) 自由兑换的含义与分类

经常账户和资本与金融账户的管制是以货币兑换管制为基本前提的。如果一国货币是自由兑换货币,那么,经常账户和资本与金融账户的管制便难以进行。

所谓自由兑换,是指在外汇市场上,能自由地用本国货币购买(兑换)某种外国货币,或用某种外国货币购买(兑换)本国货币。货币自由兑换,按范围可分为贸易项目、非贸易项目和资本与金融账户下的自由兑换;按对象可分为企业用汇和个人用汇的自由兑换;按程度可分为完全的和局部有限的自由兑换;按照国际货币基金组织的定义,一国货币若能实现经常账户下的货币自由兑换,则该国货币被列为可兑换货币。

2) 管制货币兑换的原因

货币兑换管制是外汇管制的最主要、最基本的管制。发达国家和发展中国家实施货币管制的原因可归纳为以下几个方面。

(1) 外汇短缺,即外汇供不应求。导致国家外汇短缺的原因很多,例如,西欧和日本在 20 世纪中期外汇短缺是由于第二次世界大战的破坏,工业生产能力未完全恢复造成的;大多数发展中国家的外汇短缺是由于经济发展落后、出口创汇能力差引起的。

(2) 金融秩序的混乱与失控。导致金融秩序混乱的因素是多方面的,就其国内原因而言,一般与货币长期高估有关,而货币的高估又与货币发行量过度增加有关。货币高估诱发人们对该种货币的贬值预期,从而引起人们抛售该货币。而当抛售达到一定规模致使该国政府的外汇储备减少到一定程度时,管制便应运而生。

(3) 经济体制及价格体系的差异。货币自由兑换意味着国内市场与国际市场、国内价格体系与国际价格体系联结得更为紧密。这种联结势必会对国内经济的运行及各种比价关系造成冲击。因此,在国内的经济体制和价格体系与外部世界存在较大差异的情况下,货币自由兑换的难度很大。

5. 汇率管制

汇率机制涉及汇率制度、汇率水平和汇率种类三方面内容。

由于汇率制度在前面已经阐述,在此不再赘述。汇率水平管制是指在浮动汇率制度

或固定汇率制下,对本国货币与外国货币的汇率水平进行管制,包括汇率水平的确定和调整。汇率水平管制考虑的主要因素是汇率水平的决定基础、汇率政策的主要目标及汇率水平变动的经济影响。由于这三方面的问题在前面都已阐述,所以,这里着重讨论汇率种类管制。汇率种类管制是指实行单一汇率或复汇率。下面着重讨论复汇率。

1) 复汇率的含义

复汇率是指一国实行两种或两种以上高低不同的汇率,即双重汇率和多种汇率。

2) 复汇率的类型

复汇率按适用对象可分为两类:一类是贸易及非贸易汇率,即经常账户汇率,它通常相对稳定;另一类是金融汇率,又称资本账户汇率,它通常由市场供求关系决定,政府对此不加以干涉。

实行这种类型的复汇率的原因,通常是国内金融秩序混乱、短期资本流动过于频繁。因此,为了稳定进出口和物价,政府便对贸易和非贸易汇率进行干预,以便让其稳定在一个理想的水平上。

复汇率按适用行业或商品种类可分为鼓励出口与限制进口的本币低汇率、适用一般性出口和进口的一般汇率,以及鼓励进口与限制出口的本币高汇率等差别汇率。

采用这种类型的复汇率的主要原因在于,需求弹性不可能在所有进出口商品的种类中完全一致,即有的高、有的低,所以,根据不同种类进出口商品的需求弹性差异而采取不同的汇率,能使汇率真正起到经济杠杆的作用。此外,这种方法对某些行业或商品生产给予特殊鼓励,而对另外的某些行业或商品进口予以限制,从而可以更好地调整本国的产业结构。

复汇率按表现形式可分为公开的和隐蔽的复汇率。隐蔽的复汇率又有多种表现形式。第一种形式是对出口按商品种类分别给予不同的财政补贴或税收减免,因而产生不同的实际汇率。第二种形式是官方汇率与市场汇率混合使用。在一国已经存在官方汇率和市场汇的条件下,对不同企业或不同的出口商品实行不同的外汇留成比例,允许企业将其留成外汇在市场上按照市场汇率换成本国货币。其实这等于是变相的出口补贴,对不同的企业规定不同的留成比例,实际上就是对它们实行高低不同的复汇率。

3) 复汇率的弊端

至今,国际货币基金组织仍有几十个国家实行复汇率。实行复汇率的实践证明它有许多弊端。

(1) 管理成本较高。由于汇率种类繁多,势必要耗费大量的人力成本。管理人员主观意识上的缺陷、官僚作风及信息不畅通等都会导致复汇率的错误运用,使经济运行的整体效益下降。

(2) 复汇率是一种歧视性的金融措施,容易引起国际矛盾和别国的报复,不利于国际经济合作和国际贸易的正常发展。

(3) 复汇率使价格扭曲。多种汇率导致多种商品价格,从而使价格关系变得复杂和扭曲。

(4) 导致不公平竞争。复汇率在某种意义上讲是一种变相的财政补贴,因而使不同企业处在不同的竞争地位,不利于建立公平竞争关系及形成透明的市场关系。

从第二次世界大战后世界各国的历史来看,实行复汇率的频率相当高,但是,终止复汇率的频率也相当高,即复汇率被经常性地作为一种权宜之计或过渡性措施利用,较少国家长期实行某种特殊形式的复汇率制度。

6.黄金输出/入管制

实行外汇管制的国家,一般都禁止私人输出/入黄金等贵金属,有的国家对出售黄金实施征税,但对输入黄金等贵金属不作限制。

二、外汇管制的方法与措施

外汇管制的方法多种多样,归纳起来不外乎数量管制和价格管制两种。

1.数量管制

数量管制是指对外汇买卖的数量进行限制。通过数量管制来集中外汇收入,控制外汇支出,对外汇进行统筹统配。具体方式主要有外汇结汇控制和外汇配给控制。外汇结汇控制是指当局为集中外汇收入,强制外汇收入者将获得的外汇按官价向指定银行全部或部分出售。其控制办法主要为出口结汇制。外汇配给控制是指当局为控制外汇支出,根据用汇方向的优先等级对有限的外汇资金在各个用汇方向之间进行分配。其控制办法主要为进口申请批汇制。

2.价格管制

价格管制是指对外汇买卖的价格即汇率进行限制。通过汇率管制来保障外汇供给,限制外汇需求,维持汇率稳定,保障国内经济的顺利发展。

汇率管制又可采取直接管制或间接管制的方式。

1)间接管制

间接管制是指以外汇基金作为缓冲体来稳定汇率水平。最常用的办法是在中央银行建立外汇平准基金。中央银行利用该基金进入外汇市场买卖外汇以稳定汇率。这种外汇买卖活动,虽然可对汇率波动起到缓冲和稳定作用,但有关部门并不直接规定汇率幅度,所以是一种对汇率的间接管理。这种管制对改善国际收支的短期效果较好,而对改善长期性逆差的效果不大,因为外汇平准基金的数额总是有限的,无法满足长期持续性的外汇需求。

2)直接管制

直接管制主要是规定各项外汇收支按何种汇率进行交易,通常采取本币定值过高和复汇率制的方式。

一国为了鼓励先进机械设备进口,促进经济发展,或者为了维持本国的物价稳定,控制通货膨胀,或者为了减轻政府的外债负担等原因,通常会采取本币定值过高的管制措施。本币定值过高,外汇需求被人为压制,这样,无法从官方渠道获得的外汇需求就会经外汇黑市获得,并由此形成较官方汇率高的外汇黑市汇率。官方汇率和黑市汇率的并存,实际上就是一种客观上的复汇率制,但这种复汇率制不是作为外汇管制的措施出现的,而是外汇管制的结果。

复汇率制根据需要对不同的交易实行歧视性待遇,其原则是对需要鼓励的交易规定优惠的汇率,对需要限制的交易则规定不利的汇率。复汇率制采取公开和隐蔽的形式。

所谓公开的复汇率制,是指当局对外汇汇率人为规定两个或两个以上汇率,明确规定不同交易适用不同汇率的制度。其主要表现形式有实行法定的差别汇率、官方汇率与市场汇率混合使用等。如我国在 1981—1984 年公开制定的人民币外汇牌价和贸易外汇内部结算价就是一种公开的复汇率制。隐蔽的复汇率制主要包括以下几种。

(1) 对出口商品按不同类别给予不同的财政补贴(或税收减免),由此导致不同的实际汇率。

(2) 采用影子汇率。影子汇率实际上是附在不同种类商品之后的一个不同折算系数。如某类商品的国内平均单位生产成本是 8 元人民币,国外售价 1 美元,官方汇率为5.8,通过官方汇率只能弥补该单位产品的 5.8 元人民币生产成本。为鼓励出口,就在该类商品的官方汇率之后附加上一个 1.5 的折算系数,这样该商品出口后,1 美元便可换到8.7(1.5×5.8)元人民币,由此达到鼓励出口的目的。不同种类的进出口商品成本不同,往往有不同的影子汇率,影子汇率就形成实际上的复汇率。

(3) 实行外汇转移证或外汇留成制度。即在一国已存在官方汇率和市场汇率两种汇率的前提下,对不同的企业或不同的出口商品实行不同的外汇留成比例,并允许企业将留成的外汇在市场上按市场汇率换成本国货币。由于市场汇率往往高于官方汇率,所以这种做法的结果,实际上是政府机构给企业一种变相的补贴,且不同的留成比例形成了事实上的多重汇率。此外,对某些进口商品和非贸易业务的一部分或全部的外汇支出,不能按官方汇率向指定银行购买,企业只得按较高的汇率(市场汇率)在外汇市场上购买他人出售的留成外汇,从而增大了企业的进口成本,客观上是对进口商实行另一种汇率,达到政府奖出限入的目的。

隐蔽的复汇率制是其他制度、措施(贸易管制、税收管制、外汇的数量管制)实施的一种必然结果,因而不是作为一种外汇管制的价格措施出现的,只有公开的复汇率制才是作为外汇管制的价格措施出现的。

第三节
外汇管制与货币自由兑换

一、货币自由兑换的含义

一国货币的可兑换是针对外汇管制而言的。

所谓货币自由兑换,是指在外汇市场上能自由地用本国货币购买(兑换)某种外国货币,或用某种外国货币购买(兑换)本国货币。美国著名经济学家格林沃尔主编的《现代经济词典》把货币可自由兑换定义为:"一国通货的持有者可以为任何目的而将所持有的通货按汇率兑换成另一国通货的权利。在通货完全可兑换的情况下,即使在国际收支出现逆差的时候,也保证持有任何国家通货的任何人享有无限制的通货兑换权。"该定义具有较高的权威性和较大的影响,概括了货币可自由兑换的三个关键性特征:

(1) 货币可自由兑换的核心问题是通货兑换权,即一国通货持有者可以为任何目的而将持有的通货按照市场汇率兑换成另一通货的权利;

(2) 通货兑换权是无限制的,表现在持有者、币种、数量、目的、价格和时间六个方面都没有任何限制;

(3) 通货兑换权是国家和有关法律保证的权利。

这一定义是一种完全的货币可自由兑换,这表现在国家对通货兑换权的六个方面的无限制和国家对此的一般"保证"上。迄今为止,世界上还没有哪一个国家达到这样高的货币可自由兑换程度。因为各国对通货兑换的对象、币种、数量、目的、价格、时间方面总有不同程度的限制。货币可自由兑换程度主要取决于一国的经济实力,同时也是一国外汇管理制度和政策选择的结果。实际上,由于国际经济环境不同,各国经济发达程度和社会经济金融条件不一样,不同国家或同一国家的不同时期都采取了各种各样的措施和手段来限制货币可兑换,造成了各种不同类型的货币可兑换形式。根据产生货币可自由兑换需要的国际经济交易的性质的不同,可将货币的自由兑换分为经常项目下的货币可自由兑换和资本项目下的货币可自由兑换。

经常项目下的货币可自由兑换是指对国际收支中经常账户的外汇支付和转移的汇兑实行无限制的兑换,即如果一国对经常项目下的对外支付解除了限制或管制,则该国货币就实现了经常项目下的货币可自由兑换。国际货币基金组织在其章程第八条第二、三、四条款中,规定凡是能够实现不对经常性支付和资金转移施加限制、不实行歧视性货币措施或多重汇率、能够兑付外国持有的在经常交易中所取得的本国货币的国家,该国货币就是经常项目下的可自由兑换货币,也即承担了国际货币基金组织协议的第八条所规定的义务,成为"第八条款国"。此外,国际货币基金组织还规定实现经常项目下的货币可自由兑换应对以下四项内容的支付不加限制:①所有与对外贸易、包括服务在内的其他经常性业务以及正常的短期银行信贷业务有关的对外支付;②应付的贷款利息和其他投资收入;③数额不大的偿还贷款本金或摊提直接投资折旧的支付;④数额不大的家庭生活费用汇款。

资本项目下的货币可自由兑换,又称为资本与金融项目下的货币可自由兑换,是指对资本流入和流出的兑换均无限制。具体包括:①避免限制内资投资境外或者外资投资境内所需转移的外汇数量;②避免到国外投资的内资购汇流出或者相应外汇流入结转内资的审批或限制;③避免限制资本返还或者外债偿还汇出;④避免实行与资本交易有关的多重汇率制度。随着国际金融市场的一体化,各国都放宽了对资本项目的管理。但是,实现资本项目下的货币可兑换对一国的各个方面的条件要求,要比实现经常项目下的货币可自由兑换困难得多。因此,1997年在香港举行的年会上,国际货币基金组织确定了推动各国实行资本与金融项目下的货币可自由兑换的目标。在实行资本项目下的货币可兑换的国家中,绝大多数是西方发达资本主义工业国家,发展中国家和地区所占的比例很小。

二、货币可自由兑换的条件

从各国的经验来看,实现货币可自由兑换的过程是漫长的。只有条件成熟时才能实现货币的自由兑换。概括地讲,一国货币能成功地实行自由兑换(特别是资本与金融账户下的自由兑换),应基本具备以下几个条件。

1. 稳定的宏观经济条件

当前的世界经济是国家间相互依存的经济。货币可自由兑换后,商品与资本的跨国流动会对宏观经济形成各种形式的冲击,这就要求宏观经济不仅在可自由兑换前能保持稳定,而且具备可自由兑换后对各种冲击进行及时调整的能力。一国宏观经济是否健康,可从如下三个方面进行考察。

1) 稳定的宏观经济形势

稳定的宏观经济形势要求一国经济运行处于正常有序状况,没有严重通货膨胀等经济过热现象,不存在大量失业等经济萧条问题,政府的财政赤字处于可控制的范围内,金融领域也不存在银行巨额不良资产、乱集资等混乱现象。这种稳定并不是指货币可自由兑换前瞬间的稳定,而是指实现货币可自由兑换前和可自由兑换后相当长一段时期内的稳定,我们要从制度上建立防止产生各种经济不稳定状况的制约机制。

2) 有效的经济自发调节机制

经济中存在的自发调节机制实际上就是市场机制,它的有效性取决于市场发育程度,它一般要求一国具有一体化的、有深度的、有效率的市场体系。从商品市场看,这一市场上的价格应能充分反映真实供求状况,不存在价格扭曲因素,能灵敏及时地反映市场上各种要素的变动;能与国际市场上的价格状况保持一致,不会产生过大的差异。从金融市场上看,则要求金融市场上的价格(利率及汇率)不存在被压制及扭曲的现象;金融市场上的交易工具品种众多,金融市场上的交易者也很多,不存在寡头垄断现象;金融市场上的交易活跃、价格富有弹性。

3) 成熟的宏观调控能力

在货币自由兑换的进程中及其实现之后,政府必须能娴熟地运用宏观政策工具对经济进行调控,以应付各种复杂的局面,这就对政府的政策运用提出了三个要求:各种政策工具要具有可以灵活运用的客观条件;政府要具有进行宏观调控的丰富的实践经验与高超的操作技巧,能够针对经济的具体情况做出有针对性的决策;政府的政策应建立起言行一致的良好声誉,不具有通货膨胀倾向,这样才可使其以后的决策达到预期效果。

2. 健全的微观经济主体

宏观经济状况是以微观经济主体为前提的,而且从长远看取决于后者。一国的微观经济主体主要是企业。在一国货币自由兑换后,企业将面临来自国内外同类企业非常激烈的竞争,它们的生存与发展状况直接决定了货币自由兑换的可行性。因此对微观经济主体的塑造也是极为重要的。从一般企业来看,对它的要求体现在制度与技术两个方面,这两者之间又是相互联系的。从制度上看,要求企业是真正自负盈亏、自我约束的利益主体,能够对价格变动做出及时反应。从技术上看,要求企业具有较高的劳动生产率,其产品能够在国际范围内具有一定的竞争力。对于大部分发展中国家来说,它们普遍存在为数众多的技术水平落后、效率低下的国有企业,这不仅会导致政府的巨额财政补贴支出从而恶化财政状况,形成巨额的银行不良资产,而且会在货币自由兑换后因缺乏竞争力而导致国际收支状况恶化,经济内外均衡难以维持。一国商业银行经营状况好坏对实现资本与金融账户下自由兑换的意义更为重大。一国商业银行应该经营状况良好,资本充足,不良资产比例控制在一定限度内。否则,在资本与金融账户自由兑换后,存在大量不良资产的银行会通过向国外借款以维持其运转,这极易造成一国对外过度借贷而引起外债偿付困难。而且更为重要的是,在国外金融机构可以与本国金融机构开展竞争的情况下,本国银行的不良资产比例过高,将会使居民将存款从本国银行大量提出转存到国外银行,这会加剧本国商业银行经营状况的恶化。上述情况极易使一国出现债务危机、货币危机等一系列问题,从而构成货币自由兑换的巨大障碍。

3. 合适的汇率制度和汇率水平

汇率制度和汇率水平是开放经济中联结国内外经济的重要变量。它们对经济变量的相互作用方式、传导路径以及政策的效力有重大的影响。合适的汇率制度和汇率水平不仅是货币可自由兑换的前提,也是货币可自由兑换后保持汇率稳定的重要条件。一般来说,在资本可以自由流动时,选择具有更多浮动汇率特征的汇率制度更为合适。合理汇率水平的选择牵涉一系列因素,我们在之前已经对此进行了详细分析。

4. 外汇短缺的消除和具有可维持性的国际收支结构

在货币自由兑换后,政府很难以直接管制方式强有力地控制各种国际经济交易,因此国际收支的可维持性问题显得格外突出。国际收支可维持性的要求之一是消除外汇短缺,即实现外汇收支在趋势上的大体平衡,尤其是要将经常账户中的外汇短缺基本消除,否则在资本与金融账户开放后,经济意义上的外汇短缺将转化为统计意义上的收支平衡,导致持续的经常账户赤字及外汇债务的上升。而外汇短缺的消除从根本上讲取决于本国企业的国际竞争力。国际收支可维持性的要求之二是具有充足的国际储备。在货币实现自由兑换后,为了应付随时可能发生的兑换要求,维持外汇市场和汇率的相对稳定,政府必须保有较充分的国际储备,尤其是外汇储备。这是一种传统上的条件。

5. 高效、稳健的金融监管

金融部门的自由化改革并不等于对金融市场采取放任自流的态度。有关银行监管的理论告诉我们:在一个充满不确定性、信息不完全和不对称的金融市场中,银行的股东和存款户不能很好地监督银行管理者的行为,银行的管理者同样不能很好地监督债务人的行为,从而在这两对关系中,都存在道德风险和逆向选择的问题。所以,银行的管理者和债权人完全可以为自己的利益最大化进行风险极大的资金运用活动。为保证股东和存款户的利益,金融监管当局有责任进行监管。这是实行有效的金融监管的微观原因。

有关宏观金融的理论又告诉我们:金融部门不同于其他部门,政府往往不能允许金融机构的大范围破产。因为银行是经济中提供信贷和货币服务的唯一机构,它的产品和服务具有不可替代性。银行的产品和服务的数量减少或停止供应会对经济产生不可想象的破坏作用。并且,当代的经济是建立在银行向其他部门"透支"的信用基础上的,而银行提供信用的能力建立在存款的部分准备金制度上,从而金融部门有其内生的脆弱性。单个金融机构的破产有可能引发整个金融体系的危机。为维护整个宏观经济的稳定和健康发展,金融监管机构同样有责任进行监管,这是实行有效的金融监管的宏观原因。

总之,一国实现全面货币可兑换条件需要较长的时间,积累起较为充分的条件。但是,没有一个国家是在所有理论上的条件都具备以后再推进货币可自由兑换的,而是在不断推进货币可自由兑换过程中不断创造条件的。因此,不宜笼统地用货币可兑换的条件来约束货币可兑换的过程。不具备完全可兑换的条件,但是可能具备经常项目货币可兑换的条件;在贸易项目可兑换条件不具备的时候,可能非贸易或其中侨汇等小项目具备可兑换条件。实事求是地对待货币可兑换的条件,在推进货币可兑换过程中创造和改善条件,将会有利于加快实现货币可兑换的进程。

三、人民币的可自由兑换问题

1. 人民币经常项目可兑换的进程

1) 1994 年外汇体制改革,人民币实现经常项目的部分可兑换

1994 年我国的外汇管理体制改革在实施中实际分为两个步骤。①1994 年 1 月 1 日起实施的改革措施,包括:人民币汇率实现并轨;外汇券停止发行,并逐步收回;禁止在境内以外币计价流通;取消外汇留成和上缴制度,中资企业开始向银行结汇。②从 1994 年 4 月 1 日起,银行间外汇市场正式成立运转,银行结售汇制度正式实施,各外汇指定银行基于中国人民银行规定的基准汇率自行确定挂牌汇率,对中资企业实行结售汇,取代过去的外汇调剂市场,中资企业从即日起不再进入外汇调剂市场,但外商投资企业仍继续到外汇调剂中心买卖外汇。

1994 年外汇体制改革实现了所有主要预期目标:进出口额均有大幅增长;我国外汇储备明显增加;人民币汇率稳中有升,对人民币的信心开始增强;取消对经常项目收支的多重汇率制和对境内中资企业、机关、团体在经常项目下的正常用汇的计划审批,实现了人民币在经常项目下的部分可兑换。所谓部分可兑换,是指对外商投资企业和个人在经常项目下的用汇还有一定的限制。但这次改革已为人民币实现经常项目可兑换奠定了坚实的基础。

2) 1996 年外汇体制改革,人民币实现经常项目可兑换

(1) 1996 年 1 月 29 日,中国人民银行颁布《中华人民共和国外汇管理条例》,从 4 月 1 日起正式实施。

(2) 从 1996 年 3 月 1 日起,经国务院批准,在江苏省、上海市、大连市和深圳市对外商投资企业实行银行结售汇的试点,国家外汇管理局发布《境内居民因私兑换外汇办法》,从 7 月 1 日起正式实施,消除了对因私用汇的汇兑限制,扩大了供汇范围,提高了供汇标准,超过标准的购汇在经国家外汇管理局审核真实性后即可购汇。

(3) 1996 年 7 月以前,外商投资企业的外汇买卖,仍需委托外汇指定银行通过当地外汇调剂中心办理,统一按照银行间外汇市场的汇率结算。1996 年 6 月 30 日,中国人民银行颁布《结汇、售汇及付汇管理规定》,宣布将外商投资企业纳入银行结售汇体系。从 7 月 1 日起,国家取消了外商投资企业的经常性用汇限制,允许其保留一定比例的经常性外汇收入,并允许在华外资银行和中外合资银行办理外商投资企业的结售汇及付汇

业务。

(4) 1996 年,我国还取消了出入境展览、招商等非贸易经常性用汇的限制,并允许驻华机构、来华人员的合法人民币收入可兑换成外汇汇出。

1996 年 11 月 27 日,时任中国人民银行行长戴相龙正式致函国际货币基金组织,宣布中国自 1996 年 12 月 1 日起,接受国际货币基金组织协定第八条第 2、3、4 款的义务,实现人民币经常项目下的可兑换。

3) 2005 年中国外汇管理制度又开始了新一轮改革

(1) 改革人民币汇率制度。人民币汇率不再钉住单一美元,形成更富弹性和市场化的人民币汇率制度。中国政府坚持人民币汇率改革的主动性、可控性和渐进性三原则。逐步调整汇率水平,同时调整汇率基准价格和挂牌汇价体系,适度扩大人民币的汇率浮动区间。

(2) 进一步改革外汇账户限额管理乃至取消强制性结汇制度。自 2002 年起,逐步扩大企业留成外汇的比例。2005 年扩大了按实际外汇收入 100% 核定经常项目外汇账户限额的企业范围,同时外汇支出占外汇收入的比例在 80% 以上的,由 50% 提高到 80%。2006 年外汇账户限额统一调整为按上年度经常项目外汇收入的 80% 与经常项目外汇支出 50% 之和确定。2007 年 8 月取消了经常项目外汇账户限额管理,境内机构可根据自身经营需要,自行保留其经常项目外汇收入。以此为标志,我国自 1994 年沿袭 13 年之久的强制结汇制退出历史舞台。

(3) 不断完善外汇交易制度。增加交易主体,允许符合条件的非金融企业和非银行金融机构进入即期银行间外汇市场,将银行对客户的远期结售汇业务扩大到所有银行。引进美元做市商制度,在银行间市场引进询价交易机制;引进人民币对外币掉期交易业务;开办远期和掉期外汇交易,增加银行间市场的交易品种;实行银行结售汇综合头寸管理,增加银行体系的总限额;调整银行汇价管理办法,扩大银行间市场非美元货币的波动幅度,取消银行对客户非美元货币挂牌汇率浮动区间的限制,扩大美元现汇与现钞买卖差价,允许一日多价等。

(4) 调整中国的外汇储备管理制度。自 2005 年外汇体制改革以来,我国外汇储备增长迅速。2006 年,外汇储备突破了 1 万亿美元,2008 年增长至 19460.30 亿美元,2010 年达到 28473.38 亿美元,2012 年为 33115.89 亿美元,2016 年 3 月国家外汇储备余额为 32125.79 亿美元。庞大的外汇储备表明我国具有充裕的国际支付能力,增强了对外支付和调节国际收支的能力,提高了我国的国际资信力和抵御国际金融风险的能力,为我国外汇制度改革提供了坚实基础。但是高额外汇储备也产生了较高的外汇风险和持有成本。需要通过持续的外汇管理制度改革来优化外汇储备资产结构和提高收益。

2. 人民币经常项目可兑换的意义

人民币实现经常项目可兑换是我国综合国力增强的具体表现,是我国外汇管理体制改革的里程碑,其意义极为深远。

(1) 有利于我国与国际社会进行政治上的交往,塑造我国良好的对外开放形象,进一步增加人们对人民币币值稳定的信心。

(2) 有利于改善外商投资和经营环境,为外国投资者的合法收益提供充分的法律保

障,减少外商投资的汇兑风险,增强外国投资者的信心,从而有利于我国更好地利用外资。

(3)有利于我国对外经济和文化交往,促进我国进一步融入世界经济的主流;同时取消对经常项目交易兑换的限制,减少了审批环节,从而有利于加快资金周转,提高资金使用效率,为我国更多地参加对外经济交往创造条件。

(4)有利于我国更广泛地参与国际竞争,促进深化改革和建立现代企业制度,完善国内市场机制,加快社会主义市场经济建设的步伐。

3. 人民币资本项目可兑换的进程

实现包括资本项目可兑换在内的人民币完全自由兑换,是我国外汇管理体制改革的长期目标。自20世纪90年代初以来,我国一直在积极有序地推进人民币资本项目可兑换,然而一波三折,进展缓慢。

1)资本项目可兑换的暂时搁置

1996年我国实现人民币经常项目可兑换之后,资本项目可兑换就提上了议事日程。然而,其进程却比较缓慢,其中主要原因之一是亚洲金融危机的影响。1997年4月开始,泰国金融市场开始出现问题,亚洲金融危机爆发。亚洲金融危机对资本项目可兑换进程产生了两个直接影响。一是支持资本管制的观点逐占上风。例如,1998年,国际经济学家贾格迪什·巴格瓦蒂(Jagdish Bhagwat)指出,在信息不完全的条件下,资本的自由流动将加大市场扭曲、制造道德风险、鼓励过度投机并最终导致成本高昂的重大危机;1999年诺贝尔经济学奖得主斯蒂格利茨指出,市场波动是不可避免的,发展中国家应该对此进行管理,其中包括对资本流动施加某种限制。二是为支持亚洲国家渡过难关,我国政府明确宣布人民币不贬值,在周边国家货币竞相贬值和国内金融稳定形势比较严峻的情况下,我国政府为此付出了高昂代价。为此,资本项目可兑换进程就不得不暂时搁置了。

2)资本项目可兑换的再次提出和日益重视

2001年12月11日,中国正式加入世界贸易组织。这标志着中国对外开放步入一个新的发展阶段,人民币资本项目可兑换问题由此再次成为世人关注的焦点,也引起政府的再次重视。2003年10月,党的十六届三中全会正式重新提出资本项目可兑换问题。这次全会决定明确提出,要"在有效防范风险前提下,有选择、分步骤放宽对跨境资本交易活动的限制,逐步实现资本项目可兑换"。2006年3月,国家"十一五"规划纲要进一步指出:"完善有管理的浮动汇率制度,逐步实现人民币资本项目可兑换。"这是我国首次将人民币资本项目可兑换问题纳入国民经济和社会发展五年规划。2007年10月,党的十七大报告再次强调"逐步实现资本项目可兑换"。不过,由于受2008年国际金融危机的影响和对资本项目可兑换条件的考虑,"十一五"期间,我国在资本项目可兑换方面的进程也比较缓慢。

"十二五"期间,党和国家更加重视资本项目可兑换问题。2011年3月,国家"十二五"规划纲要提出:"完善以市场供求为基础的有管理的浮动汇率制度,推进外汇管理体制改革,扩大人民币跨境使用,逐步实现人民币资本项目可兑换。"2012年11月,党的十八大报告再一次提出,全面深化经济体制改革,要"深化金融体制改革,健全促进宏观经济稳定、支持实体经济发展的现代金融体系,加快发展多层次资本市场,稳步推进利率和汇率市场化改革,逐步实现人民币资本项目可兑换"。2013 年 10 月,党的十八届三中全会决定进一步强调提出,完善金融市场体系,要"推动资本市场双向开放,有序提高跨境资本和金融交易可兑换程度,建立健全宏观审慎管理框架下的外债和资本流动管理体系,加快实现人民币资本项目可兑换"。这是一个重大的理论创新,从"逐步实现"到"加快实现",尽管只有一词之差,却不仅具有重大的现实意义,而且对未来推进人民币资本项目可兑换工作提出了更高要求。央行行长周小川在出席 2015 中国发展高层论坛时表示,目前正在通过三方面工作推进人民币资本项目可兑换。2015 年 10 月 21 日,国务院常务会议讨论通过《进一步推进中国(上海)自由贸易试验区金融开放创新试点 加快上海国际金融中心建设方案》,表示将在上海自贸区率先实现人民币资本项目可兑现。

4. 人民币资本项目可兑换的意义

加快推进人民币资本项目可兑换,是构建开放型经济体制的本质要求,其根本目的在于促进贸易投资便利化,为扩大企业及个人对外投资、确立企业及个人对外投资主体地位创造有利条件,对加快企业"走出去"、助推人民币国际化和加快经济转型升级等均具有重大的现实意义。

1) 有利于加快企业"走出去"

近年来,我国对外直接投资(OFDI)快速发展。这不仅体现在投资规模不断扩大方面,也体现在国际地位日益提升方面。当前和今后一段时期,加快企业"走出去"步伐和扩大对外投资对我国经济持续健康发展意义重大。为此,党的十八大报告指出,全面提高开放型经济水平,要"加快走出去步伐,增强企业国际化经营能力,培育一批世界水平的跨国公司";党的十八届三中全会决定进一步提出,要"扩大企业及个人对外投资,确立企业及个人对外投资主体地位,允许发挥自身优势到境外开展投资合作,允许自担风险到各国各地区自由承揽工程和劳务合作项目,允许创新方式走出去开展绿地投资、并购投资、证券投资、联合投资等"。根据国际投资理论,资本项目的开放与自由兑换不仅有利于我国企业的对外直接投资,也有利于并购外国企业,获取海外技术、市场和资源,提高我国企业可持续竞争能力。因此,推进人民币资本项目可兑换,对我国加快"走出去"步伐具有重大的现实意义。

2) 有利于推进人民币国际化

随着我国对外经济贸易的发展,人民币境外流通问题变得日益重要,人民币逐步走向国际舞台乃是大势所趋。这既有助于国际货币体系的完善,也是我国经济实力提升的必然要求。一方面,2008 年全球金融危机说明,美元独大的国际货币体系不利于世界经济的持续健康发展,改革国际货币体系已经成为世界各国的共识。人民币国际化有利于降低全球金融体系的系统性风险,有利于国际货币体系健康发展。另一方面,经过 30 多年的改革和发展,我国的经济实力和综合国力显著增强。目前,我国已经是经济总量全球第二、货物贸易全球第一、外汇储备全球第一、吸引外资全球第二、对外投资全球第三。一个在世界经济中具有如此影响力的经济体,其货币应该在国际舞台上扮演重要的角色。然而,人民币国际使用活跃度与主要国际货币仍然存在较大差距。

人民币资本项目可兑换是人民币国际化所必然要求的技术性条件。人民币国际化是以资本项目可兑换为基础的,资本项目可兑换本身是人民币国际化的核心内容。一种

货币如果不能自由兑换,其在国际范围内的接受程度将受到一定限制。因此,人民币资本项目可兑换也是助推人民币国际化的需要。

　　3) 有利于加快经济转型升级

　　虽然我国经济发展取得了举世瞩目的成就,但发展代价也很高,高排放、高污染、低技术含量的粗放型发展模式也越来越遇到严峻挑战。在经济结构上,过度依赖低成本优势使创新与产业升级进展缓慢,结构调整滞后,竞争力不足,进而使虚拟经济泡沫严重,实体经济失血。此外,普通制造业和出口加工业的结构使中国环境、资源矛盾尖锐,近年来范围日益扩大的雾霾天气使这一矛盾的尖锐性更加凸显。在外贸方面,由于长期倚仗货物出口增长,不仅导致国际市场结构失衡与贸易摩擦等问题,而且引发经常项目和资本项目"双顺差"过大与国民福利损失等问题。在金融上,由于某种程度上压低人民币汇率政策致使人民币价值扭曲,对外升值,对内贬值,利率高于主要贸易伙伴,引起短期资本过度流入,"双顺差"使外汇过度累积,货币政策自主性差,面临两难选择。因此,经济转型升级是当前中国经济发展的重大战略任务。

　　加快人民币资本项目可兑换有利于外贸发展方式转变与经济结构转型升级。一方面,随着我国劳动力成本上升,劳动密集型产业竞争力下降,加快人民币资本项目可兑换,有助于将部分高排放、高污染和低附加值的产能转移到劳动力更加具有比较优势的国家和地区,以提升我国产业的整体附加值水平和环境保护水平。另一方面,我国家庭投资渠道相对缺乏,大量储蓄资金不能保值增值,加快人民币资本项目可兑换,可以拓宽家庭海外投资渠道,促进家庭财富积累,提高消费水平。

　　5. 人民币自由兑换的障碍

　　(1) 人民币汇率、利率形成机制不够完善。在目前的结售汇制度下,人民币汇率水平与均衡汇率有所偏差,并未完全反映外汇市场供求。国家对市场行为主体持有、使用外汇存在着很多限制,几家大银行垄断了决定人民币汇率的银行间外汇头寸市场,使得汇率缺乏真实性。在这种情况下开放资本项目,可能会导致外汇供求失衡和外汇市场的混乱。我国现行的利率形成机制也尚未完全市场化,使得用利率杠杆调节国内资金流动的效果难以发挥,难以通过利率和汇率的相互作用调节国际资本流动。国内利率水平缺乏稳定性,并且与国际水平有一定差距。在资本项目开放以后,会产生不良影响。如当国内利率高于国际水平时,会导致大量外资涌进,冲击国内市场;而当国内利率低于国际市场利率时,又会引起资本外逃和货币贬值,严重时可导致金融危机。

　　(2) 通货膨胀的压力。近年来,适度从紧的货币政策一定程度上对通货膨胀起到控制作用,但随着财政赤字的不断增加,隐患依旧存在。在币值稳定的基础上开放资本项目,会带来大量外资流入和外汇储备的增加,从而导致外汇占款的基础货币的投放量的增加,使通货膨胀的可能性增加。

　　(3) 国内金融市场不够完善。资本项目开放将使国内外金融市场的联系更加紧密,国际金融市场的动荡会更快更直接地影响到国内金融市场,此时健全的金融市场体系就显得尤为重要。因为健全的金融市场体系能对各种冲击起到缓解作用。目前我国金融市场的发展还不够成熟,金融机构类型单一,垄断性强;金融产品种类少,交易量小;金融机构尚未建立起适应国际竞争的机制;短期货币市场与外汇市场的发育还处于初期,中央银行无法通过市场进行有效调控。

（4）微观经济主体缺乏活力。企业是微观经济活动的主体，由于长期以来的计划经济体制，在经济中占据主导地位的国有企业普遍效率低下。由于企业缺乏自主权、经营管理不当等种种原因，企业尚不具备灵活的机制来适应资本流动、资本价格变动和汇率变动带来的影响，国际竞争力不足。若此时开放资本项目，会使国有企业的处境更加艰难。虽然政府可以通过实施一些优惠政策加强对国有企业的扶植，但是会加大国企的依赖性，还会加重国家财政的负担，加大发生经济危机的可能性。

第四节
中国的外汇管理

一、中国实行外汇管理的必要性

中国是一个发展中国家，曾经在相当长的时期内外汇资金比较缺乏，因此，在较长时期里，中国曾实行了比较严格的外汇管理。随着近几年国家外汇储备的增多，尽管外汇管理的程度逐步放宽，但政府还是在短期资本和长期资本的个别项目上实行比较严格的外汇管理。从根本上讲，外汇管理是为了稳定中国的对外金融，促进国民发展及维护国家权益。具体表现在以下几个方面。

（1）实行外汇管理是中国对外经济开放的客观需要。改革开放以来，中国经济生活发生了根本性的变化，进出口贸易发展迅速，对外劳务输出/入成倍增长，利用外资增加迅猛，外汇体制改革取得了可喜的成绩。在这种改革开放形势下，如果不进行外汇管理，很容易造成热钱和资本外逃等短期资本以及证券投资等长期资本的频繁流动，并对我国外汇市场和资本市场等产生冲击。因此，在中国金融体系不够强大的背景下，必须有一定程度的外汇管理以确保国家的对外开放政策达到预期效果。

（2）实行外汇管理是实现中国国际收支平衡的需要。随着中国对外开放的程度不断加大，对外经济的收入与支出越来越频繁，数额也越来越大，这就需要进一步加强外汇管理，以实现中国的国际收支平衡。因为一国的国际收支状况是一国经济实力的体现，并反映该国的国际经济地位，如果放松或不进行外汇管理，就会造成滥用外汇、乱借外汇、套汇及逃汇等严重后果，最终将严重影响到国际收支的平衡。

（3）实行外汇管理是中国维护人民币统一市场的需要。人民币是中国内地唯一的法定货币，国内禁止一切外币流通。曾经有些年份，中国南方部分城市同时流通外汇兑换券和人民币，助长了国内一些地方非法倒卖外汇及外汇兑换券的活动，严重扰乱了金融秩序。为了维护人民币统一市场，维护中国的金融秩序，就必须加强外汇管理。外汇兑

换券于 1994 年开始停止使用。

（4）实行外汇管理是中国提高用汇经济效益的需要。由于中国曾经在较长时间内出现外汇资金短缺，所以国家要对有限的外汇资金进行管理、合理安排，用在重点建设项目上，从而提高用汇经济效益。如果放松外汇管理，将外汇资金过度分散，听任各地方和部门随意使用，那么，国家重点开发项目所需的外汇资金将得不到保证，这对经济建设是不利的。

专栏 6-2　中国收紧外汇管制　澳大利亚房地产"倒下了"

资料来源：http://wallstreetcn.com/node/223630.

二、中国现行的外汇管理体制的主要特征

中国现阶段外汇管理体制主要有六个方面的特征。

（1）人民币经常项目实现可兑换，资本项目部分实现可兑换。企业可以将经常项目下交易所取得的外汇卖给银行，也可以开立外汇账户，自主支配。同时，我国也基本放开了在服务用汇、个人用汇方面的限制。考虑到现阶段的国情和金融安全的需要，目前对资本项目下还实行一定的限制，我国对外投资尚处于逐步扩大阶段，特别是金融投资方面，投资规模较为有限。近几年来，我国加大了资本和金融账户开放的力度，尤其是证券项目的开放力度较大。2002 年以来，随着合格境内机构投资者（QDII）制度和合格境外机构投资者（QFII）制度的实施，为国外证券资本走进来、国内证券资本走出去建立了渠道。同时，在对外直接投资方面也加快了步伐，一些国内企业已成为国际市场的重要参与力量。这种局面都与近年来国家逐步放开资本和金融项目外汇管制政策有关。

（2）人民币汇率实行以市场供求为基础的、有管理的浮动汇率制度。我国在人民币汇率的安排上，始终坚持"主动性、可控性、渐进性"的原则，力求保持国家经济、金融的平稳发展。我国汇率改革的目的是让人民币汇率形成的基础越来越坚实，逐步提高汇率弹性，让更多的市场主体参与汇率形成，使汇率不断贴近市场合理均衡水平。

（3）实行统一规范的全国银行间外汇市场。目前，中国外汇市场的网络交易平台日趋发达，产品工具日益增多，并且不断创新交易机制和交易方式，市场参与主体大幅增加并更加多元化。从只有单一的竞价交易这一交易方式到 2006 年开始引入了询价交易方

式等,并逐步增加交易的品种,开展远期、掉期产品的交易,使市场价格发现的功能增强。与此同时,也着重培养、锻炼了一批具备自主定价能力的中资做市商银行以及熟悉国际、国内规则的优秀本外币交易员。

(4) 实行与国际接轨的收支统计申报制度。国际货币基金组织一直重视国际收支相关数据报表的编制质量和公布频率。我国国际收支相关数据报表从无到有、从少到多,报表质量不断提高,公布频率加大。目前,我国的国际收支相关数据报表已基本与国际接轨,其中国际收支平衡表每半年公布一次,从 2006 年开始每年公布一次国际投资头寸表,外债数据则是每季度公布一次。

(5) 实行金融机构外汇业务监管。对于外汇业务,我国采取市场准入的监管制度。由国家外汇管理局与相关金融监管机构对所有金融机构的外汇业务实行监管。其中,银监会对其所管辖的银行业金融机构以及信托公司等非金融机构实行本外币统一监管,但证券经营机构和保险经营机构的外汇业务市场准入仍然由国家外汇管理局按照人民银行的授权来实施监管。此外,国家外汇管理局通过各种制度和电子技术手段,对金融机构及企事业单位的跨境收付行为实行监测。

(6) 外汇管理法规体系不断完善。近年来,我国修订并发布了《中华人民共和国外汇管理条例》、《境外直接投资外汇管理规定》、《银行执行外汇管理规定情况考核办法》等一系列法律、法规,外汇管理框架和法规进一步健全。

三、我国外汇管理的历史发展

从改革开放以来,我国外汇管理大体可以分为三个阶段。

1. 第一阶段:有计划的商品经济时期(1979—1993 年)

十一届三中全会以后,我国开始实行改革开放,建立起有计划的商品经济,对外经济交往有了很大发展,我国外汇管理体制进行了一系列改革,使外汇管理工作进入比较完善的时期。

(1) 建立专门的外汇管理机构。1979 年 3 月,国务院批准设立国家外汇管理总局(现更名为国家外汇管理局),负责全国的外汇管理工作。

(2) 颁布了一系列外汇管理的法令条例,做到依法管理外汇。1980 年 12 月,颁布了《中华人民共和国外汇管理暂行条例》,并于 1981 年 3 月 1 日起施行。随后又颁布了一系列外汇管理实施细则及其他外汇管理办法。

(3) 实行外汇额度留成制度[①]。从 1979—1991 年,我国分配给地方部门和企业的外汇留成总额约为 1500 亿美元,对鼓励出口、调动各方面创汇积极性起到重要作用。

(4) 建立了外汇调剂市场。随着外汇留成制度的建立,为调剂企业间的外汇余缺,我国建立了外汇调剂市场。20 世纪 80 年代末,深、沪两地的外汇调剂中心建立以后,我国外汇调剂业务才得到迅速发展,外汇调剂市场汇率才真正形成。1992 年底,全国约有100 个外汇调剂中心,调剂金额达到 250 亿美元。人民币官方汇率与调剂市场汇率并存

---

① 所谓额度,是一种外汇所有权凭证。我国的外汇留成制度以额度留成为主,现汇留成只在部分地区进行过试点,并未推广开。

的双重汇率对于促进我国经济贸易发展起到一定的积极作用,但也带来一些消极影响。

(5) 建立了外债管理体制和外债统计监测系统。改革开放后,我国开始大量引进外资,到 1990 年底,我国外债余额已由 1979 年的十几亿美元上升到 4082 亿美元。从 1979 年起,我国陆续颁布了一些外资、外债的管理法令,实行对外借款的计划管理和向外借款及发行债券的窗口管理,建立了较为健全的借款审批制度、外债统计监测制度和外债担保制度。

(6) 建立了多种金融机构并存的外汇金融体系。1979 年以前,我国的外汇业务一直由中国银行独家经营。至 20 世纪 80 年代中期,一个以国家外汇专业银行为主、包括国有专业银行、外资银行、信托投资公司等非银行金融机构并存的外汇金融体系得以形成。

2. 第二阶段:社会主义市场经济建设初期(1994—2005 年)

1994 年我国外汇管理体制进行了重大改革,主要包括以下几个方面。

(1) 从 1994 年 1 月 1 日起,实现人民币官方汇率和外汇市场调剂价并轨,实行单一的、有管理的浮动汇率制。

(2) 取消外汇留成,实行外汇收入结汇制;取消计划批汇制,实行银行售汇制。

(3) 建立银行间外汇市场,改进汇率形成机制,保持人民币汇率的相对稳定。

(4) 取消外国货币在我国境内计价、结算和流通。从 1994 年 1 月 1 日起,取消任何形式的境内外币计价结算,禁止外币在境内流通,禁止外汇指定银行以外的外汇买卖,停止发行外汇券(FEC)①,并逐步兑回流通中的外汇券。

(5) 取消外汇收支的指令性计划,国家主要运用经济、法律手段实现对外汇和国际收支的宏观调控。同时建立国际收支统计申报制度,加强外汇收支和国际收支平衡状况及变化趋势的分析、预测,逐步完善国际收支宏观调控体系。

3. 第三阶段:社会主义市场经济建设中期(2005 年至今)

2005 年以来,一系列外汇管理改革措施相继出台。

1) 进一步完善人民币汇率形成机制

2005 年 7 月 21 日起,我国开始实行以市场供求为基础、参考一篮子货币进行调节、有管理的浮动汇率制度。

2008 年国际金融危机最严重的时候,许多国家货币对美元大幅贬值,而人民币汇率保持了基本稳定,为抵御国际金融危机发挥了重要作用。

2010 年 6 月 19 日,根据国内外经济金融形势和我国国际收支状况,中国人民银行决定进一步推进人民币汇率形成机制改革,人民币汇率不进行一次性重估调整,重在坚持以市场供求为基础,参考一篮子货币进行调节。继续按照已公布的外汇市场汇率浮动区间,对人民币汇率浮动进行动态管理和调节,保持人民币汇率在合理、均衡水平上的基本稳定,促进国际收支基本平衡,维护宏观经济和金融市场的稳定。

2) 强制结售汇制度退出历史舞台,企业和个人可自主保留外汇收入

强制结售汇制度是指居民取得的外汇收入必须卖给国家指定的金融机构,使用外汇

---

① 外汇券是外汇兑换券的简称,又称"兑换券"。我国自 1980 年 4 月 1 日起经国务院批准授权由中国银行发行、含有外汇价值证明的人民币代用券,与人民币等值,只能在指定商店购买商品与劳务,并非另一种货币。

时从国家指定的金融机构购买的管理安排。居民没有保留外汇、使用外汇的自主权。这一制度多被外汇资源短缺的经济体采用。

2002—2016年,我国外汇储备年均增加近3000亿美元,是1994—2001年年均增加额的12倍。顺应形势变化及市场主体实际需求,2001年起,我国通过改进外汇账户开立和限额管理,逐步扩大企业保留外汇自主权。

一是放宽企业开立外汇账户保留外汇的条件。2001年,允许符合年度出口收汇额等值200万美元以上、年度外汇支出额等值20万美元以上等条件的企业,经外汇管理部门批准后开立外汇结算账户,保留一定限额的货物出口、服务贸易等外汇收入。2002年,取消开户条件限制。2006年,进一步取消开户事前审批,企业无须经国家外汇管理局批准即可直接到银行开立经常项目外汇账户。

二是提高外汇账户内保留外汇的限额。2005年,账户限额为企业上年度经常项目外汇收入的比例由2002年的20%提高到50%或80%。2006年,按照企业上年度经常项目外汇收入的80%与经常项目外汇支出的50%之和核定限额,企业可保留的外汇限额进一步提高。2007年,取消账户限额管理,允许企业根据经营需要自主保留外汇。

2008年,修订后的《外汇管理条例》明确企业和个人可以按规定保留外汇或者将外汇卖给银行。2009年至2016年,为进一步促进贸易投资便利化,提高政策透明度,外汇管理部门大力开展法规清理,共宣布废止和失效400余份外汇管理规范性文件。涉及强制结售汇的规范性文件被宣布废止、失效或修订。目前,强制结售汇政策法规均已失去效力,在实践中不再执行。

3)进一步调整居民个人经常项目购汇政策

国家外汇管理局于2005年8月3日发布《关于调整境内居民个人经常项目下因私购汇限额及简化相关手续的通知》,以进一步满足境内居民个人正常、合理的经常项目外汇需求。为居民个人境外消费提供了一种更为便捷和安全的支付方式。

2009年11月25日,国家外汇管理局发布了《关于进一步完善个人结售汇业务管理的通知》(以下简称《通知》)。《通知》的发布,进一步完善了现行个人外汇管理政策,在不影响真实、合理的个人购、结汇需求的前提下,明确了相关管理要求,有利于遏制异常外汇资金利用个人渠道流出/入,打击外汇黑市和地下钱庄,维护规范有序的外汇市场环境。

2011年3月15日,国家外汇管理局发布《电子银行个人结售汇业务管理暂行办法》(以下简称《暂行办法》)。《暂行办法》的出台,顺应了电子银行的发展趋势,可进一步便利个人办理结售汇业务,减轻银行柜台压力,降低银行经营成本。截至2016年上半年,共有9家全国性银行开办了此项业务,电子渠道办理的个人结售汇业务量已占到全国个人结售汇业务总量的30%左右。国家外汇管理局个人外汇业务监测系统已于2016年1月1日正式上线。

4)扩大外汇指定银行远期结售汇业务和开办人民币与外币掉期业务

人民币汇率形成机制改革后,国内经济主体对市场提供更多、更好的汇率避险服务提出了更高要求,人民币对外币间远期和掉期交易成为银行为客户提供套期保值的主要汇率风险管理工具。中国人民银行于1997年允许中国银行首家试点办理远期结售汇业

务。截至 2016 年上半年,已有超过 70 家银行获准办理远期结售汇业务。

2005 年 8 月 9 日,中国人民银行发布《关于扩大外汇指定银行远期结售汇业务和开办人民币与外币掉期业务有关问题的通知》,实现了扩大办理人民币对外币远期结售汇业务银行主体,实行备案制的市场准入,银行自主报价,放开交易限制,扩大交易范围。

2006 年 10 月 20 日,国家外汇管理局发布《关于外汇指定银行对客户远期结售汇业务和人民币与外币掉期业务有关外汇管理问题的通知》。明确了进一步放开交易范围限制,简化了管理手续,明确了银行对远期结售汇业务和掉期业务交易敞口的处理,明确了居民个人可以在银行办理符合规定的人民币购汇境外理财或投资项下外汇收支的避险保值。

此外,还允许银行对客户办理不涉及利率互换的人民币与外币掉期业务。凡获准办理远期结售汇业务 6 个月以上的银行,向国家外汇管理局备案后即可办理掉期业务。截至 2016 年上半年,已有逾 50 家银行获准办理人民币与外币掉期业务。掉期业务的定价方式、交易期限结构等管理规定与远期结售汇业务一致。在交易范围方面,除远期结售汇业务规定的各项交易外,还根据掉期业务的特殊性,适当增加了部分交易范围。同时,明确了银行对客户办理远期结售汇业务和人民币与外币掉期业务的相关交易应遵守外汇管理规定,保证外汇收支的真实性和合规性。管理部门将通过对市场非现场监管,提升防范市场风险的能力。

5)进一步推进银行间外汇市场发展

2005 年 8 月 10 日,中国人民银行发布《关于加快发展外汇市场有关问题的通知》,进一步推进了我国银行间外汇市场的发展。同时要求市场主体建立健全内部管理制度和风险防范机制,管理部门将进行逐日监管,控制交易风险。

2012 年 6 月 4 日,国家外汇管理局发布《关于调整银行间外汇市场部分业务管理的通知》,宣布将自 6 月 11 日起简化外汇掉期和货币掉期业务的市场准入管理,增加货币掉期业务的本金交换形式。

2015 年 10 月,李克强总理在夏季达沃斯论坛开幕式上发表特别致辞时说,将允许境外央行类机构直接进入银行间外汇市场,稳步推进金融改革。

6)实行结售汇综合头寸管理

我国 1994 年进行外汇管理体制改革,实行银行结售汇制度,并根据当时的国际收支状况和体制环境,对外汇指定银行实行结售汇周转头寸外汇限额管理。

2005 年 9 月 22 日,国家外汇管理局发布《关于调整银行结售汇头寸管理办法的通知》,将现行结售汇周转头寸涵盖范围扩展为外汇指定银行持有的因人民币与外币间交易而形成的外汇头寸,并实行结售汇综合头寸管理。明确该头寸包括由银行办理符合外汇管理规定的对客户结售汇业务、自身结售汇业务和参与银行间外汇市场交易而形成的外汇头寸。现阶段结售汇综合头寸限额的管理区间下限为零、上限为国家外汇管理局核定的限额,银行体系的总限额将有较大幅度提高。

2012 年 4 月 16 日,国家外汇管理局发布《关于完善银行结售汇综合头寸管理有关问题的通知》,对银行结售汇综合头寸实行正负区间管理。在现有结售汇综合头寸上下限管理的基础上,将下限下调至零以下。除全国性银行、银行间外汇市场即期做市商的结售汇综合头寸下限由国家外汇管理局另行通知外,其他银行(含取得结售汇业务经营资格的企业集团财务公司)的结售汇综合头寸下限统一执行以下标准:一是2011年度结售汇业务量低于1亿美元,以及新取得结售汇业务经营资格的银行,结售汇综合头寸下限为-300万美元;二是2011年度结售汇业务量介于1亿至10亿美元,结售汇综合头寸下限为-500万美元;三是2011年度结售汇业务量为10亿美元以上,结售汇综合头寸下限为-1000万美元。银行申请核定或调整结售汇综合头寸上下限,仍应遵照《国家外汇管理局关于银行结售汇综合头寸管理有关问题的通知》执行。

2012年8月16日,为进一步改进银行结售汇综合头寸报表和大额结售汇交易统计工作,国家外汇管理局发布《关于调整银行结售汇综合头寸统计报表及报送方式的通知》。根据外汇收支监测工作需要,外汇管理局决定调整结售汇综合头寸报表格式,并对结售汇综合头寸系统进行了升级。新版结售汇综合头寸系统仍通过国家外汇管理局应用服务平台报送。

2015年1月1日,国家外汇管理局发布并实施了《关于印发〈银行办理结售汇业务管理办法实施细则〉的通知》。取消了将结售汇综合头寸限额与外汇贷存比挂钩的政策。

7)进一步完善外债管理制度

近年来,我国债务性资金尤其是短期外债流入增长较快,境内外资机构对外借贷和贸易信贷增长已成为影响我国外债形势的主要因素。国家外汇管理局于2005年10月21日发布《关于完善外债管理有关问题的通知》,以引导境内机构合理、有序利用外资,抑制短期外债过快增长,进一步规范外债管理。

2013年4月28日,国家外汇管理局发布《关于发布〈外债登记管理办法〉的通知》,对现行外债登记管理流程进行优化,简化了外债登记管理环节,取消了部分外债管理审批事项,除外债签约登记外,外债账户开立、资金结汇和还本付息等均由外汇指定银行直接审核办理。同时,进一步完善了外债的登记和统计监测。在简化外债登记管理的同时,国家外汇管理局将依托资本项目信息系统,强化外债统计监测分析和非现场核查,积极防范外债风险。

央行上海总部2015年2月发布上海自贸区分账核算业务境外融资与跨境资金流动宏观审慎管理实施细则(试行),允许企业和金融机构可自主开展境外融资活动,并将上调区内经济主体从境外融资的杠杆率,企业融资规模从资本的一倍扩大到二倍。该细则规定,区内企业和非银行金融机构可以在现行外债及境外借款管理模式和细则宏观审慎管理模式下任选一种模式适用。

8)进一步推动银行间外汇市场发展,在银行间外汇市场推出做市商制度[①]

做市商制度是国际外汇市场的基本市场制度。做市商通过自身的连续报价和交易,为市场提供流动性,平滑市场价格波动,提高交易效率,转移和分散风险,并通过买卖价

---

① 银行间外汇市场做市商,是指经国家外汇管理局核准,在我国银行间外汇市场进行人民币与外币交易时,承担向市场会员持续提供买卖价格义务的银行间外汇市场会员。2002年,我国曾在银行间外汇市场的欧元和港币交易中进行了做市商制度的试点。

差赢利。同时,做市商也集中了市场供求信息,成为重要的定价中心。2005 年 11 月 24 日,国家外汇管理局决定在银行间外汇市场引入做市商制度,并于 2006 年初在银行间市场推出即期询价交易方式。

2010 年 8 月 30 日,国家外汇管理局发布了《银行间外汇市场做市商指引》(以下简称《指引》),自 2011 年 1 月 1 日起施行。《指引》推出银行间外汇市场尝试做市业务,降低非做市商开展做市竞争准入门槛;建立做市商分层制度,提高远期掉期等衍生市场流动性和交易效率;完善做市商优胜劣汰考核机制,增强做市商做市积极性。根据《指引》,申请做市商资格须首先申请相应做市品种的尝试做市资格,申请尝试做市资格应具备以下基本条件:取得银行间外汇市场会员资格两年(含)以上的银行类金融机构;最近一个年度全行资本充足率达到 8% 以上;集中管理结售汇综合头寸,国家外汇管理局核定的银行结售汇综合头寸上限在 2 亿美元(含)以上。即期做市商和远期掉期做市商则应具备以下条件:在申请做市的交易品种上尝试做市两年以上;最近两个年度全行资本充足率达到 9% 以上;集中管理结售汇综合头寸,国家外汇管理局核定的银行结售汇综合头寸上限在 5 亿美元(含)以上。

2013 年 4 月 17 日,国家外汇管理局发布了《关于修订〈银行间外汇市场做市商指引〉的通知》,在外汇市场做市商需满足的基本条件中,取消了其在资本充足率方面的要求。此举降低了未来外汇市场做市商的门槛。刊登在国家外汇管理网站的通知显示,在即期和远期做市商需具备的基本条件中,新修订的指引取消了关于资本充足率的要求,还取消了代客跨境收支规模的门槛等。

2015 年 11 月 25 日,央行发布了首批境外央行类机构进入银行间外汇市场名单,包括香港金融管理局、澳大利亚储备银行、匈牙利国家银行、国际复兴开发银行、国际开发协会、世界银行信托基金和新加坡政府投资公司等 7 家央行类机构。

2016 年 1 月 18 日,上海黄金交易所会同中国外汇交易中心正式启动了银行间黄金询价市场做市业务,标志着银行间黄金市场做市商制度正式落地。

银行间黄金询价市场做市商包括正式做市商 10 家、尝试做市商 6 家,承担在市场连续提供买卖双边价格的做市义务,为市场提供流动性。2016 年度正式做市商为中国工商银行、中国农业银行、中国银行、中国建设银行、交通银行、中信银行、招商银行、兴业银行、宁波银行和澳新银行(中国);尝试做市商为光大银行、广发银行、平安银行、浦发银行、上海银行和大华银行(中国)。

9) 改进人民币汇率中间价形成机制,进一步完善银行间即期外汇市场

2006 年 1 月 4 日,中国人民银行发布《关于进一步完善银行间即期外汇市场的公告》,在银行间即期外汇市场上引入询价交易(OTC 方式),改进了人民币汇率中间价形成方式;同时正式引进做市商制度,增加市场的流动性。

OTC 方式是国际外汇市场上的基本制度,是指银行间外汇市场交易主体以双边授信为基础,通过自主双边询价、双边清算进行的即期外汇交易。全球即期外汇市场的绝大部分交易量都集中在 OTC 市场。以美国为例,OTC 方式的交易量占全部外汇交易量的比例超过 90%。外汇交易的国际性及外汇交易主体的广泛性、差异性决定了 OTC 方式具有成本低、信用风险分散等优点。

OTC方式与撮合方式的差异主要表现在:一是信用基础不同,OTC方式以交易双方的信用为基础,由交易双方自行承担信用风险,需要建立双边授信后才可进行交易,而撮合方式中各交易主体均以中国外汇交易中心为交易对手方,交易中心集中承担了市场交易者的信用风险;二是价格形成机制不同,OTC方式由交易双方协商确定价格,而撮合方式通过计算机撮合成交形成交易价格;三是清算安排不同,OTC方式由交易双方自行安排资金清算,而撮合方式由中国外汇交易中心负责集中清算。

四、我国外汇管理机构及其职能

我国外汇管理机构是国家外汇管理局及其分支局。国家外汇管理局在国务院领导下,归中国人民银行管理,在全国各省、自治区、直辖市、计划单列市、经济特区都设有分支局,目前分支局已达440多个。其主要职能有:

(1) 根据国家的政策和经济建设的需要,制定外汇管理的法规和制度,并组织实施;

(2) 会同国务院有关部门,编制国家外汇收支计划并监督执行;

(3) 管理国家外汇资金和外汇储备;

(4) 制定和调整人民币汇率政策;

(5) 管理银行间外汇市场,代理中国人民银行干预外汇市场;

(6) 管理外债,审批向国外银行借款、在国外发行债券和对外担保业务,办理全国外债的监测、登记和统计;

(7) 审批与管理银行和非银行金融机构的外汇业务;

(8) 监管贸易、非贸易外汇收支和外商投资企业的外汇收支;

(9) 管理在境外投资企业的外汇收支;

(10) 编制国家外汇收支统计和国际收支平衡表;

(11) 检查和处罚违反外汇管理的案件。

主要术语和关键概念

外汇管制　贸易外汇管制　非贸易外汇管制　资本输出/入管制　货币兑换管制　汇率管制　黄金输出/入管制　数量管制　价格管制　间接管制　直接管制　货币自由兑换

思考题

1. 外汇管制的含义是什么?
2. 外汇管制的类型与发展趋势如何?
3. 外汇管制的方法与措施有哪些?
4. 外汇管制会对经济产生哪些影响?
5. 我国外汇管理制度的内容包括哪些?
6. 货币可自由兑换的条件有哪些?
7. 人民币可兑换的意义是什么?
8. 中国的外汇管理现状如何?

应用题

阅读下面的案例①,并进行相应分析。

2015 年下半年,由英国贸易投资总署委托经济学人智库撰写的报告——《微妙关头:人民币作为全球性投资货币之前景》认为,近期中国股市大跌、人民币突然贬值等事件,并未改变人民币的长远发展方向。报告指出,根据对 202 位境内外金融服务公司高管的访问调查结果来看,63%的境内受访者以及 78%的境外受访者认为,人民币将在约 5 年内不受限制地实现全面自由兑换及交易。多数受访者还认为,人民币成为全球性投资货币可能需要花费 7 到 10 年时间。

人民币使用需求强劲,是得出上述乐观结论的主要依据之一。报告认为,"许多需求动力已很明显":中国已是世界上最大的贸易经济体和出口国;中国企业越来越多"走出去"的同时,也希望以人民币做交易;外国在华投资企业也希望通过使用人民币降低交易成本。中国政府目前正在通过一系列举措和倡议提高中国的全球经济影响力,亚投行建设、"一带一路"战略对于推动亚洲、中东及非洲贸易合作的前景都有重要意义。此外,人民币已经确认纳入国际货币基金组织的特别提款权货币篮子,这将进一步推动人民币成为储蓄货币。

虽然有着诸多积极因素和预期,但报告认为,人民币要如愿成为全球性投资货币,必须在监管领域实施改革。这份报告认为,限制性法规是人民币跨境使用的最大障碍。此外,受访者还希望进一步看到"让市场发挥更大的作用",并希望在法律和技术上存在的问题也得到解决。

请问:实现人民币全面自由兑换,对政府有何意义? 对我们的日常生活有何意义? 为实现人民币全面自由兑换,我国能做些什么来克服现有的困难和障碍?

本章参考文献

---

① 资料来源:http://news.sina.com.cn/c/2015-10-16/doc-ifxivsee8379267.shtml.

第七章
汇率理论

教学目的与要求:能掌握汇率决定的主要理论,使学生深入理解并掌握汇率决定和变动的理论基础,并利用相关理论分析国际主要汇率的形成机理。

教学内容:汇率决定理论可以说是西方国际金融理论的核心,也是国际经济学中一直较为活跃的领域之一。随着世界经济的变化和国际货币体制的变迁,汇率决定理论也在不断发展。本章着重介绍一些比较有代表性的汇率决定理论,其中既包括早期的购买力平价理论、利率平价理论、货币分析法以及资产组合平衡模型等,最后介绍汇率决定理论的新发展。

本章重点与难点:各种汇率理论的具体内容和应用条件,各种理论的模型和数学表达式。

导　入　案　例

我们该如何应对人民币升值所带来的影响?

资料来源:刘子杰.人民币升值的原因、影响及应对策略[J].智富时代,2016(1):130-132.

第一节
汇率理论的演进与发展

汇率理论是指货币的对外价格——汇率的决定及其变化的理论模型,其中心思想为汇率取决于外汇供求。西方汇率理论发展至今,其内容错综复杂,流派纷呈,有传统汇率理论,也有现代汇率理论;有论证汇率决定的,也有说明汇率变动的。汇率理论作为金融理论的一部分,伴随着汇率制度经历由简单到复杂的过程,由一种附属理论逐渐发展成一种独立的理论。

一、汇率理论的产生与发展

1. 汇率理论的历史概况

作为经济理论中极其重要的部分,汇率理论是伴随着社会的发展而产生的。在中世纪,商品经济在各资本主义国家得到了较大的发展,建立在交换基础之上的货币制度也逐渐健全起来。随着贸易的发展,各国货币兑换逐渐开始成为市场经济的主要组成部分,于是人们开始关注汇率问题。

早在 14 世纪初,法国学者伦巴多(Lombardo)回答了汇率变动主要受风险和心理因素的影响。英国学者爱利斯伯里(Eilisbury)指出铸币外流会使对英镑汇票的需求超过供给,导致英镑升值,并使英镑流动逆转。到了 16 世纪,学者们开始关注汇率的决定因素。西班牙萨拉蒙卡大学的学者们提出了货币的价值及其购买力是汇率的决定因素。卢果(Lugo)认为汇率是由货币内在价值即含金量决定,而其变动则受外在价值影响,外在价值主要取决于货币供求。

到了 17 世纪,重商主义的盛行大大推动了世界贸易的大发展,从而推动了国际货币的兑换,因此重商主义者对汇率问题进行比较系统的研究。汇率理论史上发生了第一次重要的争论,史称"三 M 争论"。马林斯(Mullins)、米塞尔顿(Missilton)以及托马斯·孟(Thomas Mun)都认为汇兑平衡率是由汇兑的铸币平价即货币金银含量的相应的价值比率决定的,但在汇率变动的原因等一些问题上产生了分歧。马林斯认为如果汇率保持不变,则不会发生金银的国际流动;米塞尔顿指责了马林斯的观点,认为汇价可能围绕平衡点波动,也就是根据货币的供求关系而变化,二者均取决于商品贸易的平衡;托马斯·孟也认为汇率变动的决定因素主要是货币的多少,货币过多,货币贬值,则汇价提高;货币过少,币值上升,则汇价降低。18 世纪后期,英国经济学家大卫·休谟(David Hume)提出"铸币点机制理论",认为汇率取决于国际收支,国际收支逆差会使一国货币汇率下跌,超过一定限度(铸币点)时则会引起黄金输出,从而诱发国际收支调节的铸币-物价流动机制,使物价降低,刺激出口。

进入 19 世纪,以英国为代表的资本主义国家的货币出现了一次较大的贬值,相关学者开始展开"金块论战",主要围绕货币贬值的原因等问题展开论战。金块支持主义者的代表人物有波伊得(Boyd)、桑顿(Santon)、霍纳(Luis Horna)以及大卫·李嘉图(David Ricardo)等,他们认为英国的货币供应量急剧增加,特别是英格兰银行过度发行不可兑换银行券,导致英镑贬值及其汇率下降;反金块主义者则认为英镑汇率下跌主要是由贸易收支的逆差造成的,其代表人物主要有巴林(F. Barlng)、鲍赞克特(C. WBosanquet)等。

从 19 世纪后期到 20 世纪 30 年代,资本主义经济大体上经历了经济持续增长和两次世界大战两个阶段,这也正是自由竞争资本主义向垄断资本主义过渡时期。这一时期的汇率研究结合了从金本位制到不兑换纸币制度。1922 年瑞典经济学家卡塞尔(K. G. Cassel)在其代表作《1914 年以后的货币与外汇理论》中第一次系统阐述购买力绝对平价理论,认为两国货币的汇率是由两国货币各自具有的购买力比率(购买力平价)决定的,汇率变动在于购买力变动,而购买力变动是由于物价变动,汇率归根结底是由两国物价水平比率的变动决定的。20 世纪 30 年代法国经济学家阿夫塔里昂(A. Aftalion)在《货币、物价与汇兑》中,根据边际效用价值论观点对汇率决定及其变动原因进行了研究,指出汇率取决于外币的供给与对外币的需求,而个人对外币的需求则出于对国外商品和劳务的某种欲望,而后者又是由个人主观评价决定的,市场评价是个人评价的综合,对外汇均衡价格有影响。因而欲望是外币具有价值的基础,主观评价是外币价值高低的决定因素。一战以后,由于各国在战争期间滥发不兑现的银行券,导致通货膨胀和物价上涨。卡塞尔(K. G. Cassel)修改了自己的购买力绝对平价理论,把不同国家货币购买力之间的相对变化看成是汇率变动的决定性因素,从而产生了购买力相对平价理论。

购买力平价理论的一个重要缺陷在于侧重贸易关系而忽略了国际资本流动对汇率决定的影响,这就促进了利率平价理论的发展。利率平价思想最早出现在中世纪,但利率平价理论真正形成的标志是凯恩斯(J. M. Keynes)于 1923 年完成的《论货币的改革》。凯恩斯(J. M. Keynes)抛开了传统的金本位制下汇率决定理论,研究新形势下的汇率问题,认为汇率的本质是两国货币(资产)的相对价格,投资是利益比较的结果,投资产生了国际资本流动,汇率取决于不同国家不同时期的利率收益比较。

二战以后,学者们关于汇率决定理论的研究已经由以前单纯的决定因素向影响因素转变,如凯恩斯学派的经济学家以凯恩斯理论为基础,形成了凯恩斯主义的汇率理论。该理论认为,市场汇率不过是一种价格,外汇的供求是派生的,是由国际收支尤其是商品和劳务收支引起的,因此汇率实际取决于一国的国际收支状况。到了 20 世纪 70 年代初期,哈利·约翰逊(Harry Johnson)等创立了货币主义的汇率理论,认为在高度发达的资本市场、高效率的商品市场、高效的外汇市场条件下,当一国货币存量增加时,本国货币汇率下跌。预期的通货膨胀率对货币的汇率有重要影响,特别是短期影响更大。1981 年阿尔吉对凯斯主义的理论加以改进和深化,形成了新凯恩斯主义的汇率理论,认为均衡汇率水平是由本国货币政策、财政政策、货币工资率、外国国民收入、价格水平、利率水平及对两国货币汇率预期等因素决定的。

20 世纪 70 年代中后期,以布兰森(Branson)、多恩布什(R. Dornbush)及弗兰克尔

(J. Frankel)等为代表,综合了货币主义汇率理论和凯恩斯主义汇率理论两种理论,建立了资产组合理论。该理论把汇率决定看成是由货币因素和实体经济因素诱发的资产调节和评价过程共同决定的,主要观点有弗兰克尔等人的资产市场论、多恩布什等人的资产组合说、詹姆斯·托宾等人的流动资产选择论等。80年代,由于高通货膨胀在许多国家盛行,学术界又转而较多地关注固定汇率制。当时流行的合理预期和动态一致性理论认为,如果政府能对某种名义锚做出承诺,并且这种承诺是有公信力的话,一国通货膨胀便会下降,而不必有产出和就业的损失。在理论界,名义锚理论风行一时,它主张对汇率确定一个目标,以此来加强中央银行的货币稳定计划。90年代前期,国际学术界的注意力集中于东欧和苏联等转轨经济体的高通货膨胀及适合这些国家的汇率制度等问题。

2. 当代汇率理论简介及发展动态

在汇率决定理论方面,随着全球电子化、经济一体化,西方经济学界对汇率理论作了全新的探索,逐渐将研究的注意力转向市场参与者行为和市场微观结构,即从市场特征和市场交易者的实际行为出发,包括从交易量、交易者的异质性的行为、交易的时间和地点、竞价价差、汇率波动幅度等角度进行研究,形成了新开放宏观经济学、外汇市场微观结构理论等。除此之外,博弈论、混沌模型、有限预期理论也是汇率理论新的发展方向,经济学家对汇率的研究不再拘于价格制度领域,转而研究人与人之间(如相同或不同的投资者之间,主导者与跟随者之间,风险中性者之间,风险偏好者与风险厌恶者之间)、政府与政府之间、政府与居民之间的相互反应和相互影响的关系。

在汇率制度选择理论方面,1994—1999年新兴市场国家的危机,完全改变了国际学术界关注的焦点。新兴市场国家或新兴经济体,一般指发展中国家中那些与国际金融市场有密切联系的国家或经济体。简而言之,新兴经济体是指国际资本流动较为开放的发展中经济体。新兴经济体较重大的危机,首先在1994年于墨西哥发生,以后则有1997年的东亚货币危机、1998年的俄罗斯金融危机和1999年的巴西金融危机。关于新兴经济体这些金融危机的起因,国际学术界有众多的讨论。尽管各方列出的原因各不相同,但公认的是,在国际资本流动高度发达的情况下,这些国家实行的钉住汇率制度肯定有问题。在这一背景下,国际学术界开始从危机预防的角度,重新研究国际资本高度流动条件下发展中国家的汇率安排问题,特别是新兴经济体的汇率制度。这导致国际学术界对汇率制度问题研究的蓬勃发展。

20世纪90年代,人们对汇率决定问题的研究开始将重心从宏观分析转向微观分析,同时理性预期的假定也开始突破,形成具有微观基础的汇率宏观经济分析方法、汇率决定的微观结构分析和汇率决定的混沌分析方法三个新的发展方向。这三个方向一起,共同构成汇率决定理论最新突破和发展的主流。现实经济是复杂的,当前汇率决定理论仍在不断发展之中,仍有很多谜团尚未解开,应该说我们对于汇率如何决定这一问题的研究还有很长的路要走。但是,也正是理论与现实的差距不断调整着理论经济学家和计量经济学家研究和实证的视角,推动着汇率决定理论不断向前发展,我们期待着未来新的突破和发展对汇率决定问题给出更加全面和深刻的阐释。

二、关于汇率理论的学说演变

1. 中世纪时期的汇率理论

早在14世纪初,法国学者亚历桑德罗就对汇率变动做了研究,并指出汇率变动主要受风险和心理因素的影响。伦提乌斯·罗道尔波利斯的公平评价理论认为,汇率取决于两国货币的供求,这种供求又取决于人们对两国货币的公共评价,因而该理论又被称为供求理论。

2. 重商主义时期的汇率理论

重商主义者把货币看成是唯一的财富,因此比较关注影响商品进出口和货币输出/入汇率变化。1620 年,梅林斯提出了汇率的"货币供应论",认为汇率是一国货币表示另一国货币的价格,如果汇率以每单位英国货币可兑换的外币来表示,外币稀缺时,英国货币价格下降而外币价格上升,主张实行外汇管制,以实现汇率的稳定。与之相反,托马斯·孟并不主张由政府禁止金银的输出,认为只要保持贸易顺差,商品输出和货币输出没有不同,贸易顺差会把更多的货币带回国内,并且提出外汇的供求是影响汇率变动的重要因素。

3. 自由竞争阶段的汇率理论

1) 货币的绝对价值和相对价值概念

18 世纪法国启蒙运动的代表人物孟德斯鸠(Montesquieu)对货币的兑换比率问题做了细致分析,他给出了货币的绝对价值和相对价值概念。他认为,君主可以规定以下几个方面的关系:作为金属的银与作为货币的银二者之间数量的比例;用作货币的各种金属的比例;每个货币的重量与成色;赋予每个货币上面所说的想象价值。他把货币在这四种关系上的价值叫作绝对价值。每个国家的货币同其他国家的货币相比较时的价值叫作相对价值,相对价值以绝对价值为依据,通过兑换而建立,依据是商人最广泛的估价。因此货币的兑换率确定了货币当前的暂时性价值。他还分析了汇兑平价,指出,如果法国的同成色、同分量的银币能够在荷兰换到同数量的银币,就叫汇兑平价。高于平价,本币汇兑价高,反之,则本币汇兑价低。在 18 世纪瑞典出现严重通货膨胀时,克里斯蒂宁注意了货币汇兑量及汇率变动问题。他指出,如果货币发行过多,其中一部分形成的需求压力,落在国内市场上引起物价上涨;另一部分流向国外市场,形成对外币的过度需求,引起本币汇率下跌,但汇率变动并不受国内物价变动影响。

2) 铸币点机制理论

18 世纪中晚期,英国经济学家大卫·休谟提出铸币点机制理论。其含义为:汇率取决于国际收支,国际收支逆差会使一国货币汇率下跌,超过一定限度(铸币点)时则会引起黄金输出,从而诱发国际收支调节的铸币-物价流动机制,使物价降低,刺激出口。当汇率上升超过某一高度时,则会引起黄金输入,使国内物价上升,刺激出口。亚当·斯密也注意到汇率对进出口的调节作用。他评论重商主义关于一国汇率下跌会扩大强国的贸易逆差时指出:"汇兑的高价必定会产生类似征税的作用,因为它提升外币的价格,从而减少外币的消费。所以,汇兑的高价不增加所谓的贸易逆差额,而只会减少所谓的贸易逆差额,因而也会减少金银输出。"穆勒在 1876 年出版的《政治经济学原理》中对汇率也作了论述。他认为,在金本位制下,汇率的变动可调节贸易收支的小额不平衡,但当两国之间出现大的不平衡时,汇率变动只有间接地通过影响国际铸币流动和国内价格水平,才能使均衡得以恢复。同时,他还认为货币的对内贬值和对外贬值是同时出现的,并且方向一致,所以汇率贬值既不能刺激出口,也不能抑制进口。

4. 二战之前的汇率理论

1）汇兑心理说

第一次世界大战以后，针对各国货币相继贬值、汇率频频波动、外汇市场混乱无序的现象，以阿夫塔里昂（A. Aftalion）为首的法国学派提出了汇兑心理说，来解释汇率运动的这种无秩序的现象。

外汇汇率取决于外汇的供求，而外币需求产生的原因则是由于它可以用来购买外国的商品或劳务以满足人们的欲望。因外币对每个人的边际效用不同，故每个人对外币的主观评价各异。但在外汇市场上，因受每个人的主观评价的影响而变动的外汇供求，会自动地趋于平衡。在这个均衡点上，供求双方所接受的价格即是汇率，它是外汇供求双方对外币主观心理评价的集中表现。

2）购买力平价说

购买力平价说是由瑞典经济学家卡塞尔（K. G. Cassel）提出的一种汇率决定理论。购买力平价理论的中心思想是：在某一段时期内，两国货币的汇率是由两国货币的购买力的对比关系决定的，而两国货币的购买力，又可以用两国各自的物价水平来表示。两国货币的汇率是由两国物价水平之比来确定。

3）利息平价理论

1923 年，凯恩斯在《论货币的改革》一书中指出，远期汇率同即期汇率之间的差价，如果按年百分率来表示，倾向于等于两个不同金融中心之间利息的差额。并且，远期汇率与即期汇率的差价，还倾向于按照供求状况，围绕这些利息平价上下波动。利息平价理论的中心思想是这样一个命题：在没有交易成本的情况下，远期外汇升水（亦即远期汇率与即期汇率的百分率差额）必定等于利差（在同样的时间区间上所度量的）。

利息平价理论还有另外一个重要的假设，这就是未抵补的利息平价。其含义为：在没有风险规避的状况下，如果投机者预期本币的贬值率大于本币汇率的远期贴水，这时将抛售远期外汇，购买即期外汇。通过这些套购活动，远期外汇的升水可以反映本币的预期贬值率。

根据利息平价理论，可得出如下结论。①如果国内利率与国外利率相等，则远期汇率与即期汇率也相等，即远期差价（升水或贴水）等于零。②若国内利率高于外国利率，则远期外汇差价必为升水。③若国外利率高于国内利率，则远期外汇差价必为贴水。④升水约等于国内利率高于国外利率之差，而贴水约等于国外利率高于国内利率之差。

4）均衡汇率理论

1934 年，英国经济学家格里高利首先提出了均衡汇率的概念。他指出：均衡汇率应该固定在或钉住某一水平，而且在以后的若干年内要能够满足以下三个条件：第一，国内外现有的自然资源、设备、技术、成本以及正常的就业水平和关税等条件，使国际收支能在一定时期内不受到不适当的压力；第二，该国从国外取得长期借款或向国外进行长期贷款的意愿和能力，不受到不适当的压力；第三，没有黄金的大量外流。努克斯给均衡汇率下了一个更为简洁的定义，即"均衡汇率是这样一种汇率，它在一定时期内，使国际收支维持均衡而不引起国际储备净额的变动"。均衡汇率是在三年左右的时间内，维持一国国际收支均衡状态而不致造成大量失业或求助于贸易管制时的汇率。

5. 二战之后的汇率理论

1) 最适度货币区理论

1961 年,蒙代尔发表了《论最适度货币区理论》一文,提出了他的最适度货币区理论。蒙代尔认为,应该根据生产要素可否自由流动来划分区域。在某些区域内,如果生产要素可以自由流动,即可作为一个最适度的货币区。

罗纳德·麦金农提出了另一种划分标准,即按经济的开放程度作为划分最适度货币区的标准。对一些相互间经济贸易关系密切的开放经济来说,组成一个货币区,相互之间保持汇率的稳定,是十分有利的。而对于与其贸易往来不太密切的地区,则实行弹性汇率比较有利。

2) 货币主义的汇率理论

货币主义的汇率理论是在 20 世纪 70 年代初期,由一些经济学家创立的一种汇率理论。该理论实际上是在绝对购买力平价理论的基础上,结合货币学派的货币理论发展起来的。该理论有如下几个重要的假定。

(1) 存在着高度发达的资本市场,即存在着资本的充分流动性及本国资产和外国资产之间的充分可替代性。

(2) 存在着高效率的商品市场,自由的商品套购活动能保证"一价定律"能有效地发挥作用,从而世界各地同一种商品的价格,按共同的货币计算,价格相同。

(3) 存在着高效率的外汇市场,市场参加者能根据信息做出合理预期,并且他们的预期能强烈地影响市场上的汇率。

根据货币学派的理论,货币需求量取决于实际收入和名义利率。

汇率等于两国名义货币存量之比乘以本国与外国实际收入函数之比,再乘以本国与外国名义利率函数之比。

当一国名义货币存量(即货币供应量)增加时,本国货币汇率下跌。当一国实际国民收入增加时,本国货币汇率上升。而当一国的货币供应量上升时,本币汇率上升。当外国国民收入上升时,本币汇率下跌。当外国的名义利率上升时,本国货币汇率上升。

3) 资产组合平衡理论

资产组合平衡理论是在 20 世纪 70 年代中期由布兰森、多恩布什及弗兰克尔等经济学家发展起来的。该理论认为,各种资产之间(本国资产和外国资产之间)并不是可以完全替代的,因此,存在着资产收益率的差别。人们一般最愿意选择的是三种资产:本国货币、本国债券、外国债券。这三种资产在各投资者财富总额中所占的比例大小主要取决于:①各种资产收益率的大小;②财富总量的大小。汇率是在两国资产相对流动过程中有价证券市场达到均衡时决定的,一切影响资产收益率的因素都会通过影响证券市场上资产的组合而决定汇率水平及其变动。

6. 20 世纪 80 年代以来的汇率理论

1) 汇率目标区理论

由于汇率的剧烈波动对世界经济的不利影响,到 20 世纪 80 年代中期,经济学家开始讨论在主要货币之间确定汇率目标区以代替浮动汇率体系,由此产生了汇率目标区理论。这一理论的代表人物是威廉姆森和克鲁格曼。他们系统地研究了汇率在目标区内

的变化,旨在为各国的宏观经济政策和汇率政策协调寻找到一种机制。

2)基于跨期最优方法的汇率理论

进入 20 世纪 90 年代以后,蒙代尔-弗莱明模型因缺乏微观分析基础而受到普遍质疑,与此同时,新开放宏观经济学作为新一代的研究方法越来越受到学术界的瞩目。1995 年以后,以奥伯斯特菲尔德和罗高夫等人为代表的经济学家创造性地将名义黏性和不完全竞争纳入动态一般均衡模型当中,将跨期最优方法导入汇率理论研究当中,为开放宏观经济学体系创建了一个具有微观基础的新的分析框架。汇率的跨期分析法表明了在虚拟经济与实体经济相互背离而又相互影响的新的历史条件下,经济理论在分析框架的同一性上所能达到的新高度,也体现了汇率决定理论中存量观点与流量观点这两大传统思路在发展中的新趋势,"即寻求在更高层次上的融合"。这不仅是汇率决定理论新的发展方向,也表明了国际金融学科发展的一个重要特征:在虚拟经济与实体经济之间关系日益复杂的情况下,更强调分析视角的综合性,逐渐往开放宏观经济学或国际宏观经济学方向靠拢。

3)基于非线性分析的汇率理论

20 世纪 90 年代以后,由于不同的原因,许多金融市场都不同程度地经历了严重的金融危机,这使人们重新开始认识所处的这个世界。世界进入了一个新的阶段:各种因素通过金融而非实物贸易而联结并综合作用于全球经济系统。全球经济关系发生了本质变化,传统经济系统中的环境逐渐变成系统的一部分,许多传统意义上的外生变量变成内生变量,经济学家开始思考:汇率作为联结各国货币的桥梁,其决定也应该从系统的角度来加以思考,而不能进行片面分析。同时,随着自然科学而不断发展的当代系统理论提供了以混沌理论为代表的一系列描述非线性运动的有效方法,这为揭示系统内各相关因素的非线性作用奠定了理论基础。利用当代系统科学的非线性理论来分析汇率的决定理论成为当代汇率理论的研究方向之一。

第二节
购买力平价理论

一、购买力平价理论简介

1922 年,瑞典经济学家卡塞尔在《1914 年以后的货币和外汇》中第一次较系统地提出了汇率由货币购买力决定,即汇率由两国货币购买力之比决定,因此汇率的变动是由两国货币购买力之比变化引起的,这一理论被称为购买力平价理论(PPP 理论)。购买力平价理论主要有两种形式,一种是绝对购买力平价(Absolute PPP),另一种是相对购买力平价(Relative PPP)。前者指出两国货币的均衡汇率等于两国商品的价格比率,着重说明某一时点上汇率决定的基础;后者指出两国汇率变动等于两国价格指数的变动差,着重说明某一段时期汇率变动的原因。购买平价理论认为,自动实现国际收支平衡的汇率水平(长期均衡汇率水平)是由购买力平价决定的,而自由浮动汇率条件下,短期均衡汇率将围绕购买力平价(上期均衡汇率水平)上下波动。

二、购买力平价的基本形式

1. 绝对购买力平价

在介绍绝对购买力理论之前,我们需要先介绍一价定律。一价定律是指对于可贸易商品而言,套利活动将使得其价格差异保持在较小的范围,如果不考虑交易成本,则同种可贸易品的价格是一致的,即 $p_i = ep_i^*$,(p_i 和 p_i^* 分别表示第 i 种商品在国内外的价格,e 为直接标价法的汇率)。

绝对购买力平价理论在探讨两国价格水平与汇率之间的关系时先作了如下假设:

第一,所有商品都是贸易品,也即一价定律对所有商品成立;

第二,两国商品种类全部相同,且都是贸易品;

第三,在两国物价水平指数的计算中,所采用的各种商品的权数相同。

本国价格水平 $P = \sum_{i=1}^{n} \alpha_i p_i$,外国价格水平 $P^* = \sum_{i=1}^{n} \alpha_i p_i^*$。其中,$P_i$ 和 P_i^* 分别表示第 i 种商品在国内外的综合价格指数,p_i 和 p_i^* 分别为第 i 种商品在国内外的物价水平指数,α_i 为第 i 种商品在计算指数时的权数。

因为一价定律,$p_i = s p_i^*$ 对任何一种商品都成立,则:

$$P = s \cdot P^* \tag{7.1}$$

这个式子的含义是:不同国家的物价水平以同一种货币计量时是相等的。

我们把上式变换成:

$$s = \frac{P}{P^*} = \frac{\frac{1}{P^*}}{\frac{1}{P}} \tag{7.2}$$

s 为直接标价法的两国货币汇率,这表明两国间汇率是由本国价格水平与外国价格水平之商或外国货币购买力水平与本国货币购买力水平的比决定的。对于这种汇率决定理论,我们称之为购买力平价理论。更准确地说,式(7.2)中的理论为绝对购买力平价。由于种种原因,现实中两国货币的汇率很可能偏离其价格水平之比,当汇率高于价格水平之比时,该国汇率水平比均衡水平要高,也即该国低估了其汇率;当该国汇率低于价格水平之比,该国高估了其汇率。

对于绝对购买力平价,卡塞尔曾作过以下几点重要的解释:第一,购买力平价是现实汇率水平运动的趋势,尤其在自由贸易条件下这一假设更为有效;第二,当一国对进口和出口管制相同时,绝对购买力平价仍然适用;第三,由于购买力平价是由两国货币购买力决定的,因此计算货币购买力时,应该以反映所有产品和劳务总体价格水平为基础。[①]

2. 相对购买力平价

汇率的绝对购买力平价理论提出之后,不少经济学者认为其过于武断,忽略了两期内汇率的相对变化与价格水平的相对变化之间的关系。现实交易成本的存在使得一价定律并不能完全成立,同时各国一般价格水平的计算中商品及其相应权数都是存在差异的,因此各国的一般物价水平以同一种货币计算时并不完全相等,而是存在着一定的偏离。由于交易成本及物价水平的计算方法都是比较固定的,因此这种偏离也时固定的。现修正上述模型,假设以下公式成立:

$$s = \theta \cdot \frac{P}{P^*} \tag{7.3}$$

其中,θ 为偏离系数,当它等于 1 时,绝对购买力平价成立。求对数,得到:

$$\ln s = \ln \theta + \ln P - \ln P^* \tag{7.4}$$

对时间 t 求微分,得到:

$$\frac{\mathrm{d}s}{s} = \frac{\mathrm{d}P}{P} - \frac{\mathrm{d}P^*}{P^*} \tag{7.5}$$

若把变量的变动率以加点符号表示,则有:

$$\dot{e} = \dot{P} - \dot{P}^* \tag{7.6}$$

这表明:两国汇率的变化等于两国通货膨胀率之差,如果本国通货膨胀率超过外国,则本币贬值;如果外国通货膨胀率超过本国,则本币升值。我们称这种汇率决定理论为相对购买力平价。两国价格水平的相对变化以及汇率的相对变动是绝对购买力平价考虑的主要立足点。因此我们可以得出以下结论:如果两国货币为固定汇率,那么两国通货膨胀率应相等。

购买力平价理论在一定程度上把一国货币的对内价值(物价水平)与对外价值(汇率)联系起来,指出了汇率所代表的两国货币价值对比关系,具有广泛的适用性。就其两种形式而言,本质上二者都强调实际汇率的变化将最终趋于两国价格所决定的均衡水平,绝对购买力平均价表达更为直接,多用于理论分析,而相对购买力汇率随价格变动的趋势,更便于实际应用。

三、对购买力平价理论的检验与评价

购买力平价作为一种重要的汇率理论,总体来说通过对购买力平价的检验,它的提出在西方经济理论界产生了许多见解。

第一,长期效果比短期效果更好。这是因为,经济中许多价格是具有黏性的,需要时间进行充分调整,所以违反购买力平价,短期比长期更突出。例如,同一种汽车,在美国卖 1 万美元,在中国卖 8 万人民币,而汇率为 ¥8/ $ 。如果汇率变为 ¥10/ $,那么必须使中国货币价格上升或者美国货币价格降低,才能使得国际套利停止。但是,由于价格黏性,短期内购买力平价很可能被违背。

---

① 方齐云. 国际经济学[M]. 武汉:华中科技大学出版社,2002.

第二,高速通胀期间效果更好。与前面的理由相似,在高速通胀的时候,该国货币价格调整更加迅速,经常是汇率变动一对一地根据价格变动进行调整。在高速通胀期间,一国居民可能更愿意以一种币值更稳定的货币(例如美元)为计价单位,但支付还是以本国货币,这称为美元化。如果一国完全放弃本国货币而使用美元,则称完全美元化。例如,墨西哥的一台彩电价格为 1200 比索,如果汇率为 3peso/＄,则美元价格为＄400。如果比索贬值至 6peso/＄,墨西哥彩电的价格应该为 2400 美元。但如果该国以美元标价,那么价格的调整会更容易。

第三,固定汇率比浮动汇率效果更好。在汇率自由浮动的时候,由于价格之外的因素,非常容易引起反常的汇率波动,而且可能造成汇率超调。

学者们同时也指出了由于运输费用、非贸易品、贸易壁垒、不完全竞争、倾销、价格水平计量水平之间的差异等原因,常常导致购买力平价在实际使用中失效。

第三节 利率平价理论

一、利率平价理论的推导

购买力平价理论仅强调商品贸易对汇率的决定作用,而忽略了资本流动因素对汇率的决定作用,因而具有片面性。利率理论则正好相反,主要强调资本流动对汇率的决定作用。利率平价理论是由英国经济学家凯恩斯于 1923 年首先提出的,后经英国经济学家保罗·艾因齐格等人的不断补充和完善,成为极具影响的汇率决定理论之一。

该理论系统地揭示了利率和汇率之间的相互作用的内在联系,较全面地奠定了远期汇率决定和变动的理论基础,成为解释国际短期金融资本流动和短期汇率过度波动的基本理论。利率平价理论分为抛补的利率平价理论和非抛补的利率平价理论两种,下面分别进行分析。

1. 抛补的利率平价理论

1) 基本观点

汇率的远期差价是由两国的利率差异决定的,高利率国家的货币的远期汇率,在期汇市场上必定为升水;低利率国家的货币的远期汇率,在期汇市场上必定为贴水。

2) 原因解释

为什么会出现上述现象呢?这是因为,在两国利率存在差异的情况下,资本必然会从低利率国家流向高利率国家,以谋取利润。但是,投资者能否获取预期的投资收益率,不仅取决于两个相关国家的利率,而且取决于两个相关国家的汇率。

为了避免投资损失,投资者往往会将套利和掉期业务结合起来进行操作,即投资者在将资本投向高利率国家的同时,再在远期外汇市场上卖出高利率国家的货币。

大量掉期外汇交易的结果是,高利率国家的货币出现即期升值、现汇汇率下降,而远期贬值、期汇汇率上升;低利率国家的货币则出现即期贬值、现汇汇率上升,而远期升值、期汇汇率下降。

随着抛补套利活动的不断进行,远期差价就会不断地加大,直到投资资产在两国间所获取的收益率完全相等时,抛补套利活动才会停止。这时,两国的利率差异正好等于两国货币的远期差价,即满足了利率平价条件。

3)公式推导

假定本国利率水平为 i,外国利率水平为 i^*,S 为即期汇率,F 为远期汇率(这里均采用直接标价法,即单位外币折算成多少本币)。

1 单位本国货币在国内投资所获得的收益为 $(1+i)$;在国外进行投资时,首先需要将 1 单位的本币转换成外币,数额为 $\frac{1}{S}$,投资所得的收益为 $\frac{(1+i^*)}{S}$,再按原先约定的远期汇率折算成本国货币,得到 $\frac{(1+i^*)F}{S}$。

投资者将根据两国投资的比较收益,来确定投资方向。

(1) 如果 $(1+i) > \frac{(1+i^*)F}{S}$,表明在本国的投资收益相对更大,这样套利资本将会从国外转移到国内。这种转移的结果是,本国货币的即期币值将会因为购买而上升、即期汇率出现下降,远期币值将会因为出售而下跌、远期汇率出现上升;外币币值和汇率,则出现相反的变化结果。

(2) 如果 $(1+i) < \frac{(1+i^*)F}{S}$,表明在国外的投资收益相对更大,这样套利资本将会从国内转移到国外。

这种转移的结果是,本国货币的即期币值将会因为出售而下跌、即期汇率出现上升,远期币值将会因为购买而上涨、远期汇率出现下降;外币币值和汇率,则出现相反的变化结果。

(3) 如果 $(1+i) = \frac{(1+i^*)F}{S}$,表明在国内和国外的投资收益相同,这时套利资本将会停止流动。

可见,只要两国的投资收益不同,外汇市场便会出现套利活动。只有在国内和国外的投资收益相同时,套利活动才会终止。$(1+i) = \frac{(1+i^*)F}{S}$,即是套利活动终止的必要条件。

4)抛补的利率平价公式

对等式 $(1+i) = \frac{(1+i^*)F}{S}$ 进行整理,可得:

$$\frac{F}{S} = \frac{1+i}{1+i^*} \qquad (7.7)$$

进一步整理，得：

$$\frac{F-S}{S} = \frac{i-i^*}{1+i^*} \qquad (7.8)$$

式(7.7)表明，如果本国利率高于外国利率，即 $i>i^*$，则 $F>S$，即远期汇率为升水；如果本国利率低于外国利率，即 $i<i^*$，则 $F<E$，即远期汇率为贴水。

如果用 ρ 表示远期外汇升水率，即令 $\rho = \dfrac{F-S}{S}$，则可以得到：

$$\rho = \frac{i-i^*}{1+i^*} \qquad (7.9)$$

对式(7.9)进一步整理，得到：

$$\rho + \rho \cdot i^* = i - i^* \qquad (7.10)$$

由于 ρ 和 i^* 均为百分数，两者的乘积 $\rho \cdot i^*$ 通常很小，可以忽略不计，因而可以得到：

$$\rho \approx i - i^* \qquad (7.11)$$

因此，远期外汇的升水率等于国内外利率差。式(7.9)和式(7.11)即为抛补的利率平价。

公式表明：如果国内利率高于国外利率，则远期差价必为升水；如果国内利率低于国外利率，则远期差价必为贴水，并且升贴水率等于两国的利率差。

2. 非抛补的利率平价理论

在有些情况下，投资者不进行掉期业务，完全根据自己对未来汇率变动的预期来计算预期的投资收益，这时投资者需要承担一定的投资风险。

在不进行掉期交易的情况下，投资者是通过自己对未来汇率的预期来计算投资收益率的。

同上面一样，仍假定本国利率水平为 i，外国利率水平为 i^*，即期汇率为 S。如果投资者预期未来某个时期的汇率为 F^e，则在国外进行投资时的预期投资收益为 $(1+i^*) \times F^e/S$。

假如这一收益与国内投资收益存在差异，那么投资者会继续进行相应的投资活动，直到两者完全相等为止。

因此，可以得到：

$$1 + i = (1+i^*) \cdot \frac{F^e}{S} \qquad (7.12)$$

对式(7.12)进行类似上面的整理，并令 $\rho^e = \dfrac{F^e-S}{S}$，可得：

$$\rho^e \approx i - i^* \qquad (7.13)$$

式(7.13)即为非抛补的利率平价，表明预期的远期汇率变动率等于两国的利率差。

3. 利率平价和购买力平价的结合：国际费雪效应

根据相对购买力平价，一定时期内两国货币汇率的变动率等于两国通货膨胀率之

差。如果人们相信这一理论在长期中成立,则预期汇率的变动率也将等于两国的预期通货膨胀率之差,即:

$$\frac{S_1^e - S_0}{S_0} = \pi_a^e - \pi_b^e \qquad (7.14)$$

式中,$\pi^e = \dfrac{P^e - P}{P}$,$S_1^e$、$\pi_a^e$ 和 π_b^e 分别表示预期的远期汇率、A 国的预期通货膨胀率和 B 国的预期通货膨胀率。

在长期中,利率平价条件也必须成立,即:

$$\rho^e = i_a - i_b \qquad (7.15)$$

式中,ρ^e、i_a 和 i_b 分别表示预期的汇率变动率、A 国的货币存款利率和 B 国的货币存款利率。

由于 ρ^e 表示的就是 $\dfrac{S_1^e - S_0}{S_0}$,因此可以将式(7.14)的购买力平价条件和式(7.15)的利率平价条件结合起来,得到:

$$i_a - i_b = \pi_a^e - \pi_b^e \qquad (7.16)$$

式(7.16)表明,两国的通货膨胀率和利率之间具有长期的相互作用关系,即国际费雪效应。

二、对利率平价说的简单评价

首先,利率平价说的研究角度从商品流动转移到资本流动,指出了汇率与利率之间存在的密切关系,这对于正确认识外汇市场上,尤其是资金流动问题非常突出的外汇市场上汇率的形成机制是非常重要的。与其他的汇率决定理论的成立条件不同,因而在资本流动非常迅速、频繁的外汇市场上,利率平价始终能够较好地成立。

其次,利率平价说并不是一个独立的汇率决定理论,而只是描述出了汇率和利率的关系。汇率与利率之间是相互作用的,不仅利率的差异会影响到汇率的变动,汇率的改变也会通过资金流动而影响不同市场上的资金供求关系进而影响到利率。更为重要的是,利率和汇率可能同时受更为基本的因素(例如货币供求等)的作用而发生变化,利率平价只是在这一变化过程中表现出来的利率与汇率两者间的联系。因此,利率平价理论与其他汇率决定理论之间是相互补充而不是相互对立的,它常常被作为一种基本的关系式而运用于其他汇率决定理论的分析中。

再次,利率平价说具有特别的实践价值。对于利率与汇率间存在的这一关系,由于利率的变动是非常迅速的,同时利率可对汇率产生立竿见影的影响,这就使中央银行能够在货币市场上利用利率的变动对汇率进行调节。

最后,利率平价说存在一些缺陷:如没有考虑资本流动的交易成本、资本流动障碍、套利资金规模的有限性等。

第四节
汇率的货币模型

一、弹性价格货币模型

弹性价格货币模型是现代汇率理论中最早建立,也是最基础的汇率决定模型。其主要代表人物有弗兰克尔、穆莎、考霍、比尔森等人。它是在 1975 年瑞典斯德哥尔摩附近召开的关于"浮动汇率与稳定政策"的国际研讨会上被提出来的。弹性的货币分析法模型结合卡甘的货币需求函数、货币市场均衡条件及购买力平价理论三者导出。其基本思想是,汇率是两国货币的相对价格,而不是两国商品的相对价格,因此汇率水平应主要由货币市场的供求状况决定。它的两个重要假设是:①稳定的货币需求方程,即货币需求同某些经济变量存在着稳定的关系;②购买力平价持续有效。它依赖于购买力平价条件,假定充分就业,工资、价格及所有商品的价格是完全弹性的,在两国既定的货币需求函数的条件下,只需考虑货币市场的均衡,汇率由两国货币的相对需求和供给来决定,即本国与外国之间国民收入水平、利率水平及货币供给水平通过各自对物价水平的影响而决定汇率水平。

首先,考虑一国货币市场的需求函数,它取决于实际收入(Y)、价格水平(P)和利息率水平(i),即货币需求 $L^D = L(i,Y)$,而实际货币供给为 $\frac{M}{P}$。货币供给等于货币需求:

$$\frac{M}{P} = L(i,Y) \tag{7.17}$$

假设货币需求函数可用卡甘的货币需求函数来表示:

$$\frac{M}{P} = Ke^{-\lambda i}Y^\eta \tag{7.18}$$

其中,η 代表货币需求的收入弹性,λ 代表货币需求的利率准弹性,K 为参数,并假定 $K = 1$。将这一方程转换成对数形式,得到:

$$m = p + \eta y - \lambda i \tag{7.19}$$

其中,$m = \ln M, p = \ln P, y = \ln Y$。

对于国外则有:

$$m' = p' + \eta y' - \lambda' i' \tag{7.20}$$

假定本国与外国的货币需求方程相同,即 $\eta = \eta'$,$\lambda = \lambda'$,则有:

$$m' = p' + \eta y' - \lambda' i' \tag{7.21}$$

其次,国内货币市场和国外货币市场满足购买力平价,将汇率表示成对数形式:

$$s = \ln S = \ln \frac{P}{P^*} = p - p^* \tag{7.22}$$

将式（7.17）和式（7.18）代入式（7.19）可得：

$$S = (m - m^*) - \eta(y - y^*) + \lambda(i - i^*) \tag{7.23}$$

式（7.23）是弹性价格货币模型的基本形式，它将汇率的决定因素主要归于三组变量——两国相对货币供给量、相对实际收入和相对利息率，从而得出以下结论。

第一，本国货币供给一次性增加的影响。本国货币供给一次性增加，会迅速带来本国价格水平的相应提高。当其他因素保持不变时，本国货币供给的一次性增加将会带来本国价格水平的同比例上升、本国货币的同比例贬值，本国产出与利率则不发生变动。

第二，本国国民收入增加的影响。在货币模型中，当其他因素保持不变时，本国国民收入的增加将会带来本国价格水平的下降，本国货币升值。

第三，本国利率上升的影响。在货币模型中，当其他因素保持不变时，本国利率的上升将会带来本国价格水平上升，本国货币贬值。

弹性分析法也可用图 7-1 来表示。假定国外的货币供给、实际收入和利率水平不变，这就决定了国外的价格 P 不变。图 7-1 的第一象限反映的是国内货币市场达到均衡时货币供求与价格之间的关系 $P = \dfrac{M}{L(Y, i)}$。在某一假定的收入和利率水平 (Y_0, i_0) 下，货币均衡线 $P = \dfrac{M}{L(Y_0, i_0)}$ 是一条从原点出发的直线。当货币供给从 M_0 增加到 M_1 时，价格水平同比例上升，由 P_0 上升到 P_1。图 7-1 的第二象限反映的是购买力平价线 $P = SP^*$。由于 P^* 被假定不变，则 $S = \dfrac{P}{P^*}$ 为一条从原点出发的斜率固定的直线。当国内货币扩张（$M_0 \to M_1$）使得价格上升（$P_0 \to P_1$）时，汇率就会相应地被由 S_0 提高到 S_1，本币贬值，如图 7-1 所示。

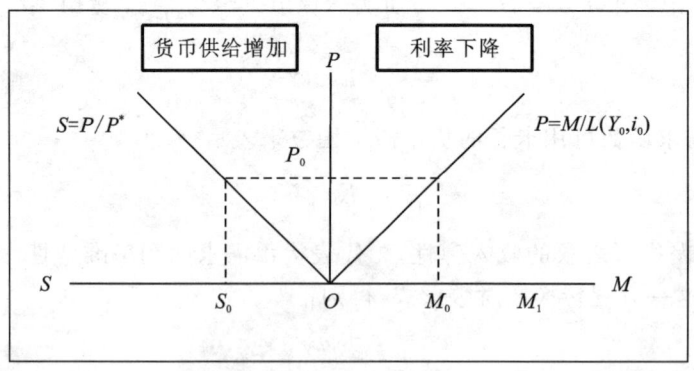

图 7-1　弹性价格货币模型图解

二、黏性价格货币模型

尽管弹性价格货币模型开创了汇率决定理论的货币分析法的先河，但是该模型无法分析汇率的波动性。因而 1976 年多恩布什提出汇率超调这一思想，其后又由弗兰克尔、布伊特和米勒等人做了进一步发展。黏性价格货币模型以弹性价格货币模型为基础,继承了其长期的特征,即假定购买力平价长期有效。

黏性价格货币模型分析本国是一小国的情况,在这一背景下,本国经济变化不会对世界市场产生影响,这时国际市场上的利率和价格水平对本国来说都是给定的。除了对短期内商品市场价格黏性这一假设外,模型还假定资本具有充分流动性,未经套补利率平价成立,即:

$$\Delta S^e = i - i^* \tag{7.24}$$

黏性价格货币模型认为长期均衡汇率为既定。短期内,现实汇率会偏离均衡汇率,现实汇率同长期均衡汇率的偏离将会导致市场短期的调整,其公式为:

$$\Delta S^e = \theta(\bar{S} - S) \tag{7.25}$$

$\bar{S}$ 和 S 分别为以对数表示的长期均衡汇率水平和用对数表示的当前汇率水平,θ 为调整系数($\theta > 0$)。公式表明,对长期均衡汇率水平的任何偏离,人们都将以此为调整速度对当前汇率水平做出合理预期,只有当 $\bar{S} = S$ 时,汇率的预期变化才为零。

本国货币市场的均衡条件同弹性价格货币模型一致:

$$m - p = \eta y - \lambda i \tag{7.26}$$

将非抛补利率平价公式及式(7.25)代入上式得:

$$p = m - \eta y + \lambda i^* + \lambda\theta(\bar{S} - S) \tag{7.27}$$

在长期内,货币供给量不变,产量总是处于充分就业水平,国内外利率相等($i = i^*$),即期汇率等于长期均衡汇率($\bar{S} = S$),则:

$$\bar{p} = \bar{m} - \eta\bar{y} + \lambda i^* \tag{7.28}$$

在货币供给量与产量不变的条件下,汇率的调整同价格水平的关系就可以从式(7.24)和式(7.25)得出:

$$S = \bar{S} - \frac{1}{\lambda\theta}(p - \bar{p}) \tag{7.29}$$

该公式为黏性价格货币模型的核心公式之一,表明当货币市场均衡时,即期汇率与当前价格水平呈反向变动。

加入商品市场后,多恩布什以开放经济条件下的总需求函数作为解释价格调整的基础推导出:

$$S = \bar{S} + \frac{\delta + \frac{\sigma}{\lambda}}{\delta}(p - \bar{p}) \tag{7.30}$$

上式表示在产品市场均衡时,即期汇率与当前价格水平 p 同方向变动。

弗兰克尔最先对黏性价格货币模型进行验证。由于该模型在计量处理上的困难,因此弗兰克尔对其进行了修改,即:

$$\Delta S^e = -\theta(S - \bar{S}) + (\pi - \pi^*) \tag{7.31}$$

因此推导出一个包含汇率超调思想的汇率决定一般等式:

$$S = (m - m^*) - \varphi(y - y^*) + \lambda(\pi - \pi^*) - \frac{1}{\theta}[(i - \pi) - (i^* - \pi^*)] \tag{7.32}$$

当调整速度为无限大时,上式中实际利率差项的系数为零,此时式(7.31)与弹性价

格货币模型的基本等式相同。这就是说,弹性价格货币模型可以看成是黏性价格货币模型的一个特例。

在货币市场上,价格水平的上升,货币需求上升,造成利率的逐步上升。本国利率的逐步上升会造成本国汇率的逐步升值。这一升值是在原有过度贬值的基础上进行的,体现为汇率逐步向其长期平衡水平的趋近。还需要指出的是,由于利率的逐步提高,以及实际汇率的逐步升值,本国的私人投资及净出口均逐步下降,总产出也较短期水平下降,逐步向充分就业水平调整。

以上的调整过程将持续到价格进行充分调整,经济到达长期平衡水平为止。此时,价格水平发生与货币供给量的增加同比例上升,本国货币汇率达到长期平衡水平,购买力水平成立,利率与产出均恢复原状,如图 7-2 所示。

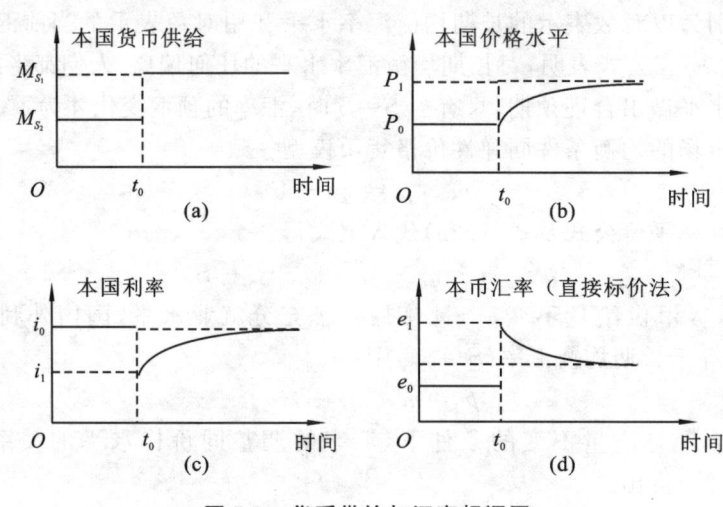

图 7-2　货币供给与汇率超调图

第五节

资产组合分析法

无论是弹性价格货币模型,还是黏性价格货币模型,都遵循一个共同假定,即国内与国外的债券具有完全替代性,投资者为风险中性。然而,在现实中,国内外资产却存在不完全的替代因素,如政治风险、税赋差别等。从这一情况出发,布朗森最早于 1975 年提出资产组合平衡模型,后来考雷、艾伦、凯南、多恩布什、费雪等人也对该理论有进一步的研究。资产组合平衡模型放松了货币模型对资产替代性的假设,认为国内外资产之间是不完全替代的。投资者根据对收益率和风险性的考察,将财富分配于各种可供选择的资产,确定自己的资产组合。资产组合达到稳定状态,国内外资产市场供求也达到均衡,汇率也相应地被决定。当财富总量(资产供给)发生变化时,通过汇率和利率的共同调节,资产组合达到新的平衡。

一、资产组合分析法的基本模型

1. 假设

第一,本国居民持有三种资产:本国货币(记为 M)、本国政府发行的以本币为面值的债券(记为 B)、外国发行的以外币为面值的债券(记为 F)。外币债券的供给在短期内被看作是固定的,它的本币价值等于 $F \cdot S$(S 为直接标价法时的汇率)。

第二,为简单起见,在短期内不考虑持有本国债券及外国债券的利息收入对资产总量的影响。

第三,假定预期未来汇率不发生变动,这样影响持有外国债券的收益率的因素仅是外国利率的变动。

2. 资产组合平衡模型的基本形式

资产组合平衡模型将一国私人部门(包括个人和企业)持有的财富(W)划分为三种形式:本国货币(M)、本国债券(B)和外国债券(F)。因为本外币资产不完全替代,所以未抛补的利率平价条件在此不成立;同时新增了风险报酬因素。投资者根据收益和风险两因素调整资产组合,则当各资产市场达到均衡时,有:

$$W = M + B + SF \tag{7.33}$$

$$\frac{M}{W} = m(i, i^* + \Delta S^e), m_1 < 0, m_2 < 0 \tag{7.34}$$

$$\frac{B}{W} = b(i, i^* + \Delta S^e), b_1 < 0, b_2 < 0 \tag{7.35}$$

$$\frac{EF}{W} = f(i, i^* + \Delta S^e), f_1 < 0, f_2 < 0 \tag{7.36}$$

其中,第一个等式为财富的定义等式;后三个等式为三个资产市场的均衡条件;S 为直接标价法下的外汇汇率;小写字母代表各资产的需求函数,带下标的小写字母代表偏导数,如 m_1 代表货币需求函数 m 对第一个变量本国债券收益率 i 的偏导数,m_2 代表对第二个变量(按本币计算的外币债券收益率,一般假定 i 由外部给定)的偏导数,其他依次类推。后三个等式的左边代表资产供给,右边代表资产需求,需求是两个收益率的函数。由于两种债券不完全替代,两者之差是风险报酬,三个等式的左边相加等于 1,意味着任何两个资产市场达到均衡,第三个市场也必定趋于均衡。

资产组合平衡模型认为汇率正是在资产市场的动态调整从而资产组合的动态平衡过程中被决定的。当资产供给变动时,通过资产市场和资产组合的重新调整,汇率也随之发生变化。具体地说,资产供给的变化有两种情况:一是资产供给总量的变化;二是资产存量结构上的变化。前者对汇率产生的影响被称为财富效应,后者的影响则称为替代效应。

资产供给总量变化的具体路径如下。

（1）货币供应量增加，这是由于政府增发货币引起的。货币供应量增加后，投资者持有的货币存量上升，为了使资产组合重新达到平衡，投资者将增加对本币债券和外币债券的购买，从而抬高本币债券的价格，使国内利率下降，汇率水平提高（本币贬值）。

（2）本币债券供应量增加，这是由于政府增发债券弥补财政赤字的结果。本币债券供应量的增加会增加对外币债券的需求，其结果是汇率上升（财富效应）。本币债券供应量增加使本币债券价格下降，国内利率上升，国内收益率的上升会相对削弱对外币债券的需求，导致汇率下降（替代效应）。替代效应的大小与本外币债券之间的替代程度有密切的正相关关系：当本外币债券的替代程度较低时，财富效应会超过替代效应，此时本币债券供应增加的结果是汇率上升；反之，当替代程度较高时，结果是汇率下降。

（3）外币债券供应增加，这来自国际收支中经常项目的盈余。外币债券供应的增加使外币债券市场出现超额供给，这降低了外币债券价格，导致汇率下降。

资本结构变化的具体路径如下。

（1）本币债券与本国货币互换，这是央行在国内货币市场上的公开市场操作。当央行用本国货币购买本币债券时，货币供给量的增加使得利率下降以出清货币市场，对本币债券形成的超额需求将导致本币债券价格上升，也使利率下降。利率下降的结果使外币债券需求上升，通过替代效应导致汇率上升。

（2）外币债券与本国货币互换，即 $\Delta M + SF = 0$，这是央行在外汇市场上的公开市场操作。当央行用本国货币购进外币债券时，货币供给量的增加导致利率下降，通过替代效应使汇率上升，同时对外币债券形成的超额需求也使汇率上升。

以上考察的是资产市场上短期均衡汇率的决定因素及其变动，而没有涉及商品市场，当汇率处于均衡时，经常项目可能为顺差，也可能为逆差。在完全自由浮动汇率制度下，经常项目顺差意味着资本项目逆差和外币资产存量的增加，而外币资产存量的变动反过来又影响到汇率，从而形成资产存量、流量相互作用的动态调整过程。直到外币资产存量不再变动，经常项目差额为零，此时的汇率水平代表了长期均衡汇率。那么，资产市场选择是否能使短期均衡汇率切近长期均衡汇率呢？这里的关键在于，外币资产增加能否减少经常项目盈余。根据前述分析，当外币资产增加时，汇率将下降（本币升值）。在满足马歇尔-勒那条件的前提下，本币升值将减少经常项目盈余。由此可得出结论，资产市场对短期均衡汇率的动态调节能使它最终切近长期均衡汇率。

3. 资产组合平衡模型的图形分析

（1）货币市场的平衡情况，见图 7-3。

（2）债券市场的平衡情况，见图 7-4。

（3）外国债券市场的平衡状况，见图 7-5。

（4）资产市场的短期平衡情况，见图 7-6。

由图 7-6 可知，当货币市场、本国债券市场、外国债券市场同时平衡时，经济处于短期平衡状态，显然这意味着经济的短期平衡位于三条曲线的交点。

资产供给量变动有两种情况，一种是绝对量变动，另一种是相对量变动。绝对量变动是指一种（或两种）资产的供给量增加（或减少）而其他资产的供给量不变从而资产总量增加。相对量变动是指两种不同资产之间的互换，从而使一种资产的供给量增加而另

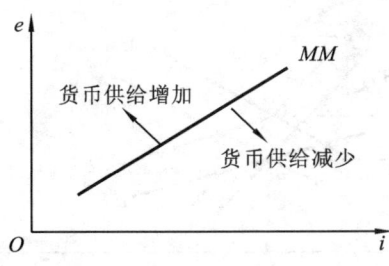

图 7-3　货币市场的平衡情况图

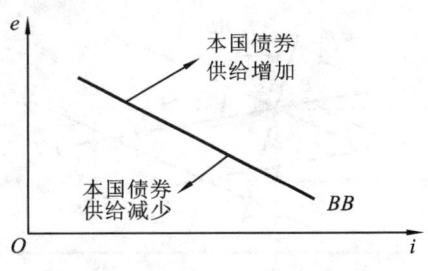

图 7-4　债券市场的平衡情况图

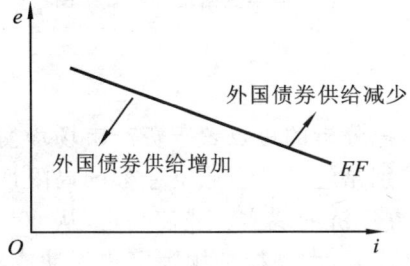

图 7-5　外国债券市场的平衡情况图

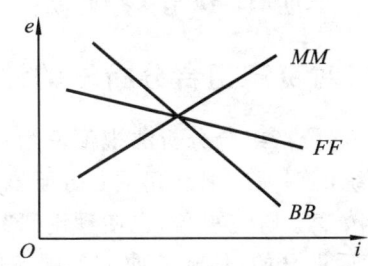

图 7-6　资产市场的短期平衡情况图

一种资产的供给量相应减少,私人投资者持有的各种资产的总量不变。

1)对供给相对量变动的分析

第一,在本国债券市场进行公开市场业务,以增加货币供给。

如果一国央行进行债券的公开市场业务,购买债券,从而增加货币供给,其效果图如图 7-7 所示。

第二,在外国债券市场进行公开市场业务时。

如果在外国债券市场进行公开市场业务,其效果图如图 7-8 所示。

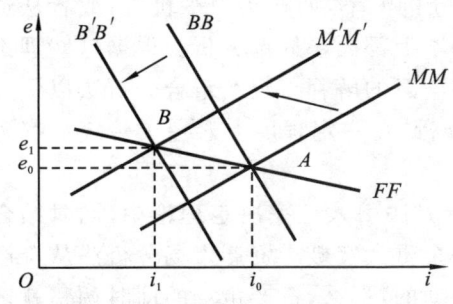

图 7-7　本国债券市场进行公开市场
业务增加货币供给的效果图

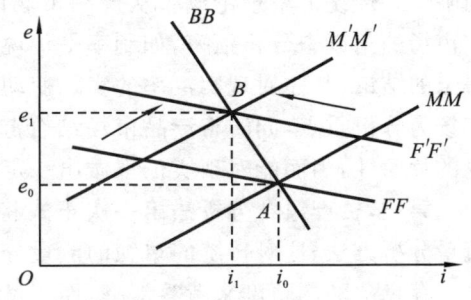

图 7-8　在外国债券市场进行公开
市场业务时的效果图

2)对供给绝对量变动的分析

(1)中央银行融通财政赤字而导致的货币供给增加,其效果图见图 7-9。

(2)经常账户盈余导致的外国债券供给增加,其效果图见图 7-10。

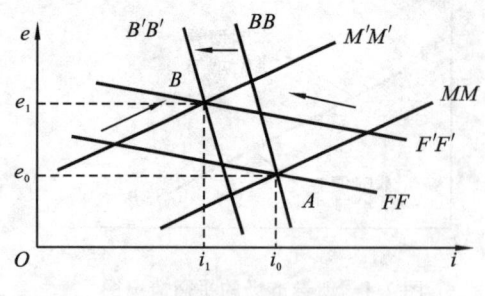

图 7-9 中央银行融通财政赤字而导致的
货币供给增加的效果图

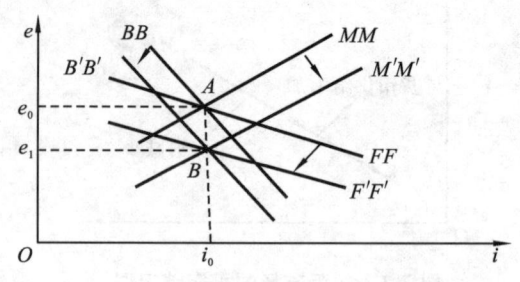

图 7-10 经常账户盈余导致的外国
债券供给增加的效果图

二、对资产组合分析法的评价

第一,资产组合分析法视汇率为一种资产价格,把分析的焦点置于资产市场均衡,改变了传统汇率理论把研究重心置于国际收支差额特别是经常项目收支差额的局限性,从根本上改变了研究视角,也使理论研究更加贴近西方经济的现实。我们知道,从 20 世纪 60 年代后期开始,伴随着西方各国实施金融自由化政策,大规模的国际资本流动成为国际经济的一大特征。国际资本流动不仅仅是为弥补国际收支中的经常项目差额而出现的对应变动,更重要的是,它直接产生于对国外货币资产的需求。进入 20 世纪 80 年代以后,国际资本市场上普遍出现证券化的发展趋势,证券投资成为重要的国际投资形式,这进一步促进了国际资本的迅速成长。据统计,20 世纪 80 年代中期,每年的国际资本交易额已是国际贸易总额的 20 多倍。在这种情况下,资本流动无疑构成影响汇率的重要因素。因此,资产市场分析法把汇率决定的理论分析的重心转向资产市场,及时反映了现实经济的变化,这是西方汇率决定理论研究方向上的一次重大转变。

第二,资产组合分析法体现的是一般均衡分析,这克服了传统理论局部均衡分析的局限性。传统汇率理论或者从产品市场的角度来分析汇率,如购买力平价说;或者从资本市场的角度来分析汇率,如利率平价说。它们基本上都属于局部分析。根据这些理论得出的结论,往往对现实汇率的实际变动无法做出满意的解释。资产组合分析法以资产市场为分析重点,同时将产品市场结合起来进行分析,在一定程度上避免了传统汇率理论的片面性,因而能对现实汇率做出一定的解释。

第三,资产组合分析法第一次正式将存量分析方法引入汇率决定理论中,同时结合流量分析方法,这对传统的单纯的流量分析法是一个重大突破。资产市场分析法从资产这一存量范畴的角度来考察汇率,而存量是即时变动的,那么,资产市场的即时调整就迅速地表现在汇率的动态变化上。相反,流量是对应于某一时期内的变量,它在考察期内是确定的,因而流量分析法下的汇率必定带有相对稳定性的特征。从 20 世纪 70 年代实行浮动汇率制以来,汇率的易变性成为国际经济活动中的突出现象。从理论上说,资产组合分析法的存量分析能更好地解释汇率的波动性,这显示了资产组合分析法在研究方法上的进步。

第四,资产组合分析法带有强烈的政策特征,直接为西方国家政府的宏观经济政策提供理论依据。货币分析法把目光关注在货币市场的均衡上,货币政策自然对汇率产生重要影响,因此货币模型十分强调货币政策以及各国货币政策的相互协调在影响汇率和稳定汇率上的作用。同样,资产组合平衡模型也为货币政策的实施提供了十分有力的理论依据:在对资产组合平衡模型的分析中,我们可以清楚地看到,央行在货币市场上的公开市场活动对汇率的影响是明确而有效的;相反,政府通过增发债券而实施的财政政策,对汇率的影响却是不确定的。

第五,资产组合分析法中尽管存在不同分支,但它们在基本分析方法和基本理论思想上是一致的。不同分支只表明它们是从不同的角度来考察汇率的决定,各自分析的侧重点有所区别,相应地在某些假定上有所不同。它们之间不是相互排斥的,而可以看成是相互补充的,在很多观点上,它们是趋于相互融合的。很多经济学家既是货币模型的支持者,又是资产组合平衡模型的研究者。

第六节
汇率理论的最新发展

近年来,汇率理论不再仅专注于均衡汇率水平的决定,而是对汇率决定的过程进行更为细致的分析。这些新理论不仅对传统理论的前提假定提出了质疑或修正,而且引进了新的变量,并使用了新的分析工具。

一、汇率理论的最新发展

1. 有效市场假说

所谓有效市场,是指市场价格能够及时、准确和全面地反映所有公开的信息,且所有的信息都能被市场参与者迅速领悟并能立刻反映到市场价格中去,所有的市场参与者都能够根据所获得的信息对未来市场走势进行预测,以使自己的收益最大化。有效市场也意味着所有的获利机会都已被市场充分利用,市场参与者不可能根据公开信息持续获得超过市场平均水平的收益。

有效市场的最初概念是由 Fama 提出的,它描述这样一个市场:"对未来证券价值进行预测的是大量理性的、彼此竞争的利润最大化者;市场参与者必须能够自由地获得当时重要的信息。"如果资产价格是资源分配的信号,则它们必须能够成功地传播将来市场发展的所有相关信息给需求者和供给者。如对外汇市场有效性来说,即期汇率和远期汇率能够反映所在相关的市场信息,投资者不可能赚取超额利润,因此均衡价格是在所有可得到的信息条件下形成的价格。市场是所有信息的敏感器,调节着价格变动。

有效市场假说可分为三种类型。第一种是弱式有效市场假说。该假说认为,现行的市场价格仅充分反映了包含在过去价格中的所有信息,因而投机者不可能通过分析过去

的价格信息得到额外的收益。第二种是半强式有效市场假说。该假说认为,现行的市场价格不仅反映了包含在过去价格中的全部信息,而且反映了现在的所有公开信息,因而投资者不可能通过分析当前和过去的所有信息获得额外的收益。第三种是强式有效市场假说。该假说认为现行的市场价格不仅反映了过去和现在的所有公开信息,而且包含了未公开的内部信息和对将来的预期信息,因而任何人都不能通过对信息的垄断而获得额外收益。

有效市场假说是以发育完善的资本市场为前提的,如果市场价格没有包含一切可得到的全部信息,就必然存在着尚未被利用的赢利机会,从而导致大规模的套利过程发生,最终消除市场上潜在的赢利机会,投资者得到正常收益。因此,在有效市场上,不存在资金流动障碍,交易成本可以忽略,投机需求的利率弹性为无穷大(即使很小的赢利机会也会引起大规模的资金运动,从而使资产价格进行调整),投机者根据市场信息进行的调整是瞬时完成的。为此需做出如下假设:①市场上具有一批拥有充裕资本,只要有机会就可以进行套利投机的投资者;②没有资本流动管制;③不考虑交易成本;④各个市场参与者对各种金融信息都能够自由、公开、及时地获取。

如在即期和远期外汇市场上,当投资者获得"外国利率升高"的信息后,将会立即决定买进外汇,因此远期外汇价格将升高,直到升水足以阻止任何进一步的投机行为为止,这时远期汇率正好等于大家一致公认的预期汇率。如果考虑到风险报酬,那么,远期汇率就等于预期的即期汇率与风险报酬。即使投资者的非理性行为并非随机而是具有相关性,他们在市场中也将遇到理性的套期保值者,后者将消除前者对价格的影响。

第一个假设是理性投资者相互竞争的结果。投资者理性意味着他们能准确地将资产价格定为其基本价值(未来现金流的贴现值)。当投资者获得关于基本价值的任何信息,则他们将利用已经获得的即使是少量的信息积极交易。这样一来,他们将信息迅速融入价格,同时消除了使他们产生行动的获利机会。

第二个假设指出,并不会因为投资非完全理性,市场有效性假说就不成立。在许多情况下,虽然部分投资者非完全理性,但市场仍然是有效的。如果存在大量的非理性投资者,而且他们的交易是不相关的,他们的交易很可能相互抵消。在这样的市场中,非理性投资者相互交易,即使交易量很大,也不会影响资产价格。

第三个假设是根据投资者之间的交易相关性提出的。第二个假设的前提条件是非理性投资者的交易策略之间不具备相关性,这与实际情况不吻合,因此具有一定的局限性。但是有效市场假说认为,即使在投资者的交易策略相关时该理论也成立。这就引出了第三个假设:套期保值对非理性交易者具有抵消作用。套期保值是指"在两个不同的市场以有利的不同价格同时购买和出售相同的(或本质上相似的)资产"。假设某一股票的价格由于非理性投资者的相关购买行为而高于其基本价值,聪明的投资者一旦发现这一事实,会出售甚至卖空该股票而同时买入一个近似替代资产来规避风险。可替代资产的存在性和完全金融市场假设紧密相连,这对套期保值十分重要,它允许投资者从不同的金融资产中获得相同的现金流。

如果存在替代资产,套期保值者执行交易,则肯定获得一个无风险的利润。套期保值者的出售结果使得资产阶段性回落至基本价值,而套期保值者也不能获得很大的无风险利润。因此,只要资产之间具有相似的替代关系,即使部分投资者不理性或者他们的需求具有相关性,套期保值者也可以将资产价格保持在基本价值的附近。

总之,根据有效市场假说,当人们理性时,市场根据定义是有效的。当有些投资者非理性时,大量的交易是随机的,因此他们对市场不形成系统的价格偏差。套期保值者的竞争保证价格即使产生了系统性的偏差,也会回归到基本价值。最后,如果非理性交易者进行非基本价值的价格交易,则他们的财富将减少,最后不能在市场中生存。

2. 理性预期理论

理性预期是经济人追求效用或利润最大化行为的自然结果,是最准确的预期。

理性预期包括以下两层含义。

一是一致性预期,即在外汇市场上,市场投资者对即期汇率的未来走势都有自己的看法,由于每个人的知识水平不同,获取信息量的多少也存在差异,以及对各种信息给汇率造成冲击程度的认识都不一样,因此,投资者对未来汇率的预期不可能一致,甚至会千差万别。但在长期中,预测的准确与否将给投资者带来不同的盈亏。对于理性的投资者而言,连续的亏损必然迫使其修改原来的预期方式,或者直接模仿能够取得盈利的投资者的交易策略。理性投资者的学习过程重复进行,最终,投资者在预测能力上的差异逐步减小,从而形成一致性预期。

二是理性预期,它是一种没有系统性误差的预期。理性预期并不排除现实经济中的不确定因素,也不排除不确定因素的随机变化会干扰人们预期的形成,使人们的预期值偏离其预测变量的实际值。但理性预期理论认为,市场参与者会反思他们过去的错误,使用和加工处理所有可以得到的信息,并且在预测未来时能够成功地消除规则性错误。因此,就平均来说,市场是理性的,人们一旦发现错误就会立即做出正确反应,纠正预期中的失误,因而人们在预测未来时不会犯系统性的预测误差。而理性预期则认为不管投资者采用什么方法对未来汇率进行预测,如果投资者的主观预期与以一组包含所有公开得到的信息为条件的数学期望值相同,那么这种预期就称为理性预期,用公式表示为:

$$S_{t+1}^e = E(S_{t+1} \mid I_t) = E_t S_{t+1} \tag{7.37}$$

式中,S_{t+1}^e 为市场对即期汇率的合理预期,I_t 为 t 时在分开范围内可以得到的所有信息的集合,$E(S_{t+1} \mid I_t)$ 为依靠信息 I_t 做出预期的即期汇率的数学期望值,S_{t+1} 为 $t+1$ 时的即期汇率。

式 7.37 表示投资者的预期可能经常出错,但不论误差有多大,就平均来说必然是正确的。这意味着,投资者对某一变量未来值的主观预期,等于以当前所有信息为条件的数学期望值。理性预期[①]是有效市场的充分条件。

理性预期意指经济代理人利用所有的信息来估计汇率的未来值。他们不仅利用汇率、利率、通货膨胀、预算赤字等的过去值,而且利用关于这些变量的未来预期的信息。在给定时间,它是经济代理人所能做出的最好的预测。

3. 无偏性假设

除了市场有效性假设以外,理性预期理论还有一个关于投资者对待风险态度的重要

---

① 理性预期认为未来汇率预期值是过去若干期汇率的实际值依照几何递减权数加权平均而得。

假设,即假设投资者对待风险的态度是中立的,这意味着投资者不愿为获得风险报酬而从事风险交易,因此 $\rho_t = 0$,将其代入后得:

$$S_{t+1} = f_t + u_{t+1} \qquad (7.38)$$

上式表明,远期汇率等于未来即期汇率再加上一个随机误差项。换而言之,远期汇率是未来即期汇率的无偏估计值。因此,将在风险中立假设条件下的市场有效性称为无偏性假设。

根据理性预期理论,在任何时候,实际观察到的远期汇率是下一时期即期汇率的最理想的预测值,即使出现不符,也仅仅只是在随机误差的范围之内。这也意味着它不可能被任何其他使用公开信息进行的预测所改进,因此,如果外汇市场不存在内部信息的话,则远期汇率作为即期汇率的预测值是最理想的。

根据有效市场假说,在短期内,市场上充斥着各种不同的封闭信息,使汇率不能充分反映所有的信息,所以短期的外汇市场是无效率的。但在长期内,由于信息的扩散和资金流动,汇率将逐步反映所有可能得到的信息,因此长期的外汇市场将接近有效市场。

根据理性预期理论,远期汇率是未来即期汇率的无偏或有效的估计指标,或者说,远期汇率不应该系统地高估或低估未来即期汇率,否则,外汇市场就不是充分有效的。如果外汇市场是一个有效市场,那么在长期内,事后汇率的实际贬值率应该等于事前汇率的预期贬值率(利率差),也就是远期贴水率。预期的任何变化都会影响即期汇率、远期汇率及当期的利率结构。当其他条件相同时,预期汇率上升将使当前的汇率上升;同样,预期汇率下降将使当前的汇率下降。

汇率将完全反映所有可得信息。

根据理性预期理论,如果人们的预期是稳定的,则汇率也会是稳定的,相反,如果人们的预期是不稳定的,则汇率会表现出易变性。

运用理性预期对汇率进行预测,强调心理因素对汇率决定的作用,将人的主观预期明确作为变量加以研究,并引进汇率决定模型,开创了汇率研究的新思路,有助于说明浮动汇率制度下其他汇率理论所难以解释的现象。但是,理性预期理论依赖于有效市场、理性预期这两个重要的假设前提,而现实条件并不一定满足这两个条件,因此,理性预期理论的前提假设过于严格。

从现实情况来看,人们对未来汇率的预期总体来说是理性的。它实际上综合考虑了许多决定汇率的长期要素。这些要素包括不同国家之间的经济增长速度的不同、它们在国际贸易中的相对地位的变化、它们的货币政策以及由此而引起的价格水平的变化等等。还是以人民币和美元为例,在过去的 5 年中,中国经济以及对外贸易增长的速度都高于美国,而通货膨胀率则低于美国。这些都是市场期待人民币升值的原因。

例如,在理性预期理论中,经济学家们所关心的是经济主体如何利用价格信息来决定他们的均衡供求,而没有深入研究形成市场供求的动力和压力。对产权制度如何影响价格形成缺乏深入研究,忽略了产权界定对于分散的市场主体的激励及约束作用。没有研究不同的制度如何影响人们的经济行为、资源配置及均衡结果。

二、汇率理论的发展趋势

（1）突破传统的分析框架，引进新变量。20世纪80年代，许多经济学家在检验资产组合分析法的过程中，发现其变量之间存在严重的自相关问题。他们认为，产生这种情况的原因很可能是资产组合分析法忽略了一些重要的经济变量，从而不能解释浮动汇率下的汇率波动，因此，以弗兰克为代表的经济学家就试图在模型中引进新的解释变量。

这种研究分为两个方向。第一个方向是继续从传统的基本经济因素出发，寻找新的基本因素对传统模型进行扩充，或是对其假定前提进行质疑或修正。研究者一般是利用宏观经济学、货币银行学等相关学科和一些边缘经济学的研究成果构建自己的理论体系。如一些经济学家将财政政策变量引入模型，研究国家的政策偏好和政策力度对汇率变动的影响。第二个方向则突破了传统的基本因素的框架，引进了预期信息等全新的非基本因素的概念，甚至引进外汇市场上用于实际操作的基本分析和技术分析等手段，并试图将其量化。

（2）新的汇率理论与实际更为贴近。为使汇率理论更贴近现实，新的汇率决定理论中更多地注重对外汇市场参与者汇率预期的调查，同时，微观分析（包括外汇市场结构和外汇交易者的行为分析）成为汇率理论研究的重点。此外，由于汇率波动幅度和频率日益增加，所以尽管汇率均衡点的确定仍然是汇率理论的重要研究对象，但已有越来越多的学者将精力放在对汇率波动的解释上，并提出了许多政策建议。

（3）大量使用计量经济学和统计学工具。许多经济学家认为，传统的汇率理论模型采用的是单一方程的简化形式，解释力不足。为此，现代汇率理论模型越来越多地引进联立方程，从而更好地体现了多种经济变量变动对汇率的影响，以及这些变量之间的相互作用，使模型的结果更加符合实际汇率水平的变动。同时，新的统计技术和计量技术对联立方程模型的构建提供了全新的手段。

（4）以新凯恩斯主义理论为基础，通过运用微观经济学的经济主体最优化模型，引入更贴近现实的名义黏性和垄断竞争假定，将一般均衡模型动态化。

中国是一个尚处于改革和发展之中的国家，在今后一个较长的时期内，整体经济依然会处于结构调整期中。这种结构调整任务加大了中国经济前景的不确定性。目前，经常账户和资本账户的双顺差抵消了这种不确定性的影响，使得后者没有引发人民币贬值的预期。在实行浮动汇率制以后，人民币汇率可以更准确地反映市场上的资金供求状况，人民币升值的压力被释放，经常账户和资本账户的收支状况必定要重新调整。在此以后，市场上的预期就会发生变化，经济的结构性调整所带来的不确定性，使得人民币汇率的未来走势面临更大的不确定性，从而引发人们的贬值预期，中国实行浮动汇率制也同样要面临这个现实问题。

主要术语和关键概念

汇率决定理论 一价定律 绝对购买力平价 相对购买力平价 弹性价格货币模型 黏性价格货币模型 资产组合平衡模型

思考题

1. 简述购买力平价理论。

2. 抛补利率平价和非抛补利率平价模型的内容与区别是什么?

3. 比较汇率的弹性价格和黏性价格货币模型。

4. 简述资产组合平衡理论。

5. 试用汇率决定理论阐述人民币汇率升值的理论基础。

应用题

1. 假设今年美国的通货膨胀率为3%,同期泰国的通货膨胀率为15%,6月底泰铢兑美元汇率为38.40。问:

(1) 如果购买力平价能成立,则到今年年底泰铢的汇率为多少?

(2) 如果泰铢市场汇率到年底仍然保持38.40,请问为什么?

(3) 如果将购买力平价汇率作为基准汇率,那么年底38.40的汇率是高估还是低估?(计算结果保留小数点后3位)

2. 设伦敦市场上年利率为12%,纽约市场上年利率为8%,且伦敦外汇市场的即期汇率为1英镑=1.5435美元,求1年期伦敦市场上英镑对美元的远期汇率。

3. 美元兑日元的即期汇率为106.40,美元利率为4.75%,同期日元利率为0.75%,如果市场预期未来美元汇率将要下跌,3个月后市场汇率将变为105.60。问:

(1) 投资者该如何进行投资?

(2) 国际资本流向如何?

(3) 资本投资收益率如何?

本章参考文献

第八章
外汇风险管理

教学目的与要求：能理解外汇风险的含义，区别外汇风险的类型，掌握各种外汇风险防范方法的特点及运用。

教学内容：本章主要介绍外汇风险的概念、产生原因，构成因素及种类，外汇风险管理的战略，防范外汇风险的外汇交易法、货币选择法、调整价格法、加列货币保值条款法、风险分摊法、平衡法与组对法、提前收付或延期收付、对销贸易法、国际信贷法、投保货币风险法、借款法与投资法、BSI 法和 LSI 法。

本章重点与难点：外汇风险的各种管理方法的特点，外汇交易方法的具体应用。

船代企业外汇风险分析

资料来源：尹旭.船代企业外汇风险分析及管理对策探究[J].财经界,2016(2)：82-84.

第一节
外汇风险概述

一、外汇风险的概念

外汇风险又称汇率风险,是指一个经济主体包括金融公司、企业组织、经济实体、国家或个人在一定时期内对外经济、贸易、金融、外汇储备的管理与运营等活动中,以外币表示的资产(债权、权益)与负债(债务、义务)因未预料的外汇汇率的变动而引起的价值的增加或减少的可能性。广义的外汇风险是指既有损失的可能性,又有盈利的可能性;狭义的外汇风险仅指给经济主体带来损失的可能性。本章将就广义的概念讨论外汇风险。一般认为外汇风险产生于不同货币之间的兑换,只要有币种之间的兑换,就不可避免地有外汇风险。实际上,一些以本币计价的预期未来现金流量也只能遭受外汇风险。例如,一个在本国市场上销售轮胎的中国公司同一家日本公司竞争,在这样的情况下,如果日元的兑换比率发生了变化,那么这个变化自然会通过产品的成本以及售价的变化影响到两国公司的预期现金流量的限制,从而影响到两国公司的竞争地位。对于外汇风险的内涵,可从以下几个方面来进行深入理解。

(1)外汇风险只是一种可能性,既有可能蒙受损失,也有可能获取收益。外汇风险损失涉及汇率差变动所引起的一些经济效果,具体包括:①外币债权人以外币计价的资产或营收账款价值的下降;②外币债权人以外币计价的负债或应收账款价值的上升;③账面上的资产损失;④预期收益的减少;⑤决策中的不确定性增强。

(2)外汇风险针对的是经济主体持有外汇的敞口头寸而言的,并非其全部的资产或负债。敞口头寸是指经济主体所持有的外汇资产与负债差额,即暴露于外汇风险之中的那一部分资产或负债。在现实经济生活中,外汇头寸表现为以下三种基本状态。①头寸轧平,即经济主体所持有的外汇资产等于负债。②多头,又称超买,即经济主体所持有的外汇资产大于外汇负债。③空头,又称超卖,即经济主体所持有的外汇资产小于外汇负债。

值得注意的是,在经济主体所持有的外汇头寸轧平的情况下,它并不会面临外汇风险。这是因为汇率变动对资产的影响可以被其对负债的反向影响所抵消。这里需要注意时间因素的作用。

(3)外汇风险不仅涉及直接从事国际经济交易的单位和个人,并且某些不直接参与国际经济交易的单位和个人,由于其在日常经济活动中将会涉及外币的兑换和使用,因此其同样面临着外汇风险。

一般来说,预测到的汇率变动被企业决策者考虑并加以处理,只有预料之外的外汇变动才会产生外汇风险。综合以上对外汇风险内涵的理解,从中可以看出,外汇风险有以下几个特点:①起因于未曾预料的汇率变动;②发生于折算或货币兑换的过程中;③造成经济主体预期现金流量的变化;④可能带来损失,也可能带来收益。大多数外汇风险是具有两面性的,一方的损失即为对手的盈利,但是在外汇期权交易过程中,也会出现单面性的特征。

二、外汇风险的构成要素

一个国际企业在它的经营活动中所发生的外币收付,如应收账款、应付账款,货币资本的借入或贷出等,均须与本币进行折算,以便结清债权债务并考核其经营活动成果。本币是衡量一个企业经济效果的共同指标,从交易达成后到应收账款的最后收进,应付账款的最后付出,借贷本息的最后偿付,均有一个期限。例如商品出口后90天有一笔外币应收账款的收进,设备进口后60天有一笔外币应付账款的支出,30天后有一笔借款的偿还,等等,这个期限就是时间因素。在确定的时间内,外币与本币的折合比率可能发生变化,从而产生外汇风险。可见,外汇风险一般均包括三个因素:本币、外币与时间。

如果一个国际企业在某笔对外交易中未使用外币而使用本币计价收付,这笔交易就不存在外汇风险,因它不牵涉外币与本币的折算问题,从而不存在汇率波动风险。

一笔应收或应付外币账款的时间结构对外汇风险的大小具有直接影响,时间越长,则在此期间汇率波动的可能性就大,外汇风险也相对大,时间越短,在此期间汇率波动的可能性就小,外汇风险就相对小。从时间结构越长、外汇风险越大这个角度来分析,外汇风险包括时间风险与价值风险两大部分。改变时间结构,如缩短一笔外币债权债务的收取或偿付时间,可以减缓外汇风险,但不能消除价值风险,因本币与外币折算所存在的汇率波动风险仍然存在。

一个企业,90天后有一笔外汇收入。这里,既存在时间风险,又存在价值风险。该企业借入一笔外汇贷款,其金额与未来的外汇收入相等,并将这笔贷款的偿付时间也规定在90天后,即以90天后的外汇收入来偿还这笔外汇贷款。这样,把将来的时间风险转移到现在,从而消除了时间风险,但受汇率波动影响的价值风险仍然存在。如欲消除该价值风险,尚须采取措施,即将外币借款转卖成本币,然后以本币进行投资,借以获得一定的投资利润,这样才能消除全部风险。

三、外汇风险产生的原因

外汇风险识别是防范外汇风险,进行外汇风险管理的基础。所以我们要认真分析外汇风险产生的原因。外汇风险产生的原因很多,从宏观上看主要取决于汇率制度、财政货币制度、会计制度、国际收支和国家政治局势等。

1. 汇率制度

不同的汇率制度产生不同的汇率变动规律,在金本位制和固定汇率制下,汇率波动较小,外汇风险不大,常被人忽略;在浮动汇率制下,各国不再规定法定货币含金量和汇率波动的上下限,汇率上下波动成为正常现象,各种经济、政治因素常常使汇率在短期内大起大落,加大了国际金融领域的动荡和国际贸易、国际借贷及其他涉外经济活动中的外汇风险。另外,浮动汇率制赋予各国自主决定汇率的权利,使各国中央银行为了将汇率控制在一个合理的水平上,以达到有利于本国经济发展的目标,频繁干预外汇市场,尤其是主要货币国加强货币合作,共同干预外汇市场,对汇率波动起着不容忽视的作用。

2. 财政货币政策

一国的财政货币政策对汇率波动起着决定性作用。根据购买力平价和利率平价理论,在一定条件下,汇率由两国的通货膨胀和利率决定,如果一国实行紧缩银根的货币政策,提高利率,降低通货膨胀率,在对应国家货币价值不变的情况下,将导致本币升值,外币汇率下跌。相反,如果一国实行放松银根的膨胀性货币政策,则利率下跌,通货膨胀率上升,最终将引起外币汇率的上浮,进而产生各种外汇风险。财政政策可以通过税收和财政支出两大政策手段调整全社会的货币需求。如果财政赤字扩大,货币需求增加,在货币供应不变的时候,将提高利率,从而引起汇率的改变。

3. 会计制度

不同国家的会计制度往往在会计科目的划分、会计方法的选择、会计核算的标准上存在差异。会计制度不同,会计折算的损益大相径庭。在涉外企业编制财务报表、将外币折算为本币的问题上,有流动/非流动法、货币/非货币法、时态法、现行汇率法等多种方法,分别规定了使用现行汇率和历史汇率的科目、范围。同一个企业,按照不同的方法折算将得到不同的损益结果,尤其是在汇率波动剧烈的情况下,这种汇率风险更加突出。究竟采用哪种折算方法更能准确地反映企业的实际经营状况和外汇风险程度,一直是专家们探讨的问题。随着跨国公司在全球的发展,统一会计制度成为一个迫切的问题。

4. 国际收支

国际收支是对汇率起直接作用的因素,因为国际收支状况决定外汇的供给和需求。一国国际收支出现顺差,外币收入增加,本币相对外币升值,外币贬值,外币行市随之下跌;相反,一国国际收支出现逆差,外币收入减少,外汇需求必然大于供给,外汇行市随即上涨。可见,国际收支状况直接引起外汇供求关系的变化,进而对汇率发生直接影响。

5. 国家政治局势

一国政治局势也是造成外汇风险的直接原因之一。如果一国战乱不断,民族矛盾十分尖锐,政局动荡,使经济发展缓慢,经济政策剧变,必然会引起本币贬值,各种外汇风险增加。

以上五个方面对外汇风险的宏观形成因素进行了分析,但外汇风险的大小在一定程度上也取决于微观经济中涉外企业的经营管理活动。如果企业能对汇率的未来趋势进行正确的预测,并采取一系列避免外汇风险的措施,就可以免遭或减少外汇风险。

第二节
外汇风险的种类

按承受的对象不同,外汇风险可分为以下几种。

一、企业外汇风险

1. 交易风险

交易风险又称交易结算风险,是指以外币计价的交易,由于该币与本国货币的比值发生变化即汇率变动而引起的损益的不确定性。例如,美国某公司赊销 1300000 日元的商品给日本某家买主,60 天后支付,汇率是 USD1=JPY130。美国公司在收到货款时,希望用 1300000 日元兑换 10000 美元,但是由于汇率变动为 USD1=JPY140,美国公司就只能收到 9286 美元(1300000÷140),比预期少收 714(10000－9286)美元。反之,若这时汇率变动为 USD1=JPY120,美国公司就可以收到 10833 美元,比预期增加 833 美元。可见,汇率的变动使美国公司承担着收到的日元兑美元后不是 10000 美元的风险,要么少,要么多。交易风险也就这样产生了。相对于其他外汇风险,交易风险有以下特点。

(1)涉险企业广泛,只要有进出口业务的企业都会面临外汇交易风险。

(2)进出口业务的外汇交易受险时期可长可短。风险从交易达成之日开始,到账款的实际收付之日结束。外汇交易风险能直接或间接影响折算风险及经济风险,因此做好交易风险的防范也有助于对折算风险和经济风险的防范。特别是在我国进出口总值连年大幅增长,跨国集团较少的现状下,交易风险是我国绝大多数进出口企业所面临的最主要的外汇风险。在外汇风险中,交易风险所占的比重高达 90% 左右。因此在当今经济全球一体化的进程中,交易风险的防范是进出口企业急需解决的重要问题。

2. 会计风险

会计风险又称折算风险,是指经济主体根据会计制度的规定在对资产负债表进行会计处理的过程中,在将功能货币转换成记账货币时,因汇率变动而呈现账面损失的可能性。它是一种存量风险。其中,功能货币是指经济主体在经营活动中流转使用的各种货币;记账货币是指经济主体在编制综合财务报表时使用的报告货币,通常是母国货币。

例如,假设美国某公司在英国银行持有银行往来账户余额 100000 英镑。如果开始时,每英镑值 1.60 美元,美国母公司在英国的往来账户月余额是 160000 美元,以后美元升值,英镑贬值,每英镑只值 1.40 美元,使美国公司的英国银行往来账户余额变为 140000 美元。在两个折算日期,英镑余额价值降低了 20000(160000－140000)美元。根据美国的会计规定,这笔损失可记为母公司收益的损失,或者通过一个备抵账户直接冲

销股东收益。

从上例中还可以看出,在账户里用来记账的货币和在账户里用来计算的货币之间有着很明显的区别。一般地说,用单一货币记账的货币性资产或负债,可以用记账货币计算,也可以用所有其他货币计算,而固定资产不用任何货币记账,但可以用任何一种货币来计算。

会计风险的特点是:发生折算风险时,用外币计量的项目(资产、负债、收入和费用)的发生额必须按本国货币重新表述,且必须按母公司所在国的会计规定进行,因此可能会产生折算风险。

3. 经济风险

经济风险是指由于汇率变动引起公司或企业未来一定期间内的收益发生变化。它是一种潜在风险,其程度大小取决于汇率变动对产品数量、价格及成本的影响程度。

经济风险的主要特点是有主观意识。经济风险取决于一定时期内公司预测未来现金流动量的能力,而公司预测这种能力是千差万别的。此外,经济风险带来的影响可能比交易风险和折算风险大,因为这种风险不但影响公司在国内的经济行为与效益,还直接影响公司在海外的经营效益或投资效益。

4. 政策风险

政策风险又称外汇管制风险或统筹权风险,是指由于某国有关外汇政策变动,致使从事相关外币业务的经营者蒙受损失或丧失预期收益的潜在可能性。一国外汇管制主要是对于外汇出入境的管制,尤其是一些发展中国家,其财政部或中央银行对外汇管制最为严厉。一个国家可能为在对外贸易中获取更多的利益和承受最小的损失而相应地变动外汇政策,或者,国与国之间的不友好反映在外汇管制方面,如冻结资金、封锁经济也可以使相关外汇业务难以顺利进行,而承受较大的风险。

二、银行经营外汇业务的风险

1. 外汇买卖风险

外汇买卖风险是指银行在买卖外汇,即把本币兑换成外币或把一种外币兑换成另一种外币过程中所产生的风险。

银行外汇买卖的结果会导致其国内或国外账户存款的增加或减少。在国内,银行买进或卖出外汇即付出或收进本币。而在国外,则把买进或卖出的外汇,经在国外开立的账户办理收付活动。银行通过买卖不同的货币以及不同金额、不同支付时间的汇票等外汇支付凭证,把居民或非居民的结算转变为银行之间账户的冲销,以结清国际债权债务。

2. 外汇信用风险

外汇信用风险是指在外汇交易中由于当事人违约而给银行带来的风险。主要表现在:

(1)同业交易中,对方到期资力不足或破产倒闭造成的风险;

(2)代客买卖中,客户不能履行期汇合约的交割而造成的风险;

(3)外汇贷款中,客户不能如期还本付息而带来的风险。

从某种程度上将,外汇信用风险比外汇买卖风险更具有风险,因此,详细考察对方资信,加强风险防范,显得十分重要。

3. 清算风险

清算风险也称交割风险,是指外汇交易未能按规定时间履行付款责任的风险。

按照惯例,在外汇买卖中,当事人应于到期日或交割日把自己卖出的货币如数付至对方指定的收款银行(代理行)。若其中一方由于各种原因未能履行付款责任,则另一方有可能蒙受损失。

三、国家外汇储备风险

国家外汇储备风险,是指一国所有的外汇储备因储备货币贬值而带来的风险。它主要包括国家外汇库存风险和国家外汇储备投资风险。

根据美国财政部发布的国际资本流动报告显示,截至 2015 年底,中国持有 1.246 万亿美元的美国国债,约占中国外汇储备的 41%,中国仍然是持有美国国债最多的国家。美国国债市场是全球规模最大、流动性最强的金融市场之一,美国国债也一直被市场认为是流动性与安全性最强的资产。然而由于美国历史上的次贷危机,严重损害了持有美国国债的债权人的利益,因此从长远来看,我国的外汇储备面临着巨大的风险。我国应随时注意各种货币的汇率动向,随时调整储备货币的种类和结构,以使储备风险减少到最低程度。

专栏 8-1 我国外汇储备的风险管理问题

资料来源:王书杰.中国外汇储备的风险分析及规避[J].时代金融,2016(3):23-24.

第三节
外汇风险管理

对外汇风险进行管理是风险管理最常用、最普遍的领域,外汇风险是从事外汇业务的企业、银行经常面临的问题,对这类风险进行管理的方法很多,下面就一些常用的概念进行介绍。

一、外汇风险管理战略

外汇风险管理战略是指国际经济交易主体对外汇风险所持的态度,包括要不要防范外汇风险,应防范到什么程度等。根据对外汇风险的不同态度,企业或外汇银行有以下几种战略可供选择。

1. 完全不防范战略

完全不防范战略即对外汇风险不采取任何措施,当汇率朝有利方向变动时则坐收其利,汇率朝不利方向变动时则甘愿蒙受损失,这是一种消极的战略。企业或银行通常在以下情况采用此战略。

(1)典型的固定汇率条件下,或虽处于浮动汇率条件下,但市场不存在交易限制,市场机制能顺利发挥作用;市场容易达到均衡状态,汇率波动的规律性较明显,且波动幅度不大。

(2)外汇业务量小,或财务防范外汇风险的费用比可能遭受的外汇风险的损失大。

(3)处于投机心理,当预测汇率将朝着对自己有利的方向波动时。

在现行的浮动汇率条件下,对外汇风险采取完全不防范战略的企业或外汇银行是不多见的,因为在现实经济环境中,不仅存在金融、外汇方面的管制,而且汇率容易受经济、政治、军事等各方面的影响而发生剧烈波动,外汇市场的均衡状态几乎不可能事先预测。

2. 完全防范战略

完全防范战略即对外汇风险采取严格防范措施,想使不确定因素一点都不留下。这种战略能有效防范外汇风险,但不是最经济的战略,因为在防范风险时,不仅要花费高成本,费时费力,而且不能获取投机收益。

3. 部分防范战略

部分防范战略即对所面临的外汇风险一部分采取防范措施,其他部分则予以放任的战略。采用此战略的关键是要决定:全部受险部分中,哪些需要采取风险防范措施,哪些不需要采取风险防范措施。需要采取防范措施的受险部分占全部受险部分的比重多大。显然,首先要考虑防范风险的成本,尤其是风险防范的成本与不采取防范措施时可能蒙受的损失之间的比较;其次要考虑风险防范的难易程度,对汇率走势预测的准确程度以及经营者的经营作风等。根据经营者的经营作风,该战略又有两种类型。

(1)进攻型。采取此种类型的企业或银行,在高风险高收益和低风险低收益的选择中,选择的是高风险高收益。这些经营者除了对某些受险部分采取措施以防范外汇风险外,当预测汇率可能朝自己有利的方向波动时,不仅不会平衡头寸,甚至还会有意识地使某些币种处于"超买"或"超卖"的地位,以坐收汇率变动之利。因此,这种类型的战略可能使经营者获得较高的风险收益,也可能使经营者蒙受较大的风险损失,有较强的投机性质。

(2)防守型。采取此种类型的企业或银行,在高风险高收益和低风险低收益的选择中,选择是低风险低收益。这些交易者尽可能地对受险部分采取防范风险的措施,虽然没有多少风险收益,但也没什么风险损失,以稳健经营为原则。

4．选择外汇风险管理战略应遵循的原则

上述三种不同的外汇风险管理战略各有利弊。现实经济生活中,由于各国国情不同,各经济主体的生产经营情况各异,不同时期的汇率波动情况也存在差别,因此很难说哪一种外汇风险管理战略就是最好的。一般来说,经济主体在选择外汇风险管理战略时应遵循以下原则。

1）根据不同的客观情况选择不同的外汇风险管理战略

例如,在汇率稳定时期,选择消极的外汇风险管理战略,可以获得节约风险管理成本的好处;在汇率波动剧烈时期,选择完全防范战略,可以保证生产和经营的正常进行。预测能力较强的企业可以选择部分防范战略,预测能力较差的企业可以选择消极的或完全防范的外汇风险管理战略。同一企业在不同时期针对不同情况调整自身的风险管理战略,如流动资金较多的企业,其抗御风险的能力较强,从而可以选择部分防范的风险管理战略。

2）外汇风险管理战略应服从于企业的总目标

在一般情况下,企业的总目标表现为追求利润最大化。在外汇风险管理中,要实现该目标就要求企业对外汇风险报酬、风险损失和管理成本进行比较,不能只考虑其中某一方面。但是在某一时期,企业的总目标可能表现为在维持令人满意的利润率的前提下追求生产和经营计划的顺利实施,这样企业便需更加重视风险损失而相对忽视风险报酬,这时企业会自然选择部分防范的外汇风险管理战略。

3）全面筹划企业的生产经营活动

经济主体在其正常的生产经营活动中,会同时从事多种业务活动,如制定规划、采购原料、销售产品、国际筹资、对外投资、买卖外汇、会计折算等,这些业务活动所引起的外币债券债务关系可能相互抵消,也可能造成相当大的敞口头寸。如果企业能够将某种业务中的外汇头寸与另一种业务中的外汇头寸相互抵消,便能够部分消除外汇风险。

4）根据特定的约束条件采取不同的避险措施

每一项外汇风险管理措施都有其特定的长处和短处,有些措施能完全消除外汇风险,有些措施只能部分地消除外汇风险。经济主体可根据现实经济生活的特定条件,在不同情况下选择不同的外汇风险管理工具。

二、企业外汇风险管理方法

1．货币选择法

货币选择法是指经济主体通过对涉外业务中计价货币的选择来减小外汇风险。在具体选择计价货币时,有以下几种方法。

1）选择本币计价

选择本币计价,实际上是将外汇风险构成因素中的外币因素去掉,不管汇率如何变动,出口商将以本币收进的货款以及进口商将来以本币支付的货款都是确切的,不存在任何不确定性因素。因此采用此种方法,无论是对本国出口商还是对本国进口商都可以完全防范外汇风险。此种方法的优点是简便易行,效果明显,但它受本国货币的国际地位和贸易双方的交易习惯制约,而且本国的贸易商还必须在商品的价格与信用期限方面做出某些让步。采用此种方法实际上是将外汇风险完全转嫁给了贸易对手,本国的贸易商为此需要付出一笔费用,这笔费用相当于本国的贸易商为转嫁外汇风险所支付的保险费。

2)选择自由兑换货币计价

可自由兑换货币是指实行浮动汇率制且以人民币报价的货币,它有助于外汇风险的防范和外汇资金的调拨。经济主体采用可兑换货币计价本身并不能减少外汇风险,但是它使企业在预测汇率变动对自己不利时,能够通过外汇交易将此后的外汇风险转嫁出去。

3)选择有利的外币计价——"收硬付软"

根据货币汇率变化趋势,选择有利的货币作为计价结算的货币,这是一种根本性的防范措施。其基本原则是"收硬付软",即应收外汇应选择汇率相对稳定并具有上浮趋势的硬货币,而应付外汇则应选择汇率相对不稳定且有贬值趋势的软货币。也即对于资产、债权用硬货币,对于负债、债务用软货币,以减少外汇风险。

4)选择一篮子货币

所谓一篮子货币,是指由多种货币分别按一定的比重所构成的一组货币。由于一篮子货币中既有硬币也有软币,硬币升值所带来的收益或损失与软币贬值所带来的损失或收益大致相抵,因此一篮子货币的币值比较稳定。对于贸易双方来说,采用此方法都不失为一种防范外汇风险的有效举措,但此方法在一篮子货币的组成以及贷款的结算方面比较复杂。

2.调整价格法

调整价格法是指当出口用软货币计价结算、进口用硬货币计价结算时,企业通过调整商品的价格来防范外汇风险的方法。由于在进出口贸易中,"出口用硬货币计价结算,进口用软货币计价结算"的原则往往受交易意图、市场需求、商品质量、价格条件等因素的制约而不能如愿以偿,有时出口不得不用软货币成交,进口不得不用硬货币成交,这就加大了外汇风险,这时可采用调整价格的方法来抵消一部分风险。

(1)加价保值。为出口商品所用,实际上是出口商将用软货币计价结算所带来的汇价损失摊入出口商品的价格之中,以防范外汇风险。加价的幅度相当于软货币的预期贬值幅度。相关计算公式如下:

$$加价后的单价=原单价\times(1+货币的预期贬值率) \tag{8.1}$$

(2)压价保值。为进口商所用,实际上是进口商将用硬货币计价结算所带来的汇价损失从出口商品的价格之中剔除,以防范外汇风险。压价的幅度相当于硬货币的预期升值幅度。相关计算公式如下:

$$压价后的单价=原单价\times(1-货币的预期升值率) \tag{8.2}$$

3.外汇交易法

企业签订交易合同后,可以利用在外汇市场从事各种外汇业务来消除外汇风险。这种方法在国际上被普遍采用。

1)即期外汇交易法

企业若是在近期内有外币债务需要偿付,或有待收的外币债权,为防止到期时汇率发生不利于企业的波动,可以与银行签订购买或出售外汇的即期合约,以消除外汇风险。即期交易法消除外汇风险需要实现资金的反向流动。企业若在近期预定的时间有出口收汇,就应卖出手中相应的外汇头寸换入本币;若近期预定的时间有进口付汇,则应用本币买入相应的即期外汇。

2）远期外汇交易法

企业如果有远期外汇债权或债务,可与银行签订远期合同,按远期汇率卖出或买入远期外汇以消除外汇风险。即在规定时间内以远期外汇买卖实现两种货币的风险冲销,不必再担心汇率波动。具体来讲,出口商在签订贸易合同后,按当时的远期汇率事先卖出合同金额和币种的远期外汇,在收到货款时,再按原定汇率办理交割。进口商和债务人,则预先买进所需的远期外汇,到支付货款或偿还债务时,按原定汇率进行交割。

3）掉期交易法

企业具有远期债务或债权,可与银行签订合约,在买进或卖出即期外汇的同时,再卖出或买进相应的远期外汇,也可以买进(或卖出)期限较短的远期,卖出(或买进)期限较长的远期,以防范外汇风险。掉期交易法与套期保值的区别在于:套期保值是在已有一笔交易的基础上所做的反向交易;而掉期交易则是两笔反向交易同时进行,两笔外汇买卖币种、金额相同,买卖方向相反,交割日不同,这种交易法常用于企业的套利、投资和借贷业务的外汇风险防范上。

4）期货交易法

企业若有远期外汇债务或债权,可以委托银行或期货经纪公司购买或出售相应的外汇期货,借以消除外汇风险。具体方法如下。

(1)买入套期保值。买入与现货市场数量相当但方向相反的期货合约,以期在未来通过卖出期货合约来对冲风险。例如,进口商品为防范日后结算货币升值带来的风险损失,在签订贸易合同时,应在期货市场上先买进期货合约,等计价结算到期时,再卖出期货合约对冲。若到期时计价结算货币贬值,则进口商在期货市场上所蒙受的损失,可由现汇市场所获得的盈利来弥补。这样,无论到期结算时,货币升值还是贬值,进口商均可以避免外汇风险。

(2)卖出套期保值。卖出与现汇市场数量相当但方向相反的期货合约,以期在未来通过买入期货合约来对冲风险。比如,出口商为防范日后结算货币贬值带来的风险,在签订贸易合同时,应在期货市场上先卖出期货合约,收回货款时,再买进期货合约进行对冲。不管到期时计价结算货币是贬值还是升值,通过现汇和期货市场相反的交易方向,损益互补,从而避免外汇风险。

5）期权交易法

期权交易是指买卖双方以签订合约的形式明确规定,期权买方在交付一定期权费后,有权在合约到期时按协定汇率买入或卖出规定数额的某种货币,也可以放弃买卖的权利,其损失的只有期权费。此方法的保值作用要优于远期外汇交易法和期货交易法。

例如,出口商应买进看跌期权(卖权),若到期收回货款,市场汇率下跌,低于期权合约中的协定汇率,出口商则选择执行期权合约,按协定汇率卖出外币货款;若市场汇率上升,出口商则选择放弃期权合约,而把出口收汇按较高的市场价格卖出,不但可避免外汇

风险,还可以从中获得汇率上升带来的利益。

4.加列货币保值条款法

加列货币保值条款法是指企业在进出口贸易合同中通过签订适当的保值条款,以防范外汇风险的方法。

1)黄金保值条款法

在贸易合同中,规定黄金为保值货币,签订合同时,按当时计价计算货币含金量,将货款折算成一定数量的黄金,到货款结算时,再按此时的含金量,将黄金折回成计价结算货币进行结算。例如,某项经济交易合同在签约时的黄金市场价格是 1 盎司黄金＝300 美元,合同的交易金额是 300000 美元,相当于 1000 盎司黄金。在货款支付日,若黄金的市场价格是 1 盎司黄金＝600 美元,则合同的支付金额为 600000 美元。

2)硬币保值条款法

在贸易合同中,规定某种软货币为计价结算货币,某种硬货币为保值货币,签订合同时,按当时软货币与硬货币的汇率,将货款折算成一定数量的硬货币,到货款结算时,再按此时的汇率,将硬货币折回成软货币来结算。

3)一篮子货币保值条款法

在贸易合同中,规定某种货币为计价结算货币,并以一篮子货币为保值货币。具体做法为:签订合同时,按当时的汇率将货款分别折算成保值货币,货款支付日,再按此时的汇率将各种保值货币折回成计价结算货币来结算。

例如,某笔货款为 500 万美元,贸易合同中规定用美元、日元、英镑组成一篮子货币来对货款进行保值,其中,美元占 30%,日元占 30%,英镑占 40%。假设签订合同时的汇率为 USD1＝JPY85,USD1＝£0.6667,则 500 万美元折算成套保值货币为:美元,500 万×30%×1＝150 万;日元,500 万×30%×85＝12750 万;英镑,500 万×40%×0.6667＝133.34 万。又设货款支付日的汇率为 USD1＝JPY90,USD1＝£0.7,则各国保值货币分别折回成美元为:美元,150 万/1＝150 万美元;日元,12750 万/90＝141.67 万美元;英镑,133.34 万/0.7＝190.49 万美元。合计:150 万＋141.67 万＋190.49 万＝482.16 万美元,即货款支付日进口商应向出口商支付货款 482.16 万美元。

在实际操作中,通常选用特别提款权等一篮子货币作为保值货币,在期限长、金额大的进出口贸易中,以一篮子货币保值的方式来避免外汇风险是一种有效的方法。

5.国际信贷法

国际信贷法是指在中长期国际收付中,企业利用国际信贷形式,一方面获得资金融通,另一方面转移或抵消外汇风险。其主要有如下三种形式。

1)出口信贷

出口信贷是国际贸易中最常用的资金融通形式,由出口方银行直接或间接地向进口商提供垫付货款,以促进本国商品的出口,包括买方信贷和卖方信贷。

买方信贷是指出口商银行直接向进口商或进口商银行提供信贷,进口企业用这笔钱自己支付货款;卖方信贷是指出口商银行向出口商提供信贷,使出口商允许进口商延期支付货款。买方信贷能使出口商得到现金,卖方信贷则使出口商对银行的负债与出口商对进口商应收货款轧平,这样,利用出口信贷,出口商把外汇风险转嫁给银行或抵消了。

2）福费廷业务

所谓福费廷业务,是指在延期付款的大型机器设备交易中,出口商开列以进口商为付款方的中长期汇票,经一流的隐含担保和进口商承兑后,出售给出口地银行,取得扣除贴息和其他费用后的金额。

由于福费廷业务对出票人无追索权,出口商在办理此业务后,就把外汇的风险和进口商拒付的风险转嫁给了银行或贴现公司。

3）保付代理

保付代理是指在国际贸易中,出口商既争取不到进口商银行开立信用证件收取货款,又对收款无把握,即以贴现的方式把进口商应付货款的单证转卖给保付代理商,得到应收货款的 80%～90%,其余部分到期收进。由于出口商提前拿到大部分货款,可以减轻外汇风险。

6. 风险分摊法

风险分摊法又称价格分摊法。价格分摊法包括加价保值和压价保值两种。在进口贸易中,出口收硬货币,进口付软货币,是一种最佳的选择。但在实际业务中,这往往只是一厢情愿,有时甚至适得其反,造成外汇风险。此时就可以考虑实行调整价格的避险方法,即出口加价和进口压价,把外汇风险分摊到价格中去,来达到减少外汇风险的目的。

1）加价保值

该方法主要用于出口交易中,出口商在接受软货币计价成交时,将汇率损失计入出口商品价格中。按照国际惯例,即期交易加价公式为:

$$出口商品新单价＝出口商品原单价×(1＋外币贬值率) \qquad (8.3)$$

远期交易加价公式为:

$$出口商品新单价＝出口商品原单价×(1＋外币贬值率)×期数 \qquad (8.4)$$

上述公式既考虑了外币预期贬值因素,又考虑了延期收汇造成的利息损失。

2）压价保值

该方法主要用于商品进口商交易中,进口商接受硬币计价成交时,可将汇率损失从进口商品中剔除。按照国际惯例,即期交易压价公式为:

$$进口商品新单价＝进口商品原单价×(1－外币升值率) \qquad (8.5)$$

远期交易压价公式为:

$$进口商品新单价＝进口商品原单价×(1－外币升值率)×期数 \qquad (8.6)$$

需要注意的是,风险分摊法的使用必须与市场供求变化、商品质量等因素综合起来考虑,得出双方都认为比较合适的价格。

7. 平衡抵消法

1）平衡法

平衡法是指在同一时间,设立一个与受险货币数量相同、币种相同、方向相反的交易,以外币资金的反向流动来消除未来进行货币兑换的需要,从而避免外汇风险。例如,某企业出口一批商品,3 个月后将有 1000 万美元外汇收入,该公司应设法进口同等金额的商品,使 3 个月后有一笔美元支出,借以抵消 3 个月后的美元流入,这样便可完全消除

外汇风险。但是这种方法有很大的局限性,一般公司很难创造出币种相同、金额相同、时间相同、方向相反的资金流动。

2)组队法

组对法是指企业针对某种外汇风险暴露,创造出与该种外汇联系密切的另一种外汇的反向流动来消除外汇风险,这种外汇流动的时间及折算后的金额与原有的暴露外汇风险相同。形成组对的两种货币应当是有联系的货币,具有同升同降的趋势。

组对法与平衡法相比虽然比较灵活,但平衡法能完全消除外汇风险,而组对法不能完全消除外汇风险。消除风险的程度取决于两种货币汇率变动的趋势是否一致,如果选择货币不当,则可能会面临双重风险。

3)借款法

借款法指具有远期外汇收入的企业通过向银行借进一笔与远期收入金额相同、期限相同、币种相同的贷款,通过融资改变汇率风险时间结构、消除价值风险的一种方法。

例如,日本有一企业6个月后将收回一笔100万美元的出口收入,为了防止半年后美元贬值的风险,就向银行借款100万美元,期限6个月,并将这笔美元先卖出去,以补充其流动资金。6个月后再利用其获得的美元收入偿还银行贷款。到时即使美元严重贬值,对该出口商也无影响。避免了外汇风险造成的损失。

借款法的特点在于能够改变外汇风险的时间结构,把未来的外币收入现在就从银行借出来,以供支配,这就消除了时间风险,届时外汇收入进账,正好用于归还银行贷款。不过该法只消除了时间风险,尚存在着外币对本币价值变化的风险。

运用借款法防范外汇风险是有成本的,因为借款要支付利息。只有利息的支出小于汇率波动所造成的损失,才能起到保值和避免风险的作用。

4)投资法

投资法是指当企业面对未来的一笔外汇支出时,将闲置的资金换成外汇进行投资,待支付外汇的日期来临时,用投资的本息(或利润)付汇。

投资法和借款法都是通过改变外汇风险的时间结构来避险,但两者各具特点,前者是将未来的支付移到现在,而后者是将未来的收入移到现在,这是两者的主要区别。

8. 提前收付或延期收付法

提前收付或延期收付法,是根据对汇率的预测,更改该货币收付日期的一种防止外汇风险的方法。如果预测某种货币将会升值,那么以该种货币作为计价货币的出口业务应力争推迟收汇;相反,如果是进口业务,则应力争提前收汇。例如,A公司有一笔为期90天的应付外汇账款,该公司预期该货币汇率90天后会上升,提前60天付清这笔货款,称为提前支付货款。

拖延收付是指公司推迟收取货款或推迟支付货款。如果预测到某种货币将贬值,则以该种货币计价的出口业务应力争提前收汇,进口业务则应力争推迟付汇。

提前或拖延收付,需要支付一定的折扣率。提前收付与拖延收付的折扣率通常是通过进出口双方协商确定的。

采用提前收付和拖延收付外汇法,首先要求当事人就某种货币的发展趋势做出正确的判断;其次,分析折扣金额同因汇率变动带来的损失孰重孰轻。若预测、分析失误,将受到损失。因此,提前或拖延收付带有投机性质。在实际收付过程中,进出口商单方面提前或拖延收付外汇并不容易,因为要受到合同约束、国内信用等方面的限制。

9．对销贸易法

对销贸易法是指进出口商利用易货贸易、配对、签订清算协定和转手贸易等进出口相结合的方式来防范外汇风险的方法。

1）易货贸易

易货贸易是指贸易双方直接、同步地进行等值的货物交换,交易时双方均无须收付外汇,同时都把互换商品的单价事先确定,故不存在外汇风险,但交易双方都存在各自商品涨价或对方商品跌价的风险。

2）配对

配对是指进出口商在一笔交易发生时或发生之后,再进行一笔与该笔交易在币种、金额、货款收付日期方面完全相同,但资金流量正好相反的交易,使两笔交易所面临的外汇风险相互抵消的方法。

例如,某公司进口了一批价值 10 万美元的货物,6 个月后付款,为防范外汇风险,4 个月后该公司又出口了一批价值 10 万美元的货物,2 个月后收款。由于该公司在同一日收付的同种外汇金额相等,不必进行外汇与本币之间的兑换,因而没有外汇风险。

采用此种方法的优点是可以节省防范外汇风险的成本费用,缺点是在收汇和付汇的币种、时间及金额上难以配合妥当。

3）签订清算协议

签订清算协议是指双方约定在一定时期内,所有的经济往来都用同一种货币计价,每笔交易的金额先在指定银行的清算账户上记载,到规定的期限再清算贸易净差的方法。

清算协定在两国政府间签订,两国的进出口商通过指定银行分别向本国的中央银行办理结算,最后由两国的中央银行集中两国之间的债权债务关系,直接加以抵消,完成结算工作。由于双方交易额的大部分都可以相互冲抵,且不需要进行实际的支付,因而没有外汇风险。

此方法的缺点,一是采用这种方式交易的双方经济往来关系要求相当频繁,否则难以达成清算协定;二是即使有了协定,有一定的信用额度,但实际交易往往容易突破这个额度,这样一来,贸易出超方就等于给对方提供了无息贷款,而为了平衡贸易,入超方所提供的商品并非都是双方所需要的。

4）转手贸易

转手贸易是指在签订清算协定的基础上发展起来的一种贸易方式,即三方或多方协商,按同一货币计价来交换一定数量的商品,且利用彼此间的清算账户进行清算。转手贸易能够有效解决在清算协定贸易下,由于一方所提供的货物对方不满意而产生的对方贸易出超问题。假设 A 国与 B 国之间有清算账户,当 A 国向 B 国出口后,B 国没有合适的商品向 A 国出口,于是,A 国的账户出现了盈余,而此时 C 国既需要向 A 国出口商品又需要从 B 国进口商品。A 国提出不用现汇从 C 国进口,用其对 B 国的清算盈余来支付。于是 C 国利用 A 国的清算盈余向 A 国出口商品,同时也利用清算账户从 B 国进口商品。由于各方都不需要进行实际货款支付,因此转手贸易也就没有外汇风险。

10. 投保货币风险法

投保货币风险法是指一国进出口企业,只要交纳一定的保险费给专门的外汇保险机构,当其因为汇率变动而蒙受损失时,就会得到保险机构补偿的一种业务。

对于受险部分的期限特别长的外汇风险,可以采取投保货币风险保险的方法。许多国家都设有专门的外汇保险,只要缴足保险费,当蒙受外汇风险损失时,保险机构就会给予赔偿。例如,日本保险制度规定,设备出口商和向海外提供技术者等长期外币债权持有者可以投保汇率变动保险,保险期限从保险契约签订后的第三年开始,最长不能超过十五年。

西方许多国家都有外汇风险保险制度,这属于进出口保险的种类,只要符合汇率变动保险制度的条件,企业便可以按规定投保。

其一般的做法为,投保企业向保险机构提供有关单据证明,并缴纳一定比例的保险费,保险机构对投保企业货币汇率的波动幅度加以规定。若汇率波动在规定的幅度内,保险机构对投保企业遭受的损失负赔偿责任,对超过规定幅度的损失则不负赔偿责任;若因汇率变动超过规定幅度而产生收益,则该收益归保险机构所有。通过投保外汇风险,进出口商即使以软货币计价成交,在一定幅度内,汇率波动的损失仍然可以获得补偿。由于外汇风险在一定程度上被转嫁给了保险机构,一方面企业可以扩大贸易,另一方面保险机构也可以得到保险收益。

目前世界上许多国家的政府都对某些外汇风险提供保险服务。但各国做法不同,保险标的也不同。例如,日本只对长期外币债权持有者中的设备和零配件出口商以及向海外提供技术者提供保险服务;服务范围仅限于为日元升值范围在 3%～20% 之间时所造成的损失提供补偿,即日元升值幅度不超过 3% 不能补偿,汇差损失超过 20% 的部分也不能补偿;适用的币种仅限于美元、英镑、法郎。

作为奖出限入政策的一部分,许多国家的政府都设有专门的机构办理汇率风险保险业务。参加官方或半官方机构所开办的汇率保险,是控制外汇风险的手段之一。西方发达国家办理此项业务的保险机构有:英国出口信贷保证局、德国海尔梅斯出口信贷保险公司、美国进出口银行、日本输出入银行、荷兰尼德兰信贷保险公司等。这些保险机构所提供的汇率风险的标的不同,由投保人按期缴纳少量的保险费,由承保机构负担全部或部分的汇率风险,包括损失和收益。

三、银行外汇风险管理方法

外汇银行是外汇市场的主要参与者,它不但可为客户买卖充当经纪人,还可以自营买卖,赚取差价利润。因此,银行加强外汇风险管理十分重要。

1. 内部限额管理

这种管理主要是为了防止外汇买卖风险,包括自营外汇业务风险和代客户买卖风险。当银行代理客户买卖形成敞口头寸时,风险也随之降临。

首先,银行在制定限额时,必须分析影响限额规模的各种因素。

(1) 外汇交易的损益期望。在外汇交易中,风险和收益成正比。银行对外汇业务收益的期望越大,对外汇风险的容忍度越强,其限额也就越大。

（2）亏损的承受能力。在外汇交易中,控制亏损程度要比达到盈利目标容易一些。银行亏损承受能力取决于资本规模的大小。亏损的承受能力越强,则交易额就可以定得越大。

（3）银行在外汇市场扮演的角色。银行参与外汇市场活动,可以是一般参加者,也可以是市场活跃者,甚至可以是市场领导者。银行在外汇市场扮演的角色不同,其限额大小也不同。

（4）交易的币种。交易的币种越多,交易的笔数和交易量自然也大,容许的交易额度也应当大些。

（5）交易人员的素质。交易人员的水平越高、经验越丰富,容许的交易额也应当越大。

其次,在上述基础上确定交易额的种类,包括即期外汇头寸限额、同业拆放头寸限额、掉期外汇交易限额、敞口头寸等等。

2.外部限额管理

这种管理方法主要是为了规避交易中存在的清算风险和信用风险。具体措施如下。

（1）建立清算限额。银行为了防范清算风险和信用风险,根据同业银行、客户的资本实力、经营作风、财务状况等因素,指定能够给予的限额,并根据情况变化对该限额进行周期性调整。

（2）建立拆放限额。银行根据同业银行的资产和负债、经营状况和财务状况,确定拆放额度。拆放额度应根据情况的变化进行调整,交易员必须根据规定的额度进行拆放,超额拆放则视为越权。

（3）建立贷款额度。银行一般根据不同的地区和国家,设立限额,使信贷资金有一个合理的分布比例。除了对贷款总额进行控制外,还应调整贷款费用来进行风险补偿,即区分不同的对象,分别采用不同的贷款利率和费用。

专栏 8-2　人民币汇率制度改革下我国商业银行的外汇风险管理

资料来源:杨坤兵.人民币汇率制度改革下我国商业银行的外汇风险管理[J].经营管理者,2015(3):35.

四、外汇储备风险管理方法

外汇储备风险管理,是一国金融宏观管理的重要组成部分。储备货币汇率变动同样对其价值影响巨大,如果储备货币发生危机,则会给以这种货币作为储备资产的国家带来极大的损失。因此,对外汇储备进行管理,意义十分重大,尤其对于一些发展中国家更是如此。

外汇储备风险管理的办法可以归纳为 4 种:①质量管理,重点在于选择最佳储备货币;②数量管理,核心是测量出一定时期内一国应持有的最佳或最适宜储备量;③结构管理,关键在于对有关储备货币进行有效组合,使外汇储备资产保值;④投资管理,主要设立专门化的经营与投资机构,依法对外汇储备资产进行投资,使其尽可能在保值的基础上增值。

五、外汇风险管理的综合方法

1. BSI 法

BSI 法(借款-即期合同-投资法),是指具有外汇应收账款或应付账款的企业,综合使用借款、即期合同与投资的方法,以避免外汇风险。

具体操作步骤如下。拥有应收账款的出口商为了防止汇率变动,先借入与应收外汇等值的外币,以此消除时间风险。同时,通过即期交易把外币兑换成本币,以此消除价值风险。然后,将本币存入银行或进行投资,以投资收益来补贴借款利息和其他费用。应收账款到期时,就以外币归还银行贷款。

拥有应付账款的进口商,在签订贸易合同后,借入相应数量的本币,同时以此购买结算时的外币,然后以这笔外币在国际金融市场上做相应期限的短期投资。应付账款到期时,进口商收回外币投资,并向出口商支付货款。在该方法中,企业把借来的本币兑换成外币,消除了价值风险,而把未来的外币应付账款用于投资,又改变了外汇风险的时间风险。

BSI 法同消除外汇应收账款和应付账款风险的原理一样,但币种的操作顺序不同。前者借款时借外币,投资时用本币;后者借款时借本币,投资时用外币。BSI 法使流入和流出的外币完全抵消,消除了外汇风险。

1) BSI 法在应收外汇账款中的应用

澳大利亚某出口商 6 个月后有一笔价值 500 万美元的出口应收账款,签订合同时即期汇率为 USD1=AUD115.00,该笔货款折合为 57500 万澳大利亚元。为了避免 6 个月后澳大利亚元升值的外汇风险,该出口商决定采用 BSI 法,对出口应收账款进行风险防范。

具体操作程序如下。

(1)该出口商从某外汇银行借入金额为 500 万美元的外币贷款,期限为 6 个月,年息为 5%。这样,500 万美元应收账款的时间风险就从 6 个月后转移到了现在。为此该出口商要支付利息费用 6.25 万美元。

(2)该出口商将借入的 500 万美元贷款通过即期外汇市场卖给银行换成本币,从而消除了 500 万美元的汇兑风险。按照此时的汇率 USD1＝AUD115.00 折算，出口商可兑换成 57500 万澳大利亚元。

（3）该出口商及时将换来的 57500 万澳大利亚元存入银行（或者购买短期债券）进行投资，期限为 6 个月，年息为 6%。

（4）6 个月后美元对澳大利亚元的汇率变为 USD1＝AUD110.00，该出口商获得本息共 60950 万澳大利亚元；应收账款和贷款到期，该出口商将收到的应收账款 500 万美元归还银行贷款，并拿出 687.5 万澳大利亚元兑换 6.25 万美元，作为支付给银行的利息。

（5）该出口商实际收到 60950 万－687.5 万＝60262.5 万澳大利亚元，大于 57500 万澳大利亚元。

综上所述，该澳大利亚出口商不但完全消除了出口应收账款的外汇风险，而且通过 BSI 法获得了 60262.5 万－57500 万＝2762.5 万澳大利亚元的额外收益。

2）BSI 法在应付外汇账款中的应用

中国某一进口商 6 个月后有一笔价值 100 万美元的应付账款，计价货币为美元。签约时即期汇率为 USD1＝CNY6.8227，需要 682.27 万元人民币才能兑换为 100 万美元。为避免 6 个月后的美元对人民币升值带来的外汇风险，该进口商可采用 BSI 法。

具体操作程序如下。

（1）该中国进口商根据汇率 USD1＝CNY6.8227 借入 682.27 万元人民币，期限为 6 个月，年息为 5%。

（2）立即将所借的人民币通过即期交易兑换为 100 万美元，并将其进行为期 6 个月的短期投资，投资年利率为 6%。

（3）6 个月后，收回外币投资的本息共为 102 万美元。

（4）支付给出口商 100 万美元，按 6 个月后 USD1＝CNY6.8850 的汇率，将 2 万美元兑换为 13.77 万元人民币。

（5）偿还银行贷款本息 693.64 万元人民币，实际支付 693.64 万－13.77 万＝679.87 万元人民币，小于 682.27 万元人民币。

综上所述，该进口商不但完全消除了进口外汇应付账款的汇率风险，而且还少支付了 682.27 万－679.87 万＝2.4 万元人民币。

2. LSI 法

LSI（提早收付-即期合同-投资法），是指具有外汇应收账款或应付账款的企业，在征得债务方或债权方的同意后，综合运用提前或延期收付货款、即期外汇合同兑换和投资的办法，以消除外汇风险。

LSI 法在出口贸易应收账款中的做法是，出口企业在征得付款人即进口方的同意后，以一定折扣为条件请其提前支付货款，以消除时间风险。并通过银行签订即期合同，将收取的外币兑换成本币，从而消除价值风险。最后，将换回的本币进行投资，所获得的收益用以抵补因提前收汇造成的折扣损失。LSI 法和 BSI 法的做法基本相似，不同的是，BSI 法的第一环节是从银行借款，而 LSI 法是请付款人提前支付贷款，以给予一定的折扣为成本。

LSI 法在进口贸易应付账款中的具体做法是,进口商先从银行借入本币,按即期汇率兑换成外币,接着将所借的应付账款的外币用于货币市场投资,投资的期限等于应收账款的期限,到期时用投资收回的外汇支付进口应付账款,将风险全部消除。

1) LSI 法在应收外汇账款中的应用

美国某出口商有一笔价值 100 万英镑的应收账款,付款期限为 6 个月。签约时即期汇率为 GBP1＝USD1.3000。按照此汇率,100 万英镑应折合成 130 万美元。为了避免 6 个月后英镑贬值造成美元货款减少的风险,该出口商决定采用 LSI 法进行风险防范。

具体操作程序如下。

(1) 该美国出口商征得了债务人的同意,请其提前 6 个月支付 100 万英镑的出口应收账款,并同意给予债务人 2％ 的折扣,即 2 万英镑,按照当时的即期汇率为 GBP1＝USD1.3000 计算,折扣金额折合为 2.6 万美元,从而将外币收款的时间风险转移到办汇日。

(2) 该出口商将收到的 98 万英镑货款通过即期外汇交易,按 USD1.3000 卖给银行,换得 127.4 万美元。

(3) 该出口商将兑换到的 127.4 万美元用于短期债券的投资活动,期限为 6 个月,若由于通货膨胀年利率为 18％,则到期时出口商收回的本息共为 133.133 万美元。大于 130 万美元。

综上所述,该出口商不但完全消除了出口外汇应收账款的汇率风险,而且还由于处理得当获得了 133.133 万－130 万＝3.133 万美元的收益。

2) LSI 法在应付外汇账款中的应用

中国某一进口商 6 个月后有一笔价值 100 万美元的应付账款,计价货币为美元。签约时即期汇率为 USD1＝CNY6.8227,需要 682.27 万元人民币才能兑换为 100 万美元。为避免 6 个月后美元对人民币升值所带来的外汇风险,该进口商可采用 LSI 法。

具体操作程序如下。

(1) 该进口商征得出口商同意提前付款,获得 3％ 的优惠折扣。

(2) 该进口商根据汇率 USD1＝CNY6.8227 借入 661.80 万元人民币,期限为 6 个月,年息为 4％。

(3) 立即将所借的人民币通过即期交易兑换为 97 万美元,并支付给出口商。

(4) 6 个月后偿还银行贷款本息共 675.036 万元人民币,小于 682.27 万元人民币。

综上所述,进口商不但完全消除了进口外汇应付账款的汇率风险,而且还少支付了 682.27 万－675.036 万＝7.234 万元人民币。

> **主要术语和关键概念**
>
> 外汇风险　外汇汇率　外汇风险管理　外汇风险管理战略　外汇风险管理方法　交易风险　会计风险　经济风险　政策风险　外汇买卖风险　外汇信用风险　清算风险　国家外汇储备风险

思考题

1. 外汇风险的含义是什么？外汇风险的种类有哪些？

2. 外汇经济风险有哪些特点？

3. 比较利用远期外汇交易与外汇期货交易避免外汇风险的特点。

4. 与远期外汇交易相比较,利用外汇期权交易避免外汇风险有哪些优点？

5. 如何利用货币选择法来防范外汇风险？

6. 加列货币保值条款法的主要内容是什么？

7. 试比较平衡法与组队法。

8. 试比较借款法和投资法。

应用题

1. 企业在签订涉外经济合同时,应从哪些方面防范外汇风险？而在出口收汇时应贯彻什么原则？

2. 假设某银行挂牌汇率为:1 美元＝121.90/121.00 日元,1 美元＝7.8010/7.8020 港元。问 A 公司如果要以港元向银行买进日元,汇率是多少？

3. 假设某银行挂牌汇率为:1 美元＝122.30/122.40 日元,1 英镑＝1.4375/1.4395 美元。问 B 公司要将 100 万日元兑换成英镑,能兑换多少英镑？

4. 阅读下面的案例,并进行相应分析。

随着我国改革开放步伐的不断加快,外贸经营权和体制改革限制的不断加宽,传统的单一的外汇风险管理模式早已不再适用,我国中小外贸企业缺乏一套切实有效的风险管理办法。部分中小外贸企业缺乏外汇风险意识,而部分企业虽然意识到了风险的存在,但缺乏有效的管理办法,有的虽然已经采用了相应的风险管理办法,但又不够科学。现今,我国中小企业已经意识到外汇风险规避对企业发展的重要性,并将如何获取外汇收益作为重要的研究课题,展开了外汇风险管理问题讨论。

中小企业外汇风险主要包括交易风险、会计风险以及其他风险,下面我们就对这几种外汇风险进行简单的了解,以便更好地实施中小外贸企业外汇风险管理。

（1）交易风险。所谓交易风险，就是利用外币作为商品交换的主要手段，它贯穿于企业交易的全过程，但受外界多种因素的影响，外币汇率时常发生变化，从而对中小外贸企业收益造成不利影响。交易风险也是未了结的债权债务在汇率变动后，进行外汇交割清算时出现的风险。这些债权债务在汇率变动前已发生，但在汇率变动后才清算。汇率制度体系是外汇交易风险产生的直接原因。固定汇率体制将风险给屏蔽了，而浮动汇率体制增加了未来货币走势的不确定性，扩大了风险敞口。

（2）会计风险。会计风险又称折算风险或转换风险，是指由于外汇汇率的变动而引起的企业资产负债表中某些外汇资金项目金额变动的可能性，也是指企业资产负债会计账目上由于某种人为或非人为原因产生的风险。当公司将其以外币计量的资产负债、收入费用等折成以本币表示的有关项目时，汇率的变动很可能给公司造成账面损失，这种风险就是由货币转换带来的。我国部分中小贸易企业是国外大企业下设的子公司，而会计风险是在进行子公司资产、负债会计账目结算时所产生的损益风险。

（3）其他风险。每个国家的市场经济状况都不是一成不变的，国内与国际经济变化是相互影响、相互关联的。能够对企业未来发展构成威胁，造成企业经济危机的，就是其他风险。

假如你是一家小型外贸企业的总裁，综上中小外贸企业所面临的外汇风险，你有哪些建议？

本章
参考文献

第九章
国际金融市场

教学目的与要求:要能理解和掌握有关基本概念和国际金融市场的构成,熟悉欧洲货币市场的特点及其主要业务,了解国际金融市场发展的特点,掌握主要的衍生金融工具并理解衍生金融工具市场发展的原因,理解加强对衍生金融工具市场的监管的意义。

教学内容:本章主要介绍国际金融市场的概念及构成、国际货币市场、国际债券市场、国际金融创新与衍生金融工具。

本章重点与难点:不同于传统国际金融市场的境外市场——欧洲货币市场,能够掌握欧洲货币市场的主要业务并简单运用解决政府、企业、组织的市场筹融资选择;理解金融创新对国际金融市场带来的影响,进而理解国际金融创新的意义以及监管的方向。

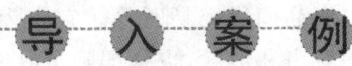

人民币"入篮"为国际金融市场奠定全新局面

资料来源:姜煜. 中新网 http://www.chinanews.com/cj/2015/12-01/7650780.shtml.

第一节

国际金融市场概述

一、国际金融市场的概念

金融即资金的融通,金融市场就是因资金融通关系的形成而产生的,即资金融通双方集中交易的场所。如果金融市场上资金借贷的活动领域局限在一国领土之内,且参加者仅为本国居民,该市场就称为国内金融市场。如果金融市场的活动超越了国界,在世界范围内进行资金的借贷,该市场就称为国际金融市场。

国际金融市场的概念有广义和狭义之分。狭义的国际金融市场是指不同主体进行国际资金借贷与资本交易的场所,因此亦称国际资金市场,包括短期资金市场和长期资金市场。广义的国际金融市场是指从事各种国际金融业务活动的场所,既包括国际资金市场,也包括外汇市场、黄金市场以及其他衍生金融市场。这几类国际金融市场不是截然分离的,而是互相联系的。本章讨论的是广义的国际金融市场。

二、国际金融市场的类型

1. 有形市场和无形市场

所谓有形市场,是指有固定的场所,有专门的组织结构和人员、有专门设备的组织市场,如世界各地的股票交易所、商品期货交易所等。它作为国际性金融资产交易的场所,往往是国际性金融机构聚集的城市和地区,也称国际金融中心。

无形市场是指无集中、固定场所的非组织化市场,由各国经营国际金融业务的机构,如银行、非银行金融机构或跨国公司组成,它们在国际范围内进行资金融通、有价证券买卖及有关的国际金融业务活动,是通过电话、电传、计算机等现代化的通信设施相联系的网络体系来完成的,如全球外汇市场、场外交易市场等。国际金融市场主要是无形的交易网络。

2. 传统市场和新型市场

传统国际金融市场又称在岸金融市场,从事市场所在国货币的国际信贷和国际债券业务,交易主要发生在市场所在国的居民和非居民之间,并受市场所在国政府的金融法律法规管制。传统的国际金融市场被冠以"在岸"名称,这个"岸"不是地理意义的概念,其主要特点为:该市场要受到市场所在国法律和金融条例的管理和制约,借贷成本较高。交易活动在市场所在国居民和非居民之间进行。通常只经营所在国货币的信贷业务,本质上是一种资本输出的形式。因此,传统的国际金融市场还称不上真正意义上的国际金融市场。

　　新型的国际金融市场又称离岸金融市场或境外金融市场,是指非居民的境外货币存贷市场,其交易涉及所有可自由兑换的货币。"离岸"也不是地理意义上的概念,而是指不受任何国家金融法规的制约和管制。因此,离岸金融市场有如下特征:市场参与者是市场所在国的非居民,即交易关系是外国贷款人和外国借款人之间的关系。交易的货币是市场所在国之外的货币,包括世界主要可自由兑换货币,资金融通业务基本不受市场所在国及其他国家的政策法规约束。离岸金融市场的产生主要是制度和政策推动的产物,是真正意义上的国际金融市场。所有离岸金融市场结合而成的整体,就是我们通常所说的欧洲货币市场,是当今国际金融市场的核心。

　　由此可见,国际金融市场是居民与非居民之间,或者非居民与非居民之间的金融资产交易的场所。根据这样的理解,金融市场可以分为国内金融市场、国际金融市场和离岸金融市场三部分(见图9-1)。

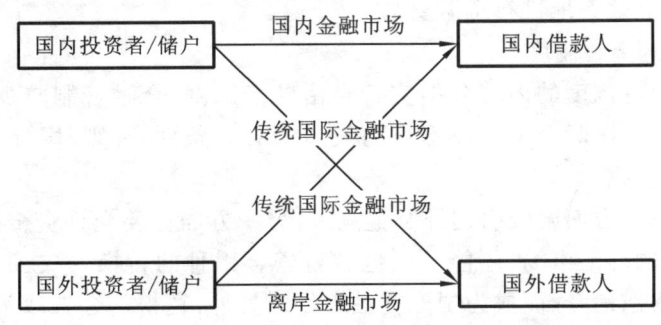

图 9-1　传统金融市场与新型金融市场的区别

三、国际金融市场的形成与发展

1. 国际金融市场形成的条件

　　国际金融市场是随着国际贸易的发展、国际资本输出/入规模和国际借贷关系的扩大而形成和发展的。国际贸易的发展产生了对相应的进出口信贷、票据抵押贷款等资金融通业务以及国际结算、外汇买卖、资金划拨等金融中介服务的要求;资本流动规模和国际借贷关系的扩大,要求银行和其他金融机构提供更加全面、便捷的融资便利和金融服务。伴随着这些需求,各国国内金融市场不断发展并相互渗透,最终推动了国际金融市场的形成和发展。国际金融市场的形成和发展应具备以下条件。

1) 稳定的经济和政治环境

　　国际金融市场的建立,意味着一个连接各国金融交易者的业务网络的形成。从债权人和债务人的利益保障,从业务的稳定发展,从交易风险和交易费用降低等方面出发,都需要一个相对稳定的经济和政治环境,这是最基本的条件。如果国内政局动荡,社会不安定因素多,就无法保证金融资产的安全和金融市场投资者的利益,无法吸引国际资本的进入。

　　瑞士的苏黎世能成为世界金融中心之一,可以说其中重要的因素就是其政治的长期

稳定。瑞士在国际上享有"政治中立"的特殊地位,以此成为世界有名的"资金避风港",吸引了大量游资。纵观当前全球主要的金融中心,美国、日本、英国、新加坡等的政治局势稳定,都说明了政治因素在国际金融中心形成的过程中起到了非常重要的作用。

2) 完备发达的金融体系

金融中心是一个资金供给和资金需求的集中地,而资金之所以聚集到这里,是因为金融中心具有活跃的金融活动、齐全的金融产品、自由的金融市场以及完备的金融体系,从而使资金使用成本低、效率高,能获取较高回报。因此,大规模的金融业务交易量、数量庞大的金融机构、自由开放的金融市场以及完善的金融市场体系、健全的金融法律体系是一个城市是否能成为金融中心的重要因素。

要使交易者能够顺畅、便捷地进行各类国际金融交易,健全的金融法规和完善的金融市场体系必不可少。完善的金融市场体系包括管理严格、业绩优良的金融机构,多样化的业务品种体系和丰富的金融产品体系等,以满足各类国际资本不同的需求,保证市场主体能低成本、高效率地进行金融交易。

3) 自由宽松的金融制度

自由宽松的金融制度的内容包括实行自由外汇制度、金融管制较少、外汇调拨方便和税率较低等。它是国际金融市场形成与发展的必要条件,否则,国际金融市场要么难以形成,要么趋于萎缩。

国际金融市场一方面要吸引国外资金流入,另一方面更要允许资金的自由流动。因此,只有具备自由的外汇市场,才能灵活地进行资金币种的转换,并在国际交易中调拨,形成国际资本的集散地,继而成为国际金融市场。另外,宽松的金融政策,比如取消存款准备金、较低的税率和自由的利率等,会增加对国际资本的吸引力,促进国际金融市场业务种类不断丰富,资金交易规模不断扩大。如巴林、巴哈马、开曼群岛、巴拿马等主要是通过对金融机构征收较低的税率或者免税的金融政策以降低金融机构的经营成本,从而发展成为现代国际金融市场。

4) 优越的地理位置

国际金融中心的重要功能就在于它便于进行国际金融及国际贸易活动,这就要求它必须是处在优越的地理位置、交通发达的城市。国际金融中心大多位于大型经济体的交通枢纽和商贸中心,拥有便利的交通条件和旺盛的金融交易需求。另外,随着金融交易全球化的发展,跨境、跨时区的金融交易大量增加,这在客观上要求金融中心必须处于适宜的时区以内,以便成为全球连续交易的一环。

5) 先进的基础设施和训练有素的金融业人才

现代金融业是知识密集型的服务行业,金融机构的科学规范管理、金融产品的创新、资金的高效安全运作等,都需要高素质的综合型人才。所以金融人力资本的供给,对金融中心的发展是十分重要的。国际金融中心需要一批现代金融专家,尤其是由这些专家组成的专家组。但是,一个金融中心的发展不仅仅需要专业金融人才,甚至需要大量的工程技术人才,特别是现代信息产业的软、硬人才,对国际金融中心的发展提供全面的支撑保障。

同时,随着信息技术和网络通信技术的发展,现代金融交易已实现了网上交易,通信技术的高速发展能降低金融交易成本,提高交易速度和运营效率,影响和决定着一个地区是否能成为金融中心。另外,健全良好的城市基础设施也能促进低成本的金融交易,对金融中心的形成也具有重要的意义。

2. 国际金融市场的发展历程

国际金融市场的形成有多种方式:一种是由于一个国家的经济和货币在全世界范围内的重要性,使其所在的国家首先在某一城市或地区形成一个区域性金融中心,然后逐步成长为世界性的金融中心,即自发形成型,如美国、英国、东京市场。另一种方式是某一国家或地区利用优越的地理位置或经济环境,实行优惠政策,在较短的时间内形成和发展成为国际金融市场,即政策促成型(见表9-1)。新加坡、中国香港地区及后来的一些新兴的金融中心就是典型的例子。

表 9-1　国际金融市场两种形成模式区别一览表

项　目	自发形成型	政策促成型
基本轨迹	经济发展→地区金融中心→全国金融中心→国际金融中心	政府主导设计→金融业务国际化→带动国内金融业发展→功能性国际金融中心
目标任务	与经济发展相伴相随	带动经济及金融发展
作用发挥	被动式的反作用	主动积极、目标明确
政策取向	自由度和开放度高	干预程度高
发展动力	自然形成的原动力	人为产生的推动力

国际金融市场的形成和发展,大致可以分为以下五个阶段。

第一阶段,国际金融市场的萌芽。19世纪以前,国际金融市场的交易主要集中于同实物经济密切相关的国际结算、货币兑换、票据贴现等业务,外汇市场是最早的国际金融市场形式。在17、18世纪,英国伦敦和荷兰阿姆斯特丹相继出现银行、股票交易所和外汇市场。这里的国际金融市场只是国内金融市场的延伸。

第二阶段,国际金融市场的初步发展。19世纪,英国的自由资本主义迅速发展,成为当时世界上最大的经济强国和贸易大国。英镑成为国际贸易结算中使用最广泛的货币。英国拥有世界上最完善的现代银行制度,在国际贸易和国际金融领域占主导地位。伦敦由国内的生产和金融中心,发展成为最主要的国际贸易和国际金融中心,是第二次世界大战前最大的金融市场。

第三阶段,国际金融中心的调整。第二次世界大战后,英国的工业生产和世界贸易强国的地位被美国所取代,英镑作为主要国际结算和国际储备货币的地位大大削弱。而美国的地位迅速上升,美元成为各国的主要储备货币和结算货币,国际借贷和资本筹措集中在纽约,纽约金融市场迅速崛起,成为最大的国际金融中心。但是由于历史的原因,伦敦仍然拥有着当时世界上最为发达、最为完善的银行服务设施,起着主要国际资本集散地的作用,仍是主要的国际金融中心。苏黎世依靠中立、安定的环境以及瑞士法郎的自由兑换,发展了外汇市场和黄金市场。以上三个金融中心各具特色。

第四阶段,欧洲货币市场的产生和发展。20世纪60年代以后,世界经济发展不平衡的矛盾日益尖锐,美国的世界经济霸主地位开始动摇,加之美国连年发动对外战争,军费开支庞大,美国的国际收支开始出现持续的逆差,黄金大量外流。为此,美国政府被迫采取了一系列措施来限制资本外流,结果导致大量美元为逃避管制而纷纷流向境外金融市场,形成了以伦敦为中心的境外美元市场,即欧洲美元市场。欧洲美元市场逐步扩大为能够交易众多境外货币的欧洲货币市场,也称离岸金融市场。此后,国际金融市场由少数传统的金融中心,广泛扩散为境外欧洲货币市场,甚至出现一些非传统的金融市场如巴哈马、开曼群岛等地。20世纪70年代以后,新加坡、中国香港地区等地的金融市场有较大发展,拉丁美洲、非洲等发展中国家的金融市场也逐步兴起,同时,拥有丰富石油资源的石油生产国,在国际金融市场中也占有举足轻重的地位,这些国家的金融市场,也在逐步发展成为国际金融市场。

第五阶段,国际金融市场发展的新趋势。20世纪70年代起,浮动汇率制盛行,金融市场普遍要求新的回避风险的工具和创新,以节约交易成本,获得利润。同时,世界各国对金融管制都实行了程度不同的放松,促进了国内金融市场和证券市场的国际化,加快了国际金融市场一体化的进程。特别是80年代以后,计算机技术和网络通信技术在金融领域广泛应用,支持了金融创新,增加了市场交易的深度和广度,并创造了快速反应和变化的全球化金融市场,使得现代国际金融市场呈现出不同于以往的发展态势和发展趋势:金融机构国际化、金融资产证券化、金融业务创新化、金融体制混业化和金融交易衍生化。

四、国际金融市场的构成

1. 国际货币市场

国际货币市场是资金融通业务和借贷期限在一年以下的短期资金市场。国际货币市场的主要功能是为政府、中央银行、工商企业及个人等参与货币市场交易的各方调节短期资金余缺,解决临时性资金周转困难。货币市场具有期限短、资金周转速度快、数额巨大、金融工具流动性强、有较强的货币性、价格波动小、投资风险较低等特征。按照经营业务种类划分,国际货币市场可进一步分为以下几种。

1)国际短期信贷市场

这是国际银行业对客户提供一年或一年以下短期贷款的市场。目的在于解决临时性的资金需要和以风险管理为目的的头寸调剂。贷款的期限最短为一天,最长为一年,也可三天、一周、一个月、三个月、半年等。其中,银行或金融机构在每个营业日结束时,因风险管理或经营管理的需要,在同业间进行头寸调剂而形成的市场又称银行同业拆借市场。国际短期信贷市场的利率以伦敦同业拆放利率(LIBOR)为基准,交易通常以批发形式进行,少则几十万美元,多则几百万美元甚至更多,一般不需要担保或抵押,完全凭信誉,交易简便,并通过现代化通信设施或互联网进行。

2)国际短期证券市场

国际短期证券市场的交易对象是期限为一年以内的短期证券。一是短期国库券(TB),是西方发达国家财政部为筹集季节性资金需要或进行短期经济和金融调控而在国际金融市场上发放的短期债券,期限一般为3个月或半年。以美国财政部发行的短期可转让国库券为例,其期限有13周、26周和52周三种,按折扣发行,到期按面额偿还本息。

另外,美国财政部还发行一种现金管理国库券,其目的是平衡财政收支的暂时余缺,这种国库券的期限是可变的。所有这些短期国库券都是在每周的星期三到期,其中 13 周和 26 周的国库券是每周发行的,而 52 周的国库券每周四发行一次。二是可转让银行定期存单(CD),是存在国际银行的定期存款凭证,可以转让和流通。存单的利率与 LIBOR 大致相同,到期后可向银行提取本息。三是银行承兑汇票,是一种高流动性的信用支付工具。银行承兑汇票由银行承兑后可"背书"转让,到期可持票向付款人取款。美国短期国库券的投资者(包括个人、企业、金融机构、政府等)来自全球各地。

专栏 9-1　LIBOR 的形成与发展

资料来源:海威,沈承红.国际金融[M].北京:中央广播电视大学出版社,2014:176.

3) 国际贴现市场

国际贴现市场是对未到期的信用凭证(短期国库券、存单、汇票等)按贴现方式进行融资的国际性交易场所。贴现就是把未到期的信用凭证打个折扣(按一定的贴现率)从银行或有关金融机构换取现金的一种方式。在凭证到期时,银行或金融机构持该凭证向发票人或承兑人兑取现金。如果该凭证还没有到期而银行或金融机构又急需现金,可将此凭证向中央银行进行再贴现。贴现业务是货币市场资金融通的一种重要形式,贴现率一般要略高于银行利率。中央银行通常在再贴现业务中通过对再贴现利率的调节来影响市场利率和控制信贷规模。在国际贴现市场上,跨国公司、跨国银行、国际金融机构和主要发达国家的中央银行等是贴现交易的主要参与者。

2. 国际资本市场

国际资本市场是指经营一年期以上的国际性中长期资金借贷和证券业务的国际金融市场。其主要功能:一是提供一种使资本从剩余部门转移到不足部门的机制,使资本在国家间进行优化配置;二是为已发行的证券提供充分流动性的二级市场,以保证市场的活力。国际资本市场与国际货币市场相比,其特征是期限较长,资产价格波动和投资风险较大。国际资本市场由国际信贷市场和国际证券市场组成。

3. 国际外汇市场

国际外汇市场是进行国际性货币兑换和外汇买卖的场所或交易网络,是国际金融市场的核心。外汇市场作为国际经济联系的纽带,集中反映了国际经济、世界金融及各国

货币汇率变化的趋势,为促进国际贸易、信贷、投资及各种国际资金交易活动的实现提供了便利条件。随着现代通信技术和国际金融业的迅猛发展,外汇交易日益脱离实物经济。

4. 国际黄金市场

国际黄金市场是世界各国集中进行黄金交易的场所,是国际金融市场的特殊组成部分。虽然随着国际金本位制的消亡及信用货币制度的建立,黄金已退出货币流通领域,黄金市场逐渐在名义上成为一种贵金属商品市场,但由于黄金市场既是国家调节国际储备资产的重要手段,也是居民调整个人财富储藏形式的一种方式,是黄金的保值、清偿功能的现实延续,使黄金在实质上仍然保留货币的作用,黄金市场仍然属于国际金融市场。

目前世界上有五大国际黄金市场——伦敦、苏黎世、纽约、芝加哥和中国香港地区,它们都可以进行黄金现货和期货交易,但各有侧重。

5. 金融衍生工具市场

金融衍生工具市场也称派生市场,是相对于商品市场、资本市场、证券市场等基础市场而言的。该市场交易的工具是金融衍生工具,它是当代金融创新较重要的成果之一。金融衍生工具是一种交易者为转嫁风险而订立的双边合约,其价值取决于基础市场工具或资产的价格及其变化。金融衍生工具市场既包括标准化的交易所,也包括场外交易(柜台交易),即 OTC 交易。金融衍生工具市场主要有金融期货市场、期权市场、互换市场、远期合约市场等。

第二节

欧洲货币市场

一、欧洲货币和欧洲货币市场

欧洲货币是指存放在某一国境外(主要是欧洲)银行中的该国货币。如存放在欧洲银行中的美元就是欧洲美元,存放在英国以外其他欧洲银行中的英镑就是欧洲英镑,等等。这些存款最初存放在欧洲,所以统称为欧洲货币,其中以欧洲美元为主。经营欧洲货币的市场就称为欧洲货币市场。随着欧洲货币和欧洲货币市场的发展,其已扩展到中东、远东、加勒比地区和加拿大等,形成一个世界性的货币市场。因此,现在所说的欧洲货币和欧洲货币市场,实际上并不以欧洲为限,但其主要部分还是在欧洲。

欧洲货币与欧洲货币市场的产生与发展是欧洲生产国际化发展的结果。一方面,随着生产国际化和跨国公司的发展,对借贷资本的需求增大,而各国的货币市场不能满足这种需求。另一方面,生产国际化的发展要求资本市场国际化,但各国的资本市场处于各国政府的监督与调节之下,这就要求建立一个能突破各国资本市场狭隘界限的国际信贷机制。欧洲货币与欧洲货币市场的出现就是对这一客观要求的反映。

欧洲货币不仅在一定程度上摆脱了本国货币当局的管理和控制,而且不直接受任何一个国家的管理。因此,它在一定限度内突破了国籍的界限。如果说过去美元贷款要在美国举债,英镑贷款要在英国办理,它们要受该国货币信用管理当局的管理,那么,欧洲货币的出现,就使这些贷款业务可以在其国境之外进行。随着欧洲货币的扩展,它们几乎可以在全世界任何金融中心办理,而不受任何国家的管理与监督。

欧洲货币市场的特点使其能适应在生产国际化基础上发展的跨国公司的需要,并大大推动国际信贷的发展。欧洲货币数额庞大,并且能在短期内集聚起巨额资金,一次提供数亿甚至数十亿美元的贷款。这使其成为跨国公司重要的借入资金来源。跨国公司在全球的扩张使其有巨大的资金需求,这种需求不是本国资本市场能够完全满足的。特别是当国内资本市场资金紧张,或实行外汇、信贷限制时,跨国公司就广泛吸收欧洲货币资金作为取得国内贷款的替代办法。跨国公司不仅利用欧洲货币信贷作为营运和投资的资金来源,而且将其用于出口信贷、偿还债务以及进行公司间结算等。

由于欧洲货币已扩展到世界各地,因此国际借贷业务趋于分散,不像过去那样集中在几个主要金融中心,同时欧洲货币包括世界各种主要货币,这样就为借款人在借款地点和币种的选择上提供了广阔的余地,也使货币的调换与资金的调拨更加方便、灵活,更好地适应跨国公司全球范围的信贷政策的需要。因此,欧洲货币贷款在跨国公司借入资金中的份额日益增加。跨国公司不仅作为债务人,而且也作为债权人出现在欧洲货币市场上。跨国公司大量的暂时闲置资金是欧洲货币的一个重要来源。当国内市场与欧洲货币市场之间存在着利差时,它们就把后者作为其闲置资金的投放场所。几乎所有的跨国公司都有欧洲美元的活期存款账户,参与欧洲货币业务。有时,跨国公司的总公司与分支机构之间采取信贷形式,由总公司对其国外的子公司提供贷款以满足其经营需要。采取这种形式被认为比直接投资更为安全可靠,因为许多国家在外汇制度和税收制度上,对外国投资利润的管理比对贷款利息的管理更严格。

欧洲货币主要是短期资金,但大量被用于中长期信贷,而且还被用于资助各种投机活动,因此它在扩大国际信贷的同时也加剧了风险。其中,跨国公司的活动也起着巨大作用。它们为业务经营而进行的巨额结算以及为避免外汇风险和追求利润而进行的套汇套利活动引起大批资金往返流动于各国之间,对国际资本市场产生重大影响。

二、欧洲货币市场的产生及其原因

20世纪50年代,美国政府在对朝战争中冻结了中国存放在美国的资金。苏联有鉴于此,便把其持有的美元转存到伦敦的银行,这是最早的欧洲美元。1956年,英法联合入侵埃及,英国国际收支恶化,外汇短缺。当时伦敦的一些银行为解决外汇市场的需求,便把它们所收的境外美元存款贷出。这便形成了欧洲美元的借贷活动,但为数不多。20世纪50年代起,美国国际收支开始由第二次世界大战后的顺差转为逆差,大量美元流入西欧各国,到1957年便形成以伦敦为中心的欧洲美元市场。进入60年代后,美国为了应付国际收支进一步恶化的局面,采取了诸如征收利息平衡税之类的限制资金外流的严厉

措施,美国的海外企业便把手中的美元资金留在西欧备用,西欧的美元更加泛滥。除伦敦外,其他西欧各大金融市场也开始经营欧洲美元业务,一些可以自由兑换的西方主要货币也逐渐成为经营的对象。各国企业及投机商为保持本国币值,避免损失或获取更多利润,往往抛售美元,抢购其他较硬货币。加之一国对外国的本币存款一般都有限制,对外币的限制较少,一些资金便都存到发行此种较硬货币的国家以外的地区,于是便出现了欧洲英镑、欧洲瑞士法郎、欧洲法国法郎、欧洲荷兰盾等一系列欧洲货币。人们就把这个扩大了的欧洲美元市场统称为欧洲货币市场。由于在欧洲货币市场上,各种货币的存放、借贷都是在发行这些货币的国家境外进行的,这些国家对此无从管制,不仅调拨方便,还可以获得比国内优惠的利息收入。而欧洲货币市场所在国为了吸引大量外资,又都采取免税和不征收存款准备金等一系列鼓励措施,为欧洲货币市场业务的扩展提供了有利条件。于是美国各大银行纷纷在伦敦开设分行,办理欧洲货币业务,其他一些国家也竞相仿效。1960年,外国银行在伦敦的分支机构有7家。1964年,欧洲货币市场业务开始,至1986年已达460多家。20世纪60年代,有50%~60%的欧洲货币业务集中在伦敦市场。之后,卢森堡、巴黎、法兰克福、苏黎世、阿姆斯特丹等西欧主要货币市场也开始经营欧洲货币。欧洲以外的一些国家和地区如新加坡、巴林、巴哈马以及日本和加拿大等也办理美国境外美元的存放。从1973年10月起,阿拉伯产油国的巨额资金,也不断投放到欧洲货币市场运营生息。特别是1981年12月美国批准本国银行和外国银行分行在纽约经营欧洲美元业务,欧洲货币市场的范围愈来愈大,业务量也迅猛增长。根据美国摩根保证信托公司的统计,截至1986年6月底,欧洲货币市场的资金总额高达30400亿美元,其中欧洲美元占21660亿美元。

从早期的情况来看,产生欧洲货币市场的主要因素有以下几种。

1. 美国国际收支逆差是欧洲美元迅速增长的根本原因

欧洲美元的存在形式首先是美元存款。一家公司或其他单位在欧洲银行存进一笔欧洲美元,归根结底只能是把它原来在美国银行里的一笔活期存款转存过来。同样,一家欧洲银行贷出一笔欧洲美元,归根结底也只能是把它原来在美国银行里的一笔活期存款转给对方。所以,欧洲美元的根子是美国银行对外负债的转移,没有这个根子,欧洲美元是无从产生的。

这种对外流动性负债的转移,同美国国际收支逆差有直接关系。20世纪70年代以前,美国外贸虽是顺差,但由于对朝、对越战争和海外支出巨大,其经常账户从20世纪50年代起就不时出现逆差,虽然很大一部分靠国外长期资本的流入而抵补了,但还有一部分要由输出资金来偿付,其他部分就形成对外的短期负债,其中主要是银行机构对外的流动性负债。从1958年起,美国国际收支差额扩大,对外流动性负债逐年增加,这与欧洲美元逐年增长的趋势是一致的。

2. 美国政府对资本输出/入实施某些限制性规定

美国银行接受外国人的活期存款,这本是一项传统的银行对外业务,如果没有别的因素,这类短期资金的存放本来可以在纽约这个传统的国际金融市场的范围内进行。但从20世纪60年代起,存款大量地从美国国内转移到欧洲去,从而形成另一个国际金融市场,这同美国金融当局的一些规定有关。

美国进入 20 世纪 60 年代后,由于对外收支持续逆差,资金外流,美元信用动摇,被迫采取一系列政策。例如 1963 年实行利息平衡税,规定凡是美国人向国外购买证券一律征税,限制美国企业对外直接投资,包括限制设立分支机构和银行对外的信贷等,目的都在于阻止资金外流。这项措施的实效很小,因为美国资本仍然可以通过加拿大或其他途径流往国外。这项措施却造成了这样的后果,即美国海外企业的利润不再汇回美国,以躲避利息平衡税的负担。另一方面,美国银行的国内存款受联邦金融当局利率最高幅度的限制,使美国国内利率低于西欧,在西欧货币已经自由兑换的条件下,促使美国资本流向西欧谋利。上述几项规定严重地降低了纽约作为国际金融市场的作用,相应地提高了欧洲货币市场的作用。

3. 欧洲国家解除外汇限制和实行自由兑换

从 1958 年 12 月起,西欧国家允许出口商和银行拥有外币资金,主要是美元资金。当时,美元是主要的国际支付和储备货币。外汇不受限制,各国货币可以自由兑换成美元。这就使欧洲银行的美元存放款业务迅速增加,也使在欧洲金融中心经营这类业务的银行机构包括美国银行的分支机构迅速增多。

4. 银行的自由经营

20 世纪 60 年代,伦敦的银行业中逐步分离出一批专门经营大笔美元存放业务的所谓商人银行,其中很多是美资的,随后也有不少其他国家投资或开设的外国分行或附属的联营企业。这类银行不受英国金融当局的法令限制,无须缴纳存款准备金,存放款利率也可自行规定。它们的经营活动超过美国和欧洲国家的国内银行所能享受的自由度。对资本雄厚的大银行说,这是可以提供高额利润的场所。于是,在西欧一些金融中心,外国银行的数量和资金规模相应地迅速增加。

专栏 9-2 欧洲货币市场的延伸——亚洲货币市场

资料来源:陈长民. 国际金融[M]. 北京:中国人民大学出版社,2013:78.

三、欧洲货币市场的特点

1. 市场范围广,不受地理位置限制

传统的国际金融市场,通常是在国际贸易和金融业务极其发达的中心城市,而且必

须是国内资金供应中心。欧洲货币市场超越了这一限制,只要某个地方管制较松、税收优惠或地理位置优越,能够吸引投资者和筹资者,即使其本身并没有大量的资金积累,也能成为一个离岸的金融中心。这个特点使许多原本并不著名的国家或地区如卢森堡、开曼、巴拿马、巴林及百慕大等发展为国际金融中心。

2. 欧洲货币市场是全球性市场

欧洲货币市场是由现代通信网络联系而成的全球性市场,欧洲货币市场的中心由传统的金融中心城市发展而来,如伦敦、纽约、东京等,其所在的国家经济发达,有充足的资金来源,历史上一直是资金的主要交易场所。这些金融中心具有稳定的经济、政治环境,有良好的通信和金融基础设施,有高水平的金融从业人员,有官方给予的自由经营条件和优惠措施。

20 世纪 60 年代以来,巴哈马、巴林、新加坡等若干具有特殊条件的城市形成了新的欧洲货币中心。这些新兴金融中心是利用降低税收、减少管制等一系列优惠措施吸引国际资金在此交易和中转的,从而成为跨国公司、跨国银行良好的避税地。传统的和新兴的国际金融中心在世界范围内大约融通了 2/3 的欧洲货币市场的资金。

3. 有独特的利率体系

欧洲货币市场利率较之国内金融市场独特,表现在其存款利率略高于国内金融市场,而放款利率略低于国内金融市场。存款利率较高,是因为一方面国外存款的风险比国内大,另一方面不受法定准备金和存款利率最高额限制。而贷款利率略低,是因为欧洲银行享有所在国的免税和免缴存款准备金等优惠条件,贷款成本相对较低,故以降低贷款利率来招徕顾客。存放利差很小,一般为 0.25%～0.5%,因此,欧洲货币市场对资金存款人和资金借款人都极具吸引力。

4. 经营以银行间交易为主,资金庞大

欧洲货币市场主要是银行间市场,银行间同业资金拆借占市场业务总量的比重很大。欧洲货币市场具有广泛的银行网络,其业务活动都是通过电话、电报、电传和计算机网络在银行之间和银行与客户之间进行的。欧洲货币市场是以批发交易为主的市场,该市场的资金来自世界各地,数额极其庞大,各种主要可兑换货币应有尽有,充分满足了各国不同类型的银行和企业对不同期限和不同用途的资金的需求。欧洲货币市场甚至还出现了以特别提款权和欧洲货币为标价币种的交易,这些交易使欧洲货币市场与外汇市场的联系非常紧密。

欧洲银行的业务活动具有"短借长贷"的特点,即主要通过发售短期融资工具筹集资金,而资金的投向则短、中、长期兼而有之。

欧洲货币市场上的交易品种主要有同业拆放、欧洲银行贷款与欧洲债券。欧洲银行贷款既有固定利率贷款,也有浮动利率贷款,短、中、长期都有,其组织形式主要是辛迪加贷款,或称银团贷款。

辛迪加贷款是指若干银行组成银团,按共同的条件向借款人提供信贷,具有贷款数额大、期限长、参加银行多等特点。欧洲债券是指在欧洲货币市场上发行并交易的债券。

大多数欧洲债券的发行采用不记名的形式,并且有提前赎回的专门条款与偿债基金。欧洲债券发行也常通过辛加迪银团的承购包销来实现,这一辛加迪的组成除银行外,还包括证券公司等机构。

5. 管制较松

一方面,欧洲市场本质上是一个为了避免主权国家干预而形成的"超国家"的资金市场,它在货币发行国境外,货币发行国无权施以管制;另一方面,市场所在地的政府为了吸引更多的欧洲货币资金,扩大借贷业务,而采取种种优惠措施,尽量创造宽松的管理气氛。因此,这个市场经营非常自由,不受任何管制。例如,借款条件灵活、借款不限用途等。这个市场不仅符合跨国公司和进出口商的需要,而且符合许多发达国家和发展中国家的需要。

以欧洲货币市场为核心的国际金融市场的监管采取了以这一市场的主体——商业银行为具体目标的监管方法,并于 1975 年 2 月在国际清算银行的主持下,成立了监管银行国际活动的协调机构——巴塞尔银行监管委员会,就银行的国际业务制定了一系列规则,其中以 1988 年通过的《巴塞尔协议》最为重要。该协议中,最主要的内容是规定了经营国际业务的银行资本与风险资产的比率至少应达到 8%,其中核心资本与风险资产之比至少为 4%。《巴塞尔协议》在各国协调对欧洲货币市场的监管上迈出了重要的一步。

四、欧洲货币市场的主要业务

欧洲货币市场的主要业务活动包括提供短期信贷、中长期信贷和发行欧洲债券。参与者有各国工商业、跨国公司、跨国银行、外汇投机者等。

1. 欧洲短期信贷市场

欧洲短期信贷市场是指借贷期限不超过一年的资金借贷市场。在欧洲短期信贷市场,绝大部分交易是在银行同业间进行的,因而银行同业市场是欧洲短期信贷市场的主要构成部分。欧洲短期信贷市场的资金来源主要是银行间存款和跨国公司、其他工商企业、个人以及非银行金融机构的存款,一些国家中央银行的存款也是该市场短期借贷资金的来源。

总结起来,欧洲短期信贷市场具有以下特点:

(1) 期限短。短期资金借贷的期限最长不超过 1 年,一般为 1 天、7 天、30 天、90 天,其中以 90 天最为普遍。

(2) 起点高。在欧洲短期信贷市场上,每笔借贷金额起点为 50 万美元,一般为 100 万美元,借贷金额高达 1000 万美元甚至 1 亿美元的交易也时有发生。

(3) 条件灵活,不需担保。借款期限、币种、金额和利率等都可由借贷双方协商确定,灵活方便,可选性强。该市场的参加者多为大银行和企业机构,这种信贷一般不需要签订协议,也不需要担保,通过电话或电传就可以完成。

(4) 存贷利差小。欧洲货币市场存款利率一般高于国内市场,而贷款利率低于国内市场,存贷利差一般为 0.25%～0.5%。

2. 欧洲中长期信贷市场

欧洲中长期信贷市场是经营期限在 1 年以上的欧洲货币借贷业务的市场。其资金主要来源有：吸收短期存款，发行欧洲商业票据，发行大额银行存单，以及银行系统的分支或总行的资金调拨等。资金贷方的对象包括外国政府、国际组织、跨国公司、中央银行以及非银行金融机构、工商企业等。

欧洲中长期贷款具有以下特点。

（1）须签订贷款协议。欧洲中长期贷款的显著特点是期限长、金额大，由于贷款银行的潜在风险大，借贷双方必须签订贷款协议，有时还需借款国政府提供担保。

（2）联合贷方。所谓联合贷方，就是采取辛迪加贷款方式，即由数家甚至数十家银行联合向借款人提供贷款，这种贷款方式通常也称为银团贷款。

（3）普遍采用浮动利率计息方法。贷款利率在伦敦银行同业拆放利率的基础上，加一个加息率，并在贷款期限内根据市场利率变化每 3 个月或 6 个月调整一次利率。

（4）贷款资金的使用比较自由。借款人可自由安排贷款资金的用途，不受贷款银行的限制，也不附带任何经济或政治条件。

3. 欧洲债券市场

欧洲债券是指借款人在本国境外市场发行的，以发行市场所在国以外的第三国货币为面值的国际债券。欧洲债券的发行人、发行地点和标明面值的货币分属于不同国家，且一般同时在两个以上国家的市场发行，面值货币主要有美元、英镑、德国马克、瑞士法郎、日元等可自由兑换货币。

外国债券和欧洲债券同属国际债券，但有所区别。外国债券是一国借款人在外国债券市场上发行的以市场所在国货币标明面值的国际债券。如日本某公司在美国债券市场发行的美元债券就是外国债券。发行地一般是资金充足、证券市场发达且货币信誉高的发达国家，如美国、日本、瑞士、德国、英国等。

在国际金融市场中，一些国家的外国债券市场规模很大，筹资者很多，因而有了国际上的通称。如外国债券发行者在美国市场上发行的美元债券称为"扬基债券"；在日本债券市场上发行的，以日元标明面值的外国债券称为"武士债券"；在英国市场上发行的以英镑标明面值的外国债券则习惯上称为"猛犬债券"。其中，扬基债券市场是目前世界上流动性最强、交易量最大的外国债券市场。

欧洲债券是在 20 世纪 60 年代初才出现的，但从 1980 年开始，欧洲债券的发行量一直超过外国债券的发行量。进入 90 年代，欧洲债券的发行量一直占到国际债券总发行量的 80% 左右。

从事欧洲债券的发行和买卖的市场即为欧洲债券市场。同欧洲货币市场一样，欧洲债券市场在地理范围上并不仅限于欧洲，除了伦敦、卢森堡等债券市场外，还包括亚洲、中东等地的债券市场。

第三节 欧洲债券市场

一、欧洲债券市场的产生

1. 欧洲债券市场的产生

欧洲债券的首次发行是在 1963 年。意大利高速公路发行了 60000 张债券,每张债券面值 250 美元,在每年的 7 月 15 日付 5.5％的固定利息。这次发行以伦敦的商人银行——华宝银行为主承销商,布鲁塞尔银行、德意志银行及鹿特丹银行为副承销商,债券在伦敦证券交易所上市。

欧洲债券自产生以来,得到了迅速的发展,特别是 20 世纪 80 年代以后,欧洲债券市场的发展更是突飞猛进。欧洲债券市场融资总额,1970 年为 29.08 亿美元、1980 年为 237.24 亿美元、1990 年为 1801 亿美元、1995 年为 3713 亿美元,占国际债券市场融资总额的比例分别为 62％、58％、79％、80％。欧洲债券从发行币种上看包括欧洲美元债券、欧洲日元债券、欧洲英镑债券、欧洲德国马克债券、欧洲法国法郎债券、欧洲意大利里拉债券、欧洲加拿大元债券、欧洲荷兰盾债券以及欧洲埃居债券等。并且从 1995 年 9 月开始,用南非兰特标价的债券离岸发行和交易迅猛增长,1995—1996 年的年发行量为 10 亿美元。1999 年欧元的诞生对欧洲债券市场的发展起到重大推动作用。在欧洲债券市场上,发债筹资的国家越来越多,债券发行的数量越来越大。

2. 欧洲债券市场的债券种类

目前,欧洲债券市场上的债券主要有以下五种。

(1)普通固定利率债券,其特点是债券发行时,利率和到期日已作明确规定。

(2)浮动利率债券,其特点是利率可以调整,多为半年调整一次,以 6 个月期的伦敦银行同业拆放利率或美国商业银行优惠放款利率为准,加上一定的附加利息。

(3)可转换债券,其特点是购买者可按发行时规定的兑换价格,把它换成相应数量的股票。

(4)授权证债券,其特点是购买者可获得一种权利(而非责任),并据此按协定条件购买某些其他资产,类似对有关资产的买入期权。

(5)合成债券,它具有固定利率债券和利率互换合同的特点。

3. 欧洲债券产生原因分析

1)资本自由流动的本性是欧洲债券产生的内在原因

马克思在《资本论》中指出,资本不断的趋势是通过竞争来实现总资本所生产的剩余价值分配上的平均化,并克服这个平均化的一切阻碍。这个趋势是建立在社会总资本在不同的生产部门之间的不断变动的分配比例上,建立在资本的不断流入和流出上,建立在资本由一个部门转移到另一部门的可能性上,总之,建立在资本在这些不同生产部门之间的自由运动上。这告诉我们,资本的本质特点就是不断自行增值。为了最大限度地增值,资本必然要从利润低的地方流到利润高的地方去,资本这种自由流动最终要实现利润率的均等化。因为资本利润低的地方就是资本过多的地方,所以资本的价格——利润率低,而利润高的地方是资本过少的地方。正是由于资本的自由流动使资本得到合理、有效的利用,实现了马克思所说的剩余价值率的均等化。

马克思不仅指出了资本要在一国之内自由流动,而且要在整个世界自由流动。他认为,银行和信用同时又成了使资本主义生产超出它本身界限的最有力的手段,也是引起危机和欺诈行为的一种最有效的工具。他在《政治经济学批判》中更形象地说,一块金,先以美国鹰币的形式在英国登陆,变成维索林,三天后在巴黎当作拿破仑币来流通,几星期以后又在威尼斯变成杜卡特币,那么,商品所有者就会清楚地看到民族性不过是基尼上的印记而已。在他看来,整个世界都融化在其中的那个崇高的观念,就是一个市场的观念,世界市场的观念。根据马克思这两个论断,我们可以认为欧洲债券作为信用的一种形式,或者说作为资本的一种形式,它的运动也要冲破国家界限,使各国的债券市场形成一个市场,一个世界市场。可见,马克思关于"一个市场的观念,世界市场的观念"的预言已经出现。中国人作为筹资者可以在日本发行美元债券,这就是说中、日、美的资本市场相通了,美国人可以在英国发行马克债券,美、英、德资本市场也就一体化了。欧洲日元债券可以换成欧洲美元债券,欧洲美元债券可以转化为欧洲马克债券,那么日、美、德三国资本市场就被整合起来,资本的跨国流动也就没有什么限制了。

2)各国政府对资本自由流动的限制措施却成为欧洲债券市场形成的外在动力

作为资本主义国家的政府,它所追求的是本国的利益。作为资本,它所追求的是获取最大利润。所以资本主义国家的政府总是把资本的流动限制在对自己最有利的状态之下,不允许资本自由地越出其国界,自由流入流出。而资本的本性又不能改变,非要自由流入流出不可。可见,资本的本性和资本主义国家政府的属性处在矛盾与对立之中。马克思在《资本论》中就明确地指出了这个矛盾,而欧洲货币市场和欧洲债券市场的形成印证了马克思的论述。由于美国在1963年出现了国际收支逆差,时任美国总统肯尼迪为防止资本进一步外流,于1963年7月18日颁布了利息平衡税法案(IET)。利息平衡税是对外国债券利息超过本国债券利息的部分征税,这就限制了外国人在美国发行债券的数量。而1965年2月,肯尼迪又颁布了自愿对外信贷限制法案(VFCR),设置了美国公司向外国直接投资的上限。这样就大大限制了美元从美国的流出。美国政府采取这些措施的目的是限制美元外流,其结果反而是促进了美元外流,资本自由流动的本性不会以美国政府的意志为转移。对美国的资本所有者来说,政府限制他们购买外国债券,他们就把在美国银行的存款转移到欧洲银行去,形成欧洲美元。外国筹资者不能在美国发行美元债券筹集资金,却可以在欧洲发行美元债券,照样能筹集到美元资金,而且比在美国筹资更为方便。美国一切限制资本流出的措施,都成了促进资本流出的措施。这使得美国政府不得不改弦更张,由原来限制资本流动的政策改为促进资本流动的政策。美国于 1974 年终止了利息平衡税法案和自愿对外信贷限制法案,于 1981 年决定允许在美国建立和发展欧洲美元市场和欧洲债券市场。日本于 1986 年放宽外国银行发行欧洲日元债券的限制。德国为维护法兰克福在世界金融市场的地位和本国金融资本的利益,于 1985 年 5 月宣布取消对本国居民购买外国债券的限制和购买境外德国马克债券的限制。

二、欧洲债券市场的特点

1. 市场无国籍性

欧洲债券市场是一个无形市场,也就是说,它只存在于某一城市或地区而不存在于某一固定的交易所,它是通过所在地金融机构与国际金融市场上的业务交往而存在的。目前主要的欧洲债券市场有伦敦、卢森堡、开曼等。欧洲债券市场与国内债券市场和外国债券市场有着显著的区别。

(1) 从市场性质看,欧洲债券市场是无国籍的、完全国际化的市场,它不受任何一国货币法令的管制,债券计值货币是市场所在国以外的货币,具备特有的国际利率结构。

(2) 从借贷关系看,外国债券市场的借贷活动是在本国人和外国人之间进行,即本国人购买外国人发行的债券,并以国内资本净输出为特点;而欧洲债券市场的借贷活动是在外国人和外国人之间进行的,即非居民购买非居民发行的债券,资金来源通常为该国境外,所以不涉及该国的资本输出。因此,欧洲债券市场是一个无国籍的债券市场。

(3) 从债券本身来看,欧洲债券是持票人债券,即无记名债券,任何人持有一张欧洲债券,就拥有对这张债券的所有权。这与注册登记的外国债券不同,注册登记债券的所有权,只有通过注册债券的姓名的正式转移才能把债券的所有权转给新的所有者。

(4) 从税收来看,欧洲债券免除预扣税。通常一国货币管理当局对债券发行人支付给投资者的利息征税,这部分税由发行人承担。比如,某债券利息是每年 100 美元,而且加 20% 的预扣税,那么借款人就要付出 125 美元的债券利息,从而使得债券持有者的利息净值为:$125-0.2 \times 125 = 100$ 美元。预扣税无疑会增加债券发行者的发行成本。而欧洲债券这种无国籍债券因为不受任何官方管制,从而也就不用缴纳预扣税,这使得欧洲债券对于发行人来说很有吸引力。另外,欧洲债券每笔发行的数额都很大,通常在 1 亿美元以上,有时甚至达 3 亿至 4 亿美元,中介人投资银行只需很小的息差即可获得丰厚的收入,因此投资者投资于欧洲债券要比投资于外国债券和国内债券能获得更高的收益,从而对投资者也有很大的吸引力。所以欧洲债券市场的发展非常迅速。

2. 计价货币工具性

以欧洲日元债券为例,实际上,日元只是用来给债券标价的。债券发行的金额并不必然代表日本的储蓄者所提供的贷款。为了说明这一点,假设一家美国公司通过发行 20 亿日元的欧洲日元债券来借款,并且假设这笔债券由美国投资者购买,这样,其效果是美国投资者贷款给美国的借款者。同样的等值交易也可以在纽约完成,借款人可以在纽约发行价值为 20 亿日元的债券,需要强调的是日元仅仅是标价货币(正如欧洲货币单位和特别提款权一样)。投资者可以通过支付美元来购买此日元债券,并且在息票到期时收

到与日元息票等值的美元现值。① 这样,在欧洲债券市场上,以日元计值发行的债券可以用美元来购买,或以美元计值发行的债券可以用英镑来购买。这就大大便利了投资者,使其可以用手中持有的货币来对别国货币计值的欧洲债券进行投资。

技术进步降低了债券的交易成本,为债券市场的定价和风险管理提供了科学手段,使市场参与者能够合理地从事交易活动并有效地规避风险。现代计算机技术使得全球统一的债券市场成为可能。电脑的广泛应用将各国国内债券市场有机地联结在一起,也将国内市场和国际市场有机地联结在一起,从而形成一个全方位、全时区、全球性的市场网络。通过该网络,各国交易商可以一天 24 小时自由买卖各国债券。欧洲债券主要通过欧洲票据清算所和塞地尔系统进行清算。其中欧洲票据清算所占两个系统总清算债券量的 2/3,塞地尔系统清算量为 1/3。每一个清算系统都拥有几家保存和托管实体债券的托管银行,清算系统成员在系统中保有债券和现金账户,当发生债券买卖时,就会有相应的账户清算,在 10 个清算系统成员间划拨债券和现金。债券本身,即使有,也很少发生转移。需要强调的是,债券贴上某一欧洲货币的标签,还有一个所有者的标签,通过发达的结算体系,债券的所有权转移只需换一个所有者标签,并划拨一定的资金账户即可,而资金也不一定是债券标值货币。这使得欧洲债券市场交易的成本更低,且包括进越来越多国家的投资者,使得全球统一的债券市场逐渐变为现实。

3. 货币和利率的互换性

欧洲债券市场中的互换包括货币互换和利息率互换。在互换领域,完全适用国际贸易理论的比较优势原则,即不仅在互换双方各有优势时,按一定比例的互换交易可给双方带来利益,而且在仅一方有绝对优势,比如固定利率和浮动利率融资成本都较低,而另一方融资成本都较高时,只要比较优势存在,互换还是可以给双方带来利益。下面具体看一个货币互换的例子。

货币互换是双方按固定汇率交换两种不同货币的本金,然后按事先规定的日期,进行利息的互换,这通常是以双方同意的利率按照最初互换的本金进行利息支付,最后在到期日,双方按照事先规定的汇率再将本金互换回来。

比如一家日本公司要筹措一笔德国马克资金,但对以德国马克计价发行的债券市场不熟悉,使得筹措德国马克资金出现困难。于是该公司决定发行欧洲美元债券,然后通过货币互换,获得德国马克资金。具体过程如下:设日本公司发行欧洲美元债券的条件是,发行金额为 1 亿美元,息票率为 10%,付息日为 1994 年 1 月 1 日,每年付息一次,价格为 100,期限为 3 年,全部本金到期一次偿还。

而一家瑞典公司需要美元,但对以美元计值的债券市场不了解,使得筹措美元资金出现困难,于是该公司决定发行德国马克债券,然后通过货币互换,获得美元资金。其发行条件是,发行金额为 1.8 亿德国马克,息票率为 8%,付息日为 1994 年 1 月 1 日,每年付息一次,价格为 100,期限为 3 年,全部本金一次偿还。

在中介投资银行的安排下,日本公司和瑞典公司进行货币互换,设互换之初,1 美元=1.8 马克。

---

① 奥林・J 戈莱比. 国际金融市场[M]. 刘曼红,陈雨露,赵锡军,等,译. 北京:中国人民大学出版社,1998:246.

期初,日本公司在欧洲美元债券市场上发行 1 亿美元债券,瑞典公司在德国马克债券市场上发行 1.8 亿德国马克债券。在中介投资银行的安排下,日本公司与瑞典公司把美元与德国马克互换,日本公司拿出 1 亿美元得到 1.8 亿德国马克筹措到它所需要的德国马克,而瑞典公司拿出 1.8 亿德国马克得到 1 亿美元筹措到它所需要的美元。

期中,日本公司以 8% 的利率代替瑞典公司每年向德国马克债券的购买者支付 1440 万德国马克的利息,而瑞典公司每年向美元债券的购买者支付 1000 万美元的利息。

期末,日本公司向瑞典公司缴本金及最后一年的利息共 1.944 亿德国马克,瑞典公司把这笔本息还给德国马克债券的买者。与此同时,瑞典公司向日本公司缴 1.1 亿美元,日本公司把这笔本息还给美元债券的买者。在此期间,中介人获得手续费收入。

从上面的例子可以看出,由于互换的存在,欧洲美元债券市场和欧洲德国马克债券市场完全一体化了。由此也可以推导出以各种货币计值的欧洲债券市场的完全一体化,也就是说,筹资者用什么货币计值发行债券都是无所谓的事情,因为通过互换都可以筹措到自己所需的资金。

4. 离岸市场与在岸市场的趋同性

欧洲债券市场因为其较少的限制、较低的成本以及很好的安全性,占据了国际债券市场业务的大部分份额。因为资本的本性是趋利的,哪里利润高,哪里限制少,资本就流向哪里。离岸债券市场的发展势必会减少在岸债券市场业务,各国为了保持其在岸债券市场业务的份额,必然会放松原来的管制。比如美国为恢复扬基债券市场的活力,不仅废除了利息平衡税和自愿对外信贷法案,而且于 1983 年颁布暂搁注册程序,使得美国非居民在美国扬基债券市场发行债券的注册登记程序通过事先注册的方式加快,以缩小美元外国债券市场和欧洲美元债券市场之间的差别。再如,在德国,根据德国的法律,德国马克欧洲债券和德国马克外国债券之间没有什么区别,交易时都是一个价格。在 1984 年 10 月以前,德国法律规定对购买德国国内债券的非居民征收 25% 的息票收入税,而对于购买德国马克欧洲债券和德国马克外国债券的非居民不征税。对德国人来说,买什么债券都是免税的。从 1984 年 10 月以后,德国取消了对非居民购买德国马克国内债券的息票收入税,这使德国的三种债券之间的区别消失了,这种变化对德国的非居民来说意味着购买德国国内债券和欧洲债券不存在差别,德国的居民和非居民得到了平等对待。这无疑会鼓励德国的非居民购买德国国内的债券和欧洲债券,德国国内债券和欧洲债券更紧密地结合起来,德国国内债券市场与欧洲债券市场一体化了。1985 年后,德国允许外国承销商承销德国马克债券的发行,这又刺激了德国马克债券的发行,而且德国债券的利率也被标准化了,以法兰克福同业拆放利率为参考利率进行浮动,这一切都使德国债券市场一体化,并与国际一体化。

三、欧洲债券市场的作用

欧洲债券市场形成的根本原因是资本的流动没有限度,在政府的管制之下,债券市场本身通过创新形式发展出欧洲债券市场。欧洲债券市场有将全球债券市场统一为一个整体的作用。欧洲债券市场使各国都能更好地利用债券这一工具,或进行筹资,或进行投资。李嘉图认为:"在商业完全自由的制度下,各国都必然把它的资本和劳动用在最

有利于本国的用途上。这种个体利益的追求很好地和整体的普遍幸福结合在一起。由于鼓励勤勉、奖励智巧,并最有效地利用自然所赋予的各种特殊力量,它使劳动得到最有效和最经济的分配;同时,由于增加生产总额,它使人们都得到好处,并以利害关系和互相交往的共同纽带把文明世界各民族结合成一个统一的社会。"马克思说,信用制度加速了生产力的物质上的生产和世界市场的形成;使这二者作为新生产形式的物质基础发展到一定的高度,是资本主义生产方式的历史使命。

欧洲债券市场可以使各国更合理地配置长期资本,这无疑会促进世界经济的发展。具体表现在以下方面。

1. 有利于世界经济总体发展

分析世界经济发展可以看出:世界经济的增长是与欧洲债券市场的总量成正比的。欧洲债券市场的资金转变为国内生产总值的大致过程是,发行欧洲债券获得巨额长期资本,再投资于有关部门,使得国内生产总值增加。在 20 世纪六七十年代,当西欧、日本经济恢复时,是欧洲债券市场为它们提供了长期资金来源。据统计,70 年代欧洲债券市场上占绝对优势地位的融资者是西欧,其融资额占整个欧洲债券市场总融资额的 33%,国际组织为第二大融资者,占欧洲债券融资总额的 24%,日本的融资额占 10%。国际组织利用这部分融资额贷款给需要资金的国家。西欧、日本利用长期资金不仅恢复了经济实力,而且也有能力向外输出资本,从融资者变成投资者。单个国家经济的发展从总体上也推动了世界经济的发展。

由欧洲债券市场引起的资本流动对整个世界是有利的。因为一国的资本之所以流向另一国,是因为它在另一国可获取更高的利润率,即资本输入国利用资金的经济效益比资本输出国大,使资本从收益低的地方自由流向收益高的地方,使资本得到更加有效的利用,从而优化资源配置,使得借债国新增加的产量超过贷出国减少的产量,结果是世界经济总量增加。

2. 有利于跨国公司的全球经营

欧洲债券市场的发展作为金融全球化的一个组成部分,是经济全球化的高级阶段。生产的全球化推动金融全球化,要求债券市场国际化,而欧洲债券市场的发展反过来促进了国际资本流动,又进一步促进了生产的自由化。经济的全球化要求全球作为一个统一的无阻碍的自由市场,奉行自由贸易和自由竞争,在全球范围内实现资源的合理、有效分配。欧洲债券市场促使资本在世界范围内更合理配置,按照经济全球化或国际经济一体化的要求,使得各种资源在世界范围内自由流通并由市场调节其供求。如果某种资源在某一地区、某一时点出现供求失衡,市场力量会很快加以调整。欧洲债券市场在跨国公司的全球经营中起着重要的资金调剂作用。

当前,在世界经济发展中,跨国公司在全球的经营活动是一股相当大的力量。跨国公司凭借其雄厚的实力和先进的技术,将资本、技术与廉价的劳动力资源相结合,从总体上看,大大提高了世界生产力。但任何一家跨国公司都不能保证其资本足以维持任何扩大化的生产活动,因此国际筹资是必不可少的。1989 年,总部设在加利福尼亚州芝廷维尤的莫门塔公司在其全球性生涯的头 6 个月中,曾向我国台湾地区和美国投资者通过发行债券的方式筹款近 1300 亿美元,一批美国工程师为这家公司设计先进的计算机,而其所有的元件在日本设计和生产,然后在我国台湾地区和新加坡装配。组织这家公司的、在伊朗出生的战略经纪人说:"在全球筹措资金是我们所需要的 4000 亿美元资金获得保证的仅有的几种办法之一。"

1973 年各国普遍实行浮动汇率制后,跨国公司不仅开始发行以各种货币单位标价的债券,如以欧洲货币单位(ECU)标价的债券,而且从 1975 年起开始发行用特别提款权标价的债券,以减少风险。20 世纪 80 年代初期,西方利率高昂,金融局势动荡不定,于是跨国公司用发行大量无票息债券的方法来避免利率波动的风险。跨国公司与国际金融市场的关系加深了。

3. 有利于发展中国家经济发展

欧洲债券市场是国际资本市场的重要组成部分,资本要和劳动力相结合才能创造出价值。经典的国际资本流动理论认为,发展中国家的资本与外汇短缺,资本/劳动的比率较低,使得资本的边际生产率较高,从而吸引资本从发达国家流向发展中国家。尽管发达国家仍然是当今国际资本流动的主体,但是亚洲和拉丁美洲新兴发展中国家已越来越多地融入全球资本流动之中。此外,发展中国家为更好地利用欧洲债券市场,必然会提高资金的利用效率,以提高信誉级别,增强还本付息能力。这又会进一步提高生产要素的利用效率,从而促进发展中国家经济发展。

发展中国家发行债券的数量在不断扩大,这种发行债券融资的趋势一方面与发达国家私人资本的大量增加有关,另一方面也与直接投资的一些限制性条件有关。直接投资受外资实行产业转移及跨国公司全球战略的约束,而间接债券融资可避免这些不足。发展中国家利用发行欧洲债券筹集的资本可以向国家基础产业和关系国计民生的重要部门投资,促进本国经济的发展。这样欧洲债券市场为广大发展中国家特别是后进国家开辟了一条吸收外资的新渠道。

发展中国家利用欧洲债券市场筹资的效果取决于其资金用途。如果所筹资金用于进行新的实物投资,那么正如直接投资一样,它会对实物部门产生影响,提高国内投资水平。如果资金被用于其他方面,则最终会产生不同的影响。如果筹集的资金用于偿付外债,则可以减轻银行系统的压力或者累积储备。如果筹集的资金被投资于国内的资本市场或存在国内的银行体系中,那么货币供给或国内信贷增加会造成通货膨胀,特别是当资金用于消费时,会造成还款压力。

第四节
国际金融创新

一、国际金融创新的内涵

国际金融创新是金融创新在国际金融领域的体现,是在国际金融领域将各种金融要

素重新组合以实现利润目标或效率目标的过程。也可以进一步表述为：金融创新是指金融机构或金融管理当局为适应经济环境的变化，出于对宏观效益或微观利益的考虑而对金融产品、金融技术、金融市场、金融制度等所进行的创造性改革和开发活动的过程，同时对整个国际金融体系也产生重大影响。金融创新主要包括金融工具创新、金融市场创新、金融组织结构创新、金融技术创新、金融制度创新以及金融交易过程创新。

二、国际金融创新的动力

世界经济高速增长，高新技术日新月异，加之世界格局和形式的巨大变化，所有这一切都深刻影响和改变着公众的生存方式、经济行为和供需变化，还有一些复杂的原因和条件构成了金融创新的直接动因。

1. 经济环境的快速发展变化

伴随着世界范围内的经济不断发展和推进，金融的生存形式和金融行为，主要是金融的供需关系都有了很大的变化，使得原来的金融市场的交易工具或者交易类型不再符合当今的需求，需要大力推陈出新，以适应经济形势的不断变化。

2. 科学技术的进步

高新技术被广泛应用到金融机构的业务处理过程之中，能够在交易成本和工作效率方面有很大程度的提升，为许多金融创新提供了可能；同时，科技对金融业乃至经济生活方方面面的渗透，也倒逼国际金融的创新以适应时代的需求。

3. 金融业竞争的加剧

随着金融市场全球化，金融机构的种类、数量急剧增加，金融资本高度集中，金融产品和金融服务的竞争不断加剧，同时风险也在不断加大。外汇市场、货币市场和资本市场的变化产生了转移汇率风险、利率风险和股市价格风险的创新需求，信贷市场的变化产生了转移信用风险的创新要求。金融市场已由卖方市场转变为买方市场，金融机构只能对传统业务进行重新组合，以获取传统市场上更多的市场份额，并积极开拓表外业务和国际业务，创造新的金融产品和新的业务市场，增加盈利。

4. 追逐利润

从金融创新中增加收益、获取利润是金融机构从事金融创新最普遍、最直接的动力。利润水平的高低是衡量一个金融企业实力的重要标志之一，也是进一步开拓市场、发展业务的经济基础。影响利润的因素很多，包括宏观经济政策、金融管制以及金融市场、金融工具的创新等，为了获得更大的收益，金融企业需要不断地推陈出新，促进发展。金融机构作为微观经济实体，有其自身的目标约束，如自己制定的增长率、流动资产比例、资本比例等。只要外部环境变化改变了这些约束，而且有扣除创新成本后的利润最大化的机会，金融机构就会创新。

5. 规避管制

金融管制与金融创新是一对矛盾，金融管制的目的是为了金融业的稳定和安全，它通常会以牺牲金融机构的效率为代价；金融创新的目的是为了赢利，它通常会对金融体系的安全性形成冲击。20世纪80年代起，各国政府逐步放宽了对金融机构的管制，使金融创新掀起了一股热潮，成为推动国际金融业快速发展的内在动力。从根本上说，金融创新和金融管制是相互影响的制度改革,金融管理当局为稳定金融体系和防止分配不均所采取的措施本身就是一种金融创新活动,同时它又诱发金融业更为广泛的金融创新活动。

6. 市场的发展与变化

伴随着全球范围的经济格局出现变化,金融投资者对于金融产品的需求不断发生着变化,这样就迫使金融领域进行金融创新来适应金融投资者关于金融产品的需求种类和数量。一是跨国公司迅速发展后对银行提供跨国界的国际金融服务的需求;二是一国政府通过金融市场发行政府债券来筹资的需求;三是个人消费多样化后,对金融机构提供更高效、更快捷的金融服务的需求。这些需求都是金融机构寻找的利润增长点,随之产生的诸如跨国银行、电子银行、信用卡等金融创新刚好可以满足这些需求。

三、国际金融创新的影响

国际金融创新对世界经济的影响广泛而深远,层出不穷的创新活动向国际金融领域注入了新的动力,成为国际金融业谋求利润的重要手段。下面讨论国际金融创新的影响。

1. 国际金融创新的正面影响

(1) 国际金融创新促进了金融机构运作效率的提高,扩展了金融机构的生存空间。金融创新造就了金融机构日趋同质化和业务的多元化,其服务领域大大扩宽且渗透力大大增强。当代金融创新具有密集性和广泛性的特点,金融机构提供的服务和商品突破了时间和空间的限制,扩大了金融机构的生存空间。

(2) 国际金融创新丰富了金融市场的交易品种,增强了投资者的抗风险能力。金融创新创造了许多新型的金融工具,提供了多功能、多样化和高效率的金融服务,降低了持有和交易金融工具的成本,方便了投资者之间的交易,使其防范风险的能力增强,促进了金融市场的一体化发展。

(3) 金融创新促进政府加强市场监管和金融改革,推动经济的发展。国际金融创新是以使金融资产获取更高利润为目的,因而金融创新必然会推动经济发展,同时创新会使国家监管难度加大,政府会实施一系列的金融改革,加大监管力度,保证金融市场的顺利进行。

(4) 国际金融创新提高了金融产业在国民经济中的地位。国际金融创新造就了金融业务的多样化,其推出的产品既能防范风险,又能作为投机的手段,增加了投资者的选择机会,吸引了更多的市场投资者,在国民经济中的地位得到了很大提升。

2. 国际金融创新的负面影响

1) 国际金融创新增加了货币政策的时滞性,加大了货币管理的难度

首先,大量的金融创新活动使金融资产的替代性明显加强,作为货币的货币和作为资本的货币难以区分。其次,交易账户和投资账户、广义货币和狭义货币、本国货币和外国货币之间的界限变得越发模糊。最后,金融创新在各方面深刻影响金融运行,中央银行在制定货币政策时,必须考虑金融创新的内容、金融创新的速度以及货币流通速度。因此,国际金融创新加大了货币管理的难度。

2）国际金融创新弱化了货币政策工具的效力

金融创新的结果使较大部分的信用通过资本市场而不是银行流动，因此这部分信用所受监管较弱；金融机构通过金融创新规避法定存款准备金的约束，极大地限制了通过法定存款准备金率来控制金融机构派生存款的效果；金融创新使表外业务迅速增长，也使中央银行财务报表的分析更复杂。

3）国际金融创新使金融市场的稳定性下降

金融创新和管制的放松及金融市场的自由化导致金融机构之间的竞争加剧，从而使金融体系的稳定性和安全性下降，金融机构破产的数量急剧上升。因此，如何稳定金融市场成为金融创新过程中面临的一大难题。

4）国际金融创新使金融体系面临的风险加大

国际金融创新在被广泛使用之时，改善了金融市场的效率，也使商业银行从中获益，但是创新活动既能防范风险和增加收益，又会增加风险和降低收益。金融创新增加了流动性风险、利率风险、表外风险、清偿能力风险等。

第五节
金融衍生工具

自 20 世纪 70 年代开始，随着金融自由化和全球化趋势的快速发展，国际金融市场风险日益加大，企业和金融机构的避险要求也不断提高，这些因素为金融衍生品市场的产生奠定了基础，科技发展和信息技术进步客观上为金融衍生品市场的发展创造了可能。1972 年，美国芝加哥商品交易所货币市场推出英镑、加元、德国马克、日元、瑞士法郎、墨西哥比索等外汇期货合约，标志着第一代金融衍生品的产生。此后，股票期权、利率期货、货币互换、股指期货、互换期权等产品也陆续出现，金融衍生品市场逐渐发展壮大。金融衍生品作为套期保值的工具能够有效规避金融风险；金融自由化的趋势进一步推动了金融衍生品的发展；新技术革命为金融衍生品的产生与发展提供了物质基础与手段。这些因素使得金融衍生品交易迅速成为当代金融创新的主要形式和国际金融市场交易的核心。

一、金融衍生工具的定义及特点

金融衍生工具又称金融衍生品，是指在基础性金融工具如股票、债券、外汇、利率等基础上衍生出的金融工具或金融商品。金融衍生品通常以合约的形式出现，合约的价值取决于基础性金融工具的价格及其变化。

与传统金融工具相比，金融衍生品有如下特征。

（1）杠杆比例高。金融衍生品的共同特征是保证金交易，即只要支付一定比例的保证金就可以进行全额交易，不需要实际上的本金转移，合约的了结一般也采用现金差价结算的方式进行，只有在到期日以实物交割方式履约的合约才需要买方交足货款，这就意味着投资者可以从事几倍甚至几十倍于自身拥有资金的交易，放大了交易的收益和损失。从这个角度来说，金融衍生品在降低交易成本、提高市场流动性的同时也蕴含着巨大的风险。

（2）定价复杂。金融衍生品的价格依赖于基础标的资产的未来价值，而未来价值是难以测算的，这就给金融衍生品的定价带来了极大的困难。

（3）高风险性。由于金融衍生品的上述两个特征，使得从事金融衍生品交易的风险也被放大了。

（4）全球化程度高。金融衍生品产生的前提是金融全球化，金融衍生品交易所依赖的物质基础是电子化信息技术。因此，金融衍生品的全球化程度很高。

二、金融衍生品的分类

由于国际金融创新活动非常活跃，新的衍生产品不断地被推出，产品种类异常繁多，很难对金融衍生品做一个全面的囊括。但依据不同标准，金融衍生产品可以分为不同种类。下面简单介绍一下主要的分类方法，然后介绍几种主要的金融衍生品。

1. 根据产品形态的不同来划分

根据产品形态的不同，金融衍生品可以分为远期合约、期货合约、期权合约和掉期合约四大类。

远期合约和期货合约都是交易双方约定在未来某一特定时间、以某一特定价格、买卖某一特定数量和质量的资产的交易形式。期货合约是期货交易所制定的标准化的合约，对合约到期日及买卖的资产的种类、数量、质量做出了统一规定。远期合约是根据买卖双方的特殊需求由买卖双方自行签订的合约。因此，期货交易流动性较高，远期交易流动性较低。

期权合约是买卖权利的交易。期权合约规定了在某一特定的时间、以某一特定的价格买卖某一特定种类、数量、质量原生资源的权利。期权合同有在交易所上市的标准化合同，也有在柜台交易的非标准化合同。

掉期合约是一种由交易双方签订的在未来某一时期相互交换某种资产（或称为具有相等经济价值的现金流）的合约。较为常见的是利率掉期合约和货币掉期合约。掉期合约中规定的交换货币是同种货币，则为利率掉期；是不同种货币，则为货币掉期。

2. 根据原生态资产的不同来划分

根据原生态资产的不同，可以分为利率、股票、汇率和商品衍生品。例如，以利率为原始资产派生出来的金融衍生品有利率远期、利率期货、利率掉期等；以股票为原始资产派生出来的金融衍生品有股票期货、股票期权、股指期货等；以货币为原始资产派生出来的金融衍生产品有货币远期、货币期权、货币掉期等。

3. 根据交易方式的不同来划分

根据交易方式的不同，金融衍生品可分为场内交易和场外交易。

　　场内交易又称交易所交易,指所有的供求方集中在交易所进行竞价交易的交易方式。这种交易方式具有交易所向交易参与者收取保证金,同时负责进行清算和承担履约担保责任的特点。此外,由于每个投资者都有不同的需求,交易所事先设计出标准化的金融合同,由投资者选择与自身需求最接近的合同和数量进行交易。所有的交易者集中在一个场所进行交易,这就增加了交易的密度,一般可以形成流动性较高的市场。期货交易和部分标准化期权合同交易都属于这种交易方式。

　　场外交易又称柜台交易,指交易双方直接成为交易对手的交易方式。这种交易方式有许多形态,可以根据每个使用者的不同需求设计出不同内容的产品。同时,为了满足客户的具体要求,出售衍生产品的金融机构需要有高超的金融技术和风险管理能力。场外交易不断产生金融创新。但是,由于每个交易的清算是由交易双方相互负责进行的,交易参与者仅限于信用程度高的客户。掉期交易和远期交易是具有代表性柜台交易的衍生产品。

三、金融期货交易

1. 金融期货的定义

　　金融期货是指交易双方在金融市场上,以约定的时间和价格买卖某种金融工具的具有约束力的标准化合约。金融期货交易是指交易者在特定的交易所通过公开竞价方式成交,承诺在未来特定日期或期间内,以事先约定的价格买入或卖出特定数量的某种金融商品的交易方式。期货包括金融期货与实物期货两大类。

2. 金融期货的类型

1)外汇期货

　　外汇期货是指以汇率为标的物的标准化期货合约,也被称为货币期货或外币期货。外汇期货是适应各国从事对外贸易和金融业务的需要而产生的,目的是借此规避汇率风险。1972年美国芝加哥商业交易所的国际货币市场推出第一份外汇期货合约并获得成功。其后,英国、澳大利亚等国相继建立外汇期货的交易市场,外汇期货交易成为一种世界性的交易产品。目前国际上外汇期货合约交易所涉及的货币主要有英镑、美元、欧元、日元、瑞士法郎、加拿大元和澳大利亚元等。

　　国际货币市场的外汇期货交易规则包含以下内容。

　　(1)交易单位。每份外汇期货合约都由交易所规定标准交易单位。例如,德国马克期货合约的交易单位为每份125000马克。

　　(2)交割月份。国际货币市场所有外汇期货合约的交割月份都是一样的,为每年的3月、6月、9月和12月。交割月的第三个星期三为该月的交割日。

　　(3)通用代号。在具体操作中,交易所和期货佣金商以及期货行情表都是用代号来表示外汇期货。8种主要货币的外汇期货的通用代号分别为英镑BP、加元CD、荷兰盾DG、德国马克DM、日元JY、墨西哥比索MP、瑞士法郎SF、法国法郎FR。

　　(4)最小波动幅度。国际货币市场对每一种外汇期货报价的最小波动幅度作了规定。在交易所内,经纪人所做的出价或叫价只能是最小波动幅度的倍数。8种主要外汇期货合约的最小波动价位如下:英镑0.0005美元、加元0.0001美元、荷兰盾0.0001美元、德国马克 0.0001 美元、日元 0.0000001 美元、墨西哥比索 0.00001 美元、瑞士法郎 0.0001 美元、法国法郎 0.00005 美元。

（5）每日涨跌停板额。每日涨跌停板额是一项期货合约在一天之内比前一交易日的结算价格高出或低于的最大波动幅度。8 种外汇期货合约的涨跌停板额如下：马克 1250 美元、日元 1250 美元、瑞士法郎 1875 美元、墨西哥比索 1500 美元、荷兰盾 1250 美元、法国法郎 1250 美元。一旦报价超过停板额，则成交无效。

2）利率期货

利率期货是以利率为标的物的期货合约。世界上最先推出的利率期货是于 1975 年由美国芝加哥商业交易所推出的美国国民抵押协会的抵押证期货。利率期货可分为长期利率期货和短期利率期货。在长期利率期货中，最有代表性的是美国长期国库券期货和 10 年期美国中期国库券期货。短期利率期货的代表品种则是 3 月期的美国短期国库券期货和 3 月期的欧洲美元定期存款期货。

短期利率期货是指期货合约标的的期限在一年以内的各种利率期货，即以货币市场的各类债务凭证为标的的利率期货均属短期利率期货，包括各种期限的商业票据期货、国库券期货及欧洲美元定期存款期货等。短期国库券是由美国财政部发行的一种短期债券，首次发行时间为 1929 年 12 月。由于短期国库券流动性高，加之由美国政府担保，所以很快就成为颇受欢迎的投资工具。短期国库券的期限分别为 3 个月（13 周或 91 天）、6 个月（26 周或 182 日）或 1 年不等。其中，3 月期和 6 月期的国库券一般每周发行。与其他政府债券每半年付息一次不同，短期国库券按其面值折价发行，投资收益为折扣价与面值之差。

长期利率期货是指期货合约标的的期限在一年以上的利率期货。以资本市场的各类债务凭证为标的的利率期货均属长期利率期货，包括各种期限的中长期国库券期货和市政公债指数期货等。美国财政部的中期国库券偿还期限在 1 年至 10 年之间，通常以 5 年期和 10 年期较为常见。中期国库券的付息方式是在债券期满之前，每半年付息一次，最后一笔利息在期满之日与本金一起偿付。长期国库券的期限为 10 至 30 年，以其利率富有竞争力、保证及时还本付息和市场流动性高等特点吸引了众多外国政府和公司的巨额投资，国内购买者主要是美国政府机构、联邦储蓄系统、商业银行、储蓄贷款协会和保险公司等。在各种国库券中，长期国库券价格对利率的变动最为敏感。

利率期货的交易惯例为：在利率期货交易中，各种利率期货的合同金额、报价、价格波动幅度、合同交割月份和交割方式等都有一定的规定。利率期货合同的报价采用贴现方式算出，即根据市场利率或债券的年收益率与 100% 之差（称为指数）得出。例如，市场利率或债券的年收益率为 8%，则报价为 92 元。利率或收益率的高低与报价成反比。利率期货价格变动是以点为最小基数，1 点等于 0.01%，利率变动 1% 就是 100 点。例如，美国国库券期货合同，其最小的价格波动幅度就是 1 点，即 0.01%。每份金额为 100 万美元的 3 月期国库券期货合同的 1 点等于 25 美元，美国中长期国库券交易单位为 10 万美元面值，以 1 点（1000 美元）和 1/32 点（31.25 美元）报价，其最小变动单位为 1/32 点，其停板额为上一交易日结算价的上下 3 个点（±3 点，即每份合约±3000 美元）。利率期货合同交割月份为 3 月、6 月、9 月、12 月。

3）股票价格指数期货

股票价格指数期货（SPIF），简称股指期货，是指以股票指数为标的物的期货合约。1982年由美国芝加哥商品交易所的分支机构国际期权市场推出的标准普尔500指数合约是世界上最早的股票价格指数期货。股票价格指数期货是目前金融期货市场较热门和发展较快的期货交易之一。股票价格指数期货不涉及股票本身的交割，其价格根据股票指数计算，合约以现金清算形式进行交割。

股票价格指数期货交易的基本制度包括以下内容。

（1）保证金。投资者在进行期货交易时，必须按照期货合约价值的一定比例来缴纳资金，作为履行期货合约的财力保证，然后才能参与期货合约的买卖。这笔资金就是我们常说的保证金。

（2）结算制度。每日无负债结算制度也称"逐日盯市"制度，简而言之，就是期货交易所要根据每日市场的价格波动对投资者所持有的合约计算盈亏并划转保证金账户中相应的资金。

期货交易实行分级结算，交易所首先对其结算会员进行结算，结算会员再对非结算会员及其客户进行结算。交易所在每日交易结束后，按当日结算价格结算所有未平仓合约的盈亏、交易保证金及手续费、税金等费用，对应收应付的款项同时划转，相应增加或减少会员的结算准备金。

交易所将结算结果通知结算会员后，结算会员再根据交易所的结算结果对非结算会员及客户进行结算，并将结算结果及时通知非结算会员及客户。若经结算，会员的保证金不足，交易所应立即向会员发出追加保证金通知，会员应在规定时间内向交易所追加保证金。若客户的保证金不足，期货公司应立即向客户发出追加保证金通知，客户应在规定时间内追加保证金。投资者可在每日交易结束后上网查询账户的盈亏，确定是否需要追加保证金或转出盈利。

（3）限制制度。涨跌停板制度主要用来限制期货合约每日价格波动的最大幅度。根据涨跌停板的规定，某个期货合约在一个交易日中的交易价格波动不得高于或者低于交易所事先规定的涨跌幅度，超过这一幅度的报价将被视为无效，不能成交。涨跌停板一般是以某一合约上一交易日的结算价为基准确定的。

（4）限额制度。交易所为了防范市场操纵和少数投资者风险过度集中的情况，对会员和客户手中持有的合约数量上限进行一定的限制，这就是持仓限额制度。限仓数量是指交易所规定结算会员或投资者可以持有的、按单边计算的某一合约的最大数额。一旦会员或客户的持仓总数超过了这个数额，交易所可按规定强行平仓或者提高保证金比例。

强行平仓制度是与持仓限制制度和涨跌停板制度等相互配合的风险管理制度。当交易所会员或客户的交易保证金不足并未在规定时间内补足，或当会员或客户的持仓量超出规定的限额，或当会员或客户违规时，交易所为了防止风险进一步扩大，将对其持有的未平仓合约进行强制性平仓处理，这就是强行平仓制度。

（5）报告制度。大户报告制度是指当投资者的持仓量达到交易所规定的持仓限额时，应通过结算会员或交易会员向交易所或监管机构报告其资金和持仓情况。

（6）结算担保金制度。结算担保金是指由结算会员依交易所的规定缴存的,用于应对结算会员违约风险的共同担保资金。当个别结算会员出现违约时,在动用完该违约结算会员缴纳的结算担保金之后,可要求其他会员的结算担保金按比例共同承担该会员的履约责任。结算会员联保机制的建立确保了市场在极端行情下的正常运作。

结算担保金分为基础担保金和变动担保金。基础担保金是指结算会员参与交易所结算交割业务必须缴纳的最低担保金数额。变动担保金是指结算会员随着结算业务量的增大,须向交易所增缴的担保金部分。

例如,某人欲买 A 股票 100 手和 B 股票 200 手,每股股价分别为 10 元和 20 元,但他的现金要一个月后才能到位,为防届时股价上升,他决定进行恒生指数期货交易为投资成本保值。当时恒生指数为 9500 点,恒指每点代表 50 港元,该投资者应当如何操作?

分析思路是,在进行期货的套期保值操作时,交易者一般遵循以下三步。①确定买卖方向,即做期货多头还是空头。②确定买卖合约份数。因为期货合约的交易单位都由交易所统一规定,是标准化的,因此我们需要对保值的现货计算需要多少份合约进行保值。③分别对现货和期货的盈亏进行计算,得出保值结果。投资者想买股票,但是现在手上又没有现金,因此他要预防的是股价上涨的风险。那么为了避免这个风险,就要在期货市场建立多头仓位。如果未来股价真的上涨的话,那么同样的现金买到的股票数必然减少,但是随着股价的上涨,股票指数也就上升,股指期货价格也随之上扬,现在买入期货合约,到时以更高价格卖出对冲,就能达到套期保值目的。接着要考虑合约数量,因为当时恒生指数为 9500 点,每点代表 50 港元,因此一份恒指期货合约就是 $50 \times 9500 = 47.5$ 万港元。交易者现在要保值的对象为欲买股票的总金额,为 $(10 \times 100 \times 100) + (20 \times 100 \times 200) = 50$ 万港元,那么用一份恒指期货进行保值。第三步,需要计算盈亏,可以通过列表的方式得到结论,列表的方法很直观,也很清晰。左边代表现货市场操作,右边代表期货市场操作,最后一行代表各自盈亏(见表 9-2)。这道题结果为总盈利 1 万港元。

表 9-2 股票价格指数期货案例分析

现货市场	期货市场
欲买 A 股 100 手,每股 10 元,B 股 200 手,每股 20 元,因此预期总成本为:$(10 \times 100 \times 100) + (20 \times 100 \times 200) = 50$ 万港元	买入一份恒指期货,当时恒生指数为 9500 点,因此一份恒指期货价格为:$9500 \times 50 = 47.5$ 万港元
一个月后,买入 A 股 100 手,每股 12 元,B 股 200 手,每股 21 元,总成本为:$(12 \times 100 \times 100) + (21 \times 100 \times 200) = 54$ 万港元	一个月后,卖出一份恒指期货,当时恒生指数为 10500 点,因此一份恒指期货价格为:$10500 \times 50 = 52.5$ 万港元
现货亏损:54 万 - 50 万 = 4 万港元	期货盈利:52.5 万 - 47.5 万 = 5 万港元

四、金融期权交易

1. 期权的概念和分类

期权也称选择权,是指以合约形式确认在买方支付一定费用的基础上,拥有在规定时日或期限内以执行价格(即合约规定的价格)购买(出售)标准数量标的资产的权利。期权合约是一种有法律效力的标准化契约。其重要内容有标的资产名称、交易单位、报价、执行价格、交割和失效日等。期权合约的基本当事人有期权持有人,即买方和期权签发人(卖方)。如果期权合约项下的标的资产属于金融资产,则称这类期权为金融期权。期权交易是通过买卖不同类型的期权合约进行的。虽然选择权交易早已有之,但金融期权的真正发展在 20 世纪 70 年代末 80 年代初。其产生与发展的重要原因在于金融工具价格波动日益激烈以及国际贸易和国际投资的发展。

根据不同的标准,金融期权可作如下分类。

1) 根据买方要求执行合约的时间不同,可分为欧式期权和美式期权

欧式期权是指期权合约持有人只有合约到期日才能决定并宣布是否执行合约。美式期权是指期权合约持有人有权在合约有效期内的任何一个营业日决定是否执行合约。由于美式期权合约赋予持有人更大的灵活性,故持有人在购入美式期权时所付的期权费高于欧式期权。

应当注意,欧式期权与美式期权的差别仅在于买方宣布是否执行合约的日期不同,与交易所在地域无关。

2) 根据交易方式不同,可分为场内期权和场外期权

场内期权是指在交易所内通过竞价成交的期权。场内期权合约都是严格标准化的。交易所的期权清算公司在买卖双方之间执行清算功能,保证并代理当事人办理有关金额的收付。场外期权主要是指在交易所以外的期权市场上进行交易的期权。其特点是主要交易条件由买卖双方共同商定。每份合约的交易金额一般比场内期权大得多。

一般而言,场内期权的流动性强,灵活性较差;场外期权灵活性强,但流动性较差。因此,交易商常利用两种期权的不同特点,在两个市场上同时进行交易来达到保值、获利的目的,从而使两个市场密切联系、互相补充、互相促进。比如,商业银行或其他非银行金融机构通过场外交易购入某种货币期权,同时可从交易所再购入交易方向相反的该货币期权,以对冲场外期权,从而达到保值目的。

3) 按合约赋予持有人的权利不同,可分为买进期权和卖出期权

买进期权或买权也称看涨期权,是指期权的购买者(即持有人)拥有执行或放弃在规定时日或期限内从期权的出售者手中按执行价格买进规定数量金融资产的权利。当交易人预测某种金融资产的价格趋势于上涨时,便可购入该资产的买权,所以这种期权称为看涨期权。

卖出期权或卖权也称看跌期权,是指期权购买者拥有执行或放弃在规定时日或期限内向期权的出售者按执行价格卖出规定数量金融资产的权利。当交易人预测某种金融资产的价格趋于下降时,就会买进此卖权,故称看跌期权。

4) 按期权合约下的标的资产不同,可分为货币期权、利率期权、股票指数期权等

如果期权合约下的标的资产是货币,则称为货币期权。目前,国际市场上期权交易的主要货币有英镑、日元、加拿大元等。货币期权一般用美元标价。

如果期权合约下的标的资产是短期国库券或中长期政府债券等融资工具以及某种欧洲货币的市场利率,则称为利率期权。这不仅因为这类金融工具的价格是以利率表示

的,而且期权下实际交易的对象正是合约规定的利率与同期市场利率间可能存在的差额。

如果期权合约下的标的资产为股票交易所的价格指数(变相资产),则称为股票指数期权。

此外,还有以金融期货合约为标的资产的期货期权、以互换协议为变相资产的互换(协议)期权等名目繁多的特殊期权。

2. 期权的特点

(1)期权合约下直接交易的对象是抽象的商品——执行或放弃合约的权利。换而言之,期权交易实质上是上述选择权的买卖。买方支付(卖方收取)的期权费是这种选择权的价格,并非标的资产价格。权利一旦由卖方转至买方,无论买方是否执行其期权,期权费便不再退回。此外,对于买方来讲,可以通过支付期权费使标的资产未来价格变化的风险得到套期保值,就如同为标的资产的未来价值买了保险。从这个意义上说,期权费又可称为保险费。

(2)期权合约赋予交易双方的权利和义务不对等。对买方而言,期权合约赋予他的只有权利,没有义务,即他可以在市场有利时行使执行合约的权利;市场不利时也可行使放弃合约的权利,任凭合约过期作废,不受卖方的追究,两种权利任选其一。对卖方来讲,期权合约赋予他的只有义务,没有权利(收取期权费除外),即他有义务应买方要求履行按合约的执行价格和规定数量出售或买进某种金融资产。

(3)期权合约使交易双方承担的亏损及获取的收益不对称。由于期权买方可执行价格对其不利时有放弃执行合约的权利,所以他所承担的最大亏损仅限于所支付的期权费。在此意义上,可以说期权买方的亏损是有限的,而盈利则是无限的。由于卖方只有义务,没有权利,所以当市场对其有利时,他的最大利益仅限于买方放弃执行合约而收到的全部期权费;但市场对其不利时,他所承担的亏损则不像盈利那样有限,有可能大大超过收取的期权费。在此意义上,可以说期权卖方的收益是有限的,而亏损则是无限的。

3. 期权价格的决定

期权价格的表现形式就是期权费,即买方买入一份期权合约所支付的、卖方以出售一份合约而收入的货币量。一定数量的期权费对期权的买方意味着最大亏损额,对卖方意味着对其面临风险的最大补偿。因此,期权价格的高低在期权交易的决策过程中举足轻重。

1)期权价格的构成

期权价格等于其内在价值与时间价值之和。期权的内在价值是指合约执行价格与同期标的资产市场价格的差额。期权的最低价值为零。具有内在价值的期权称为实值期权。如看涨期权的同期标的资产市场价格高于执行价格或看跌期权的市场价格低于执行价格时,这两种期权都是实值期权。不具有内在价值的期权也分两种:①标的资产的市场价格等于执行价格的期权,无论是买权还是卖权,统称为平价期权;②虚值期权,即同期标的资产的市场价格低于执行价格的看涨期权或高于执行价格的看跌期权。

在期权市场上,实值期权的期权价格要高于平价和虚值期权。因此实值期权的持有人获得盈利的机会大或卖方承担的风险损失大,因此要求较高的转让价格。

期权的时间价值是指期权价格减去内在价值的余额。期权合约越接近到期日,其时间价值越小,时间价值在到期日为零,因为期权合约在未到期之前,存在着市场价格变动给买方带来盈利、给卖方带来损失的机会。换而言之,只要合约未到期,就存在着内在价值可能提高的机会,就存在着时间价值。一般而言,期权价格随合约期限的缩短而下降。

2)影响期权价格的基本因素

(1)标的资产的市场价格。内在价值取决于执行价格与同期标的资产的市场价格之差。而执行价格一经确认,便不再变化。因此,直接影响期权内在价值的唯一变量就是标的资产的目前市场价格。

(2)执行价格。在市场价格既定的情况下,期权有实值期权、平价期权与虚值期权之分。选择不同的执行价格会导致期权的内在价值不同。例如,看涨期权下,确定的执行价格越低,其日后执行该期权而获利的可能性也就越大,该期权价格也就因其有较大的内在价值而较高;看跌期权则恰好相反。

(3)期限。期限合约失效前的时间长短直接影响期权价格的另一构成要素——时间价值。离失效日时间越长,期权买方掌握执行期权而获利机会更多,卖方的风险因此就越大。所以期限越长,期权价格越高。

(4)标的资产的价格波动幅度。价格波动幅度代表标的资产市场的不稳定状况。通常是根据过去相应时间的资料,用某种计量方法测定出的平均值和标准差来表示。价格波动幅度虽然只说明市场已经发生过的变化,但它对交易商预测未来市场变化有很大的暗示与参考作用。标的资产的价格越是变化无常,价格波动幅度越大,期权卖方日后亏损的可能性越大,故要求的期权价格也就越高,反之亦然。

(5)市场利率。利率变化对不同金融资产期权的影响程度不同。对于利率期权,市场利率就是当时使用资金的市场价格,它的变动直接影响利率期权的内在价值,从而影响利率期权的价格。对于外汇期权,利率的相对变动引起资金的跨国流动,使现货外汇市场的汇率发生变化,从而影响外汇期权价格。此外,无论是利率期权交易还是货币期权交易,总要发生一定的成本。如场内期权交易,买卖双方都要支付一定数量的履约保证金。若不是交易所会员,还需向经纪人支付佣金。利率的变化会对这些资金的占用成本产生直接影响,进而影响到期权价格的形成。

例如,投资者 A 和 B 分别是看涨期权的买方与卖方,他们就 X 股票达成看涨期权交易,期权协议价格为 50 元/股。期权费 3 元/股,试分析未来 3 个月中该期权的执行情况。

因为这道题没有明确告诉我们未来 3 个月中的股价走势,所以我们要对此做出各种假定。未来三个月中,股价走势有几种情况?其盈亏分析如图 9-2 所示。

分析思路如下。

① X 股票股价＜50 元/股,买方弃权,损失期权费 $3 \times 100 = 300$ 元,卖方收入 300 元。

② X 股票股价＝50 元/股,买方弃权,损失期权费 300 元,卖方收入 300 元。

③ 50 元/股＜X 股票股价＜53 元/股,买方可执行权利弥补期权费损失,卖方收入＜300 元。

④ X 股票股价＝53 元/股,买方执行权利,买卖双方盈亏相抵。

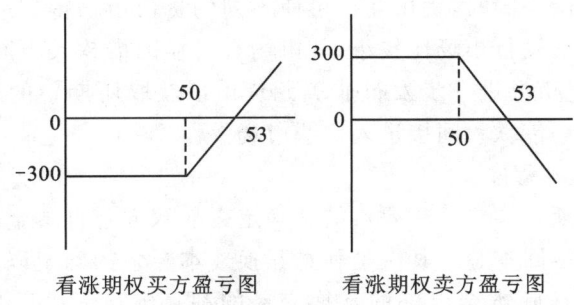

看涨期权买方盈亏图　　　　看涨期权卖方盈亏图

图 9-2　看涨期权买卖双方盈亏图

⑤ X 股票股价＞53 元/股,买方执行权利,并有获利,卖方亏损。

⑥ 若期权费上涨,如升至 4.5 元/股,股价升至 54 元/股,买方可将此权利卖给他人,获得收入 150 元。

五、互换交易

1. 互换交易的基本概念

互换交易是降低长期资金筹措成本和资产、债务管理中防范利率和汇率风险的最有效的金融工具之一,它也是国际金融创新中最重要的金融工具之一。一般情况下,它是交易双方(有时是两个以上的交易者参加同一笔互换交易)按市场行情预约,在一定时期内互相交换货币或利率的金融交易。

互换交易始于 20 世纪 70 年代的英国,其最初形式是平行贷款或称背对背贷款。例如,在平行贷款中,处于两个不同国家的双方互相向对方在本国的子公司提供一笔价值相等、期限相同、以放款人所在国货币标价的货款,其目的是为了绕过当时英国政府所实行的外汇管制。比如有两家公司(美国公司与英国公司)各自面临一个困境:美国公司在英国的子公司获取英镑资金较困难,而英国公司在美国的子公司获取美元资金成本较高。为此,有些银行或证券经纪人就安排了平行贷款,即英国公司贷英镑给这家美国公司在英国的子公司,相应的该美国公司也贷款给英国在美国的子公司,以此贷款来投资美国。1979 年英国取消了外汇管制后,平行贷款便作为一个金融创新或在国际金融市场上作为长期有效的保值工具而继续流行,并演变为后来的货币互换交易。

利率互换晚于货币互换,于 1981 年出现。这是一种 5～7 年期的以 6 个月 LIBOR 为基准的浮动利率对固定利率的互换。1983 年初,利率互换开始作为一种标准的"国际性"交易,在美国市场得到进一步发展。

2. 货币互换

1) 货币互换的含义与作用

货币互换是指两个独立的借款人各以固定利率筹资,借取一笔到期日相同、计息方法相同但币种不同的贷款资金,然后双方直接或通过中介机构签订货币互换协议,按期用对方借进的货币偿还本金和利息。使用的汇率一般以即期汇率为基础,但也有远期合同形式。

货币互换的主要作用是使企业既能借到自己所需要的货币,又能避免还款付息时货

币兑换造成的汇率风险。同时,货币互换可使不同的货币市场得到最佳的利用。因为国际金融市场中非美元的发行市场比较小,其市场有可能因借款人不断发行非美元负债而饱和,以致不能在这些市场进一步发行非美元货币以获取所期望的非美元资金,而货币互换可使他们通过另一借款人间接进入这些市场。

2) 货币互换的基本程序

首先是本金的初期互换。其主要目的是确定交易双方各自本金的金额,以便将来计算应支付的利息和再换回本金。其次是利息互换。本金余额确定以后,交易双方按协议所规定的固定利率进行除本金以外的互换交易的利息支付。最后是本金的再次互换。即在合约到期日,双方换回交易开始时互换的本金。

例如,假定英镑和美元汇率为 1 英镑=1.5000 美元。

A 想借入 5 年期的 1000 万英镑借款,B 想借入 5 年期的 1500 万美元借款。但由于 A 的信用等级高于 B,两国金融市场对 A、B 两公司的熟悉状况不同,因此市场向它们提供的固定利率也不同(见表 9-3)。

表 9-3　市场向 A、B 公司提供的借款利率

公司	美元	英镑
A公司	8.0%	11.6%
B公司	10%	12.0%

若不考虑本金问题,货币互换的流程图如图 9-3 所示。

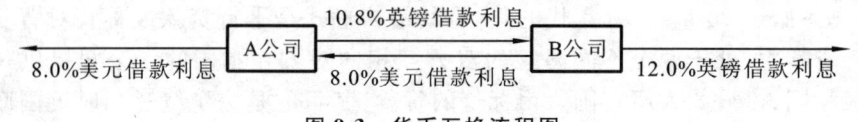

图 9-3　货币互换流程图

3. 利率互换

利率互换是指两笔同币种债务以不同利率方式互相调换,一般期初和到期日都没有实际本金交换。在利率互换中,本金被作为计算利息的基础,而真正交换的只是双方不同特征的利息。由于利率互换双方能够互相利用各自在金融市场上的优势获得利益,故从 20 世纪 80 年代起利率互换被广泛应用。

利率互换按照交换的标的物分成两类:①负债互换,是指利息义务的交换,如客户希望将其浮动利率融资成本互换成固定利率融资成本;②资产互换,是指利息收取的交换,如客户希望将欧洲债券的现金流互换成与浮动利率指数相关联的收入流。

常用的利率指数主要包括 5 种类型,这些利率指数通常用作计算浮动利率的基准利率:①伦敦银行同业拆放利率(LIBOR),是指银行在伦敦银行同业市场向其他银行拆放资金报出的利率;②伦敦银行同业出价利率(LIBID),是指银行在伦敦银行同业市场上从其他银行借入资金报出的利率;③伦敦银行同业市场平均利率(LIMEAN),是指介于 LIBOR 与 LIBID 之间的平均利率;④美国国库券利率;⑤商业票据利率。

利率互换的类型包括附息互换和基差互换两种。附息互换是将一种货币的利息流从固定利率转化成同一种货币的浮动利率或者从浮动利率转化成同一种货币的固定利

率。基差互换是将利息流从一种浮动利率(如 6 个月 LIBOR)转化成另一种浮动利率。

利率互换市场上的当事人主要有以下几个:①超国家的国际机构,如世界银行;②主权国家或公共部门机构,如英国或法国电力公司;③跨国公司;④小公司;⑤银行。这些互换当事人使用利率互换的最直接动因在于,互换交易使它们能够以比债券市场利率或银行贷款利率更低的利率水平筹集资金,从而获得成本利益。

利率互换的依据是比较优势原理。通常固定利率金融工具的投资者比浮动利率贷款人对信用品质更为敏感,这样,信用品质较低的发行人在固定利率债务市场上必须提供比浮动利率市场更高水平的溢价或者必须支付更高的融资成本才能筹集到所需资金。利率互换的当事人通过在有最大的相对成本优势的市场上筹集资金,然后达成一个利率互换,将所筹集的资金的成本从固定利率转化为浮动利率,或者反过来从浮动利率转化为固定利率,从而有效地获得套利利益。

假设 A 和 B 两家公司,A 公司的信用级别高于 B 公司,因此 B 公司在固定利率和浮动利率市场上借款所需支付的利率要比 A 公司高。现在 A、B 两公司都希望借入期限为 5 年的 1000 万美元,并提供了如下利率:公司 A,固定利率为 10%,浮动利率为 6 个月期 LIBOR+0.3%;公司 B,固定利率为 11.20%;浮动利率为 6 个月期 LIBOR+1%。

在固定利率市场 B 公司比 A 公司多付 1.20%,但在浮动利率市场只比 A 公司多付 0.7%,说明 B 公司在浮动利率市场有比较优势,而 A 公司在固定利率市场有比较优势。现在假如 B 公司想按固定利率借款,而 A 公司想借入与 6 个月期 LIBOR 相关的浮动利率资金。由于比较优势的存在,将产生可获利润的互换。A 公司可以 10% 的利率借入固定利率资金,B 公司以 LIBOR+1% 的利率借入浮动利率资金,然后它们签订一项互换协议,以保证最后 A 公司得到浮动利率资金,B 公司得到固定利率资金。

假设 A 公司与 B 公司直接接触,A 公司同意向 B 公司支付本金为 1000 万美元的以 6 个月期 LIBOR 计算的利息,作为回报;B 公司同意向 A 公司支付本金为 1000 万美元的以 9.95% 固定利率计算的利息。

考察 A 公司的现金流:①支付给外部贷款人年利率为 10% 的利息;②从 B 公司得到年利率为 9.95% 的利息;③向 B 公司支付 LIBOR 的利息。

三项现金流的结果是 A 公司只需支付 LIBOR+0.05% 的利息,比它直接到浮动利率市场借款少支付 0.25% 的利息。

同样,B 公司也有三项现金流:①支付给外部借款人年利率为 LIBOR+1% 的利息;②从 A 公司得到 LIBOR 的利息;③向 A 公司支付年利率为 9.95% 的利息。

三项现金流的总结果是 B 公司只需支付 10.95% 的利息,比它直接到固定利率市场借款少支付 0.25% 的利率。

这项互换协议中,A 公司和 B 公司每年都少支付 0.25%,因此总收益为每年 0.5%。

利率互换使借款人可以有效地进入由于信用级别较低、缺乏知名度或者对某个特定资本市场的过度使用可能无法进入的市场,从而在不可能直接进入债券市场的情况下筹集到固定利率资金,在不筹措新资金的情况下重新安排债务结构,重新安排利息收入或投资的状况,对利率水平的变动方向进行保值或投机。

利率互换可以作为降低利率风险的手段或者纯粹的融资工具来使用,也可以使公司财务人员支持其对未来利率走势的判断。

又如,假定 A 公司拥有一笔固定利率债务,每年的融资成本为 10%,公司财务人员预计利率水平将会下降。

A 公司可以达成一个互换支付以 LIBOR 为基础的浮动利率利息并收取 10% 的固定利率利息,让这个互换在利率下降期内生效。在利率下降结束之时,公司可以达成第二个互换,收取以 LIBOR 为基础的浮动利率利息并支付 8% 的固定利率利息,从而将融资成本锁定在更低的固定利率水平(如 8%)上。

假定 B 公司拥有一笔固定利率债权或投资,每年的收益率为 12%,公司财务人员预计利率水平将会上升。

B 公司可以达成一个互换,收取以 LIBOR 为基础的浮动利率利息并支付 12% 的固定利率利息,让这个互换在利率上升期内生效。在利率上升结束时,公司可以达成第二个互换,支付以 LIBOR 为基础的浮动利率利息并收取 15% 的固定利率利息,从而将收益率锁定在更高的固定利率(如 15%)水平上。

主要术语和关键概念

国际金融市场　离岸金融市场　LIBOR　欧洲美元　欧洲货币　欧洲货币市场　欧洲债券市场　国际金融创新　金融衍生工具　期货　利率期货　股票价格指数期货　期权　欧式期权　美式期权　看涨期权　看跌期权　互换　货币互换　利率互换

思考题

1. 传统国际金融市场与新兴国际金融市场的区别是什么?
2. 国际金融市场产生的条件有哪些?
3. 什么是欧洲货币市场?具有什么特点?
4. 简述欧洲债券的种类及欧洲债券市场的特点。
5. 什么是利率期权?举例说明利率期权的应用。
6. 什么是货币互换与利率互换?如何利用互换业务来降低融资成本?

应用题

1. 我国某进口公司预计 4 个月后要支付 500000 万美元的贷款,现有的外汇是日元,即期汇价是 US$/JP¥=130.00,4 个月的远期汇价是 US$/JP¥=132.00。若日元升值,该公司可直接在 4 个月后的即期市场上买入美元;若日元贬值,该公司没有采取保值措施就会蒙受损失。该公司决定买入一笔看涨期权,金额为 500000 万美元,协定汇价为 US$/JP¥=130.00。到期日为 9 月 8 日,期权费为 US$/JP¥0.8300。试分析当 4 个月后的市场即期汇价是 US$/JP¥=128.00 时,通过未保值、远期外汇保值与期权保值三种方式购入美元的成本有何不同?

2. 德国外汇采用直接标价法,假定某日欧元对美元的即期汇率是 1.0880/90,3 个月远期差价为 245/250,请问欧元对美元的远期汇率是多少?

本章
参考文献

第十章
国际资本流动

教学目的与要求：掌握国际资本流动的类型和特点，理解国际资本流动对一国经济的影响。在剖析 20 世纪 80 年代以来国际债务危机（特别是当前欧洲债务危机）及货币危机产生的原因的基础上，理解发展中国家利用外资的意义及应采取的对策。

教学内容：本章主要介绍国际资本流动的类型、国际资本流动的特点与影响、国际债务危机、货币危机、我国利用外资与对外债务。

本章重点与难点：对国际债务危机和货币危机的认识和理解，能够区分国际债务危机和货币危机的发生机制，能够从监管层角度分析国际债务危机和货币危机的防范措施。

导 入 案 例

外管局首次公布外债投向，制造业占两成

资料来源：http://finance.qq.com/a/20100407/002248.htm.

第一节 国际资本流动概述

国际资本流动是指资本在国家间的转移过程,即资本跨国界、到别的国家或地区进行生产方面或金融方面的投资或者投机活动。国际资本流动是在国际金融市场上发生的,其账面反映在资本与金融账户上。作为一国国际收支账户的重要组成部分,国际资本流动对开放经济的运行有着深刻的影响,对全球经济的稳定和发展具有重要的意义。

一、国际资本流动的含义

一国(或地区)的国际收支平衡表中的资本项目,集中反映着该国(或地区)在一定时期内同他国(或地区)资本流动的综合情况。由于资本既可表现为货币形态,又可表现为实物形态(如生产设备、技术、劳动力等生产要素),故从广义上讲,国际资本流动是指由于国际经济交易而引起的货币资金和生产要素在国家间的转移和流动。在资本流动过程中,货币资本和实物资本是相互转化的,但本章所涉及的资本一般是指货币或现金资本,而不包括纯属贸易往来的商品或实物资本(与投资活动相联系的商品资本和生产资本则包含在内)。国际资本流动作为国际经济交往的一种基本类型,不同于以所有权的转移为特征的商品交易,它以使用权的转让为特征,一般以盈利为目的。

正确理解国际资本流动的含义,可从以下五个方面入手。①从资本流动的方向看,可分为资本流出和资本流入。前者是指本国资本流向外国,即本国对外输出资本,它包括外国在本国的资产减少、外国对本国的债务增加、本国对外国的债务减少、本国在外国的资产增加等四种方式。后者是外国资本流入本国,包括外国对本国的债务减少、本国对外国的债务增加、外国在本国的资产增加和本国在外国的资产减少等。资本流入和资本流出两者相抵后的净额,即为资本项目的差额。②从资本流动的规模看,一国国际收支平衡表的资本项目中的流出/入总额以及流出/入净额等指标可直观地加以反映。③从资本流动的方式看,有直接投资、间接投资和国际信贷等。④从资本流动的性质看,有政府间、私人间资本流动。⑤从资本流动的类型看,可分为长期资本流动和短期资本流动。

同时,弄清国际资本流动与各相关概念的关系,也有助于理解其含义。

第一,国际资本流动与资本输出/入的关系。两种概念一般可以通用,但资本输出/入通常是指与投资和借贷与金融活动相联系并以谋取利润为目的的资本流动,因而不能涵盖资本流动的全部内容。例如,一国用黄金、外汇来弥补国际收支赤字,显然,这部分资金外流只是作为国际支付的手段以平衡国际收支,而不是为了获取高额利润,因此不

是资本输出。

第二,国际资本流动与对外资产负债的关系。资本流出反映了本国在外国的资产增加(或负债减少),而资本流入则正好相反。可见,一国资本流动总是同其对外资产负债的变动密切相关的。

第三,国际资本流动与国际收支的关系。国际资本流动作为国际金融活动的组成部分,其内容被纳入国际收支的考核之列。一国在一定时期内同其他国家或地区之间资本流动的总体情况,主要反映在该国国际收支平衡表的资本账户中。此外,还反映在经常账户单方面的、无偿支付的资金移动中。官方储备项目则表明有关国家政府之间为结算国际经济交易差额而发生的金融资产转移的金额。另外,通过对国际资本流动控制,可以达到调节国际收支状况的目的。

第四,国际资本流动与资金流动的关系。就经济学意义而言,资本流动和资金流动是互有区分的。资金流动是指一次性的,不可逆转性的资金款项的流动和转移,相当于国际收支中经常项目的收支,如进出口贸易到期货款的支付是一次性的转移,属于经常项目的支付。资本流动即资本转移,是可逆转性的流动或转移,如投资或借贷资本的流出伴随着利润、利息的回流以及投资资本或贷款本金的归还。但要特别注意的是,进出口贸易项目下的资金融通(如延期付款),应属资本流动的范畴;而投资利润和贷款利息的支付,并非投资资本或贷款本金自身的回流,应归属于资金移动或经常项目支付;政府或官方的无偿援助或捐赠,一般列入国际收支平衡表的经常项目,不属于资本流动范畴。

一般而言,国际资本流动的顺利进行,必须具备:第一,取消外汇管制或外汇管制较松。国际资本能否在各国间顺利实现流动,流动的范围、方式、规模等都要受各国外汇管制条例的制约;第二,必须有健全、完善、发达的国际金融市场。国际资本流动一般是通过国际金融市场进行的,因此,建立、健全和完善国际金融市场主要针对的是长期资本市场和短期资本市场,是国际资本流动得以顺利进行的前提条件。

二、国际资本流动的特点

1. 20世纪90年代以前国际资本流动的特点

对这一阶段的国际资本流动的回顾,我们可以以第一、二次世界大战为临界点来进行分析。

早在第一次世界大战前,当时的工业国家,如英、法、德等国,就已有一定规模的资本输出。英国是当时最大的资本输出国,每年资本流出占其国民生产总值的5%～10%,法、德次之。就资本的流向而言,资本输出多集中在北美洲、拉丁美洲和澳洲(占一半以上),对东亚、中东和非洲等殖民地附属国也有一定比例的输出,法、德在俄国、东欧、北欧等地区也有少量资本输出。就资本输出的方式来看,占主导地位的是私人股票、债券的证券投资,且主要投资于受款国的公用事业部门。

两次世界大战之间,美国也加入了资本输出国的行列,由原来的债务国跃升为净债务国,资本流向以拉美、加拿大和西欧等国为主,资本输出方式则主要是政府借贷取代了私人资本借贷,大体上讲,截至二战前,世界长期资本输出的规模不大,地区流向、部门结构和资金流动方式等均较单一。

　　二战后至 20 世纪 90 年代,从量上看,国际资本流动的规模空前膨胀,国际直接投资规模急剧扩大,国际直接投资的增长速度不仅超过了国民生产总值和工业生产的增长速度,也超过了国际贸易的增长速度,取代国际贸易成为推动世界经济发展的主要力量。如世界出口贸易量曾因世界经济周期的影响衰退至 1979—1982 年的水平,出现下降或徘徊,而国际资本流动未受影响,保持了持续高速增长的势头;1973—1979 年,发达国家工业的年均增长率为 2.1%,而对外直接投资的年均增长率为 18%。20 世纪 80 年代后半期,外国直接投资规模急剧扩大,平均增长率约为 34%,相当于同期国内产量增长率的 4 倍和国内投资增长率的 2 倍多。资本流向输出方式、资本结构等方面也发生了深刻的变化。首先,在资本流向上,对外直接投资的重点中,由发展中国家转向发达国家,发达国家间的相互直接投资在国际直接投资中占据主导地位,同时,发展中国家对外投资也获得了较快的发展。其次,就输出方式而言,二战后到 20 世纪 70 年代,国际资本输出中直接投资取代间接投资成为主要投资方式。而 20 世纪 80 年代以后,国际资本流动出现了证券化的趋势,国际证券投资进入繁荣期。再次,就资本结构而言,二战后制造业成为各国对外投资的主体,对金融、保险、邮电、通信等服务业投资所占比重迅速上升,而对采掘业、石油业等传统部门的投资所占比重迅速下降。

　　2. 20 世纪 90 年代以来国际资本流动的特点

　　90 年代以来,由于国际经济、政治的巨大变化,尤其是中期国际金融发展的重大影响,使得国际资本市场资金的需求大大增加,资金供给相对趋紧,且流入发展中国家的资金迅速回流发达国家,加大了资金不均衡的发展趋势,投机性资金的流动伴随私人资金融入资本市场趋势而上升。主要表现在以下方面。

　　1) 发达国家资金需求上升

　　主要发达国家(美国、日本等)资金需求的上升,使得发达国家既是对外投资的大国,也是引进外资最多的国家,特别是跨国公司已经成为世界经济全球化的重要力量。据统计,全球 4 万家跨国公司的产值已占世界总产值的 40%,对外投资已占世界直接投资的 90%,这些跨国公司的投资已经渗入各国的很多领域和部门,从而带动资金的迅速流动。美国从 1985 年起,从近一个世纪的债权国变为最大的债务国,外债总额从 1990 年的 6000 亿美元上升至 2015 年的 18 万多亿美元,每年的增长速度为 15%~20%。美国既是世界主要的资本输出国又是最大的资本输入国。尤其是近几年美国经济持续增长,国际经济地位和金融实力不断上升,投资环境日趋好转,促使资金大量流入,美国成为高负债与高流入兼顾的区域。而欧盟国家则由于经济复苏乏力,对资金的需求也有所加大,由主要投资国变为资金需求国。

　　日本虽然在 20 世纪 80 年代中期凭借经济及金融实力,一跃成为世界头号债权国。从 1984 年到 1989 年,日本海外贷款以每年 25% 的速度膨胀,到 1990 年海外债权余额达 2 万亿美元,日本银行业的海外贷款已经占到全球贷款总额的 40%,成为世界最大的资金供给国。但 90 年代以来的日本经济泡沫使得日本政府被迫将挤占国际市场的战略变为从国际市场收缩的战略,股票债券总额也逐年下降,明显表露出股票市场国际地位的下降。而日本采取资金收缩的原因在于国内结构调整的需要,出口导向转为内需导向,私人消费和国内投资成为经济增长的动力,因而国内资金需求明显上升,尤其是银行业

为适应《巴塞尔协议》的资本充足率要求,努力增加资本金而收缩放款业务,加之银行不良贷款的负担沉重的拖累,使日本明显收缩对外资金的供给。

2)转轨国家与新兴市场和地区资金需求旺盛

俄罗斯及东欧等转轨国家因经济调整和改革需要大量资金支持。中东欧国家都是中小国家,本身市场容量小,国内生产总值的 1/3 甚至 1/2 靠外贸实现。外贸状况的变化以及外债的增加,使该地区丧失了 1993—1996 年吸收外资的良好势头。1998 年,俄罗斯公布的外债约占其国内生产总值的 65%;1999 年初,Fitch IBCA 已将俄罗斯政府所发行的欧洲债券定为 CCC 级,俄几乎很难在国际金融市场上筹集到外汇资金,1993—1998 年流入俄罗斯的国际投资仅为 92 亿美元。2000 年起流入俄罗斯的外资开始增多,仅 2001 年上半年,俄罗斯共吸引外资 66.8 亿多美元,比 2000 年同期增长 40.5%。此后,随着俄罗斯经济的快速发展,外资流入加速,到 2015 年,俄罗斯吸引外资规模已超过 1500 亿美元。非洲、拉丁美洲和亚洲发展中国家和地区经济发展与金融改革也需要大量资金的支持。

3)国际直接投资迅速发展,地区分布有所变化

全球国际直接投资总额在 20 世纪 80 年代末就已达 1.5 万亿美元。

由于跨国公司迅猛发展,兼并热潮的推动,新兴市场国家经济的快速增长,以及金融自由化的发展,进入 20 世纪 90 年代,国际直接投资的存量规模继续扩大。到 1999 年底,其累计余额已超过 5 万亿美元,比 20 世纪 80 年代末增长了 2 倍多。从流量指标看,年流量经过暂时下降后,大幅回升至 2108 亿美元和 2013 亿美元,到 2000 年首次突破 1 万美元大关。20 世纪 90 年代以来,国际直接投资存在短期波动的现象,但从长远看,考虑到以生产为基础的国际分工日益深化,贸易和投资政策日趋自由化,世界经济全球化发展的趋势以及科技进步等因素的影响,国际直接投资的增长仍大有余地。

国际直接投资的地区分布不平衡特征一向十分突出。根据联合国贸发会议统计,目前,在全球范围内,30 个最大东道国和地区吸收了全球外资流量的 95%,而最大的 30 个对外投资母国和地区占全球外资流入量的 99%。欧盟、美国和日本在全球外资流动中显然居于主导地位。随着发展中国家金融业的快速发展,特别是国际组织和世界各国加强了对投资环境保障的协调与合作,使得发展中国家、特别是新兴市场国家备受资本的青睐,无论是直接投资还是其他方式的投资都在大幅上升。

4)国际资本证券化趋势加强,债券和股票作用明显增强

研究表明,经济越发达,证券化融资方式在融资总额中所占的比例越大。证券化融资既能满足企业对高回报项目长期占用资金的需要,又能向投资者提供高流动性,顾此而不失彼。

随着发达国家逐渐放松金融管制,发展中国家加快金融自由化,金融创新向深度和广度快速发展,以及高科技运用于金融市场的推动,融资证券化已经成为国际金融市场发展的必然趋势,证券融资的比例日渐上升。据统计,1970 年美、日、德三国超越国界的股票、债券交易占国内生产总值的比例都在 5% 以下,而到 1996 年这一比例分别上升到 152%、83% 和 197%。在新兴市场,由于亚洲经济增长情况相当不错,许多投资评级机构调高了亚洲国家债券的级别,与此相反,对拉美地区债券的需求大大下降,反映了投资者

对拉美经济形势的悲观预期。

全球股市发展中,美股的领头羊作用十分明显,美股上涨,全球股市则普遍向上,而美股下跌,全球股市则疲软波动。

5) 国际资金结构的变化,私人资本挑战多边机构的贷款和国际援助

按世界银行的划分标准,国际资本流动分为官方发展融资和外国私人资本两种形式。在战后一段很长的时期内,国际资本的流动曾以包括各国政府和国际经济组织在内的"官方资本"占据主导地位。从 20 世纪 70 年代中期起,官方发展融资总量尽管还在增加,但其地位和作用大为削弱。私人资本市场的发展在 80 年代由于债务危机受到较大的影响,但近几年在国际金融环境大为改观的情况下,国际资本市场中的私人资本开始复苏和回升,并且已经逐步占据主导地位。私人资本的投向大都为银行贷款、债券出售和对工厂设备的直接投资。

私人资本中发展最快的又数机构投资者。机构投资者包括共同基金、对冲基金、养老基金、保险公司、信托公司、基金会、捐款基金,以及投资银行、商业银行和证券公司。1985 年,美国 10 个最大的机构投资者掌握的资产价值 9690 亿美元,10 年后,其所管理的资产达到 2.4 万亿美元,其中共同基金的增长尤其突出。在主要工业化国家,非银行金融机构所持有的金融资产在 20 世纪 90 年代中期就已超过其 GDP,而在 80 年代初,没有一个国家的机构金融资产超过其 GDP。机构投资者掌握的金融资产急剧上升的原因是由于居民家庭储蓄行为的多元化和金融业的开放,如储蓄的机构化管理、居民家庭将银行账户转移到共同基金等。

6) 国际游资规模日益膨胀

经济全球化的显著特点表现为资金在全球资本市场上跨越国界大量快速流动,由此也就产生相应的负面作用,对金融市场和国际经济造成破坏性影响。国际游资,又称热钱或短期投机资本,是一种没有固定的投资领域、以追求高额短期利润为主要目的进行投机、期限在一年以下的短期资本。它包括现金、银行短期存款、短期政府债券、商业票据、各种衍生产品(如期货与期权合约)、各种基金及其他流动性很强的资产。据国际货币基金组织估计,国际上这类游离于商品和劳务之外以谋利或保值为目的的巨额"游资"已超过 7 万亿美元。这类资本来源主要有两大类:一类是证券市场机构投资者所运用的各类基金;另一类是专业投资者从事期货、期权、掉期等衍生工具交易所掌握的资本。

国际游资的存在和发展固然有利于调剂资金余缺,在一定程度上有利于国际金融市场的发展和打破资本市场的垄断,但由于其不择手段的逐利性以及极强的流动性,其对国际金融市场尤其是外汇市场和证券市场的破坏性影响可想而知。

7) 国际资本流动部门结构的变化

20 世纪 90 年代以来,随着高新技术产业的兴起和服务业的日益兴旺,国际资本流动主要转向高新技术产业以及金融、保险、房地产等非制造业领域。造成这种变化的主要原因在于原材料工业和基础产业投资大、见效慢,因而也增大了投资风险,而高新技术产业、金融保险等服务业以及房地产等非制造业却由于高盈利而使投资者趋之若鹜,尤其是金融保险业日益成为投资的热门行业。

8）国际资本证券化,资本流动高速化。

国际资本证券化是指银行贷款迅速被各种债券(固定利率的普通债券、浮动利率债券、以债权形式出现并可以在市场上随时转让的存款单等)所取代。国际资本市场的证券化是 20 世纪 80 年代以来国际资本市场上融通机制变化的一个新趋势。它主要表现为:国际债券的实际规模和活动水平出现长期扩张的趋势;国际债券取代国际银行贷款,成为国际资本市场占统治地位的融资方式;国际债券具有同化国际贷款的趋势。

伴随着国际资本证券化的是国际资本流动速度的明显加快。由于金融技术的飞速发展,大量金融创新产品和各种金融衍生工具的开发和普及,在国际金融市场上,巨额资金可以迅速积累,也可以迅速散去和转移。大规模的资金可以通过一个电话、一封电邮,便能在各个金融市场上不断地迅速流动。

三、国际资本流动的类型

国际资本流动按照期限来划分,可分为长期资本流动和短期资本流动(见图 10-1);按照资本的来源以及用途可分为公共投资和私人投资;按照资本的特性可分为直接投资和间接投资,前者以跨国公司为典型形式,后者则以长期证券投资为主。

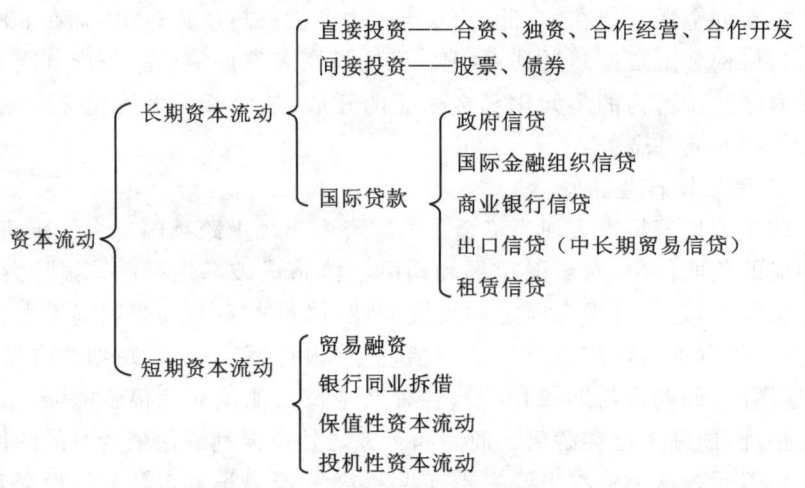

图 10-1　国际资本流动的分类

下面以期限为标准,将国际资本流动划分为长期资本流动和短期资本流动进行分析。

1. 长期资本流动

期限在一年以上的资本流动是长期资本流动,它包括直接投资、证券投资和国际贷款。

1) 直接投资

直接投资指投资者直接在境外经营企业、开办工厂或收购当地企业,或为当地企业合作取得各种直接经营企业的权利的投资。其形式主要包括以下几种:①参与资本,不参与经营,必要时也可派员担任顾问和指导;②开办独资企业、合资企业,这种形式下可派遣人员进行管理和参与经营;③买入现有企业股票,通过股权获得全部或部分经营权。

直接投资实际上并不仅限于国际资本流动,它还包括企业的管理权限和方法、生产技术、市场营销渠道、专利和商标等多种无形要素的转移。另外,直接投资的实现有时也不需要资本在国家间的实际移动。比如投资者可以在东道国筹集资金或者用公司的保留利润进行再投资,或用专利、商标等无形要素入股等等。特别是 20 世纪 80 年代以来,在某些政治风险比较高的国家,这种类型的直接投资非常普遍,已经成为一种很重要的直接投资形态。

2）间接投资

间接投资又称证券投资,指投资者以其资本购买外国的公债、公司债、金融债券或公司股票,以收取利息和红利或获取买卖差价的一种投资方式。间接投资与直接投资之间最大的差别在于,间接投资除了投资股票外,投资者无权干预被投资对象对这部分投资资金的具体运用,资金运用也较为灵活。同时,为获取更大的收益还可随时更换其他资产,也可减少因国际形势或本国政局变化而承担投资损失的风险。

证券投资在国际资本流动中的作用有加强的趋势。20 世纪 70 年代后特别是 80 年代以来,国际金融市场上出现了融资手段证券化的趋势,国际间接投资膨胀,以至于超过了国际直接投资和国际贸易的增长速度。原因是国际间接投资组合出现超前大整合,即非银行金融机构数量增多、规模增大,银行大量介入非银行金融业务,这必然推动国内金融投资和国际间接投资的超现实增大,反过来,促进前者更加脱离现实发展,形成“高度膨胀循环”。在种类上,国际间接投资增长最快的是外汇交易,债券、股票交易,以及一些金融衍生品交易。如 1986—1998 年,世界金融市场日平均外汇交易额增长了 7 倍左右;全世界所有国家发行的国债总额增长了 6 倍;1998 年参加场内期权期货交易的金融机构名义本金是世界生产总值的 2.16 倍。

3）国际贷款

国际贷款主要是指 1 年以上的政府贷款、国际金融机构贷款、国际银行贷款和出口信贷。

政府贷款指一国的政府利用国家财政预算收入的资金向另一国政府提供的优惠性贷款,一般由各国的中央政府经过完备的立法手续批准后予以实施,通常建立在两国政府政治关系良好的基础之上,故往往带有强烈的政治色彩。政府贷款是具有官方经济开发援助性质的优惠贷款,主要对发展中国家发放。政府贷款按是否计息,可分为计息贷款和无息贷款;按贷款使用支付的标的不同,可分为现汇贷款、商品贷款和与项目相结合的贷款;按政府贷款是否与出口信贷相结合支付使用,可分为纯政府贷款和混合贷款。由于越来越多的发展中国家也参与提供政府贷款,当今政府贷款已日益受到国际社会的广泛关注和认同,并成为国际资本流动与国际信贷活动的重要内容。

国际金融机构贷款指联合国下设的国际货币基金组织、世界银行、国际开发协会和国际金融公司等机构对会员国提供的贷款。国际金融机构贷款也不以赢利为直接目的,具有援助的性质。贷款利率视其资金来源及贷款接受国的国民收入水平而定,通常要比私人金融机构的贷款利率低,期限也相对较长。与特定的建设项目相联系,手续非常严格,按规定逐步提取。并且在提取和使用过程中,有国际金融机构派出的专门人员监督。

国际银行贷款指一国独家银行或国际贷款银团在国际金融市场上向另一国借款人

或国际机构提供的贷款,是一种非限制性贷款,采用货币资本形态,一般不指定用途,借款人可自主地运用。国际银行贷款按借款期限的长短不同可以分为短期贷款(一般是1年以内)和中长期贷款(一般是1年以上)。按贷款形式,国际银行贷款可分为独家银行贷款和银团贷款,独家银行贷款又称双边贷款,系指由一国的一家贷款银行对另一国的银行、政府机构、公司企业提供贷款,并签订书面的贷款协议;银团贷款又称辛迪加贷款、多边贷款或集团贷款,系指由一家贷款银行牵头,由牵头银行所在国或几个国家的多家贷款银行参加,对另一国的银行、政府机构、公司企业提供的长期巨额贷款。此外,国际银行贷款按保证性不同还可分为抵押贷款,担保贷款和信用贷款。

出口信贷属于中长期贸易信贷,是一国为支持和扩大本国大型设备的出口和增强国际竞争能力,鼓励本国的银行对本国的出口商或外国进口商及进口商银行提供的利率较低的贷款。出口信贷是用以解决本国出口商资金周转的困难或满足国外进口商对本国出口商支付贷款需要的一种融资方式。其主要特点为:专款专用的限制性贷款;贷款利率低的优惠性贷款;由国家承担信贷风险的中长期贷款。出口信贷主要有以下几种形式:卖方信贷、买方信贷、福费廷、信用安排限额、混合信用贷款、签订存款便利协议、向对方银行存款等。出口信贷解决了进出口商资金短缺问题,加速了资金周转,推动了国际贸易的发展,但其运用容易加重出口国的财政负担,同时国际贷款与进口设备相结合,也不利于进口商展开价格竞争以降低进口成本,若使用不当,还会加重进口国的债务。

2. 短期资本流动

期限为一年或一年以内的资本流动是短期资本流动。一国对外短期资本流动,大多借助于各种票据等信用工具,以及电话、电报、电传和传真等现代通信手段。按照资本流动的不同动机,短期资本流动的方式可分为贸易性资本流动、金融性资本流动、保值性资本流动和投机性资本流动。

贸易性资本流动是最传统的短期国际资本流动方式。在国际贸易中,出口商通常不要求进口商立即支付全部贷款,而允许进口商有一段时间延期支付。当出口商或其开户银行向进口商提供短期延期支付信贷时,进口商的对外债务增加或债权减少,这就形成了贸易融通性的短期资本流动。

金融性资本流动也称银行资本流动,是指各国经营外汇的银行和其他金融机构之间的资金融通而引起的国际资本转移。这种资本流动主要是为银行和金融机构调剂资金余缺服务的,其形式包括套汇、套利、掉期、头寸调拨及同业拆借等。因为它金额大、流动频繁,而且涉及外汇业务,银行资本流动对利率、汇率的短期变动有一定的影响。

保值性资本流动是金融资产的持有者为了资金的安全或保持其价值不下降而进行资金调拨转移进而形成的短期资本流动。某国家或地区政治局势不稳,可能引起其国内资本或国内的外国资本外逃。一国经济情况不好,国际收支状况恶化,那么其货币必定趋于贬值,于是国内资金会向币值稳定的国家流动。另外,国家宣布实行外汇管制、限制资金外逃或增加某些征税时,也可能引起大量资本外逃,形成突发性的大规模短期资本流动。

投机性资本流动是投资者在不采取抛补性交易的情况下,利用汇率、金融资产或商品价格的变动,伺机买卖、谋求高利而引起的短期资本流动。这种资本流动完全以获取差价收益为目的,而能否赢利全凭投资者对形势的预期或判断是否正确。若预期错误,则遭损失。比如,一国暂时性国际收支逆差会对汇率产生下浮的压力。由于人们认为这种下浮是暂时性的,投机者便按较低的汇价买进该国货币,等待不久汇价上升后再卖出,这样就可以从汇率变动中谋取投机利润。

第二节
长期资本流动与债务危机

一、长期资本流动的影响

(一)对世界经济的一般影响

1. 形成全球利润最大化

长期资本流动可以增加世界经济的总产值与总利润,并趋于最大化。因为,资本在国家间进行转移的一个重要原因,就是资本输出的盈利大于资本在国内投资的盈利,这意味着输出国因资本输出而在资本输入国创造的产值,会大于资本输出国因资本流出而减少的总产值。这样,资本流动必然会增加世界总产值和总利润,而且资本流动遵循的一般原则是流向利润率高的国家,最终会促使全球利润最大化。

2. 加速经济国际化

生产国际化、市场国际化和资本国际化,是世界经济国际化的主要标志。这三个国际化之间相互依存,相互促进,推动了全球经济的发展。第二次世界大战后,国际资本流动已经形成一个趋势。特别是国际资本流动的外部环境与内部条件不断改善,如国际金融市场的建立与完善、先进通信技术的发明与运用、新金融主体的诞生与金融业务的创新,以及知识的累积、思维的变化等,这些都使国际资本流动规模扩大,流动速度加快,影响更广泛。而其所创造的雄厚的物质基础,又反过来推动生产国际化与市场国际化,使世界经济在更广的空间、更高的水平上获得发展。

3. 促进货币信用国际化

首先,促进金融业的国际化。资本在国家间的转移,促使金融业尤其银行业在世界范围内建立分支机构,银行网络遍布全球,跨国银行的发展与国际金融中心的建立,使国际金融市场业务日趋完善、成熟和多样化。其次,国际资本流动的便利性使以借贷和证券形式进行的投融资得到广泛发展,渗入世界经济发展的各个角落,作为国际货币的资本载体在全球范围内发挥货币职能。再次,国际资本流动主体的多元化,使多种货币共同构成国际支付手段。目前,长期资本比较充裕的国家,货币价值都比较坚挺,持有这些货币,意味着更广泛地在世界范围内实现购买力在国家间的转移或可更有选择余地地拥有清偿国际债权债务的手段。可见,这些都在不同程度上加深了货币信用的国际化。

（二）对资本输出国的影响

1. 积极影响

1）可以提高资本的边际效益

长期资本输出国一般是资本较充裕或某些生产技术具有优势的国家。这些国家由于总投资额或在某项技术领域的投资额增多,其资本的边际效益就会递减,由此使新增加的资本的预期利润率降低。如果将这些预期利润率较低的投资额转投到资本较少或某项技术较落后的国家,便可提高资本使用的边际效益,增加投资的总收益,进而为资本输出国带来更可观的利润。

2）可以带动商品出口

长期资本输出会对输出国的商品出口起推动作用,从而增加出口贸易的利润收入,刺激国内的经济增长。如某些国家采用出口信贷方式,使对外贷款（即资本输出）与购买本国的成套设备或某些产品相联系,从而达到带动出口的目的。通过迅速地进入或扩大海外商品销售市场,为剩余资本寻求出路,生息获利。

3）有利于提高国际地位

资本输出,一般来说意味着该国的物质基础较为雄厚,意味着该国更有能力加强同其他国家的政治与经济联系。同时,在一定程度上,对发展中国家的资本输出带有援助的意义,从而有利于提高自己的国际声誉或地位。

2. 消极影响

1）必须承担资本输出的经济和政治风险

当今世界经济和世界市场错综复杂,资本输出,如果投资方向错误、输入国颁布不利于外商投资的经济政策,就会承受经济风险损失,此外还得承担投资的政治性风险。如资本输入国发生政变,就可能会实施不利于外国资本输出的法令,如没收投资资本,甚至拒绝偿还外债等。

2）会对输出国经济发展不利

在货币资本总额一定的条件下,资本输出会使本国的投资下降,从而减少国内的就业机会,降低国内的财政收入,加剧国内市场竞争,进而影响国内的政治稳定与经济发展。

（三）对资本输入国的影响

1. 积极影响

1）可以弥补输入国资本不足

从企业微观角度看,新兴市场国家目前受各方面条件的限制,国内绝大多数企业融资渠道狭窄,而这些企业正面临着资金、技术短缺和管理落后的困境。允许外资对非上市企业进行并购,可以加快国有企业存量资产的改造和重组,促进这些企业经营管理水平的提高。企业合并的结果使得各种经济资源从低效益部门或企业流向较高效益的部门或企业,极大地提高了资源的效益。近年来,外商投资已成为新兴国家筹措和实现投资扩大的一条重要途径。一个国家获得的间接投资,通过市场机制或其他手段会流向资金缺乏的部门和地区;一个国家获得直接投资,则在一定程度上会弥补国内某些产业的空心化现象。资本输入促进了该国经济的发展。

2) 可以促进资本流入国金融市场的快速发展

资本流入推动东道国资本市场融资额及上市公司的增长,使东道国金融体系规模显著扩张。以泰国为例,1988—1993 年,泰国证券资本的流入净额由 5 亿美元增加到 40 亿美元,同期股票市场上市公司的数目由 141 家增加到 347 家,价格收益比率由 12% 提高到 26.1%,市场资本化总额由 88 亿美元增加到 1305 亿美元,5 年间上升了 10 倍多。随着巨额资本的流入,交易规模快速上升,导致资本流入国证券交易规模的增加,同时金融机构的种类和数量出现快速增加,非银行金融机构和外国金融机构成为资本流入国金融体系的重要组成部分,金融市场主体不断扩大。大量证券资本的进入,以及外国投资者对市场交易活动的参与,迫使资本流入国的金融管理当局采用更为先进的报价系统,加强对市场的监督和调控,及时向公众传递信息,增加市场的效率。

3) 可以引进先进技术和设备,获得先进的管理经验

以直接投资形式进行的资本输入能够给输入国直接带来先进的技术、设备,甚至是销售市场。因此,只要输入得当,政策科学,资本输入无疑会提高本国的劳动生产率,增加经济效益,加速经济发展进程。

4) 可以增加就业机会,增加国家财政收入

资本输入的目的很大程度上是用来创建新企业或改造老企业,这就有利于增加就业机会,有利于增加国民生产总值,进而有利于增加国家财政收入,提高国民的生活水平。

5) 可以改善国际收支

一方面,国际资本输入是外汇收入项目,记在国际收支平衡表的贷方,可以抵消借方差额,改善国际收支;另一方面,长期国际资本输入后建立外向型企业,实现进口替代或扩大出口,有利于增加外汇收入,进而起到改善国际收支的作用。

2. 消极影响

1) 可能会引发债务危机

输入国不恰当地采用国际资本输入的方式以及规模过大,超过本国承受能力,则可能会出现无法偿还债务的情况,导致债务危机的爆发。

2) 可能使本国经济陷入被动境地

输入资本过多又管理不善并使本国经济不能获得长足的发展,资本输入国就会对外国产生很强的依赖性。这样,一旦外国资本停止输出或抽走资本时,本国经济发展就会陷入被动境地,甚至使本国的主权受到侵害。

3) 加剧国内市场竞争

大量外国企业如果将产品就地销售,必然会使国内市场竞争加剧,从而使国内企业的发展受到影响。

二、债务危机

(一) 国际债务危机的概念

所谓债务危机,是指作为债务人的一国政府、机关、企业,在特定的比较集中的时期

内,因支付困难不能履行对内对外的债务契约,不能按期还本付息,致使债权人受到呆账损失或威胁的一个经济过程。国际债务危机是指一国不能按时偿付其国外债务,包括主权债务和私人债务,表现为大量的公共或私人部门无法清偿到期外债,一国被迫要求债务重新安排和请求国际援助。

债务危机和金融危机有一定的区别和联系。通常来说,债务危机是金融危机的一种表现形式,因此金融危机的爆发一定会伴随着债务危机,但债务危机可单独爆发,间或涉及股市或国际收支等领域;金融危机爆发的基础是经济危机并与生产周期密切相关,而债务危机不一定与经济危机直接相关,其原因多种多样。

(二) 20 世纪 80 年代发展中国家债务危机

发展中国家的债务危机起源于 20 世纪 70 年代,于 80 年代初爆发。1976—1981 年,发展中国家的债务迅速增长,到 1981 年外债总额累计达到 5550 亿美元,以后两年经过调整,危机缓和,但成效并不很大。1982 年 8 月 20 日,墨西哥政府宣布无力偿还其到期的外债本息,要求推迟 90 天,由此引发了全球性的发展中国家债务危机。到 1985 年底,发展中国家债务总额又上升到 8000 亿美元,1986 年底为 10350 亿美元。其中拉丁美洲地区所占比重最大,约为全部债务的三分之一,其次为非洲,尤其是撒哈拉以南地区,危机程度更深,1985 年这些国家的负债率高达 223%。全部发展中国家里受债务困扰较严重的主要是巴西、墨西哥、阿根廷、委内瑞拉、智利和印度等。在亚洲危机之前,流入危机国家资本中增长最快的是银行贷款和股票投资。与过去债务危机中的几次大规模资本流入明显不同的是,这一时期,几乎所有的国外贷款都来自国外的私人部门。到 1996 年,泰国、韩国和印尼的短期债务超过了外汇储备(见表 10-1),使得这些国家的外汇市场变得极为脆弱,许多企业和金融部门面临着外汇风险。在外债规模越来越大的同时,投资的效率越来越差,资本产出的比率不断上升而利润不断下降。

表 10-1 受危机影响最严重的东亚五国的短期外债和外汇储备之比

年度	韩国	马来西亚	菲律宾	印尼	泰国
1994.6	1.61	0.25	0.41	1.72	0.99
1995.6	1.81	0.28	0.55	1.97	1.13
1996.6	1.71	0.39	0.7	1.90	1.23
1997.6	2.06	0.61	0.85	1.70	1.45

资料来源:国际清算银行(BIS)各年度统计表。

20 世纪 80 年代以来的债务危机的特点表现在:①私人银行贷款增长较政府间和金融机构贷款增长更快;②短期贷款比重增加,中长期贷款比重下降;③贷款利率以浮动利率为主,这使债务负担极易受到世界利率波动的影响。

(三) 欧债危机

2008 年,美国因次贷问题引发的华尔街金融危机迅速升级为全球性的"金融海啸",这次危机不仅重创了美国经济,也给其他国家的经济带来了极大危害。2009 年 10 月 20 日,希腊政府宣布 2009 年政府财政赤字占国内生产总值的比例将超过 12%,这远高于欧盟规定的 3% 的上限,希腊债务问题自此浮出水面,成为此次欧债危机的起点。不久,葡萄牙、意大利、爱尔兰及西班牙等国的债务问题逐渐开始显现,欧债危机全面爆发。几年来,欧盟已召开数次峰会,提出过许多措施和法案。2014 年,欧债危机出现过好转的趋势,但是救助机制的长期效果仍然受到质疑。

2015 年 8 月 27 日,欧洲稳定机制(ESM)董事、总经理雷格林表示,预计 IMF 将加入希腊第三轮援助计划,提供多达 160 亿欧元(约合 181 亿美元)的援助资金。此前,欧元区财长批准了希腊第三轮救助协议,从而为希腊获得 860 亿欧元救助贷款铺平了道路。为了得到援助,希腊必须在短时间内推进私有化进程,获得市场融资通道。援助计划允许希腊 2015 年财政赤字占国内生产总值的比重达 0.25%,但 2016 年起需实现财政盈余。欧元区政治局势动荡,紧缩政策导致经济疲软,对陷入危机的欧元区国家和银行来说,未来的几年无疑将是备受煎熬的。

专栏 10-1　欧债危机进程

资料来源:根据欧债危机进程整理。

(四)国际资本流动导致债务危机的原因

债务危机在发展中国家的普遍爆发是国内、国际因素共同作用的结果,从根本上说,债务危机的产生是对国际资本盲目借入、使用不当和管理不善的结果。外债的大规模流入超过了国民经济承受能力。同时,世界经济的衰退,以及借款国宏观经济政策的变化使国际金融市场动荡,从外部环境促使债务危机加剧。

1. 外债规模日益膨胀

发展中国家在第二次世界大战后,大都奉行进口替代发展战略。而进口替代工业化到 20 世纪 50 年代后期已受到国内市场狭小的严重制约。例如,拉美国家不是转入外向发展来摆脱困境,而是力图通过地区经济一体化来扩大市场,并实行产业升级,发展汽车等耐用消费品生产。其结果是,地区一体化成效不大,进口替代模式的结构性矛盾,如市场制约、工业投入高、效益差,产品缺乏竞争力,外贸失衡,对外部资金和技术严重依赖等进一步加深。此外,尽管拉美国家能源比较丰富,但多数国家一直靠进口廉价石油,其中巴西 85% 的原油依赖进口。1973 年第一次能源危机爆发,使这些国家的外贸赤字急剧上升。初级产品出口盈余已远远不能弥补工业部门的贸易赤字。实际上,原来的发展模

式已难以为继,一场结构性发展危机已经出现。1978—1982 年间,大多数拉美国家遭到日益增长的财政赤字和主要用来弥补赤字的扩张性金融与信贷政策的困扰。然而,拉美国家依然没有进行结构性调整,而是普遍走上"负债增值"之路。为了追求经济增长,拉美国家将国际资本投入到耗资大、周期长、见效慢的大型项目上,而未将引进的外资全部投入生产型和创汇型产业。外债的增长速度超过了还款的承受能力,同时,扩张性的财政和货币政策使国内通胀压力增加,许多国家又高估货币,导致进口激增,出口受限,刺激了外资抽逃,导致国内资本短缺,不得不继续举债。

2. 流入外债结构的不合理

在发展中国家,短期外债和中长期外债都采取数量控制的管理方式,但具体操作存在明显差异,中长期外债的额度只能使用一次,而短期外债可循环使用,造成了外资企业和外资银行更倾向于借用短期外债,结果大量的国际短期资本流入这些国家。与此同时,随着发展中国家过早地进行资本账户的自由化,相应的监督和谨慎监管体系尚未建立起来,银行和金融机构自身也缺乏足够的检测客户的方法,而发展中国家对银行债务明确的或隐含的担保也导致银行的道德风险问题。这些因素都加剧了发展中国家金融体系的脆弱性,主要表现为银行和非银行金融机构迅速扩张的信贷,不断增加的以外币计量的短期外债,以及越来越多的不良贷款。但当许多债务是短期的,且绝大多数是用外币计量的时候,短期债务增长远远超过外汇储备的增长,这将使得这些国家的外汇市场变得极为脆弱,许多企业和金融部门都面临着外汇风险。更为危险的是由于负债和流动性的快速上升领先于经济规模的增长,这时银行的新增贷款往往集中于少数行业,如房地产和股市等高风险融资项目。国际市场上资本的大量流入和危机国金融机构的大量借贷推动了这些国家房地产价格和股票价格的迅速攀升。当泡沫破灭的时候,资产价格迅速下降,导致金融机构积累大量不良资产。微观经济层面的薄弱使得一些获得信息的国际贷款机构和投资者将资金从这些国家撤走,从而引发了外国投资者对这些国家国内银行的挤兑,反过来就产生了对外汇需求的突然增加。为了援助这些银行,中央银行耗尽了它的外汇储备。

3. 外部环境使债务危机加剧

1973—1974 年和 1979—1980 年的两次石油提价导致许多国家国际收支出现创纪录的逆差,同时发展中国家中的一些产油国则出现巨额顺差。逆差国(如美国)因此采取了紧缩政策,即减少国际开支,与之相应的就是减少进口,因此其主要贸易国的出口量受到很大的打击。如美国的主要贸易国墨西哥,出口大幅减少不仅使国民生产总值下降,更导致严重的失业问题。为了消除 20 世纪 70 年代普遍严重的通货膨胀状况,发达工业国家采取了放慢经济增长,大幅提高利率等财政政策和金融政策,一方面使债务国的出口机会大大减少,从而进一步削弱了债务国的还债能力;另一方面,借款国的利率迅速提高,加重了发展中国家的债务负担。同时,国际信贷供给的收缩,流入发展中国家的国际信贷资金迅速下降,一些原来靠借新债还旧债的国家因此难以获得新的融资。

(五)国际债务危机缓解的方案措施

1. 债务重新安排

在债务危机爆发的初始阶段,发达国家提出缓解债务危机的主要办法就是重新安排债务,主要包括两个方面。一个方面是官方间债务重新安排,一般通过巴黎俱乐部,也称十国集团来进行,由债权国政府和债务国根据多边协议原则,签订双边协定;债务重新安排的金额,延长还款期是统一的,而利率则通过双边谈判加以确定。另一个方面是债务国所欠私人银行的债务,通过由 IMF 牵头成立的银行咨询委员会,组织债权国银行与债务国达成重新安排债务的协议,但债务国必须如期支付所有应付利息。重新安排债务推行的核心是将债务危机视为发展中国家暂时出现的流动性困难,因此它只能稍许缓解一些债务国的窘迫状况,但其作用并不显著。

2. 债务资本化

对债务危机的最初解决方案并没有使债务国摆脱债务负担,从而人们意识到债务危机不仅仅是一个暂时的流动性问题,而且由于债务国现有的经济状况不具有清偿能力,债务危机的解决必须与发展中国家经济的长期发展相结合,由此出现了债务资本化。

债务资本化是指债务国将部分外债转变为对本国企事业单位的投资,包括债务转换股权、债务转用于资源保护以及债务调换等,从而达到减少外债的目的。

1) 债务转换股权

债务转换股权是 1983 年以来出现的解决债务国部分债务的办法。它是指投资者购入债权银行对发展中国家的债权,将债权通过债务国的中央银行调换成当地的货币进行投资。

债务资本化对债权人、债务国和投资者都有好处。债权人以低于账面价格卖出未能实现的债权,收回大部分资金;投资者以低于账面价格买入债权,又以账面价格换成当地货币进行投资;债务国能以当地货币将外币债务购回,减少了外债,并可引进先进技术和促进对本国的投资,提高就业率,发展经济,在一定程度上缓解了债务国缺乏资金的矛盾。

然而,债务转换股权如采用过多,引进过量外资,将导致一些部门的控制权逐渐落入外国公司之手,出现经济被外资控制的局面。如果政府通过全国的银行系统筹措债务转移所需的资金,势必会造成债务国货币供应量大增,刺激通货膨胀,使货币贬值,对汇率也会产生不利影响。当债务额过于庞大,又没有较多投资机会时,这种方法就不能广泛实施。

2) 债务转用于资源保护

债务转用于资源保护是指通过债务转换取得资金用于保护自然资源。这种措施由世界野生物基金组织主管科研的副会长托马斯·E. 勒夫乔埃于 1984 年提出。具体做法为:世界野生物基金组织同债务国金融机构、中央银行、政府资源管理机构或民间自然资源保护组织达成协议,定下换成当地货币的汇率及管理和使用这笔资金的代理机构,然后以其收到的捐赠资金从私人银行或二级市场以折扣价购进债务后,转售给债务国资源管理机构或私人自然资源保护机构,并向该国中央银行兑换成该国货币,然后再交给资源保护机构用于环保项目投资。

3) 债务调换

债务调换是指发行新债券以偿付旧债。具体做法为一国以债券形式举借新债,出售债券取得现款,以便在二级市场上回购债券,或直接交换旧债。这种方案的设想是,如果

新债券能比现存债务以较小的折现率出售,那么其效应将是减少债务而不必使债务国动用大量外汇储备。但这种方法受限于一国的资信及资本市场的发达程度。

3. 发展中国家经济调整方案

债务危机的频发与债务国的经济政策与发展战略失误有着直接关系。20 世纪 80 年代中后期,不少发展中国家对过去的经验教训进行总结,并实行新的经济调整,具体包括:重新制定发展战略,协调宏观经济政策,调整经济结构,改革经济管理体制。这些新措施有助于经济的持续发展,从而在一定程度上缓解了债务危机的影响。

第三节
投机性资本流动与货币危机

一、短期国际资本流动的影响

1. 对国际贸易的影响

在国际贸易中,买卖双方(或银行)提供的短期资金融通,如预付货款、延期付款及票据贴现等,都有利于国际贸易双方获得资金便利,从而有利于国际贸易的顺利进行。

2. 对各国国际收支的影响

(1)当一国出现暂时性的国际收支失衡时,投机性短期资本流动有利于调节失衡。当一国国际收支出现暂时性逆差时,该国货币汇率就会下跌。如果投机者预测汇率下跌仅是暂时的,于是就以较低汇率买进该国货币,等汇率上升后再以较高的汇率卖出,这样该国的短期资本流入就会增加,显然有利于调节该国国际收支逆差。反之,一国国际收支出现暂时性顺差时,该国汇率会上升,如果投机者认为该汇率上升只是暂时的,于是就以较高的汇率卖出该国货币,等待汇率回落后再以较低的汇率买进该国货币。这种投机行为形成该国的短期资本流出,这显然有利于减少该国国际收支的暂时性顺差。

(2)当一国存在长期性的国际收支不平衡时,则投机性和保值性短期资本流动会加剧该国的国际收支失衡状态。当一国出现长期性国际收支逆差时,该国的货币汇率就会持续下跌,如果投机者预期该国货币汇率还会进一步下跌时,就会卖出该国货币,买进其他货币,以期该国货币贬值,其他货币升值后获利。这种投机行为,会使该国资本流出进一步扩大逆差,加剧国际收支失衡;同时,保值者为避免因持有该种货币而承担汇率下跌的损失,也会卖出该种货币,形成资本外逃,也会扩大该国国际收支逆差,反之亦然。

3. 对国际金融市场的影响

短期资本流动会加剧国际金融市场动荡,造成汇率大起大落,投机更加盛行。如上所述,一国如果发生暂时性国际收支不平衡时,投机者会在外汇供不应求、本币汇率偏低时卖出外汇、买进本币,或在外汇供大于求、本币汇率偏高时买进外汇、卖出本币。这种投机性资本流动,既有利于国际收支平衡的调节,又有利于保持市场汇率的稳定。投机活动成为外汇市场的稳定器。然而,一旦一国发生长期性国际收支失衡,投机者在外汇供不应求时买进外汇,而在外汇供大于求时卖出外汇,既不利于国际收支平衡,也不利于汇率稳定。因此,这种投机行为会促使国际金融市场动荡不安。除非一国发生持续性国际收支失衡是因为汇率偏高或偏低没有得到及时调整所致,这时的投机活动迫使该国适时进行汇率调整,从而使汇率趋于合理水平,因而具有积极意义。

专栏 10-2 重点监督短期投机性资本流入

资料来源:上海证券报[N].2007-06-27.

二、货币危机

1. 货币危机的概念

货币危机的含义有广义与狭义两种。广义的货币危机,也可称为汇率危机,指一国货币的外汇价格在短期内发生大幅变动,其最显著的特点是该国货币短期内大幅贬值。狭义的货币危机,指实行某种形式的固定汇率制的国家,由于国内外因素的影响,外汇市场参与者对其维持固定汇率的能力丧失信心,从而进行大规模的本位币资产置换(资本转出或货币投机),导致该国货币大幅贬值、固定汇率制发生崩溃、外汇市场持续动荡,其最显著的特点是该国原来的某种形式的固定汇率制发生崩溃。

2. 投机性资本引致货币危机的原因

从历次货币危机发生来看,投机性资本的冲击是非常重要的导火索。所谓国际投机性资本或游资,是指那些没有固定的投资领域,为追逐短期高额利润而在各市场间频繁移动的资本。现代国际投机性资本的特点之一是隐蔽性,它们也可能顺应市场周期做中长期投资。反过来说,所有的短期资本也并不都是投机性资本。比如,涉及国际贸易资本融通和结算的短期资本,以及银行的短期拆放资金和头寸调拨等业务资金,就不是投机性资本。

从投机性冲击的历史来看,国际投机性资本对攻击一个国家或同时攻击一些国家的货币有特别的偏好,对固定汇率制或有管理的汇率制度进行的投机性冲击或货币投机性冲击是最常见的投机性冲击。一般而言,当一国执行固定汇率制度或钉住目标汇率制时,投机者通常会做出判断,只要官方平价或目标汇率不与基础的经济条件或状态发生冲突,官方平价汇率就能够维持。如果投机者认为现有基本经济状况不能长期支持现行汇率水平,就会发动投机性攻击,从而加速固定汇率的解体。

投机性冲击就其性质来看可分为三种:第一种是在基本经济条件恶化时发生的,由建立在经济基础之上的预期导致的投机性冲击;第二种与经济基础无关,纯粹是由于心理预期的变化所带来的投机性冲击;第三种是蔓延型货币危机。所以,由投机性冲击引发的货币危机也相应有三种情况。

1) 经济基础变化所带来的投机性冲击导致的货币危机

政府过度的扩张性财政政策导致经济基础恶化是引发投机性资本对固定汇率进行投机性攻击从而导致货币危机的最基本原因。假定一国的货币需求非常稳定,而该国的货币供给由央行的国内信贷及持有外汇储备两部分构成。在其他条件不变时,该国居民将会通过向外国居民购买或出售商品、劳务、金融资产等国际收支活动,引起外汇储备变化从而使货币供给与货币需求相等。

在该国货币供求平衡时,如果政府持续扩展央行国内信贷来缓解财政赤字,则会带来货币供给的扩张。由于居民会通过国际收支活动来使货币供给与稳定的货币需求保持相等,那么国内信贷扩张必然同时伴随着国际支出的增加、外汇储备的减少。

理论上,一国的外汇储备总是有限的。在其他条件不变时,国内信贷的持续扩张必然最终导致该国外汇储备持续下降直至最终为零。外汇储备是政府维持固定汇率制的主要工具,当政府不再持有任何外汇储备时,势必只能听任外汇市场的汇率自由浮动。一般当一个国家由于持续扩张的财政政策而导致该国外汇储备下降为零、放弃固定汇率制时,汇率自由浮动时确立的汇率水平会较原有的固定汇率大幅贬值。

如果投机者能够对经济基本面因素有比较正确的预期,则必然会对这一未来汇率的大幅贬值提前做出反应。当投机者预期固定汇率制崩溃,往往会提前以固定汇率购入外汇。如果市场上的投机者在某一时刻一致抛售本币、抢购外汇,就形成对该国固定汇率制的投机冲击。这一投机冲击一般发生在原有的外汇储备下降为零的时刻之前。当本国政府还持有部分储备时,投机冲击会造成本国外汇储备立即耗尽,固定汇率制将被迫放弃。在相当长的时期内,国际上实际发生的货币危机大都属于这一类。这种类型的货币危机具有如下特点。

(1) 在货币危机的成因上,这类货币危机的发生是由于政府不合理的宏观政策引起的。固定汇率制要求政府持有相当数量的外汇储备以维持汇率,但国内信贷的扩张会导致外汇储备的流失,因此是政府的扩张性政策将经济推向货币危机之中。

(2) 在货币危机的发生机制上,投机冲击导致外汇储备急剧下降为零是这类货币危机发生的一般过程。在这一过程中,一国政府基本处于被动的地位,预期因素只是使货币危机发生的前提,国家的外汇储备存量是决定固定汇率制放弃与否的中心变量。

(3) 在货币危机的防范机制上,紧缩性货币政策是防止这种货币危机发生的关键。鉴于货币危机发生的原因在于经济基础,投机性冲击只是外在条件,因此诸如从国外借款、限制资金流动等措施只能暂时稳定汇率。如果没有基本经济政策的调整,固定汇率制仍将崩溃，或者只能以很高的成本予以维持。

2）心理预期带来的投机性冲击所导致的货币危机

投机冲击的实现也可能与经济基本面无关，而是在国际短期资金流动存在独特的内在运动规律的条件下，主要由心理预期因素导致的。投机者对一国货币的投机冲击往往是首先在本国货币市场上借入本币，再在外汇市场上对本币进行抛售，持有外币资产。如果这一攻击能取得成功，投机者会在本币贬值后再用外汇购买本币，归还本币借款。这样，投机者进行投机攻击的成本是本国货币市场上的利率所确定的利息，预期收益则是持有外汇资产期间外国货币市场上的利率所确定的利息收益以及预期本币贬值幅度所确定的收入。所以，政府提高利率就能够有效地提高投机者进行投机攻击的成本。在外国利率不变时，投机者对本币未来贬值幅度的预期越高，对提高本国利率的承受力也就是可以接受的本国利率上升幅度就越高。从理论上讲，政府总可以将利率提高到一定水平来维持固定汇率制。问题在于，提高利率不是没有成本的，当政府被迫放弃固定汇率制时，原因一定是提高利率来维系固定汇率的成本大大高于维持固定汇率所能获得的收益。

政府提高利率来维持固定汇率制的成本一般包括以下几种。①如果政府债务存量很高，高利率会加大预算赤字，给政府带来沉重的还本付息负担。②高利率不利于银行稳定经营。利率上升时，由于较高的利息成本会使较为稳健的投资者放弃借款申请，有更多的风险大的借款人愿意接受贷款，因此贷款风险也相应上升。同时，为偿还这一较高的利息成本，任何借款人都倾向于改变借款性质，使其风险变得更大。这两种情况都使得商业银行在高利率时的贷款质量较低，国内金融风险加大。③最为重要的一点是，高利率一般预示着经济紧缩，这会带来经济衰退以及高失业率等一系列问题。尤其在现代经济中，股票市场、房地产市场状况与利率存在着密切关系。如果因为利率过高而导致股市暴跌，就会使整个经济陷入萧条乃至危险的境地。

政府维持固定汇率制度的收益包括：①固定汇率可以消除汇率自由浮动时可能出现的过度波动给国际贸易和投资带来的不利影响，为一国经济制造一个较为稳定的外部环境；②政府可以在汇率的维持中获得政策一致性的声誉，这种声誉会对公众的预期产生重大影响，从而使政府以后的经济政策容易收到成效。

这种类型的货币危机具有如下特点。

（1）在货币危机的成因上，这种货币危机的发生与国际短期资本流动独特的运动规律有关，它主要是由于市场投机者的贬值预期心理造成的。这种投机预期可以与经济基本面完全无关，只要它的幅度足够大，就可以通过利率变动最终迫使政府放弃平价，从而使这一预期得到实现。因此，这种货币危机又被称为"预期自致型货币危机"。

（2）在货币危机的发生机制上，政府为抵御投机冲击而持续提高利率直到最终放弃固定汇率制是这种货币危机发生的一般过程。在这一过程中，中央银行主动地介入市场采取措施进行预防。预期因素决定了货币危机是否会发生、发生到什么程度，而利率水平则是决定固定汇率制放弃与否的中心变量。

3）蔓延型货币危机

在金融市场一体化的今天，一国发生货币危机极易传播到其他国家，这种因其他国

家爆发的货币危机的传播而发生的货币危机被称为"蔓延型货币危机"。货币危机最易传播到以下三类国家。第一类是与货币危机国有较密切的贸易联系或在出口上存在竞争的国家。这样,发生货币危机的国家或者对该国商品的进口下降,或者对该国出口形成巨大压力,从而导致该国贸易收支发生变化,这会诱发投机攻击。第二类是与货币危机发生国存在较为相近的经济结构、发展模式或相同经济问题(汇率高估)的国家,投机资金会对这些国家逐个进行攻击。第三类是过分依赖国外资金流入的国家。影响比较大的货币危机发生后,国际金融市场的投机资金一般都会调整或收缩其持有的外国资产,至少是存在较大风险的国家资产。

三、投机性资本流动引发货币危机的机制

随着经济全球化的发展,货币危机发生的原因越来越多方面、多样化,追根溯源,无非是实体经济衰败、国际货币投机活动两方面,但货币危机无论是否与实体经济衰败有关,国际货币投机都是一个激发因素。现在,我们简要介绍一下货币投机激发货币危机的机制。

假定有 A 和 B 两种货币,1A=20B,为某种形式的固定汇率制。若市场上认为 B 货币汇率高估,对 B 货币贬值具有强烈预期,于是投机者一般会采用以下三种方法对 B 发动攻击。

方法一:投机者从 B 货币同业市场大量拆入 B,而在现汇市场大量抛 B 买 A。如果能把 B 汇率打压到 1A=25B,投机者再在现汇市场反向操作,卖 A 买 B,偿还同业拆入的 B,并获得巨大盈利。或者投机者在现汇市场抛 B 买 A 的同时,在期汇市场以比 1A=20B 稍高的价格买进 A,当 B 汇率下跌后,投机者在期汇市场平仓也可以获得巨大差价。

方法二:由于投机者在汇市的攻击,导致资金市场利率上升,由此引发股市急剧下跌。这样,投机者在对 B 发动攻击的同时,在股市抛空,以打压股市,当股价下跌到预期最低点时再购入。即使 B 汇率贬值幅度不大,投机者也能在股市的回升上获得暴利。

方法三:由于投机者在汇市发动攻击,市场利率上升,与投机攻击同时,在股指期货市场上投机者大量抛售股指期货合约以进行打压。随着资金市场利率的上升,股指期货合约价格下跌。当股指期货合约价格下跌到投机者的预期目标值之内时,投机者平仓指数期货合约获得暴利。

概括起来,这三种方法可以表示为:①同业市场大量拆入 B→投机攻击→现汇市场投机性抛售 B 买 A→B 汇率下跌→现汇市场低价收购 B→偿还同业拆入 B;②投机攻击汇市(同时股市抛空)→利率上升→股市下跌→股市购入→投机退却→利率下调→股市回升→股市抛售;③投机攻击(股市抛空股指期货合约)→利率上升→股市和股指期货合约下跌→平仓股指期货合约。

四、20 世纪 80 年代以来投机性资本引致的货币危机回顾

1. 欧洲货币危机(1992—1993 年)

1991 年 12 月《欧洲联盟条约》(又称《马斯特里赫特条约》)在荷兰签署,欧共体各国向着货币一体化方向迈出了关键一步。各成员国之间形成固定汇率制度,对外则实行联

合浮动汇率制。欧洲货币危机爆发的根本原因就是德国实力的增强打破了欧共体内部力量的均衡。当时英国和意大利经济不景气，需要实行低利率政策。但是，当时德国出现了巨额财政赤字，由于担心引发通货膨胀，拒绝降息反而升息。过高的利率引起外汇市场出现抛售英镑、里拉而抢购德国马克的风潮，致使里拉和英镑的汇率大跌，这是 1992 年欧洲货币危机的直接原因。

投机性冲击出现于 1992 年下半年，最早遭受冲击的货币是芬兰马克和瑞典克朗。芬兰和瑞典当时都不是欧洲货币体系的成员国，但它们都希望加入，并将本国货币与 ECU（欧元诞生前欧洲货币单位）中心汇率相联系。在投机性冲击下，芬兰迅速放弃了固定汇率，于 9 月 8 日大幅贬值；瑞典政府则坚决保卫瑞典克朗，将短期利率提高到年率 500%，最终击退了投机性冲击。同时，英镑和里拉也持续遭到冲击。9 月 11 日，欧洲货币体系同意里拉贬值 7%。尽管德国中央银行花费了 240 亿马克支持里拉，但 3 天之后，里拉还是退出了欧洲货币体系。此时，英格兰银行为保卫英镑已损失数十亿美元，但在 9 月 16 日还是允许英镑自由浮动。法国法郎也遭受投机性冲击，但通过法、德两国的共同干预，以及法国大幅度提高利率，使法郎币值得到回升。1993 年 8 月，作为欧洲货币单位的构成货币，除德国马克和荷兰盾之外，其他汇率波动幅度扩大到 15%（原定为 2.25%），欧洲货币体系处于半瓦解状态。欧洲货币危机加剧了西欧各国的经济衰退，证券市场也走向低迷。

2. 墨西哥金融危机（1994—1995 年）

引发墨西哥金融危机的是两个国际金融事件：一是墨西哥政府无力偿付 1995 年初的债务，导致公众对政府失去信心，引致宏观经济衰退；二是 1994 年美联储为了防止国内通货膨胀率上升，多次提高美元基准利率，吸引了大量国际资本。

1994 年 12 月 19 日深夜，墨西哥政府突然对外宣布，本国货币比索贬值 15%。这一决定在市场上引起极大恐慌。外国投资者疯狂抛售比索，抢购美元，比索汇率急剧下跌。3 天时间里，墨西哥比索兑换美元的汇价就暴跌了 42.17%。墨西哥吸收的外资有 70% 左右是投机性的短期证券投资。资本外流对于墨西哥股市如同釜底抽薪，墨西哥股市应声下跌。与此同时，拉美国家和北美自由贸易区的成员都纷纷受到这次危机的影响。委内瑞拉数十家银行倒闭，引发了有史以来最严重的金融危机。阿根廷资本市场出现波动，国际储备减少，国内资金短缺，经济下滑，其他国家的经济也都有不小的震动。墨西哥金融危机所造成的毁灭性影响被人们成为"龙舌兰酒效应"。

3. 亚洲金融危机（1997—1998 年）

20 世纪 50 年代以来，东南亚各国加快金融自由化的步伐，形成快速的经济增长，被称为"东南亚奇迹"。但进入 90 年代中期以后，由于不能及时提升产业结构，提高产品竞争力，继续涌入的外部资金及国内投资普遍形成经济泡沫和房地产投资过热。以泰国为例，1996 年的外债余额已达 900 亿美元，其中短期外债高达 400 亿美元，超过其 1997 年初的外汇储备水平。1997 年初，泰国金融机构的坏账已超过 300 亿美元。公众及外国投资者对泰国货币贬值的预期不断凝聚，国际投机者也不断积聚能量，准备大规模的投机性冲击。

1997 年 2 月，以索罗斯为首的国际对冲基金开始接连对泰铢发动攻击，从 4 月下旬

开始,对冲基金大量抛售泰铢,买入美元,并引起投资者的跟风。泰国中央银行不惜血本入市干预,经过反复较量,有 200 多亿美元外汇储备的泰国中央银行终感力不从心。7 月2 日,泰国宣布泰铢和美元脱钩,实行浮动汇率制,放弃了自 1984 年以来实行了 13 年的固定汇率制,泰铢即开始大幅贬值,泰铢兑美元汇率当即下跌了 20%。国际炒家冲击泰铢的手法是直接打压现货,基本策略是先在资金市场上借钱,然后在现货市场上大肆抛售,并引起其他投资者跟风。中央银行进行干预,运用外汇储备,买入本币,同时提高本币利率,增加投机资金成本,但提高利率会对本币股市产生较大负面影响。

泰国的金融危机迅速波及周边国家和地区,菲律宾、马来西亚、印度尼西亚,连曾被国际评级机构誉为最能防御外来冲击的新加坡货币也未能幸免,3 个月内贬值 13%。10月以后,危机扩散到韩国,韩元兑美元大幅贬值,同时韩国经济也陷入深度危机。

专栏 10-3   世界历史上 7 次大的金融危机

资料来源:http://finance.people.com.cn/GB/8215/134583/index.html.

第四节
中国利用外资与对外债务

一、中国利用外资的基本方式

1. 吸收外商直接投资

中国利用外商直接投资的形式主要有中外合资经营企业、中外合作经营企业、外商独资企业、合作开发、建设-经营-转让(BOT)投资等方式。中外合资经营企业又称股权式合营企业,是由双方共同投资、共同经营、共担风险、共负盈亏的企业。中外合作经营企业也称契约式合营企业,是由双方通过合同约定各自的权利和义务的企业。外商独资企业是由外国投资者在中国单独投资建立的企业。合作开发是海上和陆上合作勘探开发的简称,主要应用于国际自然资源领域的矿产开采。

2.吸收外商间接投资

1）发行国际债券

发行国际债券是指一国政府、企业、银行等机构在国际债券市场上以外币发行债券来筹集资金。具体方式为通过中国银行、中国国际信托投资公司等金融机构,在国际资本市场发行以外币表明面值的债券,包括欧洲债券和外国债券,来筹集中长期外汇资金。采用这种方式筹集外汇资金,虽存在利率较高和发行手续繁多的缺点,却有所筹资金金额大、期限长和可自由运用的优点。

2）发行国际股票

发行国际股票是指股份公司通过在国际股票市场上发行股票来筹集资金。中国企业从 1992 年起开始发行外币标价股票以筹集外汇资金。这些股票有:B 股,是中国企业在内地发行,但以美元或港元标价和购买的股票;H 股,是中国企业在中国香港地区发行,而以港元标价和购买的股票;N 股,是中国企业在纽约上市发行,以美元标价和购买的股票。这些股票的投资者与普通股股票（A 股）的投资者都是发行股票企业的股东,享有同等权利和义务。

3）外国政府贷款

外国政府贷款是一国政府向另一国政府提供的具有双边经济援助性质的贷款,并具有一定的优惠性。向中国政府提供贷款的,有发达国家政府和资金较为充裕的石油输出国政府。这类贷款的资金来源于外国政府的财政预算。中国利用外国政府贷款开发了一大批能源、交通、原材料和通信等建设项目,对加强基础工业薄弱环节的建设、提高中国整体经济实力起到积极作用。

4）国际金融机构贷款

国际金融机构贷款是指国际货币基金组织、世界银行等国际金融机构提供的贷款,这类贷款有软贷款和硬贷款之分。软贷款是低息或无息的长期贷款;硬贷款是利息相对较高、期限较短的贷款。中国的国际金融机构贷款主要来自国际货币基金组织、世界银行和亚洲开发银行。

5）出口信贷

出口信贷是为支持和扩大本国企业出口、加强本国企业竞争力而发放的一种低息并提供信贷担保的中长期优惠贷款。

6）国际商业贷款

国际商业贷款包括国际商业银行贷款、出口信贷、国际金融租赁等。国际商业银行贷款是指一国的借款人在国际金融市场上向外国银行借入货币资金。出口信贷是商品出口国的银行在政府的支持下向本国的出口商或外国的进口商提供贷款。金融租赁是指当企业需要筹集资金购买新设备时,租赁公司根据该企业的需要,购入设备,并以租赁的方式将设备出租给企业,并按约定收取租金的一种融资方式。

除了以上六种主要方式外,还有其他方式,包括补偿贸易、对外加工装配等。

二、中国利用外资的现状

近年来,我国利用外资呈现出以下特点和趋势。

1. 我国利用外资虽增速下降,但总体态势良好

金融危机对我国吸收外资造成了一定影响,但并没有改变整体向好的趋势。2015 年我国实际使用外资金额 1262.7 亿美元[①],相当于 2008 年(923.95 亿美元)的 1.37 倍。2009 年以来,我国利用外资增速并不稳定。2009 年受金融危机影响出现小幅下降,新批设立外商投资企业 23435 家,同比下降 14.83%;实际使用外资金额 900.33 亿美元,同比下降 2.56%。2011 年,随着全球经济复苏,我国新批设立外资企业 27712 家,同比增长 2.12%;实际使用外资金额 1160.11 亿美元,同比增长 9.72%,2012 年同比小幅下降 3.7%,此后逐年增长,2015 年同比增长 6.4%。

我国利用外资增速下降的主要原因:一是受美国金融危机、欧债危机以及发达国家鼓励产业回归、发展中国家吸收外资竞争等国际因素的影响;二是国内要素成本不断上升,削弱了我国吸引外资的成本优势;三是由于国内对外开放体制滞后,促进投资便利化障碍较多,制约了利用外资增长。国际金融危机爆发后,我国成为全球跨国直接投资的重要稳定因素,在此后全球跨国直接投资走向复苏的过程中也发挥了重要的推动作用。中国已成为全球第二大引资国。

2. 外资产业结构优化趋势

我国利用外资产业结构仍集中在制造业,但近几年外商对华投资从传统的加工装配环节继续向产业链高端和服务业延伸。我国利用外资产业结构呈现优化趋势,主要体现在信息服务、现代物流服务、科学技术服务等新兴服务业领域吸收外资幅度上升较大,而制造业、房地产业等一直居吸收外资主导地位的行业呈现下降态势。电子信息、集成电路等技术密集型产业吸收外资继续得到发展,新能源、新材料、节能环保等战略性新兴产业的外商投资也日益形成规模。同时,外资在华设立的地区总部、研发中心、结算中心、物流中心等功能性机构不断增多,服务范围不断扩大。我国外资结构调整已经取得明显成效。究其原因,一是服务业范围扩大、开放步伐加快的结果。近年来,我国通过放宽外资服务业准入门槛,推动加工贸易转型升级等一系列政策措施,吸引了越来越多的服务业跨国投资,抑制了高能耗、高污染行业外资的进入。二是跨国公司全球产业链不断延伸的结果。这一趋势符合跨国公司产业转移的基本规律。为了不断扩大在华市场,针对本土市场创新产品,跨国公司在大量转移制造业后,继续转移研发、设计、信息服务、现代物流等高端服务业,由此产生了大量跨国公司研发中心、设计创新中心、物流配送中心、结算中心、财务中心、跨国公司总部等生产性服务业转移。三是我国产业转型升级加速、人力资本素质提高、基础设施不断完善等因素共同作用的结果。我国高等教育发展迅速,为跨国公司各类高端服务业投资提供了大量人力资本供给。"十二五"时期大力发展服务业的战略,为跨国公司服务业投资提供了政策环境;东、中、西部城市基础设施普遍完善,为跨国公司服务业投资提供了良好的经营环境。

---

① http://www.mofcom.gov.cn/.

3. 中西部外资快速增长，东、中、西部外资产业链出现融合趋势

从外资区域布局来看，我国东部地区仍占绝对优势，但随着西部大开发、中部崛起等一系列区域发展战略的实施，中、西部地区在外资增速、外资结构、外资规模等方面都显著提升。2015 年东、中、西部地区分别实际使用外资 1061.4 亿美元、102.9 亿美元、98.4 亿美元，增长 8.9％、−3.3％、−6.8％，占利用外资总额的 84.1％、8.1％、7.8％。中、西部地区利用外资占全国的比重已从 2002 年的 13.3％提升到 2015 年的 16.2％。中、西部地区不但在承接东部劳动密集型产业转移方面有了明显进展，而且电子、汽车、航空航天、医药制造、现代农业等高端产业和服务外包等新兴业态也已初具规模，在一些领域甚至开始与东部地区实现同步发展。

近年来，外资产业链布局出现东、中、西部融合的特征。外资逐步将制造加工环节、生产基地转移到中、西部地区，把地区总部及研发、设计、运营、财务、物流、营销等生产性服务业布局在北京、上海、深圳等一线城市或区域中心城市，形成了东、中、西部地区制造与服务产业链融合、全产业链发展的趋势，对于发挥区域比较优势、深化区域产业分工、推动区域产业转型升级、促进城乡一体化发展都具有重要作用。

4. 外资来源结构呈现优化趋势，发达国家对华投资呈现增长趋势

我国利用外资来源地长期以亚洲为主。2015 年对中国内地投资前十位国家或地区分别为中国香港地区 926.7 亿美元、新加坡 69.7 亿美元、中国台湾地区 44.1 亿美元、韩国 40.4 亿美元、日本 32.1 亿美元、美国 25.9 亿美元、德国 15.6 亿美元、法国 12.2 亿美元、英国 10.8 亿美元、中国澳门地区 8.9 亿美元，共投资 1186.4 亿美元，占全国实际使用外资金额的 93.96％。发达国家或地区对华投资呈现快速增长趋势。

三、中国利用外资的意义

1. 弥补我国建设资金的不足

我国毕竟是一个人口众多、经济比较落后的发展中国家。要在 21 世纪中叶达到中等收入国家水平，我国经济必须以高于西方发达国家的增长速度持续发展。然而资金短缺一直是长期制约我国现代化建设持续、稳定、快速发展的一个主要因素。因此，我国在改革开放之初就确立了利用外资来弥补我国现代化建设资金不足的长期方针。几十年来，外资的大规模投入，有效地缓解了我国建设资金紧张的矛盾，为我国经济的高速增长做出了重要贡献。

2. 加强城市基础设施建设

我国城市新区的开发和旧区的改造，通信、公共交通、供排水、污染治理等基础设施的建设，城市功能和环境质量的进一步提高，都需要大量资金，这也需要吸收一部分外资来解决。

3. 兴建大中型工业企业

我国在利用外资兴建大中型工业企业方面成绩斐然。例如，利用日本政府贷款和输出/入银行贷款，支付了上海宝钢第一期工程和大庆石油化学工程所需的部分设备贷款和国内配套资金。借用科威特、丹麦、澳大利亚等国的政府贷款，安排新建或扩建三个大型水泥厂。

4. 引进先进技术,加快老企业技术改造,促进产业升级

由于外商直接投资项目的经营和生产发展与外商的利益密切相关,一些花钱也买不来的先进技术,可以从吸收直接投资中得到。几十年来,外商直接投资带来了一批先进实用的技术,填补了我国许多产品的技术空白,增加了国内短线产品的产量,减少了进口;同时,一大批老企业得到技术设备的改造,促进国内产品升级换代。外商投资促进了我国汽车、电子、通信等重要产业的发展。

合营企业不仅本身引进技术和设备,而且带动了相关工业的技术进步。例如,通过给上海桑塔纳公司等引进车型配套设备,我国汽车工业的零部件生产技术水平得到了整体提高。技术较先进的外商投资企业通过市场竞争、商业往来和人员交流,还对国内其他企业提高技术产生示范效应和扩散效应,推动了国内工业的技术进步,缩小了国内技术与国际先进技术之间的差距。

5. 改善企业经营管理,引进先进管理经验

由于中外合资企业在财务上实行自负盈亏,其产品质量固然影响到出口创汇的能力,但是经营管理的好坏也直接影响到双方投资者的根本利益,盈利共享,亏损共担,在共同管理中直接吸收外商的先进经验,改善了企业的经营管理。开办外商投资企业,引进了国外先进的生产管理、质量管理、销售和售后服务管理、人才管理、财务管理等一系列管理经验,使企业管理水平和劳动生产率大幅提高,增强了企业竞争能力。一些地区还积极推广外商投资企业的管理方法,以探索国有和集体企业改革的新途径。

外商投资企业还造就和培养了一批新型的、具有现代意识的管理人才。高级管理人员的流动和扩大,使国际管理经验在国内迅速传播。外商投资企业还通过各种方式培训职工。改革开放以来,我国政府有意识地利用国际金融组织贷款,通过派员出国培训,聘请国外专家管理、咨询等多种方式,引进国外先进的管理思想和经验,使我国的人才素质和管理水平得到了较大提高。

6. 促进我国改革开放的深入,有助于社会主义市场经济体制的建立和完善

改革开放和引进外资是相辅相成、相互促进的。利用外资是对外开放的一个重要组成部分。成功的改革,使外商投资企业的生产经营环境得到了很大的改善。外商获得了越来越多的投资机会。同时数以万计的外商投资企业的建立,带来了新的竞争机制,改变了人们的观念意识,其示范效应对以市场为导向的经济体制改革起到了积极的催化作用,从而加速了改革的进程。

对外开放打开了我国的国门,对外贸易和对外经济技术合作迅速扩大,对国民经济的发展起到了举足轻重的作用。利用外资又促进了我国开放型经济的发展,通过产业升级和产品更新换代,使我国经济的比较优势得到发挥,与国际市场的联系愈来愈紧密,从而大大提升了我国对外开放的广度和深度。

外商投资引进了市场机制和竞争机制。外商投资企业完全按市场机制经营,企业生产所需要的各种投入品和劳动力均需从市场上获得,产品销售也要通过市场来实现。以市场为导向的外商投资企业通过其自身的经营活动,一方面引入了国际竞争,包括商品和服务在价格、质量、技术水平等方面的竞争;另一方面也促进了国内金融、生产资料、劳动力、房地产、技术和信息市场的发育。外商投资企业还推动了我国宏观管理体制改革。

外资的流入使我国的经济生活变得复杂了,大量资金、货物的流入流出、市场配置资源的作用以及经济活动产生的种种新情况、新问题等,都要求宏观管理部门运用利率、税收、汇率等经济手段和法律手段调控经济,从而促进了政府职能的转变。

四、外债及常用指标

1. 外债的概念

1984 年 3 月,由世界银行、国际货币基金组织、经济合作与发展组织和国际清算银行等国际组织参加召开的关于外债统计的国际审计员会议上,与会者就外债的定义达成了共识。所谓外债,是指在任何给定的时间,一国居民欠非居民的、已使用尚未清偿的、具有契约性偿还义务的全部债务。这一概念包含以下内容。

1) 外债必须是发生在居民和非居民之间的债务

债权方必须是非居民。对本国居民的负债,即使是外币债务也不能算外债。

2) 外债必须是具有契约性偿还义务的债务

没有偿还义务,或者偿还义务只是口头承诺或意向性协议而不具有法律效力的债务,不属于外债范畴。

3) 外债是某一时点上的全部债务

(1) 既包括以外币表示的外债,也包括以本币表示的外债,如储备货币国家的外债常用本币来表示。

(2) 既包括货币形态的外债,又包括实物形态构成的外债。如补偿贸易中进口方需以商品、物资、矿产品等清偿债务。

中国于 2003 年 1 月 8 日颁布实施的《外债管理暂行办法》中的第二条,对外债做了如下定义:"本办法所称'外债',是指境内机构对非居民承担的以外币表示的债务。"这里所称的"境内机构"是指在中国境内依法设立的常设机构,包括但不限于政府机关、金融境内机构、企业、事业单位和社会团体;而"非居民"是指中国境外的机构、自然人及其在中国境内依法设立的非常设机构。

必须指出的是,中国的外债定义,除具有外债的一般特性,即居民、非居民区分和契约性偿还义务外,还特别强调了它是"以外币表示的债务"。这是因为,目前人民币在国际上还不具有可自由兑换的条件,所以明确规定中国外债的币种是外币而非本币。

2. 外债衡量指标

目前世界各国用来检测外债总量是否适度的指标主要有负债率、债务率和偿债率三个,其计算公式如下:

$$负债率 = 当年未清偿外债余额 / 当年国民生产总值 \times 100\%$$

$$债务率 = 当年未清偿外债余额 / 当年货物服务出口总额 \times 100\%$$

$$偿债率 = 当年外债还本付息总额 / 当年货物服务出口总额 \times 100\%$$

20% 的负债率、100% 的债务率和 25% 的偿债率是债务国控制外债规模的国际警戒线。

五、我国外债的现状

1. 中国外债的安全性分析

短期外债占外债总余额的比例呈上升趋势,其比值从 2004 年的 52.74% 上升到 2014[①]年的 76.32%。短期债务比重较大,面临的短期还款压力大,对我国短期内筹措到足够的流动资金具有较高的要求。短期外债与外汇储备的比例在 2004 年至 2014 年间基本处于 20% 上下,处于较为安全的水平。

我国的外债负债率从 2004 年的 13.54% 开始下降,2008 年至 2014 年,负债率均稳定在 9% 左右,负债率控制较有成效。我国债务率水平虽远低于国际上公认的安全线 100%,债务率数值从 2004 年的 40.15% 下降到 2008 年的 24.26%,但是从 2008 年以后,债务率有逐年上升的趋势,到了 2014 年负债率已经达到 35.19%。上述债务率上升现象源自我国贸易出口收入的缓慢增长。我国的外债余额在 2004 至 2014 年间的复合增长率为 11.78%,而我国的外汇收入的复合增长率在 2004 至 2008 年间为 19.28%,在 2008 至 2014 年间为 7.03%。外汇收入的增长率大幅下降导致债务率在 2008 至 2014 年间不断上升。外汇收入增长率下降的主要原因在于世界各国在 2008 年金融危机后需求疲软,导致中国的外贸出口增速下降。

外债流出与国内生产总值的比例在 2004 至 2007 年间不断上升,2007 至 2009 年间不断下降,在 2009 至 2012 年间的小幅波动后,在 2012 至 2014 年间有大幅上升的趋势,2014 年的外债流出与国内生产总值比例达到了自 2008 年以来的最大值。外债流出比例增加对中国经济的良好发展带来不利影响。中国外债的偿债率除了 2009 年外,一直处于逐步下降且较为稳定的状态。

2. 中国外债分部门分析

在使用外债的国务院部委、中资金融机构、外资金融机构、外商投资企业以及中资企业这 5 个主要使用外债的部门中,外债使用量和所占比例最大的部门是中资金融机构,而且具有连续上涨的趋势。外商投资企业其次,其外债使用量和所占比例除了在 2008 年较高外,其他年份的外债使用量平稳上升,所占比例在 20% 左右,较为平稳。外资金融机构、国务院部委以及中资企业的外债使用量波动不大,所占比例逐年下降。中资金融机构的外债使用的绝对量和相对量不断增加。中资金融机构主要指国有商业银行和政策性银行。这表明中资金融机构对外资的依赖程度越来越高,同时也表明中资金融机构对资金杠杆的使用更加普遍。

六、我国对外债务管理思路

1. 采用相对独立的人民币对外债务管理架构模式

国际上外债管理的主要模式包括相对独立型、隶属财政部型和隶属人民银行型,其

---

① 2015 年,我国按照国际货币基金组织的数据公布特殊标准(SDDS),调整了外债统计口径并对外公布全口径外债数据,将人民币外债纳入统计,并按签约期限划分中长期和短期外债,2015 年短期外债占比降为 65.0%,且与 2014 年不具有可比性,因而以下数据均截至 2014 年。

典型代表国家如表 10-2 所示,而我国采用独特的联合监管模式。从我国外债管理实践来看,管理权限分散在不同部门,虽然可以避免监管权力的过度集中,但也带来了监管目标不统一、监管措施不衔接、监管效果不理想等问题。因此,在人民币对外债务的管理问题上,可以考虑采用相对独立的人民币对外债务管理架构模式,由中国人民银行对各类人民币对外债务包括主权债务实行管理和监督,从而保证监管目标的统一和监管的高效。

表 10-2　外债管理的主要模式

外债主管机构	设立方式	独立性	代表性国家
财政部	在财政部内设立相关职能部门	有限	德国、日本、墨西哥
中央银行	在中央银行内设立相关职能部门	有限	英国、丹麦
外债管理办公室	在政府或议会下设立独立机构	较强	奥地利、瑞典
跨部门联合监管	在政府统一领导下,各监管部门各管一块	部门之间独立性较强	中国

资料来源:根据各国外债管理部门整理而成。

2. 取消外资企业举借外债超国民待遇

从现行的外币外债管理规定看,无论是借债条件还是资金使用管理等方面,外资企业相比内资企业均享受超国民待遇,主要表现为:外资企业外币外债不纳入国家外债规模控制,仅受"投注差"约束,并且外债资金可以结汇。由于超国民待遇的存在,导致外资企业借用外债规模迅速扩大。随着我国对内外资企业税收管理的逐步统一,以及外汇储备规模的持续扩大,外资企业外债"投注差"管理的弊端和缺陷逐渐显现。因此,在人民币对外债务管理问题上应取消外资企业的超国民待遇,统一内外资企业的人民币对外债务管理。

3. 对人民币对外债务实施分类管理

基于业务风险和工作效率考虑,应对人民币对外债务实施分类管理,主要有以下两种思路。

思路一:将目前已经开办的 5 类人民币对外债务业务按照风险排序,大致可以分为两类。第一类包括境外发行人民币债券、外国银行和金融机构贷款、外国企业贷款,对这类人民币对外债务可以适度从严管理;第二类包括延期付款、非居民存款等,可以适度从宽管理。

思路二:为了避免出现偿债主体错配问题,将人民币对外债务划分为主权债务和非主权债务实施分类管理。在非主权债务管理中,要从严控制金融机构对外举借人民币债务,原因在于目前境内人民币利率水平较高,而境外美元、欧元等货币利率相对较低,为了防止金融机构通过拆借等快进快出方式从境外借入人民币债务增加国内流动性,从而对我国宏观货币政策实施效果造成严重冲击,应谨慎开放金融机构对外人民币借款业务。

4. 本币外债和外币外债区别、协调管理

外债管理的核心是使外债总量适度、不超过债务国的吸收能力。衡量吸收能力的一

个很重要的指标是偿债能力。目前,外币外债管理将偿债能力作为重要参考依据,对于外债总量控制较严。人民币对外债务虽然某种程度上无须担心偿债能力,但并不意味着不需要对人民币对外债务总量进行管理。一方面,人民币对外债务资金流入虽然不会增加我国外汇储备,但会扩大境内流动性,进而影响宏观货币政策的实施效果;另一方面,人民币资金通过外债渠道大量流出和流入,将影响人民币汇率的稳定。因此,应在风险可控的前提下,以更加便捷、宽松的方式对人民币对外债务实施管理。另外,人民币对外债务作为我国外债的一部分,应加强与外币外债的协调统筹管理,使得我国本外币外债总量满足一个国家的外债监测指标的相关要求。

5. 总量、结构、营运管理

外债管理主要包括总量管理、结构管理、营运管理三个方面的内容,同样适用于人民币对外债务管理。世界各国用来监测外债总量是否适度的指标主要有负债率、债务率、偿债率。外债结构管理的核心是优化外债结构,包括外债种类结构、期限结构、利率结构、国别结构、投向结构的优化等等。外债营运管理是对外债整个运行过程进行管理,包括外债借入管理、外债使用管理和外债偿还管理。外债借入管理要掌握好借债窗口,控制好借债总量,调整好借债结构,控制好借债成本;外债使用管理要掌握好外债的投向,力争使外债投到微观、宏观经济效益综合最优的产业和项目上去;外债偿还管理要落实好偿债资金,合理安排偿债时间,避免出现偿债高峰。

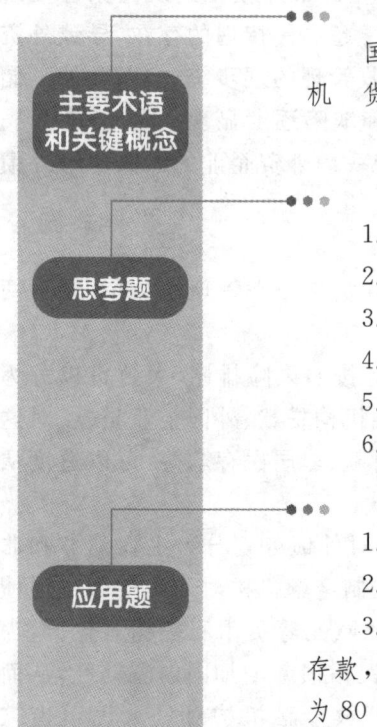

主要术语和关键概念

国际资本流动　国际热钱　出口信贷　债务危机　欧债危机　货币危机　外债

思考题

1. 试述国际资本流动的概念、类型及其特点。
2. 衡量国际债务的指标有哪些?
3. 简述国际债务危机的根源。
4. 发展中国家债务危机对我国外债管理有什么启示。
5. 什么是投机性资本?简述其基本特征。
6. 20世纪90年代以来投机性冲击有哪些新特点?

应用题

1. 试从我国的政府债务状况分析债务管理方法。
2. 论述投机性资本如何导致货币危机。
3. 假设有3位美国客户甲、乙、丙,在美国境内的一家银行存款,甲的存款为100万美元,乙的存款为50万美元,丙的存款为80万美元。由于某种原因,甲、乙将全部存款转存于苏黎世银行。

请问：此时上述三客户中，谁的美元变成了欧洲美元？共产生了多少欧洲美元？

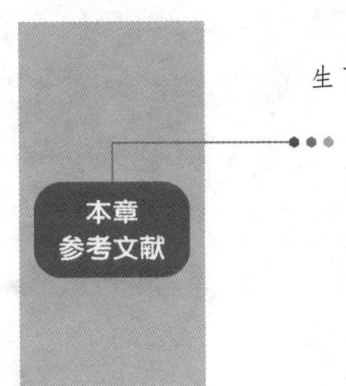

**本章
参考文献**

第十一章
国 际 融 资

教学目的与要求：了解国际贸易融资的方法，能够选择对企业最有利的贸易融资方式。了解各种传统及新兴的融资方式与融资工具。掌握企业外部融资与内部融资的比较、长期融资的类型、短期融资工具的选择。

教学内容：本章主要介绍国际贸易金融、长期融资与短期融资、国际租赁、国际项目融资。

本章重点与难点：各种融资技术的要领，各种融资技术的具体操作与运用。

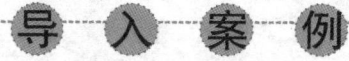

导 入 案 例

我国跨国公司的国际融资现状

资料来源：彭利方.浅析我国跨国公司国际融资现状及融资策略[J].时代金融,2015(26):303-304.

第一节
国际贸易金融

一、国际贸易的概述

国际贸易是指不同国家或地区之间的商品和劳务的交换活动。国际贸易是商品和劳务的国际转移，国际贸易也称世界贸易。

1. 国际贸易的产生与发展

对外贸易是一个历史的范畴，是在一定的历史条件下产生的，是社会生产力发展到一定阶段的产物。可以说人类历史上的三次大分工使对外贸易产生的必要条件一步步得以满足。第一次大分工，畜牧业与农业的分工，出现了偶然的物与物的交换；第二次大分工，手工业从农业中分离出来，出现了直接以交换为目的的生产，即商品生产；第三次大分工，出现了商品和专门从事贸易的商人。原始社会末期出现了阶级和国家。商品交换一旦超出国家界限，就出现了最早的对外商品交换的萌芽。奴隶社会对外贸易发展比较缓慢，交易的商品主要是奢侈品。进入封建社会，奢侈品仍然是交易的主要商品，但封建社会后期，随着城市手工业的发展，商品经济与对外贸易获得了较快的发展，开始孕育资本主义因素，进入资本主义社会，真正的国际贸易开始产生，国际贸易迅速发展。

1492年，哥伦布从西班牙出发，经大西洋发现了新大陆——美洲；1498年，葡萄牙人达·伽马从欧洲绕过非洲南端好望角到达印度，完成了具有历史意义的"地理大发现"；1521年，麦哲伦完成了环球航行。"地理大发现"的结果是将各大洲独自发展的国家联系起来，使得国家之间的贸易具有了"世界"的概念。但是，由于受生产力水平、运输与通信条件的约束，世界只有一部分国家被纳入跨国交换体系，真正意义上的国际贸易还没有形成。

18世纪中期至19世纪中期，以蒸汽机的发明和使用为主要标志，第一次产业革命开始，建立起了纺织、冶金、煤炭三大支柱产业。特别是蒸汽机在火车和轮船上的应用促进了交通运输工具的改革，相对缩短了国家间的距离，使更多的国家和商品进入了国际交换领域。这种改革开始主要发生在英国，到19世纪中期，随着美、德等国经济相继获得快速发展，它们开始与英国在国际贸易中展开竞争。

19世纪中期至第一次世界大战前，以电力发明和应用为主要标志、以重化工业兴起为特征，开始了第二次产业革命。这次产业革命主要发生在美国和德国。到1914年，欧洲、北美、日本、澳大利亚都先后完成了产业革命，实现了农业自然经济向资本主义工业经济的转变，并通过国际贸易将资本主义生产方式在全世界范围内展开。

　　1914—1945 年,两次世界大战期间,国际政治经济形势发生了很大的变化:1929—1933 年世界性经济危机,对整个世界经济的发展有很大的不利影响,而战争的破坏性直接影响了世界经济的发展。世界生产和贸易经历了衰退和萧条。贸易结构发生了变化,制成品中机械产品和武器产品的贸易所占的比例迅速增加,初级产品中,矿物产品和石油所占的比重迅速上升。美国的国际地位迅速提升,欧洲的国际地位相对下降。

　　二战后,以美国为先导出现了以原子能、电子、合成材料、航天技术、生物技术为标志的新的科学技术革命,促成了一系列产业的诞生和发展。20 世纪 90 年代,信息技术革命为国际贸易和国际分工的发展提供了强大的技术支持。进入 21 世纪后,经济全球化与区域经济一体化已成为世界经济发展的重要趋势。区域化和全球化的相互促进、互为补充乃至阶段性的交替发展,凸显了社会生产力发展的必然要求及当代世界经济贸易发展的本质性特征。一方面,在贸易自由化、生产国际化和经济一体化不断突破国家和地域限制,各国及各地区之间经济联系日益增强的条件下,世界贸易组织的建立和运作,协调和规范了国际贸易发展的秩序,推动经济全球化进入了一个新的发展阶段。另一方面,由于多边贸易体制存在着一定的局限性,双边和区域层次上的贸易自由化仍然十分活跃,由此促进区域经济一体化的发展。

　　2. 中国各历史阶段对外贸易的发展

　　1）旧中国时期的对外贸易(1840—1949 年)

　　1840 年鸦片战争,西方列强用坚船利炮打开了中国的国门,中国长期以来的闭关锁国状态也被打破,中国由此进入了半殖民地半封建社会。尽管中国在半殖民地半封建时期的对外开放程度较之以前有明显的提高,却在经济上丧失了独立自主的地位,依赖于西方列强,形成了半殖民地半封建性质的经济体系。

　　半殖民地半封建社会时期,中国的对外贸易特点如下:第一,对外贸易被帝国主义和官僚买办资产阶级所控制和垄断;第二,进出口商品结构的构成完全由西方大国决定,中国相当于西方列强的指定产品加工厂;第三,对外贸易进口大于出口,入不敷出,形成严重的逆差状况,导致白银大量外流;第四,贸易对象主要针对少数西方资本主义国家。由此可知,旧中国时期的对外贸易是建立在剥削与被剥削的条件下的,严重阻碍了中国经济的发展。此时期的对外贸易不仅没能使中国缩小与西方发达国家之间的差距,反而进一步拉大了差距。

　　2）新中国初期的对外贸易(1949—1978 年)

　　新中国成立之前,党中央确立了"国家统制对外贸易"的基本政策,为建立中国社会主义对外贸易奠定了基础。在此期间,由于受政治因素、外贸体制因素和国际关系等因素的影响,中国的对外贸易实行国家垄断对外贸易,并且对外贸易的规模也比较小。

　　新中国初期的对外贸易政策易受国内、国际等因素的影响,发展速度和规模也有限,因此是一种不稳定、不成熟的对外贸易。虽然此时期中国在对外贸易中取得了经济上的独立地位,但由于众多制约因素的影响,对外贸易对于拉动新中国经济发展的效果不是很明显。

　　3）对外开放条件下的对外贸易(1978—2001 年)

　　1978 年 12 月召开的党的十一届三中全会上,中国共产党做出了改革开放的伟大决策,其中在对外贸易方面提到要大力发展对外贸易活动,为开创对外贸易新局面提供了政策基础。对外开放条件下中国的对外贸易各方面发生了巨大的改变,积极推动了中国经济的发展。第一,对外贸易规模不断扩大,进出口贸易总额由1978年的206亿美元增长到2001年的5110亿美元;第二,进出口商品结构也得到了优化,以初级产品为主转变为以制成品为主;第三,对外贸易的对象由社会主义国家和少数西方资本主义国家发展到面向世界上的所有国家,建立全方位的国际市场;第四,贸易体制逐渐放开,由国家经营到让越来越多的企业得到进出口经营权。在改革开放的正确引导下,中国的对外贸易在这一时期取得了实质性的进展,使中国的经济发展取得了举世瞩目的成果。

4) 加入WTO后中国的对外贸易(2001年至今)

未加入WTO之前,存在着一些因素制约着中国对外贸易的快速发展,如国外易对中国产品进行反倾销等。因此,加入WTO后,中国对外贸易进入了一个全新的发展阶段。

我国于2001年加入WTO后,对外贸易进入了高速发展阶段。第一,我国进出口贸易得到了迅猛的发展。2001年,中国进出口总额为42183亿人民币,2015年,中国进出口总额上升至245800亿元人民币。第二,促进了进出口商品结构的改善。我国加入WTO后,出口商品由粗加工生产向精加工高科技产品转变,进口产品中资本密集型与技术密集型产品比重大幅提高。第三,有利于扩大进出口市场的范围。我国加入WTO有利于改变以前狭窄的主要集中于西方发达国家的进出口市场,实现进出口市场向更广泛的地区发展。

二、国际贸易融资

国际贸易融资是围绕国际贸易结算的各个环节所发生的资金和信用的融通活动。当代国际贸易融资的特点在于融资方式多样化和融资手段更为灵活。国际贸易融资能够有效地促进国家贸易的发展,促进银行业务的发展,并能有效解决宏观经济运行中的问题,促进经济发展。

1. 国际贸易融资的方法

1) 应收账款融资

应收账款融资是指购货方为了提高资金流动性,以自己的应收账款为抵押向银行寻求贷款的一种短期融资方法。在国际贸易中,出口商以应收账款为担保,银行向其提供贷款融资。贷款到期后,不论进口商有没有履行付款义务,出口商都要对银行的债务进行清偿。这种贷款的时间一般较短,且贷款利率比国内应收账款融资的利率要高一些。为降低国外应收账款的各种风险,出口商与银行常常求助于出口信贷保险。

2) 国际保理业务

国际保理又称承购应收账款,是指在以商业信用出口货物时,出口商交货后把应收账款的发票和装运单据转让给保理商,即可取得应收取的大部分货款。日后一旦发生进口商不付款或逾期付款,则由保理商承担付款责任。在保理业务中,保理商承担第一付款责任。

若保理商对上述预付款没有追索权,对余款也要担保付款,即称之为无追索权保理,

反之则为有追索权保理。常见的还有融资保理及到期保理(到期保理指出口商将其应收款出售给保理商后,保理商在发票到期日从债务人手中收回债款,扣除服务费后,把款项付给出口商)。国际保理服务的范围主要包括资金服务、信用保险服务、管理服务、资信调查服务等。

3) 信用证融资

信用证(L/C),是银行代表进口商签发的、承诺当出口商发货所得到的货运单据与合同条款一致时,出口商即可得到银行付款的一种单据。

信用证融资是国际贸易中使用最为广泛的融资产品。信用证的优点及生命力使它能为买卖双方提供融资服务。信用证融资是银行一项影响较大、利润丰厚、周转期短的融资业务,银行都把贸易融资放在重要地位。但银行的信用证融资会产生导致妨碍银行自身生存与健康发展的风险,这些风险甚至会扰乱正常的金融秩序,所以必须对其风险进行控制。

信用证融资的主要风险如下。

(1) 政治风险。当今的国际政治、经济局势动荡不安。不时来袭的金融风暴,部分国家的政权更替、外汇管制,都可导致银行的应收账款难以安全收回。

(2) 客户风险。此类风险主要指进出口双方恶意诈骗,内外勾结,共同欺骗银行,如以假进口套开远期信用证进行融资,或以空证打包放款,或伪造单证。在进口项下,单证相符的单据到达后,进口商破产,无力付款,或在进口押汇情况下,银行先垫付放单,后向进口商收款,这样风险就比较大。在出口项下,出口商获取打包放款的款项后,将此笔款项挪作他用,致使信用证成为一纸空文,使打包款项无法及时偿还。

(3) 市场风险。从进出口双方签订合同到开出信用证再到付款,有一段时差。交易的货物价格波动比较频繁或进口方破产、进口商利用法院支付令故意拖欠货款等都会影响信用证的按时执行。

专栏 11-1　信用证融资的监管膏肓

资料来源:http://www.chinavalue.net/media/article.aspx? articleid=31691.

(4) 汇率风险。信用证都是以外币计价开立的,这就牵扯到汇率风险。汇价变动可能使某一方遭受损失。如在进口项下,开证日与付汇日之间有一定的时差。尤其是在远期信用证下,如果在付汇日外币汇率上升了,这时若申请人无充足的资金购汇,开证行就必须垫支一部分款项单证不符风险。

4)银行承兑汇票

银行承兑汇票(BA)是商业汇票的一种,是由在承兑银行开立存款账户的存款人出票,向开户银行申请并经银行审查同意承兑的,保证在指定日期无条件支付确定的金额给收款人或持票人的票据。对出票人签发的商业汇票进行承兑是银行基于对出票人资信的认可而给予的信用支持。

对于卖方来说,对现有或新的客户提供远期付款方式,可以增加销售额,提高市场竞争力。对于买方来说,利用远期付款,以有限的资本购进更多货物,最大限度地减少对营运资金的占用与需求,有利于扩大生产规模。相对于贷款融资,使用银行承兑汇票可以明显降低财务费用。

5)出口信贷

出口信贷是一种国际信贷方式,是一国为了支持和鼓励该国大型机械设备、工程项目的出口,增强国际竞争力,以向该国出口商或国外进口商提供利息补贴和信贷担保的优惠贷款方式,鼓励该国的银行对该国出口商或国外的进口商提供利率较低的贷款,以解决该国出口商资金周转的困难,或满足国外进口商对该国出口商支付货款需要的一种融资方式。

2.国际贸易融资在国际贸易发展中的作用

1)促进国际收支平衡

国际贸易融资可以调节进出口结构,促进国际收支平衡。国际收支是衡量一国经济发展状况的重要指标,国际收支任何性质的失衡都将对经济产生不利的影响,尤其是结构性的失衡需要花很长的时间和很大的力气去调节。国际贸易对于平衡国际收支具有重要的作用,而国际贸易融资通过对进出口结构的调节而使国际收支平衡。

美国经济学家威廉·阿瑟·刘易斯曾经指出:"经济增长和对外贸易是紧密联系在一起的,如果出口增长快于进口,贸易就能够刺激经济增长;相反,如果进口增长快于出口的话,贸易也可能成为经济增长的一大障碍。"因此,"出口是经济增长第一阶段的发动机,一个国家不可能从自给自足的水平上,依靠仅仅为国内市场而生产来启动发展的进程"。从这一点上讲,贸易具有增长引擎的作用,所以,促进对外贸易的增长,实现经常项目的平衡、盈余,成为所有开放经济国家共同追求的目标。国际贸易融资是通过融资对象上的有所侧重或限制,改变进出口的结构,以改善资源的合理配置,调节进出口数量,有效地扩大出口。

2)促进进出口

国际贸易融资是一个国家贸易政策的组成部分,是国家鼓励出口的手段。一国鼓励进出口,促进对外贸易的方法有很多,包括大政方针乃至具体的方式手段。例如,根据政策所起的作用的不同,可分为价格政策工具和数量政策工具。前者是指通过进出口关税和补贴等来改变进出口商品的价格;后者是指通过进出口配额等来直接影响进出口商品的数量,从而使国际贸易增加。以上两种工具又可分为关税和非关税障碍两大类。所谓的非关税障碍或壁垒,是指除关税以外所有影响进口和出口的一切措施,如配额、进口许

可证、外汇管制、政府采购政策、国内税、最低限价、进口押金制、海关估价、技术标准、出口补贴等。虽然自早期的关税及贸易总协定开始，一直要求只以关税作为唯一的国际贸易保护手段，但经过成员国的多次谈判，各国关税已被大大削减，关税的保护作用日益减小，而非关税壁垒因具有很强的隐蔽性被越来越多地采用。在其效果十分明显的影响下，其措施已由 20 世纪 70 年代的 800 多种，增加到目前的 2500 多种。显然，新的贸易保护主义在贸易自由化的大背景下仍然在兴风作浪，各国以更隐蔽的方式来实现奖出限入。

传统的国际贸易融资既不属于价格也不属于数量工具，只有结构贸易融资的出口信贷被视为非关税措施。显然，就传统的国际贸易融资来讲，它既达到了促进国际贸易发展的目的，又避免了受他国指责和遭诸如反倾销等的报复。即使是由于贷款条件中均附带限制性条款，即只限于购买债权国的商品，对进出口的两个国家来讲也是互利的，贸易摩擦的可能性较小。所以，国际贸易融资基本上是没有副作用和消极影响的，它以低成本、高效率促进一国对外贸易的发展。

3）有效参与国际经济

促进一国有效地参与国际经济。这种参与既包括商品市场的参与，也包括金融市场的参与。从前者看，国际贸易融资通过多种方式向进出口商提供金融服务，使企业在资金获得融通的同时，能凭借优惠的信贷条件和有竞争力的支付条件，接受更多的订货，从而提高国际竞争能力，打开和占领新的市场，在世界经济中扮演更重要的角色；从后者看，国际贸易融资是国际银行的业务，需要国际银行之间的配合，实践表明，随着双方合作的深入，业务往来不再仅限于结算、融资，而是扩大到几乎所有的金融领域，包括货币市场和资本市场等，使银行有更多的机会步入国际舞台，发挥更重要的作用。

第二节
长期融资与短期融资

一、长期融资

长期融资一般是指期限在 1 年以上的资金融通。企业之所以会筹集长期资金，其主要目的在于为某个规模较大的项目提供资金支持。对于跨国企业而言，其长期融资渠道一般有国际银行贷款、发行国际债券、发行国际股票、平行贷款、政府贷款、兼并以及在其他国家建立分公司或子公司等。

（一）国际银行贷款融资

国际银行贷款是指由一国的某家银行，或由一国（多国）的多家银行组成的贷款银团，按市场价格水平向另一国借款人提供的不限定用途的贷款。

国际银行贷款有如下特点：一是贷款用途比较自由，由借款人自己决定；二是借款人较易进行大额融资，如独家银行借款中的中长期贷款每笔的额度可达数千万美元，银团贷款（又称辛迪加贷款）中每笔数额可达 5 亿～10 亿美元；三是贷款条件较为苛刻。国际银行贷款的贷款条件由市场决定，借款人的筹资负担较重。这是因为，借款的利率水平、偿还方式、实际期限和汇率风险等是决定借款人筹资成本高低的较为重要的因素，而与其他国际信贷形式相比，国际银行贷款在这些方面均没有优势。下面以银团贷款为例具体阐述。

银团贷款又称为辛迪加贷款，是由获准经营贷款业务的一家或数家银行牵头，多家银行与非银行金融机构参加而组成的银行集团采用同一贷款协议，按商定的期限和条件向同一借款人提供融资的贷款方式。国际银团是由不同国家的多家银行组成的银行集团。产品服务对象为有巨额资金需求的大中型企业、企业集团和国家重点建设项目。

1. 银团贷款产品业务的特点

（1）贷款金额大、期限长。可以满足借款人长期、大额的资金需求。一般用于交通、石化、电信、电力等行业新建项目贷款、大型设备租赁、企业并购融资等。

（2）融资所花费的时间和精力较少。借款人与安排行商定贷款条件后，由安排行负责银团的组建。在贷款的执行阶段，借款人无须面对所有的银团成员，相关的提款、还本付息等贷款管理工作由代理行完成。

（3）银团贷款操作形式多样。在同一银团贷款内，可根据借款人需要提供多种形式贷款，如定期贷款、周转贷款、备用信用证额度等。同时，还可根据借款人需要，选择人民币、美元、欧元、英镑等不同的货币或货币组合。

（4）有利于借款人树立良好的市场形象。银团的成功组建是基于各参与行对借款人财务和经营情况的充分认可，借款人可以借此业务机会扩大声誉。

（5）银团贷款成员应按照"信息共享、独立审批、自主决策、风险自担"的原则自主确定各自授信行为，并按实际承诺份额享有银团贷款项下相应的权利、义务。

（6）单家银行担任牵头行时，其承贷份额原则上不少于银团融资总金额的 20%；分销给其他银团贷款成员的份额原则上不低于 50%。

（7）银团代理行是指银团贷款协议签订后，按相关贷款条件确定的金额和进度归集资金向借款人提供贷款，并接受银团委托按银团贷款协议规定的职责对银团资金进行管理的银行。代理行可由牵头行担任，也可由银团贷款成员协商确定。

2. 银团贷款分类

银团贷款按组织方式不同，可分为直接银团贷款和间接银团贷款。

（1）直接银团贷款。由银团各成员行委托代理行向借款人发放、收回和统一管理贷款。国际银团贷款以直接银团贷款方式为主。

（2）间接银团贷款。由牵头行直接向借款人发放贷款，然后再由牵头行将参加贷款权（即贷款份额）分别转售给其他银行，全部的贷款管理、放款及收款由牵头行负责。

3. 贷款价格

在国际银团贷款中，借款人除了支付贷款利息外，还要承担一些费用，如承诺费、管理费、代理费、安排费及杂费等等。

（1）承诺费，也称承担费。借款人在用款期间，对已用金额要支付利息，未提用部分因为银行要准备出一定的资金以备借款人提款，所以借款人应按未提贷款金额向贷款人支付承诺费，作为贷款人承担贷款责任而受利息损失的补偿。

（2）管理费。此项费用是借款人向组织银团的牵头行支付的。由于牵头行负责组织银团、起草文件、与借款人谈判等，因此要额外收取一笔贷款管理费作为提供附加服务的补偿，该费用通常在签订贷款协议后的 30 天内支付。

（3）参加费。此项费用按出贷份额在各参加行中按比例分配。参加贷款金额较大银行的管理费和参加费可稍高于参加贷款金额较小的银行。

（4）代理费。它是借款人向代理行支付的报酬，作为对代理行在整个贷款期间管理贷款、计算利息、调拨款项等工作的补偿。

（5）杂费。它是借款人向牵头银行支付的费用，用于其在组织银团、安排签字仪式等工作时间所作的支出，如通信费、印刷费、律师费等。具体费率标准根据人民银行及各商业银行有关规定执行。

4. 我国银团贷款

（1）币种：以人民币为主，也可包括美元、欧元、英镑等币种。根据借款人需要，在一个银团贷款内可以使用多种货币。

（2）期限：短期为 3～5 年，中期为 7～10 年，长期为 10～20 年。

（3）相关费用：各项收费主要包括安排费、包销/承销费、代理费、承诺费等。

（4）适用客户：借款人有长期、大额资金的贷款需求；借款人在业界具有较高知名度，其经营能力、资金实力、技术实力为大多数银行所认可。

专栏 11-2 新形势下银团贷款的创新模式

资料来源：贾红睿. 新形势下银团贷款的四大创新模式[J]. 中国银行业，2015(5)：89-91.

（二）国际债券融资

国际债券融资是指通过发行国际债券来融通资金的一种融资行为。所谓国际债券，是指一国政府及其金融机构、企事业单位或国际金融机构在国际证券市场上发行的，以外国货币为面值的，可自由转让的债权证券。

国际债券的发行者和投资者属于不同的国家,筹集的资金来源于国外金融市场。国际债券的发行和交易,既可用来平衡发行国的国际收支,也可用于使发行国政府或企业引入资金,从事开发和生产。

1. 国际债券的特点

1) 资金来源广

国际债券是在国际证券市场上筹资,发行对象为众多国家的投资者,因此,其资金来源比国内债券要广泛得多。通过发行国际债券,可以使发行人灵活、充分地为其建设项目和其他需要提供资金。

2) 发行规模大

发行国际债券,规模一般都较大,这是因为举借这种债务的目的之一就是要利用国际证券市场资金来源的广泛性和充足性。同时,由于发行人进入国际债券市场必须由国际性的资信评估机构进行债券信用级别评定,只有高信誉的发行人才能顺利地进行筹资,因此,在发行人资信状况得到充分肯定的情况下,巨额借债才有可能实现。

3) 存在汇率风险

发行国内债券,筹集和还本付息的资金都是本国货币,所以不存在汇率风险。发行国际债券,筹集到的资金是外国货币,汇率一旦发生波动,发行人和投资者都有可能蒙受意外损失或获取意外收益,因此,国际债券很重要的一部分风险是汇率风险。

4) 有国家主权保障

在国际债券市场上筹集资金,有时可以得到一个主权国家政府最终付款的承诺保证,这也使得国际债券市场具有较高的安全性。当然,代表国家主权的政府也要对本国发行人在国际债券市场上借债进行检查和控制。

5) 以自由兑换货币作为计量货币

国际债券在国际市场上发行,因此其计价货币往往是国际通用货币,一般以美元、英镑、德国马克、日元和瑞士法郎为主,这样,发行人筹集到的资金是一种可以通用的自由外汇资金。

2. 国际债券的分类

国际债券从不同的角度可分为不同的类别,现择其中主要类别介绍如下。

1) 外国债券和欧洲债券

外国债券是指借款人在其本国以外的某一个国家发行的、以发行地所在国的货币为面值的债券。外国债券是传统的国际金融市场的业务,已存在几个世纪,它的发行必须经发行地所在国政府的批准,并受该国金融法令的管辖。

欧洲债券是指借款人在债券票面货币发行国以外的国家或在该国的离岸国际金融市场发行的债券。欧洲债券是欧洲货币市场三种主要业务之一,因此它的发行不需要任何国家金融法令的管辖。

2) 一般债券、可兑股债券和附认股权债券

一般债券是按债券的一般还本付息方式所发行的债券,包括通常所指的政府债券、金融债券和企业债券等,它是相对于可兑股债券、附认股权债券等债券新品种而言的,后两种债券合称"与股权相联系的债券"。

可兑股债券是指可以转换为企业股票的债券。这种债券在发行时,就给投资人一种权利,即投资人经过一定时期后,有权按债券票面额将企业债券转换成该企业的股票,成为企业股东,享受股票分红待遇。发行这种债券的大多是大企业,近年来,在国际债券市场上,可兑股债券发展得很快。

附认股权债券是指能获得购买借款企业股票权利的企业债券。投资人一旦购买了这种债券,在该企业增资时,即有购买其股票的优先权,还可获得按股票最初发行价格购买的优惠。发行这种债券的也多为大企业。

3)固定利率债券、浮动利率债券和无息债券

固定利率债券是指具有固定利率、固定利息息票和固定到期日的债券。它是国际债券的传统类型,也是目前国际债券融资中采用最多的形式。

浮动利率债券是指债券息票率根据国际市场利率变化而变动的债券。这种债券的利率基准和浮动期限一般也参照伦敦同业拆放利率。浮动利率债券是 20 世纪 80 年代以来国际债券市场上发展起来的一个新的金融工具。发行这种债券有一定的利率风险,但倘若借款人今后的资金运用也采取同样期限的浮动利率,则利率风险可以抵免。

无息债券是指没有息票的债券。这种债券发行时是按低于票面额的价格出售,到期按票面额收回,发行价格与票面额的差价就是投资人所得的利益。发行这种债券对借款人来说,可以节省息票印刷费用,从而降低筹资成本;对投资人来说,可以获得比有息债券更多的利益。

4)双重货币债券和欧洲货币单位债券

双重货币债券是指涉及两种货币的债券。这种债券在发行、付息时采用一种货币,还本时支付另一种货币,两种货币间的汇率在发行债券时就已确定。发行这种债券的最大优点是可以防止和避免创汇货币与借款货币不一致所带来的汇率风险。

欧洲货币单位债券是以欧洲货币单位为面值的债券,价值较稳定,近年来这种债券在欧洲债券市场上的比重逐年增大。

3.国际债券的发行

1)国际债券的发行条件

一项国际债券发行上市,其自身的发行条件将直接关系到发行者筹资成本的大小和能否顺利推销债券,以及投资者获取收益的大小和到期能否收回本息等诸多问题。因此,对于一种新债券而言,其发行条件是非常重要的。

一是信用等级。债券的信用等级既是投资者衡量债券投资风险的重要指标,又是债券管理机构对债券进行管理的重要依据。虽然大多数国家的法律并不明文规定也不强迫债券发行人必须取得信用等级,但是在发达的证券市场上,没有经过评级的债券往往不被广大投资者所接受,以致难以销售。相应地,评级较高的债券发行价格都比较高,而且发行成本较低,市场销路较好。

二是债券利率水平。一般来说,债券的利率水平要高于同期银行存款的利率水平,以吸引投资者进行投资。债券发行者在确定债券利率时,可将自己的信用等级作为参考标准:如果信用等级较高,就可以把债券的利率水平定得相对低一些;如果信用等级较低,为吸引投资者,就不得不把利率水平定得高一些。

三是债券发行价格。以其面额作为发行价格的债券的发行称为平价发行。然而,目前世界各国债券按面额发行的不多,而是多采用溢价发行或折价发行。当债券名义利率高于现行市场利率时,债券发行者就可以高于债券面值的价格出售债券,这称作溢价发行。相反,当债券的名义利率低于现行市场利率时,只能以低于债券面值的价格出售,这称为折价发行。

四是债券的发行额。发行额的多少,除了受信用级别的限制外,还要根据发行人的资金需要和市场销售的可能性确定。

五是债券的偿还期限。偿还期限的长短,由发行者的需要、债券市场的条件和发行债券的种类所决定,一般短则 5 年,长则 10 年、20 年以上。

2)国际债券的发行程序

(1)发行人确定牵头人。在接到发行人的授权书后,牵头人开始工作。

(2)牵头人帮助发行人在发行地国家表示发行债券的意向,征求该国政府许可。

(3)发行人与牵头人商定发行债券的基本条件、拟订条款。

(4)发行人与经理人签订订购协议。

(5)经理人与承销人签订承销协议或与推销人签订推销协议。

(6)发行人通过承销人向广大投资人提交招募说明书,介绍和宣传债券。

(7)债券发行到投资者手中,即承销人将债券出售给广大投资人。

(三)国际股票融资

国际股票融资是指符合发行条件的公司依照规定的程序向境外投资者发行可流转股权证券的国际融资方式。国际股票融资在性质上不同于国际债券融资,它本质上是股票发行人将公司的资产权益和未来的资产权益以标准化交易方式售卖于国际投资人的行为。与此相对应,投资人认购股份的行为本质上是一种直接投资,依此交易,认股人将取得无期限的股东权利,其内容中不仅包括旨在实现资本利益的股东自益权,而且包括旨在控制、监督发行人公司的股东共益权。

1. 国际股票融资的特点

1)永久性

这是由股票融资这一方式决定的。由于股票没有期限的限定,股东在任何情况下都不得要求退股,因此,引进的外资能够成为永久的生产性资金留在企业内。特别是通过发行 B 股融资,筹资国吸引的外资只会增加而不会减少,B 股只能在外国投资者之间进行交易而不能卖给国内投资者,因此筹资国所筹外资就较为稳定,该国吸引外资的数量也不会受到游资的冲击。

2)主动性

通过股票吸引外资,筹资国可运用法律和政策性手段约束投资者的购买方式、购买种类、资金进出的方式、税率等,并做出相应的规定。筹资国还可以自主决定哪些行业、企业允许外商投资,哪些不允许,从而正确引导投资方向。

3)高效性

国际股票融资有利于对外发行股票的企业在更高层次上走向世界。国外股票持有者从自身利益出发,会十分关心企业的经营成果,有利于企业改善经营管理,提高盈利水平。而企业因股票向外发行,无行中提高了国际知名度和信誉,有利于企业开拓产品销售市场,开展国际化经营。

2. 国际股票融资的结构与类型

国际股票融资依照其发行与上市结构可分为不同的类型,其中我国的境外股票融资中较普遍采用的类型主要包括境内上市外资股结构、境外上市外资股结构、间接境外募股上市结构和存托凭证境外上市结构等几种。

1) 境内上市外资股结构

境内上市外资股结构是指发行人通过承销人在境外募集股票(通常以私募方式),并将该股票在发行人所在国的证券交易所上市的融资结构。我国证券法规将依此类结构募集的股份称为"境内上市外资股",实践中通常称为"B 股"。

我国的境内上市外资股结构主要是依据我国的法律和会计准则构建的,在承销组织上采用了国际股票融资惯例中的私募方式,并在不违反中国法律的基础上遵循国际会计准则和股票发行地的有关法律要求,但这更主要的是为了满足境外投资人的投资偏好,增强其投资信心。由于多数国家的法律对于国际股票私募并没有严格的限制,因而境内上市外资结构所需解决的法律冲突和障碍也较少,其结构相对简单。

总体来说,我国目前的境内上市外资股在实践中仍处于试点和不成熟阶段,影响这一结构有效发挥作用的主要因素包括外汇管制制度的制约、公司法制不完善、因私募而形成的股权结构不合理、交易制度和信息披露制度的欠缺等等。

2) 境外上市外资股结构

境外上市外资股结构是指发行人通过国际承销人在境外募集股份,并将该股票在境外的公开发售地的证券交易所直接上市的融资结构,此类募股通常采取公开发售与配售相结合的方式。我国的证券法规将依此类结构募集的股份称为"境外上市外资股",实践中所称的"H 股"、"N 股"、"S 股"等均属此类。

我国境外上市外资股结构的特点如下。

(1) 其发行人为根据我国有关公司法规设立的股份有限公司,即中国法人,但规范公司行为的公司章程已根据股票上市地法律进行了必要的补充,因而大体解决了中外法律差异。

(2) 其股票发行与承销通常由国际性金融机构担任主承销人和保荐人,并且按照股票上市地法律的要求采取公募与私募相结合的方式进行。

(3) 其招股说明书须采取股票上市地法律要求的招股章程和信息备忘录形式,并且须符合该法律要求的必要条款规则和信息披露规则。

(4) 经审计的发行人会计报表通过国际调整表须符合股票上市地会计准则,同时应符合中国会计准则。

(5) 有关发行人公司的发行申请、上市审核等行为实际受到股票上市地和发行地法律的支配,但发行人公司首先须履行中国有关的申请审批手续。

(6) 有关发行人公司及其股东的持续性责任、上市承诺、同业竞争、关联交易和交易规则等安排应符合股票上市地法律的要求。

境外上市外资结构充分利用了市场所在国的外汇制度、法律制度、证券交易制度、相关信息披露制度,采用国际股票融资实践中惯常的组织方式,故其发行效率和股票流动性均优于境内上市外资股。

3) 间接境外募股上市结构

间接境外募股上市结构是指一国的境内企业通过其在境外的控股公司向境外投资人募集股份筹资,并将该募集股份在境外公开发售地的证券交易所上市的股票融资结构,依其公司重组方式又可分为通过境外控股公司申请募集上市和通过收购境外上市公司后增募股份两种。我国目前已在境外募股上市的上海实业控股、航天科技等公司均采取此类结构。

在我国,间接境外募股上市是运用中外合营企业法制创造的融资工具,其基本特征如下。

(1) 其发行人为根据股票上市地法律要求设立或收购的境外有限责任公司,为境外法人,其公司章程与公司设立均适用相应的外国法律。

(2) 其股票发行申请、上市审核、招股说明书、信息披露责任、股票交易等均适用股票上市地的法律,发行人经审计的会计报表也仅采用股票上市地要求的会计准则。

(3) 发行人公司作为境外投资人将通过合资企业法制控股境内的企业,该类境内企业为中外合资有限公司或中外合作有限公司,其公司章程、会计准则、利润分配和境外资金投入均适用中国的有关法律。

(4) 根据我国目前的法律规定,间接境外募股上市虽不受计划额度制度的支配,但境内机构(特别是国有机构)对境外控股公司的投资须取得商务部的批准和许可,以境内机构控股而实施的间接境外上市还须经证券监管部门批准后方可实施。

间接境外募股上市结构充分运用境内合资法制和境外市场所在国法制的条件,使境外投资人对境外上市公司有较强的认同感和法制信心,而其股权利益则由境外上市公司代表股东向境内的合资企业主张。依此类结构组织的国际股票融资在发行效率、股票流动性和市场表现上均优于境外上市外资股结构。

4) 存托凭证境外上市结构

存托凭证又称存股凭证,它是由一国存托银行向该国投资者发行的一种代表对其他国家公司证券所有权的可流转证券,是为方便证券跨国界交易和结算而创制的原基础证券之派生工具。存托凭证所代替的基础证券通常为其他国家公司的普通股股票,但目前已扩展于优先股和债券。实践中最常见的存托凭证主要为美国存托凭证(ADR)和欧洲存托凭证(EDR)。我国目前已在境外上市的上海石化、马鞍山钢铁公司等均采取 ADR 境外上市结构。

存托凭证结构依其具体内容可分为不同类型。例如在 ADR 中,一级有担保的 ADR 和二级有担保的 ADR 不具有筹资功能,而三级有担保的 ADR 和 144A 私募 ADR 则具有募股筹资功能,我国公司境外上市实践中通常采用的 ADR 类型多为三级 ADR 和 144A 私募 ADR。概括地说,存托凭证境外上市结构是指一国的发行人公司通过国际承销人向境外发行的股票(基础证券)将由某外国的存托银行代表境外投资人统一持有,而该存托银行又根据该基础证券向该国投资人或国际投资人发行代表该基础证券的存托

凭证,并且最终将所发行的存托凭证在该国证券交易所上市的国际股票融资方式。

存托凭证上市结构的当事人除包括发行人和基础证券承销人之外,还包括存托银行、存托凭证承销人、托管银行等。这一结构的基本特征如下。

(1) 发行人公司通过国际承销人向境外配售的基础证券(股票)由某外国的存托银行代表境外投资人认购,并委托基础证券市场所在国的托管银行机构(通常为存托银行的附属机构或代理行)负责保管和管理该基础证券。

(2) 存托银行依据基础证券通过承销人向其本国投资人或国际投资人发行代表该基础证券的存托凭证,每一单位存托凭证依发行价代表一定数量的基础证券,并将发行存托凭证的筹资用于认购基础证券的支付。

(3) 安排存托凭证在存托银行所在国证券交易所上市,负责安排存托凭证的注册和过户,同时保障基础证券在其市场所在国的可流转性。

(4) 由存托银行通过托管银行向基础证券发行人主张权利,并以此向存托凭证持有人派发股息。

(5) 存托银行负责向基础证券发行人咨询信息,并负责向存托凭证持有人披露涉及基础证券发行人的信息和其他涉及存托凭证利益的信息。

(6) 存托凭证注销的过程通常为,首先由存托银行以回购要约通过市场向存托凭证持有人购回存托凭证,其次由存托银托通知基础证券市场的经纪商售出基础证券,再次由存托银行将购回的存托凭证注销,最后以基础证券售卖收入偿付存托凭证原持有人。由上可见,存托凭证上市结构是由存托银行提供金融服务的某种衍生证券发行与上市结构,存托银行在其中仅提供中介服务并收取服务费用,但不承担相关的风险。

3. 国际股票发行

国际股票融资的核心内容是国际股票发行,它是指符合发行条件的公司组织以筹集资金为直接目的,依照法律和公司章程的规定向外国投资人要约出售代表一定股东权利的股票的行为。根据多数国家证券法的规定,股票发行应当符合公开、公平与公正的基本原则,某些国家的法律甚至对于股票发行方式也设有概括性规定(如我国法律对于股票发行方式加以列举式概括)。但总体来说,多数国家的法律对于国际股票公开发行和私募发行设有不同的规则。

股票公开发行是指发行人根据法律规定,以招股章程形式向社会公众投资人公开进行募股的行为,其发行程序、信息披露和有效认股之确认均受到特别法规则、要式行为规则的规制。

股票私募发行又称配售,是指发行人根据法律的许可,以招股信息备忘录或类似形式向特定范围和特定数量的专业机构投资人以直接要约承诺方式进行售股的行为,其发售程序、信息披露和有效认股之确定仅受到较为宽松的法律的控制。

简要地说,股票公募与私募的主要区别如下。

1) 发行申请规则不同

股票公募需向证券市场所在国的证券监管部门履行股票发行注册申请、备案和审核;而股票私募通常无须向证券市场所在国证券监管部门履行发行注册申请或审核程序,或者仅需履行较为简单的注册备案程序。

2) 信息披露要求不同

股票公募依照多数国家的法律须使用正式的招股章程,在必要条款内容、验证标准和披露程序上受到较严格的法律控制。而股票私募则仅需使用法律要求较为宽松甚至没有要求的信息备忘录,许多国家的法律对其必要内容和验证标准交由惯例控制,其披露可以采取分别派送的方式,对其披露时间的要求也较为宽松,这使得发行准备工作大为减省。

3) 售股对象不同

股票公募是发行人向不特定公众发出的售股要约,其要约和有效认股之确认须遵循严格的公开性规则;而股票私募则是发行人向特定范围和特定数量的机构投资人发出的售股要约,其要约承诺原则上遵循合同法规则。

4) 上市审核规则不同

股票公募通常谋求在境外的正式证券交易所上市股票,故发行人除须履行发行申请程序外,还须接受证券交易所的上市条件审核,接受上市规则的约束;而单纯的私募股票不能在正式的证券交易所上市,通常仅可在证券商交易系统或店头市场交易,其上市审核问题较为简单,一般受到惯例的支配。为了充分利用证券市场所在国的法律条件,典型的国际股票融资(特别是在筹资规模较大的情况下)通常采取股票公募与私募相结合的方式,保障所公开发售和私募的股票共同上市,实践中称之为"公开发售与全球配售"。依此方式,发行人通过承销人在股票上市地进行一定比例的公募,又通过承销团在世界其他地区进行一定比例的私募。在此类募股中,发行人和承销人根据法律的要求须准备公募使用的招股章程和在不同地区私募使用的信息备忘录,须根据上市地法律的要求协调公募与私募的比例,须使股票公募与私募所遵循的申请审核程序和信息披露程序相衔接。按照英美等国的证券法规则,在采取公开发售与全球配售的情况下,公开发售的比例原则上不得低于同次发行总额的25%,我国香港地区原则上也遵循这一比例,但在实践中通常可酌情降低这一要求。

(四) 其他融资来源

1. 平行贷款

平行贷款是指在不同国家的两个母公司分别在国内向对方公司在本国境内的子公司提供金额相当的本币贷款,并承诺在指定到期日各自归还所借货币。

平行贷款涉及两个国家的母公司,它们各自在国内向对方在境内的子公司提供与本币等值的贷款。平行贷款流程如图 11-1 所示。

从图 11-1 可知,英国母公司 A 及美国公司 B,A 公司在美国的子公司 A′,B 公司在英国的子公司 B′。现在 B′公司需要英镑资金,A′公司需要美元资金,就可以由两家母公司达成一致,由 B 公司向在美国的 A′公司提供美元贷款,A 公司向在英国的 B′公司提供英镑贷款。

通过这种安排,资金没有跨越国界,所以各自的子公司在没有受到东道国外债管制及外汇管制的情况下,顺利得到资金,实现不同国家营运资金的转移。两家子公司分别以经营收入向提供贷款的对方母公司支付贷款利息,因此该支出可作为纳税抵扣项。此

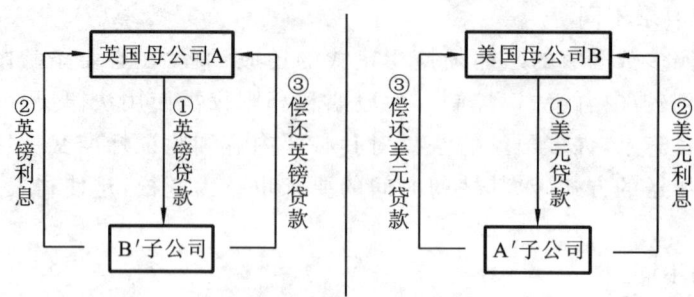

图 11-1　平行贷款流程图

外,实现的利润将通过合同规定,直接转移到两家跨国公司的母公司。平行贷款的融资方法,既有利于双方融通资金,又避免因汇率波动而为公司的跨国经营造成外汇风险,同时还可降低筹资成本,因此越来越受到大型跨国公司的青睐。

2. 信贷掉期

信贷掉期是指两个借款人从两个不同的市场以相对有利的条件取得债务后相互交换,从而共同进入对方的市场并承担对方的偿付义务的一种融资方法。20 世纪 70 年代末,信贷掉期应运而生,主要目的是保护企业利润不受利率波动的影响。在此之后,随着越来越多的国际银行为资金需求者和供应者提供借款、投资、保值、套利等相互掉期的机会和选择,信贷掉期又成为一种保值工具并在国际金融市场上迅速发展起来。

3. 政府贷款

政府贷款是指一个国家的政府利用财政资金向另一个国家的政府提供的援助性、长期优惠性贷款,是政府与政府间的一种融资方式。政府贷款多由发达国家向发展中国家提供。

同其他形式的国际信贷相比,政府贷款有其独特之处。

(1) 由专门机构负责,如日本的海外协力基金、美国的国际开发署、法国的财政部国库司等。

(2) 程序较复杂。先由受援国选定、提出贷款项目,援助国对项目进行考察、选定、评估,双方会谈并由援助国做出贷款的正式承诺,商谈贷款条件,然后签署贷款协议。由于办理手续较复杂,由此可能导致达成贷款协议的时间相应变长,容易造成资金闲置和浪费。

(3) 资金来自财政预算。财政预算是政府贷款的资金来源。政府贷款一般占一国国民生产总值的 1% 以下,有时超过 1%。因此,贷款有一定的数量限制,规模不可能太大。

(4) 条件优惠,即利率较低、期限较长,这正是其优惠性的体现。

(5) 限制性采购。多数国家的政府贷款的第三国采购比例为 10%～15%,即贷款总额的 85%～90% 用于购买贷款国的设备和技术。

(6) 长期性、连续性。政府贷款一般能较长期地提供,具有连续性、稳定性。

(7) 政治性强。援助国与受援国一般外交关系良好,属于政治上友好的国家,这是政府贷款的一个约束因素。

(8) 币种选择余地小,一般只能选择援助国的货币,由此可能产生汇率风险。

4. 国际金融组织贷款

国际金融组织贷款是由一些国家的政府共同投资组建并共同管理的国际金融机构提供的贷款,旨在帮助成员国开发资源、发展经济和平衡国际收支。其贷款发放对象主要有以下几种:对发展中国家提供以发展基础产业为主的中长期贷款,对低收入的贫困国家提供开发项目以及文教建设方面的长期贷款,对发展中国家的私人企业提供小额中长期贷款。

国际金融组织贷款的特点如下。①贷款条件优惠。国际金融组织的贷款一般利率较低,期限较长。如国际开发协会,主要是对低收入的贫困国家提供开发项目以及文教建设方面的长期贷款,最长期限可达 50 年,只收 0.75% 的手续费。②审查严格,手续繁多,从项目申请到获得贷款,往往需要很长的时间。

国际金融组织贷款是指国际货币基金组织、世界银行/国际复兴开发银行(IBRD)、国际开发协会(IDA)、国际金融公司(IFC)、亚洲开发银行(ADB)、国际农业发展基金会,以及其他国际性、地区性金融组织提供的贷款。

世界银行(世行)贷款主要指国际复兴开发银行(IBRD)贷款和国际开发协会(IDA)信贷,其目的是通过长期贷款的支持和政策性建议帮助会员国家提高劳动生产力,促进发展中国家的经济发展和社会进步,改善和提高生活水平。国际复兴开发银行主要是为发展中国家提供有息的中长期贷款,采用浮动利率制,利率水平与国际金融市场利率水平比较接近,贷款期限通常为 20 年,一般称为"硬贷款"。国际开发协会主要是向较贫穷的低收入会员国提供无息的长期开发信贷,贷款期限为 35~50 年,一般称为软贷款。世行从 2000 年财政年度起不再向中国发放软贷款。

亚洲开发银行(亚行)贷款是亚行对亚洲和太平洋地区的发展中国家提供的长期性开发资金。目的是鼓励各国政府和私人资本向亚洲和太平洋地区投资,对本地区国家提供长期贷款和技术援助,促进本地区国家的经济合作和发展。

亚行贷款分为普通贷款和特种贷款。普通贷款主要用于帮助成员国提高其经济发展水平,采用浮动利率制,贷款期限为 15~25 年,普通贷款也被称为硬贷款。特种贷款主要是为较贫困成员国提供的优惠贷款。这种贷款不收取利息,贷款期限为 40 年,也称为软贷款。我国未使用过亚行的特种贷款。

二、短期融资

短期融资是与长期融资相对应的一个概念,一般是指期限在 1 年以下的资金融通。与长期融资不同,企业借入短期资金一般是为了解决流动资金短缺问题,而不再是为某一个具体的项目筹集款项。国际企业的短期融资方式主要有三种:国际银行短期贷款、票据发行便利、欧洲商业票据。

1. 国际银行短期贷款

国际银行短期贷款是指一国银行向另一国筹资者提供的贷款期限为 1 年及 1 年以下的贷款安排。根据筹资人是否为金融机构,又可将其分为两种情况:银行间的借贷(银行同业拆放)和银行与非银行类客户(企业或政府)间的借贷。

银行同业拆借市场是整个短期信贷市场的主要组成部分,一般具有以下特点。

（1）期限短。由于借款银行拆借短期资金的目的是弥补其头寸周转的需要，因此，最短的期限可为1天（即隔夜拆借），一般不超过6个月，因此往往不需提供担保或抵押品，只需通过电传瞬时完成交易，事后书面确认即可。

（2）批发性。银行间同业拆借的每笔交易数额都比较大，至少在10万美元以上，典型的银行间借贷以100万美元为一个交易单位。

（3）利率低。由于银行类借款人的信誉一般要高于其他类型借款人，并且其每笔交易的数量较大，因此，各个银行间各种期限的借贷所形成的利率水平往往就成为这种货币相应期限的基础利率。

（4）灵活方便。由于市场资金充沛，能满足大规模借贷的需求，在借款地点、借款期限、借款货币、利率高低等方面有较大选择余地。

短期贷款的另一种情况是银行对非银行类客户的贷款。能够成为国际银行短期信贷借款人的非银行类客户，主要指大的跨国公司和政府机构。银行在向非银行类客户提供借款时一般不限定用途，可由借款人自由安排。公司企业借入短期国际资金的主要目的是满足其跨国经营中对流动资金的需要，特别是在进口支付时的需要；公司企业中的一类特殊的公司——基金公司，常常以投机者的角色借入国际短期资金，通过进行套汇、套利及期货期权等投机活动获取利润；而各国政府机构借入国际短期资金的主要目的是弥补本国国际收支的短期逆差。

2. 票据发行便利

票据发行便利（NIFS）又称票据发行融资安排，是通过循环发行低资金成本的短期票据以取得中长期资金的一种融资方式。这种融资方式是欧洲银行为回应欧洲债券的挑战而创新的一种融资工具，因此是融资竞争的产物。作为银团贷款的低成本的代用品，票据发行便利这种融资方式允许借款人发行其自己的短期票据（即由信誉良好的大企业签发的无担保的短期债务），这种票据由提供票据发行便利的金融机构安排并分配发行。

票据发行便利的票据属短期信用性质，多为3个月或6个月，长的可达1年，但提供这种便利的金融机构的包销承诺的期限通常为5～7年，因而，借款人实际获得了中期信用。在这种融资方式下，借款人如果是银行，它发行的票据通常为短期存款证；借款人如果是非银行机构，通常采取本票的形式。这种短期票据一般称为欧洲票据，以美元计值，其数额较大，一般在50万美元以上。票据的持有人一般都要将票据的活动情况反映在资产负债表上，但对于包销承诺方而言，此业务属于表外业务，因此通常不必将这种承诺反映在资产负债表上。

票据发行便利的特点如下。

（1）企业可以获得低成本资金，提高使用资金的灵活性。

（2）企业通过发行短期票据获得中长期资金，具有创造信用功能，并使风险进一步分散，表内业务表外化。

（3）银行可以向借款人收取协助筹资报酬，一般占发行总额5～10个基本点；承诺费，一般占未发行额度的5～10个基本点；包销费，即承购包销票据的费用，一般占包销额的5～15个基本点。

3. 欧洲商业票据

欧洲商业票据是国际著名跨国公司为了筹集短期资金,而在货币发行国以外发行的以该国货币计值的商业票据。同票据发行便利一样,欧洲商业票据也是欧洲票据市场的重要组成部分,但不同的是,欧洲商业票据在发行时,一般没有银行的包销承诺。

欧洲商业票据是由主要的公司发行的短期无担保、无记名证券,期限从1周到1年不等。这一市场在20世纪80年代开始发展,现在已经是一个规模较大、比较活跃的市场了。该市场主要的票据购买者是一些试图寻找比国库券拥有更高回报率的机构投资者,他们希望运用具有不同到期期限、比较有弹性的投资工具进行投资。对于一些知名的借款者来说,欧洲商业票据为他们提供了联结全球范围内投资者的纽带。欧洲商业票据的发行成本较低,不像美国商业票据那么昂贵。欧洲商业票据可以在二级市场上比较容易地交易流通。

欧洲商业票据与美国商业票据存在一些差异,主要表现为:一是欧洲商业票据的平均期限约为美国商业票据的两倍;二是欧洲商业票据的二级市场交易活跃,而大多数美国商业票据常被最初投资者持有至到期日。中央银行、商业银行和公司是欧洲商业票据这一特定市场的重要的投资者群体,而美国商业票据的重要持有人是货币市场基金,这些基金在欧洲票据市场中并不重要。此外,美国发行人在欧洲票据市场中的分销等级明显低于其在美国票据市场中的分销等级。这一调查结果的原因在于欧洲商业票据市场中银行作为低等级票据的购买者发挥着重要作用。

历史上这两种票据的另一重要区别是在信用评级方面。例如,1986年底,仅有约45%的活跃的欧洲商业票据发行人进行了信用评级,而美国的信用评级是很普遍的。但是,随着投资者适应了评级观念,并且评级机构为了促进其服务的使用,这一差异的存在将是暂时的。例如,标准普尔公司向已进行了美国评级的企业在美国年收费25000美元的基础上仅加收5000美元为其进行欧洲商业票据评级。穆迪公司更进一步,将其商业票据评级变为全球票据信用评级,适用于任何市场或币种。到1994年为止,仅有4%的欧洲商业票据的发行人未进行评级。

尽管欧洲商业票据市场从1985年建立以来发展迅速。1994年9月,英国电信公司创造了不到48小时通过欧洲商业票据筹集到6.35亿美元的纪录,这成为其不断成熟的一个标志。许多欧洲公司受到了市场深度和流动性不断增加之类信号的鼓舞,增加了欧洲商业票据的发行。此外,美国公司虽然能够进入巨大的国内商业票据市场,但也开始对欧洲商业票据市场发生兴趣。在英国电信公司打破欧洲商业票据市场的纪录之后,AT&T公司将其1987年制订的2亿美元欧洲商业票据计划扩展到10亿美元。尽管存在着令人振奋的迹象,大部分的财务经理,无论是否来自美国,都认为美国商业票据市场因其惊人的流动性和深度仍然是满足日常营运资本需求的低成本资金的主要来源。

欧洲商业票据市场有一个优势,即灵活性。与美国商业票据市场不同,欧洲商业票据以多种货币标价,允许发行人在更广的货币币种范围内借款。例如,AT&T公司10亿美元的计划允许采用多种货币发行商业票据,币种包括美元、瑞典克朗、荷兰盾和意大利里拉。虽然77%的全部欧洲商业票据仍然使用美元标价,但非美元标价部分随着时间正在不断增加。

除了允许海外子公司以当地货币借款这一明显的好处之外,多种货币的欧洲商业票据计划也允许更大范围的互换套利。将商业票据发行与交叉货币互换相结合,借款者可以获得大量的利息节约额。约40%的全部欧洲商业票据发行现在采用互换的方式。计算机技术的发展使得交易商和发行人更容易获得互换套利机会和满足投资者需求,这预示着以互换驱动的欧洲商业票据计划会发展得更为迅速。

第三节

国 际 租 赁

一、国际租赁的概念

国际租赁的概念有广义和狭义之分。广义的概念包括跨国租赁中的间接对外租赁。跨国租赁是指分别处于不同国家或法律体制下的出租人与承租人之间的一项交易,不管承租人是否为当地用户,对这家租赁母公司而言是间接对外租赁。狭义的国际租赁仅指跨国租赁。

我国租赁界根据我国租赁实践的特殊性,将租赁分为国内业务和国际业务。租赁的国内业务是指交易三方当事人均为我国企业并以人民币作为合同计价货币时的交易行为。租赁的国际业务是指交易三方当事人中任意一方为外国企业,并以外币作为合同计价货币时的交易行为。

二、国际租赁的方式

1. 融资租赁

融资租赁是指出租人用资金购置承租人选定的设备,并按照签订的租赁协议或合同将其长期租给承租人使用的一种融资方式。融资租赁的特点如下。

(1) 交易至少涉及三方当事人和两个合同。三方当事人是指出租人、承租人及供货方。作为三边交易,租赁业务至少要由两个独立的合同来共同完成:一是租赁公司与制造商之间的进出口合同;二是租赁公司与承租人之间的国际租赁合同。

(2) 拟租赁的设备由承租人选定,出租人只有融资的义务而不承担设备缺陷等责任。

(3) 全额清偿,即租金总额足以支付出租人购买设备的全部投资并能够使出租人获得一定收益。

(4) 承租人一般不可能提前终止合同。融资租赁的合同是不可能解约的,在合同期间,双方均无权撤销合同。

(5) 设备的所有权与使用权长期分离。

（6）由承租人负责设备的维修。

（7）基本租期结束时，承租人对租用的设备可有三种选择权，即续租、退租和留租。

2．经营租赁

经营租赁是指出租人根据市场需求而购进通用设备，通过不断地租给不同用户而逐步收回租赁投资并获得相应利润的一种租赁形式。经营租赁的特点如下。

（1）交易只涉及两方当事人，即出租人和承租人。

（2）租赁标的多为无形损耗大、需专门管理与保养的通用设备。

（3）出租人提供设备的维修、保养等服务。

（4）以满足用户短期需要为主，租赁期短，需反复租赁才能收回投资额。

（5）承租人可提前终止合同。承租人在一定条件下可中途解约、退租或改租设备。

（6）设备的所有权不可转让。租赁期满，承租人只能退租或续租，不得留购。

3．转租赁

转租赁是指一国的出租人根据本国最终承租人的要求，先以承租人的身份从另一国出租人处租进设备，然后再以出租人的身份转租给用户使用的一项租赁交易。转租赁是国际租赁业务中运用较为广泛的一种形式。

转租赁是一种以同一物件为标的物的多层次融资租赁交易。其中，上一层次的融资租赁合同的承租人，同时又是下一层次融资租赁合同中的出租人，称为转租人。第一层次融资租赁合同中的承租人称为"第一出租人"，最终层次的融资租赁合同中的承租人称为"最终承租人"。转租赁之所以受到出租人的欢迎，是由于有了转租人这样一个信用状况更好的中介，因而有利于减少资金不能收回的风险。第三方之所以愿意以转租人的身份介入，有很多原因。例如，最终承租人是它的关联企业，控股子公司之类。它需要让后者能利用融资租赁的有利条件，来达到特定的经营目的，因此自己愿意承担资金回收方面的风险。而且有租赁经营权的租赁公司相互合作，能发挥各自优势，分散风险，或利用不同地域和行业的税收政策。

4．杠杆租赁

杠杆租赁是指租赁公司自己或投资人筹措部分资金，项目所需的大部分资金通过银行贷款解决的租赁方式。

对于建设和运营中所需的购置成本特别高的一些大型设备的融资，利用委托租赁的方式难以实现，杠杆租赁则为此提供了一个较好的解决办法。在杠杆租赁中，租赁公司通常以现金投资设备成本费的20％～40％，其余的购置费用通过向银行或保险公司等金融机构借款获得，然后把购得的设备出租给承租人。租赁公司要把租赁物的所有权、融资租赁合同的担保收益权、租赁物的保险收益权及融资租赁合同的收益权转让或抵押给贷款人。

5．回租租赁

回租租赁又称回购租赁，是将现有资产变现的一种租赁方式，是企业自我滚动发展的一种筹资方式。具体而言，是指设备使用方通过将自己的设备或厂房等物化资产在法律上的所有权转让给租赁公司而取得现金流入，然后再以直接融资租赁的形式租回上述资产，并在租期内按合同约定分期支付租金。利用出售回租的方式，可以在不减损对自己的固定资产的使用的前提下,帮助企业增加现金流,加大资产的流动性,提高资金使用效率。

回租租赁的主要目的是改变资产形态,将物化的长期资产变为流动性较强的现金资产。比如,企业急需一些流动资金购买原材料,企业可以把它现有的优质设备出售给租赁公司,再租回使用,租赁公司付款后,企业马上购进原材料,手续更简便。

回租租赁在项目建设中可以起到重要的作用,已建成的项目拥有巨大的存量资产,可以将这些资产出售给租赁公司,再租回使用。这样就将已固化的设备投资转化为货币资本,在很大程度上缓解建设资金不足的局面,形成滚动开发的格局。这种方式还可以用来筹集股本金及并购资金。

三、国际租赁的作用

1. 国际租赁对承租者的作用

1)能充分利用外资

当国内生产企业急需引进国外先进设备,又缺乏资金时,国际租赁是利用外资的有效途径。通过国际信贷购买设备,仍需自筹部分资金,并预付15％的合同价款。而利用租赁的方式引进,生产企业可以先不付现汇资金即可使用设备,留待以后分期支付给国外出资者,使企业资金周转不会碰到困难,从而达到提高产品质量、增加产量和扩大出口的目的。

2)能争取引进时间

国内生产企业如果向银行申请贷款和外汇,再委托进口公司购买所需设备,一般来说,时间是相当长的。而使用融资租赁的形式,通过信托公司办理,可使融资与引进同步进行,既可减少环节,又可缩短时间,使进口货物很快落实,从而达到加快引进的目的。

3)有利于企业的技术改造

企业采用租赁方式,能经常替换残旧和过时的设备,使设备保持高效率及先进性,使企业产品更具有竞争力。尤其是对于经济寿命较短或技术密集型的设备,用经营租赁的方式引进最新设备,出资者负责维修,更能使企业的技术改造得到保证。

4)不受国际通货膨胀影响

在整个租期内,合同条款不会变动,即使碰到通货膨胀或国际贷款利率浮动等情况,也不能改变合同中已订立的条款以及规定的利率和租金。

5)能减少盲目引进的损失

购进设备,一旦发现不符合国内外市场的形势和要求,要想很快脱手是相当困难的。若压价出售,会使企业蒙受不必要的经济损失;若暂时闲置不用,又会使企业背上沉重的包袱,占用资金;勉强维持生产,而产品又销售不上去,则会造成更大的损失。而采用经营租赁的方式,灵活方便,假如发现情况不好,可立即收手退租,力求使企业损失降至最低程度。

6)有利于适应暂时性和季节性的需要

有些设备在生产中的使用次数不多,却又不可缺少,如探测仪器、仪表等;有些设备受生产的季节性影响较大,使用的时间少,闲置的时间多,如农用设备等。假如购置备用,则造成积压浪费。

2. 国际租赁对出租者的作用

1) 能扩大设备销路

机器设备只有尽快销售出去,才能收回资金,促进生产的进一步发展。假如需要设备的用户,缺乏资金又不易获得银行贷款,难以一次性付清货款时,就无法达成交易。采用租赁贸易的方式,以租金的形式回收资金,是商品拥有者扩大商品销路的一条新途径。出租者承接租赁业务,起着促进达成交易的作用,并能从中获得一定的利益。

2) 能获得较高的收益

出租者在设备出租期间所获得的租赁费的总和,一般都比出售该设备的价格要高。而设备的所有权仍属于出租者,使其收益更加安全可靠。同时,在租赁期间,出租者还可向承租者提供技术服务,包括安装、调试、检测、维修、保养、咨询、培训等,也可以从中获得一定的额外收入。

3) 能得到缴纳税金的优惠待遇,享受税负和加速折旧的优惠

采用融资租赁形式出租的设备,所在国家一般均不将其作为该企业的资产处理,因此能在本国获得减免税的待遇。

第四节
国际项目融资

国际项目融资是一种特殊的融资方式,是指以境内建设项目的名义在境外筹措资金,并以项目自身的收入资金流量、自身的资产与权益,承担债务偿还责任的融资方式,也是无追索或有限追索的融资方式。

一、国际项目融资的方式

1. BOT 方式

BOT(建设-经营-转让)方式是指政府将一个基础设施项目的特许权授予承包商(一般为国际财团),承包商在特许期内负责项目设计、融资、建设和运营,并回收成本、偿还债务、赚取利润,特许期结束后将项目所有权移交政府。实质上,BOT 方式是政府与承包商合作经营基础设施项目的一种特殊运作模式,在我国又叫"特许权融资方式"。

2. 国际融资租赁

国际融资租赁是指当项目单位需要添置技术设备而又缺乏资金时,由出租人代其购进或租进所需设备,然后再出租给项目单位使用,按期收回租金,其租金的总额相当于设备价款、贷款利息、手续费的总和。租赁期满时,项目单位即承租人以象征性付款取得设

备的所有权。在租赁期间,承租人只有使用权,所有权属于出租人。融资租赁的方式有衡平租赁、回租租赁、转租赁、直接租赁等。

3. PPP 模式

PPP(公私合营)模式是指政府与私人组织之间,为了提供某种公共物品和服务,以特许权协议为基础,彼此之间形成一种伙伴式的合作关系,并通过签署合同来明确双方的权利和义务,以确保合作的顺利完成,最终使合作各方达到比预期单独行动更为有利的结果。PPP 模式以其政府参与全过程经营的特点受到国内外的广泛关注。PPP 模式将部分政府责任以特许经营权方式转移给社会主体(企业),政府与社会主体建立起"利益共享、风险共担、全程合作"的共同体关系,政府的财政负担减轻,社会主体的投资风险减小。PPP 模式比较适用于公益性较强的废弃物处理或其中的某一环节,如有害废弃物处理和生活垃圾的焚烧处理与填埋处置环节。这种模式需要合理选择合作项目和考虑政府参与的形式、程序、渠道、范围与程度,这是值得探讨且令人困扰的问题。

二、国际项目融资的信用结构

国际项目融资的信用结构包括以下三项要点:首先,国际贷款人的债权实现依赖于拟建工程项目未来可用于偿债的现金流量,即其偿债资金来源并不限于正常的项目税后利润;其次,国际项目融资要求以建设项目的资产权利作为项目运营和偿债的安全保证,它不同于以资产价值为抵押的普通担保;最后,国际项目融资通常需要创造足以防范或分散各种项目风险的多重信用保障结构,包括借款人或主办人提供的有限担保、完工担保人提供的项目担保、项目关系人提供的现金流量缺额担保、项目产品用户提供的长期销售协议及政府机构提供的政府担保或承诺等。

三、国际项目融资的特点

尽管国际项目融资具有结构复杂和类型多样化的特点,但与传统的国际贷款融资相比,国际项目融资通常具有以下基本特征。

1. 国际项目融资以特定的建设项目为融资对象

尽管项目融资的借款人可以为独立从事项目开发的项目公司(通常如此),也可以为并非单纯从事项目开发的项目主办人,但在通常情况下,贷款人要求对项目资产和负债(包括股东投入的股权资产和贷款人投入的项目贷款资产)进行独立核算,并限制将项目融资用于其他用途。在项目主办人作为借款人的情况下,贷款人将要求主办人将项目融资仅投向该特定项目或项目公司,并要求将项目资产与主办人其他资产相分离,由此形成主办人资产负债表之外的融资。这一特征表明,国际贷款人提供项目融资并非依赖于借款人(包括主办人或项目公司)的信用,而更主要依赖于项目投资后将形成的偿债能力和项目资产权利的完整性。在此情况下,贷款人显然不希望项目资产中除项目融资之外仍含有复杂的对第三人的负债。

2. 国际贷款人的债权实现主要依赖于拟建项目未来的现金流量以及该现金流量中可以合法用来偿债的净现值

正是基于这一特征,国际项目融资的贷款人在决定贷款前必须对项目未来的现金流量做出可靠的预测,并且通过复杂的合同安排确保该现金流量将主要用于偿债,同时往往要求取得东道国政府关于加速折旧、所得税减免等方面的优惠批准或特许。依项目具体情况,上述因素均可能成为制约国际项目融资文件生效的前提条件。

3. 国际项目融资通常以项目资产作为附属担保,但根据不同国家法律的许可,又可通过借款人或项目主办人提供有限信用担保

国际项目融资的资产担保并不以资产变价受偿为目的,贷款人要求此项担保意在获得资产控制权,它仅为项目融资信用保障结构中的一环。国际项目融资中的有限担保是在项目未来的现金流量不足以确保偿本付息的情况下,由借款人或项目主办人向贷款人提供的补充性的信用担保,它使得贷款人取得补充性的有限追索权,如果贷款人依项目具体情况不要求提供此种有限担保,则构成所谓无追索权的项目融资。由此可见,在国际项目融资中,项目资产担保和有限担保并不是主要的信用保障手段,它们的作用与保障项目未来的收益力相联系。

4. 国际项目融资具有信用保障多样化和复杂化的特点

针对不同融资项目的具体风险状况,国际贷款人往往提出不同的信用保障要求,其目的在于分散项目风险,确保项目未来的现金流量可靠地用于偿还贷款。实践中通常采用的手段包括:要求项目主办人或投资者对项目首先进行一定的股权投资,使项目融资仅占到项目资产总值的一定比例(通常为 60％以上),以分散贷款风险;通过项目完工担保合同锁定工程工期、工程价格和工程质量,以避免完工风险;通过签署原材料长期供应合同,以锁定项目运营成本,避免项目运营风险;通过签署旨在以稳定价格售卖项目产品的长期销售合同,以确保现金收入总量,避免市场风险。此外,国际项目融资通常要求取得项目所在国政府的特许和保证,并且通常须设立旨在按约付款和收款的信托受托人,以确保项目融资的法律条件和偿债之可靠。

5. 与上述特征相联系,国际项目融资具有融资额大、风险高、周期长、融资成本相对高的特点

由于国际项目融资以对项目未来的现金流量预测为基础,以旨在提高偿债效率的法律安排为条件,因而此类融资的准备工作成本、贷款利率和未来风险均较传统的国际贷款融资要高。

四、国际项目融资风险

国际项目融资中的常见风险主要有以下几种。

1. 信用风险

在大多数情况下,有限追索的项目融资是依靠一定的信用保证结构支撑起来的。因此,组成信用保证结构的各方项目参与者是否有能力履行其合同义务,是否愿意并且能够按照法律文件的规定在需要的时候履行其所承担的对项目融资的信用保证责任,就构成了贯穿于项目融资各个阶段的信用风险。

2. 完工风险

项目融资中的完工,通常有其特定的含义,不同于一般项目建设意义上的完工,即它不仅是指项目按照设计建设完成,而且通常要求在所规定的成本范围内按时完工,并且

达到预期的生产能力,也就是所谓的商业完工标准。根据具体项目情况的不同,项目融资中各方实际采用的商业完工标准可以有很大的差别。

项目完工风险是指项目因故中途停建,或不能按规定的质量标准竣工投产,或不能按期达到设计生产能力或盈利能力。完工风险是项目融资的主要核心风险之一,因为如果项目不能按照预定计划完工投产,项目融资所依赖的经济基础就受到破坏。而且从国际实践经验来看,项目建设期出现完工风险的概率无论在发达国家还是在发展中国家都是比较高的。因此,贷款银行对项目的完工风险都非常重视,通常会要求投资者或工程公司等其他项目参与者提供相应的完工担保作为保证。

3. 生产经营风险

项目的生产经营风险是在项目试生产阶段和生产运行阶段中所存在的技术、资源储量、能源和原材料供应、生产经营等风险因素的总称。它是项目融资的另一个主要的核心风险。项目生产经营风险的具体表现形式包括资源储量风险、能源与原材料供应风险、经营管理风险和技术风险等。资源储量风险是指石油、煤炭、天然气等地下资源开发项目中,资源的实际储量可能小于预测的储量。资源实际储量的多少直接影响着项目的未来收益,从而对项目贷款本息的收回构成风险。能源和原材料供应风险是指项目投产后,项目生产经营所需的能源和原材料的价格、质量和供应量发生变化,从而对项目的生产经营发生重大影响。至于经营管理风险,通常是指由于项目难以获得合格、称职的经营管理人员、技术人员和较高素质的劳动力,从而对项目的经营管理产生影响。

4. 市场风险

市场风险是指项目产品的市场需求和市场价格的变化对项目收益所产生的影响,它包括价格和市场销售量两个要素。项目产品的销售是项目收益的主要来源,是偿还项目贷款本息的根本保证。如果项目产品的市场需求和市场价格发生波动,势必影响到项目的收益和贷款银行的贷款资金的收回。为了降低项目风险,项目融资一般都会安排项目产品的长期销售协议作为对融资的支持。通过这种长期销售协议的安排,项目产品的买方实际上对项目融资承担了一种间接的财务保证义务。前面我们曾经介绍的"无论提货与否均须付款"和"提货与付款"合同,就是这种协议的典型形式。

5. 金融风险

项目的金融风险主要表现在利率风险和汇率风险(又称货币风险)两个方面。国际项目贷款的借款、收入和支出,往往以几种不同的货币计价,因此,如果有关货币之间的汇率发生变化,则会产生汇率风险。至于利率风险,则是指由于贷款利率发生变化而对项目产生的影响。

6. 政治风险

在国际项目融资中,投资者和所投资项目、贷款银行和所贷款项目往往不在同一个国家。这样,项目就面临着项目所在国政府的政治形势和制度环境以及与此有关的政策措施对项目的建设、运营和收益产生不利影响的风险。造成项目政治风险的原因有很多,如战争、内乱,以及外汇管制、拒发进出口许可证和营业证、提高税率、增加提成费、控制原材料供应和项目产品定价等。政治风险可分为两大类:一类是国家风险,即项目所在国由于某种政治或外交上的原因,对项目实行征用、没收,或者对项目产品实行禁运、联合抵制,中止债务偿还的可能性。另一类是国家政治、经济、法律稳定性风险,即项目所在国在外汇管理、法律制度、税收制度、劳资关系、环境保护、资源主权等与项目有关的敏感性问题方面的立法是否健全,管理是否完善,法律是否经常变动。降低政治风险的办法之一就是政治风险保险,包括纯商业性质的保险和政府机构的保险。另外,在一些外汇短缺或管制严格的国家,如果项目本身的收入是国际硬通货,贷款银行也愿意通过项目融资机构在海外控制和保留相当部分的外汇,直接用以偿还贷款,以减少项目政治风险和外汇管制风险。

7. 环境保护风险

目前世界各国对环境保护越来越重视,普遍开始关注工业项目对自然环境所造成的负面影响。各国纷纷进行了日趋严格的环境保护立法,这些立法以及环保政策在一定程度上可能会对项目开发带来不利影响,比如迫使项目生产效率降低,增加项目生产成本或增加额外投入以改善项目的生产环境,甚至迫使项目无法继续生产经营下去。因此,贷款银行对于项目的环境保护风险也必须予以充分重视。在一般情况下,通常应要求项目的投资者或借款人承担项目的环境保护风险,因为投资者被认为对项目的技术条件、生产条件和环境条件的了解比贷款银行要多。同时,贷款银行在对项目贷款进行经常性监督检查时也应该把环境保护问题列为一项重要检查内容。

主要术语和关键概念

国际贸易融资 应收账款融资 国际保理 信用证 银行承兑汇票 出口信贷 福费廷 国际银行贷款 银团贷款 辛迪加贷款 国际债券融资 国际股票融资 平行贷款 信贷掉期 政府贷款 国际金融组织贷款 国际银行短期贷款 票据发行便利 欧洲商业票据 国际项目融资 国际租赁

思考题

1. 什么是福费廷业务?其作用是什么?
2. 什么是国际长期融资?国际长期融资有哪些方式?
3. 什么是辛迪加贷款?
4. 国际租赁有哪几种方式?它们各有什么特点?
5. 什么是国际项目融资?国际项目融资有什么特点?

应用题

1. 结合所学知识和自己的理解,谈谈国际融资对一国经济的影响。
2. 阅读以下案例,并进行相应分析。

自从改革开放以来,我国的经济体制改革不断深化和完善,中小企业获得前所未有的发展机遇,中小企业在我国对外贸易领域中所占的地位越来越重要,给我国的经济增长提供了强大的动力支持。但是,由于中小企业自身条件、国家政治、银行等方面的限制,中小企业在国际贸易融资方面存在着许多问题,严重阻碍了中小企业的健康、稳定发展,影响了我国整体经济水平的提高。因此,认识到国际贸易融资的积极作用,解决国际贸易融资中存在的问题,是中小企业生存和发展的前提。

中小企业在国际贸易融资方面存在以下问题。

(1)融资主体和融资方式单一。国际贸易的不断发展,促使国际贸易融资方式的多样化,许多企业已经开始尝试使用新的融资方式。然而,在实际应用中,许多企业依然采用传统的融资方式,实行信用证结算与融资相结合的融资方式,业务额较低,不能满足企业的资金需求。另外,我国融资主体比较单一,并且严格管理资本市场,合法、公开的融资渠道较少,使得中小企业对于融资的自主选择性较弱,不利于中小企业进行融资。

(2)中小企业的融资困难。由于受到企业规模大小、资金多少及信用程度的影响,许多中小企业在向银行进行贷款时会面临许多困难。银行一般以大型企业或者国有企业为对象,制定整体授信标准和开发产品,而许多中小企业达不到这个标准,因而不具备融资的资格。

(3)融资审批程序繁多复杂。在贸易融资方面,银行没有制定专门的授信审查标准,只是以流动资金贷款的审批程序为参照,审批手续过于繁多,过程较长。在进行担保的过程中,中小企业需要自己去寻找符合担保条件的资产或企业,需要花费很长的时间,再加上银行需要对担保资产或企业进行考察,然后再办理相关手续,延长了融资的时间,使得中小企业的融资缺乏时效性,从而影响了中小企业的正常经营。

(4)信用管理体系不完善。在进行国际贸易时,中小企业会获得一定的利益,但是也存在贸易欺诈的风险。例如信用欺诈,在开立信用证时,一些开证人故意设置"软条款",导致出口企业无法做到单证相符,取得贷款资金,进而在国际贸易中处于被动的地位。

假如你是一家中小型企业的总裁,在了解上述材料后,你有哪些措施可以解决企业的国际贸易融资问题?

本章
参考文献

第十二章
国际货币体系

教学目的与要求:了解不同历史背景下国际货币体系的内容及特征,把握欧洲货币体系发展的历程,探索建立稳定的国际金融新秩序需要的条件。

教学内容:本章主要介绍国际货币体系的概念与类型、国际金本位制、布雷顿森林体系、牙买加体系、欧洲货币体系以及国际货币体系的改革趋势。

本章重点与难点:布雷顿森林体系的制度缺陷,牙买加体系存在的问题及改革,以及欧洲货币体系的主要内容及对当前国际货币体系改革的意义,在掌握国际货币体系发展简史的基础上,提出国际货币体系改革和发展的建议;理解特里芬难题及欧洲货币体系的汇率机制问题。

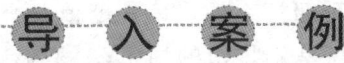

导 入 案 例

经济观察:改革国际货币体系的"严肃建议"

资料来源:http://news. xinhuanet. com/world/2009-03/26/content_11078274. htm.

第一节
国际货币体系概述

一、国际货币体系的含义

体系指某种有规则、有秩序的集合体。国际货币体系是一个十分复杂的体系,从广义上讲,国际货币体系以国际货币制度、国际货币金融机构及国际货币秩序为主体,内容几乎囊括国际金融领域的制度构成与安排,包括国际资本流动、国际汇率安排、国际收支协调、国际金融组织等。从狭义上讲,国际货币体系主要指国际货币制度。制度一般指要求大家共同遵守的办事规程或行动准则,与"体系"相比,更加强调"强制性"。国际货币制度是调节各国货币关系的一整套国际性的规则、安排、惯例和组织形式,它是由国际资本流动及货币往来而引起的货币兑换关系,以及相应的国际规则或惯例组成的有机整体。本书的国际货币体系主要采用其狭义概念。

国际货币体系的内容包括以下几个方面。

1. 汇率制度的确定

汇率制度的确定即一国货币与其他货币之间的比率应按照何种规则确定与维持,并保持汇率稳定,以防止各国货币间汇率的竞争性贬值。合理确定各国货币之间的比价,主要取决于两个方面:一是保持基础货币的稳定;二是限制各国货币与基础货币兑换比例的波动幅度。

2. 国际储备资产的确定

国际储备资产的确定即用什么货币作为国际清算、结算的支付手段,其来源、形式、数量和运用范围如何。国际储备在调节国际收支平衡、保持内部和外部平衡中起着非常重要的作用。为适应国际支付和维持汇率稳定的需要,一国必须保存一定数量的为各国普遍接受的国际储备资产。确定哪些资产充当国际储备,一国通过什么渠道获得国际储备,国际储备的规模如何,都需要由国际性的规则予以妥善安排。此外,国际货币体系对货币的可兑换性、黄金外汇转移的自由性、国家政府对外债券债务的原则等有关问题,也应做出相应的安排或规定。

3. 国际收支的调节

国际收支的调节即当出现国际收支不平衡时,各国政府采取什么方法弥补这一缺口,各国之间的政策措施如何相互协调。世界各国国际收支的平衡发展是国际货币体系正常运转的基础。如果一国存在着巨额的国际收支差额,不论是逆差或是顺差,不仅将影响一国国内经济的健康发展,也必将影响世界经济的正常发展。因此,确立合适的国际收支调节机制,使各国在国际范围内公平合理地承担国际收支的调节责任,帮助和促进国际收支出现不平衡的国家进行调节,保证各国经济平衡发展和世界经济稳定,就成为国际货币体系的重要内容或重要任务。

二、国际货币体系的类型

国际货币体系最基本的分类是从货币本位及汇率制度这两个角度进行的。

货币本位是国际货币体系的一个重要方面,这涉及储备资产的性质。一般而言,国际储备可分为两大类,即商品储备和信用储备。根据储备性质可将国际货币制度分为三类:纯粹商品本位,如黄金本位制度;纯粹信用本位,如不兑换纸币本位;混合本位,如美元、黄金储备制度和多元储备制度。具体在历史上曾经出现过的货币本位可以分为金本位、金汇兑本位和不兑现信用本位。

汇率在一切国际货币体系中都占据中心地位,因而可根据汇率的弹性大小来划分不同国际货币体系,按汇率弹性从小到大划分为绝对固定汇率制、可调整的管理浮动汇率制和完全浮动汇率制三种。固定汇率制又分为金本位制度下的固定汇率制和纸币流动制度下的固定汇率制,可调整的管理浮动汇率制又包括可调整的钉住汇率制、爬行钉住汇率制、管理浮动制等。

三、国际货币体系的形成

国际货币体系是规范国家间货币行为的准则,是世界各国开展对外金融活动的重要依据。它的形成方式主要有两种:一种是依靠市场自发形成,它是体制和习惯长期缓慢发展的结果,当越来越多的参与国遵照某些程序而给予其法律约束力时,一种国际货币体系就形成了;另一种是人为设立,它是借助政府间协定形成某种协调与合作机制,在短期内建立一套各国共同遵守的制度和规范,并随着时间的推移对其不断修正和发展。后一种途径在现今的条件下更为多见。

历史表明,一种理想的国际金融体系能够促进国际金融运行的协调与稳定,可以促进国际贸易和国际资本流动的顺利发展,并使各国公平合理地享受国际经济交往的利益;反之,则会成为国际经济发展的阻碍因素。虽然国际货币体系在一百多年的发展演变进程中已经发生了许多变化,但是总体而言,国际货币体系的改革总是滞后于国际金融发展的需要。

第二节
国际金本位制

金本位制是一种金属货币制度,是以黄金为本位币的货币制度。广义的金本位制指以一定重量和成色的黄金来表示一国本位货币的制度,包括金币本位制、金块本位制、金汇兑本位制。其中金币本位制是最典型的形式。狭义的金本位制即金币本位制。在金本位制下,每单位的货币价值等同于若干重量的黄金(即货币含金量);当不同国家使用金本位制时,国家间的汇率由它们各自货币的含金量之比——铸币平价来决定。金币本位制是一种稳定的货币制度,对资本主义经济发展和国际贸易发展起到了积极的促进作用。

一、金本位制的典型形式

1. 金币本位制(GCS)

金币本位制是金本位货币制度的最早形式,亦称古典的或纯粹的金本位制,盛行于1880—1914年。自由铸造、自由兑换及黄金自由输出/入是该金币本位制的三大特点。在该制度下,各国以一定数量的黄金为货币单位铸造金币,作为本位币,政府以法律形式规定货币的含金量,两国货币含金量的对比即为决定汇率基础的铸币平价。黄金可以自由输出或输入,并在输出/入过程中形成价格-铸币流动机制,对汇率起到自动调节作用。这种制度下的汇率,因铸币平价的作用和受黄金输送点的限制,波动幅度不大。第一次世界大战爆发后,各国纷纷发行不兑现的纸币,禁止黄金自由输出,金币本位制随之告终。

2. 金块本位制(GBS)

金块本位制是一种以金块办理国际结算的变相金本位制,亦称金条本位制。在该制度下,由国家储存金块,作为储备;流通中各种货币与黄金的兑换关系受到限制,不再实行自由兑换,但在需要时,可按规定的限制数量以纸币向本国中央银行无限制兑换金块。可见,这种货币制度实际上是一种附有限制条件的金本位制。

3. 金汇兑本位制(GES)

金汇兑本位制是一种在金块本位制或金币本位制国家保持外汇,准许本国货币无限制地兑换成该国货币的金本位制。在该制度下,国内只流通银行券,银行券不能兑换黄金,只能兑换实行金块或金本位制国家的货币。国际储备除黄金外,还有一定比重的外汇,外汇在国外才可兑换黄金,黄金是最后的支付手段。实行金汇兑本位制的国家,要使其货币与另一实行金块或金币本位制国家的货币保持固定比率,通过无限制地买卖外汇来维持本国货币币值的稳定。

二、金本位制的主要特点

1. 金币本位制的主要特点

(1)各国政府都规定以一定成色、重量的金币作为本位货币,确定本国铸币的货币单位及含金量。金币具有无限法偿的权利,并能与银行券自由兑换。

(2)金币可以自由熔化为黄金,任何人都可按本位币的含金量将黄金拿到国家造币厂铸造成金币。金币具有无限法偿能力,同时限制其他铸币的铸造和偿付能力。

(3)黄金可以在各国之间自由地输出与输入,以黄金为唯一准备金。由于金币可以自由兑换,各种价值符号(金属辅币和银行券)就能稳定地代表一定的黄金进行流通,从而保持币值的稳定,不致发生通货膨胀。由于自由铸造,金币的面值就可以与其所含的黄金价值保持一致,金币的数量就可以自发地满足流通中的需要;由于黄金自由输出入,就能自动调节国际收支并保证外汇行市的稳定和国际金融市场的统一。所以国际金本位制度是一种比较稳定、健全的货币制度。

2. 金块本位制和金汇兑本位制的特点

金块本位制和金汇兑本位制是在金本位制的稳定因素受到破坏后出现的两种不健全的金本位制。这两种制度下,虽然都规定以黄金为货币本位,但只规定货币单位的含金量,而不铸造金币,实行银行券流通。所不同的是,在金块本位制下,银行券可按规定的含金量在国内兑换金块,但有数额和用途等方面的限制,黄金集中存储于本国政府。而在金汇兑本位制下,银行券在国内不兑换金块,只规定其与实行金本位制国家货币的兑换比率,先兑换外汇,再以外汇兑换黄金,并将准备金存于该国。

三、国际金本位制的形成

1. 金币本位制

在金本位制形成之前,世界上几乎所有国家都采用金属本位制度。不论一个国家内部采用什么作为货币材料,在国际经济交往中,交换的媒介主要是由黄金或白银铸成的"大通货",有时候也通过条块形式的金、银进行支付。18—19世纪,各国政府开始控制纸币发行。纸币发行在解决了一个国家货币供应问题的同时,也为通货膨胀埋下了隐患,这就使一个国家所享有的自主决定本国经济政策的权利与其维护国际货币体系的正常运转秩序所应担负的义务之间具有了潜在冲突的可能性。因为个别国家发行的货币过多,就会导致通货膨胀,并最终动摇国际货币体系。国际金本位制就是在解决这一矛盾的前提之下应运而生的。

真正意义上的国际货币体系的确立是从国际金本位制开始的。国际金本位制形成的基础是主要资本主义国家实行的黄金与本国通货的自由兑换及固定汇率,但金本位制并非通过国际协议确立起来的,它的形成也并不涉及多边国际合作,而是各国的交易制度、交易习惯和国内立法缓慢发展的结果,它实质上是一种建立在习惯法基础之上、通过各国国内法律政策进行规制的国际货币制度。它源于英国的国内货币制度的发展和延续,反映的是英国在世界经济和国际贸易中的支配地位。

以黄金为本位的国际货币体系是从英国开始的,此后经过约半个世纪的演变和发展,当时北美和欧洲几个重要国家都先后确立了金本位制。早在17—18世纪,英国实行的是金银复本位制,后来由于白银产量大幅增加,银价暴跌,金银相对价值不稳定,因而发生劣币驱逐良币的现象,使货币制度陷入极度混乱。英国政府遂于1816年颁布《铸币条例》,发行金币,规定1盎司黄金为3镑17先令10.5便士,银币则处于辅币地位,并于同年颁布了《金本位制度法案》,将金本位正式在制度上给予确定。1819年,英国国会颁布《恢复条令》,恢复通货与黄金按固定比例兑换的业务,要求英格兰银行的银行券在1821年能兑换金条,在1823年能兑换金币,并取消对金币熔化及金条输出的限制,这标志着英国从此开始实行真正的金铸币本位制。德意志帝国建立后,于1871年从法国获得巨额战争赔款,随后发行金马克作为流通中的本位货币,对白银的自由兑换和提取加以限制,这样,黄金便成为事实上唯一的通货,这一举措也加速了国际金本位制的形成。美国在 1873 年颁布法令停止银币的自由铸造,宣布白银不再作为通货使用,随后,在 1875 年确立了《恢复硬币支付法》,旨在恢复黄金与纸币的兑换机制,这一系列举措意味着美国在实际上也开始确立金本位制。只是由于国内曾发生长时间的争论,直到 1900 年才正式通过《金本位法案》,实行金本位制度。美、德放弃复本位制改采金本位制的措施,进一步动摇了复本位制,白银的大量涌入,对于继续采用复本位制的国家已经构成了巨大的威胁。因此,法国、意大利、瑞士、比利时等国于 1874 年开始限制银币的自由铸造,于 1878 年完全停止银币的自由铸造,正式采用单一的金本位制。随后,荷兰、斯堪的纳维亚半岛等国亦改采金本位制。俄罗斯与日本也在 1897 年改行金本位制。到 19 世纪后期,金本位制已经在资本主义各国普遍采用,它已具有国际性。由于当时英国在世界经济体系中的突出地位,它采用的实际上是一个以英镑为中心、以黄金为基础的国际金本位制度。这种国际金本位制度持续了 30 年左右,到第一次世界大战爆发时宣告解体。在金本位制的全盛时期,黄金是各国最主要的国际储备资产,英镑则是国际最主要的清算手段,黄金与英镑同时成为各国公认的国际储备。英镑之所以与黄金具有同等重要的地位,是由于当时英国强大的经济力量,伦敦成为国际金融中心,英国也是国际经济与金融活动的中心,于是形成一种以黄金和英镑为中心的国际金本位制,也有人称之为英镑汇兑本位制。

第一次世界大战前的国际货币体系,是典型的国际金本位货币体系。这个国际货币体系大约形成于 1880 年,延续至 1913 年,它是在资本主义各国间的经济联系日益密切,主要资本主义国家实行金币本位制之后自发形成的,其形成基础是英国、美国、德国、荷兰以及一些北欧国家和拉丁货币联盟(由法国、意大利、比利时和瑞士组成)等实行的国内金币本位制。

2. 金块本位制和金汇兑本位制

1) 金汇兑本位制的确立背景

第一次世界大战的爆发,使得业已形成的国际金本位制无法正常运作。战争期间,各国为了筹集庞大的军费,纷纷发行不兑现的纸币,禁止黄金自由输出。各国经济严重失调,政府贷款大量增加,纸币肆意滥发,通货膨胀蔓延到整个世界。

随着主要资本主义国家之间矛盾的发展,破坏国际货币体系稳定性的因素也日益增长起来。英国在拿破仑战争期间、美国在南北战争期间都曾经停止黄金与纸币的兑换。到 1913 年底,英、法、美、德、俄五国占有世界黄金储存量的 2/3,绝大部分黄金为少数强国所占有,这就削弱了其他国家货币制度的基础。到 1913 年,全世界约有 60% 的货币用黄金集中于各国中央银行,各国多用纸币在市面流通,从而影响货币的信用。而一些国家为了准备战争,政府支出急剧增加,大量发行银行券,于是银行券兑换黄金越来越困难,这就破坏了自由兑换的原则。在经济危机时,商品输出减少,资金外逃严重,引起黄金大量外流;各国纷纷限制黄金流动,黄金不能在各国间自由转移。由于维持金币本位制的一些必要条件逐渐遭到破坏,国际货币体系的稳定性也就失去了保证。第一次世界大战爆发后,各国停止银行券兑换黄金并禁止黄金输出,同时出现严重的通货膨胀。战争期间,各国实行自由浮动的汇率制度,汇价波动剧烈,国际货币体系的稳定性已不复存在。于是金币本位制宣告结束。

战争结束后,世界各国经济情况发生了重大转变。首先,世界的经济和金融格局有所改变。战争的消耗,使英国的经济遭受重创,由战前的债权国变为战后的债务国,霸权地位开始发生动摇。与此同时,美国却在战争中发了战争财,由债务国变为债权国,在国际经济格局中逐渐占据主导地位,话语权在不断提升和扩大。其次,战时各国军费开支激增,疯狂滥发纸币以弥补战争消耗,导致世界范围内的通货膨胀严重,汇率波动剧烈。战后的短期内,无法恢复到战前金本位的平稳有序发展状态。再次,从 1915 年到 1922 年,世界黄金生产下降了三分之一,黄金数量对世界生产与国际贸易的比率低于战前,在这种情形下,传统的金本位制很难恢复,各国只得允许汇率浮动。更为重要的是,一些国家放弃金本位后,利用通货贬值实行汇兑倾销,各国为了防止汇兑倾销,除加强外汇管制外,还对贸易施加种种限制,这就缩小了世界贸易的范围。在汇率剧烈动荡、货币大幅贬值的情形下,世界货币制度的重建问题已成为当时世界经济发展的客观需要。

2)热那亚会议

第一次世界大战后,各国曾努力通过多边协议达成谅解,以实现国际货币金融制度的稳定发展。1922 年,在意大利热那亚召开了世界货币金融会议,讨论重建有生命力的货币体系问题。它吸取了战前国际金本位制的教训,确定了一种节约黄金的国际货币制度——国际金汇兑本位制。其主要内容为:各国的货币仍规定有含金量,黄金依然是国际货币制度的基础;国内不流通金币,以国家发行的银行券作为本位币流通;本国货币与黄金直接挂钩或同另一金本位国家的货币保持固定的比价,在后一种情形下,本国需在该金本位国家存放大量外汇或黄金作为维持汇率的平准基金,以便随时出售外汇来稳定外汇行市或通过购买外汇来获取黄金;主要金融中心仍旧维持其通货同黄金外汇的可兑换性。在金汇兑本位制下,由于本国货币依附于直接挂钩的国家的货币,因此,该国在财政金融和对外贸易方面要受到与其相联系的金本位制国家的控制与影响,所以,它实质上是一种处于附庸地位的货币制度,但它有利于货币的稳定。

召开于一战结束之后的热那亚会议,以其所规定的实行金块制、建立黄金兑换标准、确定金融中心国来建立少数几个国际中心并在其内保持金本位制等多项内容,对当时各国的金融政策以及各国单独采取黄金兑换制度产生了重要的影响。虽然热那亚会议所确立的制度未能付诸实施,但它使各国意识到自身在国际金融活动中的责任与义务,有力地促进了政府间的国际金融合作,也为国际货币体系的重建和完善奠定了基石。

四、国际金本位制的瓦解

一战结束后,尽管大多数国家仍然维持其法律上的金本位制,尽管人们一直幻想能恢复一战之前的金本位神话,但由于经济建设的需要、国际贸易的发展、世界黄金储量的供不应求,金本位制已名存实亡。

虽然热那亚会议在国际货币制度历史演变的基础上,建议采取金汇兑本位制,以便节约黄金的使用,但由于受到兑换黄金的浪潮加剧和世界外汇储备总额的减少两方面压力的制约,最终使得金汇兑本位制失去了节约黄金的作用,因此,它的寿命很短。金汇兑本位制是在狭小的黄金基础上建立起来的一种国际货币体系,经过 1929—1933 年世界

经济危机的冲击，它终于彻底瓦解。

1925 年，英国通过《新金本位法》，废除人们用纸币从英格兰银行兑换黄金的权利，除非相关黄金的含量低于 400 盎司，金本位制在英国的废除得到法律上的批准。1931 年 7、8 两月和 9 月上旬，黄金的持续大量外流迫使英国于 1931 年 9 月 21 日宣布停止以纸币兑换黄金的做法。至此，英国正式脱离金本位制。随后，英镑持续贬值，黄金储量急剧减少，作为唯一坚持金本位制的交战国，美国自然承受了极大的货币压力。虽然美国众议院于 1931 年通过了一项旨在抑制黄金外流的法案，并于 1933 年 3 月出台了紧急银行法案，但其终究无法承受世界性经济大萧条和通货紧缩的压力。1933 年 3 月 11 日，在罗斯福宣誓就职后的一星期，黄金作为流通货币的功能在美国终结。这一天，美国总统宣布银行一律停止黄金的兑换。1933 年 4 月 5 日，罗斯福下令禁止私人囤积价值超过 100 美元的黄金。个人、企业和其他组织必须到联邦储备银行或美国联邦储备委员会的成员银行按照每盎司黄金 20.67 美元的价格交出其手中的黄金。任何被发现违反规定的人将面临至多 10 年的监禁以及 1 万美元的罚金。6 月 5 日，国会通过议案，正式取消金本位制。

一项应对危机的临时性措施彻底推翻了当时人们认为天经地义的金本位。美国民间拥有黄金的权利被剥夺。40 年后，当美国公民再次获得拥有黄金的权利的时候，黄金在全世界已经变成一种普通的贵金属。

1934 年 1 月，美国国会通过《黄金储备法案》，规定黄金兑美元的价格从原来每盎司 20.67 美元改为每盎司 35 美元。人们用黄金兑换回来的美元仅仅过了几个月，就在手中贬值近 70%。

从 1931 年 9 月到 1933 年 4 月，一共有 35 个国家脱离金本位制，金本位的货币体系呈现土崩瓦解之势。随之而来的美元严重贬值使以法国为首的黄金集团无法维持黄金平价和稳定汇率，1936 年 9 月，继比利时被迫降低其货币币值之后，法国脱离金本位制，这使得其他金本位制集团不得不步其后尘，宣布不再实行金本位制。英、美、法等一系列国家先后被迫废除金本位制，最终宣告了金本位制这一国际货币体系的终结。

20 世纪 30 年代世界性经济大萧条和金本位制的彻底崩溃，给国际货币体系的正常运转带来了严重的影响。为了恢复国际货币秩序，美、英、法三国进行了一系列的协商与谈判，并于 1936 年 9 月达成了协调外汇交易的《三国货币协定》，同年 10 月又签订了三国相互间自由兑换黄金的《三国黄金协定》。

在三方协议下，美、英、法三国政府相互承诺依其本国政府所公开宣布的价格将其他两国所持有的本国货币兑换成黄金。三方协议并非上述三国签署的文件，它是由美、英、法三国各自发表宣言，构成国际协议的基础，而非协议本身。三方协议事实上是通过签订两个双边协议而产生的。然而，由于其本身的局限性，该协议未能真正起到促进外汇汇率的稳定和推动国际金融货币的多边合作之作用，但是它标志着国际金融货币制度的多边化和国际化的开端。后来，帝国主义国家为了准备战争，从美国购买军用物资，导致黄金的大量外流，三方协议也就成为历史。

五、国际金本位制瓦解的原因

国际金本位制形成于 19 世纪末,到第一次世界大战爆发时即告解体,前后持续约 30 年时间,缔造了国际货币体系的"黄金时代",也创造了一系列"金本位神话"。但是,传统的金本位制也并不完善,它实际上也存在着诸多缺陷及矛盾,也正是由于这些缺陷和矛盾,才最终导致国际金本位制度的崩溃。

首先,在金本位制下,各国货币的发行量要受到黄金储备的限制。但是,黄金作为一种自然资源,其供应量要受到其储量和自然分布、开采技术的影响,从而导致黄金的生产和供应具有不稳定性。一方面,黄金价格的动荡势必会动摇其作为稳健货币制度的基础;另一方面,一战前夕,黄金生产量的增长幅度远远低于商品生产增长的幅度,黄金不能满足日益扩大的商品流通的需要,这就极大地削弱了金铸币流通的基础。

其次,金本位制度下所具有的自动调节功能需要各国自觉遵守"比赛规则",即各国应以黄金表示其货币价值,各国的黄金应自由流出、流入,不受任何限制,各国发行纸币应受黄金准备数量的限制。因此,金本位制的运行缺乏相应的国际监督和保障机制,它依靠的仅仅是各国的自发认同,即各国保证其国内经济政策服从于对外平衡的需要。同时,保持对外平衡与稳定国内经济之间也存在着矛盾,当一国国际收支不平衡时,为恢复平衡,它就必须付出通货膨胀或经济紧缩的代价,从而影响到国内的经济福利。

再次,一战前的国际金本位制是建立在英国一国雄厚的国力基础之上的,它以当时在世界上处于霸权地位的英国的国内货币制度为支柱,这本身就蕴藏着巨大的危机。英国可以通过其货币政策来影响其他国家,进而操纵弱小国家的金融命脉。再者,一旦英国的国力衰退,霸权地位动摇,那么国际金本位制也会随之面临崩溃。因此,这就不可避免地要在国际货币秩序中引起严重的利益冲突和矛盾。

随着各国发展不平衡性的加剧、各国国家利益难以调和,这些缺陷和矛盾注定了国际金本位制终会走向崩溃和解体。第一次世界大战前夕,帝国主义国家加紧了对黄金的掠夺,致使黄金集中在少数几个国家手里。到 1913 年末,英、美、法、德、俄五国占有世界黄金储存量的三分之二,黄金储存量大部分为少数强国所掌握,必然导致金币的自由铸造和自由流通受到破坏,削弱其他国家金币流通的基础;战争期间,为满足巨额的军费开支,政府支出急剧增长,各国纷纷发行大量的纸币和债券,其数量远远超过了流通中所需要的货币量,导致可兑换量本已匮乏的黄金储备更加捉襟见肘,从而直接破坏了金本位制下货币与黄金的自由兑换;战争的爆发进一步加剧了各资本主义国家之间政治经济发展的不平衡,国际经济秩序的混乱也使各国国际收支状况发生剧烈的变动,逆差国不得不以黄金进行抵补,致使许多国家纷纷采取限制黄金输出的措施来进一步控制黄金外流,从而破坏了金本位制下黄金的自由输入、输出;英国的霸权地位开始削弱,逐渐失去了对国际货币体系的统治特权,这就使得相对稳定的国际货币关系遭到了破坏。这样,黄金用于维持金本位制的一些必要条件逐渐被削弱,国际货币体系的稳定性也就失去了保证,国际金本位制逐渐走向瓦解。

六、国际金本位制瓦解产生的影响

国际金本位制的瓦解,对国际金融乃至世界经济产生了巨大的影响。

1. 为各国普遍货币贬值、推行通货膨胀政策打开了方便之门

这是因为废除金本位制后,各国为了弥补财政赤字或扩军备战,会滥发不兑换的纸币,加速经常性的通货膨胀,不仅使各国货币流通和信用制度遭到破坏,而且加剧了各国出口贸易的萎缩及国际收支的恶化。

2. 导致汇价的剧烈波动,冲击着世界汇率制度

在金本位制下,各国货币的对内价值和对外价值大体上是一致的,货币之间的比价比较稳定,汇率制度也有较为坚实的基础。但各国流通纸币后,汇率的决定过程变得复杂了,国际收支状况和通货膨胀引起的供求变化,对汇率起着决定性的作用,从而影响了汇率制度,影响了国际金融关系。

> **专栏 12-1　警惕"金本位"复辟思潮**

资料来源:http://news. xinhuanet. com/world/2008-12/03/content_10447353. htm.

第三节
布雷顿森林体系

布雷顿森林体系是指第二次世界大战后以美元为中心的国际货币体系协定。关税总协定作为 1944 年布雷顿森林会议的补充,连同布雷顿森林会议通过的各项协定,被统称为布雷顿森林体系。布雷顿森林体系以外汇自由化、资本自由化和贸易自由化为主要内容的多边经济制度,构成资本主义集团的核心内容,是对各国对货币的兑换、国际收支的调节、国际储备资产的构成等问题共同做出的安排所确定的规则、采取的措施及相应

的组织机构形式的总和,是按照美国制定的原则,实现美国经济霸权的体制。

一、布雷顿森林体系的建立

1. 布雷顿森林体系建立的历史进程

1) 提出背景

两次世界大战之间的 20 年中,国际货币体系分裂成几个相互竞争的货币集团,各国货币竞相贬值,动荡不定,以牺牲他国利益为代价,解决自身的国际收支和就业问题,呈现出无政府状态。早在第二次世界大战期间,美国就企图取代英国,建立以美元为中心的国际货币体系。

二次大战使帝国主义国家之间的实力对比发生了巨大的变化。德、意、日是战败国,国民经济破坏殆尽。经历了战争的摧残,英国受到了巨大的创伤,经济遭到严重破坏,国内工业发展严重滞后,出口份额锐减,对外投资收入显著减少,短期债务激增,黄金储备一落千丈,英镑失去了作为硬通货的地位,亦丧失了恢复坚挺的可能性。尽管如此,英镑区和英国特惠制仍然存在,英镑仍然是一种主要的国际储备货币,国际贸易 40% 左右是用英镑结算,伦敦依旧是重要的国际金融中心。因此,英国还在为竭力保持它的国际地位而不断挣扎。

相反,美国经济实力却急剧增长。从 1941 年 3 月 11 日到 1945 年 12 月 1 日,美国根据《租借法案》向盟国提供了价值 500 多亿美元的货物和劳务。黄金源源不断地流入美国,美国的黄金储备从 1938 年的 145.1 亿美元增加到 1945 年的 200.8 亿美元,约占世界黄金储备的 59%。战争结束时,美国的工业制成品占世界工业制成品的一半,美国的对外贸易占世界贸易总额的 1/3 以上,国外投资总额急剧增长。美国已成为资本主义世界最大的债权国和经济实力最雄厚的国家,美元的国际地位因其国际黄金储备的巨大实力而空前稳固。这就使建立一个以美元为支柱的有利于美国对外经济扩张的国际货币体系成为可能。

2) 怀特计划与凯恩斯计划

美国统治集团认为,英国特惠制和英镑区是战后妨碍美国对外经济扩张的主要障碍之一,因而美国主张"在很短的一个过渡阶段之后,不允许保护关税、贸易限额,以及诸如竞争性货币贬值、多种汇价、双边清算协定、限制货币自由流通措施等各种形式的金融壁垒存在下去"。因此,1943 年,美国财政部官员怀特和英国财政部顾问凯恩斯分别从本国利益出发,设计战后国际货币金融体系,提出了两个不同的计划,即怀特计划和凯恩斯计划。

怀特特别强调货币稳定的问题,并指出国际货币制度的不合理是导致战争爆发及全球经济衰颓的主要原因之一。美国政府经过仔细研究,三易其稿,最终于 1943 年 4 月公布国际稳定基金方案,即怀特计划。怀特计划的主要内容如下。

(1) 会员国共同投资,组织汇兑稳定基金。该基金为会员国提供便利,以维持各国货币汇价的稳定,缓和各国对外收支不平衡,以及促进各国间贸易的发展及资本的流通。稳定基金的资本完全由成员国缴纳,各国以其分摊的配额向基金缴纳一定数额的款项,该款项需以黄金和本国通货来共同支付,各成员国的配额代表其最大程度的义务及提款

权。各国因国际收支需要其他国家的货币时,可用本国货币和黄金向稳定基金购买。同时,亦应加强国际金融监管,保证稳定基金对各会员国提款行为的监督权。基金应设立基金理事会,理事会对成员国的配额使用情况进行监管并有权采取相应制裁措施。

(2)设立国际通货,名为尤尼塔斯,各国货币的汇价以尤尼塔斯表示。尤尼塔斯为成员国的共同货币,稳定基金可直接向需要提款的成员国提供尤尼塔斯。

(3)消除封锁账户,签订双边结算协定,制定多边结算制度,以取代各国的外汇管制或使外汇管制成为不必要;排除成员国经常改变汇率的做法,对汇率改变加以限制。

(4)稳定基金对债权国和债务国的国内经济政策均具有干涉权,但在怀特建议的相关制度下,债权国的义务较轻,低于债务国。怀特计划是从当时美国拥有大量的黄金储备出发,强调黄金的作用,并竭力主张取消外汇管制和各国对国际资金转移的限制,以便美国对外进行贸易扩张和资本输出。

几乎与怀特计划形成的同时,凯恩斯亦完成了战后金融体制计划,即凯恩斯计划,其主旨基本上与怀特计划相同。凯恩斯计划以英国政治经济利益为基础,兼采英国银行透支制度的原则,建议成立国际结算联盟,其作用是通过向成员国提供透支便利,避免各成员国因国际贸易逆差而影响国际经济发展。其主要内容如下。第一,允许会员国在联盟进行大量透支,以偿付国际债务,会员国的透支限度依其战前占世界贸易的份额而定,各会员国的透支能力不得超过其配额。第二,会员国应创立国际通货,名为班克,其价值与黄金保持联系,会员国间的通货汇价以班克表示。各会员国政府在国际结算联盟以转账的形式,以班克为记账单位,买卖各自的货币。第三,建议取消对经常性贸易外汇的管制,并建议各国政府对其他形式的资本流通加以限制;联盟应在最大限度内稳定各国的通货,建议采用比较固定的汇率制度。第四,保证国际收支的长期平衡和外汇制度的正常运作,会员国应共同承担相应的责任,债权国和债务国应共同负有调整的义务。凯恩斯计划是从当时英国黄金储备缺乏的困境出发,尽力贬低黄金作用,主张建立一个世界性中央银行,称国际结算联盟,各国的债权、债务通过它的存款账户进行结算。

3)布雷顿森林协定

前述两个计划反映了美、英两国经济地位的变化和争夺世界金融霸权的目的。1943年9月到1944年4月,围绕着怀特计划和凯恩斯计划,英、美两国政府代表团在有关国际货币计划的双边谈判中展开了激烈的争论。会议经过3周热烈讨论,才于1944年发表了《专家关于建立国际货币基金的联合声明》。同年7月,在美国新罕布什尔州的布雷顿森林召开有44国参加的"联合和联盟国家国际货币金融会议",通过了以怀特方案计划为基础的《联合国家货币金融会议的最后决议书》以及《国际货币基金组织协定》和《国际复兴开发银行协定》两个附件,统称《布雷顿森林协定》,一个以美元为中心的世界货币体系——布雷顿森林体系建立起来。1945年12月27日,参加布雷顿森林会议的22国代表在《布雷顿森林协定》上签字,正式成立国际货币基金组织(IMF)和世界银行(WB)。两机构自1947年11月15日起成为联合国的常设专门机构。

在促进汇率稳定、增进国际货币合作、发展世界贸易的宗旨之下,《布雷顿森林协定》的主要内容体现在以下六个方面。第一,建立黄金-美元本位制的国际货币储备。在黄金-美元本位下,美元以35美元折合一盎司黄金的官价直接与黄金挂钩,其他国家的货币则直接与美元挂钩,各国政府或中央银行随时可用美元向美国政府按官价兑换黄金。第二,实行可调整的固定汇率制度。各国货币对美元的汇率,一般只能在平价上下各1%的幅度内波动,各国政府有义务在外汇市场上进行干预活动,以保持外汇行市的稳定。只有在一国国际收支发生"根本不平衡"时,才允许贬值或升值。第三,成立国际金融机构。规定战后建立一个永久性的国际金融机构,即国际货币基金组织。国际货币基金组织承担监督国际汇率、提供国际信贷、协调国际货币关系三大职能,是战后推动、监督和协助国际货币制度有效运行的中心机构。各成员国通过基金组织对国际货币问题进行磋商,从而促进国际货币合作;基金组织对会员国提供临时性的融通资金,帮助成员国解决战后国际收支失衡问题;基金组织同时还担负着消除外汇管制、促进汇兑稳定、规范外汇市场、扩大国际贸易的职责。同时,基金组织的各项规则,也构成了国际金融领域中各成员国所必须遵循的纪律,在一定程度上维护着国际货币与金融秩序。第四,完善国际收支的调节措施。会员国在遇到经济结构失调、国际收支不平衡、初级产品出口价格不稳定等情况而发生国际支付困难时,可以向国际货币基金组织提出贷款申请,并提交调解国际收支的适当计划,国际货币基金组织经过审核证实该成员国确有资金融通的需要时,就可以向该国提供一定数额的外汇,对其在短期内恢复国际收支平衡起到临时性的资助作用。贷款只限于会员国用于弥补国际收支赤字,即用于经常项目的支付。第五,确定国际储备资产。《布雷顿森林协定》中关于货币平价的规定,使美元处于等同黄金的地位,成为各国外汇储备中最主要的国际储备货币。第六,确定国际支付的结算原则。会员国不得限制经常项目的支付,不得采取歧视性的货币政策措施,要在兑换性的基础上实行多边支付,从而取消外汇管制。

布雷顿森林体系实际上是一种国际金汇兑本位制,又称美元-黄金本位制。它使美元在战后国际货币体系中处于中心地位,美元成了黄金的"等价物"。从此,美元成为国际清算的主要支付手段和各国的主要储备货币。

以美元为中心的布雷顿森林体系的建立,使国际货币金融关系有了统一的标准和基础,结束了战前货币金融领域里的混乱局面,并在相对稳定的情况下扩大了世界贸易。美国通过赠与、信贷、购买外国商品和劳务等形式,向世界散发了大量美元,客观上起到扩大国际购买力的作用。同时,固定汇率制在很大程度上消除了由于汇率波动而引起的动荡,在一定程度上稳定了主要国家的货币汇率,这有利于国际贸易的发展。据统计,世界出口贸易总额年均增长率,1948—1960 年为 6.8%,1960—1965 年为 7.9%,1965—1970 年为 11%;世界出口贸易年均增长率,1948—1976 年为 7.7%,而战前的 1913—1938 年,平均每年只增长 0.7%。国际货币基金组织要求成员国取消外汇管制,也有利于国际贸易和国际金融的发展,因为它可以使国际贸易和国际金融在实务中减少许多干扰或障碍。

2. 布雷顿森林体系的作用

布雷顿森林体系有助于国际金融市场的稳定,对战后的经济复苏起到了一定的作用。

第一,布雷顿森林体系的形成,暂时结束了战前货币金融领域里的混乱局面,维持了战后世界货币体系的正常运转。为国际贸易扩大和世界经济增长创造了有利的外部

条件。

第二，促进各国国内经济的发展。在金本位制下，各国注重外部平衡，国内经济往往带有紧缩倾向。在布雷顿森林体系下，各国偏重内部平衡，国内经济比较稳定，危机和失业情形较之战前有所缓和。

第三，布雷顿森林体系的形成，在相对稳定的情况下扩大了世界贸易。美国通过赠与、信贷、购买外国商品和劳务等形式，向世界散发了大量美元，客观上起到扩大国际购买力的作用。固定汇率制在很大程度上消除了由于汇率波动而引起的动荡，在一定程度上稳定了主要国家的货币汇率，有利于国际贸易的发展。

第四，建立了永久性的国际金融机构。一方面，国际货币基金组织提供的短期贷款暂时缓和了国际收支危机。战后初期，许多国家由于黄金外汇储备枯竭，纷纷实行货币贬值，造成国际收支困难，而国际货币基金组织的贷款不同程度地解决了这一难题。1947—1969年，国际货币基金组织贷款总额为202亿特别提款权。但是基金组织在20世纪40年代后期和50年代前期，贷款活动范围是有限的，主要是在地区上（如欧洲支付联盟）取得的。50年代中期至60年代中期，由于在减少限制方面有了较快发展，许多国家国际支付地位的加强，也促进了支付办法上的稳步自由化，基金组织的贷款业务迅速增加，重点也由欧洲转至亚、非、拉第三世界。另一方面，世界银行提供和组织的长期贷款和投资不同程度地解决了会员国战后恢复和发展经济的资金需要。世界银行成立初期，贷款主要集中于欧洲国家，总数约5亿美元。后来，世界银行的贷款主要转向发展中国家，以解决开发资金的需要。此外，基金组织和世界银行在提供技术援助，建立国际经济货币的研究资料及交换资料情报等方面对世界经济的恢复与发展也起到了一定作用。

第五，布雷顿森林体系的形成有助于生产和资本的国际化。汇率的相对稳定，避免了国际资本流动中引发的汇率风险，有利于国际资本的输入与输出；为国际融资创造了良好环境，有助于金融业和国际金融市场发展，也为跨国公司的生产国际化创造了良好的条件。

3. 布雷顿森林体系的缺陷

由于资本主义发展的不平衡性，主要资本主义国家经济实力对比一再发生变化，以美元为中心的国际货币制度本身固有的矛盾和缺陷日益暴露。

（1）"特里芬难题"。1960年，美国耶鲁大学教授特里芬在其《黄金与美元危机》一书中提出，布雷顿森林体系存在着其自身无法克服的内在矛盾，这一内在矛盾在国际经济学界称为"特里芬难题"。特里芬指出，布雷顿森林体系是建立在一国经济基础之上的，是以美元作为主要的国际储备和支付货币，在黄金生产停滞的情况下，国际储备的供给完全取决于美国的国际收支状况，这就存在着一种"两难"选择：如果美国的国际收支长期保持顺差，那么国际储备资产就不能满足国际贸易发展的需要，就会发生美元供不应求的现象，即"美元荒"；如果美国国际收支长期保持逆差，那么国际储备资产就会发生过剩现象，造成美元泛滥，即"美元灾"，进而导致美元危机，并危及布雷顿森林体系。

（2）国际收支的调节机制出现盲区。布雷顿森林体系确定了固定汇率制，强调汇率的稳定性，这种缺乏弹性的汇率体系，不能适应国际金融情势的变化。在固定汇率制下，各国不能利用汇率的波动达到调节国际收支平衡的目的。布雷顿森林体系排除了汇率自由浮动和对经常项目支付的限制,但同时它对国际收支的其他调节措施又没有进行充分详尽的提及,这就在一定程度上出现了国际收支调节机制的盲区。

（3）布雷顿森林体系基本上反映了建立稳定汇率的需要,但忽略了各成员国国内经济增长和就业的目的。由于汇率体系过于刻板,各国不能大幅度地调整汇率,而只能消极地实行贸易管制或放弃稳定国内经济的政策目标。无论采用哪种方法,都与本国的经济发展背道而驰。国家利益永远都是国家政策的唯一出发点,当一个国际货币体系无法满足各国国家利益的根本要求之时,就会不可避免地走向衰亡。

（4）布雷顿森林体系内在的不对称性及不平衡性。由于建立在美国一国的霸权之上,布雷顿森林体系的不对称性和不平衡性自开始就存在。美国的霸权直接导致以怀特计划为蓝本的《布雷顿森林协定》的缔结,同时也确立了美国在该体系内部唯一核心国的地位。美国可以利用美元直接对外投资,操纵国际金融事务;因为各国货币钉住美元,美国的货币政策对各国经济有着重大影响,它完全有能力通过本国的货币政策来控制其他国家的经济运行。进入 20 世纪 60 年代之后,旷日持久的美元危机使得美国没有能力维持该货币体系的稳定性,其他成员国也不愿意继续服从美国的领导而牺牲本国利益。布雷顿森林体系下核心国与外围国之间的不平衡性和不对称性,既维持了该体系的运行,也是导致了该体系瓦解的症结所在。

二、布雷顿森林体系的瓦解

1. 布雷顿森林体系瓦解的历史进程

布雷顿森林体系是以美元和黄金为基础的金汇兑本位制。它必须具备两个基本前提:一是美国国际收支能保持平衡;二是美国拥有绝对的黄金储备优势。

1）美元危机

1949 年,美国的黄金储备为 246 亿美元,占当时整个资本主义世界黄金储备总额的 73.4%,这是战后的最高数字。在 20 世纪 50 年代前半期,资本主义世界还存在着"美元荒",各国都需要美元来扩充国际储备,所以美元仍然保持相对稳定态势,处于优势地位。但从 1950 年以后,除个别年度略有顺差外,其余各年度都是逆差,并且有逐年增加的趋势,各国对美元的可兑换性产生怀疑。因此,美元对黄金的兑换要求越来越强烈,美国的黄金储备也越来越少,这又加深了各国对美元的不信任。于是,美国的黄金大量外流,对外短期债务激增,到 1960 年,美国对外短期债务已经超过了它的黄金储备额,美元信用发生动摇,终于导致美元危机的爆发,国际货币体系遂进入动荡阶段。

2）《互惠信贷协定》和《基金总借款协定》

1960 年 3 月,美国同 14 个国家签订了双边备用信贷协定,即《互惠信贷协定》。该协定规定,两国中央银行相互开立对方货币的账户,当某一成员国货币受到压力时,它随时可用本国货币换取对方货币,用于干涉外汇市场,维持汇价。中央银行互惠信贷在 1961 年货币危机中第一次使用,在一定程度上保障了国际金融秩序的平稳发展。

美国国际贸易的持续逆差和黄金储备的持续外流,使得美国国际储备急剧减少。在此种情况下,它随时都有可能向国际货币基金组织提取巨额资金,用来补充其作为国际金融中心所需要的国际准备,这就会造成国际货币基金组织无法向其他国家提供足够的

资金。基于此,国际货币基金组织总裁雅可布逊建议达成借贷协定,特别是与潜在债权国达成谅解,在必要时从后者借贷资金。为增强国际货币基金组织的资金,1961 年 12 月,国际货币基金组织总裁与美国、英国、联邦德国、法国、意大利、日本、加拿大、荷兰、比利时、瑞典十个国家达成了《基金总借款协定》,该协定于 1962 年 10 月生效。十个国家的出资总额是 60 亿美元,在一定条件下贷给国际货币基金组织,作为补充储备。

《互惠信贷协定》与《基金总借款协定》均是国际金融危机的产物。各国之间通过与国际货币基金组织的合作,达成互谅互助的协议,来共同预防和解决金融危机所可能造成的国际货币体系的动荡。虽然各国均是在本国利益的驱动下来进行国际协商与谈判,但这在客观上匡正了布雷顿森林体系的发展道路,从而维护了国际货币金融秩序。

3)特别提款权

20 世纪 60 年代初,国际社会所签订的一系列借贷协定虽然在一定程度上有助于缓解美元危机,扩大国际融资,但是面对美元信用的日益下降、抢购黄金浪潮的渐趋猛烈以及国际流动资金的持续不足问题,这些措施无异于杯水车薪。面对日益严重的国际金融情势,从 20 世纪 60 年代开始,一些主要工业国家的政府官员和经济学家纷纷研究对策,提出了形形色色的改革方案。其中,曾任美国财政部和国际货币基金组织高级官员的伯恩斯坦在 1963 年提出建立一种新的国际储备单位来满足国际储备需要的方案,成为国际货币基金组织日后创设特别提款权的依据。

1965 年,以美国为代表的十国集团在国际货币基金组织里提出了特别提款权方案。1967 年夏,经过历时 5 年的谈判,基金执行理事会与十国集团达成协议并起草了以特别提款权为基础的便利大纲。1967 年 9 月,基金理事会通过决议,授权执行理事会根据需要提出对基金协定条款进行修改的建议,经过 6 个月的不懈努力,以特别提款权为基础的便利大纲以协定修改案的形式成为一项法律文件。1968 年 5 月底,基金理事会通过决议,批准对基金协定条款的修改案,即基金协定条款的第一次修改案。1970 年 1 月 1 日,国际货币基金组织第一次向成员国分配特别提款权。

特别提款权的创设,使它和黄金、美元一起作为国际储备资产,它的价值是由各国来谈判决定,而并不与黄金发生任何联系。这种新的国际准备能够在一定程度上缓解国际货币基金组织融通资金不足的困境,增强其向成员国放款的能力,从而为各成员国提供必要的国际准备之补充,这同时也有助于弥补国际收支赤字,稳定国际金融市场。但是,特别提款权作为一种国际储备的补充,也只能暂时加强各国应付国际收支逆差的能力。进入 20 世纪 70 年代后,在作为国际货币体系根基的美元与黄金自由兑换制和固定汇率制发生根本动摇的情形下,特别提款权也无能为力。

4)《史密森协定》

20 世纪 60—70 年代,美国深陷对越战争的泥潭,财政赤字巨大,国际收入情况恶化,美元的信誉受到冲击。60 年代后期,美国进一步扩大了对越战争,国际收支进一步恶化,美元危机再度爆发。1968 年 3 月的半个月中,美国黄金储备流出了 14 亿多美元,3 月 14 日一天,伦敦黄金市场的成交量创下了 350~400 吨的纪录。

至 1971 年,仅上半年,逆差就高达 83 亿美元。随着国际收支逆差的逐步增加,美国的黄金储备也日益减少,至 1971 年 8 月,美国的黄金储备只剩下 102 亿美元,而短期外债为 520 亿美元,黄金储备只相当于积欠外债的 1/5。美元大量流出美国,导致"美元过剩"。1971 年 7 月,第七次美元危机爆发,尼克松政府于 8 月 15 日宣布实行"新经济政策",停止履行外国政府或中央银行可用美元向美国兑换黄金的义务,并对进口增加 10% 的附加税。"新经济政策"的实行直接导致国际金融市场的紊乱,外汇市场上各国纷纷抛售美元,汇率波动剧烈,这就宣告了布雷顿森林体系所确定的美元与黄金的可兑换性告一段落。

在国际金融市场极度混乱的情形下,十国集团也进行了紧急磋商,讨论解决国际货币危机的办法。经过 4 个多月的激烈讨论,迫于美国的压力,也同时出于稳定自身对外贸易和经济发展的考虑,十国集团终于在 1971 年 12 月 10 日勉强达成了一项妥协方案,即《史密森协定》。该协定规定:①美元对黄金贬值 7.89%,对十国集团各国货币平均贬值 10%,其他国家货币相应地对美元进行不同幅度的升值;②将市场外汇汇率的波动幅度从金平价上下的 1% 扩大到金平价上下各 2.25%;③在重新确定金平价之前,各国暂时设立中心汇率,用美元、特别提款权或其他会员国的货币表示。

《史密森协定》是继《布雷顿森林协定》之后,在国际货币体系经历了激烈动荡的情形之下,国际社会为稳定国际货币体系、促进世界货币金融和本国经济健康发展所达成的一项补充和妥协。正因为它只是对布雷顿森林体系进行部分的修缮和补缺,也正因为它是各国为解决燃眉之急而进行的暂时妥协,因此,它的缔结不免有些草率,它只是对付美元危机的暂时性措施,并不能从根本上克服和完善布雷顿森林体系内在的弊端。

5)《改革大纲》

1972 年 7 月 26 日,国际货币基金组织成立国际货币体系改革和有关问题委员会,简称"二十国委员会"。经过近两年的时间,"二十国委员会"于 1974 年 6 月 14 日在华盛顿会议上达成协议,发表了一份《改革大纲》。其主要内容如下。①确定主要储备资产,将特别提款权进一步发展成主要国际储备。②实行稳定而可调整的汇率制度。在一般情况下,各国对于平价不应作不适当的变动,平价的修改要得到国际货币基金组织的同意,对即期汇率的变动只能限制在特别提款权汇率上下 2.25% 的幅度内。在特殊情况下,各国可以采取浮动汇率,但要有基金组织的授权。③改进国际收支调节机制。顺差国和逆差国要采取对称的调解措施,对国际收支调节担负共同的责任。

由于各会员国都奉行国家利益至上的原则,这在国际货币体系的协调中很难取得根本一致。因此,无论是十国集团达成的《史密森协定》,还是二十国集团起草的《改革大纲》,都只是在寻找一些妥协的办法来暂时缓和紧张局势,对国际货币体系进行枝节性的修补。但是,它对于在动荡时期稳定国际货币关系、促进国际货币合作、加深各国在国际社会中的责任意识起到了一定的积极作用,同时,为国际货币改革提出了新的设想,推动国际货币体系进行新一轮的改革。

6)体系瓦解

1973 年 3 月,西欧出现抛售美元、抢购黄金和马克的风潮。3 月 16 日,欧洲共同市场 9 国在巴黎举行会议并达成协议,联邦德国、法国等国家对美元实行"联合浮动",彼此之间实行固定汇率。英国、意大利、爱尔兰实行单独浮动,暂不参加共同浮动。其他主要西方货币实行了对美元的浮动汇率。

1975 年,美国正式放弃黄金官价。1978 年,国际货币基金组织宣布:黄金不再作为各种法定汇价的共同尺度,国际货币体系实行浮动汇率制。美元停止兑换黄金和固定汇率制的垮台,标志着战后以美元为中心的货币体系瓦解。

2. 布雷顿森林体系崩溃的原因

1) 根本原因

以美元为中心的国际货币制度崩溃的根本原因,是这个制度本身存在着不可调和的矛盾。在这种制度下,美元作为国际支付手段与国际储备手段,发挥着世界货币的职能。

一方面,美元作为国际支付手段与国际储备手段,要求美元币值稳定,才会在国际支付中被其他国家所普遍接受。而美元币值稳定,不仅要求美国有足够的黄金储备,而且要求美国的国际收支必须保持顺差,从而使黄金不断流入美国而增加其黄金储备;否则,人们在国际支付中就不愿接受美元。

另一方面,全世界要获得充足的外汇储备,又要求美国的国际收支保持大量逆差,否则全世界就会面临外汇储备短缺、国际流通渠道出现国际支付手段短缺。但随着美国逆差的增大,美元的黄金保证又会不断减少,美元又将不断贬值。第二次世界大战后从美元短缺到美元泛滥,是这种矛盾发展的必然结果。

2) 直接原因

美元危机与美国经济危机频繁爆发。资本主义世界经济此消彼长,美元危机是导致布雷顿森林体系崩溃的直接原因。

(1) 美国黄金储备减少。美国于 1950 年发动对朝战争,海外军费剧增,国际收支连年逆差,黄金储备不断外流。1960 年,美国的黄金储备下降到 178 亿美元,已不足以抵补当时的 210.3 亿美元的流动债务,出现了美元的第一次危机。20 世纪 60 年代中期,美国卷入越南战争,国际收支进一步恶化,黄金储备不断减少。1968 年 3 月,美国黄金储备已下降至 121 亿美元,而同期的对外短期负债为 331 亿美元,引发了第二次美元危机。到 1971 年,美国的黄金储备(102.1 亿美元)仅是它对外流动负债(678 亿美元)的 15.06%。此时美国已完全丧失了承担美元对外兑换黄金的能力。于是,尼克松不得不于 1971 年 8 月 15 日宣布停止承担美元兑换黄金的义务。1973 年美国爆发了极为严重的经济危机,黄金储备已从战后初期的 245.6 亿美元下降到 110 亿美元。没有充分的黄金储备作基础,严重地动摇了美元的信誉。

(2) 美国通货膨胀加剧。美国发动对越战争,财政赤字庞大,不得不依靠发行货币来弥补,造成通货膨胀。加上两次石油危机,石油提价而增加支出;同时,由于失业补贴增加,劳动生产率下降,造成政府支出急剧增加。美国消费物价指数 1960 年为 1.6%,1970 年上升到 5.9%,1974 年又上升到 11%,这给美元的汇价带来了巨大冲击。

(3) 美国国际收支持续逆差。第二次世界大战结束时,美国利用在战争中膨胀起来的经济实力和其他国家被战争削弱的机会,大举向西欧、日本和世界各地输出商品,使美国的国际收支持续出现巨额顺差,其他国家的黄金储备大量流入美国。各国普遍感到"美元荒"。随着西欧各国经济的增长,出口贸易的扩大,其国际收支由逆差转为顺差,美元和黄金储备增加。美国由于对外扩张和对外战争,国际收支由顺差转为逆差,美国资金大量外流,形成"美元过剩"。这使美元汇率承受巨大的冲击和压力,不断出现下浮的波动。

第四节
牙买加体系

一、牙买加体系简介

布雷顿森林体系崩溃以后,国际金融秩序又陷入动荡中,主要西方国家货币开始自由浮动,国际社会及各方人士也纷纷探寻能否建立一种新的国际金融体系,提出了许多改革主张,如恢复金本位,恢复美元本位制,实行综合货币本位制及设立最适货币区等,但均未能取得实质性进展。1973 年,第一次石油危机爆发,西方经济陷入混乱,浮动汇率却在衰退和混乱中表现良好。

国际货币基金组织于 1972 年 7 月成立一个专门委员会,具体研究国际货币制度的改革问题,由 11 个主要工业国家和 9 个发展中国家共同组成。委员会于 1974 年 6 月提出一份国际货币体系改革纲要,对黄金、汇率、储备资产、国际收支调节等问题提出了一些原则性的建议,为以后的货币改革奠定了基础。1975 年,西方六国在首次首脑会议上纷纷表示接受现实,放弃重建固定汇率的尝试,形成决议要求国际货币基金组织修改章程,承认浮动汇率。1976 年 1 月,国际货币基金组织理事会"国际货币制度临时委员会"在牙买加首都金斯敦举行会议,讨论国际货币基金协定的条款,经过激烈的争论,达成了《牙买加协议》。同年 4 月,国际货币基金组织理事会通过了《IMF 协定第二修正案》,从而进入牙买加体系时代。

二、《牙买加协议》的主要内容

(1) 实行浮动汇率制改革。《牙买加协议》正式确认了浮动汇率制的合法化,承认固定汇率制与浮动汇率制并存的局面,成员国可自由选择汇率制度。同时 IMF 继续对各国货币汇率政策实行严格监督,并协调成员国的经济政策,促进金融稳定,缩小汇率波动范围。

(2) 推行黄金非货币化。《牙买加协议》做出了逐步使黄金退出国际货币体系的决定。并规定:废除黄金条款,取消黄金官价,成员国中央银行可按市价自由进行黄金交易;取消成员国相互之间以及成员国与 IMF 之间须用黄金清算债权债务的规定,IMF 逐步处理其持有的黄金。

(3) 增强特别提款权的作用。主要是提高特别提款权的国际储备地位,扩大其在 IMF 一般业务中的使用范围,并适时修订特别提款权的有关条款。

(4) 增加成员国基金份额。成员国的基金份额从原来的 292 亿特别提款权增加至

390 亿特别提款权,增幅达 33.6%。

（5）扩大信贷额度,以增加对发展中国家的融资。

三、牙买加体系的运行特征

1. 黄金非货币化

黄金与货币彻底脱钩,取消国家之间必须用黄金清偿债权债务的义务,降低黄金的货币作用,使黄金在国际储备中的地位下降,促成多元化国际储备体系的建立。

2. 储备货币多元化

与布雷顿森林体系下国际储备结构单一、美元地位十分突出的情形相比,在牙买加体系下,国际储备呈现多元化局面。美元虽然仍是主导的国际货币,但美元的地位明显削弱了,由美元垄断外汇储备的情形不复存在。德国马克、日元随两国经济的恢复发展脱颖而出,成为重要的国际储备货币。目前,国际储备货币已日趋多元化,ECU 也被欧元所取代,欧元成为与美元相抗衡的新的国际储备货币。其他国际储备包括黄金储备、欧元、日元和英镑等国际性货币,以及国际货币基金组织的储备头寸、特别提款权等。然而,由于美元在国际储备中的强势和主导地位,原有货币体系的根本矛盾仍然没有得到真正解决。

3. 汇率安排多样化

在牙买加体系下,浮动汇率制与固定汇率制并存。一般而言,发达工业国家多数采取单独浮动或联合浮动,但有的也采取钉住自选的货币篮子。对发展中国家而言,多数是钉住某种国际货币或货币篮子,单独浮动的很少。不同汇率制度各有优劣,浮动汇率制可以为国内经济政策提供更大的活动空间与更强的独立性,使各国政府有了解决国际收支不平衡的重要手段,即汇率变动手段;而固定汇率制则减少了本国企业可能面临的汇率风险,方便生产与核算。各国可根据自身的经济实力、开放程度、经济结构等一系列相关因素去权衡得失利弊。

4. 多种渠道调节国际收支

1）运用国内经济政策

国际收支作为一国宏观经济的有机组成部分,必然受到其他因素的影响。一国往往运用国内经济政策,改变国内的供给与需求,从而消除国际收支不平衡。比如在资本项目逆差的情况下,可提高利率,减少货币发行,以此吸引外资流入,弥补缺口。需要注意的是:运用财政或货币政策调节外部均衡时,往往会受到"米德冲突"的限制,在实现国际收支平衡的同时,牺牲了其他的政策目标,如经济增长、财政平衡等,因而内部政策应与汇率政策相协调,才不至于顾此失彼。

2）运用汇率政策

在浮动汇率制或可调整的钉住汇率制下,汇率是调节国际收支的一个重要工具。在经常项目出现赤字时,本币币值下跌,外贸竞争力增强,出口增加,进口减少,进而使经常项目赤字减少或消失。在经常项目顺差时,本币币值上升,会削弱进出口商品的竞争力,从而减少经常项目的顺差。实际经济运行中,汇率的调节作用受到"马歇尔-勒纳条件"以及"J 曲线效应"的制约,其功能往往令人失望。

3）国际融资

在布雷顿森林体系下,这一功能主要由 IMF 完成。在牙买加体系下,IMF 的贷款能力有所提高,更重要的是,伴随石油危机的爆发和欧洲货币市场的迅猛发展,各国逐渐转向欧洲货币市场,利用该市场比较优惠的贷款条件融通资金,调节国际收支中的顺逆差。

4）加强国际协调

这主要体现在以下两个方面。①以 IMF 为桥梁,各国政府通过磋商,就国际金融问题达成共识与谅解,共同维护国际金融形势的稳定与繁荣。②新兴的七国首脑会议的作用。西方七国通过多次会议,达成共识,多次合力干预国际金融市场,主观上是为了各自的利益,但客观上也促进了国际金融与经济的稳定和发展。

四、对牙买加体系的评价

1. 牙买加体系的积极作用

(1)牙买加体系基本上摆脱了布雷顿森林体系时期基准货币国家与依附国家相互牵连的弊端,为国际经济提供了多种清偿货币,在较大程度上解决了储备货币供不应求的矛盾,在一定程度上解决了"特里芬"难题。

(2)多种汇率安排能更灵活地适应多变的世界经济形势和促进各国经济的发展。首先,在牙买加体系下,主要储备货币的汇率自由浮动,可以根据市场供求状况的变化而自发调整,从而能更好地适应经济环境的变化。其次,多种汇率安排使各国的宏观经济政策更具有独立性和有效性,而不必为了维持汇率稳定而影响国内经济目标的实现。最后,在浮动汇率制下,不需要过多的外汇储备,因为各国没有维持固定汇率的义务。

(3)牙买加体系下的多种国际收支调节手段相互补充,在一定程度上缓和了布雷顿体系下国际收支调节失灵的困难。

2. 牙买加体系存在的内在缺陷

1）国际储备货币的发行缺乏约束

金融危机与国际货币体系的制度安排密切相关。现行国际货币体系下,美元成为全球最主要的结算和储备货币,美联储拥有事实上的国际货币发行权,成为全球中央银行。美元的发行权属于美国,货币发行多少只需根据其国内经济需要来决定,美国为了获得通胀税和铸币税收益而不断扩大货币发行。由于国际储备货币发行缺少必要的约束,发行机制存在重大缺陷导致流动性泛滥和各国货币关系不稳定,"特里芬难题"没有得到根本解决。当美国全球争霸的国家战略或其自身的生存与发展战略需要资金时,自然会增发美元,形成全球货币供给与需求的失衡,除了美国自身的道德约束力外,没有任何货币机制可以对其进行制衡。这一缺陷正是构成 20 世纪 70 年代以来历次大的金融危机,包括 2008 年金融危机的根本原因。

同时,国际货币储备多元化使国际上缺乏统一、稳定的货币标准,这本身就是不稳定因素。各国货币当局对储备结构的调整加剧了国际金融市场的不稳定性,储备体系的多元化加剧了发展中国家对发达国家的依赖。

2）汇率体系不稳定

在牙买加体系下,IMF 的 181 个成员中,有 1/3 实行的是独立浮动或管理浮动汇率,其余 2/3 是钉住汇率（钉住单一货币或复合货币）。钉住汇率实际上是相对的固定汇率制度，钉住货币的汇率被动地随被钉住货币的汇率的变动而变动。20 世纪 80 年代以来，美元、日元、德国马克的汇率此消彼长，波动惊人，使钉住货币国家汇率扭曲，出现经济结构失衡和国际收支失衡。钉住汇率制与独立浮动汇率制之间的这一内在矛盾是牙买加体系下汇率动荡、货币危机频发的根源。

现行国际货币体系下，对各国采取何种汇率制度没有任何约束。《牙买加协定》允许成员国自由做出汇率安排，既可以实行固定汇率制、浮动汇率制，也可以实行钉住某一种主要货币或一篮子货币的汇率制度，或实行有管理的浮动汇率制等。多种汇率制度并存加剧了汇率体系运行的复杂性，汇率波动和汇率战不断爆发，金融危机风险增大。目前实行的浮动汇率制由于参照物难以确定，汇率体系不稳定，导致以美元为中心的汇率体制成为目前国际金融危机频发的重要根源之一。尤其是在中心-外围汇率制度架构下，以美国为代表的发达国家位于体系的中心，以东亚国家为代表的新兴市场国家和以中东国家为代表的资源输出国位于体系的外围。发达国家实行浮动汇率制，向外部输出货币，并控制世界体系中的金融和市场的运转。而发展中国家多采用固定汇率制，通过持有中心国家的货币来满足支付需要，同时向中心国家输出资源和提供市场。该体系下美国经常项目逆差和财政的严重双赤字，资源性输出国和新兴市场国家经常项目和资本账户的双顺差的不断扩大和外汇储备的累积，使发达国家和发展中国家之间的利益冲突更加尖锐和复杂化。

3）缺乏制度化的国际收支调节机制

牙买加体系下的国际收支调节渠道比布雷顿森林体系下的调节渠道有所增加，如浮动汇率制使汇率调节政策更有效，国际融资范围扩大，国际对话或论坛性组织增加。但是，由于时滞原因，大多数发展中国家不具备马歇尔-勒纳条件，汇率调节反而使国际收支恶化。直接通过国际融资来弥补逆差虽然比较直接，但不能从根本上消除收支失衡。而且，如果长期依赖国际借款，必然加重债务负担，可能会发生债务危机。在这些方面，国际货币基金组织的协调能力有限，而且在向发生金融危机的国家提供资金援助时有大量的附带条件。

牙买加体系被称为"无体系的体系"，表现之一就是没有制度化的国际收支调节机制。在该体系下，由于实行以浮动汇率制为主体的多元化的汇率制度，各国货币钉住关键货币，一旦挂钩国和关键货币国之间的国际收支间出现根本性不平衡，就会出现调整的不对称性问题。然而，自牙买加体系建立以来，国际货币基金组织并未对国际收支调节机制做出明确的规定，在制度上无任何设计和约束来敦促或帮助逆差国恢复国际收支平衡，也无相应的制裁措施，完全由逆差国自行调节国际收支的失衡。尽管 IMF 要求各国将保持汇率的稳定作为首要原则，但各国政府尤其是一些发达国家大都将国内的宏观经济目标放在首位，经常使本国的国际收支处于失衡状态。由于美国并不像在布雷顿森林体系下那样依法承担调整不平衡的成本，非关键国家的货币政策不免陷入两难境地：货币当局不仅需要针对国内经济形势来确定利率和货币政策，还要根据对外平衡的状况，运用同样的工具来制定和实施适当的汇率政策，在目标和手段上相互冲突，导致挂钩国家成为美国经济波动和风险承担者，从而严重影响了国际货币体系的稳定。

4）权利和责任的失衡

牙买加体系下的汇率体系及不稳定的另一主要原因就是国际游资对汇率体系的冲击。国际金融机构对国际游资束手无策。强大的游资与大多数国家维护钉住汇率的有限能力形成鲜明的对比。在钉住汇率下，一国货币很容易被高估或低估，便为游资留下投机空间。国际游资的流动性很强，在现代通信与电子技术高度发达的今天，资本的跨国转移数秒钟就可以完成，对其监管的难度很大。这方面，如果没有相应的国际组织与相应的国际规则、立法，汇率体系就不可能稳定，金融危机就不可能避免。1971年，尼克松宣布美元停止兑换黄金，美国对外提供美元不再有黄金储备的约束，美元被赋予了世界通货的特权，作为储备货币，其发行不受任何限制，实际上是一种"信用"本位。在缺乏替代货币的前提下，由于解除了原来附加在美国之上的对于货币发行和汇率调整的约束，美国几乎可以无约束地向世界倾销其货币，无限制地对外提供流动性，确保了美联储世界中央银行的地位和权利——对世界发行货币，却没有任何世界中央银行的责任和义务。美国利用美元的霸权地位获取大量的铸币税收益，并通过美元贬值逃脱和减轻国际债务，同时远离外汇风险和外债危机的伤害。布雷顿森林体系下，美国作为国际收支不平衡的一方，经常实质性地承担部分调整责任；牙买加体系之后，它就经常拒绝履行自己的责任和义务。而外围国家则更多地承担了通货膨胀和金融危机的成本。20世纪80年代的《广场协议》，就是美国让日本承担日美贸易不平衡并相应进行国内经济结构调整的结果，这种调整导致日本长达20年的经济低迷。在亚洲金融危机中，泰国、韩国等亚洲国家无一例外地承担了全部的调整责任。

5）决策机制存在重大缺陷

现行国际货币体系缺乏平等的参与权和决策权，是建立在少数发达国家利益基础上的制度安排，致使国际货币基金组织决策的独立性和权威性受到挑战，制约了其作用的有效发挥。当前IMF投票权和份额的分配不尽合理，基础投票权的作用名存实亡，作为投票权分配基础的基金"份额"已经不能反映目前国际经济格局的发展变化，突出表现为发达国家在决策机制中占主导地位。美国有16.7％的投票权，拥有对基金组织任何一项重大方案和决议的一票否决权，欧盟国家占30％以上的投票权。而广大发展中国家的投票权只占39％多一点，中国、巴西等发展中国家经济实力的增长未能在基金份额中得到应有的体现。IMF规定任何一个重要决议都要获得85％的投票权，也就是说任何不利于美元的国际地位和核心利益的方案，是不可能真正进入实施程序的。此外，IMF过多地强调对发展中国家和新兴市场国家进行监督，而对重要发达国家的监督缺乏有效性，所以不能对系统性风险进行及时预警和有效应对，对国际货币体系的监管形同虚设。

如果说在布雷顿森林体系下，国际金融危机是偶然的、局部的，那么，在牙买加体系下，国际金融危机就成为经常的、全面的和影响深远的。1973年浮动汇率普遍实行后，西方外汇市场货币汇价的波动、金价的起伏经常发生，小危机不断，大危机时有发生。1978年10月，美元对其他主要西方货币汇价跌至历史最低点，引起整个西方货币金融市场的动荡，这就是1977—1978年西方货币危机。由于金本位与金汇兑本位制的瓦解，信用货币在种类上、金额上都大大增加。信用货币占西方各通货流通量的90％以上，各种形式的支票、支付凭证、信用卡等种类繁多，现金在某些国家的通货中只占百分之几。货币供

应量和存放款的增长速度大大高于工业生产,而且国民经济的发展对信用的依赖越来越深。总之,现有的国际货币体系被人们普遍认为是一种过渡性的不健全的体系,需要进行彻底的改革。

第五节
欧洲货币体系

一、欧洲货币体系的发展历程

在第二次世界大战以后,伴随着国际统一的货币体系发展,国际区域化货币体系也迅速发展起来,并成为国际金融领域的一个焦点。其中最有代表性的就是欧洲共同体的区域化货币体系。

总体来说,欧洲共同体的区域化货币体系的发展共经历了四个主要阶段。第一个阶段:20世纪50年代末至70年代,以《魏尔纳报告》的提出与夭折为重要标志事件。第二个阶段:20世纪70年代末至90年代初,以欧洲货币体系(EMS)的建立和发展为重要标志事件。第三个阶段:1992—1998年,是《马斯特里赫特条约》指导下的欧洲经货联盟(EMU)发展阶段。第四阶段:1999年至今,欧元区形成。

1.《魏尔纳报告》的提出

《魏尔纳报告》或"魏尔纳计划"是欧洲货币体系发展的基础,它是在原来的《罗马条约》以外建立的有关欧洲货币联盟的发展规划,其最早形成于1970年5月。

总体来说,"魏尔纳计划"的内容包含三个方面:汇率管理机制调整、货币储备基金建立和欧洲共同体内部核算筹码建立。

1)汇率管理机制调整

在汇率管理机制方面,欧共体曾实施"蛇洞制"以加强其成员国之间的汇率联系。欧洲共同体(简称"欧共体")于1972年4月10日做出决定,通过了《巴塞尔协议》,各成员国货币间的汇率可容许波动幅度只能是上下1.125%(总幅度为2.25%),比《史密森协议》的规定小一半。换而言之,欧共体对内部的汇率波动要求更加严格,推行内外有别的汇率政策。用当时比较通俗的比喻来说,这叫作"蛇洞制"。

2)货币储备基金建立

货币储备基金的职责主要有:支持成员国在外汇市场上的干预活动以促进汇率的稳定,管理成员国中央银行间的信贷,逐步集中成员国的外汇储备,并逐步发展为各成员国间的划拨结算中心。

专栏 12-2 《巴塞尔协议》和《新巴塞尔协议》

资料来源:吕江林.国际金融[M].北京:科学出版社,2010:252-253.

3)欧洲共同体内部核算筹码建立

欧洲共同体财政货币当局原来内部也设计了一种共同筹码,叫作计算单位(U. A.),按照原始的规定,1 单位的基准=0.888671 克黄金。1973 年 3 月以后,随着浮动汇率制的实行,欧共体将该计算单位改变为一种成员国货币复合体性质的综合指标,与黄金脱离联系,从而在 1979 年建立了欧洲计算单位(EUA)。欧洲计算单位自实行以来,它的使用范围逐步扩大,除了主要是欧共体内部财务核算的工具外,还在欧洲海外开发基金、欧洲区域发展基金、欧洲投资银行发行债券业务等方面使用。

2. 欧洲货币体系的建立

欧洲货币体系建立于 1979 年。

总体来说,欧洲货币体系的基本内容如下。

(1)创设欧洲货币单位(ECU)。ECU 实质上是一个货币篮子,由 12 个成员国货币组成,权重依据各成员国的国民生产总值、各国对欧共体的贡献及在欧共体内贸易额的比重大小而定,5 年调整一次。

(2)实行稳定的汇率机制。EMS 通过平价网体系和篮子汇价体系的双重机制稳定成员国之间的货币汇率。平价网体系又称格子体系,要求成员国货币之间彼此确定中心汇率,各成员国相互之间的货币汇率只能围绕中心汇率上下浮动。成员国之间汇率波动幅度原则上为 2.25%,有些新成员及弱币国波动幅度在 6% 以内。篮子汇价体系又称中心汇率体系,规定成员国货币对 ECU 的中心汇率,然后计算每种货币对这一中心汇率所允许的最大偏离程度,当达到这一程度时就要进行干预。这种双重稳定机制更加稳定,且在成员国间均摊了调节责任。

(3)建立欧洲货币基金(EMF)。欧共体理事会曾决定以两年为限建成 EMF。EMF集中各成员国黄金储备的 20% 和外汇储备的 20% 及等值本国货币,总计约 500 亿欧洲货币单位,以便使成员国能够在必要时有能力干预市场、稳定汇率,以及对发生国际收支困难的成员国提供援助。EMF 没有如期建成,所以至今仍沿用过去的"欧洲货币合作基金"(EMCF)的名称。

3. 德洛尔计划与《马斯特里赫特条约》的签署

1）德洛尔计划

经历了第一阶段和第二阶段的发展,欧洲货币的发展联盟进入完全货币一体化阶段。根据欧洲内部统一大市场的白皮书的要求,建立一个资本能够完全自由流动的欧洲金融共同市场,是其成员国间货币合作的进一步要求。事实上,这一过程始于 1990 年 7 月 1 日。

第一阶段的目标:与建立内部大市场的步调保持一致,加强经济与货币政策的协调,进一步推动财政一体化,大力推进结构政策与地区政策,增加执行结构政策与地区政策的基金,以减轻成员国的发展不平衡。

货币一体化方面的具体目标:所有欧共体成员国的货币均纳入汇率联合干预机制,而且还要求各国采用同等的汇率可容许波动幅度。此外,第一阶段还要求消除所有在私人使用欧洲货币单位方面的障碍。

第二阶段的目标:继续加强结构政策与地区政策,继续充实结构基金。进一步协调经济政策,并逐步运用多数表决原则制定共同体的政策目标。

货币一体化方面的具体目标:①要求建立欧洲中央银行体系(ESCB),它不排斥各成员国的中央银行,而是一个中央银行的中央银行;②将逐步收缩汇率可容许波动幅度,并尽量避免法定汇率的调整;③适当聚集各成员国的部分外汇储备。特别重要的是,各成员国货币政策的决定权将逐步让渡给共同体,由欧洲中央银行体系制定整个共同体的货币政策。

第三阶段的目标:大力推进财政协调,对各成员国财政做出一些限制性规定,逐步扩大共同体制定经济政策的权利。

货币一体化方面的具体目标:①外汇市场干预应尽可能使用共同体成员国货币,必要时才使用第三国的货币;②进一步集中成员国的外汇储备;③要求以欧洲共同体货币取代各国货币。

德洛尔计划的关键是第一阶段,事实证明该计划最终达到了目标。

欧洲经济货币联盟由经济联盟和货币联盟所组成,按照《德洛尔报告》,经济与货币联盟将意味着商品、劳务、资本及人员的完全自由流动以及各国货币之间不可改变的固定汇率和最终实现单一货币。因此,欧洲经济货币联盟实际上是欧洲货币体系发展的最终阶段,它是建立在《马斯特里赫特条约》基础上的欧洲经济一体化。

2）《马斯特里赫特条约》的签署

1991 年 12 月 9 日和 10 日,欧共体 12 国首脑在荷兰小镇马斯特里赫特举行会议,并签署《马斯特里赫特条约》,这标志着欧共体从经济实体向政治经济实体转换迈出了历史性的一步,其核心内容为:于 1993 年 11 月 1 日建立欧洲联盟,密切各国在外交、防务和社会政策方面的联系;于 1998 年 7 月 1 日成立欧洲中央银行,负责制定和实施欧洲货币政策,并于 1999 年实行单一货币;实行共同的外交和安全防务政策等。自 1992 年 6 月 2 日至 1993 年 10 月,欧共体各成员国先后通过了《马斯特里赫特条约》,从 1993 年 11 月 1 日起,欧共体正式更名为欧盟。

《马斯特里赫特条约》规定了参加欧洲货币同盟的"趋同标准":①预算赤字不超过其

GDP 的 3%;②债务总额不超过其 GDP 的 60%;③长期利率不高于 3 个通货膨胀率最低国家平均水平的 2%;④消费物价上涨率不超过 3 个情况最佳国家平均值的 1.5%;⑤两年内本国货币汇率波动幅度不超过欧洲货币体系的汇率机制(ERM)的规定。

3) 欧洲货币联盟的成立条件

欧洲货币联盟的成立条件主要包括:①所有成员国之间货币可以自由兑换;②资本自由流动,实现银行和其他金融市场一体化;③消除一切汇率波动,保持汇率稳定,实行固定汇率制度。

4) 欧洲货币联盟的发展

第一阶段从 1990 年 7 月 1 日开始,主要是加强各成员国经济政策的协调和中央银行之间的合作,消除不利于金融一体化的障碍,消除外汇管制,实行内部资本的完全自由流通。

第二阶段从 1994 年 1 月 1 日开始调整各成员国的财政预算政策,为建立欧洲中央银行体系进行制度和结构方面的准备,进一步加强成员国经济的趋同。

第三阶段从 1999 年 1 月 1 日开始,正式启动欧元,建立欧洲中央银行,实施统一的货币政策。至 2002 年 7 月 1 日,各欧元实施国的本国货币完全退出流通,欧洲货币一体化计划完成,欧元国际化启动。

4. 欧元区的形成

1998 年 5 月 2 日,欧盟首脑会议在布鲁塞尔召开,确定了首批欧元区的参加国,确定了荷兰人杜伊森贝赫为首任欧洲中央银行行长。同年 7 月 1 日,欧洲中央银行正式运作。1999 年 1 月 1 日,欧洲货币一体化进入一个新时代,欧元顺利启动,欧元区形成。2002 年 1 月 1 日,欧元现钞开始进入流通领域。同年 7 月 1 日,欧元开始全面取代欧元区 12 个国家的货币。

专栏 12-3　欧洲货币体系时间表

资料来源:根据欧洲货币体系进程整理。

5. 欧债危机及其进展

欧债危机的全称是欧洲主权债务危机,是指自 2009 年以来在欧洲部分国家爆发的主权债务危机。欧债危机是美国次贷危机的延续和深化,其本质原因是政府的债务负担

超过了自身的承受范围而引起的违约风险。2009年12月,希腊的主权债务问题凸显,成为首个爆发债务危机的国家。2010年3月进一步发酵,开始向"欧洲五国"(葡萄牙、意大利、爱尔兰、希腊、西班牙)蔓延。2010年上半年,欧洲央行、国际货币基金组织等一直致力于为希腊债务危机寻求解决办法,但分歧不断。欧元区成员国担心,无条件救助希腊可能助长欧元区内部"挥霍无度"并引发本国纳税人不满。2015年,希腊债务危机深化,希腊总理齐普拉斯向欧洲稳定机制(ESM)提出了两年的延长救助申请,暂时避免了脱离欧盟的窘境。2016年6月是希腊难熬的"酷夏"。有两笔债务面临到期,要偿还欧洲央行的23亿欧元和国际货币基金组织的3亿欧元。如果希腊和国际债权人无法就债务削减办法和希腊改革进展评估等问题达成一致,救助款就到不了位,希腊就又有可能重演上一年面临"退出欧元区"的一幕。欧债危机的持续发酵,给欧洲货币体系带来了重大影响,如果希腊退出欧元区,欧洲货币体系将面临分裂的风险。

二、欧洲货币体系的特点

欧洲货币体系是一个真正的完全自由的国际金融体系,它与传统的国际金融体系相比,具有许多突出的特点。

1)摆脱了任何国家或地区政府法令的管理约束

传统的国际金融市场,必须受所在地政府的政策法令的约束,而欧洲货币市场则不受国家政府管制与税收限制。一方面,这个市场本质上是一个为了避免主权国家干预而形成的"超国家"的资金市场,它在货币发行国境外,货币发行国无权实施管制;另一方面,市场所在地的政府为了吸引更多的欧洲货币资金,扩大借贷业务,采取种种优惠措施,尽力创造宽松的管理气候。因此,这个市场经营非常自由,不受任何管制。

2)突破了国际贸易与国际金融业务汇集地的限制

传统的国际金融市场,通常是在国际贸易和金融业务极其发达的中心城市,而且必须是国内资金供应中心,但欧洲货币市场则超越了这一限制,只要某个地方管制较松、税收优惠或地理位置优越,能够吸引投资者和筹资者,即使其本身并没有巨量的资金积累,也能成为一个离岸的金融中心。这个特点使许多原本并不著名的国家或地区如卢森堡、开曼、巴拿马、巴林及百慕大等发展成为国际金融中心。

3)建立了独特的利率体系

欧洲货币市场利率比国内金融市场要独特,表现在,其存款利率略高于国内金融市场,而放款利率略低于国内金融市场。存款利率较高,是因为一方面国外存款的风险比国内大,另一方面不受法定准备金和存款利率最高额限制。而贷款利率略低,是因为欧洲银行享有所在国的免税和免缴存款准备金等优惠条件,贷款成本相对较低,故以降低贷款利率来招徕顾客。存放利差很小,一般为$0.25\%\sim0.5\%$,因此,欧洲货币市场对资金存款人和资金借款人都极具吸引力。

4)完全由非居民交易形成的借贷关系

欧洲货币市场的借贷关系,是外国投资者与外国筹资者的关系,亦即非居民之间的借贷关系。国际金融市场通常有三种类型的交易活动:①外国投资者与本国筹资者之间的交易,如外国投资者在证券市场上直接购买本国筹资者发行的证券;②本国投资者与外国筹资者之间的交易,如本国投资者在证券市场上购买外国筹资者发行的证券;③外国投资者与外国筹资者之间的交易,如外国投资者通过某一金融中心的银行中介或证券市场,向外国筹资者提供资金。第一种和第二种交易是居民和非居民间的交易,这种交易形成的关系是传统国际金融市场的借贷关系。第三种交易是非居民之间的交易,又称中转或离岸交易,这种交易形成的关系才是欧洲货币市场的借贷关系。

5)拥有广泛的银行网络与庞大的资金规模

欧洲货币市场是银行间的市场,具有广泛的经营欧洲货币业务的银行网络,其业务一般是通过电话、电报、电传等工具在银行间、银行与客户之间进行;欧洲货币市场是以批发交易为主的市场,该市场的资金来自世界各地,数额极其庞大,各种主要可兑换货币应有尽有,充分满足了各国不同类型的银行和企业对不同期限和不同用途的资金的需求。

6)具有信贷创造机制

欧洲货币市场不仅是信贷中介机制,而且是信贷创造机制。进入该市场的存款,经过银行之间的辗转贷放使信用得到扩大,这些贷款如果存回欧洲货币市场,便构成货币市场派生的资金来源,将其再贷放出去则形成欧洲货币市场派生的信用创造。

三、欧元对国际货币体系的影响

欧元的启动对现行国际货币体系至少产生了以下几方面的影响。

1. 欧元的启动将会改变美元独霸世界的国际货币格局

现行国际货币体系虽然出现了储备货币多元化的现象,尽管人们在不断谈论着国际储备货币的三足鼎立格局,然而在美元、德国马克与日元这三种主要货币中,德国马克和日元是无法与美元抗衡的。欧元的启动将逐渐改变这一格局。一方面,在欧盟内部贸易中只使用欧元来进行结算和支付,欧盟内部将减少美元储备;另一方面,欧元发行后,币值稳定的欧元将成为主要的国际硬通货,其他各国中央银行将调整国际储备结构,减少美元储备,增加欧元储备。作为最大贸易体的欧盟,将促使欧元成为与美元相当的国际储备货币。随着时间的推移,国际货币体系将出现以美元、欧元为主导,日元次之的多元化格局。

2. 欧元的启动有利于国际汇率体系的稳定

欧元启动之后,会逐渐成为一种稳定的货币。欧元国家强大的经济实力和《马斯特里赫特条约》中关于通货膨胀、财政赤字和政府债券的严格趋同标准,使欧元的稳定有了坚实的基础;带有浓重德国色彩、独立性很强的欧洲中央银行及其统一的货币政策是欧元走强的有力保证。此外,在美国,美元供应量只对美国的经济目标做出反应,并不反映其他国家的需求。

3. 欧元的启动具有较强的示范意义

从欧元的形成过程看,区域经济一体化的最高阶段是区域货币合作、发行统一货币,这样才能建立完全意义上的区域大市场,实现生产要素的自由流动。欧元的启动对其他正在致力于区域经济一体化进程的地区昭示着这样一个结论:区域经济形成后,一体化的市场要有统一的、超国家的国际货币来运转和协调,否则该区域经济无法协调发展;国

际货币也需要经济集团来支撑,由区域经济来强化其国际地位。

国际货币体系的改革与前瞻

一、国际货币体系改革的必要性

随着国际贸易和国际金融的发展以及世界经济、金融一体化趋势的加强,现有国际货币体系(即牙买加体系)的弊端越来越明显。尤其是 2008 年由美国次贷危机引发的国际金融危机,昭示了当前国际货币体系改革的紧迫性。

2007 年,美国爆发了震惊世界的次贷危机。由于美国商业银行和住房抵押贷款机构自 2001 年以来对按揭贷款中次级贷款的滥用,使得到 2007 年次级按揭贷款规模达到 1.3 万亿美元。更严重的是,这些次级按揭贷款还通过相关金融衍生产品 CDO(担保债务凭证)、CDS(信用违约互换)的滥用而被放大几十倍。例如,到 2007 年,仅 CDS 的规模就达到 62 万亿美元,是当年美国 GDP(14.15 万亿美元)的 4 倍以上。结果,一旦美国房价下跌,大量次级按揭贷款就会成为不良贷款。美国大量金融机构因亏损形成高额不良资产而面临倒闭,引发次贷危机,并进而引发一场全球金融危机。

面对国内次贷危机,美国政府高速开动印钞机,通过向问题金融机构和问题实业公司注资来救市。截至 2009 年,美国政府共发行了 12.8 万亿美元的货币救市。然而由于美国的国际储备货币地位以及美国的世界最大债务人地位,使得大量持有美元储备的国家,尤其是大量持有美元债券的国家,因美元贬值而蒙受巨大损失。

一国"惹祸"却要各国"买单",这显然不公平。根本问题就在于当前以美元为主要国际储备货币的不合理国际货币体系。这场由美国次贷危机引起的国际金融危机昭示:当前的国际货币体系改革势在必行。

二、国际货币体系改革的各种主张

1. 创立国际商品储备体系

由于许多发展中国家受初级产品和原材料价格剧烈波动的影响,国际收支状况经常恶化。一些经济学家提出创立以商品为基础的国际储备货币,以解决初级产品价格波动和国际储备制度不稳定的问题。

国际商品储备体系的主要内容包括:①建立一个世界性的中央银行,发行新的国际货币单位,其价值由一个选定的商品篮子决定,商品篮子由一些基本的国际贸易产品,特别是初级产品来构成;②现有的 SDR 将被融合到新的国际储备制度中,其价值重新由商品篮子决定,其他储备货币将完全由以商品为基础的新型国际货币所取代;③世界性的中央银行将用国际货币买卖构成商品篮子的初级产品,以求达到稳定初级产品价格,进而稳定国际商品储备货币的目的。

2．建立国际信用储备制度

美国经济学家特里芬教授提出了这一设想,他认为国际货币制度改革的根本出路在于建立超国家的国际信用储备制度,并在此基础上创立国际储备货币。国际储备货币不应由黄金、其他贵金属和任何国家的货币来充当。特里芬建议目前各国应将其持有的国际储备以储备存款形式上交 IMF 保管,IMF 将成为各国中央银行的清算机构。如果IMF 或其他类似的国际金融机构能将所有国家都吸收为成员国,那么国家间的支付活动就表现为 IMF 的不同成员国家储备存款账户金额的增减。IMF 所持有的国际储备总量应由各国共同决定,并按世界贸易和生产发展的需要加以调整。储备的创造可以通过对成员国放款、介入各国金融市场购买金融资产或定期分配新的储备提款权来实现,但是不应受黄金生产或任何国家国际收支状况的制约。特里芬在他的著作中曾具体指出,应以特别提款权作为唯一的国际储备资产来逐步取代黄金和其他储备货币。

3．IMF 替代账户

替代账户是 IMF 设立的一个专门账户,发行一种特别提款权存单,各国中央银行可将手中多余的美元储备折成特别提款权存入该账户,再由 IMF 用吸收的美元投资于美国发行的长期债券,所得的利息收入返给替代账户的存款者。这一建议是在 1979 年 IMF临时委员会的年会上提出的,设想用特别账户吸收各国过度积累的美元资产,并使特别提款权成为主要国际储备资产。

这一建议实际上并没有实行,因为只有当特别提款权或其他储备资产发展成为功能齐全并且优于美元的真正国际货币时,人们才会放弃手中积累的美元资产。

4．加强各国经济政策协调以稳定汇率

主要工业化国家之间汇率的剧烈波动对世界经济和国际金融的稳定产生了严重的影响,引起了各国的普遍关注。1985 年 10 月,美国、日本、英国、德国、法国五国财政部长和中央银行行长会议提出了要协调各国经济政策,以促进汇率的稳定。后来的 1986 年七国财长会议又提出了通过控制下列十项指标来实现各国政策的协调:国民生产总值增长率、通货膨胀率、利率、失业率、财政赤字、经常项目账户差额、贸易差额、货币供应增长率、外汇储备和汇率。

IMF 同意对各国的这些经济指标进行监督,并将这些指标划分为绩效指标、政策指标和介于两者之间的中间变量。绩效指标有国民生产总值增长率、通货膨胀率、失业率和经常项目账户差额。政策指标有货币供应增长率和财政赤字。中间变量是指利率和汇率等。1987 年,在七国首脑会议上,对经济政策的协调做出了具体规定。

虽然通过协调宏观经济政策不能根本解决国际货币制度内在的不稳定性,但是这个建议如果能够有效地付诸实施,则有助于汇率和世界经济的稳定。但是要做到真正的政策协调并非易事,因为协调宏观政策影响各国政策的独立性,会损害某些国家的利益。另外,在经济衰退时期,各国国内的严峻形势可能使政府无法顾及与其他国家的协调。

5. 设立汇率目标区

汇率目标区是指有关国家的货币当局选择一组可调整的基本参考汇率,指定出一个围绕其上下波动的幅度并加以维持。汇率目标区的种类很多,但主要可分为"硬目标区"和"软目标区"。"硬目标区"的汇率变动幅度很窄,不常修订,目标区的内容也对外公开,一般是通过货币政策将汇率维持在目标区。"软目标区"的汇率变动幅度较宽,而且经常修订,目标区的内容不对外公开,不要求必须通过货币政策加以维持。

设立汇率目标区的建议提出以来,各方面的褒贬不一。发展中国家希望通过实行汇率目标区来实现汇率的稳定,而发达国家则认为汇率目标区不现实。汇率目标区的特点是综合了浮动汇率制的灵活性和固定汇率制的稳定性,而且能够促进各国宏观经济政策的协调。但实施起来确实有许多困难,如均衡参考汇率的确定、维持目标的有效方法等。

三、当前国际货币体系的改革方向

世界各国对国际货币体系改革这一必然趋势已有一定的共识,但改革与发展的方向仍充满争议。总体来说,当今国际货币体系改革方向主要集中在本位币的选择、汇率制度的确定和完善国际收支调节机制上。

1. 本位币的选择

本位币的选择是货币体系的基础问题。目前,世界各国对于国际本位货币的选择分歧很大。有些学者主张恢复金本位,英国和美国的经济学家主张改善以美元为中心的国际金汇兑本位制,另一些美国经济学家则提出美元本位制,还有部分国家提出以多种货币为基础或以特别提款权为基础。2009 年 G20 金融峰会在伦敦召开之际,中国第一次正式提出了超主权货币的建议,提倡创造一种和主权国家脱钩并且能够保持币值长期稳定的国际储备货币。货币体系的发展历史表明,以某一国的主权货币为本位币是难以持久的,复合货币和货币篮子的发展也是不稳定的。欧元区的诞生为区域性的货币统一提供了成功的参考经验,然而世界货币格局的统一则需要更为长远的发展与努力。

2. 汇率制度的确定

汇率稳定是世界贸易和经济发展的前提,然而固定的汇率制度显然难以适应当今经济形势迅速发展的需要。各国拥有不同的政治和经济目标,在经济增长率、通货膨胀率和国际收支等方面都存在很大差异。在现行的有管理的浮动汇率制度下,由于各国汇率政策多变及主要货币之间汇率波动剧烈等弊病,其稳定性也并不理想。因此如何保持汇率的相对稳定,尽量缩小汇率波动,成为亟待解决的问题。"汇率目标区"方案需要通过各国的合作与协调来实现,各国如何有效团结、联合干预,需要世界各国在未来进一步认真磋商。

3. 完善国际收支调节机制

从现行国际货币体系的调节机制来看,汇率运转机制效率并不高,且对于逆差国和顺差国之间的国际收支失衡调节存在不对称、不公平现象。对储备货币国家而言,要维持自身储备货币地位,就不能不顾及其国际收支状况和汇率波动状况。因此,需要完善国际收支调节机制,公平、合理地分配国际收支不平衡的调节责任。

第七节 人民币国际化

一、人民币国际化的概念和意义

中国是一个贸易大国，也正在成为一个资本大国。人民币国际化是中国进入国际金融市场的必由之路，同时也是中国成为经济强国的必由之路。

1. 什么是人民币国际化

从定义上看，人民币国际化就是指人民币获得国际市场的广泛认可和接受，并发挥计价尺度、交换媒介和价值储藏的功能。人民币获得市场的广泛认可和接受，具体表现在三个功能：计价尺度、交换媒介和价值储藏。计价尺度就是所谓的国际结算货币，这个是贸易货币；交换媒介就是投资货币；最重要的就是价值储藏。这三个功能是分层次的，是一步一步来的，是进阶的，不是三部分同时的。从经济现象看，人民币国际化包括三个概念：一是人民币在各国的国际贸易中成为主要结算货币（传统的方法是用美元来结算）；二是以人民币计价的金融产品和金融市场的规模不断扩大，在国际金融市场达到一定的比重；三是储备货币，这也是最重要的。衡量一个国家货币国际化的最终标准就是看这个国家是否完成了储备货币，特别要看其是否扮演世界主要储备货币的角色。

2. 人民币国际化的意义

从短期效益来看，人民币国际化有助于中国经济增量的保持和平衡。用人民币衡量国民经济的增长和对外贸易结算，对国家、企业来说，减少了汇率风险，降低了企业融资和计算成本。同时可以控制外汇储备的增长，防止因外汇储备长期过多造成的货币超发、经济过热、房地产泡沫等。因此，人民币国际化有利于中国经济自身的健康发展。人民币国际化可以加强中国与经济伙伴国之间的经济联系，促进经济政策协同调整。

从中期效益来看，人民币国际化可以加强人民币计价资产的价值核心吸引力。人民币如果作为一种财富表现形式，中国的所有产品将会变得更值钱，对其需求会增加，增加世界对中国所有产品的关注，有利于中国长期的财富保值、增值。

从长期效应来看，人民币国际化会加强中国全球资源的配置能力，提高国际金融竞争力，加强中国在国际经济格局的竞争地位和领导地位。

二、人民币国际化的进展

2009 年 4 月 8 日，国务院决定在上海市和广东省的广州、珠海、东莞开展跨境贸易人民币结算试点，开始启动人民币国际化的进程。此后，人民币国际化取得了长足发展，具

体表现如下。

1. 跨境贸易和直接投资的人民币结算额持续扩大

据中国人民银行发布的人民币国际化报告（中国人民银行货币政策二司，2015），2014年，人民币跨境贸易结算额达到6.55万亿元，相当于中国经常项目交易额的25％。同期，中国对外直接投资（ODI）的人民币结算额为1866亿元，外商对华直接投资（FDI）的人民币结算额高达8620亿元，均较上一年呈现较大幅度的增长。

2. 人民币计值的国际金融资产快速增加

2014年底，非居民在境内银行持有的人民币存款余额达到2.28万亿元，外国中央银行和其他机构投资者在银行间债券市场上持有的人民币计值债券为6.346亿元。2015年，通过QFII（合格的境外投资者）、RQFII（人民币合格境外投资者）和沪港通计划，外国机构投资者共计持有1.38万亿元人民币金融资产（包括股票和债券）。与此同时，在离岸市场，人民币银行存款超过2万亿元（其中近一半在我国香港地区）。人民币计值债券的发行增长也很快（尤其是2014年以前），截至2014年底，在离岸市场上发行的人民币计值债券发行额累计达到5305亿元。

3. 人民币已经开始作为一些国家的官方储备资产

其中包括白俄罗斯、柬埔寨、马来西亚、尼日利亚、菲律宾、韩国、俄罗斯等国，尽管一般情况下人民币仅占这些国家外汇储备总资产的5％左右。截至2015年，人民币作为外国官方储备资产的规模达到6667亿元。与此同时，作为全球金融安全网的一个组成部分，中国还与32个国家签署了3.2万亿元的双边货币互换协议。

4. 人民币离岸中心迅速发展

在资本账户尚未全面开放的环境下，作为人民币国际化的重要平台，近年来人民币离岸金融市场迅速发展。目前，除香港外，台北、新加坡、伦敦、法兰克福、巴黎、卢森堡、多伦多、迪拜、悉尼等十多个城市已经或正在成为人民币离岸金融中心。中国主要的国有商业银行均已相继取得各离岸中心的清算行地位。

5. 中国国际支付系统（CIPS）成功建成

该系统也称人民币跨境支付系统，于2015年10月8日在上海成功上线运行。其建成并顺利运行是人民币国际化的里程碑事件，标志着人民币国际化的基础设施建设取得重要进展，将大大提升人民币跨境结算的效率和交易的安全性。

6. 人民币成为SDR篮子货币

经过有关各方的反复磋商，2015年12月1日，国际货币基金组织正式宣布，人民币将于2016年10月1日加入SDR，成为其货币篮子的一个组成部分，占比达到10.92％，位居美元和欧元之后。IMF总裁拉加德在宣布这一消息的新闻发布会上表示："人民币进入SDR将是中国经济融入全球金融体系的重要里程碑，也是对中国政府在过去几年在货币和金融体系改革方面所取得的进步的认可。"应该说，成为SDR篮子货币，对于人民币国际化的促进意义是毋庸置疑的。一方面，它提升了人民币的国际形象和地位，本身就是国际化的一个重要表现；另一方面，我国将通过推进国内金融改革和资本账户的渐进开放，从宏观经济基本面和制度层面推动人民币的国际化进程。

毫无疑问，过去6年里，人民币国际化的成绩是显著的。从中国人民大学国际货币研究所发布的人民币国际化指数(RII)(见表 12-1)可以清楚看到这一点。当然,我们也必须清醒地意识到,尽管和自身的过去相比,人民币国际化取得了空前的发展,然而与美元、欧元相比,差距还很大。

表 12-1 人民币国际化指数及其国际对比(%)[1]

年份	人民币	美元	欧元	日元
2009	0.02	52.79	26.92	3.60
2010	0.23	54.33	25.58	4.34
2011	0.45	54.18	24.86	4.56
2012	0.87	52.34	23.72	4.78
2013	1.23	53.81	27.44	4.39
2014	2.33	54.67	24.49	4.18

资料来源:《人民币国际化年报》(2013—2015 年各期),中国人民大学国际货币研究所。

三、人民币国际化的措施

从理论上讲,一国货币要成为国际货币(特别是主要的国际货币)必须同时满足三个基本条件:其一,该国经济规模足够大,经济总量、对外贸易规模和金融市场规模等均处于全球前列;其二,该国的金融市场足够成熟并且具有高度流动性,这意味着金融市场有着完备的基础设施、丰富的金融市场工具以及基本开放的资本账户;其三,该国的经济、金融和货币具有可信度,这意味着能够保持良好的经济增长势头、稳定的金融体系和货币价值(尤其是对外货币汇率)。

美元和日元的相关历史经验表明,一国货币国际化地位的获得和保持,有赖于上述条件的同时存在。美国经济总量早在 1870 年就已超过英国,其对外贸易规模也在 1900年前后超过了英国,但直到 1944 年,美元仍无国际地位。1914 年美联储宣告成立之后,伴随着银行承兑汇票市场的出现和迅速发展,美国的金融市场开始逐渐形成规模并且流动性日渐提升。正是因为这一变化,差不多 10 年之后(1925 年左右),美元成功获得了国际结算和融资货币的地位,成为与英镑一样重要的国际货币,纽约也相应成为重要的国际金融中心。1944 年,凭借强大和可信的经济、政治、科技乃至军事力量,通过《布雷顿森林协议》的签署,美元成功取得了主导性国际货币的地位。

与美元的成功经历不同,日元提供了一个基本失败的案例。日元国际化大约开始于20 世纪 80 年代初。经过将近 20 年贸易立国发展战略的实施,日本的经济增长取得了巨大的成功,并在 80 年代初积累了巨额的经常项目顺差。在对外金融扩张的战略影响下,日本开始推动日元国际化。80 年代中后期,日元在全球外汇储备中的比重一度达到6%。然而,由于日本的金融市场长期处于相对不发达状态,特别是流动性比较差,加上90 年代长达 10 年之久的经济衰退和通货紧缩,日元发生了"去国际化"。近年来,日本占

---

[1] 该指数主要基于一国货币作为国际支付结算货币、国际金融资产计值和交易货币、国际储备货币等在全球对应总额(值)中的比重进行计算而成。

全球外汇储备的比重下降到了 3％。

美元和日元的相关经验和教训告诉我们，货币的国际化是一个受到多种因素作用的过程，可能需要很长的时间来最终实现。而且，日元以其生动的教训显示，如果某些条件不能充分具备，这个过程还有可能发生逆转。

人民币国际化已经走过了 7 年多时间。如前所述，虽然成就显著，但也面临诸多挑战。为了使之成为一个可持续发展的进程，尚需做出很多政策努力。

第一，积极推进市场化的经济改革，为经济增长提供新动力，从而为人民币国际化提供最基本的保障。由于人口结构变化，中国的劳动力供给日趋紧张，人口红利正加速消失；与此同时，国民储蓄水平也将随着人口老龄化时代的到来而逐渐下降。面对劳动和资本两大要素的供给下降趋势，要想确保经济增长，只有努力提高全要素生产率，以便为经济增长提供新的动力。为此，除了需要加快技术进步之外，应该加快市场导向的各项经济改革，特别是国有企业改革、财税改革、劳动力市场改革和其他要素市场改革，更多地允许民营资本进入垄断性行业等。

第二，加快技术进步和制造业升级，构建新的贸易优势，为人民币汇率长期稳定创造条件。汇率稳定对于人民币国际化具有重要意义。从理论上讲，汇率在短期内取决于跨境资本流动，而在长期内则取决于一国的贸易竞争优势。如前所述，以廉价劳动力作为贸易优势的时代在中国已经一去不复返。为了确保人民币汇率的长期稳定，中国必须加快构建其贸易优势，从而为人民币国际化的持续发展创造条件。为此，应积极利用新一代信息技术革命所带来的空前机遇，以实施"中国制造 2025 计划"为抓手，加快 3D 打印、移动互联网、云计算、大数据、生物工程、新能源、新材料等领域的创新与突破，力求在最短的时间内实现中国制造业的升级。

第三，加快金融改革，建立市场化的现代金融体系。首先，人民币国际化的持续发展，需要一个具有高度流动性、规模足够大的国债市场的支持。美元之所以能够在战后数十年里一直占据主导性国际货币地位，除了其政治、经济、科技乃至军事等综合实力强大外，其高度发达、品种齐全、安全可靠的国债市场发挥了重要作用。而中国的国债市场不仅规模小，而且期限长、缺乏流动性，难以满足外国投资者（特别是中央银行）拥有高流动性人民币金融资产的需要。不久前，为了加入 SDR 货币篮子，中国宣布推出 3 个月期、滚动发行的国债是一个积极的举措，应该继续扩大这类国债的发行。其次，应加快人民币汇率制度改革，增强其弹性。从长远看，人民币国际化的深度发展（特别是成为主要的国际储备货币）要求资本跨境流动的自由化。2015 年 8 月 11 日，关于中间价报价机制的改革具有重要的积极意义，但仍然需要进一步的改革。再次，稳步推进资本账户可兑换。这是人民币国际化进一步发展的重要条件。在过去 10 多年时间里，中国的资本管制已经显著放松。在全部 40 个资本账户项目下的交易中，目前仅有货币市场工具和衍生产品等 4 种交易完全不可兑换，其余则是完全可兑换或部分可兑换。继续扩大可兑换是基本方向，不过，在操作层面仍需坚持审慎原则，即高度重视进一步开放的国内金融市场条件（包括监管能力）和时机。如果为了促进人民币国际化而不切实际地过急开放，很可能导致金融动荡甚至危机。一旦发生危机，人民币国际化的最基本条件——经济稳定增长就可能受到损害，从而在根本上妨碍人民币国际化的继续发展。

第四，积极推动国际经济和金融合作。总体而言，人民币国际化是一个市场驱动的进程。只要上述三个方面的条件基本具备，经过若干年，人民币国际化将水到渠成。在这个过程中，政府的作用主要是积极促成这些条件的形成。不过，从政府层面去积极推动国际经济和金融合作，也有重要意义。当然，由于时代和环境不同，加上中国的综合实力尚未达到超强的地位，美元国际化的经验不可能简单复制。尽管如此，中国政府也可以有所作为。譬如，积极利用 G20 等国际经济对话机制，在重大国际经济事务中用好自己的话语权；继续推动国际货币基金组织的治理改革；积极推动亚洲货币金融合作，包括清迈倡议多边化和区内各国的汇率合作等。

第五，推进"一带一路"战略的实施。"一带一路"是"21 世纪海上丝绸之路"和"丝绸之路经济带"的简称。是在新经济条件下，国家提出的一项全新的对外合作战略。随着"一带一路"战略的加快推进，中国与"一带一路"沿线国家和地区的国际贸易往来会不断加深，跨境结算中人民币的地位会不断提高。

下面是"一带一路"战略的一些优点。

（1）增加我国金融性收益。人民币国际化可以使我国在国际贸易交往中获得铸币税收益，我国对国际资源配置的作用力会不断增强。国外央行储备资产中会大量留存人民币，为我国金融体系和政府提供资金，我国也会在国际货币交易中获得相应收入。"一带一路"战略有两个输出，一个是资本输出，另一个是产业输出。"一带一路"的战略实施后，人民币在沿线国家的流通使用会更加频繁，这些国家居民会增加对人民币的持有，从而会增加我国的国际铸币税收益，并且进一步增强我国对国际资源的配置能力；同时，作为储备资产的人民币在沿线国家就会日益增加。

（2）推动我国汇率制度改革，促进我国国际贸易和对外直接投资。"一带一路"战略实施后，一方面可以缓解人民币的升值压力，避免人民币在浮动汇率制下过度升值而对国内经济造成巨大冲击，确保我国的汇率制度改革能按部就班地进行；另一方面，在与沿线国家的贸易中可以降低双方的交易成本，增加利润收入。对沿线国家的企业就可以大量使用人民币进行直接投资，减少在对外投资中的汇率风险以及增强企业的竞争力，从而进一步增进我国和沿线国家的国际贸易和对外投资。

（3）通过国际金融机构的多边安排，提高人民币的境外使用率，这就是亚洲基础设施开发银行和金砖国家开发银行的好处所在。亚洲基础设施开发银行是多边开发机构，要对外贷款。现在，世界银行每年的贷款规模是 300 亿美元，亚洲基础设施开发银行如果运行，每年的贷款规模将是 200 亿美元，应以人民币为主进行贷款。

（4）提高我国的国际地位。我国历来以和平共处五项原则作为外交的基本政策，"一带一路"战略就是本着这种精神和沿线国家加强经济贸易合作，最终达到合作共赢的结果。实施这项政策的时候，我国与沿线国家优势互补、互利共赢，使双方都获得最大化优势，使我国的国际地位不断提高。政策实施后，扩大了人民币的流通范围，使人民币在国际金融市场中的地位得以提升，进而增强我国在国际贸易中的影响力。

主要术语和关键概念

国际货币体系　金本位　金币本位制　金块本位制　金汇兑本位制　布雷顿森林体系　怀特计划　凯恩斯计划　特里芬难题　特别提款权　牙买加体系　魏尔纳报告　欧洲货币体系　德洛尔计划

思考题

1. 国际货币体系的含义和内容是什么？
2. 国际金本位制的特点是什么？
3. 分析布雷顿森林体系的主要内容和特点。
4. 布雷顿森林体系的缺陷表现在哪些方面？
5. 牙买加协议后的国际货币体系的主要内容是什么？怎样评价这一体系？
6. 欧洲货币体系的主要内容及其对国际货币体系改革的意义是什么？
7. 当前由美国次贷危机引发的国际金融危机对国际货币体系改革的要求是什么？你如何看待今后国际货币体系改革的方向？
8. 试分析人民币国际化的障碍和路径选择。

应用题

1. 试论述欧债危机对欧洲货币体系产生的影响。
2. 试论述国际货币体系可能的发展方向。
3. 2009 年 10 月，希腊新任首相乔治·帕潘德里欧宣布，其前任隐瞒了大量的财政赤字，随即引发市场恐慌。截至同年 12 月，三大评级机构纷纷下调了希腊的主权债务评级，欧洲债务危机全面爆发。2011 年 6 月，意大利政府债务问题使危机再度升级。这场危机不像美国次贷危机那样一开始就来势汹汹，但在其缓慢的进展过程中，随着产生危机国家的增多与问题的不断浮现，加之评级机构不时的评级下调行为，已经成为牵动全球经济神经的重要事件。政府失职、过度举债、制度缺陷等问题的累积效应最终导致了这场危机的爆发。在欧元区 17 国中，以葡萄牙、爱尔兰、意大利、希腊与西班牙等五个国家（简称"PIIGS 五国"）的债务问题最为严重。相关数据如表 12-2 和表 12-3 所示。

表 12-2　2010 年欧洲各国债务与 GDP 比值

国家	希腊	意大利	比利时	葡萄牙	爱尔兰	法国	德国	奥地利	马耳他
比值/(%)	124.9	116.7	101.2	84.6	82.9	82.5	76.7	73.9	70.9

国家	西班牙	荷兰	塞浦路斯	芬兰	斯洛文尼亚	斯洛伐克	卢森堡	马约红线	欧洲平均水平
比值/(%)	66.3	65.6	58.8	47.4	42.8	39.2	16.4	60	84

资料来源：欧洲央行 https://www.ecb.europa.eu/home/html/index.en.html

表 12-3　2009 年欧洲各国公开赤字与 GDP 比值

国家	爱尔兰	希腊	西班牙	葡萄牙	法国	斯洛伐克	塞浦路斯	比利时	斯洛文尼亚
比值/(%)	−14.3	−13.6	−11.2	−9.4	−7.5	−6.8	−6.1	−6.0	−5.5

国家	荷兰	意大利	马耳他	奥地利	德国	芬兰	卢森堡	马约红线	欧洲平均
比值/(%)	−5.3	−5.3	−3.6	−3.4	−3.3	−2.2	−0.7	−3	−6.3

资料来源：https://www.ecb.europa.eu/home/html/index.en.html.

试分析欧债危机发生的原因。

本章
参考文献

第十三章
国际金融机构

教学目的与要求：了解各类国际金融机构的宗旨、主要业务及原则，了解中国与各类国际金融机构合作的现状，探索怎样进一步开拓中国与国际金融机构的合作，促进中国经济的稳定增长。通过对各类国际金融机构的研究，认识到中国在其中起到的作用，探讨中国今后该如何继续在其中发挥重要作用。

教学内容：本章主要介绍国际金融机构的概念、产生与发展，国际金融机构的类型、特点与作用，国际货币基金组织、世界银行集团、国际清算银行、亚洲开发银行以及亚洲基础设施投资银行的相关职能。

本章重点与难点：掌握全球性国际金融机构的性质和业务活动特点，国际金融机构如何发挥其作用。

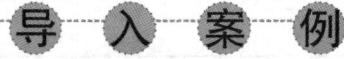

中国与国际金融体系：从参与到重塑

资料来源：金灿荣，金君达. 中国与国际金融体系：从参与到重塑[J]. 人民论坛·学术前沿，2015(16)：4-15.

第一节
国际金融机构概述

一、国际金融机构的概念

国际金融机构,又称国际金融组织,是指从事国际金融业务、协调国际金融关系、维持国际货币与信用体系正常运作的,由多国共同建立的超国家机构。这类金融机构多以银行的形式出现,有时也会以基金、协会的形式出现。

二、国际金融机构的产生与发展

国际金融机构的产生与发展与国际经济、政治状况及变化密切相关。第一次世界大战之前,世界主要国家的国际货币信用关系及结算制度没有真正建立起来,并且它们的货币汇率比较稳定,国际收支多为顺差,因而大国之间在国际金融领域的矛盾并不突出。此外,大国对小国的金融控制,主要依靠的是大国的经济实力、金融实力和军事实力。因此,第一次世界大战前没有产生国际金融机构的客观要求。

第一次世界大战爆发后,国际货币金融格局发生了重大变化,由于各主要国家经济政治发展不平衡,它们彼此之间矛盾尖锐化,于是,客观上要求利用国际经济组织控制或影响别国。与此同时,战争、通货膨胀及国际收支的恶化,又使许多工业国家面临国际金融困境,它们也希望借助国际经济力量。因此,建立国际金融机构成为多数工业国家的共同愿望,客观上已具备产生国际金融机构的条件。

1930 年 5 月,第一次世界大战的战胜国集团为处理战后德国赔款的支付及协约国之间的债务清算问题,由英、法、意、德、比、日六国的中央银行和代表美国银行界的美国摩根银行,在瑞士巴塞尔成立了国际清算银行,这是建立国际金融机构的重要开端。但是,这一机构当时并不具有普遍性,对国际金融活动的实际影响不是很大。

第二次世界大战后,各国生产国际化及资本国际化,使国际经济关系得到迅速发展,国际货币信用关系不断加强,国际金融机构迅速增加。1944 年 7 月,在英、美等国的策划下,美、中、苏、法等 44 个国家在美国新罕布什尔州的布雷顿森林召开了联合国货币金融会议,通过了由美国提出的关于设立国际货币基金组织和国际复兴开发银行的方案,并签订了关于确立西方国家金融关系的基础协议。1945 年 12 月正式成立了两个国际性金融机构,即国际货币基金组织和国际复兴开发银行(简称世界银行)。1956 年国际金融公司成立,1959 年国际开发协会成立,至此,世界银行集团正式出现。国际货币基金组织和世界银行集团,是当今成员国最多、机构最大,并且影响最广的国际金融机构。

自 1957 年开始,欧洲、亚洲、非洲、拉丁美洲及中东地区的国家,为了加强互助合作,抵制美国对国际金融的操纵,纷纷建立起区域性国际金融机构,以促进本地区的经济发展。最早出现的区域性国际金融机构是 1957 年由欧共体设立的欧洲投资银行。20 世纪 60 年代之后,陆续设立了泛美开发银行、亚洲开发银行、非洲开发银行及阿拉伯货币基金组织等区域性金融机构。

20 世纪 80 至 90 年代,也出现了不少国际性和区域性的金融机构,例如 1988 年新成立的多边投资保证机构,1991 年成立的欧洲复兴开发银行,等等。

随着 21 世纪的到来,世界经济逐渐一体化,中国的经济也在飞速发展,中国在积极参与许多国际性金融机构和区域性金融组织的同时,也开始牵头建立起符合自身和全球其他国家利益的金融机构。例如,2014 年 10 月 24 日在北京成立的亚洲基础设施投资银行就是典型代表。

三、国际金融机构的类型

国际金融机构的类型大致有以下划分方式:按地区划分和按职能划分。

按地区划分,国际金融机构的类型有两种:①全球性国际金融机构。例如世界银行、国际货币基金组织、国际金融公司、国际开发协会等。②区域性国际金融机构。具体有两类:一类是联合国附属的区域性金融机构(有区域外国家参加),如亚洲开发银行、泛美开发银行、非洲开发银行等;另一类是某一区域一些国家组成的真正区域性国际金融机构,如欧洲投资银行、阿拉伯货币基金组织、伊斯兰发展银行、西非发展银行、石油输出国国际发展基金、科威特阿拉伯经济发展基金等。区域性国际金融机构是今后发展的主要方向。

按职能划分,可分为主要从事国际金融活动协调和监督的国际金融机构、主要从事信贷的国际金融机构和主要从事国际清算的国际金融机构。

四、国际金融机构的特点

1. 国际金融机构是政府间的金融组织

国际金融机构是以国家为参与单位,由各国共同组成的世界性或区域性的联合组织。国际金融机构在会员国派驻代办处,会员国参加国际金融机构活动的形式包括:派出代表参加该机构的年会,临时性的磋商会议。国际金融机构在协调国际经济矛盾和加强金融合作方面起着重要的作用。

2. 国际金融机构是股份公司式的企业组织形式

国际金融机构是由会员国共同出资、共同管理,按照股份制形式经营的经济实体,在组织机构、入股方式和资金来源等方面与股份制企业极为相似。国际金融机构的决定权同出资额成正比,出资最多的国家委派代表组成执行董事会,管理日常经营业务。

3. 国际金融机构有很强的政治色彩,活动受经济大国控制

国际金融机构是成员与政府间进行政治经济合作及交往的渠道和论坛。但它们在该组织内的发言权是以其在世界经济中的经济实力为基础的,因此,国际金融机构的领导权掌握在西方发达国家手里,发展中国家的建议和意见往往得不到反映,甚至很少付

诸实施。比如,国际货币基金组织和世界银行就一直处于以美国为首的西方发达国家的控制之下。

五、国际金融机构的作用

国际金融机构建立的时间和背景虽然不同,且几个全球性国际金融机构仍在几个资本大国控制之下,但国际金融机构在加强国际合作及发展国际经济方面起到的积极作用是不可否认的,都是为了加强各国的经济合作,处理国际经济、金融领域的问题,并形成一些共同的法规和规则,为国与国之间的对话和协商提供渠道,以此促进世界经济贸易的发展。其作用主要体现在以下几方面。

(1)加强世界或区域性经济、金融合作关系,推动经济一体化发展进程,促进各国政府间的联合协作。

(2)制定并维护共同的货币金融制度,稳定汇率,保证国际货币体系的运转,促进国际贸易增长。

(3)组织各会员国商讨国际金融领域中的重大事件,并进行协商解决。

(4)为会员国提供长短期的金融信贷,帮助出现金融危机或债务危机的国家提供短期资金,缓解其国际收支危机,为发展中国家的经济发展和改革计划提供长期发展资金援助。并通过创造新的结算手段,适应国际经济发展的需要。

第二节 全球性国际金融机构

一、国际货币基金组织

1. 成立背景

国际货币基金组织(IMF)是联合国管理和协调国际金融关系的专门机构。我国是国际货币基金组织创立国之一。

IMF成立于1945年12月27日,它是特定历史条件下的产物。鉴于金本位制崩溃之后,国际货币体系长期混乱及其所产生的严重后果,进行新的国际货币制度安排日益成为突出的问题。为此,在二战期间,英、美两国政府就开始筹划战后的国际金融工作。1943年,英、美两国先后公布了凯恩斯计划和怀特计划。1944年2月,发表关于建立国际货币基金的专家联合声明。1944年7月,英、美等国在美国新罕布什尔州的布雷顿森林召开了具有历史意义的联合国货币与金融会议,并通过决议成立国际货币基金组织,将其作为国际性的常设金融机构。1945年12月27日,代表该基金初始份额80%的29

国政府,在华盛顿签署了《国际货币基金协定》,自此,IMF 宣告正式成立。IMF 的成立,为二战后以美元为中心的国际货币体系的建立与发展奠定了组织基础。

1946 年 3 月,IMF 在美国佐治亚州萨凡纳召开首次理事会创立大会,选举了首届执行董事,并决定将总部设在华盛顿。同年 5 月,IMF 召开第一届执行董事会,会上选出比利时人戈特(G. Gutt)为总裁兼执行董事会主席。同年 9 月—10 月,IMF 和世界银行理事会第一届年会于华盛顿召开。同年 12 月,IMF 公布当时 32 个成员的货币对黄金和美元的平价。1947 年 3 月,IMF 宣布开始办理外汇交易业务。同年 11 月 15 日,IMF 成为联合国的一个专门机构。IMF 成立之初有创始国 39 个,截至 2016 年 5 月,IMF 拥有成员 188 个,遍布世界各地,已成为名副其实的全球性国际金融组织。

1980 年 4 月 17 日,IMF 正式恢复中华人民共和国在该组织的合法席位,我国开始派出自己的代表参加 IMF 的活动。

2. 宗旨与职能

1)IMF 的宗旨

(1)通过建立一个能够提供共同协商国际货币问题的永久性机构来进国际货币之间的协作。

(2)维持国际贸易的均衡发展,提高会员国就业水平及实际收入水平,为开发生产性资源提供便利条件。

(3)维持汇率稳定,避免竞争性货币贬值。

(4)支持会员国间建立多边支付体系,消除阻碍世界贸易发展的外汇限制。

(5)为会员国国际收支暂时性不平衡提供资金融通,避免使用影响本国和世界经济繁荣的调节性措施。

(6)与上述几点相对应,缩短和减缓会员国国际收支不平衡的时间和程度。

尽管布雷顿森林体系已经成为历史,具体的国际货币基金组织内部规章也进行过几次修改,但是,上述六点方针已成为 IMF 一直不变的工作原则。

2)IMF 的职能

根据国际货币基金组织上述宗旨,IMF 在国际金融领域中的职能主要表现在以下三个方面。

(1)确立成员国在汇率政策、与经常项目有关的支付以及货币的兑换性方面需要遵守的行为准则,并实施监督(汇率监督是 IMF 的一项重要职能,其目的在于保证有秩序的汇兑安排和汇率体系的稳定,消除不利于国际贸易发展的外汇管制,避免会员国操纵汇率或采取歧视性的汇率政策以谋求不公平的竞争利益)。

(2)向国际收支发生困难的会员国提供必要的临时性资金融通,以使它们遵守上述行为准则,并避免采取不利于其他国家经济发展的经济政策。

(3)为会员国提供进行国际货币合作与协商的场所。

3. 组织机构

IMF 的组织机构由理事会、执行董事会、总裁和若干业务职能机构组成。

1)理事会

理事会是 IMF 的最高权力机构,由各成员国选派理事和副理事各 1 人组成,任期 5

年(可以连任)。理事一职通常由各国中央银行行长或财政部部长担任,副理事大多是各国外汇管理机构的负责人,副理事只有在理事缺席时才有投票权。理事会的主要职能是接纳新成员、决定或调整成员国的份额、分配特别提款权以及处理国际货币制度的重大问题。理事会每年秋季举行一次定期会议(IMF 年会),必要时可举行特别会议,当出席会议的理事投票权合计数占总投票权合计数的 2/3 以上时,即达到法定人数。由于理事会十分庞大,1974 年 10 月,IMF 设立了由 22 个部长级成员组成的临时委员会。1999 年9 月,临时委员会更名为"国际货币与金融委员会"(IMFC)。临时委员会每年举行 3~4次会议,它具有管理、修改国际货币制度和修改基金条款的决定权,因而成为事实上的常设决策机构。

2)执行董事会

执行董事会是理事会下面的常设机构,它负责处理 IMF 的日常事务。执行董事会最初由 12 名执行董事组成,目前名额增加到 24 名,由持有基金份额最高的美、英、德、法、日、沙特阿拉伯等 6 国各派一人担任常任执行董事,其他执行董事由其他成员国按国家集团或按地区分组推举产生(中国和俄罗斯为单独选举集团,各指派一名执行董事)。

3)总裁

IMF 设总裁一人,副总裁三人(原设一人)。总裁由执行董事会选举产生,总裁兼任执行董事会主席,总管 IMF 的业务工作,是 IMF 的最高行政领导人。总裁平时无投票权,只有在执行董事会投票表决出现双方票数相等时,才可投决定性的一票。总裁任期五年,可连任,该职位通常由欧洲人士担任。

4)发展委员会

发展委员会是"世界银行和国际货币基金组织理事会关于实际资源向发展中国家转移的联合部长级委员会"的简称。发展委员会致力于发展政策及发展中国家关注的其他问题的磋商讨论。发展委员会是部长级委员会,每年开会 2~4 次,由于其成员大都是来自主要国家且政治级别较高,所以其决议往往就是理事会的最后决议。

4. 资金来源

国际货币基金组织主要的日常业务活动是向出现国际收支逆差的会员国提供贷款,它必须有资金,其资金主要来自会员国缴纳的份额、借款和信托资金三个方面。

1)份额

份额是指会员国加入国际货币基金组织时必须认缴的款项。会员国缴纳的份额是国际货币基金组织的主要资金来源。各会员国在国际货币基金组织中份额的大小也决定了其在国际货币基金组织中的投票权、借款的数额以及分配的特别提款权的多少。会员国的国民收入、黄金和外汇储备、平均进出口额等多方面的因素是决定会员国份额的重要因素。会员国份额的大小由理事会决定,每隔 5 年对各会员国的份额重新审定一次,并对部分会员国的份额进行调整。

2)借款

借款是国际货币基金组织向会员国借入的资金。1962 年 10 月,根据"借款总安排",国际货币基金组织向"十国集团"借入资金 60 亿美元,1974 年和 1975 年国际货币基金组织又从石油生产国和发达国家借入 69 亿特别提款权,1993 年底借款达 170 亿特别提款

权。1997年确立的"借款新安排",有25个国家和机构参加。当国际货币基金组织没有足够的资金向会员国提供金融援助的时候,或者为了消除国际金融体系面临的重大危机而急需大量资金的时候,25国向国际货币基金组织提供贷款。

国际货币基金组织有权以借款方式来扩大其资金来源。但是,为了保证份额是国际货币基金组织的基本资金来源,执行董事会规定了总借款的限度——未偿还额和未动用的借款额一般不得超出份额的60%,若该比例超过50%,执行董事会要加以控制。国际货币基金组织可以根据需要选择借款币种和借款来源。对国际货币基金组织的借款限制为:如果它想借入某一成员国的货币,但不是从该货币发行国,而是从其他国家借入,则必须征得该货币发行国的同意。

3) 信托基金

1976年1月,国际货币基金组织决定将其持有的黄金的1/6(即2500盎司)分4年以市场价卖出,用所获利润的一部分建立一笔信托基金,按优惠条件向低收入发展中国家提供贷款。

5. 主要业务及其特点

1) 汇率监督和政策协调

为了使国际货币制度能够顺利运行,IMF要监督各会员国以保证它们与IMF和其他会员国进行合作,维持有秩序的汇率安排和建立稳定的汇率制度。在布雷顿森林体系下,会员国要改变汇率平价时,必须与IMF进行磋商并得到它的批准。在目前的浮动汇率制下,会员国调整汇率无须再征求IMF的同意。但是IMF仍然要对会员国的汇率政策进行全面评估,这种评估要考虑其国内和对外政策对国际收支调整以及实现持续经济增长、财政稳定和维持就业水平的作用。IMF的汇率监督不仅运用于那些经济上软弱的国家,国际收支失衡从而要求得到IMF贷款支持的国家,而且更重要的是运用于那些经济实力强大的国家。这些国家的国内经济政策和国际收支状况会对世界经济产生重大影响。

IMF在多边基础和个别基础上对会员国汇率政策实行监督。在多边基础上,IMF主要分析工业化国家国际收支和汇率政策的相互作用,并评估这些政策在何种程度上能促进一个健康的世界经济环境的形成。多边监督以执行董事会和理事会临时委员会提出的《世界经济展望》为依据,强调对国际货币制度有重要影响的国家的政策协调和发展。对个别国家的监督主要是检查会员国的汇率政策是否与上述基本协定所规定的义务相一致,IMF要求其所有会员国将其汇率安排的变化通知IMF,从而使IMF能够及时进行监督和协调。

除了对汇率政策进行监督外,IMF在原则上还应每年与各会员国进行一次磋商,以对会员国经济和金融形势及经济政策做出评价。这种磋商的目的是使IMF能够履行监督会员国汇率政策的责任,并且有助于了解会员国的经济发展状况和采取的政策措施,从而能够迅速满足会员国申请贷款的要求。

IMF通过以下三种方式实施监督。

(1) 国别监督。按照《国际货币基金组织协定》第四条的要求,IMF与单个成员国就其经济政策定期(通常是一年一次)进行全面磋商,必要时还可以进行中期讨论,这种磋商被称为"第四条磋商"。磋商侧重于成员国的汇率、财政和货币政策，国际收支和外债状况，该国的政策对其对外账户的影响，其政策的国际和地区影响，并识别潜在的脆弱性。

（2）区域性监督。IMF对区域安排下所执行的政策进行检查，在一年两期的《地区经济展望》报告中公布其地区监督的主要结果。

（3）全球监督。除了国别监督和地区监督外，IMF还监督全球经济状况、国家政策的全球背景以及国际资本市场动态。在监督工作中，IMF还评估石油市场和贸易等领域中重大的经济和金融动态产生的全球性影响。它在一年两期的《世界经济展望》和《全球金融稳定报告》中阐述其全球监督的主要结果。

2）储备资产的创造

IMF在其1969年的年会上正式通过了"十国集团"提出的特别提款权方案，决定创设特别提款权以补充国际储备的不足。特别提款权于1970年1月开始正式发行。会员国可以自愿参加特别提款权的分配，也可以不参加，目前除了个别国家以外，其余会员国都是特别提款权账户的参加国。特别提款权由基金组织按会员缴纳的份额给各参加国分配后即成为会员国的储备资产，当会员国发生国际收支赤字时，可以动用特别提款权，将其划给另一个会员国，偿付收支逆差，或用于偿还IMF的贷款。

2015年11月30日，国际货币基金组织正式宣布人民币2016年10月1日加入特别提款权。2016年10月1日，特别提款权的价值由美元、欧元、人民币、日元、英镑这五种货币所构成的一篮子货币的当期汇率确定，所占权重分别为41.73％、30.93％、10.92％、8.33％和8.09％。

专栏13-1　人民币成为国际货币基金组织特别提款权货币

资料来源：http://news.xinhuanet.com/world/2015/12/02/c_128490384.htm.

3）资金融通

根据《国际货币基金组织协定》的规定，当成员国发生国际收支暂时性不平衡时，国际货币基金组织向成员国提供短期信贷，提供给成员国的财政部、中央银行、外汇平准基金等政府机构，贷款限于贸易和非贸易的经常性支付，额度与成员国的份额外负担成正比。贷款的提供方式采取由成员国用本国货币向国际货币基金组织申请换购外汇的办法,一般称为购买,即用本国货币购买外汇或提款,成员国有权按所缴纳的份额,向国际货币基金组织提供一定的资金。国际货币基金组织的贷款无论使用什么货币都按特别提款权计值,不同的贷款期限使用不同的利率,利率随期限的延长而递增,利息用特别提款权支付,同时对每笔贷款征收一定的手续费。

IMF 的贷款具有以下特点。

(1) 贷款对象只限于会员国政府。基金组织只同会员国的财政部、中央银行、外汇平准基金或其他类似的财政金融机构往来。

(2) 贷款用途限于解决会员国的国际收支不平衡,用于贸易的和非贸易的经常项目支付。但近年来,IMF 不断增加对低收入国家的贷款,主要目标是促进经济增长和减贫。

(3) 贷款数额因贷款类别的不同而有差别,以该国在 IMF 份额的一定倍数表示,受份额限制,与份额大小成正比。在特殊情况下,为满足超常的国际收支需求,IMF 也可以超限额贷款。

(4) 贷款方式是由会员国(借款国)用等值的本国货币向 IMF 申请购买外汇或特别提款权,称为购买或提款;而会员国还款时以黄金、外汇或特别提款权买回本国货币,称为购回。

(5) 贷款基本都附加贷款条件。所谓贷款条件,是指当一国向 IMF 借款时,政府需要做出加强经济和金融政策的承诺。贷款条件确保 IMF 的贷款将用于解决借款国的经济困难,并保证该国将能够迅速偿还,使资金可供其他有需要的成员国使用。

IMF 设有多种类型的贷款,它根据不同的政策向成员国提供资金。

(1) 普通贷款。普通贷款是国际货币基金组织基本贷款,又称基本信用设施贷款。它是国际货币基金组织利用成员国认缴的份额组成的基金,对成员国提供的短期信贷不超过 5 年,利率随期限递增。成员国借用普通贷款采取分档政策,也就是,将会员国的提款分为储备部分和信用部分,后者又分为四个不同的档次,并且对每一档次规定宽严不同的贷款条件。

(2) 补偿与应急贷款。补偿与应急贷款(CCFF)的前身为出口波动补偿贷款(CFF),设立于 1963 年。当成员国初级产品出口价格下跌、出口收入减少,或谷物进口国因谷物价格上升、进口支付增加,从而发生国际收支困难时,可向国际货币基金组织在普通贷款外申请该项贷款。贷款的最高限额为份额的 83%(出口收入减少时或进口支付增加时),两项合计不超过份额的 105%。1989 年 1 月,国际货币基金组织以补偿应急贷款取代了出口波动补偿贷款,贷款最高额度为份额的 122%。贷款条件为:出口收入下降或谷物进口支出增加是暂时性的,而且是成员国本身无法控制的原因造成的;同时,借款国必须同意与国际货币基金组织合作执行国际收支的调整计划。

(3) 缓冲库存贷款。缓冲库存贷款设立于 1969 年 6 月,目的在于帮助初级产品出口国稳定出口商品的国际价格。国际缓冲库存是指一些初级产品(锡、可可、糖等)生产国根据国际商品协定设立一定数量的存货,当国际市场价格波动时,向市场抛售或买进该项产品以稳定价格,从而稳定出口收入。该项贷款最高可借到成员国份额的 45%,期限为 3~5 年。

(4) 中期贷款。中期贷款又称扩展贷款,是国际货币基金组织于 1974 年设立的用于解决成员国较长期的国际收支逆差的专项贷款。如果成员国的普通贷款都提完了仍不能满足需要,则可动用该项贷款。贷款条件为:首先,确认申请贷款的成员国的国际收支困难,确实需要比普通贷款期限更长的贷款才能解决;其次,申请国必须提供整个货币政策和财政政策等经济政策为实现计划目标将要采取的措施;最后,贷款根据成员国为实现目标执行有关政策的实际情况分期发放。如果借款国不能达到国际货币基金组织的要求,贷款可以停止发放。此项贷款的最高借款额可达成员国份额的140%,期限为4~10年,备用安排期限为3年。此项贷款与普通贷款两项总额不得超过借款国份额的165%。

(5) 补充贷款。补充贷款设立于1979年2月,总计100亿美元,是对中期贷款的一种补充。主要用于帮助成员国解决持续的巨额国际收支逆差。资金来源于石油输出国和西方工业国家,其中,石油输出国提供48亿美元,有顺差的7个工业化国家提供52亿美元。在成员国国际收支严重不平衡,需要更大数额的资金时,可以申请补充贷款。贷款期限为3~7年,每年偿还一次,分期还清,最高借款额为成员国份额的140%。补充贷款提供完毕后,于1981年规定1年的贷款额度为份额的95%~115%。此后,贷款限额又进一步降到1年为90%~110%,3年累计为270%~330%,累计最高限额为400%~440%。

(6) 信托基金。信托基金设立于1976年,国际货币基金组织废除黄金条款后,在1976年6月至1980年5月将持有的黄金的1/6以市场价格卖出后,用所在地获得利润(市价超过35美元官价的部分)建立一笔信托基金,按优惠条件向低收入的发展中国家提供贷款。

(7) 临时性信用贷款。国际货币基金组织除设定固定的贷款项目以外,还可以根据需要设置特别临时性的贷款项目,其资金来源于国际货币基金组织的临时借入。例如,1974—1976年设置的石油贷款,用于解决石油价格上涨引起的国际收支失衡。石油贷款的资金来源是国际货币基金组织向盈余国家(主要是石油输出国)借入,再转贷给赤字国家。贷款的最高额度,1974年规定为份额的75%,1975年提高到125%。贷款期限规定为3~7年,申请石油贷款也需提出中期的收支调整计划。石油贷款于1976年6月届满,共有55个成员国利用这一项目获得69亿特别提款权的贷款资金。

(8) 结构调整贷款。结构调整贷款(SAF)于1983年3月设立,资金来自信托基金贷款偿还的本息,贷款利率为1.5%,期限为5~10年。1987年又设立了扩大结构调整款(ESAF),贷款最高额度为份额的250%。

4) 技术援助和培训

IMF通过提供广泛领域(如中央银行业务、货币和汇率政策、税收政策和管理及官方统计)的技术援助和培训,定期与成员国分享其专业知识。其目的是加强成员国经济政策的制定和实施,包括增强有关机构(如财政部和中央银行)的技能。技术援助和培训对IMF的前三项业务活动起到了补充作用,其成本约占IMF管理成本的20%。

IMF主要在以下四个领域提供技术援助和培训:①通过向银行体系的监管与重组、外汇管理与操作、支付清算和结算体系以及中央银行的结构和发展提供建议,强化货币和金融部门;②通过向税收和关税政策与管理、预算的制定、支出管理、社会安全网的设

计以及内外债管理提供建议,支持强有力的财政政策和管理;③编制、管理及公布统计数据,并提高数据质量;④起草和检查经济与金融法律。

6. 国际货币基金组织与中国

我国是国际货币基金组织的创始国之一。国际货币基金组织创立时我国在其中的份额为 5.5 亿美元,1980 年我国席位恢复后,增加到 12 亿特别提款权。同年 11 月,我国份额又随国际货币基金组织的普遍增资而进一步增加到 18 亿特别提款权。随着我国经济的发展,我国与国际货币基金组织的关系一直在发展。

我国与国际货币基金组织的关系是双向、平等互利的。我国曾于 1981 年和 1986 年从国际货币基金组织借入 8.8 亿美元和 7.3 亿美元的贷款,用于弥补国际收支逆差。这两笔贷款我国都已提前偿还。目前我国在国际货币基金组织是净债权国。国际货币基金组织为我国提供一系列的技术援助,帮助我国建立符合国际标准的货币银行统计体系和国际收支统计体系,建立了外债检测体系。在完善银行、会计、审计等法规制度,以及加强金融监管等方面,国际货币基金组织也提供了宝贵的技术支持。

我国同样为国际货币基金组织的发展做出了巨大的贡献。我国于 1994 年和 1999 年分别向国际货币基金组织提供 1 亿特别提款权和 1313 万特别提款权贷款,用以帮助重债国家的债务调整。1997 年亚洲金融危机爆发后,我国积极参与国际货币基金组织向泰国提供的一揽子援助,向泰国提供 10 亿美元。更为重要的是,我国在金融危机爆发后,坚持人民币不贬值,为维护亚太地区的金融稳定做出了重大贡献。同时作为发展中国家,我国始终致力于维护发展中国家的利益,在国际货币基金组织中凡是有利于发展中国家的正当要求和主张,我国均给予支持。我国还积极参与有关国际货币体系改革的讨论,为改革国际货币体系而努力。

二、世界银行集团

世界银行集团(WBG)由国际复兴开发银行(IBRD)与国际开发协会(IDA)、国际金融公司(IFC)、多边投资担保机构(MIGA)、国际投资争端解决中心(ICSID)五部分共同组成,其中,前三个机构为世界银行的主要机构。

(一)国际复兴开发银行

1. 成立与宗旨

国际复兴开发银行(世界银行)是根据 1944 年 7 月《国际复兴开发银行协定》而与国际货币基金组织同时建立的国际金融机构。它于 1945 年 12 月 27 日正式成立,1946 年 6 月 25 日开始运营,1947 年 11 月 5 日成为联合国的一个专门机构,总部设在美国首都华盛顿,现拥有 188 个会员国。中国是创始会员国之一,于 1980 年 5 月 15 日恢复在国际复兴开发银行的合法席位。截至 2016 年上半年,我国目前拥有 4.42% 的投票权。

凡是加入国际复兴开发银行的国家首先必须是 IMF 会员国,但 IMF 会员国不一定都要加入国际复兴开发银行。作为一个全球性的国际金融机构,国际复兴开发银行虽然是营利性组织,但不是以利润最大化为经营目标,其宗旨有:①对用于生产目的的投资提供便利,以协助会员国的复兴与开发,并鼓励不发达国家生产和开发资源;②通过对私人贷款提供保证或直接参与私人贷款,促进私人对外投资;③通过鼓励国际投资、开发会员国生产资源的办法,促进国际贸易的长期均衡发展,维护国际收支平衡;④在提供贷款保证时,应同其他形式的国际贷款相配合;⑤在执行业务时恰当地照顾到国际投资对会员国境内工商业状况的影响,促使战时经济平稳过渡到和平时期的经济。

2. 组织结构

世界银行的组织机构与 IMF 类似,包括理事会、执行董事会等组成的办事机构。

1) 理事会

理事会是世界银行的最高权力机构,由每一会员国委派理事和副理事各一名组成,任期 5 年,一般都委派会员国的财政部长、中央银行行长担任。必须由理事会行使的职权主要有:批准接纳新会员国,增加或减少银行股份,裁决银行董事在解释银行协定方面发生的争执,批准同其他机构签订的正式协定,决定银行净收益的分配等。

2) 执行董事会

执行董事会是负责办理世界银行日常业务的机构,行使由理事会授予的职权。现有执行董事 21 人,其中 5 人是常任执行董事,由持有股份最多的几个工业国指派。执行董事会选举一人为行长和执行董事会主席,主持日常事务,但无投票权,只有执行董事会表决中双方票数相当时,才可以投决定性的一票。行长任期 5 年,并可以连任。

各会员国的投票权根据其持有股份决定。每个会员国都享有基本投票权 250 票,此外,每认缴股金 10 万美元增加 1 票。一般情况下,一国认缴股份的多少是根据该国的经济和财政力量并参照其在 IMF 认缴份额的多少来决定的。目前,美国持有的份额最多,因此掌握最大的表决权。

3. 资金来源

世界银行的贷款约占世界银行集团年贷款的 3/4,其资金主要来自会员国缴纳的股金、借款、债权转让、净收益等。

1) 会员国缴纳的股金

与国际货币基金组织相似,世界银行的会员国在加入时也需缴纳一定数额的股金,每个会员国认缴数额的多少取决于该国的经济实力。世界银行成立之初,法定资本为 100 亿美元,分为 10 万股,每股 10 万美元。由于美元市值不稳,多次贬值,1978 年,每股改按 10 万股特别提款权计算。会员国缴纳的股金以其在国际货币基金组织分到的份额为准,分两部分缴纳。认缴额的 20% 在加入时缴纳,其中 2% 为黄金或美元,18% 为本国货币。2% 的这部分股金,银行有权自行使用。18% 的本国货币,银行只有在征得会员国同意时才能用于贷款。另外 80% 的认缴股金为待缴股本,只有在世界银行因偿还借款或保证贷款债务而催缴时,以黄金或银行需要的货币形式缴纳。世界银行为了满足老会员国增加认缴股份和新会员国认缴股份的需要进行了多次增资。现在的银行资金中只有不到 6% 是会员国在加入世界银行时认缴的股金。

2) 借款

世界银行实有资本有限,且不能像商业银行那样吸收存款,因此它主要通过借款的方式筹集资金,这也是世界银行资金的主要来源。

世界银行通过两种发行债券的方式筹集资金:一是直接向会员国政府、政府机构或中央银行出售债券;二是通过投资银行、商业银行等包销商向私人投资市场出售债券。后一种方式的比重不断提高。世界银行贷款中约有 70% 依靠发行债券作为资金来源。债券发行的对象为养老基金、保险机构、公司、个人投资者等,一般发行时间为 2～25 年,发行利率为 3%～12%。随着贷款业务的不断发展,通过发行债券筹措的资金也在不断增加。

3）债权转让

世界银行通过将贷出款项的债权转让给私人投资者,获得部分资金,以扩大贷款资金的周转能力。

4）净收益

世界银行从 1947 年开始营业以来,除第一年有小额亏损外,每年都有盈余,且逐年增长。这些收益大部分留作世界银行的贷款资金。

4. 主要业务及其特点

世界银行的主要业务是向会员国提供长期生产性贷款和投资,以促进其经济发展和生产力的提高。建立初期,贷款业务主要集中于欧洲国家。此后世界银行的主要业务转为向亚非拉发展中国家发放贷款,帮助其发展经济。世界银行初期的贷款援助项目多集中于基础设施,特别是电力和运输两个项目,后来把重点放在农业和农村发展项目,以提供贷款、技术支持等方式支持各种以脱贫和提高发展中国家人民生活水平为目标的项目和计划,重视社会的可持续发展和人的发展,加强经济管理,参与机构建设。

世界银行的贷款主要有项目贷款、部门贷款、结构调整贷款、联合贷款和第三窗口贷款等几种类型,其中项目贷款是世界银行的主要组成部分。

（1）项目贷款,又称特定投资贷款,用于资助会员国的某个具体的发展项目。世界银行涉及农村发展、教育、能源、卫生、交通等方面的大部分贷款都属于此类贷款。

（2）部门贷款,可分为 3 类。第一类是部门投资及维护贷款。这类贷款重点用于改革部门政策和投资重点,加强制订和执行投资计划的能力,贷款的执行期一般为 3～7 年。第二类是部门调整贷款。主要用于为某一具体部门的体制改革提供支持,这类贷款通常为部门的进口提供外汇支持,执行期为 2～4 年。第三类是中间金融机构贷款。作为一个独立的项目,世界银行把资金贷给借款国的中间金融机构,主要是开发性金融公司和农业信贷机构,再由这些机构转贷给各个项目。

（3）结构调整贷款。这类贷款的主要目的是帮助借款国进行经济政策、发展布局、结构体制方面的调整和改革,使其能够有效地利用资金和资源,以适应不断变化的世界经济形势,维持国际收支平衡。世界银行在发放结构调整贷款之前,要与借款国进行充分的协商,确定面临的重要问题并制定一个结构调整规划,包括进出口政策、机构改革、投资计划等一系列内容。这类贷款的拨付速度较快,方式也很灵活。贷款的执行期为 1 年。贷款的使用要受到世界银行的监督。

（4）联合贷款。这类贷款是世界银行与借款国以外的其他贷款机构(包括官方机构、私人金融机构)联合起来对世界银行贷款资助的项目共同筹资,提供贷款。

（5）第三窗口贷款。这类贷款设立于 1975 年 12 月,主要目的是解决发展中国家资金严重短缺的问题,贷款条件介于世界银行贷款和世界银行附属机构国际开发协会发放的优惠贷款之间。利差由工业发达国家和石油生产国自愿捐赠形成的"利息贴补基金"解决。贷款期限为25年,接受这项贷款的国家为低收入国家。

(二) 国际开发协会

1. 成立与宗旨

20世纪60年代之后,世界上极为贫穷的国家对于发展本国经济所需的银行贷款已无力偿还,迫切需要国际社会提供更为优惠的条件。在此背景下,由美国发起倡议,世界银行的成员国同意通过成立一个机构为最贫穷的发展中国家提供较为优惠的贷款,成立的机构被称为国际开发协会。国际开发协会被认为是富国对穷国提供帮助的机构,但是发起成立者认为该机构应按银行的规则运作,因此国际开发协会应作为世界银行的一部分。

国际开发协会的宗旨是为了帮助世界上欠发达地区的会员国促进经济发展,提高生产力,从而提高生活水平,以解决其在重要的发展方面的需要,从而进一步发展世界银行的开发目标并补充其活动。

2. 组织机构

国际开发协会是世界银行的附属机构,它的组织机构与管理方式与世界银行相同,甚至相应机构的管理和工作人员也是由同一套人员兼任,而且只有世界银行成员国才能参加该协会。但是国际开发协会又是一个独立的实体,有自己的协定、法规和财务系统,其资产和负债都与世界银行分开,业务活动也互不相关。

国际开发协会的最高权力机构是理事会,下设执行董事会处理日常业务。协会会员通过投票参与决策活动,成员国的投票权与其认缴的股本成正比。成立初期,每一会员有500票基本票,另外每认缴5000美元股本增加一票。在1975年第四次补充资金时,每成员国已有3850票基本票。

3. 资金来源

(1) 成员国认缴的股金。协会成立时的法定资本为10亿美元,协会的成员国分为两组:第一组为发达国家,共21个,这些国家认缴的股金必须全部以黄金或可兑换货币缴纳;第二组为发展中国家,其认缴资本的10%必须以可兑换货币缴纳,其余90%可用本国货币缴纳。协会要动用这些国家的货币发放贷款时,必须先征得各国的同意。

(2) 成员国提供的补充资金。因成员国认缴的股金极其有限,远远不能满足贷款需求,1965年以来,国际开发协会已经多次补充资金。在全部资金中,美、英、德、日、法等国占大部分比例。

(3) 世界银行的赠款。从1964年开始,世界银行每年将净收益的一部分以赠款形式转拨给协会,作为协会的资金来源。

(4) 协会本身经营业务的盈余。协会从发放开发信贷收取小比例的手续费及投资收益中可以得到业务收益。

4. 主要业务及其特点

国际开发协会的主要业务活动,是向欠发达的发展中国家的公共工程和发展项目提供比世界银行贷款条件更优惠的长期贷款。这种贷款亦称开发信贷,有如下特点。第

一,期限长。最初可长达 50 年,宽限期 10 年。第二,免收利息。即对已拨付的贷款余额免收利息,只收取 0.75% 的手续费。第三,信贷偿还压力小。第一类国家在宽限期过后的两个 10 年内每年还本 2%,之后的 20 年内每年还本 4%;第二类国家在第二个 10 年每年还本 2.5%,其后 15 年每年还本 5%。由于国际开发协会的贷款基本上都是免息的,故称为软贷款。而条件较为严格的世界银行贷款,则称为硬贷款。

国际开发协会贷款的条件包括:①借款国人均国民生产总值须低于 635 美元;②借款国无法按借款信誉从传统渠道获得资金;③所选定的贷款项目必须既能提高借款国的劳动生产率,又具有较高的投资收益率;④贷款对象为成员国政府或私人企业(实际上都是贷给成员国政府)。

(三) 国际金融公司

1. 成立与宗旨

根据协定,世界银行只能向会员国政府提供贷款,如果向企业等机构进行贷款,须有政府担保,这在一定程度上限制了世界银行业务的发展。为了促进对会员国私人企业的国际贷款,在美国国际开发咨询局的提议下,经世界银行会员国协商,于 1956 年正式成立了国际金融公司。它是世界银行的一个附属机构,1957 年又成为联合国的附属机构,总部设在华盛顿。其成立的目的是扩大对会员国私人企业的国际贷款或代替世界银行参与股份投资。只有世界银行会员国才有资格成为国际金融公司的会员国。

国际金融公司的宗旨是:为发展中国家的私人企业提供没有政府机构担保的各种投资,以促进会员国的经济发展;联合私人资本为会员国的私人企业提供没有政府担保的各种投资;促进外国私人资本在发展中国家的投资;促进发展中国家资本市场的发展。

2. 组织机构

与国际开发协会不同,国际金融公司除了一些机构、人员也由世界银行相应的机构和人员兼任以外,还设有自己的办事部门和工作人员。

国际金融公司的最高权力机构是理事会,日常业务的组织机构是董事会,由总经理、若干副总经理和工作人员组成的办事机构负责处理公司的日常业务。公司的正副理事、正副执行董事也就是世界银行的正副理事和正副执行董事。公司的总经理由世界银行行长兼任。只有世界银行的成员才有资格成为公司的成员国。

3. 资金来源

国际金融公司的资金来源如下。①成员国认缴的股本。国际金融公司最初的法定股本为 1 亿美元,分为 10 万股,每股 1000 美元,成员国必须以黄金或自由兑换货币缴纳股本,每个成员国有基本投票权 250 票,每增加 1 股,增加 1 票。②从世界银行借入资金和通过发行债券从国际金融市场筹资。③公司历年累积的利润收入。

4. 主要业务及其特点

国际金融公司是向发展中国家私营部门项目提供贷款和股本融资的最大的多边渠道。它通过三方面来促进私营部门的可持续发展:向位于发展中国家的私营部门项目提供融资;帮助发展中国家的私营公司在国际金融市场上筹集资金;向企业提供咨询服务和技术援助。

1) 金融产品

国际金融公司主要向发展中国家的私营部门项目提供以下金融产品。

(1) 国际金融公司自有资金贷款:A类贷款。国际金融公司通过自有账户向发展中国家的私营部门提供固定利率和可变利率贷款。

(2) 股本融资:国际金融公司在发展中国家的私营部门、公司和其他实体(诸如金融机构、证券公司和投资基金)持有股权。国际金融公司是长期投资者,保持股本投资的时间通常为8～15年。当出售时机来到时,通过在公开上市时出售股份而退出。

(3) 准股本融资:C类贷款。国际金融公司向发展中国家的私营部门提供一整套具有债务和股本特征的准股本产品。

(4) 银团贷款:B类贷款。

(5) 风险管理产品:包括货币和利率产品等。

(6) 中介融资:国际金融公司通过其一系列的金融产品向各种金融中介提供融资。通过中介服务,国际金融公司可向更多的公司提供长期融资,尤其向中小型企业和企业家提供微型融资。

2) 资金动员

国际金融公司寻求伙伴参与合资项目,通过鼓励其他机构投资于国际金融公司资助的项目来动员更多的资金。它的独特强项如下。

(1) 催化来自其他渠道的资金。通过动员因没有国际金融公司参与而不愿投资的机构的资金,使其有限的自有资金发挥最大限度的杠杆作用。

(2) 有着广泛的企业界联系网,具备独特的能力将项目主办单位和伙伴与投资人搭配在一起。

(3) 有能力在特定市场上率先从事从未有过的交易。

3) 咨询服务

国际金融公司就一系列的问题帮助各国政府,所有这些努力均旨在为私营企业的发展创造一个促进的环境。服务内容包括促进商业环境形成、外国直接投资、私营化、技术援助。国际金融公司也就企业和企业发展向私营公司提供咨询,但是在独立于项目融资情形下提供这些服务,服务内容包含项目开发援助、为中小型企业提供商业咨询、公司和金融重组、技术援助等。

(四) 多边投资担保机构

多边投资担保机构创立于1984年4月,是世界银行集团中的最新成员。它的宗旨是减少商业性投资障碍,通过提供担保以及技术支持等服务,来促进会员国之间相互以生产为目的的投资,特别是对不发达国家的投资。多边担投资保机构的主要业务包括:①为外国投资者担保由于非商业性风险所造成的损失;②为发展中国家建立和改善投资环境提供咨询服务,以引导更多的外资流入。多边担保机构主要对以下三类风险提供担保:①由于投资所在国的资本管制造成的货币汇兑和转移风险;②由于投资所在国的法律变动而使投资者失去投资所有权的风险;③由于会员国国内武装冲突或动乱而造成的风险。

（五）国际投资争端解决中心

国际投资争端解决中心是世界银行集团的一个投资促进机构、仲裁投资争端的国际性机构，成立于 1966 年 10 月，总部设在华盛顿。

国际投资争端解决中心的宗旨和任务是：制定调解或仲裁投资争端规则，受理调解或仲裁投资纠纷方的请求，处理投资争端等问题，为解决会员国和外国投资者之间的争端提供便利，促进投资者与东道国之间的相互信任，从而鼓励国际私人资本向发展中国家流动。该中心解决争端的程序分为调停和仲裁两种。

国际投资争端解决中心组织机构有：①理事会，为最高权力机构，由各成员国派一名代表组成，每年举行一次会议，世界银行行长为理事会主席；②秘书处，由秘书长负责，处理日常事务。其成员包括世界银行成员和其他被邀请国。

（六）世界银行集团与中国

1. 中国与世界银行的往来

中国是世界银行的创始国之一。1980 年 5 月，中国在世界银行和所属国际开发协会及国际金融公司的合法席位得到恢复。在世界银行的执行董事会中，中国单独派有一名董事。中国从 1981 年起开始向该行借款。此后，中国与世界银行的合作逐步展开、扩大，世界银行通过提供期限较长的项目贷款，推动了中国交通运输、行业改造、能源、农业等国家重点建设以及金融、文化、卫生环保等事业的发展，同时还通过其培训机构，为我国培训了大批了解世界银行业务、熟悉专业知识的管理人才。2008 年 5 月，林毅夫被正式任命为世界银行首席经济学家，这是世界银行自 1945 年成立以来第一次任命来自发展中国家的人士担任首席经济学家，也充分说明了世界银行对中国发展成就和经验的认可。

2. 中国与国际开发协会的往来

1980 年，中国恢复了在世界银行集团的合法席位，并同时成为国际开发协会的成员国。中国在国际开发协会的投票权为 411541 票表决权，占总投票权的 2.04%。截至 1999 年 7 月，协会共向中国提供了约 102 亿美元的软贷款。从 1999 年 7 月起，国际开发协会停止对中国提供贷款。2007 年 12 月，我国向国际开发协会捐款 3000 万美元。2010 年 12 月，我国承诺向国际开发协会第 16 次增资捐款 5000 万美元和按照世界银行法律条款双倍加速偿还 IDA 借款，并在此基础上自愿额外一次性提前偿还 10 亿美元借款。对于我国自愿额外一次性提前偿还的 10 亿美元，世界银行折合成约 1.1 亿美元计入我国向 IDA 的直接捐款。

3. 与国际金融公司的往来

1980 年 5 月，中国恢复了在世界银行集团的合法席位，并同时成为国际金融公司的成员。中国在国际金融公司认购股份 24500 股，折合 2450 万美元，占国际金融公司法定股本总额的 1.03%。中国在国际金融公司的投票权为 24750 票表决权，占总投票权的 1.02%。自国际金融公司 1985 年批准第一个对华项目起，至 2011 财年底，国际金融公司在中国共投资了 218 个项目，并为这些项目提供了 54.3 亿美元的资金。其中，41.5 亿美元为自有资金，10 亿美元来自银团中的其他银行，2.8 亿美元为 IFC 所提供的担保。

专栏 13-2　世界银行与亚投行签署首个联合融资框架协议

资料来源：http://www.cnstock.com/v_news/sns_yw/201604/3764503.htm.

第三节
区域性国际金融机构

一、国际清算银行

1. 成立与宗旨

国际清算银行(BIS)是由英国、法国、德国、比利时、意大利、日本的中央银行同美国摩根保证信托公司、纽约花旗银行、芝加哥花旗银行于 1930 年 2 月在荷兰海牙签订协议，共同出资组建的，总部设在瑞士的巴塞尔。中国人民银行于 1996 年 11 月正式加入国际清算银行。中国人民银行是该行亚洲顾问委员会的成员，周小川行长担任该委员会主席。中国认缴了 3000 股的股本，实缴金额为 3879 万美元。

国际清算银行成立的宗旨最初是处理第一次世界大战后德国对协约国赔款的支付和处理关于德国赔款的"杨格计划"的业务。第二次世界大战之后，国际清算银行成为经济合作与发展组织(OECD)尤其是欧盟成员国之间的结算机构，其宗旨是：促进各国中央银行之间的合作并为国际金融业务提供新的便利；根据有关当事各方签订的协议，在金融清算方面充当受托人或代理人。20 世纪 70 年代以后，国际金融危机频发，国际清算银行开始通过制定和传播一系列标准对国际银行监管行为进行协调，积极参与全球金融治理活动，在防范国际金融风险和维持国际金融稳定方面起到越来越重要的作用。

国际清算银行以各国中央银行、国际组织(如国际海事组织、国际电信联盟、世界气象组织、世界卫生组织)为服务对象，不办理私人业务。这对联合国体系内的国际货币金融机构起着有益的补充作用。外汇储备，货币种类可以转换，并可以随时提取而无须声

明理由。这对一些国家改变其外汇储备的结构、实现多样化提供了一个很好的途径。在国际清算银行存放黄金储备是免费的,而且可以用作抵押、从国际清算银行取得占黄金价值85%的现汇贷款。同时,国际清算银行还为各国中央银行代理黄金购销业务,并负责保密。因此,它在各成员国中央银行备受欢迎。除了银行活动外,国际清算银行还作为中央银行的俱乐部,是各国中央银行之间进行合作的理想场所,其董事会和其他会议提供了关于国际货币局势的信息交流的良好机会。

2. 特性

从国际清算银行的组织性质来看,它既是一家功能齐全的商业银行,又是一个多边国际金融组织。这一双重身份使得国际清算银行具有以下四个特点。

(1) 作为"中央银行的银行",国际清算银行是世界上唯一一家以中央银行为主要客户群体的商业银行。该银行为各国中央银行提供存款、证券、贷款和清算等银行业务,名下拥有庞大的储备资产,其外汇与黄金储备量已超过了全球外汇与黄金储备量的10%。

(2) 国际清算银行具有超强的独立性。具体体现在以下四个方面。第一,法律独立性。国际清算银行作为国际金融机构具有国际法人资格,不受所在国的公司法和银行法约束。第二,政治独立性。国际清算银行属于非政府间合作组织,独立于各国政府。第三,运营独立性。国际清算银行对其业务运营具有很大的自主权,不必向各国政府汇报其具体业务活动。第四,财务独立性。国际清算银行的资金来源充足,自由资本积累丰富,盈利能力较强,不必依赖其成员国的财政支持。

(3) 独特的治理结构。国际清算银行以股份制有限公司的形式发挥着国际金融组织的职能和作用,其股份为全世界56个国家的中央银行所有。

(4) 国际支付与清算平台。国际清算银行同各国中央银行与国际组织签订了特别协议,为其代办国际支付与清算业务。由于各国中央银行多在国际清算银行中存放有大量黄金和外汇储备,在具体操作时,国际清算银行只需通过其先进的支付结算系统在自己的地下金库中就地进行资金划拨,就可以轻松地实现各国之间的支付与结算。

3. 组织结构

国际清算银行是股份制金融机构,由西方主要中央银行合办。其最高权力机构是股东大会。股东大会每年举行一次,由认购该行股票的各国中央银行派代表参加。由股东大会通过年度决算、资产负债表、损益计算书和利润分配方案。股东大会的投票权数根据认股数按比例分配。

国际清算银行的日常业务由董事会执行。董事会由董事长、副董事长各1名及董事11名组成。董事为英、法、德、意、荷、比、瑞士等国的中央银行行长或其指定人员。董事会下设经理部、货币经济部、秘书处和法律处。

4. 资金来源

持续、稳定、充足的资金来源是国际清算银行实现其宗旨、履行其职责的重要基础和保证。国际清算银行的资金主要来源于以下五个方面。

(1) 成员中央银行缴纳的股本金。成员中央银行缴纳的股本金是国际清算银行成立时的启动资金,最初股份中有80%为各国中央银行所有,其余20%为私人持有。2001年国际清算银行为了保持自身的独立性和国际性,回购其所有私人股份并出售给各国中央银行,现在国际清算银行中已不存在私人股份。成员中央银行缴纳的股本金占银行总资产的比重不足 0.3%,因此股本金的作用只是用来为银行运作提供象征性担保。与国际货币基金组织的份额相似,国际清算银行也是通过成员国股本金占总股本的比重进行权利分配。

(2)吸收存款。与普通的商业银行一样,国际清算银行的主要资金来源于其吸收的存款。国际清算银行的存款可以分为货币存款和黄金存款,其中绝大部分的存款是货币存款。

(3)发行货币市场融资工具。为帮助成员国解决流动性不足问题,国际清算银行有时也会主动向成员国中央银行发行货币市场融资工具来筹措资金。国际清算银行设立了三种货币市场工具:①回购协议,这类融资工具的期限最短,一般为隔夜回购;②固定利率投资工具,期限为 1 周至 1 年不等;③中期融资工具,期限为 15 年,分为可赎回和不可赎回两种。

(4)储备基金。储备基金是国际清算银行将历年运营收入转化为利润而积累形成的资金。国际清算银行建立了一套储备基金系统,从高到低分为四个层次,即法定储备基金、一般储备基金、自由储备基金和特别股息储备基金。一般储备基金主要用于弥补国际清算银行的日常运营损失,若它不足以弥补亏损,则可以动用法定储备基金。只要符合章程规定,自由储备基金可以用于任何目的。特别股息储备基金则被用于支付全部或部分红利。

(5)共同储备金。共同储备金是由十国集团的中央银行向国际清算银行提供的特别危机应急基金。其宗旨是在发生金融危机时,以国际清算银行为担保方,由十国集团在共同储备金的额度范围内向发生危机的发展中国家提供贷款,以满足其短期融资需要。

5.主要业务及其特点

1)货币和金融合作论坛

国际清算银行组织成员国中央银行行长或官员定期在巴塞尔或不定期在香港召开会议,会议旨在促进成员国中央银行在汇率监管、金融市场发展分析和监管、国际收支监管等方面进行合作。会议包括董事会会议、十国集团中央银行行长及其下属委员会会议、中央银行行长会议。

2)货币和经济研究中心

国际清算银行的货币和经济部门主要从事货币和金融问题的研究,从而为该行的会议活动提供支持。此外,它还为中央银行提供宏观经济的数据库。该部门的研究主要涉及中央银行关心的实际问题,同时关于国际经济和金融发展的广泛研究也被纳入国际清算银行的年度报告和季度回顾中。另外,该部门还分析汇编国际银行业和证券市场的发展。目前,国际银行业的统计数据是该部门汇编最详细的部分,它反映了国际银行业的发展和国际债务的组成部分。这些数据已被用来编制更为准确的国际收支数据。最后,该部门还负责建立和维护国际债券市场、外汇交易和场外衍生产品的数据库。

3)中央银行的银行

国际清算银行提供一系列的银行业务,尤其是帮助中央银行管理外汇和黄金储备,同时它也为金融机构管理资金。该行不和私人或公司进行交易,也不和政府往来或以政

府的名义开立活期账户。国际清算银行为保证较高的清偿力,主要将存款资金投资于高信誉的商业银行或购买短期国债。除此之外,国际清算银行还为客户提供外汇和黄金交易。

国际清算银行的业务包括以下三种。

(1) 投资业务。近5年来,国际清算银行帮助中央银行进行长期的储备管理,以提高中央银行外汇资产的回报率。这些资产管理服务是根据不同的中央银行而"量体裁衣"的,中央银行可选择资产组合或可投资于公共资金的开放式资金结构。

(2) 信贷便利。国际清算银行也为中央银行提供短期的融通便利,但通常需以存在国际清算银行的黄金、现金存款等作为信贷保证。

(3) 风险管理。它包含内部审计、信贷风险管理和国库风险管理,用于提高资产质量。

4) 代理人或托管人

国际清算银行还扮演国际贷款协定的托管人、财务代理人和存放处的角色。

6. 国际清算银行与中国

中国于1984年与国际清算银行建立了业务联系,中国人民银行自1986年起就与国际清算银行建立了业务方面的关系,办理外汇与黄金业务。此后,中国每年都派代表团以客户身份参加该行年会。国际清算银行召开股东大会,中国人民银行受邀列席,并以观察员身份多次参加该行年会,这为中国广泛获取国际经济和金融状况、发展与各国中央银行之间的关系提供了一个新的场所。中国的外汇储备有一部分存放于国际清算银行,这对中国人民银行灵活、迅速、安全地调拨外汇、黄金储备非常有利。自1985年起,国际清算银行已开始向中国提供贷款。1996年9月9日,国际清算银行通过一项协议,接纳中国、巴西、印度、韩国、墨西哥、俄罗斯、沙特阿拉伯、新加坡等地的中央银行或货币当局为该行的新成员。中国香港回归之后,它在国际清算银行的地位保持不变,继续享有独立的股份与投票权。香港金融管理局与中国人民银行同时加入国际清算银行。我国中央银行加入国际清算银行,标志着我国的经济实力和金融成就得到了国际社会的认可,同时也有助于我国中央银行与国际清算银行及其他国家和地区的中央银行进一步增进了解,扩大合作,提高管理与监督水平。近年来,我国与国际清算银行的业务联系也十分紧密,2016年1月10日至11日,国际清算银行在瑞士巴塞尔举行行长例会,中国人民银行行长周小川出席会议,参加了董事会会议、全球经济形势会议和央行行长与监管机构负责人会议等,周小川行长在会上介绍了中国近期经济和金融市场形势。

二、亚洲开发银行

1. 成立与宗旨

亚洲开发银行(ADB),简称亚行,是由联合国亚洲及太平洋经济合作委员会资助成立的,是亚洲、太平洋地区的区域性政府间金融机构,也是仅次于世界银行的第二大开发性国际金融机构。它于1966年11月正式建立,同年12月正式开始营业,总部设在菲律宾首都马尼拉。

亚行的成员不仅包括联合国亚太经济和社会委员会的成员或准成员,联合国及联合国专门机构的非本地区的经济发达国家也可加入。我国于 1986 年 3 月正式被亚洲开发银行接纳为会员。经过 50 年的发展，截至 2016 年，亚洲开发银行从当初的 31 个会员扩展到包括美国、英国、德国、加拿大等非本地区国家在内的 67 个会员，其中有 48 个国家和地区来自亚洲。

亚洲开发银行的宗旨是，向会员国或地区提供贷款、投资和技术支持，协调会员国和地区在经济、贸易方面的政策，并同联合国及其专门机构进行合作，以促进亚太地区的经济发展。其具体任务有：

（1）为亚太地区发展中会员国或地区成员的经济发展筹集与提供资金；

（2）促进公、私资本对亚太地区各会员国或地区成员的投资；

（3）帮助亚太地区各会员国或地区成员协调经济发展政策，以便更好地利用自己的资源在经济上取长补短，并促进其对外贸易的发展；

（4）对会员国或地区成员拟定和执行发展项目与规划提供技术援助；

（5）以亚洲开发银行认为合适的方式，同联合国及其附属机构、投资于亚太地区发展基金的国际公益组织，以及其他国际机构、各国公营和私营实体开展合作，并向其展示投资与援助的机会；

（6）开展符合亚洲开发银行宗旨的其他活动与服务。

2. 组织结构

亚洲开发银行是以会员国入股的方式组成的企业性国际金融机构。凡会员国均要认购亚洲开发银行的股本，认购股本的限额没有严格的规定，一般由会员国财政部或中央银行与亚洲开发银行商议决定。亚洲开发银行设有理事会、董事会以及办事机构。理事会是亚洲开发银行的最高决策机构，负责接纳新会员国、确定银行股金、修改章程、选举董事和行长、决定亚行储备金及纯收益的分配等。它由每个会员国派理事、副理事各 1 名组成，每年至少召开一次年会。董事会是亚洲开发银行理事会的执行机构，负责全面管理亚行的日常业务。亚洲开发银行 67 个成员分成 12 个选区，每个选区各派出 1 个董事和副董事。董事会由 12 个董事和 12 个副董事组成。67 个成员中，日本、美国和中国三大股东国是单独选取区，各自派出自己的董事和副董事。其他成员组成 9 个多国选取区，董事和副董事一职由选区内不同成员根据股份大小分别派出或轮流排出。亚洲开发银行设行长（总裁）一名，负责主持董事会，管理亚行的日常工作。行长是该行的合法代表，由理事会选举产生，任期 5 年，可连任。

3. 资金来源

1）普通资金

普通资金用于亚洲开发银行的硬贷款业务。这是亚洲开发银行进行业务活动最主要的资金来源。

（1）股本。亚洲开发银行建立时法定股本为 10 亿美元，分为 10 万股，每股面值 1 万美元，每个会员国或地区成员都须认购股本。亚洲开发银行开始建立时，亚太地区与亚太地区以外的会员国或地区成员认缴股本的办法不同。亚太地区的会员国或地区成员股本的分配，按照一个公式进行计算，公式中包括用人口、税收和出口额进行加权调整的国内生产总值。亚太地区以外的会员国或地区成员认股额主要根据各自的对外援助政策和各自对多边机构资助预算的分配,进行谈判及确定。新加入的会员国或地区成员的认缴股本由亚洲开发银行理事会确定。首批股本分为实缴股本和待缴股本,两者各占一半。实缴部分股本分 5 次缴纳,每次缴纳 20%。其中,每次缴纳金额的 50% 用黄金或可兑换货币支付,另外 50% 以本国货币支付。待缴部分只有当亚洲开发银行对外借款以增加其普通资本或为此类资本做担保而产生债务时才催缴。会员国或者地区成员支付催缴股本可选择黄金或可兑换货币。亚洲开发银行的股本在必要时可以增加。日本和美国是亚洲开发银行最大的出资者,认缴股本分别占亚洲开发银行总股本的 15% 和 14.8%。中国占第三位,占总股本的 7.1%。

（2）借款。在亚洲开发银行成立之初,其自有资本是它向会员国或者地区成员提供贷款和援助的主要资金。从 1969 年开始,亚洲开发银行开始从国际金融市场借款。一般情况下,亚洲开发银行多在主要国际资本市场上以发行债券的方式借款,有时也同有关国家的政府、中央银行及其他金融机构直接安排债券销售,有时还直接从商业银行贷款。

（3）普通储备金。按照亚洲开发银行的有关规定,亚洲开发银行理事会将其净收益的一部分作为普通储备金。

（4）特别储备金。对 1984 年以前发放的贷款,亚洲开发银行除收取利息和承诺费以外,还收取一定数量的佣金以留作特别储备金。

（5）净收益。由提供贷款收取的利息与承诺费形成。

（6）预缴股本。亚洲开发银行认缴的股本采取分期缴纳的办法,在法定认缴日期之前认缴的股本即预交股本。

2）开发基金

亚洲开发银行基金创建于 1974 年 6 月,基金主要来自亚洲开发银行发达会员国或地区成员的捐赠,用于向亚太地区贫困国家或地区发放优惠贷款。同时,亚洲开发银行理事会还按有关规定从各会员国或地区成员缴纳的未核销实缴股本中拨出 10% 作为基金的一部分。此外,亚洲开发银行还从其他渠道取得部分赠款。

3）技术援助特别基金

亚洲开发银行认为,除了向会员国或地区成员提供贷款或投资以外,还需要提高发展中国家会员或地区成员的人力资源素质并加强执行机构的建设。为此,亚洲开发银行于 1967 年成立了技术援助基金。该项基金的一个来源为赠款;另一个来源是,根据亚洲开发银行理事会 1986 年 10 月 1 日会议决定,在为开发基金增资 36 亿美元时将其中的 2% 拨给技术援助特别基金。

4）日本特别基金

在 1987 年举行的亚洲开发银行第 20 届年会上,日本政府表示,愿出资建立一个特别基金。亚洲开发银行理事会于 1988 年 3 月 10 日决定成立日本特别基金。主要用于:①以赠款的形式,资助在会员国或地区成员的公营、私营部门中进行的技术援助活动;②通过单独或联合的股本投资,支持私营部门的开发项目;③以单独或联合赠款的形式,对亚洲开发银行向公营部门开发项目进行贷款的技术援助部分予以资助。

4．主要业务及其特点

亚行的主要业务有：①为发展中成员的经济社会发展提供贷款和股本投资；②为开发性项目和规划以及咨询服务的准备和执行提供技术援助；③促进对开发性项目的公共和私人资本的投资；④响应发展中成员在协调发展政策和计划过程中的援助请求。

亚行的工作致力于提高亚洲和太平洋地区人民的生活质量，尤其是每天不足 1 美元生活费的 900 万名贫穷者的生活。其业务涉及的范围包括农业与自然资源、能源、金融、工业与非燃料矿石、社会基础设施、交通运输与通信以及涵盖多部门的其他活动。在其业务范围内，亚行还特别关注较小的或欠发达国家的需求，并将本地区和国内的项目与计划置于优先地位。亚行开展业务的途径主要有如下三种。

1）贷款

亚行的项目贷款始于 1978 年，其形式已分别在 1983 年、1987 年、1996 年经过修改。现在，亚行贷款的目的已从最初的为提高某一部门现有生产力的利用率而提供短期融资，转变为重视提高政策环境以扩大部门的效率，通过引进部门项目发展贷款要求实质性的政策改革和大规模的投资。另外，亚行贷款的条件也发生了变化，重点要满足两个条件：①同意对部门项目进行范围较广的中期的政策和机构改革；②用于与改革成本有关的外部融资的需要。

贷款程序为：①诊断，对引起问题的失误政策进行评估；②政策矩阵，根据诊断的问题，选择应对政策；③与部门战略相吻合，确保项目的执行与政府的战略和亚行的战略相一致；④分步骤执行政策以确保在合理的顺序中实行；⑤建立执行政策的制度，以提高政策执行的效率；⑥调整费用，确定政策调整的费用；⑦运行评估指标，建立监管指标以评估项目的影响。

2）技术援助

技术援助是亚行工作的重要组成部分。亚行的技术援助帮助发展中成员国发展经济，通过一系列途径来实现：有效地设计、拟定、执行和经营发展项目，提高政府及其代理机构的效率，制定发展战略，促进技术转移，促进区域合作。亚行的技术援助是与贷款和捐款同时进行的，其形式包括：①项目准备的技术援助，用于支持贷款项目可行性研究和系统工程的准备；②项目实施的技术援助，包括项目实施和初运行的咨询服务以及项目参与者的培训等；③顾问式技术援助，用于提升制度的完备性、部门和政策的研究、与项目无关的人力资源培训；④区域性技术援助，用于解决区域、分区域或一些发展中国家关心的问题。

3）联合融资和担保

亚行与官方机构以及商业和出口信贷机构一起开展联合融资业务。它的联合融资业务通过可靠地从官方以及市场获取更多的资金，使其得以起到催化剂的作用。亚行商业联合融资的基本目标是帮助发展中成员以及私人项目发起人可靠地获取所需的、期限和其他条件适合发展项目的债务融资。从长远看，亚行的策略是帮助借款国获得在国际贷款和资本市场持续融资的能力。亚行 1995 年修订的关于商业联合融资和担保的政策，有利于确定提供联合融资的具体方法，而该方法将满足发展中成员项目和发起人的特殊要求。为保证向发展中成员提供来自市场的额外资金，亚行联合融资的策略重点是

动员比过去规模大得多的私人资本。联合融资的形式有银团贷款、固定利率票据/债券发行(无信用提升)、有亚行担保的银团贷款、有亚行担保的固定利率票据/债券发行、补充融资计划贷款。

国际投资者和项目发起人寻求国际金融公司帮助承担或管理那些超出他们控制范围的某些风险。亚行的担保可提供有限的支持以减少投资者面临的这些风险。在私人部门参与本地区基础设施发展方面,亚行担保的重要性日益增强。亚行的担保形式有:①部分信用担保,担保私人贷款者提供的融资。通常延长贷款的期限并担保债务指定部分的所有不偿还事件。这是一种违约时可立即要求支付的全面担保。亚行将担保贷款期限后期的本金和利息的偿还,而该延长的贷款期在不花费适当成本以提升债信的条件下,是无法从商业贷款人那里得到的。这对那些需要长期资金的公共和私人部门项目是非常有用的。②部分风险担保。担保对项目的存在最为关键的政府不履行合同义务而产生的主权风险。亚行的担保只适用于私营部门项目。在此基础上还需要一个反担保,重申政府接受亚行所担保的义务。

5. 亚洲开发银行与中国

亚洲开发银行从 1986 年开始对中国提供贷款和技术援助业务。到 2013 年,中国已是亚洲开发银行世界范围内第二大借款国、技术援助赠款的第一大使用国以及第三大股东。截至 2001 年 12 月 31 日,亚洲开发银行对中国硬贷款承诺额共计 113 亿美元,涉及交通、通信、能源和社会基础设施等多个领域和行业。2004 年亚洲开发银行又决定,在未来 3 年内把对中国的援助贷款由每年 10 亿美元提高到 15 亿美元,增幅达 50%;贷款利息也大幅降低,由原来的 5%~6% 降至 2% 左右。贷款将主要用于中西部地区,主要投放在基础设施建设方面,如修建公路、水电站、处理污水以及治理空气污染。同时,将有一小部分贷款投放在金融领域。2015 年 12 月 10 日,亚行已批准向中国提供一笔总额为 3 亿美元的政策性贷款(PBL),帮助中国解决长期困扰首都北京及周边地区的空气污染问题,这是亚行首次向中国提供政策性贷款。2016 年 3 月,由山东省财政厅、发改委联合申报的泉城绿色现代无轨电车公交示范项目,成功入围亚洲开发银行贷款新一轮三年滚动备选项目规划,这也是山东省首个将由亚洲开发银行贷款支持建设的交通项目。该项目拟利用亚洲开发银行贷款 1.5 亿美元,主要建设内容包括:现代无轨电车网络、公交场站系统改造、公共交通走廊、公交智能调度系统升级改造及配套设施和能力建设等。

为了支持中国的经济结构调整和实现经济的持续快速增长,亚洲开发银行对中国的长期经济援助将强调以下几个重点领域:①市场经济法律框架的建立;②改善宏观调控;③基础项目投资;④环境资源保护;⑤减少贫困,尤其是中西部的贫困人口;⑥促进国际资本对中国的投资。

三、亚洲基础设施投资银行

1. 成立与宗旨

亚洲基础设施投资银行(AIIB),简称亚投行,是一个向亚洲各国家和地区政府提供资金以支持基础设施建设的区域多边开发机构。其成立宗旨是促进亚洲区域内的互联互通建设和经济一体化进程,并且加强中国与其他亚洲国家和地区间的合作。总部设在中国北京,法定资本为 1000 亿美元。

习近平主席于 2013 年 10 月 2 日在雅加达同印尼时任总统苏西洛举行会谈时,首次倡议筹建亚投行;国务院总理李克强同月出访东南亚时,也向东南亚国家提出相关倡议。2014 年 10 月 24 日,中国、印度、新加坡等 21 国在北京正式签署《筹建亚投行备忘录》,印尼因政府换届,于 2014 年 11 月 25 日签署备忘录,成为第 22 个意向创始成员国。

开放申请成为意向创始成员国的日程中,美国、日本认为亚投行的成立与其国家利益相冲突,因此持保留态度,并试图劝说其盟友不要加入。但 2015 年 3 月 12 日,英国率先报名加入亚投行的意向创始成员国。次日,瑞士也提出申请意愿,随后,法国、意大利、德国等国也表态跟进。韩国、俄罗斯、巴西等国家和重要新兴经济体也在申请截止日期——3 月 31 日前相继申请加入意向创始成员国。至此,全球五大洲均有国家参与。

2015 年 4 月 15 日,亚投行意向创始成员国确定为 57 个,其中域内国家 37 个、域外国家 20 个。东南亚国家联盟(东盟)10 国全数加入,拥有 28 个成员国的欧洲联盟(欧盟)有 14 国加入,20 国集团(G20)中也有 14 国加入,而金砖 5 国则全部跻身首发阵容,其他国家和地区今后仍可以作为普通成员加入。各国将于 2015 年年中完成亚投行章程谈判并签署,年底前完成章程生效程序,正式成立亚洲基础设施投资银行。

2015 年 12 月 25 日,我国财政部部长楼继伟宣布,《亚洲基础设施投资银行协定》正式生效,亚投行宣告成立。至当日为止,包括缅甸、新加坡、文莱、澳大利亚、中国、蒙古、奥地利、英国、新西兰、卢森堡、韩国、格鲁吉亚、荷兰、德国、挪威、巴基斯坦、约旦等在内的 17 个意向创始成员国(股份总和占比 50.1%)已批准《亚洲基础设施投资银行协定》并提交批准书。2016 年 1 月 16 日至 18 日,亚洲基础设施投资银行的开业仪式在北京举行。

2. 组织结构

作为一家新成立的多边开发银行,亚投行在治理结构、环境和社会保障政策方面将充分借鉴现有多边开发银行通行的经验与好的做法,同时也要避免其走过的弯路,以降低成本和提高运营效率,更好地为成员国服务。

亚投行将设立理事会、董事会和管理层三层管理架构,并将建立有效的监督机制,确保决策的高效、公开和透明。目前各创始国正在认真研究现有多边开发银行的治理模式和经验,并广泛听取包括非成员国和其他多边开发银行在内的有关方面意见,在此基础上对如何设计亚投行的治理模式进行深入讨论。董事会 12 个席位被划分为 9 个亚洲国家的地区性席位和 3 个亚洲以外国家的非地区性席位,这对亚洲较小国家有利。

亚投行将根据公开、透明、择优的原则选聘行长和高层管理人员。根据现有多边开发银行的通行做法,亚投行将在正式成立后召开部长级理事会,任命首任行长。关于是否在其他国家设立区域中心等问题,将根据未来亚投行的业务开展情况来协商确定。

根据 2016 年 1 月 16 日至 18 日的亚投行理事会成立大会第一部分议程,中国财政部部长楼继伟被选举为首届理事会主席,首任行长是金立群。2016 年 2 月 5 日,亚洲基础设施投资银行正式宣布任命 5 位副行长。这 5 位副行长分别来自英国、德国、印度、韩国、印尼。

3．投票权与缴纳资本

依据《亚洲基础设施投资银行协定》，亚投行成员的总投票权由股份投票权、基本投票权以及创始成员享有的创始成员投票权组成。每个成员的股份投票权等于其持有的亚投行股份数，基本投票权占总投票权的12％，由全体成员（包括创始成员和今后加入的普通成员）平均分配。每个创始成员同时拥有600票创始成员投票权，基本投票权和创始成员投票权占总投票权的比重约为15％。每一位成员的初始认缴股本分5次缴清，每次缴纳20％；第一次缴付应在本协定生效后30天内完成，或在成员国内批准程序完成后相关文件交付于保存人当日缴清，以后发生者为准。第二次缴付在本协定生效期满一年内完成。其余三次将相继在上一次到期一年内完成。初始认缴中原始实缴股本的每次缴付均应使用美元或其他可兑换货币（这意味着可以缴付该成员国本币，只要满足其他有关限制性规定）。银行可随时将此类缴付转换为美元。如若到期未能完成缴付，则相应的实缴和待缴股本所赋予的权利，包括投票权等都将中止，直至银行收到到期股本的缴付。银行的待缴股本，仅在银行需偿付债务时方予催缴，成员可选择美元或银行偿债所需货币进行缴付。在催缴待缴股本时，所有待缴股份的催缴比例应一致。各种缴付的地点由银行决定，但在理事会举行首次会议之前，首次付款应支付给银行的托管方——中国政府。欠发达成员在缴纳资本时会有优待措施。

4．主要业务及其特点

作为由中国提出创建的区域性金融机构，亚洲基础设施投资银行的主要业务是援助亚太地区国家的基础设施建设。在全面投入运营后，亚洲基础设施投资银行将运用一系列支持方式为亚洲各国的基础设施项目提供融资支持（包括贷款、股权投资以及提供担保等），以振兴包括交通、能源、电信、农业和城市发展在内的各个行业投资。

亚投行虽然办公楼还未建成，但第一个项目已经有了着落。亚投行成立后的第一个目标就是投入"丝绸之路经济带"的建设，其中一项就是从北京到巴格达的铁路建设。

5．亚洲开发银行与中国和现有多边开发银行的关系

亚投行是国际发展领域的新成员、新伙伴，在亚洲基础设施融资需求巨大的情况下，由于定位和业务重点不同，亚投行与现有多边开发银行是互补而非竞争关系。亚投行侧重于基础设施建设，而现有的世界银行、亚洲开发银行等多边开发银行则强调以减贫为主要宗旨。从历史经验看，包括亚洲开发银行和欧洲复兴开发银行（EBRD）在内的区域性多边开发银行的设立，不仅没有削弱世界银行等现有全球性多边开发银行的影响力，反而增强了多边开发性金融的整体力量，更有力地推动了全球经济的发展。亚投行将致力于促进亚洲地区基础设施建设和互联互通，其中包括"一带一路"沿线亚投行成员国的相关基础设施建设项目。中国也欢迎世界银行、亚洲开发银行等机构积极参与"一带一路"相关项目。

在亚投行筹建以及未来运作过程中，中国都将积极推动亚投行与世界银行、亚洲开发银行等现有多边开发银行在知识共享、能力建设、人员交流、项目融资等方面开展合作，共同提高亚洲地区基础设施融资水平，促进本地区的经济和社会发展。中国作为亚投行的发起国，世界银行、亚洲开发银行的重要股东国，将一如既往地支持现有多边开发银行在促进全球减贫和发展事业方面做出积极贡献。自从筹建亚投行的倡议提出以来，

世行行长金墉、国际货币基金组织总裁拉加德和亚行行长中尾武彦分别在多个场合表态积极支持筹建亚投行,表示将与其开展合作。世行、亚行等多边开发银行已与亚投行筹建多边临时秘书处建立了工作联系,在许多方面给予了支持。

主要术语和关键概念

国际货币基金组织　世界银行集团　国际复兴开发银行　国际开发协会　国际金融公司　多边投资担保机构　国际投资争端解决中心　国际清算银行　亚洲开发银行　亚洲基础设施投资银行

思考题

1. 国际金融机构产生的原因是什么?

2. 国际货币基金组织的业务活动主要有哪些?其贷款有哪些特点?

3. 世界银行有哪些业务活动?世界银行的贷款原则和特点是什么?

4. 国际清算银行的主要业务是什么?有何特点?

5. 亚洲开发银行和亚洲基础设施投资银行有何区别?

6. 中国为什么要倡议成立亚投行?

7. 亚投行创立的意义是什么?

8. 亚投行的国际影响如何?

应用题

阅读下面的案例[①],并进行相应分析。

据报道,亚洲基础设施投资银行行长金立群于当地时间2016年5月2日在德国法兰克福召开的亚洲开发银行第49届年会期间与该行行长中尾武彦共同签署了一项旨在增强两家机构合作关系的谅解备忘录。其中涉及的合作内容包括一系列合作融资项目。双方未来还将定期举行高级别磋商。

作为首个由中国倡导成立的多边开发机构,亚投行旨在为亚洲基础设施建设和互联互通提供融资支持。亚洲开发银行总部位于菲律宾马尼拉,是成立于1966年的多边开发机构。

根据上述谅解备忘录,双方将合作推出融资项目。双方同意,将在优势互补、创造附加值、加强制度建设、发挥比较优势、推动互惠共赢等基础上,加强彼此在战略和技术领域的融资等合作。

亚投行方面2日透露,已与亚开行就道路和供水领域的共同融资项目展开讨论。首批项目预计将包括巴基斯坦的M4高

---

① http://finance.qq.com/a/20160504/006536.htm.

速公路,这是一条将连接该国旁遮普省的绍尔果德与哈内瓦尔的 64 公里长的高速公路。

据悉,接下来通过各自成员国之间合作融资、知识共享、共同政策对话等机制,两家机构将在能源、交通、电信、农村和农业建设、水资源、城镇化建设和环境保护领域展开合作。

双方将定期举行成员国之间的高级别磋商,并联合采集数据,以促进联合国可持续发展目标以及巴黎气候协议的达成。

请问,亚投行与世界上其他国际金融机构的关系是什么?它们是否都存在共同的目标?它们之间的本质区别在哪里?

本章
参考文献

[1]   白晓燕.人民币汇率制度改革历程及逻辑[J].世界经济研究,2008(12):29-34.

[2]   卜永祥.人民币汇率变动对国内物价水平的影响[J].金融研究,2001(3):78-88.

[3]   陈天阳,谭玉.IMF份额与投票权改革的困境及对策[J].国际金融研究,2013(8):22-32.

[4]   邓黎桥.人民币国际化:影响因素、政策配合与监管[J].重庆大学学报(社会科学版),2016(1):67-73.

[5]   冯便玲.化解外汇储备过高影响经济发展的几点建议[J].科技与创新,2016(5):33-34.

[6]   高海红.人民币国际化的基础和政策次序[J].东北亚论坛,2016(1):11-20.

[7]   高扬,何帆.中国外汇衍生品市场发展的次序[J].财贸经济,2005(10):3-9.

[8]   郭飞.外汇风险对冲和公司价值:基于中国跨国公司的实证研究[J].经济研究,2012(9):18-31.

[9]   江春.论货币自由兑换的制度基础[J].管理世界,2003(9):36-45.

[10]   井华,杜京哲.新型资本要素驱动中国创新[J].国际融资,2015(8):22-23.

[11]   李宏,钱利.人民币升值对中国国际资本流动的影响[J].南开经济研究,2011(2):16-27.

[12]   李建伟,余明.人民币有效汇率的波动及其对中国经济增长的影响[J].世界经济,2003(11):21-34.

[13]   李晓耕.布雷顿森林体系的解体与演变分析——基于美元霸权的视角[J].北京航空航天大学学报(社会科学版),2015(1):102-107.

[14]   李晓鹏.人民币汇率制度改革的背景及展望[J].金融论坛,2005(3):15-20.

[15]   刘艳.经济全球化背景下我国企业外汇风险问题研究[J].中国商论,2015(10):99-101.

[16]   卢万青,陈建梁.人民币汇率变动对我国经济增长影响的实证研究[J].金融研究,2007(2):26-36.

[17]   梅冬州,龚六堂.新兴市场经济国家的汇率制度选择[J].经济研究,2011(11):

73-88.

[18] 齐海山.我国汇率政策的不足和完善措施[J].人民论坛,2016(1):74-75.

[19] 任康钰,张永栋.对近期新兴市场国家外汇储备变动的观察与思考[J].武汉金融,
      2016(2):4-9.

[20] 王爱俭,张全旺.论不同经济体制下利率与汇率的联动性[J].现代财经,2003,23
      (9):12-15.

[21] 王慧.人民币国际化与国际储备货币体系改革[J].当代经济管理,2015(5):45-50.

[22] 王书杰.外汇储备的风险分析及规避[J].时代金融,2016(3):23-24.

[23] 吴春林.国际项目融资的外汇风险及其防范措施[J].国际经济合作,2010(12):
      47-52.

[24] 吴丽华,傅广敏.人民币汇率、短期资本与股价互动[J].经济研究,2014(11):
      72-86.

[25] 吴晓求.中国资本市场分析要义[M].北京:中国人民大学出版社,2006.

[26] 谢世清,曲秋颖.国际清算银行与国际货币基金组织之比较研究[J].宏观经济研
      究,2012(9):36-40.

[27] 熊小寒.亚投行——国际金融机构体系的"增量"改革[J].对外经贸,2015(9):
      109-110.

[28] 易纲.外汇管理方式的历史性转变[J].中国金融,2014(19):15-18.

[29] 张长龙.论世界银行集团治理结构的改革[J].国际观察,2007(6):27-33.

[30] 张爽.19世纪末美国金本位制的确立及对美国经济的影响[J].东北师范大学学
      报(哲学社会科学版),2014(5):118-122.

[31] 张璟,刘晓辉.金融结构与固定汇率制度:来自新兴市场的假说和证据[J].世界经
      济,2015(10):3-29.

[32] 张培铭.我国利用外资现状及对策[J].合作经济与科技,2016(3):60-61.

[33] 祝国平,刘力臻,张伟伟.货币国际化进程中的最优国际储备规模[J].国际金融研
      究,2014(3):21-31.

[34] Alfred Greiner. Fiscal and Monetary Policy in a Basic Endogenous Growth
      Model[J]. Computational Economics, 2015, 45(2):285-301.

[35] Andreas Steiner, Xingwang Qian. International Reserves and the Composition of
      Foreign Equity Investment[J]. Review of International Economics, 2014, 22(2):
      119-146.

[36] Benigno G, Benigno P. Monetary Policy Rules and the Exchange Rate[J]. Ssrn
      Electronic Journal, 2001,7(1):121-130.

[37] Bjnnes G, Rime D, Solheim H. Liquidity Provision in the Overnight Foreign
      Exchange Markets[J]. Journal of International Money and Finance, 2005, 24
      (2):177-198.

[38] Campa J M, Goldberg L S. Exchange Rate Pass-through into Import Prices[J].
      Review of Economics and Statistics, 2005(7):660-679.

[39] Chang C, Liu Z, Spiegel M M. Capital Controls and Optimal Chinese Monetary Policy[J]. Journal of Monetary Economics, 2015, 74:1-15.

[40] Clarka E, S Mefteh. Foreign Currency Derivatives Use, Firm Value and the Effect of the Exposure Profile: Evidence from France[J]. International Journal of Business, 2010(2):183-196.

[41] Dieter H. The International Monetary Fund and the World Bank. In Need of a Better Performance? [J]. Asia Europe Journal, 2004, 2(2):109-120.

[42] Dornbusch R. Exchange Rates and Prices[J]. American Economic Review,2001 (4):93-106.

[43] Eddy S Fang. Three Decades of"Repackaging"Islamic Finance in International Markets[J].Journal of Islamic Marketing, 2016, 7(1):37-58.

[44] Edwards Sebastian. Exchange Rate Misalignment in Developing Countries[J]. World Bank Research Observer, 1989(2): 3-21.

[45] Faia E, Monacelli T. Optimal Interest Rate Rules, Asset Prices, and Credit Frictions[J]. Journal of Economic Dynamics & Control, 2007, 31(10): 3228-3254.

[46] Hyoung Seok Lim, Masao Ogaki. A Theory of Exchange Rates and the Term Structure of Interest Rates[J]. Review of Development Economics, 2013, 17 (1):75-79.

[47] Kalina Manova,C Fritz Foley. International Trade, Multinational Activity, and Corporate Finance[J]. Annual Review of Economics, 2015, 7:119-146.

[48] Kamin Rogers. Output and the Real Exchange Rate in Developing Countries: An Application to Mexico[J]. Journal of Developing Economics, 2000(61):31-42.

[49] Krueger A O. Whither the World Bank and the IMF? [J]. Journal of Economic Literature, 1997(4):1983-2020.

[50] Lee-Lee Chong, Xiao-Jun Chang, Siow-Hooi Tan. Determinants of Corporate Foreign Exchange Risk Hedging[J]. Managerial Finance, 2014(2):176-188.

[51] Mohd Al-Azzam, Karim Mimouni. Is Exchange Rate Risk Priced in Microfinance? [J]. Research in International Business and Finance, 2016, 36.

[52] Monacelli T. Monetary Policy in a Low Pass-through Environment[J]. Journal of Money, Credit and Banking, 2005(6):77-102.

[53] Ruggie J G. Multilateralism: the Anatomy of an Institution[J]. International Organization, 1992, 46(3):561-598.

[54] SerkanYilmaz Kandir, Erdinc Karadeniz, Ahmet Erismis. The Exchange Rate Risk of Turkish Tourism Firms [J]. The Journal of Hospitality Financial Management, 2015, 23(1):63-71.

[55] Smets F, Wouters R. Optimal Monetary Policy in an Open Economy[J]. Journal of Monetary Economics, 2002(49):947-981.

［56］ Stanley W. Black. The Portfolio Theory of Exchange Rates-Then and Now[J]. Review of International Economics，2015，23(2):35-38.

［57］ Sutherland A. Incomplete Pass-through and the Welfare Effects of Exchange Rate Variability[J]. Journal of International Economics，2005(65):375-399.

［58］ Udo Broll，Peter Welzel，Kit Pong Wong. Exchange Rate Risk and the Impact of Regret on Trade[J]. Open Economies Review，2015，26(1):109-119.

教学支持说明

　　"普通高等院校国际化与创新型人才培养·现代经济学专业课程'十三五'规划系列教材"系华中科技大学出版社重点教材。

　　为了改善教学效果，提高教材的使用效率，满足高校授课教师的教学需求，本套教材备有与纸质教材配套的教学课件(PPT 电子教案)、案例库、习题库等。

　　为保证本教学课件及相关教学资料仅为教材使用者所得，我们将向使用本套教材的高校授课教师和学生免费赠送教学课件或者相关教学资料，烦请授课教师和学生通过电话、邮件或添加"华中出版课件服务"QQ 等方式与我们联系，获取"教学课件资源申请表"文档并认真准确填写"教学课件资源申请表"发给我们，我们的联系方式说明如下。

　　地址：湖北省武汉市东湖新技术开发区华工科技园华工园六路华中科技大学出版社有限责任公司营销中心

　　电话：027-81321911　　81339688-518

　　传真：027-81321917

　　E-mail：yingxiaoke2007@163.com

　　教材服务 QQ：3098247382

　　华中出版课件服务 QQ：1669973496

华中科技大学出版社
http://www.hustp.com

教学课件资源申请表

填表时间：_____年____月____日

1. 以下内容请教师按实际情况写，★为必填项。	
2. 学生根据个人情况如实填写，相关内容可以酌情调整提交。	

★姓名		★性别	□男 □女	出生 年月		★职务	
						★职称	□教授 □副教授 □讲师 □助教
★学校				★院/系			
★教研室				★专业			
★办公电话			家庭电话			★移动电话	
★E-mail （请填写清晰）						★QQ 号/微 信号	
★联系地址						★邮编	

★现在主授课程情况	学生人数	教材所属出版社	教材满意度
课程一			□满意　□一般　□不满意
课程二			□满意　□一般　□不满意
课程三			□满意　□一般　□不满意
其　　他			□满意　□一般　□不满意

教 材 出 版 信 息		
方向一		□准备写　□写作中　□已成稿　□已出版待修订　□有讲义
方向二		□准备写　□写作中　□已成稿　□已出版待修订　□有讲义
方向三		□准备写　□写作中　□已成稿　□已出版待修订　□有讲义

　　请教师认真填写表格下列内容，提供索取课件配套教材的相关信息，我社根据每位教师/学生填表信息的完整性、授课情况与索取课件的相关性，以及教材使用的情况赠送教材的配套课件及相关教学资源。

ISBN（书号）	书名	作者	索取课件简要说明	学生人数 （如选作教材）
			□教学　□参考	
			□教学　□参考	

★您对与课件配套的纸质教材的意见和建议，希望提供哪些配套教学资源：